A FACE BRASILEIRA DA CATEQUESE

Estudo histórico-pastoral do movimento catequético brasileiro das origens ao Documento *Catequese Renovada* da CNBB

Pe. Dr. Luiz Alves de Lima, sdb

A FACE BRASILEIRA DA CATEQUESE

Estudo histórico-pastoral do movimento catequético brasileiro das origens ao Documento *Catequese Renovada* da CNBB

EDITORA
SANTUÁRIO

Dados Internacionais de Catalogação na Publicação (CIP) de acordo com ISBD

L732f Lima, Pe. Dr. Luiz Alves de, sdbdb

A face brasileira da catequese: estudo histórico-pastoral do movimento catequético brasileiro das origens ao Documento Catequese Renovada da CNBB / Pe. Dr. Luiz Alves de Lima, sdbdb. - Aparecida : Editora Santuário, 2023.
640 p. ; 16cm x 23cm.

Inclui índice.
ISBN: 978-65-5527-442-4

1. Religião. 2. Cristianismo. 3. Catequese. 4. Igreja católica. 5. CNBB. 6. Brasil. I. Título.

2024-2389 CDD 240
CDU 24

Elaborado por Vagner Rodolfo da Silva - CRB-8/9410

Índice para catálogo sistemático:
1. Religião : Cristianismo 240
2. Religião : Cristianismo 24

1ª impressão

Rua Pe. Claro Monteiro, 342 – 12570-045 – Aparecida-SP
Tel.: 12 3104-2000 – Televendas: 0800 0 16 00 04
www.editorasantuario.com.br
vendas@editorasantuario.com.br

Sumário

CAPÍTULO V

CAPÍTULO VII

APÊNDICE

Lista de abreviaturas

ACB	*Ação Católica Brasileira*
AG	*Assembleia Geral da CNBB*
AL	*América Latina*
Atti	*Atti del II Congresso Catechistico Internazionale* (Roma 1971)
BibINP	*Biblioteca do Instituto Nacional de Pastoral* (CNBB, Brasília)
CaIC	*Catecismo da Igreja Católica* (1992; 1997)
CAL	*Catequese na América Latina* (DECAT-CELAM, *Lineas Comunes* 1985)
Cân	*Cânon*
CEBI	Centro de Estudos Bíblicos (de caráter ecumênico)
CELAM	Conferência Episcopal Latino-americana ou Conselho Episcopal Latino-americano
CEP	*Comissão Episcopal de Pastoral* (Órgão da CNBB)
CERIS	Centro de Estatística Religiosa e Investigações Sociais (Organismo da CNBB)
CLAF	Comitê Latino Americano para a Fé (Órgão do CELAM)
CLA	*Revista Catequesis Latinoamericana* (Publicação do DECAT-CELAM)
CM	*Comunicado Mensal* (Revista oficial da CNBB – Brasil)
CNBB	Conferência Nacional dos Bispos do Brasil
CPB	*Concílio Plenário Brasileiro* (1939)
CPL	*Concílio Plenário Latino-americano* (Roma 1889)
CR	*Catequese Renovada Orientações e Conteúdo* = *Documentos da CNBB nº 26* (1983)
CRB	Conferência dos Religiosos do Brasil (publica a Revista *Convergência*)
CT	*Catechesi Tradendae* (1979)
D	*Documento*

D	(seguido de números) BiblINP = *Documento número... da Biblioteca do Instituto Nacional de Pastoral de Brasília*
DG 91-94	*Diretrizes gerais da ação pastoral da Igreja no Brasil 1991 – 1994*. As *Diretrizes* dos quadriênios anteriores serão indicadas com as datas correspondentes.
DCG	*Diretório Catequético Geral* (Sé Apostólica, 1971)
DGC	*Diretório Geral para a Catequese* (Sé Apostólica 1997)
DECAT	Departamento de Catequese (do CELAM)
DOC-Medellín	IIa. Conferência do Episcopado Latino Americano: *A Igreja na atual transformação da América Latina à luz do Concílio. Conclusões de Medellín*. (1968)
DV	*Dei Verbum* (1965)
Ed	Editor
EN	*Evangelii Nuntiandi* (1975)
EPS	*Ética, Pessoa e Sociedade = Documentos da CNBB 50* (1993)
FC	*Formação de Catequistas = Estudos da CNBB 59* (1990)
GREBICAT	Grupo de Reflexão Bíblico-Catequética
GRECAT	Grupo de Reflexão Catequética (depois, GREBICAT)
GS	*Gaudium et Spes* (1965)
ICA	*Instituto de Catequesis* (Manizales – Colômbia)
ICLA	*Instituto de Catequesis Latinoamericano* (Santiago – Chile)
ICM	*Igreja: comunhão e missão na evangelização dos povos, no mundo do trabalho, da política e a cultura = Documentos da CNBB 40* (1988)
INP	*Instituto Nacional de Pastoral*
IPLA	*Instituto de Pastoral Latinoamericano* (Quito – Equador)
ISPAC	*Instituto Superior de Pastoral Catequética* (Rio de Janeiro e outras cidades – Brasil)
ITEPAL	*Instituto de Teologia Pastoral Latinoamericano* (Medellín; Bogotá: Colômbia)
IT	*Instrumento de Trabalho*
L 3	*Linha 3 da CNBB – Dimensão de Evangelização e Catequese* (Órgão da CNBB para a Catequese em nível nacional)
MCB	*Movimento Catequético Brasileiro*
MEB	*Movimento de Educação de Base*
Med-Cat	*Documento 8 de Medellín sobre a Catequese*
MMM	*Movimento Mundo Melhor*
MPD	*Mensagem ao Povo de Deus* (do Sínodo de 1977)
OCC	*Orientações em torno do Conteúdo da Catequese Renovada: OCC* (CNBB 1981)

OCR	*Orientações para a Catequese Renovada: OCR* (CNBB 1982)
Puebla	IIIa. Conferência Geral do Episcopado Latino-Americano: A Evangelização no presente e no futuro da América Latina. Puebla: Conclusões (1979)
PB	*Plano Bienal* (desdobramento bienal do plano quadrienal *DG* da CNBB)
PE	*Plano de Emergência* (CNBB: 1962-1965)
PPC	*Plano de Pastoral de Conjunto* (CNBB: 1966-1974)
RC	*Revista Catequética* (Ação Católica, Rio de Janeiro, Brasil: 1949-1956)
RCVozes	*Revista de Cultura Vozes* (Editora Vozes, Petrópolis, Brasil)
RdeC	*Revista de Catequese* (UNISAL-Pi0 XI. publicada pela Editora Salesiana D. Bosco, São Paulo, Brasil)
REB	*Revista Eclesiástica Brasileira* (Editora Vozes, Petrópolis, Brasil)
RM	*Redemptoris Missio*
s/a	sem autor
s/d	sem data
s/e	sem editora
s/n	sem numeração de página
Santo Domingo	IV Conferência Episcopal Latino-americana de Santo Domingo (1992)
SEDOC	*Serviço de Documentação* (Revista da Editora Vozes, Petrópolis, Brasil)
SemMed	*Semana Internacional de Catequese* em Medellín (Agosto 1968)
SIC-68 [Actas]	*Semana Internacional de Medellín: Catequesis y Promoción humana* (1968)
SIC-Med	*Semana Internacional de Medellín* (1968)
SIC-Or	*Orientações Gerais da Semana Internacional de Catequese de Medellín* (1968)
SNAC	*Secretariado Nacional de Catequese* (Órgão da CNBB para a catequese: 1966-1974)
SNER	*Secretariado Nacional de Ensino Religioso* (Órgão da CNBB para a catequese: 1953-1965)
TM	*Textos e Manuais de Catequese = Estudos da CNBB 53* (1987)
UPS	Università Pontificia Salesiana (Roma)

Dedico este trabalho aos inúmeros catequistas e catequetas que tanto me estimularam com seu zelo apostólico, aos colegas do *Grupo de Reflexão Bíblico-Catequética* da CNBB (GRECAT-GREBICAT), do *Departamento de Catequese* do CELAM (DECAT), *da Sociedade Brasileira de Catequetas* (SBCat) e colegas da *Sociedade de Catequetas Latino-americana* (SCALA), com os quais muito aprendi.

Introdução

É conhecida a vitalidade da Igreja no Brasil. A renovação pastoral trazida pelo Concílio Vaticano II encontrou aqui ressonância particular. Dentre os vários setores da pastoral, as atividades ligadas à educação e aprofundamento da fé (catequese) tiveram e têm ainda hoje uma presença marcante na Igreja brasileira. Embora o termo não seja muito usado no Brasil, a movimentação que se criou ao redor dessa atividade constitui-se num verdadeiro *Movimento Catequético* tal como esse conceito é entendido em geral em outros segmentos da Igreja. Por outro lado, pode-se falar de autêntico *Movimento Catequético* somente a partir de 1940 com a intensa atividade do Pe. Álvaro Negromonte e cresce sempre mais, culminando na proposta do documento *Catequese Renovada* (abril 1983).

O campo de pesquisa do presente trabalho, tese doutoral, se situa dentro da atividade catequética desse período (1940-1983), e, por isso, nos anos dos períodos do pré e pós-Concílio. Seu objetivo é estudar, da maneira mais completa possível, porém nos limites que mais à frente serão expostos, tudo o que se refere ao *Movimento Catequético Brasileiro* (= MCB), desde o seu nascimento, por volta de 1940, até a aprovação do documento *Catequese Renovada Orientações e Conteúdo* (1983; aqui será nomeado como *Catequese Renovada* [*CR*] ou *Orientações para a catequese nacional*). Com isso, pretendemos mostrar a face brasileira da catequese, com suas inevitáveis limitações, desafios, dificuldades, características próprias, particularidades, mas também com sua pujança e vitalidade, e vontade de dar uma resposta evangélica aos desafiantes problemas de nossa população.

1. A escolha do tema e estado da questão

Os motivos que justificam a escolha deste tema como *objeto do trabalho* são os seguintes:

a) Inicialmente nosso projeto era estudar o arco de tempo que decorre entre a Conferência de Medellín (1968) e a de Santo Domingo (1992), pois representa um dos momentos mais ricos e fecundos da caminhada eclesial latino-americana, como de resto para toda a Igreja. No Brasil o Concílio foi preparado pela intensa renovação já em ato na década de 50, graças sobretudo à militância da *Ação Católica Brasileira*, particularmente a especializada. O movimento catequético se insere neste quadro de renovação. Por outro lado, são anos bastante turbulentos, pois abarcam período de profundas transformações para o nosso continente tanto do ponto de vista sócio-político-econômico-cultural como do ponto de vista eclesial.

É sabido como a repercussão do Concílio Vaticano II na América Latina foi intensa. O Brasil não ficou à margem dessa movimentação; pelo contrário, podemos até atribuir-lhe um papel de liderança no continente, devido a um episcopado lúcido, organizado e atuante, como também a um povo de grande tradição cristã e desejoso de encontrar no Evangelho motivação e sustento na luta pela transformação da própria realidade tão sofrida e explorada. Catequistas[1], catequetas e outros agentes de pastoral estiveram muito envolvidos em toda essa história, não só sendo abertos e receptivos às novas ideias e transformações, mas sendo eles próprios agentes ativos desse processo histórico. Naturalmente, há uma faixa de zelosos pastores e de outros segmentos que resistiram ou foram críticos de toda essa renovação, coisa que se acentuou sobretudo no século XXI, mas que, a seu modo, dialeticamente ajudaram no esclarecimento e consolidação das novas perspectivas. É, pois, um período bastante significativo.

Com o desenvolvimento da pesquisa, percebemos que, para maior unidade e abrangência do trabalho, havia a necessidade de alargar o campo da pesquisa para antes do Concílio, de modos a compreender também a ação ímpar do grande catequeta Pe. Álvaro Negromonte, com o qual de fato no Brasil começa-se um *Movimento Catequético*. Sem esse alargamento faltaria

---

1 Aqui assumo o que foi dito no *Diretório Nacional de Catequese* (2006): "...por motivos gramaticais, o termo *catequista* sempre será usado no masculino, referindo-se tanto às mulheres como aos homens. O mesmo se diga quanto a *coordenador(a), religioso(a), leigo(a), discípulo(a), irmão(a)* etc.". CNBB, *DNC* nº 10, cap. I, nota 5.

um pouco de visão de conjunto do objeto de nossa pesquisa. Por isso, apesar da desvantagem do aumento do campo a ser investigado, poderíamos ter uma compreensão maior de todo o processo catequético brasileiro.

Por outro lado, era nosso projeto inicial, levar a pesquisa até 1992, por ocasião da Assembleia de Santo Domingo; poderíamos abarcar, assim, os dois estudos complementares de *Catequese Renovada,* isto é, os *Estudos da CNBB*: *Textos e Manuais de Catequese* (1987) e *Formação de Catequistas* (1990). Para esse último, sobretudo, dei uma maior contribuição. Entretanto, quer por motivos de espaço como de tempo, tivemos que colocar o *terminus ad quem* na aprovação do documento *Catequese Renovada* (1983), tratando mais abreviadamente daqueles dois outros documentos no último capítulo. Avançaremos, pois, após 1983, não como objeto próprio do estudo, mas como necessidade de compreender o movimento catequético dentro de sua dinamicidade, que não admite barreiras artificiais como as que estabelecemos ao periodizá-lo.

b) Pelo que estou informado, tal período de tempo não está suficientemente pesquisado, ou sistematizado, ao menos no que diz respeito à catequese. Têm aparecido algumas sínteses, mais em nível histórico genérico, culminando na celebração do V Centenário da Evangelização Latino-americana (1992). O documento *Catequese Renovada,* peça fundamental no movimento catequético geral, já foi também objeto de *tese doutoral* apresentada em 1989 na mesma UPS (Università Pontificia Salesiana), em Roma. O tema da presente pesquisa vai bem além, em abrangência de tempo e de profundidade, e pode servir também como contribuição para se escrever mais amplamente a *história da catequese no Brasil,* a ser ainda sistematizada em profundidade.

c) De minha parte, após alcançar o Mestrado em *Teologia Pastoral Catequética* na UPS, participei de perto, pelo menos durante 15 anos, do Movimento Catequético Brasileiro (MCB), quer em contato com os catequistas de base através de cursos, assembleias, encontros e reuniões, quer participando de organismos eclesiais de âmbito nacional e continental, sendo professor de catequética no Instituto Teológico Pio de São Paulo e redator da *Revista de Catequese.* Assim fui testemunha ocular e auricular de muitos acontecimentos e tive até oportunidade de estar envolvido na produção de alguns importantes documentos, frutos e ao mesmo tempo impulsionadores do *movi-*

mento catequético brasileiro recente. Tal condição, se de um lado me favorece, torna-se também um limite, no sentido de não permitir um juízo sempre objetivo, à distância, sobre os acontecimentos, pessoas ou realizações.

2. Aprofundamento do tema escolhido

No centro do título dessa pesquisa está o *movimento catequético brasileiro*. Pretendemos fazer emergir os traços da fisionomia da catequese brasileira através do estudo deste MCB. Devemos, pois, esclarecer alguns elementos que iluminam o campo de pesquisa, como também sua natureza.

Por *movimento catequético brasileiro* entendemos, nesta pesquisa, o conjunto de acontecimentos, pessoas, documentos oficiais, demais bibliografia especializada com relação à catequese, doutrinas e ações (teoria/práxis) de toda a Igreja no esforço de *educar na fé* seus destinatários: adultos, jovens, crianças.

a) O conceito de ***movimento*** carrega em si não só o fato óbvio do *desenrolar dos acontecimentos* numa determinada direção, mas também a ideia de uma *certa ordem*, muitas vezes querida e planejada, mas por vezes também subentendida e não explicitada. Um movimento se concretiza num conjunto de acontecimentos, de pessoas, ideias, reflexões, doutrinas, experiências, publicações e pesquisas, conquistas, e por vezes também fracassos, que se *movem* na mesma direção, em geral de maneira orgânica e obedecendo a determinados objetivos. A tudo isso acrescente-se a ideia de progressão-evolução-desenvolvimento; é o caráter evolutivo que dá dinamicidade ao movimento, fazendo dele um todo orgânico e homogêneo, e não um mero suceder de fatos.

Tal dinamismo se origina também da intensa divulgação das novas ideias. Conforme foi acima caracterizado, o *movimento catequético* compõe-se sobretudo de *doutrina e prática*. Quanto ao elemento *pensamento/doutrina* (*ortodoxia*), está compendiado nos inúmeros documentos, orientações, diretórios, pronunciamentos, reflexões, discussões, abundantemente produzidos nestes anos, tanto em âmbito de Igreja Universal como Nacional. É um dado fácil de estudar documentalmente: nunca se escreveu e se falou tanto sobre catequese em toda a nossa história como neste período pré e pós-conciliar.

Com o outro termo, a práxis (*ortopráxis*), queremos entender os projetos concretos através dos quais a Igreja procura realizar a pastoral catequética, como sejam: o complexo processo de planificação da atividade pastoral, as reuniões, congressos, encontros, assembleias, realizações, a produção de material catequético, a organização e animação nos vários níveis (local, regional, nacional), enfim, a ação concreta de catequistas nas bases. Não é de estranhar, pois, ao longo dessa pesquisa, a multiplicação de reuniões, assembleias, debates, polêmicas, discussões, documentos... Poderá até às vezes parecer mera crônica; porém é na sequência dos acontecimentos que mais se caracteriza o *movimento*. Além do mais, é por dentro dessa dinâmica que aparecem as ideias, fixam-se diretrizes, fazem-se opções de fundo e privilegiam-se as instâncias. A ordem cronológica seguida facilita uma visão evolutiva das ideias; ao mesmo tempo permite perceber a ação dos atores principais que lideram e o mesmo movimento.

É verdade que há também o sentido técnico da palavra *movimento,* na acepção de uma mobilização pertencente ao passado que, portanto, já fez seu caminho e chegou à institucionalização ou à fase de planificação e realização. Parto da *hipótese de trabalho* de que no campo da pastoral catequética, particularmente a partir do pós-concílio, esses anos caracterizam-se como *movimento*, porém ainda *in fieri*, ou seja: possuem aquele conjunto de elementos que pertencem a um passado recente, mas que ainda hoje estão em plena ebulição. Basta dizer que grandes nomes desta *renovação catequética* nos anos 1980 estavam vivos e atuantes na condução do *movimento catequético brasileiro.*

Conforme Ubaldo GIANETTO[2], a conceituação de *movimento catequético* está ligada mais à renovação da legislação e organização catequéticas, aos conteúdos, textos, métodos e difusão de ideias e experiências. Ora, parece que o movimento catequético brasileiro, ao menos no período de sua maior intensidade, ou seja, o pós-Concílio, além desses elementos, traz como primeira característica a discussão da *identidade da catequese* e de *seus fundamentos*. Essa hipótese levantada no início da pesquisa fica plenamente comprovada já a partir do aprofundamento dos acontecimentos de 1968 e muito mais na gênese posterior do documento *Catequese Renovada.*

---

2 ID., *Movimento Catechistico in* Joseph GEVAERT (Ed.), *Dizionario di Catechetica,* Leumann (Torino), LDC 1986, p. 448. Deste dicionário há também a edição em castelhano: J. GEVAERT (Ed.), *Diccionario de Catequética*, Madrid, CCS 1987, 857 p., atualizado para o público de língua castelhana. Aqui citaremos sempre a edição original italiana.

Por último, é desnecessário dizer que o conceito de *movimento* catequético aqui não toma absolutamente a acepção que muitas vezes esta palavra possui no linguajar corrente para caracterizar uma determinada organização ou orientação pastoral (como *movimento dos cursilhos, focolarinos, carismáticos, movimento catecumenal* etc.), que muitos contrapõem ao estilo de ser Igreja conhecido como *comunidades eclesiais de base*. Pelo contrário, o MCB se coloca na perspectiva de uma eclesiologia que privilegia a comunidade local, regional e nacional, em fraterna comunhão com a Igreja Universal, com uma prática e espiritualidade próprias, em geral, nascida, do contato direto com os mais pobres e excluídos da sociedade, distanciando-se assim, como opção pastoral, das notas que caracterizam os assim chamados *movimentos* (como, por exemplo, o caráter de supranacionalidade).

b) Movimento ***catequético***: a catequese é o determinante principal de nossa pesquisa. A Igreja no Brasil, como em todo mundo, presenciou alguns outros movimentos bem mais conhecidos, pesquisados e estudados, tais como o movimento bíblico, litúrgico, patrístico, ecumênico etc. Não é muito comum, na literatura pastoral brasileira, falar de *movimento catequético*; pretendo aqui demonstrar que toda a caminhada no esforço de *educação da fé eclesial* nos anos 1940-2000, e particularmente no imediato pós-concílio, se apresenta verdadeiramente como um *movimento catequético*. Num capítulo final, procurarei (avançando também nos primeiros 23 anos do século XXI) fazer um ensaio teológico-pastoral, no sentido de determinar as linhas portantes de nossa *catequese*; permanecemos, pois, em nosso campo.

c) Sobre o ***conceito de catequese***, é necessário também esclarecer que a pesquisa abrange um período em que começou a entrar em crise o *conceito tradicional de catequese* como "ato de ensinar a doutrina cristã, especialmente através da memorização", dentro de um ambiente prevalentemente cristão; no conjunto da pastoral o ato catequético era quase supérfluo ou periférico, sem muita atenção da jerarquia e quase que relegado aos catequistas ou párocos. Daí, evoluiu para um *conceito mais amplo e dinâmico* de "educação global da fé", numa sociedade em transformação e com fortes indícios de descristianização. Por isso, assume lugar de muita importância nas preocupações da pastoral eclesial. Neste período supera-se a era do *catecismo* e passa-se para a era da *catequese*. A tendência de volta ao *catecismo*, com a publicação do *Catecismo da Igreja Católica* por parte da Sé Apostólica, situa-se já fora de nosso âmbito dessa pesquisa, embora por vezes falemos dele sobretudo nos últimos capítulos. Seria matéria para outros trabalhos.

d) Movimento catequético ***brasileiro***: embora aqui se tenha presente sempre o que se passa em toda a Igreja, eu me restringirei à ação catequética da Igreja no Brasil, com muita atenção às transformações eclesiais na América Latina, das quais nossa Igreja participa intensamente. Uma das preocupações constantes nessa investigação será situar a evolução do movimento catequético brasileiro dentro do âmbito maior do movimento catequético da Igreja Universal e latino-americano (especialmente nos idos de Medellín).

3. O conteúdo da pesquisa e sua distribuição

Para entender melhor a evolução do movimento catequético no período que estabelecemos (de suas origens com o Pe. Álvaro Negromonte, em torno dos anos 40, até a aprovação do documento *Catequese Renovada* em 1983 e sua repercussão), julgamos necessária, como já é tradição em trabalhos deste tipo, descrever o quadro da realidade brasileira tal como se apresentava até 1995. Nesse ano apresentamos o presente trabalho para obtenção do *doutorado em catequese* pela Faculdade de Teologia da Universidade Pontifícia Salesiana de Roma. Na época foi objeto do *primeiro capítulo* (*A sociedade brasileira: uma realidade contraditória*): as dimensões sócio-político-econômico-cultural, às quais acrescentamos a dimensão ética, de grande atualidade até hoje. Tal capítulo, por estar bastante desatualizado, foi deixado nessa edição.

Sendo o movimento catequético parte viva de uma Igreja atuante, ela possui uma longa história, presente e influenciadora em plena época de cristandade, nos inícios da *implantatio Ecclesiae* (séc. XVI-XVIII). Por isso, houvemos por bem, antes de entramos no mérito propriamente dito de nossa pesquisa, fazer *ampla retrospectiva histórica* da ação catequética em nosso país: são os *antecedentes* de nosso objeto de pesquisa, o MCB. Será o primeiro capítulo intitulado: *A caminhada da catequese no Brasil dos inícios às reformas dos séculos XIX e XX*. Na primeira parte revisitaremos a grande epopeia missionária que garantiu a presença da Igreja nessa Terra de Santa Cruz, chegando (após a crise do *iluminismo e jansenismo*) até o impulso renovador dos *bispos reformadores* da segunda metade do século XIX, liderados por Dom A. Viçoso. Eles superam o *catolicismo herdado de Portugal, santeiro e devocional*, colocando a Igreja do Brasil nas trilhas do Concílio de Trento, em sintonia com Roma (*romanização*). Na segunda parte, já nos albores do séc. XX, vários acontecimentos eclesiais (os concílios plenários) consolidam o modelo de Igreja tridentino, que, em termos de catequese, se manifesta nos célebres *Catecismos da Doutrina Cristã* do episcopado brasileiro e se prolonga com a atuação dos Papas Pio X (*Acerbo Nimis, Quam singulari,*), Pio XI e seu apoio e desenvolvimento da *Ação Católica Brasileira*, ela mesma precursora dos novos tempos..., pois está na base da renovação da catequese, da organização e fundação da CNBB.

No *segundo capítulo* (*A Igreja em busca de organização e planejamento*), retroagindo no tempo, analisaremos a ação da Igreja em sua vida interna sob a liderança de Dom Antônio Macedo Costa e depois Dom Sebastião Leme S. Cintra, em seus esforços de reunir o episcopado e particularmente na busca de um *planejamento pastoral* para unificar mais a ação eclesial, seguindo a tendência da cultura mundial que, então, descobria *a planificação* como caminho do desenvolvimento (Rússia e Estados Unidos; tardiamente, o Brasil). Iniciava-se a era dos *planejamentos pastorais,* eficazes para a condução do Povo de Deus. Esse tema voltará no capítulo seguinte. Em vista de uma maior perspectiva, iniciamos o segundo capítulo com a análise no final do século XIX quando, conforme os historiadores, teve início um novo período de nossa história. Na segunda parte desse segundo capítulo nos dedicamos à análise, embora sumária, da vida e obra do Pe. Álvaro Negromonte por mérito de quem aportam no Brasil as novidades do *método querigmático* que suscita grande entusiasmo e movimentação em torno da catequese. Nasce então, com esse gigante da catequese brasileira, o verdadeiro *Movimento Catequético Brasileiro*.

Assim, os dois primeiros capítulos, além da dimensão histórica, reproduzem o ambiente próprio dos anos em que nasceu o MCB, ou seja, final da década de 40 do século XX e anos posteriores.

Os cinco capítulos seguintes são o centro de nossa investigação. A partir de uma perspectiva linear, seguindo cronologicamente o desenrolar dos acontecimentos, procuramos mostrar os grandes momentos do MCB, as pessoas envolvidas, as ideias em circulação, o material produzido, as conquistas feitas, os avanços e eventualmente também os retrocessos nesta caminhada cheia de vitalidade, porém não isenta de perigos e trepidações. O *capítulo terceiro* dedica-se inicialmente ao megaevento renovador para toda a Igreja: o Concílio Vaticano II, que entre outras coisas reafirmou a *cultura do planejamento pastoral*. Em seguida voltamos a atenção para um dos momentos mais fecundos da Igreja latino-americana: o ano 1968, apesar do clima sociopolítico ser adverso (ditadura militar). Ele, além do *Encontro do Rio de Janeiro* e da *Semana Internacional de Catequese*, com a realização da célebre *Conferência da Celam* realizada em Medellín (Colômbia, 1968), estabelece um divisor de águas na história de nossa pastoral, incluindo aí a catequese.

O *capítulo quarto*, bastante extenso no tempo, abarca o momento de consolidação e busca entre as Conferências de Medellín e Puebla. Ao lado da riqueza vivida neste momento (*Diretório Catequético Geral*, *Evangelii Nuntiandi*, *Sínodo da Catequese*, *Catechesi Tradendae*, preparação e realização de *Puebla*), há também os momentos de sombra e de retrocesso no movimento catequético.

Com o *capítulo quinto* retomamos o impulso renovador da pastoral e da catequese, na medida em que novas lideranças e novos planos pastorais relançam a atividade catequética. Esse capítulo, diferente do anterior, trata de um curto espaço de tempo, porém muito intenso e profundo. O vigoroso trabalho em torno da busca de um *roteiro catequético nacional*, começado nesse capítulo quinto, alcança seu auge no *capítulo seguinte (sexto)*, quando se chega, após longo caminho, à aprovação do Documento *Catequese Renovada* (*CR*). Ao mesmo tempo que recolhe em suas proposições a rica prática e reflexão da Igreja, *CR* cria ao redor de si novo entusiasmo, levando o MCB a um de seus momentos mais fecundos.

Ao longo destes capítulos não nos limitamos apenas ao relato dos fatos, situando-os no contexto eclesial e analisando seus desdobramentos, mas também procuramos expor as grandes ideias, intuições, pontos relevantes, as novidades, e igualmente os aspectos menos convincentes e nebulosos da problemática pastoral-catequética. Assim, *a face brasileira da catequese* vai se delineando melhor a cada passo. Não deixamos também de *avaliar*, expressar algum juízo e traçar prospectivas. Pensamos que, se tal *avaliação* fosse deixada para o final do trabalho, o distanciamento dos problemas seria cada vez maior; ao passo que se torna muito mais fácil avaliá-los quando são claros e *quentes* dentro de seu contexto.

Por isso, reservamos um *último capítulo*, bastante longo, para retomar, agora sim, de maneira mais sistemática, os grandes temas e aspectos mais significativos do MCB. Intitula-se: *Elementos qualificantes do Movimento Catequético Brasileiro*. Por fim, numa longa *conclusão geral* procuramos fazer uma síntese e avaliação global de todo o trabalho.

Ainda uma observação: no último período desta pesquisa, particularmente a partir de 1980, tive o privilégio de participar por dentro dos acontecimentos. Daí a possibilidade de, muitas vezes, apresentar meu testemunho pessoal, minha visão dos acontecimentos e, naturalmente, minha interpretação das ideias e fatos. Tal posição, como já disse, de um lado favorece a exposição de um testemunho vivido *no frigir dos ovos* e por outro traz também suas limitações pelo risco de falta de objetividade e de distância para selecionar, avaliar e opinar sobre pessoas, acontecimentos, ideias e seus contextos. Preferi correr este risco, estimulado também pelos que inicialmente me orientaram na escolha do objeto da tese e sua orientação, como também colegas e editores. Todos estimularam e insistiram para que apresentasse tal contribuição própria.

4. Delimitações do campo de pesquisa

O espaço de tempo abarcado por esse trabalho é, de per si, já bastante amplo. Daí a necessidade de restringir o campo de pesquisa o mais possível. A partir do título pode-se perceber que essa investigação não só é delimitada com relação ao *espaço cronológico* (1940-1983: os anos que vão do Pe. Á. Negromonte ao documento *Catequese Renovada*), mas também quanto ao *espaço geográfico* (Igreja que está no Brasil). Há, porém, outras delimitações importantes a serem consideradas:

a) Aqui se restringe às ideias e acontecimentos de âmbito nacional e não tanto regional ou local. É impossível fazer uma pesquisa deste tipo, cobrindo todos os 15 regionais da CNBB (hoje são 19).

b) A pesquisa se restringe sobretudo às ideias e acontecimentos que estão ligados às iniciativas de animação da CNBB, mais particularmente, à sua *Linha 3* (Departamento de Catequese), responsável pela catequese em âmbito nacional. Portanto, pesquisaremos o *movimento catequético brasileiro* deste período a partir sobretudo da perspectiva de *oficialidade*, sem, no entanto, nela nos fechar. Tal escolha, embora nem sempre permita ter uma visão total e efetiva da realidade catequética, no entanto se justifica em primeiro lugar por uma *razão de conteúdo*: ela proporciona uma panorâmica bastante rica de propostas catequéticas e se constitui numa fonte segura e de primeira mão; e em segundo lugar por uma *razão metodológica*, ou seja, a necessidade de limitar o campo de pesquisa.

c) Pela conceituação de *movimento catequético* acima descrita, necessariamente deveria tomar em consideração a vasta ação dos catequistas de base, os subsídios usados, particularmente os textos, a análise das metodologias não só em linhas gerais (que certamente serão abordadas), mas também em sua concretização mais imediata. Não é, porém, intenção nossa levar em conta estas dimensões, a não ser de maneira genérica.

d) A pesquisa também não aprofundará a distinção, e ao mesmo tempo integração, já bastante claras, entre *catequese* e *ensino religioso escolar*, nem entrará na intrincada questão da *natureza do ensino religioso escolar*, uma vez que, em geral no Brasil recentemente, se faz uma clara distinção entre os dois tipos de educação pastoral, ao menos em nível de proposta oficial.

e) Um ponto que tradicionalmente os autores consideram ao tratar da catequese no Brasil é o problema da evangelização dos povos indígenas[3], pois o termo *catequese* está historicamente unido ao trabalho dos jesuítas junto a essas populações originárias, como se expõe no primeiro capítulo. Nossa pesquisa não trata da *catequese indígena*, tema estudado hoje em dia mais em sede de missiologia.

f) Não obstante a vasta documentação usada e o esforço de objetividade, a minha visão, dada a proximidade dos fatos, está ligada ao lugar social e eclesial que ocupo, ou seja, a partir do centro-sul do país (região mais desenvolvida) e com uma tendência a relevar a *presença salesiana* nesta rica história.

5. Metodologia

O itinerário metodológico traçado para este trabalho consistiu nos seguintes passos:

a) Levantamento das *fontes primárias* da ação catequética no Brasil nestes 50 anos. Tais fontes primárias seriam os documentos do episcopado (oficiais e oficiosos), as orientações da *Linha 3* da CNBB, as assembleias e reuniões que estão ligadas tanto aos documentos como às orientações do organismo nacional da Catequese (*Secretariado Nacional*, e depois *Linha 3*) e suas respectivas gêneses, desenvolvimento e concretização.

b) Catalogação, leitura e interpretação desta massa documental. Por uma falta de tradição arquivística, nem sempre os documentos são

3 É o caso, por exemplo, da obra de frei Oscar de Figueiredo LUSTOSA, *Catequese Católica no Brasil: para uma história da evangelização*, São Paulo: Paulinas 1992, em que o historiador dominicano aborda a temática da evangelização indígena, mesmo nos tempos recentes.

claros com relação principalmente à sua origem, data e autores. Foi necessário algum trabalho de paciente análise crítica interna e confronto com outras fontes, para poder estabelecer a origem, natureza e o valor de certos documentos.

c) Levantamento das *fontes secundárias*, que seriam a produção escrita dos autores com atuação decisiva no *movimento catequético brasileiro*. Tal apoio da bibliografia brasileira é enriquecido com os aportes da reflexão de especialistas, particularmente os teóricos da catequese em nível latino-americano e europeu.

d) Diálogo e entrevista com alguns líderes do Movimento Catequético recente. Tive a oportunidade de entrevistar duas vezes e conversar longamente com D. Albano B. Cavallin (dezoito anos à frente do MCB), sem dúvida um dos responsáveis pela gênese de *Catequese Renovada* e pela *mística* e *entusiasmo* que se criou a seu redor. Igualmente, entrevistei-me longamente com o Pe. Wolfgang Gruen, cujas concepções estão na base do documento *Catequese Renovada*. Mantive ainda correspondência com ele através de cartas e fax. Encontrei-me com outros líderes do movimento catequético, na época, como o Pe. José Geeurickx, Frei Bernardo Cansi, Ir. Israel J. Nery e Ir. Mary Donzellini. O capítulo V foi revisto pelo Pe. W. Gruen; os V e VI foram analisados pelo Pe. J. Geeurickx. Ambos, como atores centrais dos eventos aí descritos, deram importantes contribuições.

e) Após tal levantamento, o MCB foi dividido nos momentos mais significativos, tornando-se cada um deles num dos 6 capítulos, conforme acima descrito, ao redor dos quais se enucleiam os vários temas. Foi possível, então, apresentar a sequência do desenvolvimento das ideias e dos acontecimentos numa ordem bastante linear-cronológica, ou reunindo-os em itens separados conforme a exigência de sistematização dos mesmos. Este núcleo histórico do trabalho vem a ser *a parte mais substancial da pesquisa*, uma vez que a investigação se caracteriza pelo *Movimento Catequético*, de natureza histórica por natureza. O último capítulo é dedicado à sistematização dos grandes temas *teológico-pastorais* do MCB.

f) A exposição linear-histórica do MCB permite não só a apresentação e a evolução dos acontecimentos em si e da ação das pessoas que lideram esse movimento, mas também a gênese das concepções teológico-pastorais e das opções de fundo da ação catequética no Brasil. Por isso o trabalho possui uma dimensão histórica e uma dimensão mais teológico-pastoral, como se afirma no subtítulo desse trabalho.

g) Houve preocupação constante de documentar cada passo, cada afirmação, cada exposição de linhas de pensamento, de orientação, de eventos. Creio ter alcançado esse objetivo, dada a riqueza de documentação encontrada. Neste sentido, a pesquisa se apoia mais em *documentação de arquivo* ou *material original e inédito*, do que propriamente em bibliografia publicada por autores. Consequência desta consciente opção é a *multiplicação do aparato de notas* e a extensão um tanto longa do conjunto do trabalho.

6. Bibliografia

a) *Documentação de Arquivo*

A massa documental que dá sustentação a esse empreendimento foi encontrada principalmente em dois importantes arquivos: o arquivo do *Instituto Nacional de Pastoral* e o arquivo da *Linha 3* na sede CNBB em Brasília. Foram as fontes principais da documentação. Pesquisei também na Biblioteca e Arquivos do *Instituto de Teologia Pastoral Latino-americano* (ITEPAL) do CELAM, em Bogotá (Colômbia), para os assuntos principalmente referentes à importante *Semana Internacional de Catequese* de Medellín e a *II Assembleia Geral da CELAM*, ambas em Medellín. Também fiz uso abundante dos materiais de meu arquivo pessoal, para os acontecimentos dos quais participei diretamente (de um modo especial para os quatro últimos capítulos). Ainda com relação à documentação, também o Pe. W. Gruen e o Pe. Ralfy M. forneceram-me material precioso de seus arquivos pessoais.

b) *Revistas especializadas*

Por outro lado, também a documentação impressa e publicada é igualmente bastante abundante. As fontes bibliográficas mais importantes encontram-se de um modo especial em quatro Revistas: *Comunicado Mensal* (*CM*, órgão oficial da CNBB), *Revista Eclesiástica Brasileira* (*REB*), *Revista Catequética* (*RC*) e *Revista de Catequese* (*RdeC*). Contamos com a coleção completa dessas quatro revistas para nosso trabalho em Roma. A seguir, algumas informações sobre essas e outras Revistas:

1 – ***Comunicado Mensal da CNBB***, revista mensal que publica oficialmente a documentação da Conferência Episcopal Brasileira desde a década de 1950, tanto em âmbito nacional como regional e local. Portanto, cobre abundantemente o período-objeto dessa pesquisa. Seu repertório é riquíssimo; a dificuldade de consulta, proveio da falta de um índice temático e remissivo que nunca foi feito.

2 – ***Revista Catequética***: iniciada em 1949 por obra de D. Hélder Câmara e Pe. Álvaro Negromonte, como publicação da aguerrida *Ação Católica Brasileira,* foi o primeiro órgão oficial de catequese no Brasil. Infelizmente teve vida efêmera, cessando de ser publicada por volta de 1957. Para este período, que cobre grande parte da fecunda atuação do Pe. Á. Negromonte, é fonte essencial.

3 – ***Revista de Catequese***: sua publicação começou às vésperas do Sínodo de 1977 sobre a Catequese. Nestes quase 25 anos (até 2000) possui muitos estudos e larga documentação sobre o *movimento catequético brasileiro* a partir de sua fundação. Pe. Ralfy Mendes testemunhou que se produziam textos excelentes, mas ficavam fechados nos arquivos da CNBB; daí nasceu a inspiração de publicar, com o apoio da Editora Salesiana Dom Bosco, dos salesianos, tão rico material. A familiaridade com tal publicação (da qual fui por longos anos colaborador e redator) facilitou a exploração de seu vasto conteúdo.

4 – ***Revista Eclesiástica Brasileira***: fundada em 1940, é a mais robusta revista teológica brasileira, ligada visceralmente a partir da década de 70 às correntes da *Teologia da Libertação;* possui algum estudo e documentação sobre o movimento catequético. Porém, para a abordagem teológica e compreensão do quadro maior da pastoral, onde se situa a catequese, é a fonte principal da pesquisa.

5 – ***Catequesis Latinoamericana***, fundada em 1969, contém documentação, embora ocasional e incompleta, do MCB a partir de *Medellín.* Infelizmente ela perdeu seu vigor de *revista científica* após 10 anos de existência e veio a se extinguir de vez em 1985. Assim mesmo, é boa fonte para compreender o movimento catequético latino-americano do qual participa também o nosso MCB.

6 – ***Revista Medellín*** publica, uma vez por ano, um volume relativo à catequese, a partir de 1985, quando deixou de existir a revista *Catequesis Latinoamericana*. Porém, em seus números anteriores, que

remontam a 1974, ela possui alguma documentação sobre a *catequese brasileira*.

7 – Além dessas, fizemos uso de outros periódicos *brasileiros* como fontes bibliográficas: *Serviço de documentação* (SEDOC), *Revista Vozes, Atualização, Teocomunicação, Convergência, Horizonte, Atualidade Teológica*... Algumas *Revistas estrangeiras* trazem ocasionalmente alguma documentação e bibliografia sobre o nosso tema: *Catechesi, Via-Verità-Vita, Il Regno-Documenti* e *Il Regno-Attualità* (Itália), *Lumen Vitae* (Bélgica), *Sinite* e *Actualidad Catequética* (Espanha), *Didascália* (Argentina), *Catecheticum* (Chile) e outras menores. Todas elas mereceram uma acurada pesquisa.

c) *Autores*

Quanto à bibliografia de autores (estudos e artigos), a literatura é relativamente pequena, não se comparando, por exemplo, com a correspondente literatura europeia. Sendo objeto da pesquisa o MCB, foram mais tidos em consideração os autores brasileiros. Porém, lancei mão também de autores latino-americanos, e em menor quantidade, europeus. Se por um lado o trabalho pode parecer carente de um maior suporte bibliográfico atinente, por outro a documentação original e inédita possui uma presença determinante. Penso ser esse fato a maior contribuição da presente pesquisa.

Pouquíssimas são as publicações estritamente ligadas ao tema da pesquisa. Como obras sistemáticas que contribuem para o estudo do MCB, podemos citar as seguintes:

1 – Ralfy MENDES DE OLIVEIRA, *O movimento catequético brasileiro*. São Paulo, Editora Salesiana Dom Bosco, 1980, 198 p. Escrito por um dos patriarcas da catequese no Brasil, assessor nacional da catequese durante 8 anos, e fundador da *Revista de Catequese* (1977), o livro é uma síntese dos acontecimentos principalmente dos anos 60-80. Grande parte do período-objeto de minha tese está ausente desta obra. O autor reconhece que seu trabalho não é de cunho científico, mas apenas de divulgação. O mesmo Pe. Ralfy é o autor do verbete *Brasile* no *Dizionario di Catechetica*, publicado 6 anos depois; é o resumo de seu livro, com a atualização de alguns elementos. Pe. Ralfy M. foi também assessor dos bispos do Brasil, juntamente com o Pe. Alberto ANTONIAZZI no Sínodo dos Bispos sobre a Catequese (1977). Ambos deram grandes contribuições para o Documento *CR*.

2 – Nelson Gil TOLENTINO, *A renovação da catequese no Brasil. Instâncias fundamentais do Diretório Catequético Nacional: Catequese Renovada*. Roma, UPS, 1989, 306 p. É a tese n. 266 desta Universidade, da qual foram publicados, como extrato, apenas o primeiro e o segundo capítulos. Trabalho de grande respiro e que, naturalmente, se estende em alguns outros elementos do MCB, principalmente no que se refere à gênese do documento *Catequese Renovada*. Entretanto, deixa de lado grande maioria dos acontecimentos aqui considerados. Fiz sua recensão na *Revista de Catequese*, e pretendo em meu trabalho apontar algumas pequenas falhas, particularmente em seu aspecto histórico[4].

3 – Oscar de Figueiredo LUSTOSA, *Catequese Católica no Brasil: para uma história da evangelização*, São Paulo, Paulinas, 1992, 177 p. Escrito dentro do quadro das comemorações do V centenário para um projeto do Departamento de Catequese do CELAM, este livro dedica um quarto de seu espaço (p. 113-166), ao objeto de minha pesquisa (1940-1990), não abordando, porém, os últimos 10 anos. Como professor de *História da Catequese* no Instituto Pio XI, fui várias vezes consultado pelo autor, que, no final, apresentou-me os originais para revisão. Tive a honra também de fazer a apresentação do mesmo.

4 – Israel José NERY, *Brasil: presente e futuro de la catequesis*. É um artigo publicado num número monográfico da Revista catequética espanhola *Sinite* 33 (1992) 43-66, bastante crítico, mas ao mesmo tempo limitado na análise, pois se trata de um artigo. O autor fala principalmente das atividades das quais esteve à frente quando era assessor nacional de catequese nos anos 1983-1987; sua crítica se recente um pouco dos atritos que viveu, como vice-presidente da Conferência Latino-americana dos Religiosos (CLAR), com o Vaticano. É um dos autores que mais escreveu sobre *Catequese* no Brasil e América Latina.

5 – José BELINQUETE, *História da Catequese nos países de língua portuguesa*. Lisboa: Gráfica Coimbra 2011, em dois alentados volumes, em formato grande, totalizando 1830 p. Colaborei nessa obra com uma *História da Catequese no Brasil*, e a profa. Anísia Figueiredo, com uma *História do Ensino Religioso no Brasil*

6 – Giuseppe BIANCARDI – Ubaldo GIANETTO, *Storia della Ca-*

4 Cf. ALVES DE LIMA, L. [Recensão da obra de] TOLENTINO, NELSON GIL, *A renovação da Catequese no Brasil in RdeC* 13 (1990) nº 51, jul.-set., p. 80.

techesi. **1.** Roman MURAWSI *Età antica* (2011), **2.** Roman MURAWSI *Età medievale* (2022), **3.** Pietro BRAIDO, *Dal "tempo delle riforme" all'età degli imperialimi* (2015), **4.** Giuseppe BIANCARDI-Ubaldo GIANETTO, *Il movimento catechistico contemporaneo* (2016). No último volume contribuí com uma *História da Catequese no Brasil*. É uma obra monumental, de grandes proporções, em 4 volumes, totalizando 2256 p.

d) *Finalizando*

Ao elaborar o trabalho tivemos sob os olhos algumas obras que tratam de temas afins. Trata-se principalmente de três obras: Luciano NORDERA, *Il catechismo di Pio X: per una storia della catechesi in Italia (1896-1916)*, Roma, LAS, 1988, 574 p. É uma obra próxima da nossa pesquisa pelo tipo de trabalho pesquisado; usa basicamente material documental. Gilbet ADLER – Gérard VOGELEISEN, *Un siècle de catéchèse en France: 1893-1980*, 600 p.: obra de grande respiro e mais sintética que a primeira, pois abrange quase um século de história. Finalmente, tive em mãos também a obra de Gervásio Fernandes de QUEIROGA, *CNBB: comunhão e corresponsabilidade*, São Paulo, Paulinas 1977, 503 p. Nela o autor estuda a fundação da CNBB e os primeiros planos de pastoral; impressiona também o aparato de notas com abundantíssima documentação de arquivo.

Tratando de temas muito semelhantes ao nosso, estas obras, além de algum elemento de conteúdo (principalmente a de QUEIROGA), forneceram-nos também pistas metodológicas de como trabalhar um argumento de caráter histórico-pastoral, sem se prender só à história ou à reflexão pastoral.

Essa pesquisa foi realizada, em vista do Doutorado em Teologia Catequética, em Roma (com duas viagens a São Paulo e Bogotá), na Universidade Pontifícia Salesiana, Faculdade de Teologia com concentração em catequese, nos anos 1993-1995. A orientação e o acompanhamento foram realizados pelos salesianos Pe. Juan PICCA, diretor da Faculdade de Teologia, e, sobretudo, pelo Pe. Emílio ALBERICH, escritor e professor de *catequética* e de *catequese com adultos*, na mesma Universidade. Grandes contribuições também foram dadas por Pe. Ubaldo GIANETTO, professor de *História da Catequese* na UPS, Pe. Cesare BISSOLI (*Bíblia* e *Catequese*) e Pe. Joseph GEVAERT (*antropologia catequética*). Apoio logístico e fraterno encontrei também na minha comunidade religiosa salesiana *Don Michele Rua*, na Visitadoria *Maria Sedes Sapientiae* sob a direção do Pe. Carlo GIACOMUZZI, sdb, aos quais sou muito reconhecido.

Tendo a possibilidade de publicá-la agora, sob a proposta da Editora Santuário (Aparecida do Norte, SP), esta tese doutoral foi totalmente revista, com correção de formatações, eliminação de um capítulo e unificação de outros dois. Com relação à atualização, por tratar-se de tema histórico, limitou-se apenas à citação e ao aproveitamento de parte da bibliografia publicada posteriormente. Também foram feitas considerações sobre a evolução da catequese na Igreja e no Brasil a partir de 1996 aos dias de hoje, sem, entretanto, aprofundá-las, pois extrapolam o limite de tempo estabelecido pelo planejamento inicial.

Meu agradecimento sincero à Editora Santuário (Aparecida), que tão gentilmente propôs a publicação deste volumoso trabalho, de cunho mais acadêmico do que popular e de divulgação. Meu agradecimento também ao Prof. Dr. Antonio Wardison Canabrava da Silva, que muito me auxiliou nessa volumosa produção. Não poucos problemas foram surgindo, sempre resolvidos profissional e fraternalmente. Espero com essa obra dar uma modesta contribuição à nossa bibliografia catequética brasileira tão necessitada de obras de nível superior. Mais que tudo, porém, espero contribuir para a formação de nossos queridos catequistas e com a Igreja no Brasil para o trabalho missionário de anúncio do Evangelho.

Durante longos anos pude exercer o magistério catequético, tanto no ensino superior como em palestras, assembleias e cursos dessa natureza, em todos os estados do Brasil, países da América Latina e Caribe e parte também da Europa. Tive a graça também de servir à CNBB e ao CELAM na confecção e produção de documentos oficiais, durante a maior parte de meu magistério. É uma pequena e modesta herança que lego aos catequistas, aos colegas catequetas, e demais companheiros, sobretudo do Centro Universitário Salesiano (UNISAL, Campus Pio XI, Lapa, SP), da Dimensão Bíblico-Catequética da CNBB e do Departamento de Catequese do CELAM. Por fim, ofereço carinhosamente aos membros da Sociedade Brasileira de Catequese (SBCat), que tive a honra de instituir com outros colegas.

São Paulo, 8 de setembro de 2024
Festa da Natividade de Nossa Senhora
Pe. Dr. Dr. Luiz Alves de Lima, sdb

CAPÍTULO I

A caminhada da catequese no Brasil dos inícios às reformas dos séculos XIX e XX

Os acontecimentos referentes à implantação da Igreja (*implantatio Ecclesiae*) no Brasil em virtude do vigor da obra missionária precisam ser lembrados e analisados para uma maior compreensão do que aconteceu no século XX. Iniciemos, pois, com os *antecedentes remotos* do Movimento Catequético na Igreja do Brasil, objeto central deste estudo. Dividiremos este capítulo histórico inicial em dois momentos. **1.** Os inícios missionários da história da Igreja no Brasil e sua consolidação, as crises provocadas pelo iluminismo e jansenismo (séc. XVIII), até a ação renovadora dos *Bispos Reformadores* do século XIX. **2.** As ações da Hierarquia Católica no Concílio Plenário Latino-americano (1889), os *Catecismos da Doutrina cristã* do início do século XX, as intervenções catequéticas dos Papas Pio X e XI, o *Código de Direito Canônico* (1917), o Concílio Plenário Brasileiro (1939), concluindo com a primeira renovação significativa da catequese por obra do movimento leigo da *Ação Católica Brasileira*.

Os dois itens refletem propriamente boa parte do arco de tempo da história da catequese no Brasil. Seguiremos a periodização tradicional acompanhando a caminhada da catequese. Embora muito resumidamente, como requer a natureza deste capítulo no quadro global da pesquisa, procuramos relevar os momentos mais significativos da evolução histórica que precedeu o *Movimento Catequético Brasileiro* propriamente dito.

1. A CATEQUESE BRASILEIRA DOS INÍCIOS ATÉ O IMPULSO RENOVADOR DOS *BISPOS REFORMADORES* DA METADE DO SÉCULO XIX

1.1. Os primórdios da catequese no Brasil

A história do Brasil não começa com a chegada das naus portuguesas que, conforme o grande poema épico de Camões, singravam os mares buscando "dilatar a fé e o império"[1]. Antes mesmo que na América chegassem espanhóis ou portugueses "o Espírito que encheu o mundo assumiu também o que havia de bom nas culturas pré-colombianas. Ele próprio as ajudou a receber o Evangelho"[2]. Sem dúvida, "as sementes do Verbo", presentes nestas culturas[3] foram cultivadas e incrementadas pela ação evangelizadora da Igreja; de fato, "as 'sementes do Verbo', presentes no profundo sentido religioso das culturas pré-colombianas, esperavam o orvalho fecundante do Espírito"[4].

Uma vez introduzida na história ocidental e aberta para o mundo desenvolvido daquela época, pela presença e ação dos portugueses, a história do Brasil se entrelaçou com a história da evangelização e da catequese. A epopeia dos missionários, principalmente dos jesuítas cuja existência também se confundiu com história do Brasil[5], acompanhou de perto o crescimento e desenvolvimento do povo brasileiro, como um dos protagonistas principais.

1.1.1 Luzes e sombras da primeira evangelização

Esse fato é passível de várias interpretações. Tradicionalmente essa obra missionária é vista como uma odisseia da Igreja, implantando o cristianismo no Brasil, defendendo os indígenas da escravidão e promovendo-os à civilização através da educação, da evangelização e da catequese.

Outros, no entanto, partindo do ponto de vista de que a descoberta e incorporação do território americano, no âmbito da civilização ocidental-cristã, são partes do desdobramento da Revolução Comercial dos séculos XV e XVI, que deu origem à formação sociocultural e capitalista[6], fazem uma releitura diversa da história. Afirmam que os jesuítas e missionários

---

1 Luiz CAMÕES, *Os Lusíadas*, Canto 1, estrofe 2.

2 *Pueba* 201.

3 Cf. *Puebla* 401, 403.

4 *Santo Domingo* 17. Na primeira parte deste capítulo, de natureza histórica, citamos várias vezes o documento de *Santo Domingo* (1992), pois, elaborado por ocasião das celebrações do V Centenário da Evangelização do continente americano, faz muitas referências à história, apresentando, sobretudo, uma visão e interpretação eclesial da mesma.

5 A obra sem dúvida mais completa e profunda sobre a ação dos missionários jesuítas em terras brasileiras é a de Serafim LEITE, *História da Companhia de Jesus no Brasil.* Lisboa e Rio de Janeiro: Livraria Portugália e Civilização Brasileira, 1938-1950, em 10 volumes. É uma publicação baseada em todas as fontes conhecidas, com uma grande profusão de informações. A organização dos temas no interior do trabalho permite uma visão bastante ampla dos acontecimentos e é considerada quase que como uma obra oficial da Companhia de Jesus.

6 Casemiro dos Reis FILHO, *in Prefácio* da obra de José Maria de PAIVA, *Colonização e Catequese.* Coleção *Educação Contemporânea*, série: *Memória da educação,* São Paulo: Cortez Editora e Editora Autores Associados, 1982, p. 9.

em geral se identificavam com o estamento dominante, exploradores das populações aborígenes. Dizendo-se colocar do lado dos dominados e não dos dominadores (como faz, nesta ótica, a história oficial), essa perspectiva procura situar o jesuíta na aliança com os colonizadores, identificando objetivos mercantis e objetivos religiosos, tal qual o percebeu o índio catequizando, não tanto em termos conceituais, mas na experiência quotidiana:

> O instrumento de ajustamento cultural usado pela colonização foi, sobretudo, a ação do jesuíta. Esta ação tinha um sentido religioso, ela toda; fazia referência à construção do Reino de Deus em meio aos habitantes do Novo Mundo. O Reino de Deus, porém, se amoldava à formação típica, com que vinha carregado o jesuíta, só explicável à luz do momento histórico que a Igreja viveu no século XVI. O jesuíta veio, mandado pelo príncipe, irmanado aos homens do governo, aos projetos do governo, à ideologia do governo. A salvação, de que ele era portador, vinha do alto, em duas plataformas: a régia e a divina. A crença arraigada, de que ambas eram inseparáveis, moldou os resultados de todo o seu trabalho de evangelização. [...] Não houve lugar para uma catequese adaptada à situação real do catequizando[7].

Mais ou menos na mesma perspectiva de se colocar "do outro lado da história", situam-se os autores de *História da Igreja no Brasil*, com o subtítulo: *ensaio de interpretação a partir do povo*, publicação da *Comissão de Estudos de História da Igreja na América Latina* – CEHILA, que se posicionam dentro das correntes chamadas de *Teologia da Libertação*[8].

Não podemos negar que este ponto de vista possui fundamentos e que, de fato, a primeira evangelização possui "luzes e sombras"[9]. No entanto, se no passado predominou mais uma visão triunfalista, não podemos cair no lado oposto e ver na evangelização e catequese primitivas somente um instrumento de dominação por parte dos colonizadores. A hermenêutica histórica nos ensina a ter o cuidado de não simplificar uma realidade que em si é muito complexa e não filtrar os acontecimentos através de uma única perspectiva. Revisar a história com as categorias de hoje é correr o sério perigo de distorcer os fatos e de fazer uma leitura ideológica.

Para entender a atuação daqueles que há cinco séculos aqui trabalharam na evangelização e catequese, é preciso ter em conta sua mentalidade e si-

---

7 J. M. de PAIVA, *Colonização e Catequese* 102.

8 Eduardo HOORNAERT (Coord.), *História Geral da Igreja na América Latina*. Tomo II: *História da Igreja no Brasil. Primeira Época*, Petrópolis: Vozes, 1977, 443 p.

9 *Santo Domingo*, 16-21; *Documento de Trabalho*, 1-123.

tuá-los em seu ambiente[10]. Os acontecimentos julgados à luz do Evangelho permitem ver o pecado amplamente presente na nossa história, inclusive na obra evangelizadora. Surgem, então, páginas verdadeiramente trágicas, tais como a tentativa de escravização do índio (contra a qual lutaram os jesuítas no Brasil) e o traslado forçado e escravização de populações africanas em terras brasileiras, verdadeiro "holocausto" que desonra toda a tradição cristã que aqui se implantou[11].

> As limitações originadas na mentalidade de *cristandade* e de *conquista colonizadora*, a falta de compreensão dos valores indígenas, principalmente de sua religiosidade, impediu uma evangelização mais profunda e autêntica. A atividade colonizadora englobava uma finalidade política e religiosa; assim, por vezes a atividade evangelizadora e catequética estava submissa aos interesses colonizadores. O regime do padroado régio de Portugal que colocava a Igreja sob o domínio direto do poder civil, não permitiu uma maior liberdade dos missionários nesta "Terra de Vera Cruz"[12]. Isto não impediu, entretanto, que muitos missionários, como o Pe. Antônio Vieira, levantassem a voz contra os abusos dos portugueses, tendo ele mesmo sofrido o exílio devido a esta atitude. Os costumes indígenas, de um modo especial a *antropofagia* e a *poligamia*, assustaram os cristãos e missionários desde o início que não duvidaram em usar métodos coercitivos para a correção destes comportamentos[13].

---

10 Cf. Alfred MORIN, *La catequesis ayer in Del V° Centenario al III Milenio: actas del Congreso Internacional de catequesis*, Sevilla, septiembre 1992. Madrid: Centro de Estudios Teológicos "San Dámaso", 1993, p. 43.

11 Cf. JOÃO PAULO II, *Discurso na Ilha de Goreia*, Senegal, 21 de fevereiro de 1992, citado em *Santo Domingo* n° 20.

12 Cf. CELAM, *Nova Evangelização, promoção humana, cultura cristã: instrumento de trabalho* da IV Conferência Geral do Episcopado Latino-americano, São Paulo: Loyola, 1992, p. 6-7.

13 Cf. Oscar LUSTOSA, *Catequese Católica no Brasil*, São Paulo, Paulinas 1992, p. 29. Riolando AZZI afirma que "os jesuítas não apregoavam uma liberdade completa para os indígenas. Reunidos nos aldeamentos, eram estes educados num regime de severa obediência e obrigados a abraçarem a fé. A fé foi sempre imposta aos indígenas, bem como a cultura portuguesa". ID., *A catequese no Brasil. Considerações históricas in Convergência* 10 (1977) 494-495. Seguiremos bastante de perto estes dois autores: O. LUSTOSA e R. AZZI. A obra de LUSTOSA é a mais completa e profunda que temos sobre a história da catequese no Brasil, escrita por ocasião da celebração do V Centenário da Evangelização na América Latina, e sob a solicitação do CELAM e da CNBB: Cf. *Apresentação*, p. 7, que tive a honra de lhe apresentar. A segunda obra (artigo de R. AZZI) é uma tentativa de síntese e o estudo o mais completo, até 1977, sobre a história da catequese do final do século passado, sendo superado somente pela obra mais abrangente e documentada de O. LUSTOSA. É seguido por todos os autores que depois dele escreveram. Embora bastante fundamentado, às vezes não cita as fontes diretamente, mas seu valor está no conhecimento profundo que possui da História da Igreja no Brasil nesta época. A estes dois autores se acrescente a obra intermediária de Ralfy MENDES DE OLIVEIRA, *O movimento catequético no Brasil*, São Paulo: Editora Salesiana Dom Bosco 1980, 200 p., bem desenvolvida na parte que constitui o título da obra (movimento catequético), mas resumida e sumária na história dos 4 primeiros séculos e meio. Em 2011 foi publicada a monumental obra: BELINQUETE

Uma vez reconhecidas essas distorções e muitas outras falhas na Evangelização e catequese iniciais, deve-se afirmar com o *Documento de Santo Domingo* (1992) que

> foi levada a cabo uma válida, fecunda e admirável obra evangelizadora e que através dela, ganhou de tal modo espaço na América a verdade sobre Deus e sobre o homem que, de fato, ela mesma constitui uma espécie de tribunal de acusação dos responsáveis daqueles abusos de colonizadores, às vezes, sem escrúpulos[14].

1.1.2 A primeira catequese

Em 1532 fundaram-se as primeiras paróquias a serviço das capitanias dos colonos portugueses e a primeira missão formal instalou-se em Santa Catarina de 1538 a 1541 por obra dos franciscanos[15], que foram os primeiros missionários de nossa terra. Em 1549, o rei de Portugal no *Regimento* que entregara a Tomé de Souza, primeiro governador geral do Brasil, afirmava:

> a principal coisa que me moveu a mandar povoar as terras do Brasil foi para que a gente dela se convertesse à nossa Santa Fé Católica, vos encomendo muito para que pratiqueis com ditos capitães e oficiais, a melhor maneira para que isso se possa ter[16].

Para isso, junto com este primeiro governador vinham também um grupo de missionários jesuítas, nascidos pouco antes dentro do espírito da contrarreforma, e com um enorme impulso missionário. Foram eles encarregados da transmissão da fé aos indígenas isolados dos centros urbanos[17]. Até então os missionários davam pouca importância à tarefa sistemática de uma *catequese* propriamente dita. Com os jesuítas começou-se a implantação de uma *catequese institucionalizada*[18]: a catequese

José, História *da Catequese* nos países de língua portuguesa. Lisboa: Gráfica Coimbra, 2 volumes em formato grande, num total de 1830 págs., sob a coordenação do Pe. J. Belinquete (Coimbra). Fui convidado a escrever para ela a *História da Catequese no Brasil* (cf. vol. II. p. 1447-1505).

14 *Santo Domingo,* 19, citando São JOÃO PAULO II, em seu discurso inaugural.

15 CELAM, *Nova Evangelização... Instrumento de Trabalho,* p. 11.

16 Citado por R. MENDES DE OLIVEIRA, *O Movimento Catequético,* p. 7.

17 "O método de evangelização [dos primeiros missionários jesuítas] era: atender os brancos, visitar e atrair os índios, reunir e educar meninos sem distinção entre estes [...]. Com o andar do tempo e o progresso e desenvolvimento do Brasil, os ministérios das cidades, a necessária organização rural das fazendas, a educação nos grandes colégios, iriam ocupar os padres. Mas nunca, em tempo algum, deixou a Companhia no Brasil, de trabalhar com os índios". S. LEITE, *História da Companhia de Jesus,* tomo 1 [1538-1553], p. 8-9.

18 Cf. O. LUSTOSA, *Catequese Católica,* p. 19-21.

para os portugueses seguiu o modelo europeu, especialmente tridentino; para os indígenas houve a *catequese missionária* bastante criativa e com esforços para atingir aquilo que hoje chamamos de *inculturação*: de fato, após as primeiras tentativas de catequizar os indígenas através de *intérpretes*, os missionários aprenderam a língua local[19], escreveram catecismos nestas línguas e usaram a música, teatro, a poesia, os autos e a dança ritual para a obra evangelizadora[20]. Tanto nos colégios como na catequese indígena predominou a metodologia da *tradição oral*: uma memorização da doutrina mais mecânica e menos assimilada. Aliás, para os missionários "a questão da conversão dos índios não era *doutrinária*, mas uma questão de *costumes*", no dizer de Pe. Anchieta[21].

Dentre os missionários distinguiram-se o Pe. Manoel da Nóbrega, provincial, e São José de Anchieta[22], que veio como noviço e aqui se formou, no Colégio dos Jesuítas, em Salvador, desenvolvendo uma atividade que o coloca entre os gigantes da primeira evangelização latino-americana. Fundou colégios (como o de São Paulo, que originou a atual metrópole), escreveu textos catequéticos, teatros, gramáticas e poemas em quatro línguas (latim, português, castelhano e tupi-guarani), sendo ao mesmo tempo médico, artífice, pacificador, taumaturgo, mestre-escola, arquiteto: um missionário completo.

Novas levas de missionários jesuítas chegaram ao Brasil nos anos seguintes[23], realizando "uma obra sem exemplo na história", na expressão

---

19 Desde 1560 as *Regras comuns* dos jesuítas impunham a todos eles o conhecimento das línguas da região onde habitam. Aos missionários, sobretudo, se impunha a grave obrigação de conhecer e usar bem as línguas indígenas, a ponto de poderem escrever livros e explicar a doutrina cristã. Não poderia ser ordenado nenhum jesuíta que não soubesse línguas indígenas. Eram muitas as línguas faladas no território brasileiro, mas havia uma *língua geral*, o tupi, mais ou menos falado por todos.

20 Cf. Francisco Assis Martins FERNANDES, *Comunicação na Pedagogia dos Jesuítas na era Colonial*, São Paulo, Loyola, 1980.

21 S. LEITE, *Cartas do Brasil*, Coimbra 1955, p. 12; cf. também José de ANCHIETA, *Cartas, Informações*. Rio de Janeiro: Civilização Brasileira 1933, p. 419 e 435, citado por O. LUSTOSA, *Catequese Católica*, p. 33.

22 Sobre o Pe. José de Anchieta, cf. Hélio Abrantes VIOTTI, *Anchieta, o Apóstolo do Brasil*, São Paulo: Loyola 1966; Pedro Américo MAIA, *José de Anchieta, o catequista do Brasil in Convergência* 23(1988), 267-276.

23 Em 1553, com aqueles que vieram posteriormente e os que entravam na Companhia aqui no Brasil, já eram em torno de 30 jesuítas. De 1549 a 1604 contam-se 28 expedições; em 1586 já saíam missionários do Brasil para fundar missões no Paraguai: cf. Miguel de OLIVEIRA, *História Eclesiástica*, Lisboa: União Gráfica, 1968, 4ª ed., p. 224.

de Capistrano de Abreu[24]. Também outras ordens religiosas (franciscanos, capuchinhos, beneditinos, carmelitas, mercedários) se associaram à obra empreendida pelos jesuítas na gigantesca obra espiritual da formação cristã do Brasil.

1.1.3 O modelo tridentino de catequese

O Brasil não conheceu Idade Média, cristandade medieval ou impacto do movimento da reforma do século XVI que motivou o Concílio de Trento. Mas a catequese do período colonial, embora rica na metodologia adaptada aos nativos, jamais perdeu de vista o ideal da Igreja de Cristandade, da sociedade sacral católica, inspirando-se na teologia escolástica consagrada em Trento. A catequese refletia essa teologia em suas fórmulas de apurado rigor técnico, sem deixar de insistir também nos conteúdos antiprotestantes peculiares ao catolicismo da Reforma Tridentina.

O *Catechismus ad Parochos* também chamado *Romano* ou *Tridentino*, nascido sob o impulso do Concílio de Trento, ocupa um lugar de destaque na história da catequese em toda a Igreja, quer pelos conteúdos, estrutura, orientações pedagógicas e principalmente pela sua grande difusão. Ele foi publicado em 1566, quando a evangelização e catequese no Brasil estavam ainda nos inícios, e sua influência se sentiu através da obra dos missionários jesuítas. As várias edições em Portugal e bem depois no Brasil são a prova de seu prestígio entre nós[25].

Esta teologia e esse modelo de Igreja vindos da Europa foram transpostos para os numerosos *textos catequéticos* trazidos ou produzidos aqui pelos missionários. O primeiro deles, *Suma de doutrina cristã* (1552), de Pero Correia, foi escrito na "língua natural da terra". Em português foi publicada a *Suma da fé* (1560), do Pe. Luiz Grã e traduzida para o tupi (1574) pelo Pe. Leonardo do Vale. Também o Pe. Anchieta elaborou o seu *Diálogo da fé* (1592), texto bilingue, publicado em edição crítica[26]. Todos eles, além da teologia europeia da época, seguiam os modelos de cateque-

24 Capistrano de ABREU, *Capítulos de História Colonial*, Rio de Janeiro, 1945, 4ª ed., p. 105.

25 Uma resenha das várias edições em português de Portugal e do Brasil do *Catecismo Romano* pode ser encontrada na obra de Gehard J. BELLINGER, *Bibliographie des Catechismus Romanus ex decreto Concilii Tridentini ad Parochos 1566-1978*. Coleção *Biblioteca Bibliografica Aureliana* 87, Baden-Baden: Verlag Valentin Koerner, 1983, p. 238-239.

26 José de ANCHIETA, *Diálogo da Fé*. Obras completas, 8º volume. Introdução histórico-literária e notas do Pe. Armando Cardoso, São Paulo: Loyola, 1988.

se doutrinária que consiste em resumir em fórmulas muito densas, mas simples, os principais dados da fé. Este trabalho de produção catequética chegou ao auge com a obra do Pe. Antônio de Araújo: *Catecismo na língua brasileira, na qual se contém a suma da doutrina cristã*, em 1618 (primeira edição), escrito em forma de diálogo, e que recolhe a experiência de muitos catequistas desde os inícios até então[27].

Em 1686, o Pe. Bartolomeu de Leão e o Pe. Simão de Oliveira reeditaram-no com o título de *Catecismo brasílico da doutrina cristã*. O Pe. Antônio Vieira, considerando-o muito completo, mas difícil ("parece mais ordenado para fazer de cristãos teólogos que de gentios cristãos"[28]) compôs vários *catecismos em língua brasílica* e traduzidos em outras seis línguas indígenas do Amazonas. Desde o início quase todos os missionários jesuítas tinham copiado ou elaborado *seu próprio texto* para a catequese com os índios[29].

Com a expulsão dos jesuítas em 1759 e subsequente abandono e pilhagem das bibliotecas dos colégios e residências de seus colégios, a imensa maioria desse tesouro desapareceu. Alguns manuscritos são conhecidos apenas por referências em cartas, outros foram conservados em algum arquivo europeu e uns poucos foram publicados ultimamente com edições críticas (cf. final da nota 27 acima)[30].

---

27 O núcleo primitivo desta obra remonta aos primeiros catecismos de Pero Correia, Leonardo do Vale e José de Anchieta, com suas contínuas revisões. Redigido quase que todo em tupi, havia partes em português e parte em latim, como o ritual usado no Brasil no séc. XVI: cf. R. AZZI, *A catequese no Brasil*, 495. Seu conteúdo era variado: cânticos, explicações das datas litúrgicas, resumo da vida dos santos e duas exposições sobre o jejum e os dias santificados. O núcleo se constituía de *orações* (em perguntas e respostas), dos *diálogos* sobre o Credo, a Paixão, os Mandamentos e os Sacramentos. O Pe. Antônio Vieira exaltou sua exatidão, singularidade e capacidade de educar na fé: cf. R. MENDES DE OLIVEIRA, *O Movimento Catequético*, 10. Cf. edição crítica: Antônio de ARAÚJO, *Catecismo na Língua Brasílica*, Rio de Janeiro, Pontifícia Universidade Católica, 1952. Tal edição crítica é apresentada *in Revista Catequética* 4 (1952), nº 30, p. 43.

28 Citado por LEMOS BARBOSA, A., *Introdução ao Catecismo na Língua Brasílica* do Pe. Antônio de Araújo. Rio de Janeiro: PUC, 1952

29 Uma lista completa dos catecismos jesuíticos desta época pode ser encontrada em João Evangelista Martins TERRA, *Catecismos Jesuítas nas línguas Brasílicas, História dos catecismos in Revista de Cultura Bíblica* 36, nova fase 17 (1993), 67-68, p. 51-59; ID., *Os jesuítas e a catequese dos índios no Brasil in Catequese e cultura: inculturação, índios e escravos*, São Paulo, Loyola, 1982, p. 31-41. Cf. também em Bernardo CANSI, *Os catecismos no Brasil in* Francisco CATÃO, *Catecismo e Catequese*, São Paulo: Paulinas, 1993, p. 47-61: este trabalho, entretanto, precisaria uma melhor revisão crítica, quer pelos dados apresentados nem sempre correspondentes às fontes, quer pela maneira, pela ordem da exposição e critério de seleção.

30 Cf. J. E. M. TERRA, *Catecismos Jesuítas nas línguas Brasílicas in História dos Catecismos in Revista de cultura Bíblica* 36, nova fase 17 (1993), 67-68, p. 52.

Mas a educação da fé não era trabalho só dos missionários; a Igreja nascente se organizava[31] e os leigos, sobretudo, tiveram um papel importante na transmissão da fé:

> Durante os três primeiros séculos, e ainda hoje, sobretudo em regiões indígenas, os catequistas cumprem uma tarefa central e insubstituível. As confrarias, predominantemente masculinas e corporativas, desempenharam uma decisiva função no compromisso cristão de solidariedade e assistência social. As ordens terceiras e suas similares souberam unir o crescimento espiritual dos seus membros, o apostolado e o compromisso com os pobres[32].

1.2 Consolidação da obra catequético-missionária

Com a expansão das conquistas e do território nacional crescia também o trabalho evangelizador e catequético. O contingente de missionários aumentou com a chegada de novas expedições missionárias de jesuítas e de outras ordens religiosas[33]. Por sua vez, os bispos tentavam organizar as paróquias com o clero diocesano, não sem atritos e divergências com o clero religioso, devido principalmente à delimitação das

---

31 A primeira diocese do Brasil, criada por Júlio III com a bula *Super Specula* de 25/02/1551, era sufragânea de Lisboa com a sede na Bahia; somente em 1673 foi elevada à dignidade de Metrópole. Em 1575 criou-se a prelazia do Rio de Janeiro, em 1661 as de Pernambuco e Paraíba, em 1674 a de São Luiz do Maranhão, da qual se desmembrou a diocese de Belém do Pará criada em 1719 por Clemente IX. A primeira estrutura eclesiástica mais definida veio apenas em 1707 com as *Constituições* do arcebispado da Bahia. Finalmente em 06/12/1745, Bento XIV dividiu a diocese do Rio de Janeiro em 5 partes criando 4 novas circunscrições: as dioceses de Mariana (MG), São Paulo (SP) e as prelazias de Cuiabá (MT) e Goiás, sufragâneas da Bahia: Cf. M. de OLIVEIRA, *História Eclesiástica*, p. 312-313. CELAM, *Nova evangelização, promoção humana... Instrumento de Trabalho*, nº 26. Tal crescimento acentuou-se após a independência em 1822, contando atualmente (2023) com 279 circunscrições eclesiásticas: prelazias, dioceses, arquidioceses, eparquias ou exarcados, administrações apostólicas pessoais (cf. CNBB, *Dioceses in* https://pt.wikipedia.org/wiki/Circunscri%C3%A7%C3%B5es_eclesi%C3%A1sticas_cat%C3%B3licas_do_Brasil, acessado em 01-07-2023.

32 CELAM, *Nova evangelização... Instrumento de Trabalho*, nº 20. Veja-se, por exemplo, este testemunho em 1700 do Conselho Ultramarino em Portugal sobre o negro José Lopes Espinallo, natural do Cabo, a respeito de seus méritos de catequista: "Pareceu que este preto merece que vossa majestade lhe mande lançar pelo governador uma medalha de ouro ao pescoço, chamando-o à Junta das Missões". *Carta a respeito do trabalho de catequese do preto José Lopes Espinolla in* E. HOORNAERT, *Das reduções latino-americanas às lutas indígenas atuais*, São Paulo: Paulinas, 1982, p. 177.

33 "Os franciscanos se estabeleceram definitivamente no Brasil em 1585 com a fundação do convento de Olinda; decorrido um século tinham 21 conventos e 14 missões. Em 1584 os beneditinos fundam conventos na Bahia. Os carmelitas em Olinda (RE) e Santos (SP) formavam duas províncias. Mais tarde, em 1639 os mercedários faziam suas fundações". M. de OLIVEIRA, *História Eclesiástica*, p. 225.

zonas de trabalho[34]. Aumentando também por parte dos colonizadores a vontade de reduzir os indígenas à escravidão, o trabalho dos missionários, sempre evangelicamente defensores da liberdade dos índios, encontrou maiores dificuldades, oposição e perseguição, conforme o dramático testemunho do Pe. Antônio Vieira[35]. Os capuchinhos, liderados por Frei Marinho de Nantes, encontraram a mesma dificuldade. O Papa Urbano VIII publicou em 22 de abril de 1639 a bula *Comissum nobis* em defesa dos índios, afirmando possuírem alma, sendo seres racionais. Mas os portugueses, principalmente da capitania de São Paulo, se recusaram a aceitá-la.

1.2.1 A ação catequética missionária

Os jesuítas e outros missionários adotaram a política dos *aldeamentos* indígenas, como centros estáveis de catequese e meio de defender os índios. A catequese continuou sendo ministrada num contexto de ameaças, riscos e atentados contínuos à liberdade dos primitivos habitantes da terra. Entretanto, esta situação propiciou a realização de uma catequese abrangente que visava todas as dimensões da vida. Por sua vez, os missionários continuavam o esforço de dominar melhor a *língua geral* e de escrever textos catequéticos.

Além das *sumas da doutrina cristã* ou *catecismos para o gentio do Brasil*, os franciscanos escreveram também os *confessionários*, já tradicionais na Europa[36]. No *Regulamento* elaborado pelo Pe. Antônio Vieira em 1660, vislumbram-se as orientações de um autêntico *Diretório Catequético*: estabelecia o *ensino diário* (duas vezes ao dia), a memorização em alta voz, as orações e celebrações, as festas e suas procissões, a frequência à Missa e Confissão, a comemoração de datas e fatos com ritos festivos, a permissão do uso do baile e dos cantos funerários indígenas etc.[37].

34 Um outro exemplo de conflito foi a interferência do primeiro bispo do Brasil, Dom Pedro Fernandes Sardinha, que acusava os jesuítas de praticarem costumes gentílicos, quando estes procuravam fazer uma comunicação inculturada: cf. R. AZZI, *A catequese no Brasil*, p. 495.

35 "Nem nos tempos de Nero e Diocleciano se executaram em toda a Europa tantas injustiças, crueldades e tiranias, como executou a cobiça e impiedade dos chamados conquistadores do Maranhão, nos bens, no suor, no sangue, na liberdade, nas mulheres, nos filhos, nas vidas, e sobretudo nas almas dos miseráveis índios...". Antônio VIEIRA *in* S. LEITE, *História Geral da Companhia de Jesus*, tomo IV, p. 98.

36 Cf. Venâncio WILLEKE, *Missões franciscanas no Brasil*, Petrópolis: Vozes, 1973, p. 58; Hugo FRAGOSO, *Os aldeamentos franciscanos do Grão-Pará in* E. HOORNAERT, *Das reduções latino-americanas*, p. 152.

37 Cf. S. LEITE, *História Geral da Companhia de Jesus*, tomo IV, p. 146; tomo VIII, p. 98 e 348.

Os objetivos da ação catequética eram claros: incorporar o indígena à comunidade civil e religiosa portuguesa através da iniciação à cultura cristã; reformular seu código moral e garantir a verdadeira conversão dos adultos, através de um tempo maior de *preparação batismal*, uma vez que seus costumes eram pagãos; proteger o índio através da tutela, uma vez que sua liberdade estava ameaçada; educação para o trabalho, uma vez que os indígenas não eram muito afeitos ao trabalho organizado e eficiente. Para atingir estes objetivos os missionários tinham a necessidade de concentrar em suas mãos a administração *espiritual e temporal* dos aldeamentos com suas inevitáveis consequências: paternalismo, estatuto de menoridade para o indígena, eterna criança nas mãos dos educadores e suas sequelas sociais na formação da cultura brasileira. Entretanto, este testemunho de caridade e de justiça dos missionários era neutralizado pelo contratestemunho de violência, exploração e injustiça dos colonizadores.

Apesar dessas dificuldades, os missionários preocupavam-se não somente com novos métodos e técnicas, mas também com a superação da simples catequese doutrinal ou instrução (embora os textos vão muito nesta linha). Estavam muito atentos àquilo que hoje chamamos de *promoção humana e social* do indígena dentro de um contexto hostil e avesso a um tipo de atividade. Este ciclópico trabalho evangelizador não pode ser atribuído só aos missionários, despojados, abertos à cultura indígena e com uma alta consciência evangélica; também os *leigos* tiveram papel importante, infelizmente esquecida pela história: estiveram sempre ao lado dos missionários, ora assumindo mesmo o comando dos aldeamentos, ora fazendo parte integrante do processo catequizador. Duas dificuldades maiores barraram a consecução plena do objetivo evangelizador: a falta de consciência social por parte dos colonizadores dominados pela política mercantilista (a ação pastoral junto a eles não conseguiu mudar-lhes a mentalidade) e a falta de um instrumental que lhes permitisse mergulhar mais na cultura indígena[38].

1.2.2 A organização da catequese

Para a organização da Igreja e principalmente para a história da catequese no Brasil é de suma importância a promulgação, já nos inícios do século XVIII, das *Constituições do Arcebispado da Bahia*, capital e sede do arcebispo primaz do Brasil, na época Dom Sebastião Monteiro da Vide.

38 Cf. O. LUSTOSA, *Catequese Católica*, p. 42-49.

Tais *Constituições*[39] orientaram a ordenação jurídico-teológica na Igreja do Brasil durante dois séculos. O breve catecismo incorporado às *Constituições* traz os traços dos catecismos doutrinais europeus. A importância catequética deste documento é assim ressaltada:

> As *Constituições da Bahia* trazem não somente à memória dos párocos, dos mestres-escola e dos pais de família a obrigação de ensinarem crianças e *escravos*, seguindo à risca as normas do Concílio de Trento, mas ainda oferecem aos catequistas um catecismo abreviado para a instrução, que denominam de *Forma da doutrina cristã*, e também um formulário mais resumido ainda e adaptado para os *escravos*[40].

Quanto aos escravos afrodescendentes, era-lhes apenas oferecido o mínimo necessário para a preparação ao batismo, à missa e aos demais sacramentos. Um aprofundamento da mensagem cristã deixaria os senhores proprietários com graves problemas de consciência diante de uma situação tão desumana. Com exceção de esforços isolados, a Igreja não se interessou muito pela evangelização dos negros, desconhecendo também a prática dos ritos africanos[41]. Tal atitude é um capítulo doloroso e sofrido na pastoral da Igreja na época colonial[42], sendo também uma das causas do sincretismo do catolicismo com a religiosidade afro-brasileira.

---

39 *Constituições primeiras do Arcebispado da Bahia*, feitas e ordenadas *pelo Ilustríssimo e Reverendíssimo Dom Sebastião Monteiro da Vide, 5º Arcebispo do dito Arcebispado, propostas e aceitas em o Sínodo Diocesano que o dito celebrou em 12 de junho de 1707*. São Paulo, Tipografia Antônio Louzada Nunes 1853. A primeira edição foi feita em Lisboa em 1756. Tais *Constituições* se compõem de 5 livros. É no primeiro deles que se trata da obrigação de ensinar a doutrina cristã.

40 O. LUSTOSA, *Catequese Católica*, 59; cf. p. 52.

41 Cf. João Manoel Lima MIRA, *A evangelização do negro no período colonial brasileiro*, São Paulo: Loyola, 1983.

42 *Puebla* o reconhece na nota 40 do nº 10: "O problema dos escravos africanos não mereceu, infelizmente, a devida atenção evangelizadora e libertadora da Igreja". O Pe. João Evangelista Martins TERRA, em seu livro *Os Negros e a Igreja* (São Paulo: Loyola, 1984) diz que tal afirmação de *Puebla* precisa ser matizada, uma vez que houve grandes esforços para a catequização dos negros, inclusive com textos catequéticos escritos na língua de Guiné, dos quais, como relata, não sobrou quase nenhuma cópia. O esplendor das *Confrarias do Rosário* (que congregava apenas negros) seria um sinal do êxito de tal catequese; mas o Pe. Terra reconhece que os ritos e práticas das religiões africanas, que os negros mantinham sob disfarces católicos, falavam muito mais alto do que os ensinamentos abstratos ministrados a eles pela catequese. Por sua vez o Pe. O. LUSTOSA afirma que a escassa bibliografia sobre o tema apresentado pelo Pe. Terra, é sinal da superficialidade das medidas em favor dos escravos. Cf. O. LUSTOSA, *Catequese Católica*, 59. Sobre o mesmo assunto o Pe. J. E. M. TERRA ainda publicou *A catequese dos escravos africanos e a Companhia de Jesus in Catequese e cultura: inculturação, índios e escravos*, São Paulo: Loyola, 1982, p. 43-54; ID., *História dos catecismos: A catequese dos escravos africanos no Brasil e os jesuítas in Revista de cultura Bíblica* 36, nova fase 17(1993), 67-68, p. 60-70.

1.3 A crise do século XVIII: Iluminismo e Jansenismo

1.3.1 O novo contexto cultural e seu influxo

As ideias que transformavam a Europa no século XVIII tinham sua repercussão no Brasil: o *Iluminismo*, os ideais da *Revolução francesa*, o *mercantilismo*, o *despotismo esclarecido*. Este último movimento teve grande influência no Brasil, através de Sebastião José de Carvalho e Melo, marquês de Pombal, nomeado primeiro ministro de Dom José II, de Portugal, cujas medidas políticas golpearam profundamente a ação da Igreja. A estas novas tendências a Igreja se opôs apegando-se à própria Tradição, e por isso mesmo recebeu um impacto mortal através da estratégia administrativa do Marquês de Pombal.

Os opositores de primeira linha em Portugal e no Brasil, naturalmente, eram os jesuítas. Alegando que eles resistiam à demarcação de fronteiras no norte e no sul do Brasil estabelecidos pelo Tratado de Madrid de 1750, que escravizavam os índios nos aldeamentos, que possuíam um poder econômico-financeiro em concorrência com o Estado, e que manipulavam a corte lusitana sob pretexto de direção espiritual, Pombal expulsa os jesuítas de Portugal e Colônias, pela lei de 3 de setembro de 1759. Esta decisão política desmoronou toda aquela organização e redes de escolas que esses missionários haviam implantado ao longo do litoral brasileiro e também no interior do país: a educação brasileira foi duramente castigada e a catequese recebe um golpe de que nunca mais pode curar-se[43]:

> O afastamento dos inacianos dos colégios e aldeamentos criava impasses graves e insolúveis para a continuidade da doutrinação cristã. Não que não houvesse da parte do governo da Metrópole e seus representantes no Brasil o interesse em dar substitutos aos padres. Mas como fazer, se eram poucos os leigos capacitados para reger as "escolas de ler e aprender" e de doutrina cristã, e se os religiosos não eram bem vistos no esquema da tática governamental, uma vez que não eram confiáveis, quando se tratava do processo de "secularização das instituições escolares"? A *catequese* sofria, assim, com a expulsão dos jesuítas, um golpe profundo em *quantidade* (redução de mestres e de escolas) e em *qualidade* (deterioração na habilitação de professores)[44].

---

43 Cf. M. de OLIVEIRA, *História Eclesiástica*, p. 314.

44 O. LUSTOSA, *Catequese Católica*, p. 63-64.

1.3.2 O catecismo jansenista

Com a expulsão dos jesuítas, as missões foram confiadas a franciscanos e beneditinos, embora também eles não fossem bem vistos pelo governo pombalino, pois resistiam às novidades da ilustração. O ensino sofreu alterações profundas, ditadas pelas ideias do iluminismo. A catequese, à semelhança do futuro *catecismo napoleônico* da França, foi solicitada a ministrar uma educação conforme os interesses dos governantes regalistas[45]. A teologia jansenista de Lião, na França, teve sua codificação catequética nas *Instruções Gerais em forma de catecismo* do bispo de Montpellier Charles-Joachim Colbert e do padre do Oratório François-Aimé Pouget, conhecido como *Catecismo de Montpellier*[46]. Foi publicado em 1702 e traduzido para o português pelo Arcebispo de Évora em 1765, em 4 volumes. Apesar de ter sido condenado e colocado no *Index* em 1721 sob acusação de jansenismo e de tendências galicanas, com decreto régio de 30 de setembro de 1770 o livro foi imposto em Portugal e colônias, como texto oficial nas escolas.

Naturalmente Pombal não estava interessado nas questões teológicas deste *catecismo jansenista*, mas no aspecto político com relação ao poder central da Igreja de que ele era revestido. Muitos bispos brasileiros protestaram, mas inutilmente. Outros, como Dom Miguel Bulhões, do Pará e Dom Antônio do Desterro, do Rio de Janeiro, oficializaram o texto em suas dioceses[47]. Ele foi divulgado em todo território nacional influenciando tremendamente a catequese no Brasil até o início do período imperial.

O significado deste *catecismo* para a Igreja no Brasil e suas influências negativas foram assim duramente relevadas:

> Por trás da questão do uso do *Catecismo de Montpellier* e da *Teologia de Lião*, o que está em jogo, concretamente, em plano de catequese, não são diretamente as discussões e posições, ora cavilosas, ora sutilmente complicadas, do jansenismo *dogmático*, nem tão pouco as explorações do jansenismo *político*, mani-

---

45 Assim a *Breve instrução para ensinar a doutrina cristã, ler e escrever aos meninos e ao mesmo tempo os princípios da língua portuguesa e sua ortografia*, publicado pelo Governador de Pernambuco em 1759 e citado por O. LUSTOSA, *Catequese Católica*, 65. Ver também aí a exortação de Dona Maria I ao bispo de Mariana de ensinar na catequese as obrigações de fidelidade, amor e obediência que os vassalos devem ao soberano como manda a religião.

46 Sobre este catecismo, cf. *Catechismi nell'ambito giansenista in* Pietro BRAIDO, *Lineamenti di storia della catechesi e dei catecismi: dal "tempo delle riforme" all'età degli imperialismi (1450-1870)*. Coleção *Collana studi e ricerche di catechetica* 14, Torino-Leumann, Elle Di Ci,1991, p. 283-287.

47 Cf. R. AZZI, *A catequese no Brasil*, 497-498; ID., *A crise da cristandade e o projeto liberal*. Coleção *História do pensamento católico no Brasil II*, São Paulo: Paulinas, 1991, p. 210-213.

> pulando a problemática levantada pelos estudiosos para fortalecer o "despotismo esclarecido" do absolutismo em Portugal. É antes o jansenismo *moral* que prioriza um rigorismo ascético fanaticamente exacerbado, uma busca de pureza legal sem limites, uma luta indiscriminada contra o espírito de tolerância e, particularmente, contra o laxismo – tudo isso é que passará, insensível e inconscientemente, para a cabeça, para o coração e a prática religiosa do povo simples, através da pregação e da catequese[48].

Com o afastamento dos jesuítas do Brasil, a suspensão progressiva das ordens religiosas e o consequente confisco de seus bens, pela falta de substitutos à altura da educação e catequese, juntamente com a desintegração que se processa no sistema colonial português, o catolicismo no Brasil passa por uma deterioração generalizada. A isto se acrescente a falta de preparação do clero, a quase inexistência de seminários[49], o declínio moral e numérico dos religiosos[50] e a reduzida quantidade de dioceses para atender tão vasta população em franco crescimento.

1.3.3 A catequese popular

Entretanto, não faltaram esforços para suprir essas carências: a religiosidade popular encontrou um campo propício onde se firmar e se expandir, e cresceu a catequese de cunho popular: a fé foi mantida e sustentada por gente simples do povo, rezadores, puxadores de novena, pregadores populares; sobressaem, entre eles, os ermitões, ao redor dos quais se reúnem massas de fiéis para suas práticas do catolicismo popular. A *catequese oficial* que entrou em crise encontrou formas supletivas na *catequese popular* que se caracteriza pela simplicidade, o conhecimento do essencial da fé, prática

---

48 O. LUSTOSA, *Catequese Católica*, 67. Sobre a influência da *Escola de Lion* e do *jansenismo* no Brasil, cf. Heliodoro PIRES, *Uma teologia jansenista no Brasil in REB* 8 (1948), 327-340; Luiz Castanho ALMEIDA, *Formação intelectual de Feijó e do clero de sua época in REB* 8 (1948), 617-633, principalmente p. 631; R. AZZI, *A catequese no Brasil*, 498; ID., *A crise da cristandade*, p. 136-146 e, de um modo especial sobre o *Catecismo de Montpellier*, p. 204-214.

49 Nos poucos seminários que ainda restavam a teologia sentia forte influxo do jansenismo, liberalismo e regalismo: "Nos últimos decênios do séc. XVIII e durante decênios do séc. XIX, os jovens clérigos das várias províncias do Brasil, tiveram que manusear compêndios impregnados de jansenismo e regalismo [...]. Era a Mesa Censória [de Portugal] que autorizava a impressão de livros para o currículo dos seminários. E a Mesa Censória respirava regalismo, porejava jansenismo". Cf. Luiz Castanho ALMEIDA, *Formação intelectual de Feijó*, 631; Heliodoro PIRES, *Uma teologia jansenista*, 333.

50 Crise devida à corrida de religiosos para as minas de ouro, às medidas coercitivas do governo com relação à expansão e desenvolvimento das ordens religiosas e à influência do liberalismo. Por isso pouca influência tiveram os religiosos na tarefa catequética: cf. R. AZZI, *A catequese no Brasil*, 499.

de um catolicismo despojado de fórmulas e de gosto popular, austero nas normas fundamentais e o grande número de devoções com forte confiança na mediação dos santos (piedade santeira). É uma catequese que se caracterizava pela transmissão de pai para filho dentro dos valores da herança familiar. O sincretismo religioso, mistura de elementos da religião indígena, africana e catolicismo romano, foi-se firmando e caracterizando muitas regiões brasileiras[51].

1.4 Os *Bispos reformadores* do século XIX

1.4.1 Mudanças culturais e reflexos na Igreja

A retomada da ação da Igreja e da catequese em particular se deu em meio a profundas transformações ocorridas primeiramente na Europa. Apesar de seu banho de sangue, a Revolução Francesa viu os próprios ideais sempre mais divulgados. Com a queda dos absolutismos, entraram os regimes constitucionais, parlamentares e democráticos. Com a revolução industrial firmou-se a dominação do capital e divinização do poder econômico. Socialmente assistia-se à ascensão da burguesia liberal e organização do proletariado.

Do ponto de vista cultural, o *positivismo* abriu caminho para a independência cada vez maior das ciências que buscam o progresso. A esta sociedade liberal a Igreja resistiu num ultramontanismo, que, ao lado dos aspectos negativos, teve também seu lado positivo: a defesa de todo o corpo doutrinal da Igreja. Isso levou a uma centralização cada vez maior, supervalorização da figura do Papa e tendência apologética. Esta imagem de uma Igreja defensiva diante da sociedade liberal dominou também a catequese no século XIX[52].

Como consequência da política expansionista de Napoleão Bonaparte na Europa, Dom João VI abandonou Portugal e veio para o Brasil em janeiro de 1808 com a família real portuguesa e um séquito de 15.000 cortesãos, mais ou menos: o Brasil passou a ser a sede da monarquia portuguesa. Se as consequências econômicas foram vantajosas, por outro lado a vigilância do poder político sobre a Igreja tornou-se muito mais intensa. Assim, por

---

51 Sobre os valores indígenas e africanos assimilados no catolicismo popular pela catequese nesta época, cf. Bernardo CANSI, *Fragmentos de la historia de la catequesis en Brasil in Actas del Congreso Internacional de Catequesis: Del V° Centenário al III° Milenio*, Sevilla septiembre 1992, Madrid: Centro de Estudios Teológicos "San Dámaso", 1993, p. 195-201.

52 Cf. O. LUSTOSA, *Catequese Católica*, p. 71-75.

exemplo, os bispos não tinham liberdade de se locomover para reuniões ou deslocamentos fora de suas dioceses, o que tornava impossível uma ação conjunta de planejamento ou programação da catequese: as iniciativas foram pessoais e restritas aos territórios diocesanos.

No início de século XIX a principal tarefa da Igreja, com muito reflexo na pastoral catequética, foi uma *reforma católica*, a cuja frente estiveram os bispos Dom Romualdo de Souza Coelho e Dom Macedo Costa (Pará), Dom Antônio Viçoso (Mariana), Dom Joaquim Manoel da Silveira (Maranhão), Dom Antônio Joaquim de Melo (São Paulo), Dom Pedro Maria de Lacerda (Rio de Janeiro), e outros. Alguns autores chamam tal reforma de *romanização*, pois a finalidade principal dos bispos reformadores

> era implantar no Brasil o espírito da reforma tridentina. Tratava-se de substituir o tradicional catolicismo lusitano, de origem medieval, por um catolicismo de *caráter mais romano*, que pode ser designado como catolicismo reformado ou tridentino[53].

Além da reforma do clero[54] e do povo católico, a renovação do *ensino da doutrina cristã* assumiu uma importância fundamental para a implantação da reforma católica (ou *romanização*). De maneira ocasional e intensiva, os bispos realizaram suas catequeses nas visitas pastorais, ao passo que de uma maneira mais regular e sistemática ela era ministrada nas paróquias e colégios religiosos. Instrumento valioso no impulso e animação da catequese foram as inúmeras *cartas pastorais*, instrumentos de orientação e governo dos bispos, predecessoras dos modernos *documentos* ou planejamento do episcopado. Os catecismos que surgiram, foram os instrumentos de um *incipiente movimento*, que será incrementado a partir de 1840; sua marca característica será a dimensão doutrinal e as orientações do Concílio de Trento. Os novos textos pretendiam substituir o divulgado *Catecismo*

---

53 R. AZZI, *A catequese no Brasil*, 499. O autor aprofunda este período de reforma em vários estudos, como: *O movimento brasileiro de reforma católica durante o século XIX in* REB 34(1974) 646-662; ID., *O início da restauração católica no Brasil 1920-1930 in Síntese* (1977) nº 10 e nº 11, *A crise da cristandade e o projeto liberal.* São Paulo: Paulinas, 1991 e no terceiro volume de sua obra *História do pensamento Católico no Brasil*, São Paulo: Paulinas, 1992.

54 O movimento reformador introduziu a imagem do padre *santo e espiritual* dedicado exclusivamente ao serviço de Deus, que passou a caracterizar o clero do Brasil. Responsável por este movimento foi, de um modo especial, Dom Antônio Ferreira Viçoso (cf. nota seguinte) e os religiosos da Congregação da Missão; propõem o modelo criado pela escola francesa do séc. XVII que se inspira em S. Francisco de Paula, S. Francisco de Sales, Pierre de Berulle e Jean Jacques Olier, fundador do seminário de São Sulpício: cf. R. AZZI, *Dom Romualdo Seixas e Dom Macedo Costa: dois propugnadores da liberdade da Igreja no século passado in RCVozes* 68 (1974) 479.

de Montpellier; eles foram traduzidos de edições europeias ou elaborados e adaptados pelos próprios bispos brasileiros.

1.4.2 Novos textos: os catecismos teológicos

O primeiro catecismo a ser publicado dentro deste espírito de combate ao jansenismo e de reforma católica é o de Dom Romualdo de Souza Coelho, do Pará, adotado em seguida também na Bahia. Igualmente Dom Antônio Viçoso, nascido em Portugal e Superior dos padres da Missão, bispo de Mariana de 1844 a 1875, traduziu do francês um catecismo que foi muito usado em sua diocese e a partir do qual nasceram vários *Catecismos da Doutrina Cristã* do início do século XX, publicados até hoje[55]. O mesmo zeloso bispo publicou outros *resumos de doutrina cristã* de grande divulgação. Em São Paulo, Dom Antônio Joaquim de Melo em 1859 publicou um catecismo com linguagem popular, mas "quanto à ordem que seguimos na exposição da matéria, é com pouca diferença, a ordem do Concílio de Trento" (prefácio).

Novamente no Pará, surgiu o *Manual da doutrina cristã*, agora da autoria de Dom Antônio de Macedo Costa, um dos líderes do episcopado brasileiro e por isso adotado também em outras dioceses. O Bispo de Fortaleza (CE), Dom Luís Antônio dos Santos discípulo de Dom Viçoso, ordena que "enquanto não adotarmos um catecismo como próprio da diocese, se sirvam do que foi adotado pelo nosso zeloso antecessor, usando, porém, para maiores e substanciais explicações, o *Catecismo Romano*"[56]. Outro discípulo de Dom Viçoso, foi o bispo, também lazarista, Dom Pedro Maria de Lacerda, do Rio de Janeiro que escreveu em 1874 a *Cartilha Católica dos principais pontos de doutrina cristã*, insistindo, como diz o título, no essencial e opondo "aos erros novos a doutrina antiga"[57]. Na mesma linha agiu Dom Joaquim Manoel da Silveira, Bispo do Maranhão, publicando um catecismo próprio e difundindo-o através das visitas pastorais. Outro

---

55 De fato, seu biógrafo e sucessor como bispo, Dom Silvério Gomes PIMENTA, afirma: "O que o Sr. Dom Antônio ordenou, vertendo do francês, para a sua Diocese, em seu gênero é o mais acabado que se pode desejar, e oferece a mais completa instrução religiosa a todas as classes em 67 lições [...] É tão rico em doutrina que os mesmos sacerdotes, versados nessa matéria, quiçá encontram neles documentos que talvez ignoravam...". ID. *Vida de Dom Antônio Ferreira Viçoso, bispo de Mariana*, Mariana: Tip. Arquiepiscopal, 1920, 3ª ed., p. 166. O entusiasmado biógrafo será um dos signatários da publicação do *Catecismo da Doutrina Cristã* de 1905, de que sem conhecimento.

56 *Atas e Constituições do primeiro Sínodo Fortalezense*, Ceará, 1888, p. 174.

57 *Ibid.*, introdução, p. VII.

maranhense, Dom Luiz Raymundo da Silva Brito, que trabalhou no Rio de Janeiro e depois foi Arcebispo de Olinda, escreveu um texto para alunas das escolas normais da corte, caracterizado pela elegância literária, visão da história bíblica e por um apêndice no qual apresentou às futuras professoras uma *Metodologia Geral do Ensino de Instrução Religiosa*[58].

Esta proliferação de textos catequéticos diocesanos[59] durante o Império, suscitou a tentativa de publicar um texto único no período republicano, no início do século XX. Os textos que ora se publicaram por obra dos bispos reformadores possuíam caráter doutrinal, teológico e apologético. Esta doutrinação defensiva refletia o contexto do catolicismo do séc. XIX; de fato, além do combate aos erros do jansenismo, galicanismo e liberalismo e da característica antiprotestante da reforma de Trento, da qual a nossa reforma era tributária, devem-se também ter em mente as cláusulas favoráveis à liberdade religiosa dos anglicanos, contidas no *Tratado do Comércio com a Inglaterra* de 1810, e o advento de vários pastores protestantes e imigrantes americanos que fundavam importantes colégios no país. O. LUSTOSA, que chama de *ultramontano* este estilo de catequese, observa:

> A *catequese* assume também uma dimensão *defensiva*, à maneira da Igreja europeia, especialmente romana, fechando-se, desde a infância, a educação na fé dentro dos limites de uma resistência, nem sempre muito lúcida, a tudo quanto se taxava de "modernidade", oriunda da Revolução Francesa. Tal comportamento ficará mais claro nos programas de ensino religioso nos colégios católicos que então começam a florescer (final do segundo reinado), apesar de toda a política de controle e de arrocho dos liberais maçons do Ministério da Justiça do Império[60].

58 Luiz Raymundo da Silva BRITO, *Lições de religião explicadas na Escola Normal da Corte*, Rio de Janeiro, Tip. Montenegro 1887, 250 p. Cf. Recensão altamente elogiosa desta obra: Heliodoro PIRES, *A caminho da História da Catequese no Brasil*, *in RC* 7 (1955), nº 46, p. 42-43.

59 A este respeito, anotamos aqui a curiosa observação que Dom José Sarto, futuro Pio X, faz sobre a proliferação de catecismos diocesanos no Brasil em carta de 19/08/1889 ao Congresso Catequético de Piacenza (Itália) para defender a ideia de um catecismo único para toda a Igreja: "Quem poderia apreciar dignamente o sacrifício de deverão fazer os generosos sacerdotes [escalabrinianos] que chegando ao Brasil [em julho de 1888] lá encontrarão tantos livros de catecismos quanto são as dioceses às quais pertencem aqueles pobres emigrantes?" *in* Luciano NORDERA, *Il Catechismo di Pio X: per una storia della catechesi in Italia: 1896-1916*, Roma: LAS, 1988, p. 484.

60 O. LUSTOSA, *Catequese Católica*, 78. Note-se que é desta época a vinda dos religiosos salesianos para o Brasil, justamente para a abertura de grandes colégios: Santa Rosa de Niterói, Liceu Coração de Jesus em São Paulo, Colégio São Joaquim de Lorena, Sagrado Coração do Recife, São Gonçalo em Cuiabá. Foi Dom Pedro Maria de Lacerda, um dos autores dos citados catecismos acima, quem conseguiu de D. Bosco a vinda dos Salesianos ao Brasil. R. AZZI, mostra que os salesianos, como outros religiosos, vieram para o Brasil, justamente dentro deste espírito de reforma, ou de *romanização*, como diz ele: cf. R. AZZI, *A catequese no Brasil*, p. 503-504.

Além dessa atividade formal da educação da fé, através da catequese paroquial baseada em textos de catecismos com características acima descritas e através dos colégios católicos, deve-se acrescentar também a intensa obra da *pregação missionária*, que nos ambientes populares mantinha e alimentava a fé dos cristãos. Entre estes missionários, grande papel tinham os pregadores leigos populares, como é o caso de Antônio Conselheiro, líder religioso-político da revolução de Canudos (1896-1897). Junto com os textos de catequese eram também amplamente difundidos os devocionários, manuais de oração, novenários, livros de piedade etc.[61]

2. AÇÕES DA JERARQUIA E DOS LEIGOS NA RENOVAÇÃO DOS SÉC. XIX E XX

2.1 O *Concílio Plenário Latino-Americano* (1889) e suas disposições catequéticas

2.1.1 Dois acontecimentos marcantes: República *e* Concílio Plenário Latino-Americano

No final do século XIX, como já vimos, dois acontecimentos, um político e o outro religioso, canalizaram os esforços dos bispos reformadores em direção de uma maior unificação catequética; seu resultado foi a tentativa de adoção de *um texto único de catequese* para todo Brasil. A *proclamação da República* em 15 de novembro de 1889 estabeleceu a liberdade religiosa: se de um lado a Igreja teve dificuldade em aceitar este regime de liberdade religiosa, pois significava a perda de sua hegemonia e abria as portas para outras religiões, por outro ele foi um estímulo para enfrentar os problemas das atividades pastorais com maior empenho e *planejamento*. Nesse movimento podemos colocar os esforços para se chegar a uma unificação da catequese através da adoção de um suspirado texto comum.

O outro fato foi o *Concílio Plenário Latino-americano*[62] (*CPL*) realizado em Roma também em 1889, instrumento pastoral através do qual o Papa Leão XIII quis impulsionar a reforma da Igreja em todo o continente. Ao

61 Cf. O. LUSTOSA, *Catequese Católica*, p. 77-78.

62 As atas e os decretos deste *Concílio* foram publicados *in Acta et Decreta Concilii Plenarii in urbe celebrati anno Domini MDCCCIC*, Romae, Typis Vaticani MDCCCC. Não consta que tenha havido uma tradução em português. Encontramos apenas a edição bilingue (latim e castelhano): *Acta et Decreta Concilii Plenarii Americae Latinae – Actas y Decretos del Concilio Plenario de America Latina*. Roma, Tipografia Vaticana, 1906, 593 p.

menos com referência aos decretos sobre a catequese, este CPL dependeu do Concílio Vaticano I (1869-1870), sob Pio IX: um dos assuntos que mais tinham preocupado os Padres conciliares do Vaticano I havia sido, de fato, o projeto de um *formulário comum de catecismo*. O assunto, discutido na aula conciliar, fora confiado à Santa Sé que deveria redigir um pequeno catecismo para toda a Igreja. Entretanto, o esquema de constituição sobre o catecismo único não foi votado devido à suspensão desse Concílio em fins de 1870. Esse tema foi retomado apenas em nível regional, nacional e, no nosso caso, continental[63].

2.1.2 A catequese nos decretos do Concílio Plenário Latino-americano

O tema do *catecismo único* voltou então à baila no *CPL*. É o que consta em seus decretos: com relação à catequese o can. 156 recomenda como livro áureo o *Catechismus Romanus*, prescrevendo que em todas as paróquias haja exemplares traduzidos para a língua vernácula *(vulgari verbo)*; igualmente, no can. 709 prescreve:

> Prudentemente afaste-se dos fiéis os catecismos, principalmente se escritos por leigos, que tenham linguagem pouco conforme com a exatidão da integridade doutrinal. Pode-se conservar outros catecismos de tamanho maior, com explicações mais abundantes da doutrina cristã, e entre eles deve-se preferir os escritos pelo Venerável Card. Belarmino sob mandato do Concílio de Trento.

Esta referência ao catecismo de Belarmino já tinha sido feita no Concílio Vaticano I. No entanto, as restrições do *CPL* são mais claras ainda, como se lê no can. 155:

> Não permitam os bispos que se mudem as antigas e bem comprovadas doutrinas dos rudimentos da fé sob o pretexto de uma linguagem mais elegante ou castiça. Pois isto não poderia acontecer sem graves inconvenientes e escândalos; também não facilitem a aprovação de catecismos novos [...]; isto acarretará em graves danos.

Todas estas disposições foram seguidas à risca, quando os bispos retornaram ao Brasil, principalmente no sentido de manter *a característica altamente doutrinal ao Catecismo* e de se manter intacta a doutrina de Trento,

---

63 Cf. L. NORDERA, *Il Catechismo di Pio X*, p. 45-46. O autor demonstra que um dos árduos defensores do Catecismo único, no pós-concílio, foi Dom José Sarto, bispo de Mântua e futuro Pio X, autor do célebre catecismo, escrito para a Itália, mas de divulgação mundial. Sobre o "pequeno catecismo único" universal no Concílio Vaticano II, pode-se consultar BRAIDO Pietro, *Storia dela Catechesi*, Vol. III; Dal "tempo dele riforme" all'età degli imperialismi. Roma: LAS, p. 586-608.

em fórmulas sintéticas, de linguagem precisa e clara, embora, teológica e árida, sem comunicação vital.

No *CPL* fica ainda claro que o responsáveis pela catequese eram os párocos (cf. can. 710); são dadas indicações metodológicas, principalmente o "cuidado de se evitar mudanças, sob qualquer pretexto, das comprovadas e tradicionais fórmulas de ensino, pois isto pode acarretar muitos inconvenientes para a aprendizagem" (can. 710). O *conteúdo da catequese* juntamente com a preocupação apologética, foi também indicado no mesmo cânon:

> sempre que se apresente ocasião, fale o catequista da infinita bondade divina para conosco, do amor de Jesus Cristo e de sua presença real na Sagrada Eucaristia; promova e fomente a devoção à SS. Virgem; proponha exemplos dos Santos, inspire horror ao pecado recordando seus castigos; exalte a excelência das virtudes; inflame os ânimos no desejo de alcançar a bem-aventurança eterna, observando os mandamentos de Deus e de sua Igreja e frequentando os Sacramentos. Numa palavra, pouco a pouco infundam-se nos corações quanto possa conduzir os fiéis ao amor e temor de Deus. Redobre seus esforços neste sentido, quando prepara as crianças para a primeira comunhão. Não perca a oportunidade, sempre que se apresente, de falar da perfídia e maldade dos novos erros que estão em voga e, se for oportuno, trate da falsidade das sociedades condenadas pela Igreja, para que, desde cedo e em tempo, os fiéis sejam precavidos contra os perigos que se lhes apresentam. Tudo isto deve ser feito com a maior discrição e prudência para que daí não venham mais danos do que proveito. (can. 710)

A pessoa do catequista surgiu como alguém altamente dependente do pároco e seu fiel colaborador: "sejam pessoas de grande retidão e aprovadas para que ajudem os sacerdotes em trabalho tão importante" (art. 154). Também o art. 711 trazia como título "Catequistas rurais", mas seu conteúdo tratava dos sacerdotes que celebravam nas capelas rurais; eles deveriam explicar o Evangelho e fazer o povo rezar o Credo, os atos de Fé, Esperança e Caridade, o Pai Nosso, a Ave Maria, o decálogo, mandamentos da lei de Deus, da lei da Igreja, os sacramentos. Nada, pois, que se referisse especificamente à catequese rural.

2.2 Os *Catecismos da Doutrina Cristã*: sua gênese e significado

2.2.1 O pedido de um catecismo único

Com orientações tão claras ao retornarem às suas dioceses os bispos começaram a tomar iniciativas que resultariam na publicação do *Primeiro,*

Segundo e Terceiro Catecismos da Doutrina Cristã, com seus respectivos resumos. No entanto estão faltando estudos para estabelecer sua gênese, seus autores e sua influência no Brasil[64]. Pouca coisa foi escrita sobre eles; no entanto foi (e ainda é) obra de grande divulgação em termos de catequese no Brasil e, certamente, com grande influência na formação cristã. A pouca bibliografia que possuímos não é clara nem estabelece com rigor a origem destes três importantes textos[65]. Apresentaremos alguns elementos, em base à escassa bibliografia e à documentação disponível.

Na raiz destes *Catecismos da Doutrina Cristã* (primeiro, segundo e terceiro) estão certamente as disposições do Concílio Plenário Latino-americano que não só "determinou que, ao menos em cada Província Eclesiástica houvesse um catecismo único"[66], mas também estabeleceu um prazo para tanto. Trata-se, de fato, do cânon 708 do dito Concílio:

---

64 A respeito do catecismo de Pio X na Itália, por exemplo, foi realizado um minucioso estudo das fontes e autores por L. NORDERA (cf. acima notas 59 e 63). Nosso *Catecismo da Doutrina Cristã* brasileiro, pela sua difusão e influência, mereceria algo semelhante.

65 Dois estudos principais são conhecidos: o de O. LUSTOSA (*Catequese Católica*, p. 80-88) bem documentado e o melhor e mais extenso de todos; o de Miguel MEIER, *O catecismo através da história in RC* 3 (1951) nº 24, p. 55-57, com pouquíssima documentação, mas boas informações. O artigo de R. AZZI, resume tudo nesta frase: "Este texto, preparado e aprovado pelos bispos das Províncias Eclesiásticas Meridionais do Brasil, passou a constituir o manual oficial de catequese na maioria das dioceses do Brasil". A obra de R. MENDES DE OLIVEIRA, *Movimento Catequético Brasileiro*, embora se proponha a fazer apenas uma síntese muito rápida dos acontecimentos antes do século XX, não nomeia estes *catecismos* (talvez entendesse falar deles quando tratasse do *Catecismo da Doutrina Cristã* sob a influência de Pio X, à p. 19). Igualmente, em seu verbete *Brasile* para o *Dizionario di Catechetica* (Leumann-Torino, Elle Di Ci 1986, p. 114-115) nada diz. Ricardo Pereira CALVO, autor da tese sobre o Pe. Á. Negromonte (Ricardo Pereira CALVO, *Crescimento permanente e progressivo na fé: uma contribuição ao estudo histórico-pastoral sobre a catequese no Brasil a partir da obra de Mons. Álvaro Negromonte*, Roma: Pontifícia Universidade São Tomás de Aquino, Faculdade de Teologia, dir: Antolin Gonzalez FUENTE, OP, 1986, p. 26-28) nada acrescenta, uma vez que segue quase literalmente a exposição de Ralfy M. e Bernardo CANSI no artigo *Os catecismos no Brasil in* Francisco CATÃO, *Catecismo e Catequese* (São Paulo: Paulinas, 1993, p. 67-68); dedica apenas algumas linhas ao *Catecismo da Doutrina Cristã de 1904*; apresenta estatísticas de publicação até então da Editora *Ave Maria*, dos Claretianos, e omite dados da editora mais importante: a *VOZES* de Petrópolis, dos Franciscanos, justamente a editora que mais divulgou esses *Catecismos*. João Martins E. TERRA, em seu artigo *História dos Catecismos in Revista de Cultura Bíblica* 36 nova série 17(1993), nº 67-68, p. 100-101, escreve também algumas linhas, transcrevendo quase que literalmente (sem citação) aquilo que havíamos escrito em nosso livro *Elementos Fundamentais da Catequese Renovada*, São Paulo: Editora Salesiana D. Bosco, 1986, p. 110. O próprio O. LUSTOSA, historiador e conhecedor da documentação eclesiástica, possui o estudo mais completo. Ele reconhece que "não são bem claras e definidas as etapas da elaboração dos três catecismos que, a partir de 1905, circularão na catequese e no ensino religioso escolar". ID., *Catequese Católica*, p. 82, nota 20.

66 Cf. *Pastoral de Approvação do Catecismo das Províncias Ecclesiásticas Meridionaes in Terceiro Catecismo da Doutrina Cristã para uso das Dioceses das Províncias Ecclesiásticas Meridionaes do Brasil* (em 19/10/1905), Petrópolis: Vozes, 1930, 4ª ed., p. 6. Esta mesma disposição do Concílio Plenário Latino-Americano é evocada na aprovação das edições do catecismo de 1903 e 1904.

Mandamos, portanto, que dentro de 5 anos, em cada República, ou ao menos em cada província eclesiástica, de comum acordo com os Bispos, se compile um só catecismo, excluindo todos os outros, juntamente com um pequeno (breve) sumário das coisas mais necessárias que as crianças e os mais simples (*rudioribus*) precisam saber[67].

2.2.2 Movimentação do Episcopado em vista de um catecismo nacional

O *CPL* fora realizado em Roma no Colégio Pio Latino-Americano, com 53 bispos participantes, dos quais 10 brasileiros[68], de 28/05 a 09/07/1889. Os bispos tinham, pois, 5 anos de prazo para confeccionar o novo catecismo único. Encontramos um primeiro aceno nesta direção na *Pastoral Coletiva das Províncias Meridionais* de 1901: aí se pediu aos párocos que implantassem e dinamizassem a catequese nas próprias paróquias e determinou-se a elaboração de um texto oficial[69]. Num documento dos Bispos de 1903 fala-se da *indiscutível conveniência de ser uniforme o ensino da doutrina*[70]. Aí se afirmava:

> Havemos concordado na publicação de um *Catecismo Resumido da Doutrina Cristã* que uniformizasse o seu ensino em todas as paróquias de nossa Arquidiocese. Considerando mais que o ensino se deve forçosamente acomodar à capacidade de quem o recebe, de maneira que não falte a ninguém o indispensável conhecimento das verdades da nossa fé cristã, havemos resolvido, além do *Catecismo Resumido,* dar um ainda mais elementar destinado aos principiantes, e aos que, por absoluta falta de outros meios, não possam sequer tomar todo o ensino do mesmo *Catecismo Resumido*[71].

---

67 *Acta et Decreta... – Actas y Decretos*, can. 708, p. 403

68 Foram os seguintes: Dom Joaquim Arcoverde de Albuquerque Cavalcanti, Arcebispo de São Sebastião do Rio de Janeiro, Dom Cláudio Gonçalves Ponce de Leão, Bispo de São Pedro do Rio Grande, Dom Joaquim I. Vieira, Bispo de Fortaleza, Dom Manoel dos Santos Pereira, Bispo de Olinda, Dom Silvério Gomes Pimenta, Bispo de Mariana, Dom Eduardo Duarte Silva, Bispo de Goiás, Dom Francisco do Rego Maia, Bispo de Petrópolis (foi um dos secretários), Dom José Lourenço da Costa Aguiar, Bispo da Amazônia, Dom José de Camargo Barros, Bispo de Curitiba, Dom Antônio Manoel de Castilho Brandão, Bispo de Belém do Pará. Destes 10, cinco foram signatários da aprovação do texto uniforme.

69 *Pastoral Coletiva dos senhores bispos da Província eclesiástica meridional do Brasil* (São Paulo, 3. ed., 12/11/1901), Rio de Janeiro, Tip. Leuzinger, 1902, p. 141. Note-se que esta Província Meridional incluía os estados do Espírito Santo, Minas Gerais, São Paulo, Rio de Janeiro, Paraná, Santa Catarina e Rio Grande do Sul, onde se concentrava a grande maioria da população brasileira. A outra Província, do Norte, simplesmente adotará as medidas da Província do Sul.

70 Este texto é citado por Miguel Meier sem referência de título nem de fonte; fala apenas de uma "*aprovação que o Episcopado da Província Eclesiástica* deu ao catecismo uniforme de 1903". No corpo da citação lê-se que os Bispos são da "Província Meridional reunidos em conferência no Santuário de Nossa Senhora Aparecida". Cf. ID., *O catecismo através da História*, p. 53.

71 Citado por M. MEIER, *O catecismo através da História,* p. 56; os grifos são nossos. Essas mesmíssimas palavras são reproduzidas na reunião da mesma *Província Eclesiástica* em 1904: cf. texto na citação seguinte.

Temos portanto aqui em 1903 a mesma decisão de 1901, porém mais especificada, isto é: publicar um *Catecismo Resumido da Doutrina Cristã* e um outro *mais elementar*. Na reunião do ano seguinte, realizada no Santuário de Nossa Senhora Aparecida e na qual conforme Lustosa "já está circulando o primeiro catecismo"[72], encontramos as mesmíssimas palavras, porém com este acréscimo:

> Com este intento mandamos redigir e imprimir o *Primeiro Catecismo*, e o destinamos juntamente com o *Catecismo Resumido* para uso público e particular dos principiantes, nas dioceses de nossa Província. A efeito de acomodar o ensino à capacidade de nossos filhos e às circunstâncias diversas em que eles se podem achar, além do *Catecismo maior*, que brevemente será publicado, daremos um *extrato da mesma Doutrina Elementar* para servir no caso em que nem o *Primeiro Catecismo* se puder ensinar todo aos principiantes[73].

2.2.3 Um único catecismo em quatro níveis

A nomenclatura é realmente confusa, mas podemos deduzir que o *Catecismo Reduzido* é o texto principal (assim apontado em todos os documentos), ao lado do qual se coloca também um *ainda mais elementar* (ao qual se fez referência no documento de 1903) e que aqui é chamado de *Primeiro Catecismo*. No final do texto acima citado fala-se de outro catecismo que seria *extrato da mesma doutrina elementar*, portanto, um resumo deste *Primeiro Catecismo*. Mas um pouco antes se fizera aceno a um "*Catecismo Maior* que brevemente será publicado". Podemos entender do que se trata, somente lendo o texto da reunião de 1905 da mesma Província Eclesiástica Meridional, no qual os bispos estão promulgando, com uma carta pastoral muito solene, o *Terceiro Catecismo da Doutrina Cristã*. Aí se lê:

> Movidos por estas razões, determinou o S. Concílio Plenário Latino-Americano que, ao menos em cada Província Eclesiástica, houvesse um Catecismo único. A este preceito temos procurado dar satisfação; e em obediência dele, já corre o *Catecismo Menor ou Resumido*, por nós confeccionado há quase um

72 Cf. O. LUSTOSA, *Catequese Católica*, 82: o autor não cita fontes; apenas na nota 20 fala da indefinição das etapas de elaboração dos três catecismos.

73 PROVÍNCIAS ECLESIÁSTICAS MERIDIONAIS DO BRASIL, *Segundo Catecismo da Doutrina Cristã*, Rio de Janeiro, Livraria Francisco Alves, 1924, *Aprovação*, p. 3. Assinam: Joaquim [Arcoverde], *Arcebispo do Rio de Janeiro;* Cláudio José [Ponce de Leão], *Bispo do Rio Grande do Sul;* Silvério [Gomes Pimenta], *Bispo de Mariana*; José, *Bispo de São Paulo;* João, *Bispo de Pouso Alegre*; Fernando, *Bispo do Espírito Santo*; Joaquim [Silvério de Souza], *Coadjutor de Diamantina*; João, *Bispo de Petrópolis;* Duarte, *Bispo de Curitiba.*

> ano e há pouco posto em circulação. Em obediência ao mesmo preceito *confeccionamos agora este Catecismo,* que desejamos seja completo na doutrina, claro e sóbrio na exposição; correto na forma e eficaz para induzir todos os fiéis ao conhecimento e amor das verdades que aprendem e à obediência das leis santas, que nos levam ao céu. [...]. Queremos que todos os aprendam, depois de bem estudado e sabido o *Catecismo menor,* e que seja o único texto nas paróquias, nas capelas, seminários, colégios e em todo o ensino desta matéria em nossas Dioceses[74].

Os autores da *Pastoral* podem ter sido peritos, claros e sóbrios na exposição da doutrina do catecismo, mas no texto destas *Pastorais* existe bastante confusão quanto aos níveis deste texto. Tendo presentes os títulos com os quais os catecismos foram posteriormente publicados e os textos acima citados, podemos elencar da seguinte maneira, *a sequência de catecismos* que constituíram, conforme os bispos, no texto único e uniforme para as Províncias Meridionais:

1. *Resumo da Doutrina Cristã*: é "*extrato da mesma doutrina elementar* para servir no caso em que nem o *Primeiro Catecismo* se puder ensinar todo aos principiantes".
2. *Primeiro Catecismo da Doutrina Cristã*: é o catecismo "*elementar* destinado aos principiantes, e aos que, por absoluta falta de outros meios, não possam sequer tomar todo o ensino do mesmo *Catecismo Resumido*".
3. *Segundo Catecismo*: é o "*Catecismo Resumido da Doutrina Cristã* que uniformizasse o seu ensino em todas as paróquias de nossa Arquidiocese". Este é o *catecismo básico* de cuja síntese sairá os dois anteriores, e cujo desenvolvimento formará o *terceiro catecismo*.
4. *Terceiro Catecismo*: "completo na doutrina, claro e sóbrio na exposição; correto na forma e eficaz para induzir todos os fiéis ao conhecimento e amor das verdades que aprendem e à obediência das leis santas".

Na *Pastoral de Aprovação* de 1905 os bispos chamam o conjunto dos três primeiros, de *Catecismo Menor*, e ao último de *Catecismo Maior*, dentro da tradição mais antiga que remonta aos catecismos de São Pedro Canísio e de

---

74 ARCEBISPO METROPOLITANO E BISPOS DAS PROVÍNCIAS ECCLESIÁSTICAS MERIDIONAES DO BRASIL, *Pastoral de Aprovação do Catecismo das Províncias Meridionaes do Brasil ao Clero secular e regular e aos fiéis de nossas Dioceses in Terceiro Catecismo da Doutrina Christã para uso das Dioceses das Províncias Ecclesiásticas Meridionaes do Brasil,* 4ª ed. Petrópolis: Vozes, 1930, p. 6.

Lutero. No entanto estes nomes não foram muito usados, predominando os títulos de *Primeiro, Segundo* ou *Terceiro Catecismo da Doutrina Cristã*. Oficialmente foram aprovados pelas Províncias Meridionais, porém, as outras dioceses imediatamente o adotaram em todo o Brasil, sendo conhecidos com o nome genérico de *Catecismo da Doutrina Cristã*.

2.2.4 Fontes e autores dos Catecismos da Doutrina Cristã

Quem são os autores do texto? O. LUSTOSA cita um projeto do texto quando ainda estava em elaboração quando diz:

> Este Catecismo é, se se pode dizer, a tradução do "Compêndio da Doutrina Cristã", adotado na Província Eclesiástica da Lombardia, na Itália, por um decreto coletivo dos srs. Bispos daquela província[75].

Se realmente assim for, o nosso *Catecismo da doutrina cristã* tem como fonte a importante obra *Compendio della dottrina cristiana prescritto dagli arcivescovi e vescovi della Lombardia e del Piemonte alle loro rispettive diocesi* (Tipografia Pontificia S. Giuseppe, Via S. Calogero, n. 9, Milano, 1896). Como se vê, esta obra não é só da Lombardia (como se diz na citação acima), mas também do Piemonte. Por sua vez esta obra é o formulário composto em 1765 pelo sacerdote oratoriano Giuseppe Maria Giaccone (servindo-se do catecismo de Pouget e de Boussuet, principalmente quanto à estrutura) a pedido do Bispo de Mondovi, Dom Michele Casati, teatino, para ser adotado em sua diocese. Foi um texto largamente aceito na Itália, principalmente no Norte, superando o mesmo catecismo de Roberto Belarmino e sendo conhecido como *Catechismo del Casati*.

As várias dioceses que o adotaram introduziram inúmeras modificações no texto original, de modos que depois de algum tempo já estava bem alterado[76]. Quando os Bispos da Lombardia e Piemonte o adotaram, recorreram

---

75 *Projeto de compêndio da doutrina cristã para uso das dioceses da Província eclesiástica do Rio de Janeiro, submetido aos srs. Bispos da Província para o corrigirem e emendarem* citado assim, sem nenhuma outra indicação, por O. LUSTOSA, *Catequese Católica*, 83, nota 21.

76 Sobre gênese e evolução do *Catecismo de Casati*, cf. Pietro BENEDETTI, *Intorno al Catechismo. Lettere ad un parroco*, Roma 1916; Pietro STELLA, *Alle fonti del catechismo di San Pio X. Il catechismo di mons. Casati in Salesianum* 23 (1961), p. 43-66; Giovanni COUGNOD, *Mons. Michele Casati vescovo di Mondovi nella storia del catechismo italiano*, Pontificia Università Lateranense, Roma, 1969; Ubaldo GIANETTO, *Evangelizzazione e catechesi in Piemonte tra rivoluzione francese e rivoluzione industriale, in* F. N. APPENDINO (ed.), *Chiesa e società nella seconda metà del XIX secolo in Piemonte*, Casale Monferrato, Marietti 1982, p. 328-355; Luciano NORDERA, *Il Catechismo di Pio X, passim*; Pietro BRAIDO, *Momenti di Storia della catechesi e del catechismo dal concilio di Trento al concilio Vaticano: dal "tempo delle riforme" all'età degli imperialismi (1450-1870)*. Roma: LAS, 1991, especialmente as p. 159-161.

à edição original de Casati e não às edições posteriores[77], apresentando-o como inspirado nas puras fontes do *Catechismus ad Parochos*. Mal sabiam que, na verdade, o próprio "Casati genuíno" havia sido composto aproveitando-se muito do *Catecismo de Montpellier* (de Colbert), condenado por Roma como jansenista em 1721![78] No entanto eles mesmos adaptaram o texto genuíno de Casati às suas necessidades: foi esta edição, conforme a informação de LUSTOSA, que inspirou e foi usada pelos Bispos brasileiros.

Esta afirmação, de suma importância, deveria ser aprofundada, fazendo-se, por exemplo, uma comparação entre o texto italiano e o português para relevar aquilo que foi traduzido, adaptado, introduzido ou inovado. De fato, parece que não houve simples tradução[79]. Com relação aos autores deste célebre catecismo, na falta de uma pesquisa mais profunda, ficam perdidos no incógnito. E esta parece ser uma atitude intencional, pois, conforme a mentalidade da época, uma obra deste gênero deveria ficar anônima, sem autor, a fim de que suas origens pudessem ser mais identificadas com "a Igreja"[80].

No entanto, a importância do *texto da Lombardia*, fonte deste nosso *Catecismo da Doutrina Cristã*, reside no fato de ele ter sido transformado, através de fases sucessivas e consideráveis alterações, no celebérrimo *Catecismo de São Pio X*, primeiramente em 1905, e depois em 1912. Na Itália e em várias partes do mundo, ele foi instrumento de unificação do texto catequético

---

77 Cf. P. BRAIDO, *Momenti di Storia della catechesi*, 402; Luciano NORDERA, *Il Catechismo di Pio X*, p. 67-68; 73; 83-84; 473.

78 Cf. Pietro Stella, *I catechismi in Italia e in Francia nell'età moderna. Proliferazione tra analfabetismo e incredulità in* Emílio ALBERICH – U. GIANETTO (Edd.), *Il Catechismo ieri e oggi*, Leumann (Torino), Elle Di CI, 1987, p. 40.

79 Na *Pastoral de Aprovação* de 1905, falando do *Terceiro Catecismo*, dizem os Bispos sobre a redação deste catecismo: "não sem algum trabalho nem pequenos sacrifícios, compilamos e oferecemos [este catecismo] a nossos filhos". *Pastoral de Aprovação das províncias ecclesiásticas meridionaes do Brasil in Terceiro Catecismo da Doutrina Christã*, Petrópolis: Vozes, 1930, p. 7.

80 Talvez os autores do texto brasileiro teriam sido Dom Joaquim Arcoverde, cardeal-arcebispo do Rio de Janeiro e Dom Joaquim Silvério, bispo de Diamantina. Foi o que escrevemos no livro *Elementos fundamentais da catequese renovada*, São Paulo: Editora Salesiana Dom Bosco, 1986, p. 110, sob informação do Pe. Luiz Garcia de Oliveira, sdb, que conhecia bastante a história deste catecismo. Encontramos, posteriormente, um exemplar do *Segundo Catecismo da Doutrina Cristã*, São Paulo/Caieiras/Rio 1930, na Biblioteca do Instituto Pio XI, onde, com a inconfundível caligrafia do Pe. Luiz Garcia se encontra escrito: "1903, Card. Arcoverde, Dom Joaquim Silvério". Por isso, duvidamos um pouco de que tal catecismo tenha sido *simplesmente traduzido do italiano*. O Pe. Luiz Garcia costumava dizer que, do ponto de vista da expressão e da clareza de exposição, e dentro de seu estilo, o *Catecismo da Doutrina Cristã* dos bispos brasileiros seria melhor que o mesmo *catecismo de São Pio X* (1910). Tal afirmação necessitaria de maior confirmação.

nacional. Podemos concluir que, antes do advento do *Catecismo de Pio X* buscando unificar o texto de catecismo e fornecendo um formulário simples e denso de doutrina, já o episcopado brasileiro das Províncias Meridionais estava com o seu texto aprovado e divulgado no território nacional.

a) Um catecismo teológico e "memorizável"

Na longa tradição catequética da Igreja, desde a Idade Média, havia a preocupação de formular os conteúdos da fé, de tal maneira que pudessem ser memorizados. Esta metodologia naturalmente remonta aos tempos bíblicos, quando a tradição oral impunha obrigatoriamente a memorização das fórmulas. Tal metodologia perdurou na tradição mais recente, quando S. Pedro Canísio[81] compôs o primeiro catecismo para a *memória*, o segundo *para a inteligência* e o terceiro *para a vontade*. Mais perto de nós, os catecismos espanhóis de Ripalda e Astete, do século XVI, foram compostos tendo especialmente em vista a memorização. Estes dois catecismos, de tanta influência na América Latina[82], não tiveram repercussão no Brasil.

Entretanto, os catecismos do século XIX dos bispos reformadores brasileiros e principalmente estes *Catecismos da Doutrina Cristã* do início do século XX tiveram uma clara preocupação, ao serem formulados, não só de facilitar a expressão exata e concisa da fé, mas também de facilitar a memorização. Nesta direção ia também o método de perguntas e respostas. Mas, enquanto, por exemplo, os catecismos de Ripalda e principalmente de Astete eram populares, com linguagem acessível aos mais simples, a série de *Catecismos da Doutrina Cristã* brasileira coloca-se na tradição dos *catecismos teológicos*: sua formulação usava os termos técnicos da teologia escolástica, traduzindo seu profundo conteúdo. Não poderia, pois, fugir à característica de uma catequese altamente intelectual, em prejuízo de uma expressão mais *cordial* e *afetiva* da fé. Não lhes falta a completude doutrinal, nem correção e exatidão; no entanto são demasiado abstratos para o público ao qual se dirigia: crianças e jovens.

---

81 Sobre este importante texto, cf. P. BRAIDO, *Momenti di Storia della catechesi*, p. 57-65.

82 São editados ainda hoje em dia em alguns países da América Latina. Sobre estes dois catecismos, cf. P. BRAIDO, *Momenti di Storia della catechesi*, 97-98 com bibliografia. Heliodoro PIRES, afirma ter encontrado em Portugal uma tradução do ASTETE (*Catecismo da doutrina Cristã explicado ou explicações do Catecismo de Astete às quais convém igualmente às de Ripalda, por Dom Santiago José Garcia Mazo,* traduzida em português por Dom José Urculu, Porto, Livro Chardron 1905) com 6 edições, e disto conclui que teve grande repercussão no Brasil... parece ser uma conclusão inexata. Além do mais, pelo título, a obra configura-se como a tradução de um *comentário* ao ASTETE: cf. Heliodoro PIRES, *A caminho da História do Brasil*, p. 43.

Ao "catecismo teológico" correspondeu também o método intelectual da catequese. O essencial era obter respostas certas do texto. O interrogatório era feito apenas quanto à letra do catecismo. A explicação oral era explicação das definições e dos termos técnicos[83].

b) Um catecismo único e uniforme

Nos textos de aprovação e promulgação de 1903 e 1904 dos *Catecismos da Doutrina Cristã*, os bispos foram taxativos em prescrevê-los como *únicos textos* de catequese, excluindo-se todos os outros:

> Queremos e mandamos que nenhum *Catecismo* se admita para o ensino da doutrina cristã, além destes aqui indicados, com os quais ficam satisfeitas as necessidades espirituais de nossos filhos no tocante ao ensino[84].

Em 1905, quando toda a série de catecismos estava pronta, na *Pastoral de Aprovação*, novamente se repete:

> Queremos e mandamos que seja este [*Catecismo Maior*] o único catecismo adotado no ensino da doutrina, em continuação ao catecismo menor[85].

Essas ordens e vontade tão explícitas não foram obedecidas. De fato, bispos que haviam participado do *CPL* e assinado a *pastoral de aprovação* com o claro objetivo de unificar os textos de religião aprovaram no mesmo ano *outros* textos. Assim, no Rio Grande do Sul apareceu o *Pequeno Catecismo da Doutrina Cristã*, do Pe. Antonio Queri, SJ, aprovado por Dom Cláudio José, Bispo de Porto Alegre, alcançando diversas edições. Em São Paulo, além do catecismo de Dom Macedo Costa, foi publicado também um catecismo da diocese de São Paulo[86]. Ainda em São Paulo, o Pe. Francisco Topp escreveu seu *Pequeno Catecismo*. Em Santa Catarina outro *Pequeno Catecismo* do Pe. Jacob Hudleston Slater, era de linguagem bem mais simples e teve grande divulgação[87]; conforme ideia expressa na época, nele

83 M. MEIER, *O catecismo na história*, p. 49-58.

84 Cf. *Aprovação* do *Segundo Catecismo da doutrina cristã*, com data de 08/09/1904, publicado em quase todas as numerosíssimas edições destes catecismos.

85 *Pastoral de Aprovação das províncias ecclesiásticas meridionaes do Brasil in Terceiro Catecismo da Doutrina Christã*, Petrópolis: Vozes, 1930, p. 6. A data da primeira edição é 1905.

86 *Exposição da doutrina cristã para uso dos fiéis da diocese de S. Paulo*, com aprovação de S. Ex.cia Rev.ma o sr. Bispo Diocesano, Bruges, Desclée de Brower e Cia e Fagundes e Cia depositário 1901, 254 p., citado *in* O. LUSTOSA, *Catequese Católica*, p. 86, como também o catecismo de Dom Macedo, sem outras referências.

87 O mesmo autor publica depois uma obra mais alentada: Jacob Hudleston SLATER, *Explicação do pequeno catecismo*, Petrópolis. 7ª ed. Vozes, 1941, , 400 p.: cf. Recensão *in REB* 1[1941] 935. Este catecismo já pertence aos inícios da renovação querigmática; falaremos dele mais adiante.

trabalharam o *teólogo e o catequista*[88]. Ainda em Porto Alegre apareceu outro manual de religião: *Catecismo Maior* do frei Boaventura Poll.

c) Um grande sucesso, apesar das dificuldades

É importante observar as razões pelas quais o *catecismo oficial* das Províncias Meridionais não foi tão aceito e que levaram à publicação de novos textos: os catequistas julgaram-no demasiadamente teológico, árido, seco, especulativo, com fórmulas estereotipadas e sem referências bíblicas nem litúrgicas. Num Congresso Catequético de Florianópolis, um conferencista desaconselhou o uso dos *Catecismos da Doutrina Católica* aprovados pelos Bispos por dois motivos: 1) porque nele trabalharam só teólogos e não catequistas e 2) "por se achar de todo desprovido de textos bíblicos comprobatórios da respectiva doutrina"[89]. Isto tudo era sintoma de que os *Catecismos Doutrinais*, ou teológicos, já não estavam satisfazendo às necessidades do momento, e que os progressos das evoluções da psicologia e da pedagogia ocorridas na Europa começavam a ter reflexos por aqui.

Apesar de todos esses limites, esta série de *Catecismos da Doutrina Cristã* tiveram um enorme sucesso, ao menos editorialmente. Dentro de mais de cem anos tiveram muitíssimas edições em todo o território nacional, sendo até hoje editado e adotado como texto de catequese em alguns lugares[90]. Milhões e milhões de católicos a partir de 1903 até às vésperas do Vaticano II, bem ou mal, foram formados tendo como texto base estes *Catecismos da Doutrina Cristã*. Eram considerados por muitos *o catecismo* por antonomásia. De modo especial nos colégios, as respostas destes *Catecismos* eram memorizadas, enquanto se adotavam outros textos, menos doutrinais e mais

88 Cf. M. MEIER, *Entre os problemas atuais, o problema mais atual é a catequese eficiente in REB* 12(1952) p. 495, citando Mons. Locks, no Congresso de Florianópolis (SC), sem outras referências.

89 Cf. M. MEIER, *O catecismo na história*, p. 53.

90 Em 1986 o *Primeiro Catecismo da Doutrina Cristã* já contava na Editora Vozes com 128 edições e em 1994 atingia a 140a. edição. O *Resumo do Primeiro Catecismo* estava com 97 edições em 1992, ao passo que o *Segundo Catecismo* chegou também à 97a. edição em 1989 pela Editora Vozes. A mesma editora publicou um *resumo do resumo do primeiro catecismo* que conheceu 45 edições até 1982. Outras editoras como Ave-Maria e Companhia Melhoramentos (São Paulo), Francisco Alves (Rio de Janeiro), Mensageiro (Bahia), fizeram também suas edições dos ditos catecismos: cf. Luiz ALVES DE LIMA, *Elementos fundamentais da catequese renovada*, São Paulo: Editora Salesiana D. Bosco, 1986, p. 110; O. LUSTOSA, *Catequese Católica*, 83, nota 22; Bernardo CANSI, *Catecismos no Brasil*, p. 67-69 (seus dados deveriam ser controlados com mais rigor). Neylor TONIN, *Catálogo setorial da Editora Vozes*: *Religião*, Petrópolis: Vozes, 1994, na *Introdução* diz: "A Editora VOZES nasceu em 1904 com o "Primeiro Catecismo da Doutrina Cristã", atualmente em sua 140a. edição, com mais de cinco milhões de exemplares publicados".

didáticos, para a explicação daqueles formulários. As célebres maratonas promulgadas até oficialmente[91], tinham, em geral, como base, os textos do *Catecismo da Doutrina Cristã*.

2.2.5 A importância do Ensino Religioso Escolar

Com o advento da República (1899), inspirada no positivismo francês, a Igreja Católica perdeu o controle que tinha sobre as escolas e a educação. Com isso, naturalmente a catequese paroquial recebeu um grande incremento a fim de suprir a lacuna na formação das crianças e adolescentes. Por outro lado, além de cobrir o vazio aberto pela falta de *aulas de religião* nas escolas oficiais, a Igreja investiu muito nos colégios e escolas particulares, para que a educação cristã, principalmente das futuras lideranças fosse garantida.

Estabeleceu-se uma enorme rede de escolas dirigidas pelas grandes e pequenas congregações religiosas, o que demonstra a presença significativa da Igreja no campo educacional brasileiro. O *Ensino Religioso Escolar* cresceu tanto de importância, com dimensões quase de monopólio, a ponto de causar emulação ou rivalidade com a *catequese paroquial*. Aconteceu também que muitas vezes os párocos confiavam no *catecismo escolar* e negligenciaram a catequese paroquial, ou vice-versa[92].

2.3 O novo impulso catequético com a Encíclica *Acerbo Nimis*

Levado por seu zelo catequético e acolhendo os votos do Primeiro Congresso Catequético Italiano em Piacenza (1889)[93], o Papa Pio X em 15 de abril de 1905 publicou a encíclica *Acerbo Nimis*; depois de constatar a difusão da *ignorância religiosa* com suas consequências de corrupção moral, o Papa indicava o remédio adequado: o ensino assíduo do catecismo. No final da Encíclica foram prescritas algumas disposições mais concretas, referentes ao catecismo dominical, à preparação dos Sacramentos da Penitência, Eucaristia e Crisma, à instituição nas paróquias da *Congregação da Doutrina Cristã*, enfim, à aula de religião para os estudantes e catecismo dominical para os adultos[94].

---

91 Sobre as maratonas, cf. nota 10 do cap. III.

92 Cf. O. LUSTOSA, *Catequese Católica*, p. 84-85.

93 Sobre este congresso e sua importância no movimento catequético pode-se ver Luciano NORDERA, *Il Catechismo di Pio X*, 52-58.

94 Cf. U. GIANETTO, *Storia dellla pastorale giovanile e della catechesi contemporanea, 5. Il Movimento Catechistico Italiano nel secolo XX*, Roma, Università Pontficia Salesiana, Dipartimento di Pastorale Giovanile e Catechetica, Anno Accademico 1992-93, p. 15, mimeografado.

Em 1905 o Papa fez publicar o *Compendio della Dottrina Cristiana*[95]; texto posteriormente reelaborado por Pietro Benedetti e publicado como autoria de Pio X novamente em 12/10/1912 com o título de *Catecismo da Doutrina Cristã*[96]. Foi considerado uma "tradução didática" da *Acerbo Nimis*. A atividade catequética de Pio X se completou com o decreto *Quam singulari*, de 1910, dando acesso às crianças, já com a idade de discrição ou discernimento, à Eucaristia, e com isto incrementando mais ainda a atividade catequética.

2.3.1 *A influência do documento* Acebo Nimis *de Pio X, no Brasil*

Quais foram as repercussões no Brasil? Como já vimos, quando se publicou o *Catecismo de Pio X*, nossas Províncias Meridionais (parte mais significativa do Episcopado brasileiro) já estavam munidas com o próprio catecismo. Embora ambos tenham a mesma origem, ou seja, o *Catecismo de Casati*, entretanto evoluíram independentemente: não houve alterações no texto brasileiro após a publicação do texto romano. As repercussões do pontificado de Pio X, em relação à catequese no Brasil, se deram mais *em nível de animação e organização*: a catequese torna-se um fato *popular*, na medida que não era dirigida somente a alguns, mas incluía adultos, jovens e crianças. Assumiu um caráter de *fato educativo permanente*. Além disso, nas orientações da *Acerbo Nimis* houve um apelo para que a educação cristã na catequese tivesse repercussões na vida, e a fé fosse professada na vida quotidiana[97]. Embora este *esboço de dimensão existencial* quase não apareça no *Catecismo de Pio X*, pois sua preocupação era doutrinal, contudo esta abertura deu motivos para uma evolução posterior, bastante aproveitada no Brasil.

Sob o impulso da *Acerbo nimis* surgiram também as *Congregações da Doutrina Cristã* nas paróquias e dioceses[98]. Como em toda a Igreja, tam-

---

95 O título completo era: *Compendio della Dottrina cristiana prescritto da sua Santità Pio X alle diocesi della provincia di Roma*, Roma: Tipografia Vaticana, 1905; 2ª ed. em 1906, reimpressão em 1910 e inúmeras outras edições, também fora da Itália.

96 O título completo era: *Catechismo della dottrina cristiana pubblicato per ordine di sua santità papa Pio X*, Roma, Tipografia Poliglotta Vaticana, 1912.

97 Cf. R. MENDES DE OLIVEIRA, *O Movimento Catequético*, p. 20.

98 Nascidas em 1536 na Itália dentro do contexto da reforma tridentina, não por obra das autoridades eclesiásticas, mas, pelo zelo do Pe. Castellino da Castello e seus colaboradores leigos de Milão, as *confrarias da doutrina cristã* cresceram e evoluíram rapidamente. São Carlos Borromeu as aprova não só para sua diocese, mas para toda a província eclesiástica de Milão; sob sua inspiração são publicadas em 1585, um ano após sua morte, as *Constituições e Regras da Companhia e Escolas da Doutrina Cristã*. Espalham-se por toda a Itália, com intervenções a seu favor de vários papas, principalmente Bento XIV e agora, nos inícios do século XX foram consagradas por Pio

bém no Brasil elas eram órgãos sob cuja direção a catequese foi mais bem organizada, tendo maior impulso. Na Conferência Episcopal de Mariana, em 1907, os bispos insistiram na criação obrigatória nas paróquias e dioceses desta *Congregação da Doutrina Cristã,* dando orientações precisas sobre o desenvolvimento do catecismo paroquial, normas para o bom funcionamento e sugestões metodológicas para a eficácia do mesmo, sempre dentro da costumeira base da memorização[99].

A partir da *Acerbo Nimis,* os leigos que, no Brasil sempre tiveram uma presença significativa na catequese, foram valorizados mais ainda. Os párocos, que foram cada vez mais conclamados a desempenharem com responsabilidade suas graves obrigações com relação à catequese[100], recrutavam seus leigos, *auxiliares* para o trabalho catequético entre os membros das várias associações paroquiais (apostolado da oração, marianos, filhas de Maria, leguistas etc.). Esta abertura para os leigos foi reflexo do surgimento da *Ação Católica* na Europa e que se desenvolveu bastante aqui no Brasil, como falaremos a seguir. A força da necessidade, isto é, a falta de clero, obrigou bispos e padres a recorrerem cada vez mais aos leigos. Com isto, os catequistas receberam uma formação mais sólida e profunda[101].

O Pe. Ralfy M. de Oliveira, bastante crítico com relação aos *Catecismo da Doutrina Cristã* de Pio X, assim conclui sua apreciação das influências deste Papa em nossa catequese:

> O Pontificado de Pio X deu, sem dúvida, um notável impulso à catequese. É a matriz original da atual *pastoral catequética* e da atuação, sempre mais crescente

---

X como *Congregações da Doutrina Cristã* e incorporadas posteriormente no *Código de Direito Canônico* de 1917 (cf. P. BRAIDO, *Momenti di Storia della catechesi,* p. 134-144).

99 Cf. *Pastoral Collectiva dos Senhores Arcebispos e Bispos das Províncias Ecclesiásticas de S. Sebastião do Rio de Janeiro e Marianna communicando ao clero e fiéis o resultado das Conferencias dos mesmos no Seminário Archiepiscopal de Marianna, de 2 a 12 de agosto de 1907,* Rio de Janeiro 1907. Aí se encontram dois apêndices: o primeiro são *Estudos da Congregação da Doutrina Cristã* e o segundo: *Regulamento para o Ensino do Catecismo.*

100 A *Pastoral de Aprovação do Catecismo Maior* de 1905 diz: "persuadimo-nos também que este Catecismo será guia seguro e auxílio valioso aos Párocos e Curas d'almas na instrução catequética, que *sub gravi* devem fazer para os adultos, todos os domingos e dias de festa, além da hora de Catecismo para os meninos, e da homilia para todos, como gravemente prescreve o SS. Padre Pio X em sua memorável Encíclica *Acerbo Nimis,* de 25 de Abril do corrente ano". *Pastoral de Approvação do Catecismo das Províncias Ecclesiásticas Meridionaes in Terceiro Catecismo da Doutrina Cristã para uso das Dioceses das Províncias Ecclesiásticas Meridionaes do Brasil* (em 19/10/1905). 4ª ed. Petrópolis: Vozes, 1930, p. 6.

101 Cf. O. LUSTOSA, *Catequese Católica,* p. 86.

e qualificada, do serviço que as ciências da educação devem prestar à catequese, a começar pela pedagogia e a didática[102].

2.3.2 A insistência sobre a ignorância religiosa

Apesar de tanto esforço e organização, observou-se, após uma década, que o desafio da educação da fé de toda a população brasileira era bem maior que todos os esforços feitos até então. De fato, encontramos na carta pastoral de Dom Sebastião Leme da Silveira Cintra, de 16 de julho de 1916, ao tomar posse da diocese de Olinda e Recife, graves constatações a respeito da pouca educação religiosa do povo. Eis alguns trechos da carta-denúncia sobre a *ignorância religiosa* citados à saciedade pela posterior literatura pastoral-catequética:

> As verdades, a doutrina, os ensinamentos e os preceitos do Evangelho não são conhecidos com clareza de ideias, nem com fundamento de razões. Não possuem as noções indispensáveis da doutrina cristã; não receberam esclarecimentos precisos sobre a pessoa e a obra de Jesus Cristo. Da autoridade divina da Igreja apenas suspeitam. Da instituição divina dos sacramentos ouviram falar, mas não chegaram a entrever o conforto sobre-humano que essa verdade encerra [...]. Cresce em nós a convicção de que muito maior do que se possa imaginar é a ignorância que lavra em coisas de religião... A razão última, a causa final de todos os nossos males, é, Nós o constatamos, a ignorância da religião [...]. Qual é, pois o supremo remédio para sanar e prevenir o grande mal da ignorância religiosa? Inquiri-lo é o mesmo que responder. A instrução religiosa: eis a grande salvação[103].

De certa maneira, essa carta pastoral do Bispo de Olinda e Recife foi o eco daquilo que Pio X constatava, a nível mundial, na sua *Acerbo Nimis*. Por outro lado, pode-se dizer que este documento foi o catalisador de sentimentos e opiniões que dominavam o ambiente eclesiástico mais consciente da situação geral do catolicismo de então e o baixo nível de conhecimentos religiosos em todos os setores da sociedade brasileira[104]. O grito de alerta valeu para chamar a atenção sobre fato que se revelava tão grave dentro de uma visão intelectualista da fé.

---

102 OLIVEIRA, Ralfy M. *O Movimento Catequético*, p. 21.

103 Trechos citados por José COMBLIN, *Prolegômenos da Catequese no Brasil*, *in REB*, 27 (1967) 846. O autor cita como fonte apenas a "Ed. Vozes", sem o título completo nem a data.

104 Outras cartas pastorais que abordam o mesmo argumento são de Dom Adauto Aurélio de Miranda Henriques de 30 de agosto de 1905, de Dom José de Camargo Barros, no mesmo ano, e de Dom João Batista Corrêa Neri, bispo de Campinas na circular *Pastoral sobre o catecismo em domicílio* de 1917.

De fato: falar em ignorância religiosa e de certa forma acusar a falta de "conhecimentos" religiosos como causa de todos os males é ver a educação da fé quase que exclusivamente centrada na dimensão doutrinal. A duras penas e acompanhando os movimentos históricos é que a catequese encontrou os caminhos de uma educação à fé mais vivencial, libertando-se, às vezes até exageradamente, dos aspectos exclusivamente doutrinais. Porém, nesta caminhada foram necessários ainda 70 anos. É nesse esforço que nasceu propriamente um *Movimento Catequético Brasileiro*. Entretanto, a partir do alerta a respeito da *ignorância religiosa*, novas forças surgirão para impulsionar todos os setores da pastoral, e de um modo especial a catequese.

2.4 A dinamização e organização catequética sob Pio XI

Já foi dito que o Papa Pio XI destaca-se como um dos papas que mais se empenharam na promoção da atividade catequética na Igreja[105]. Sob seu pontificado foi criado, através do Motu Proprio *Orbem Catholicum* de 26 de junho de 1923, o *Secretariado Catequético Central*, como organismo da Sagrada Congregação do Concílio para coordenar a catequese em nível mundial[106]. Com carta de 25 de janeiro de 1929, a mesma Sagrada Congregação do Concílio dava sua plena aprovação para tudo o que haviam decidido os Bispos Brasileiros no *Congresso Catequético* de Belo Horizonte em 1928[107]. Não tardou muito e novo documento pontifício veio incrementar a catequese: tratou-se do decreto *Provido Sane Consilio*[108], de 12 de janeiro de 1935, que abordava três temas importantes: existência e efetiva consistência da *Congregação da Doutrina Cristã*, as *escolas paroquiais catequéticas* para crianças e meninos e a *catequese para adultos*. Como instrumentos de organiza-

105 Pietro PALAZZINI, *L'opera svolta dalla S. Congregazione per il Clero nel campo catechistico, in Atti del 2º Congresso Catechistico Internazionale. Roma, settembre 1971*. Roma: Studium, 1972, p. 193. O Autor na nota 149 apresenta uma longa série de documentos deste Papa em favor da catequese, comprovando esta afirmação.

106 O documento diz que este Secretariado (*Officium*) possui poderes soberanos de decisão em matéria catequética, com o escopo de "moderari ac provehere" (orientar e prover) plenamente a ação catequética da Igreja: cf. P. PALAZZINI, *L'opera svolta*, p. 193.

107 Cf. P. PALAZZINI, *L'opera svolta*, p. 193. A circular de 12 de dezembro de 1929 da mesma Sagrada Congregação do Concílio instituindo nas dioceses o *Secretariado Catequético Diocesano*, se refere, conforme o mesmo autor, *à Itália somente*, e não a toda a Igreja (assim parece entender o Pe. Ralfy Mendes (cf. *O Movimento Catequético*, p. 26).

108 Foi publicado *in AAS* 27 (1935) 145-154, mas em português, traduzido apenas em 1953 *in RC* 5 (1953), nº 53, p. 5-13. Foi qualificado de "obra prima de sabedoria catequética, o documento mais importante sobre catequese, o mais prático e encorajador sobre a organização catequética, síntese orgânica de tudo o que a Santa Sé e as dioceses já publicaram". (cf. P. PALAZZINI, *L'opera svolta*, p. 197).

ção catequética prescreveu a instituição em todas as dioceses do *Secretariado Diocesano*, a existência de *visitadores* que animassem a catequese, a *celebração anual do dia do catecismo*[109] e a criação de *escolas para formação de catequistas.*

2.4.1 Iniciativas e Organizações

Sob o estímulo destes apelos, no Brasil foram se instituindo *secretariados diocesanos* que localmente eram os centros de animação e de organização tanto da catequese paroquial como do ensino religioso nas escolas[110]. É verdade que o ensino religioso na escola despertava mais o interesse tanto do episcopado como dos catequistas e professores, devido às dificuldades e desafios que apresentava. Entretanto, a catequese paroquial, ao menos na teoria, continuou a ser um momento prioritário da pastoral eclesial[111].

Mas no Brasil tiveram repercussão sobretudo as iniciativas dos *congressos* que se multiplicavam em várias partes do mundo na primeira metade do

---

109 Sobre o "dia do Catecismo", os salesianos assumiram-no seriamente, conforme esse texto de seu Provincial, Pe. Orlando Chaves (depois Arcebispo de Cuiabá): "A Sagrada Congregação do Concílio, com o decreto *Provido sane concilio*, de 12 de janeiro de 1935, manda que se introduza o *Dia do Catecismo* em todas as Paróquias do mundo e nesse dia celebre-se com toda a solenidade possível a *Festa da Doutrina Crista*. Obedientes à voz da Igreja que está com insistência pregando *A Cruzada Catequística* os salesianos do Sul do Brasil escolheram o último Domingo de agosto como *O Dia do Catecismo* para os seus colégios. Deus queira [que] *O Dia do Catecismo* e *A Festa da Doutrina Cristã* se estabeleçam em breve em todas as Dioceses e, por conseguinte em todas as paróquias e colégios católicos do Brasil". Uma das iniciativas foi *o Teatro no Dia do Catecismo*. As *Leituras Católicas de Dom Bosco* (editadas pelos mesmos salesianos) publicaram várias edições (cf. https://alexandriacatolica.blogspot.com/2017/07/colecao-leituras-catolicas-com-3-volumes.html, acessado em 18/10/2023).

110 Esta é a opinião do Pe. Ralfy M. em *O Movimento Catequético*, 28. Já O. LUSTOSA tem suas dúvidas sobre a eficácia destes *secretariados:* "Se fosse feito um levantamento através de relatórios dos bispos sobre o funcionamento das *congregações da doutrina cristã* de âmbito diocesano, paroquial ou mesmo como simples centros avulsos, não resta dúvida de que se espalhavam e se multiplicavam como resposta à obrigação canônica em todas as circunscrições eclesiásticas. Mas não será a *quantidade* de tais associações que se impõe à atenção, embora ainda não se tenha uma estatística cientificamente satisfatória. A quantidade dos membros e do trabalho de muitos desses sodalícios para a catequese deixava bastante a desejar". Cf. ID., *Catequese Católica*, 108. E tenta apontar algumas causas: a pouca preparação de catequistas leigos, falta de interesse e de tempo dos párocos, a concorrência da Escola Católica: cf. *Ibid.*, Entretanto, num pró-memória de 1953 do Card. I. Bruno a Dom Carlo Chiarlo, núncio apostólico no Brasil, falando dos relatórios enviados a Roma pelos bispos brasileiros sobre a nossa situação catequética, a Sagrada Congregação do Concílio elogia "a instituição de Ofícios Catequéticos Diocesanos bastante bem organizados em Dioceses como Diamantina, Amargosa, Manaus, Barra do Piraí, Belo Horizonte, Bragança, Florianópolis, Garanhuns, Guaxupé, Limoeiro, Lorena, Natal, Pouso Alegre, Rio Preto, São Paulo, Uberaba, Uruguaiana e Prelazia de Bom Jesus de Gurguéia". Cf. *A Santa Sé e o Ensino Religioso no Brasil in RC* 5 (1953), nº 35, p. 6.

111 Cf. O. LUSTOSA *Catequese Católica*, 109. Importante também é o *1º Congresso Nacional de Ensino da Religião*, realizado no Rio de Janeiro de 17-23/07/1950 com 1300 congressistas, contemporaneamente com o *IV Congresso Nacional da Ação Católica.*

século XX. O assunto que os dominou em geral foi, de um lado, o ensino religioso escolar, lutando-se para introduzi-lo nas escolas oficiais de onde tinha sido excluído com a introdução da República, e de outro a *articulação do movimento catequético em plano nacional*. Às vezes tais congressos possuíam um estilo mais solene e triunfalista do que propriamente prático; entretanto alguns frutos foram colhidos. Entre eles podemos citar o IV Congresso Católico de Belo Horizonte (1918) e o Congresso Catequético (1928) também em Belo Horizonte, que se interessou pelo problema pedagógico na catequese; outros vieram depois.

Este último teve como resultado, no ano seguinte, a introdução em Minas Gerais do ensino religioso na grade horária das escolas oficiais[112]. Quanto à fundação de um *organismo nacional* para coordenar a catequese, veio em 1953 com a da criação da CNBB: o *Secretariado Nacional de Ensino Religioso*. Mas um *centro nacional catequético*[113] foi apenas conjecturado, e não realizado, como se verá a seguir. O *ensino religioso escolar* e principalmente a *educação católica* receberam um grande apoio mais tarde em 1946, com a fundação da *Associação de Educação Católica* (AEC). Depois do Vaticano II, se transformou em *Associação dos Educadores Cristãos*, congregando assim também outras igrejas.

2.4.2 *As decisões catequéticas do* Concílio Plenário Brasileiro

De maior importância, porém, nas décadas de 1930 e 1940 foi o *Concílio Plenário Brasileiro* (*CPB*), ponto de chegada do movimento restaurador, iniciado no final do século XIX. Realizou-se de 2 a 16 de julho 1939 e embora estivesse já sob o pontificado de Pio XII, ele foi decidido e preparado ainda com Pio XI[114]. Celebrado após a promulgação do *Código de Direito*

---

112 Cf. R. AZZI, *A catequese no Brasil*, 505.

113 Em 1952 escrevia o cônego Agenor N. MARQUES: "Seja permitido dizer sinceramente: enquanto não tivermos um órgão de âmbito nacional, que centralize integralmente a organização da catequese, um órgão firme, consistente, poderoso, a todos e a cada um em particular, seremos sempre forças isoladas, incapazes de enfrentar com segurança e coragem as múltiplas dificuldades espirituais e materiais do problema catequético". ID., *Catequista ideal. Pedagogia catequética*. 3ª ed. São Paulo: Paulinas, 1959, p. 426. Tinha sido também criado em 1953, como primeiro fruto da CNBB, um organismo de caráter apologético: o *Secretariado Nacional para a defesa da fé e da moral*.

114 O Cardeal Sebastião Leme da Silveira Cintra, Arcebispo do Rio de Janeiro, foi o delegado do Papa junto ao *CPB*. Participaram 18 Arcebispos, 61 bispos, 17 Vigários Capitulares, Prefeitos e Administradores Apostólicos, além de 40 Superiores Maiores e 12 Procuradores dos capítulos das catedrais: cf. a lista dos participantes *in Subsidia ad historiam Concilii Plenarii Brasiliensis in urbe S. Sebastiani Fluminis Ianuarii anno Domini 1939 celebrati Sebastiano S.R.E Card. Leme da Silveira Cintra S. Sebastiani Fluminis Ianuarii Archiepiscopo Summi Pontificis Pii P. XII Legato*

Canônico de 1917, teve um caráter bastante jurídico, de codificação de leis e não tanto como animação pastoral, como se pode ver em suas atas. De qualquer forma, representa um esforço na direção de unificar a ação da Igreja brasileira através de um *planejamento*, como veremos. Das atas deste *CPB* temos apenas a edição latina[115] sem nenhuma tradução em português[116], e é por isso sem grande repercussão mesmo entre o clero.

Quanto à catequese, o *CPB* regula aquilo que já estava mais ou menos em andamento, quer pela prática quer pelos documentos da Santa Sé. A catequese (ou "o catecismo", como se dizia então), foi contemplada nos cânones 415-442, que correspondem ao cap. I da IV parte[117]. A primeira disposição a ser lembrada foi a pena canônica aos párocos que são negligentes nos deveres para com a catequese; a eles é imposta a obrigação da catequese ao

---

a latere praeside, Petropolis: [Ed. Vozes, 1941], p. 51-65. Foi o único *Concílio Brasileiro*. Anteriormente, com o nome de *Sínodo* tinham sido realizados cerca de 19 assembleias: cf. Ramón ORTIZ, *A ação católica no Direito Eclesiástico: conclusão in REB* 8 (1948), 802. Predominaram as *Pastorais Coletivas* e posteriormente as *Conferências Episcopais*.

115 *Concilium Plenarium Brasiliense in urbe S. Sebastiani Fluminis Januarii anno Domini MCMXXXIX celebratum*, Petropolis, Typis Domus editricis vulgo "Vozes" 1940. A maior parte do grosso volume do *CPB* é constituída pelos 71 apêndices, onde se recolhem decretos, circulares, instruções, cartas, normas e outras disposições jurídicas. Entre estes apêndices, encontramos várias matérias referente à organização da catequese: o decreto *Quam singulari* (p. 173-189, em português e latim), o decreto *Provido sane consilio* (em latim), seguido dos *quaesita de doctrina christiana tradenda* para prestação de contas dos párocos com referência à catequese (p. 359-371), carta apostólica de Pio XI de 12 de março de 1930 sobre indulgências para os que trabalhavam na catequese (p. 371-373), carta da Sagrada Congregação para os Seminários de 8 de setembro de 1926 sobre o ensino da *ciência catequética* nos seminários (p. 373-376) e finalmente uma brevíssima fórmula de profissão de fé para os catequistas (p. 382).

116 Cf. José Cormac KNOLL, *De Primo Concilio Plenario Brasiliensi (anno 1939) eiusque decretis: studium historico-iuridicum*, dissertatio ad Lauream, Pontificium Athenaeum Antonianum, Facultas Iuris Canonici, nº 76, Romae, 1967, p. 7-11. Na lista de fontes e bibliografia citadas por esta tese de mestrado (dissertação) a respeito do *CPB*, não consta nenhuma tradução brasileira. Aliás, mesmo comentários ou estudos sobre o *CPB* são raríssimos: a acima citada dissertação (supondo que seu levantamento tenha sido completo), relata apenas 4 comentários, sendo que metade é sobre dúvidas a respeito de questões jurídicas; um deles está citado na nota a seguir. Tudo isto indica a pouca repercussão que este *Concílio*, de caráter bastante jurídico, teve no Brasil

117 A quarta parte se intitula *De Magisterio Ecclesiastico*, e toda matéria catequética se concentra no primeiro capítulo intitulado: *De Divini Verbi Predicatione* com estas subdivisões: 1) *De catechetica institutione:* a) *de puerorum catechesi* [416-430]; b) *de adultorum catechesi* [431-432], e c) *de Evangelii explanatione* [433-434]. 2) *De sacris concionibus* [435-437]e *De sacris missionibus* [438-442]. Um comentário destas disposições encontra-se *in* José Cormac KNOLL, *De Primo Concilio Plenario*, 117-121 (tudo em latim!). Um resumo em português dos mesmos decretos se encontra *in* Candido SANTINI, *O Concílio Plenário Brasileiro in REB* 1 (1941) p. 30. O. LUSTOSA, *Catequese Católica*, p. 109 cita-o apenas de relance. R. MENDES DE OLIVEIRA, *O Movimento Catequético*, à p. 31 dedica 9 linhas ao assunto, apesar da equivocada nota 11 da mesma p. 31, pois o citadíssimo artigo de R. AZZI, *A catequese no Brasil*, p. 491-513, não faz referência alguma a este *Concílio Plenário Brasileiro*...

menos semanal às crianças e de se empenharem para que nas capelas rurais se faça o mesmo, sobretudo por ocasião das missas. A mesma obrigação foi lembrada aos demais sacerdotes, religiosos e leigos; pede-se, principalmente às religiosas, presença mais marcante na catequese paroquial e escolar.

Reiterou-se a prescrição da existência da *Congregação da Doutrina Cristã* em todas as paróquias. Para que a instrução catequética fosse eficaz, sugeriu-se entre outras coisas que fossem incrementadas a *Missa das crianças* nos domingos e festas, as competições (maratonas) catequéticas, o dia ou festa da doutrina cristã em todas as paróquias[118]. O Concílio chamou a atenção dos pais para o dever de providenciar a educação religiosa dos filhos e reprovou severamente o fato de muitos se contentarem apenas com a instrução religiosa escolar. Recebem igualmente atenção a catequese de perseverança, a catequese aos adultos nos domingos à tarde, a formação de catequistas leigos e a celebração periódica de *Congressos Catequéticos*.

2.4.3 O Concílio Plenário Brasileiro *e a questão do texto único*

No final dessa histórica Assembleia, os bispos publicaram uma *Carta Pastoral* na qual é bastante relevado o problema da instrução religiosa do povo:

> A Instrução religiosa entre nós não corresponde às exigências da grande nação cristã, que é o Brasil. Desde as esferas mais cultas, onde tantas vezes os conhecimentos não se estendem muito além das fórmulas elementares, mal assimiladas, do catecismo da primeira comunhão, até às camadas populares, onde não raramente se ignoram até os mais indispensáveis rudimentos da doutrina evangélica, várias e graves deficiências apresenta a formação cristã do nosso povo... Mal enorme, de funestas e incalculáveis consequências, a ignorância religiosa![119].

Continua-se, pois, a bater na tecla da *ignorância religiosa* e entre as disposições que o *CPB* adotou para remediar este "mal enorme", encontra-se o cânon 442, § 1 que estabeleceu: "seja adotado na catequese às crianças um *único texto* aprovado pelos bispos brasileiros em todas as dioceses". Apesar de já estar em crise, a estas alturas, o *catecismo teológico* ou *doutrinal* que as Províncias Meridionais haviam aprovado como texto único, e que obtivera uma grande difusão por todo o Brasil, os bispos ainda pretendiam um *texto*

---

118 Mais tarde, na primeira reunião ordinária da CNBB em 17-23 de agosto de 1953, foi estabelecido como *dia nacional do catecismo* o 3º Domingo de Agosto: cf. *Conclusões da 1ª Reunião da CNBB in REB* 13 (1953) 767. Bem posteriormente, a perspectiva foi outra, ou seja: *dia nacional do catequista*, valorizando mais a pessoa do *catequista*, que o texto do *catecismo*.

119 *Subsidia ad historiam Concilii Plenarii*, p. 123-124.

único; é verdade que a legislação conciliar não estabelece o tipo de texto, mas a interpretação e prática posteriores continuaram a insistir no *catecismo doutrinal* em perguntas e respostas.

Não conseguimos encontrar a *aprovação oficial* por parte de todo o episcopado do texto do *Primeiro e Segundo Catecismo da Doutrina Cristã* como "catecismo oficial" para todo o Brasil. Entretanto no *I Sínodo da Arquidiocese do Rio de Janeiro,* realizado em 1949, tal texto ainda não estava aprovado, conforme lemos no can. 434 do referido Sínodo:

> Enquanto não chegarmos ao *texto único do catecismo,* conforme a determinação do *Concílio Plenário Brasileiro,* adotamos como oficial, nos catecismos paroquiais, nos estabelecimentos públicos elementares de ensino e nos educandários particulares primários, o catecismo intitulado: "Sou cristão"[120].

Por sua vez, o Pe. Álvaro Negromonte num artigo de 1942, ao fazer a crítica aos catecismos doutrinais, alude a um "texto já aprovado":

> Tomei estes exemplos do nosso *Primeiro Catecismo,* por se tratar do texto que, ainda há pouco, o *Concílio Plenário Brasileiro,* consagrou como oficial[121].

No *CPB*, porém, além da determinação de que houvesse um texto único, não se chegou a estabelecer o texto que deveria ser usado oficialmente. Por isso, deve-se dar mais crédito à disposição do I Sínodo do Rio de Janeiro do que à afirmação de Negromonte, ainda mais que ele não cita *onde* o *CPB* teria definido o *texto oficial de catequese*. Provavelmente ele confundiu a aprovação das Províncias Meridionais (como vimos acima), com o pedido do *CPB* de um único texto oficial.

O *CPB* por ter produzido um texto de caráter altamente jurídico e publicado em latim, teve pouca repercussão na Igreja, conforme vimos anteriormente[122]. Por isso os bispos decidiram republicar em 1950 a *Pastoral Colletiva de 1915,* adaptada aos decretos do *CPB* e às consequentes legislações eclesiásticas[123]. Deu-se, neste documento, muita atenção à catequese, porém, sem nenhuma novidade. Referia-se sempre ao *catecismo* de modelo

120 *I Sínodo da Arquidiocese de São Sebastião do Rio de Janeiro,* Rio de Janeiro, 1949, p. 235, art. 434. "Sou cristão" era a coleção de textos para catequizandos e catequistas da Arquidiocese do Rio de Janeiro, composta a mandato de Dom Jaime de Barros Câmara.

121 Á. NEGROMONTE, *Um texto novo de catecismo in REB* 2 (1942), 74; cf. também *Ibid.*, p. 73.

122 Cf. cap. II, nota 105 e acima, *passim*.

123 *Constituições Eclesiásticas do Brasil, Nova edição da Pastoral Coletiva de 1915: adaptadas ao Código de Direito Canônico, ao Concílio Plenário Brasileiro e às recentes decisões das Sagradas Congregações Romanas*. Canoas, Rio Grande do Sul: Tipografia La Salle, 1950.

doutrinal com perguntas e respostas, sem outras considerações. Ricardo Calvo assim conclui sua apreciação sobre a *reedição da Pastoral de 1915*:

> Não existe praticamente uma doutrina sobre a catequese. Fala-se principalmente da necessidade e obrigação de ensinar o catecismo. O *como* não está escrito. Não existe a bem que mínima insinuação a princípios pedagógicos, à necessidade de preparação de um catecismo adaptado à situação do País ou à idade evolutiva dos catequizandos. Tudo se pode resumir praticamente na obrigação do ensino da doutrina cristã[124].

2.4.4 Críticas aos catecismos doutrinais

Entretanto, não tardou muito e os catecismos doutrinais, à base de perguntas e respostas, privilegiando a memorização das fórmulas teológicas concentradas da doutrina cristã, começaram a receber críticas contundentes. O progresso das ciências psicológicas e pedagógicas, bem como a evolução do movimento catequético europeu, já nas décadas de 1920 e 1930, mostraram suas fraquezas. Apesar disto, o episcopado em 1939 pensa ainda num catecismo nos moldes doutrinais. A seguir algumas críticas começaram a aparecer.

O Pe. Álvaro Negromonte foi um dos primeiros a levantar a voz, já em 1942, numa crítica lúcida e firme; toma como exemplo o *Primeiro Catecismo da Doutrina Cristã*, que chamava de "oficial" e vê neles uma súmula de teses teológicas eivadas de intelectualismo e apologética, "textos ótimos para os teólogos que deles não precisam, péssimos para as crianças que os não digerem"; catequese que se reduzia à "memorização brutal" de respostas impenetráveis, orações incompreensíveis e doutrina sem repercussão na vida: era um ensino "morto", intelectualista, individualista[125]. Tais críticas fazem lembrar as ácidas considerações de Joseph Andreas Jungmann sobre o conteúdo da catequese, desencadeando o processo de renovação que recolocou o anúncio de Jesus Cristo no centro da catequese (cristocentrismo) e o movimento querigmático[126], ou ainda as contundentes e famosas críticas de

124 R. P. CALVO, *Crescimento permanente*, 65.

125 Á. NEGROMONTE, *Um texto novo de catecismo*, 72-75; mais tarde tais críticas se repetem em *O problema do catecismo no Brasil in RC* 5 (1953), nº 36, p. 8-9. Na verdade aqui ele faz mais uma análise da catequese em geral do que do *texto* catequético. De fato, na linguagem da época, e mesmo depois, *Catecismo* é sinônimo de *atividade catequética*.

126 As renovadoras considerações de J. A. JUNGMANN, encontram-se em *Christus als Mittelpunkt religiöser Erziehung*, Freiburg, Herder 1939; *La place de Jésus-Crist dans la catéchèse et la predication in Lumen Vitae* 7 (1952), 573-582; ID., *Catequética*, São Paulo: Herder, 1963.

Hubert Halbfas ao catecismo doutrinal na década de 1960, feitas as devidas proporções[127].

Outros críticos se fizeram ouvir. Ao comentar os três *Catecismos da Doutrina Cristã* aprovados pelas Províncias Meridionais, diz Miguel Meier:

> Do ponto de vista doutrinário, não lhes falta a correção e exatidão; em várias passagens o falar é demasiadamente abstrato para as crianças da escola elementar. Redigidos na época dos *catecismos teológicos* não puderam aproveitar os verdadeiros progressos que a pedagogia do catecismo fez no [início do] século 20. Por isso não é para admirar que prevaleçam as definições, abstrações e princípios e lhes falte completamente a ligação com a Bíblia. As palavras "Evangelho, Epístola", os nomes dos Evangelistas ou outros autores da Bíblia, textos e exemplos bíblicos ilustrando a doutrina não se encontram nos três catecismos[128].

O Pe. Ralfy Mendes de Oliveira, muitos anos depois em sua análise dos catecismos teológicos, assim mostrou seus pontos fracos:

> Dividia-se [o *Catecismo da Doutrina Cristã*] em três partes, conforme o clichê dos tratados teológicos da época: a fé, a moral, a graça, com fórmulas precisas, densas e difíceis, porque abstratas e especulativas, biblicamente anêmicas, alheias à vida cristã em concreto. Por se tratar de fórmulas-de-definições, o processo didático devia sujeitar-se às suas explicações literais, palavra por palavra, cedendo à tentação do fragmentarismo, da análise sem síntese, da memorização ou mnemonismo[129].

A primeira renovação significativa veio pela *Ação Católica*, movimento característico do pontificado de Pio XI. No Brasil, ela teve um enorme raio de ação, cujos efeitos até hoje sentimos. A seguir nos fixaremos apenas em sua dimensão catequética.

2.5 A *Ação Católica* e sua influência na catequese

Com uma renovada visão eclesiológica, uma disciplina austera e organização centralizada, a Ação Católica Brasileira (ACB) militou como ver-

---

127 As duras e severas críticas do catequeta alemão encontram-se em Hubertus HALBFAS, *Linguaggio ed esperienza nell'insegnamento della religione*, Roma-Brescia: Herder-Morcelliana, 1970 (tradução italiana do original alemão).

128 M. MEIER, *O catecismo através da história*, p. 56. "Devemos confessar que os nossos catecismos (1º, 2º, e 3º) dogmaticamente são impecáveis, mas pedagógica e psicologicamente deficientes. Devemos confessar que a criança decora sem assimilar e não assimila porque não entra pelos sentidos". ID., *Entre os problemas atuais*, p. 495, citando um trecho da Revista *Carta aos padres* nº 31 sem outras referências.

129 R. MENDES DE OLIVEIRA, *Movimento Catequético*, p. 19.

dadeiro "exército de Cristo Rei", despertando grande entusiasmo e frutos concretos onde era instituída. Na época representava a inovação e criatividade contra o peso dos organismos eclesiais conservadores: seus militantes estavam abertos às novidades do tempo, principalmente pela renovação bíblico-litúrgica e catequética, e pelas novas ciências sociais.

2.5.1 Ação Católica: um movimento renovador

Dom Sebastião Leme, líder da Igreja na primeira metade do século XX, organizou e deu grande apoio à nova associação, dela se servindo para seus grandes propósitos pastorais. Sua carta-denúncia, acima citada, fala de "maioria que não atua, asfixiada" ou de um catolicismo sem atuação na sociedade, quando outros movimentos políticos, culturais e militares sacodiam o país. A *Ação Católica Brasileira* (*ACB*) foi o organismo responsável para que a Igreja saísse deste marasmo, e a catequese foi seu grande instrumento[130]. Porém, uma catequese concebida não somente na linha doutrinal, como até então era vista, mas com uma abertura muito grande para a dimensão social. A Igreja necessitava de católicos leigos, dotados de consciência crítica e lúcida, de intelectuais bem formados a fim de poderem influir na sociedade e exercerem uma eficaz liderança. E este foi o programa da *ACB*.

Seus *cursos de cultura religiosa* primavam pelo aprofundamento da fé, fugindo, contudo, daquele nocionismo que caracterizava a catequese tradicional como doutrina. E leigos bem formados pela *ACB* assumiam a vocação de catequista, mudando um pouco o quadro que até então era normal: o domínio e o monopólio da catequese por parte do clero. A partir da *ACB* os leigos descobriram e viveram sua vocação cristã como leigos, marcando uma grande presença, de um modo especial na catequese. Daí para frente, uma das características do *Movimento Catequético Brasileiro* foi esta presença leiga. No entanto, o avançadíssimo pensamento social cristão que permeava a *ACB* e que influenciou significativamente na sua militância concreta[131] não conseguiu mudar muito o conteúdo da catequese tradicio-

---

130 Cf. *Catequese, base da Ação Católica* (Editorial) *in RC* 4 (1953), janeiro, p. 7-10: "Em 1949, o nosso tema central foi "catequese, base da Ação Católica". Verdadeiro para qualquer país [...], o é sobretudo para o Brasil, pois, dada a escassez do clero, é grande na cidade e nos campos, a necessidade de catequese". *Ibid.*, p. 7. O decreto *Provido Sane* já insistia nesta ligação entre *Ação Católica* e *Catequese*.

131 De um modo particular isto aconteceu com a Ação Católica Especializada, sobretudo a *Juventude Operária Católica* (JOC) e a *Juventude Universitária Católica* (JUC). Para ver os avanços desta consciência social na Ação Católica Especializada, entre outros, cf. Marcelo P. CARVALHEIRA, *Momentos históricos e desdobramentos da Ação Católica Brasileira in REB* 43 (1983), p. 10-28.

nal. Isso foi alcançado pelo *Movimento Catequético* após o Vaticano II, mas aqui já estão suas sementes.

2.5.2 Uma metodologia revolucionária

Dois itens devemos ainda assinalar: em *primeiro lugar* a *ACB* inovou principalmente quanto ao método. A maneira de proceder através da trilogia *ver, julgar e agir*, timidamente iniciada, desenvolveu-se sempre mais, sob a influência do pensamento de Cardjin e Maritain, tornando-se depois não só metodologia da catequese, mas de toda a pastoral. Assim se expressa Dom Marcelo Carvalheira:

> Contribuição decisiva, trazida pela Ação Católica, foi de ordem *metodológica*: a preocupação apostólica com o que se passa no mundo levou a Ação Católica sempre mais a converter-se à realidade, para aí descobrir os apelos da Palavra de Deus. Na sua forma especializada, a Ação Católica chegou a adotar o método cardijniano da revisão de vida, do *ver, julgar e agir*. Método que veio a ser preconizado pelo Papa João XXIII e, na prática, foi adotado, quanto à sua índole intuitiva, nos trabalhos e Documentos do Concílio Vaticano II (sobretudo *Gaudium et Spes*) e nos documentos de Medellín e Puebla na América Latina[132].

2.5.3 Uma publicação original: Revista Catequética

Em *segundo lugar*, como instrumento para a formação dos catequistas a *ACB* começou a editar a *Revista Catequética*. Anunciada durante a IIa. Semana Nacional de Assistentes Eclesiásticos da ACB, de 24 a 29 de janeiro de 1949[133], o número inicial foi lançado em maio do mesmo ano e se constituiu na primeira publicação periódica de âmbito nacional no Brasil a se dedicar exclusivamente à catequese[134]. Ela se apresentou desde o início como uma *Revista da Ação Católica*, fundada pelo Pe. Álvaro Negromonte e pelo Pe. Hélder Câmara que durante muitos anos foi o assistente eclesiás-

---

132 M. P. CARVALHEIRA, *Momentos históricos*, p. 27.

133 Cf. *IIa. Semana Nacional dos Assistentes Eclesiásticos da Ação Católica Brasileira in REB* 9 (1949), 234-235.

134 A *Revista Catequética* nasceu sob a influência do movimento catequético que, na Europa neste momento, provoca o aparecimento de várias revistas, como: *Lumen Vitae* (Bélgica), *Cahiers Catéchistiques* com seus vários desdobramentos (França), *Via, Verità e Vita, Revista del Catechismo, Sussidi, Itinerari Catechistici* (Itália), *Sinite, Actualidad Catequetica* (Espanha), *A Mensagem, a Voz da Catequese* (Portugal) etc. Na América Latina: *Catequista* (México), *Didascalia* (Argentina), *Catequesis al dia* (Colômbia). Cf. U. GIANETTO, *Storia della pastorale giovanile e della catechesi contemporanea (1870-1980), 2. Introduzione e divisione in periodi*, Roma, Università Pontificia Salesiana, Dipartamento di Pastorale Giovanile e Catechetica, Anno Accademico 1992-1993, p. 5-6, mimeografado.

tico da *ACB*[135]. No editorial do primeiro número a nova revista estabeleceu seus objetivos e conteúdos de formação e informação[136].

Inicialmente era uma publicação mensal com 60 páginas em forma de brochura; após um ano e meio de existência passa a bimestral[137] e com 50 páginas, mais ou menos. Não possuía estudos profundos; suas matérias eram quase que exclusivamente dirigidas aos catequistas de nível médio e predominava mais a linha metodológica do que propriamente a de reflexão teológica. Abundam exemplos catequéticos, sugestões práticas, dados hagiográficos e sobretudo a preocupação por uma catequese eficiente. As maratonas e congressos catequéticos, que predominavam os anos 40-50, tiveram na *Revista Catequética* um grande meio de promoção, apoio e divulgação. Os autores em geral eram brasileiros[138], embora muitas matérias não sejam assinadas, o que permite ver nelas a pena do Pe. Hélder Câmara (em seguida Arcebispo) e do Pe. Á. Negromonte. Aliás, a *Revista Catequética* foi um potente instrumento para a divulgação do pensamento e da metodologia deste grande catequeta brasileiro.

Além da *Revista Catequética*, outras publicações, de nível mais diocesano, apareceram nesta época, como a *Folha Catequética*, mensal, do Colégio Anchieta de Porto Alegre, o *Boletim Catequético*, mensal, de Belo Horizonte, o *Boletim* da cruzada de educadoras católicas do Recife, o *Boletim Ca-*

135 No primeiro número de maio de 1949 apareceram como direção da revista: Diretor, Pe. José Tapajós; Redator-Chefe: Pe. Hélder Câmara e Secretária: Firmina Moreira Fonseca. A partir de julho de 1950 (nº 15-16) o Pe. Hélder Câmara apareceu como Diretor, desaparecendo a figura do Redator-Chefe, mas que retornou no nº 29 de 1952 na figura do Pe. Álvaro Negromonte, Dom Hélder, já bispo, permaneceu até o fim como Diretor.

136 Cf. *Disponham, amigos in RC* 1 (1949), nº 1, p. 6. Aí se lê que a nova *Revista* pretendia ser uma "ajuda real a todos quantos se devotam à catequese em todo este imenso e querido Brasil", desde o "curso pré-primário, ao curso superior, da infância à idade adulta, do meio proletário, ao burguês". Enumerou a seguir, os conteúdos de suas várias secções: *formação humana e cristã* dos catequizandos, *psicologia catequética, textos de catequese, espiritualidade do catequista* ("como aproximar-se do ideal de catequista de que é modelo supremo o Divino Mestre"), *metodologia catequética* (principalmente a partir da moderna didática), *bibliografia* e *organização catequética* (planejamento, conselhos práticos para organizar, executar e avaliar o trabalho catequético). Outras características da nova publicação foram elencadas: apoiar-se sempre na Bíblia e nos documentos pontifícios, imprimir a todos os temas um cunho prático, pensar em todo o Brasil e não somente no eixo urbano São Paulo-Rio de Janeiro (a sede da *Revista* foi a mesma do *Secretariado Nacional da Ação Católica* no Rio de Janeiro). Ao longo de sua existência manteve-se fiel a este programa.

137 Cf. Editorial *O máximo dentro do possível in RC* 2 (1950) nº 17, p. 4.

138 No primeiro número havia um pequeno artigo de Maria Fargues (*A verdade exige clima*, p. 8-12), apresentada como "uma das grandes catequistas do mundo", o que mostrava bastante sintonia com a renovação europeia, porém publicar matérias de autores estrangeiros era uma exceção.

tequético, mensal, de Fortaleza[139]. Ao Pe. Hélder Câmara se deve também a iniciativa de criar um *Secretariado Nacional da Ação Católica*, em 1947, que se tornou também um centro de coordenação da catequese em nível nacional[140].

2.5.4 Significado da Ação Católica para a catequese

Ralfy M. de Oliveira, fazendo uma avaliação das atividades da *Ação Católica* na catequese, diz que sua contribuição foi notável e que seus frutos ainda permaneciam, merecendo destaque de primeiro plano na história do nosso movimento catequético[141]. Por sua vez, assim resume O. Lustosa a sua avaliação:

> A *catequese* no Brasil, no período de 40 anos (1922-1962), vai operar no clima da Ação Católica, sob o forte impacto de um entusiasmo que sonha com a conquista da sociedade para o Cristo, captando os dividendos de um engajamento dos seus militantes, municiando-os com a *revalorização* da Bíblia e dos Santos Padres, com os novos *enfoques* eclesiológicos e litúrgicos, com a *abertura* para a problemática social[142].

CONCLUSÃO

Neste primeiro capítulo, percorremos cerca de 450 anos de história da catequese no Brasil, buscando as raízes remotas do Movimento Catequético Brasileiro. Objetivando uma visão panorâmica, passamos rapidamente sobre os vários momentos, detendo-nos em alguns que, a nosso ver, não têm merecido a devida atenção por parte dos que tratam do tema, como por exemplo, a gênese e significado dos *catecismos da doutrina cristã*, as figuras e a obra do *Pe. Álvaro Negromonte* e do Pe. Hélder Câmera, sobre os quais ainda vamos retornar.

Começamos com a epopeia dos primeiros missionários, principalmente os jesuítas, que aqui implantaram uma Igreja de características bastante tridentinas, mas com tentativas de *inculturação*, conceito muito moderno,

---

139 Cf. Relação das revistas expostas durante o *1º Congresso Nacional de Ensino Religioso* de 17-23/07/1950 no Rio de Janeiro: *Exposição Catequética in RC* 2 (1950) nº 15-16, p. 62-64 (julho-agosto); cf. O. LUSTOSA, *Catequese Católica*, p. 127.

140 Cf. M. P. CARVALHEIRA, *Momentos históricos*, p. 19.

141 Cf. R. MENDES DE OLIVEIRA, *O Movimento Catequético*, p. 29.

142 O. LUSTOSA, *Catequese Católica*, p. 106. É muito estranho que R. AZZI em seu longo e, posteriormente citadíssimo artigo *A catequese no Brasil, considerações históricas*, ignore completamente a Ação Católica.

mas já vislumbrado por eles, naqueles remotos tempos, muito incipientemente. Além da educação da fé através de textos próprios e de uma metodologia adaptada aos povos originais, em que pese inevitáveis falhas, eles evangelizaram também com a defesa de seus catequizandos contra a cobiça colonizadora. Expulsos por não concordarem com o despotismo esclarecido do governo português, deixaram implantada uma Igreja que sentirá muita influência das correntes jansenistas europeias, através do *Catecismo de Montpellier* impingido pelos donos do poder.

Não tardou muito a reação dos bispos reformadores que, através de catecismos inspirados no *Catechismus ad Parochos*, procuram reconduzir a Igreja à doutrina e ao espírito do Concílio de Trento. Grandes figuras do episcopado se preocuparam com a educação da fé e alcançaram bons resultados com suas visitas pastorais, cartas e a composição de catecismos, chamados *teológicos*, que alimentavam a fé do rebanho, apesar de seu teor altamente teórico, doutrinal e quase nula linguagem popular.

O *Concílio Plenário Latino-americano* representou, para a jerarquia eclesiástica, um momento importante na reorganização da Igreja continental, da qual o Brasil participou ativamente. Seus efeitos se restringiram aos países *isoladamente*: a ideia e prática de uma *pastoral continental* vieram somente às vésperas do Vaticano II, com a fundação do CELAM em 1955 no Rio de Janeiro. Com o *Concílio Plenário Brasileiro*, o processo de "romanização", no dizer de alguns historiadores, chegou a seu auge; representa uma tentativa de planificação pastoral a nível de nação, embora ainda com pouco influxo. Do ponto de vista da catequese, além de urgir a concretização das normas das várias disposições da Igreja Universal (*Acerbo Nimis, Quam singulari* e *Provido Sane Consilio)*, prescreveu também a composição de um *catecismo único nacional*. Tal desiderato não chegou a uma realização concreta, mas os três *Catecismos da Doutrina Cristã* aprovados precedentemente (1903-1905) pelas Províncias Meridionais, que precederam o próprio *Catecismo de Pio X* (1910), se impuseram em todo o território nacional e representam o ponto alto da evolução dos catecismos doutrinais.

Responsáveis pela educação da fé de muitas gerações, tais *catecismos doutrinais* entraram em crise a partir de 1930, já sob a influência dos movimentos de renovação querigmática que provinham da Europa. A figura do Pe. Álvaro Negromonte emergiu como verdadeiro líder e polarizou toda a corrente de renovação. De sua personalidade e obra falaremos a seguir.

A denúncia da *ignorância religiosa* com seu respectivo *remédio*, a catequese, foi um dos pontos que desde o *Concílio Plenário Latino-americano*, passando pela *Acerbo Nimis*, a obra de Dom Sebastião Leme (com a Ação Católica) e do Pe. Negromonte, serviram de incentivo para manter sempre aceso o zelo por uma educação da fé mais eficiente. No fundo, como vimos, a insistência sobre a catequese como remédio à "ignorância religiosa" evidenciava claramente uma concepção doutrinária e intelectualista da educação da fé. Os *Catecismos da Doutrina Cristã*, inclusive o de Pio X, o comprovam.

A *Ação Católica Brasileira*, com sua poderosa organização e mística própria da educação na ação, é uma das forças que contribuíram largamente para a renovação da Catequese no Brasil. Um de seus líderes máximos foi o Pe. Hélder Câmara, figura emergente neste momento, ao lado do Pe. Negromonte, mas de repercussão muito mais intensa, principalmente devido à sua ação pastoral-catequética e social. A *ACB*, Dom Hélder Câmara e Pe. Á. Negromonte merecerão especial atenção no capítulo seguinte sobre a "Igreja em busca de Planejamento".

CAPÍTULO II

A igreja em busca de organização e planejamento

Neste segundo capítulo acompanharemos a evolução dos acontecimentos que indicam a caminhada da Igreja à procura de unificação de suas atividades através de planejamentos, multiplicação de Assembleias, reuniões, planos pastorais e, mais tarde, revisões. De um modo especial, após a fundação da CNBB, o MCB será fruto também desta vontade de realizar uma evangelização unificada e planejada, expressão, embora imperfeita, da vontade de comunhão. Como no item anterior, nosso ponto de partida será o final do século XIX, quando grandes transformações na Igreja, indicavam novos rumos de sua caminhada[1].

---

1 A este respeito José Oscar BEOZZO publicou o artigo: *Igreja no Brasil – o Planejamento Pastoral em questão in REB* 42 (1982), p. 465-505, de tom bastante crítico e às vezes polêmico; da mesma escola crítica e polêmica (diocese de Lins) é o artigo de Hugo D'ANS, *Um planejamento "pastoral"? in REB* 43 (1983), p. 373-378. Fala-se de um terceiro artigo de Jacques VERNIER, também da diocese de Lins (cf. O. BEOZZO, *Igreja no Brasil* 465, nota 1). Estes autores querem dar uma contribuição ao planejamento pastoral, fazer uma avaliação crítica, reconhecer os avanços trazidos e expressar o mal-estar e desânimo, que segundo eles, se abate sobre os que devem planejar e executar planos de pastoral, atribuindo-lhes excesso de burocracia: cf. *Ibid.*, p. 465. Aqui seguiremos bastante de perto suas colocações, porém discordando de algumas suas posições, em base à critica que lhe fez Francisco Whitaker FERREIRA, *A respeito do artigo publicado nesta revista: "Igreja do Brasil – o Planejamento Pastoral em* Questão" *in REB* 43 (1983), p. 135-140. Apoiamo-nos ainda num artigo de um dos autores do *Plano de Pastoral de Conjunto*: José MARINS, *A quantas anda o nosso Plano de Pastoral de Conjunto? in REB* 28 (1968), p. 356-366, e também noutros estudos de avaliação do planejamento eclesial que serão citados vez por vez.

1. PRIMÓRDIOS DA ORGANIZAÇÃO PASTORAL E PLANEJAMENTO

1.1 A Igreja sob a liderança de Dom Antônio Macedo e Dom Sebastião Leme

1.1.1 Primeiras tentativas de articulação pastoral

A pré-história do planejamento pastoral no Brasil remonta ao momento em que a Igreja foi pega de surpresa pelo advento do Estado leigo em substituição à Monarquia que a sustentava economicamente através do padroado. Os Bispos procuraram influenciar o decreto de separação entre Igreja e Estado (7/01/1890), garantindo sua liberdade e espaço de ação na nova ordem republicana. O grande articulador nesse delicado momento foi Dom Antônio de Macedo Costa, bispo de Belém, mas logo nomeado Arcebispo da Bahia e Primaz do Brasil. Ele conseguiu, pela primeira vez na história da Igreja brasileira, reunir o episcopado em março de 1890, discutir e promulgar a *Pastoral Coletiva do Episcopado Brasileiro*[2].

Foi um primeiro esboço de organização e planejamento do episcopado. No entanto, Dom Macedo pensava numa reforma ampla da Igreja através de um *Concílio Nacional*: chegou a ir a Roma com os projetos de tal convocação, mas veio a falecer em 1891. Seu projeto foi arquivado no Vaticano, pois Leão XIII pensava num *Concílio Plenário Latino-americano*, que de fato se realizou, como vimos, em 1899 (em Roma!)[3], apesar da insistência do episcopado brasileiro em realizar aqui um *Concílio Nacional*[4]. O Papa prometeu tal Concílio, mas na verdade isso ocorreu somente em 1939. A proposta de Roma era que se realizassem concílios regionais, aplicando o Concílio Plenário Latino-americano[5]. Em 1915 o Concílio das Províncias Eclesiásticas do Sul reunido em Nova Friburgo (RJ) publicou outra *Pas-*

---

2 *Pastoral. O Episcopado brasileiro ao clero e aos fiéis da Igreja do Brasil.* São Paulo: Tipografia Jorge Seckler 1890.

3 *Acta et Decreta Concilii Plenarii Americae Latinae – Actas y Documentos del Concilio Plenario de America Latina*, Roma: Tipografia Vaticana, 1906, 593 p. [edição em latim e castelhano].

4 Cf. Cândido SANTINI, *O Concílio Plenário Brasileiro in REB* 1 (1941) 15.

5 Foi num destes concílios, realizados em Aparecida do Norte (SP), sede do santuário nacional mariano, que os bispos publicaram o célebre *Catecismo da Doutrina Cristã*, ao qual já nos referimos no capítulo I.

toral Coletiva[6], adotada logo após pelas províncias do norte[7]. Elas passam a ser praticamente o *projeto de pastoral nacional*; de fato, vãos foram os esforços de Dom Sebastião Leme, arcebispo auxiliar do Rio de Janeiro, junto com o Núncio Apostólico e outros bispos, para preparar os esquemas do Concílio Nacional em base à *Pastoral Coletiva de 1915* e o novo *Código de Direito Canônico* de 1917. Segundo Oscar Beozzo, as causas de tal fracasso são as seguintes:

> Com a morte de Dom Macedo, o centro desloca-se para Roma e a Igreja do Brasil perde toda iniciativa e o espaço para atuar autonomamente. Retorna, pois, a um regime de tutela não mais debaixo do Estado [regime do Padroado, desfeito pela República], mas sim, dos órgãos centralizadores da Cúria Romana. Os rumos da Igreja são definidos pelo Concílio Plenário Latino-Americano, cuja realização se deu debaixo do seu estrito controle e pelo Código de Direito Canônico de 1917, que impõe normas uniformes a toda a Igreja. A Igreja no Brasil define-se, então por unidades autônomas e independentes entre si, as dioceses cuja comunhão resulta de suas relações com Roma e de sua subordinação a um centro de decisão exterior a ela mesma e não apenas no sentido geográfico da palavra[8].

1.1.2 O Concílio Plenário Brasileiro

A revolução de 1930 no Brasil, com a instauração da era de Vargas, fez com que o poder descentralizado e federativo se tornasse central e cada vez mais nacional. A Igreja captou o sentido dessa mudança e procurou também ela maneiras de estabelecer estruturas nacionais. A última vez que os bispos tinham se pronunciado coletivamente havia sido com a *Pastoral Coletiva de 1917* e no centenário da Independência em 1922.

Reforçava essa tendência o crescimento da organização eclesial que em 1930 contava já com 88 entre dioceses, prelazias e *abadias nullius*. Mas, paradoxalmente, o primeiro planejamento em âmbito nacional não se deu no

---

6 O nome completo (e solene!) desta, que ficou sendo conhecida como "Pastoral Coletiva de 1915", é: *Pastoral Coletiva dos Senhores Arcebispos e Bispos das Províncias Eclesiásticas de São Sebastião do Rio de Janeiro, Mariana, São Paulo, Cuiabá e Porto Alegre, comunicando ao clero e aos fiéis o resultado das Conferências Episcopais realizadas na cidade de Nova Friburgo de 12 a 17 de janeiro de 1915*, Rio de Janeiro: Typographia Martins de Araújo, 1915.

7 Foi publicada com o título *Carta Pastoral Collectiva do Episcopado das Províncias Ecclesiásticas Septentrionaes do Brasil*, Bahia, 1915. Cf. Ramón ORTIZ, *A pastoral coletiva in A ação católica no Direito Eclesiástico in REB* 8 (1948), p. 478-802.

8 O. BEOZZO, *Igreja no Brasil*, p. 469. O autor lembra que os documentos do CPB foram publicados em latim, sem tradução em português, dificultando a compreensão para o clero brasileiro.

campo pastoral, mas no político-eleitoral, com a criação em 1932 da *Liga Eleitoral Católica*[9] e como obra dos leigos católicos do Rio de Janeiro. A criação de uma coordenação nacional dos *Círculos Operários Católicos* e a criação oficial da *Ação Católica Brasileira* em 1935, como já vimos, foram passos para estabelecer programas nacionais.

A culminância desse processo aconteceu com o *Concílio Plenário Brasileiro* (*CPB*). Dom Sebastião Leme continuava a insistir em que o esquema para tal Concílio Nacional fosse a *Pastoral Coletiva de 1915*, mas Roma resistia a tal ideia. Há sinal verde para a convocação do Concílio brasileiro, em 1939, quando se aceitou que o esquema fosse preparado em Roma. Eis a apreciação crítica de BEOZZO:

> A base fundamental do Concílio [CPB] deixa de ser a realidade brasileira com seus problemas pastorais, para se tornar o Código de Direito Canônico de 1917. Além do obstáculo de fundo, junta-se o obstáculo da língua. O Concílio é todo ele redigido em latim, dificultando sua utilização e manuseio até mesmo pelo clero[10].

Os decretos do *CPB*[11] de 1939 (que já analisamos no primeiro capítulo) entraram em vigor em 1941. No entanto, a Igreja, com a morte de Dom Sebastião Leme, ficou propriamente sem liderança nacional, não tendo seu substituto o mesmo poder e carisma de coordenação. Diante da incompreensão dos decretos do CPB exarados em latim, e da falta de uma maior aproximação de nossos verdadeiros problemas pastorais, os bispos resolvem reeditar em 1950 a velha *Pastoral Coletiva 1915* (Províncias Eclesiásticas Meridionais, Nova Friburgo, 17/01/1915), corrigida e emendada a partir do Código de 1917 e do *CPB* de 1939[12]. Ela passou a

9 As atividades da *Liga* "iam desde o alistamento eleitoral, concentrações populares convocadas pelos vigários, até à luta pelo voto feminino, contatos com todos os partidos e candidatos para se firmarem acordos em torno do programa mínimo e o estabelecimento de coordenações a nível diocesano, estadual e nacional". O. BEOZZO, *Igreja no Brasil*, p. 471.

10 *Ibid.*, p. 472.

11 *Concilium Plenarium Brasiliense in...* (cf. cap. I, nota 115). Além dos 489 cânones, a maior parte do volume de 426 p. em latim é ocupado com *Appendices*, ao todo 71, contendo *decretos, instruções, costumes, cartas, cânones, encíclicas, circulares, normas...* referentes à pastoral (sobre a catequese cf. cap. I, 2.4.2).

12 *Constituições Eclesiásticas do Brasil. Nova edição da Pastoral Coletiva de 1915, adaptada ao Código de Direito Canônico, ao Concílio Plenário Brasileiro e às recentes decisões das Sagradas Congregações Romanas*, Canoas, Rio Grande do Sul, 1950. Sobre a avaliação do *CPB*: cf. Cormac José KNOLL, *De primo concilio plenario brasiliensi (anno 1939) eiusque decretis. Studium historico-iuridicum*, Pontificium Athenaeum Antonianum, Facultas Iuris Canonici, Dissertatio ad Lauream nº 76, Romae, 1967, p. 135-139. Aí se fala também dos motivos que levaram os bispos a re-editarem a *Pastoral Coletiva de 1915*. Assim se expressa o autor: "Facile non est determinare

ser o instrumento de pastoral até propriamente a instauração dos planos da década de 60.

1.2 Os antecedentes da criação da CNBB: *A Ação Católica* e o *Movimento por um Mundo Melhor*

1.2.1 A exemplar organização e dinamismo da Ação Católica

Após a Segunda Guerra Mundial, e com o fim do Estado Novo (1945), o Brasil encontrava-se em fase de democratização; entretanto a Igreja não estava tão articulada como em períodos anteriores. Foi a base leiga da Igreja, aglutinada nos vários movimentos, principalmente na *Ação Católica*[13] e na *Juventude Feminina Católica*[14], que deu um certo ar de unidade ao trabalho pastoral. O Centro Dom Vital, que no Rio de Janeiro gravitou em torno do Mosteiro de São Bento, com seu poderoso órgão de divulgação, a revista *A Ordem*[15], deu sólida formação intelectual aos militantes da *Ação Católica*. Possuindo equipes nacionais, regionais e diocesanas, os movimentos leigos inspiraram a Igreja para uma organização mais apta, articulada e relevante, tanto do ponto de vista religioso como sua atuação social e política.

---

influxum CPB *in* Brasilia". ID., *o.c.*, 135); e após mostrar alguns aspectos positivos, conclui: "Sed adimpletio legislationis verum problema suscitavit, nam nondum omnia decreta complete ad praxim deduct sunt. An. 1941, Tapajós animadverterat concilium fortasse attentionem debitam omnium nondum attraxisse [...]. Ratio huius partialis inefficacitatis legislationis conciliaris partim explicatur ab ipso Episcopatu brasiliensi, occasione novae editionis *Pastoral Callectiva an. 1915*, an. 1950 factae". *Ibid.*, p. 137-138.

13 Tendo sua pré-história na Itália com a reestruturação do laicato católico em 1868 sob o pontificado de Pio IX quando nasceu a *Juventude Católica Italiana*, ampliada por Leão XIII, a *Ação Católica* nasceu definitivamente com Pio X, recebendo depois reformulação e sistematização mais eficiente com Pio XI. O Pe. J. Cardjin, da Bélgica, conheceu a Ação Católica Italiana só em 1927, embora em 1910 já houvesse fundado a JOC e em 1914 recebera do Episcopado Belga o título e mandato do movimento da Ação Católica. Sua influência no Brasil foi significativa. Entre nós a *Ação Católica* foi fundada em 25 de novembro de 1932 por parte de Dom Sebastião Leme, Bispo de Recife, embora 1935 seja considerada a data da fundação. Sobre a *Ação Católica no Brasil:* cf. Luiz Maria Alves SARTORI, *Sugestões e base para a Estruturação Geral da Ação Católica Brasileira in REB* 12 (1952) 11-13. Este é um longo estudo (p. 9-65, sobretudo p. 34-40) sobre a ACB e com abundante bibliografia em português sobre o tema. Cf. ainda: Marcelo Pinto CARVALHEIRA, *Momentos históricos e desdobramentos da Ação Católica Brasileira in REB* 43 (1983) 10-18; Romeu DALE, *Da ação católica à opção pelos pobres in SEDOC* 12 (1980), p. 1125-1128.

14 Cf. Marcelo CARVALHEIRA, *Momentos históricos,* p. 12.

15 "Em agosto de 1921 apareceu a revista *A Ordem* sob a direção de Jackson de Figueiredo (1891-1928), que lança uma linha nacionalista e católica brasileira. Em 1922 é fundado o *Centro Dom Vital* que também terá função dirigente na restauração católica". Enrique DUSSEL, *História da Igreja Latino-Americana [1930-1985]*, São Paulo: Paulinas, 1989, p. 20.

O assistente eclesiástico nacional da *Ação Católica* foi um dos colaboradores de Dom Sebastião Leme e que teve presença sempre maior na Igreja do Brasil: o Pe. Hélder Câmara[16]. Foi um dos arquitetos da organização da pastoral no Brasil, com objetivos, estratégias e programas. Como assistente nacional, ele reformulou a *Ação Católica* mudando o modelo italiano pelo *modelo francês, belga* e *canadense*, que privilegia a ação apostólica especializada e com forte ênfase na juventude[17].

1.2.2 Métodos e estratégias da Ação Católica

Além da coordenação nacional e de sua base leiga, a maior contribuição desta *nova Ação Católica* será certamente a sua metodologia expressa nos três verbos VER, JULGAR e AGIR. No momento do VER, já estão as sementes do levantamento e análise da realidade, tão próprios da pastoral brasileira nos anos pós-conciliares, incorporando, inclusive o uso das ciências sociais. A etapa do JULGAR, introduz a pastoral numa leitura bíblica mais ligada à realidade, uma vez que a Bíblia, particularmente o Evangelho, torna-se o critério de leitura e julgamento da realidade; trata-se de um uso da bíblia diferente daquele proposto pelo então florescente movimento bíblico, de caráter mais arqueológico, espiritual e litúrgico.

Mas é sobretudo através do terceiro elemento, o AGIR, que este método revolucionou a pastoral: insiste-se especialmente sobre a *ação*, para que a realidade anteriormente analisada e julgada à luz do evangelho, seja agora transformada. Estes elementos tomados a sério e com todas as suas consequências, dará o tom novo e revolucionário à pastoral na América Latina, e de um modo especial no Brasil. Criou-se, ao redor dessa metodologia, uma mística de apostolado, bem diferente daquela outra, também bastante clássica e de um cunho mais "quietista", que colocava "a alma de todo o apostolado" na oração, sem ulteriores desdobramentos no campo prático[18].

A estratégia da *Ação Católica*, além da ação militante, eram as *Semanas de Estudo* sobre temas importantes do momento; nelas eram envolvidas outras

---

16 Sua ação sociopolítica já era bastante clara nesse momento. Basta citar a *Carta Pastoral* de Dom Inocêncio Engelke, como fruto da *Semana Rural* de 1950 realizada em sua diocese, Campanha (MG). Conteúdo da carta: urgência de uma reforma agrária no Brasil. Autor: Pe. Hélder Câmara.

17 Daí nascer, no setor juventude, uma segmentação que reflete tal especialização: rural, estudantil secundária, universitária, independente: JAC, JEC, JIC, JOC e JUC, siglas que foram muito usadas na pastoral naqueles tempos, sobretudo a JUC por sua militância, e, por isso, muito perseguida pelo regime golpista e ditatorial de 1968.

18 Cf. O. BEOZZO, *Igreja no Brasil*, p. 473-474.

forças da Igreja, inclusive o episcopado, de um modo especial quando se tratava da aprovação de suas conclusões. A *I Semana Nacional de Ação Católica*, em Belo Horizonte, de 31 de maio a 09 de junho de 1946, elaborou um *Plano Nacional de Ação Social*[19] que recebeu a chancela da Comissão Episcopal da Ação Católica Brasileira, "por delegação do Episcopado Nacional"[20].

Entretanto, mais importante foi a *II Semana Nacional* também em Belo Horizonte (31/08 a 07/09 de 1947), com a participação de quase trinta bispos. Duas decisões importantes foram assumidas: a fundação da *Revista do Assistente Eclesiástico* e a criação de um *Secretariado Nacional da Ação Católica* para "assegurar uma articulação real e eficiente entre os organismos nacionais e os órgãos diocesanos da *Ação Católica*"[21]. A organização do episcopado nacional como *Conferência Nacional dos Bispos do Brasil* surgiu, ao menos quanto à sua organização, deste *Secretariado Nacional*, conforme o testemunho de Queiroga:

> Aí se forjou um estilo de atuação e uma equipe que preparou corretamente a CNBB e simplesmente se transferiu para esta, quando de sua instalação, sendo seu primeiro quadro de assessoria e de trabalho[22].

1.2.3 A Ação Católica *como embrião da CNBB*

Assim, a *Ação Católica* propiciou não apenas o espírito e o quadro de assessores, mas também o primeiro embrião da futura CNBB, ao ter à sua disposição a única comissão estável de arcebispos e bispos, a *Comissão Episcopal da Ação Católica Brasileira*, composta de cinco arcebispos e bispos. Conforme circular de 1948 desta Comissão, ela tinha a incumbência de

> funcionar em caráter permanente como Secretaria do Episcopado Nacional, com o encargo de transmitir aos Ex.mos e Revmos. Bispos, notícias nacionais e estrangeiras de maior alcance e de receber das várias Dioceses sugestões para o encontro do Episcopado quando este se puder efetivar[23].

19 As *Conclusões* desta *Semana* encontram-se *in REB* 6 (1946) 938-950. Sobre a Ia. Semana Nacional da Ação Católica Brasileira cf. *Manifesto do episcopado brasileiro sobre a Ação Social in REB* 6 (1946), p. 479-484.

20 Gervásio Fernandes QUEIROGA, *Conferência Nacional dos Bispos do Brasil – Comunhão e corresponsabilidade*, São Paulo: Paulinas, 1977, p. 173, nota 15. Aí diz haver na documentação de arquivos incongruências de datas.

21 *Ibid.*, p. 173.

22 *Ibid.*, p. 173.

23 *Carta circular da Comissão Episcopal da Ação Católica Brasileira, in REB* 9 (1949), p. 214.

Um núcleo do futuro estatuto da CNBB pode ser encontrado na *IV Semana Nacional*, realizada no Rio de Janeiro em 1950, quando ficou estabelecido que todos os cardeais e metropolitas seriam membros de pleno direito da *Comissão Episcopal da Ação Católica*, sendo que os outros bispos seriam representados pelo respectivo metropolita. De fato, no primeiro estatuto da CNBB, somente cardeais e arcebispos eram membros de direito. Nesta *IV Semana* foi maior a participação do episcopado e como em outras *semanas*, aproveitou-se para "reuniões privativas dos bispos"[24].

Chegamos assim a 1950, quando realmente a *Ação Católica* era uma potência através da criação dos departamentos nacionais de *Educação e Cultura, Ação Social, Imprensa, Rádio e Informações, Cinema e Teatro, Vocações Sacerdotais e Ensino da Religião,* cada qual tendo à frente um Bispo como conselheiro convidado[25]. Observa Beozzo:

> Tornava-se cada vez mais anômala a situação: os leigos alcançando um alto grau de organização, mobilidade e visão de conjunto, sem comum medida com a situação da hierarquia, obrigada a se reunir à sombra dos encontros da Ação Católica, sem um instrumento preciso para sua ação colegiada, coarctada, o mais das vezes, em sua ação, aos estreitos limites das dioceses e impossibilitada de atuar como hierarquia e em conjunto, acerca de problemas que ultrapassavam as fronteiras diocesanas[26].

Os tempos estavam maduros para a fundação daquele que será o maior organismo propulsor da pastoral no Brasil nos anos seguintes, e do qual, em grande parte também o *Movimento Catequético Brasileiro* se beneficiou: a CNBB.

1.3 A Organização do Episcopado

1.3.1 Fundação da CNBB

Conforme as estruturas pré-conciliares da Igreja, qualquer ação que visasse naquela época a organização, cooperação ou planejamento entre os bispos do Brasil, passava pelos trâmites da Santa Sé. Era o único polo de unidade, acima do poder de cada bispo diocesano. Compreendem-se os li-

---

24 Cf. Agnelo ROSSI, *IV Semana Nacional de Ação Católica in REB* 10 (1950), p. 749-752.

25 Cf. *Estatutos e Regulamentos da Ação Católica Brasileira in REB* 6 (1946), p. 470-478. De todos estes Secretariados, um dos mais ativos era o de *Ensino da Religião*: basta constatar suas inúmeras atividades como teremos oportunidade de ver mais adiante.

26 *Ibid.*, p. 475-476.

mites de tal centralidade, principalmente pelo fato de os órgãos de decisão situarem-se fora do país, que por suas proporções já é um continente; consequentemente o conhecimento das realidades concretas vividas pela Igreja nacional é praticamente nulo. Por isso, foi importante e decisivo o apoio e estímulo dado por dois sucessivos representantes do Vaticano, Dom Carlo Chiarlo (1946-1954)[27] e Dom Armando Lombardi (1954-1964), para a criação e consolidação de um órgão nacional de unidade e comunhão episcopal[28]. A importância deste último é assim apresentada por Eduardo Hoornaert:

> Dom Lombardi apresentava ao papa – para serem nomeados bispos – pessoas provenientes do círculo da Ação Católica ou de qualquer modo abertas às questões sociais. Ele "atravessou" assim os pontificados de Pio XII, João XXIII e Paulo VI (este último parcialmente) sem ser molestado nas suas indicações pela burocracia do Vaticano, ao que parece. Esse homem modelou a imagem que a CNBB ia revelar anos depois e, por assim dizer, "mudou a face" do episcopado brasileiro[29].

Igualmente, de muita importância foi a atitude de Mons. João Batista Montini, da Secretaria de Estado de Pio XII, que acolheu e apoiou a ideia do Pe. Hélder Câmara de fundar uma conferência episcopal de âmbito nacional. Não se tratava de uma reedição das lutas por uma Igreja Nacional de inspiração episcopalista, febronianista, galicana das querelas eclesiásticas do início do século XIX[30], mas de uma nova forma de união e correspon-

27 Cf. *Atas das Sessões Plenárias. VI Assembleia Ordinária da CNBB in CM* (1964), nº 146-147, p. 5-6

28 Cf. O. BEOZZO, *Igreja no Brasil*, p. 476.

29 E. HOORNAERT, *O cristianismo moreno do Brasil*, Petrópolis: Vozes, 1991, p. 151.

30 Cf. Riolando AZZI, *Em prol de uma Igreja Nacional, in A crise da cristandade e o projeto liberal* Coleção *História do pensamento católico no Brasil II*, São Paulo, Paulinas 1991, p. 191-203. Exemplar neste sentido é o projeto de *Constituição Eclesiástica de São Paulo* "que tinha como finalidade principal reforçar o poder dos bispos com relação a Roma, e, ao mesmo tempo, proporcionar maior participação do clero no governo diocesano. Em última análise, visava transformar o rígido modelo tridentino de Igreja hierárquica num modelo eclesial mais participativo, através do exercício da corresponsabilidade [...]. Os reformadores de São Paulo inspiravam-se em várias fontes, entre as quais tinham grande peso o Sínodo de Pistóia e a Constituição Civil do clero francês de 1790 [...]. Na opinião do Pe. Diego Antônio Feijó [1784-1843], então à frente do governo brasileiro] e de seus amigos, esse plano poderia servir de modelo para a organização geral da Igreja no Brasil, a qual deveria ser estruturada de maneira semelhante à organização política e de acordo com as ideias liberais e federalistas dominantes nesse período. O projeto chegou a ser discutido pela Comissão Eclesiástica da Câmara em 1834, recebendo parecer favorável, mas não chegou a ser efetuado...". *Ibid.*, p. 198-199. Tal tendência recebe o nome também de *Igreja Patriótica* cf. E. HOONAERT, *O cristianismo moreno*, p. 172.

sabilidade em torno do ministério episcopal, em plena comunhão com a Sé Apostólica, modelo que logo depois será consagrado pelo Concílio Vaticano II.

Os objetivos do novo organismo *Conferência Nacional dos Bispos do Brasil*, fundado em 14 de outubro de 1952, eram ainda tímidos e vagos; de fato, assim rezava seu regulamento provisório:

> Com o fim de estudar e discutir – em reuniões de caráter não conciliar, mas amistoso – problemas de competência do Episcopado e de interesse comum, fica instituída a *Conferência Nacional dos Bispos do Brasil*[31].

1.3.2 Primeiras estruturas organizativas

Os *Estatutos da CNBB*, com a anuência da Sagrada Congregação Consistorial, foram aprovados na primeira reunião ordinária de 17-10/08/1953, mantendo essas mesmas palavras, no primeiro artigo, ao determinar as finalidades do nascente organismo[32]. Uma Comissão Permanente formada pelos Cardeais e três metropolitas eleitos entre os arcebispos era o órgão dirigente da Conferência apoiado num Secretariado Geral tendo à frente um bispo eleito pela Comissão Permanente. Tal Secretariado deveria "dispor dos serviços especializados que assegurem eficiência na preparação da Conferência e na concretização das resoluções da mesma"[33].

Quando se tratou de estruturar o Secretariado Geral, os bispos assumiram sem mais os 4 secretariados que já existiam sob o nome de *Departamentos da Ação Católica Brasileira*. São eles: *Secretariado Nacional de ação social, Secretariado de Educação, Secretariado de Doutrina Cristã e Secretariado Nacional de Seminários e Vocações Sacerdotais*. Como vemos, a catequese recebeu um secretariado especial, com o nome que na época ainda era comum: doutrina cristã[34].

---

31 *Projeto de Regulamento da CNBB in REB* 12(1952), p. 448. Cf. também CNBB, *III Encontro dos Secretariados Nacionais e do Secretariado Geral in CM* (1968), nº 193, p. 10-11. O cronista da *REB* assim se exprime relatando a fundação da CNBB: "Trata-se de um órgão que visa articular, com oportunidade e eficiência a ação de todo Episcopado Nacional em problemas importantes e de interesse comum a todas as dioceses brasileiras. Entidades congêneres existem na França, Alemanha e Estados Unidos". CNBB, *Primeira Reunião da Conferência Nacional dos Bispos do Brasil no Rio de Janeiro in REB* 12 [1952], p. 990.

32 Cf. *Estatutos da CNBB in REB* 13 (1953), p. 760-761.

33 *Regulamento provisório da CNBB*, citado por G. QUEIROGA, *Comunhão e responsabilidade*, p. p. 424.

34 Cf. CNBB, *Primeira Reunião da Conferência Nacional dos Bispos do Brasil no Rio de Janeiro in REB* 12 (1952), p. 990.

As distâncias quase continentais do país tornavam difíceis não só as reuniões bienais previstas da Conferência, mas também aquelas mais frequentes da Comissão Permanente. Com isso, praticamente foi o Secretariado Geral que acabou ficando com toda força da Conferência, também porque à sua frente esteve desde o início o dinâmico Pe. Hélder Câmara, considerado um dos fundadores da CNBB:

> O Secretariado ganhou tanto mais força quanto foi dirigido por Mons. Hélder Câmara, recém-nomeado Bispo Auxiliar do Rio de Janeiro, e que continuará à sua frente por doze longos anos de 1952 a 1964, contando com toda a infraestrutura e o respaldo dos movimentos especializados da Ação Católica, dos quais permaneceu, no início, como Bispo responsável e assistente nacional. A própria CNBB ocupava, fisicamente, as instalações onde se encontrava o Secretariado Nacional da Ação Católica, à Rua México, nº 11, no Rio de Janeiro[35].

Outras iniciativas surgidas nesta época, facilitando a convergência de planejamento e de ação da Igreja, trazendo grande renovação, foram: **1)** a fundação em 11 de fevereiro de 1954 da *Conferência dos Religiosos do Brasil* (CRB), que sempre esteve muito unida com a CNBB para a renovação da vida religiosa e eclesial, e **2)** o *Movimento de Natal,* que deu boa contribuição para a metodologia do planejamento pastoral, então em vias de implantação na Igreja no Brasil, principalmente através de seus modelos de serviço social rural, alfabetização pelas escolas radiodifusão e dinamização dos sindicatos rurais, reconhecidos pelo Governo[36]. Desse *Movimento,* surgiram também, regionalmente, graças ao dinamismo e zelo pastoral de Dom Eugênio Sales (depois cardeal), o primeiro Regional da CNBB (do Maranhão à Bahia), a organização sistemática dos trabalhadores rurais em sindicatos, paróquias confiadas a religiosas, as escolas radiofônicas e, sobretudo, as raízes das grandes estruturas pastorais das CEBs e da *Campanha da Fraternidade* (nascida na Arquidiocese de Natal, no RN, em 1962 sob o pastoreio de Dom Eugênio S.). CNBB, CRB, CEBs e CF talvez sejam os maiores organismos de toda história da Igreja no Brasil.

1.3.3 *A força e influência do* Movimento por um Mundo Melhor

Presença significativa e decisiva teve um outro movimento, agora de âmbito mais intraeclesial. A *Ação Católica* havia movimentado e coorde-

---

35 O. BEOZZO, *Igreja no Brasil,* p. 477. Conta-se que a primeira secretária, assim como a primeira máquina de escrever da CNBB, eram as da *Ação Católica.*

36 Cf. *Ibid.*, p. 479.

nado o trabalho dos leigos; entretanto, nada havia que pudesse atingir e mover as estruturas tradicionais da Igreja, encarnadas nas dioceses, paróquias, associações, clero e congregações religiosas. Os padres que estavam mais ligados às mudanças da Igreja eram os assistentes da *Ação Católica*, como vimos. Entre eles o Núncio Apostólico Dom Armando Lombardi ia buscar seus candidatos ao episcopado.

Grande contribuição para a renovação pastoral do clero veio através do *Movimento por um Mundo Melhor* (*MMM*)[37], que chegou ao Brasil na década de 50. Fundado em Roma pelo jesuíta Pe. Ricardo Lombardi com o decisivo apoio de Pio XII, era um movimento primeiramente espiritual, inspirado na doutrina da Igreja como Corpo Místico de Cristo e que, nas suas consequências práticas, apelava para a superação de uma pastoral individualista, propondo um trabalho de conjunto e articulado. A *Ação Católica* e o *MMM* foram movimentos que muito ajudaram a Igreja do Brasil a implantar a dinâmica de planejamento pastoral, a começar pelo *Plano de Emergência* de 1962.

Havia uma diferença, basicamente eclesiológica, entre os dois movimentos, mas que ao mesmo tempo se complementavam mutuamente: a *Ação Católica* tinha como núcleo fundamental o leigo e sua missão era voltada para o mundo, ao passo que o *MMM* preocupava-se mais com o clero e religiosos (as), atuando prevalentemente na renovação da paróquia, escolas, educandários e promovendo significativas experiências de renovação catequética. Mal comparando a *Ação Católica* seria uma espécie de ensaio prático da futura *Gaudium et Spes* (uma Igreja *ad extra*), ao passo que o *MMM* seria o pré-anúncio da *Lumen Gentium* (uma Igreja *ad intra*) e da *Gaudium et Spes,* que a projeta para o mundo.

Em 1956 o *MMM* já estava bastante difundido. Assim, a IV Assembleia Geral (AG) da CNBB, reunida em Goiânia, de 3 a 11 de julho de 1958, decidiu que, em lugar da realização da V Asssembleia daí a dois anos, seria realizado um retiro espiritual de uma semana para todo o Episcopado dentro da espiritualidade do *MMM*, por ocasião do Congresso Eucarístico de Curitiba em 1960. Foi chamado o Pe. Riccardo Lombardi para pregar o retiro. Seu resultado foi duplo: criação imediata de um Secretariado Nacional

37 Sobre o *MMM* no Brasil cf. Germano NOVAIS, *O Movimento por um Mundo Melhor in REB* 17 (1957), p. 890-915; Frederico DIDONET, *Movimento por um Mundo Melhor no Brasil in REB* 21 (1961), p. 400-403; ID., *A linha do Mundo Melhor no Brasil in REB* 22 (1962), p. 672-675; Tiago CLOIN, *As grandes linhas da renovação pastoral no Brasil in Revista da CRB* 11 (1965), p. 23.

do *MMM* e a abertura das portas de todas as dioceses do Brasil para cursos, encontros e retiros "por um mundo melhor"[38]. De fato, a partir de então multiplicaram-se, por todo o Brasil, tais cursos e retiros. Seu sucesso foi maior, depois da decisão de realizá-los somente quando estivesse presente o pároco (quando era de âmbito paroquial) ou o bispo (quando de âmbito diocesano). Como tais retiros provocavam sérias mudanças de mentalidade, evitavam-se assim choques e tensões entre cristãos de base e hierarquia. Somente de 1960 a 1962 foram realizados 186 cursos, em 50 dioceses e em 15 Estados[39].

Em 1968 o Pe. José Marins, um dos animadores no Brasil do *MMM*, fez a seguinte avaliação:

> Foram liberados alguns presbíteros e religiosas, que percorreram o Brasil, proporcionando cursos intensivos; foram mais de 1.200, informados pela mesma linha comunitária. Em todos os Estados da Federação iniciou-se o processo de mentalização dos presbíteros, religiosas e leigos, para um esforço conjunto de pastoral renovada. [...] Algumas regiões do Brasil (Nordeste, Amazônia, Goiás, Vale do Rio Doce), reuniram todos os seus prelados, para pôr em comum as preocupações, prospectivas e planos. As dioceses encaminharam-se para a criação de setores (ou zonas) pastorais. As religiosas, aqui e ali, revelaram-se como excepcionais colaboradoras da ação pastoral[40].

1.4 O Planejamento Pastoral

Como podemos constatar, a Igreja no Brasil, através desses ricos acontecimentos e movimentos, estava se preparando para receber as benéficas influências de renovação que agora viriam de uma instância universal, ou seja, do Concílio Ecumênico Vaticano II, cujos horizontes revolucionários "nem os mais afoitos e clarividentes pastoralistas haviam ousado sonhar"[41]. Com pouquíssimas exceções, o Concílio teve no Brasil uma acolhida entusiástica, também devido a essa longa preparação. Um dos frutos desses novos tempos será o planejamento pastoral[42].

---

38 Cf. O. BEOZZO, *Igreja no Brasil*, p. 478.

39 Cf. G. QUEIROGA, *Comunhão e responsabilidade*, p. 337, nota 26.

40 J. MARINS, *A quantas anda o nosso plano de pastoral de conjunto?* in *REB* 28 (1968), 356. Faço notar também que Dom Albano Cavallin, um dos grandes animadores do MCB, foi participante entusiasta do MMM.

41 *Ibid.*, p. 357.

42 *Ibid.*, p. 359.

1.4.1 A era dos Planejamentos

a) O planejamento na sociedade civil

No entanto, além do que acima ficou exposto, devemos acenar ainda a outro fator, digamos externo, que impulsionou a Igreja à prática do planejamento. Apesar do sombrio quadro político-social do golpe militar de 1964 instaurando uma férrea ditadura com prisões, perseguições e desrespeito aos direitos humanos, o governo promovia um amplo desenvolvimento econômico e industrial. A aceleração da produção e exploração de matérias-primas tinham sido estimuladas também pela colaboração que o Brasil dera aos norte-americanos por ocasião da segunda guerra mundial. Ora, tudo isso exigia do governo um rígido *planejamento*. O enfrentamento dos gravíssimos problemas sociais vividos pela maioria da população requeria igualmente diagnósticos globais e planos de intervenção direta nessas áreas.

O governo entrava, assim, de cheio na *era dos planejamentos*. E nisso foi acompanhado pela Igreja. De fato, vemos, por exemplo, o assistente nacional da *Ação Católica* encaminhando ao Núncio Apostólico o Plano do Governo de *Valorização Econômica da Amazônia* lembrando que

> seria oportuna a realização, em Manaus, de um encontro dos Prelados da Amazônia para estudo do aludido Plano, elaborado pelos Poderes Públicos, e para a *articulação de um plano de valorização espiritual da região amazônica* [grifo nosso].

Na mesma correspondência, diz com relação ao *Plano Geral para o desenvolvimento econômico do Vale do São Francisco:*

> Não seria o caso, Ex.cia, de descobrir-se a fórmula mais feliz de os prelados do Vale do São Francisco se reunirem para exame do Plano econômico e articulação do *Plano Espiritual*? A Ação Católica Brasileira dedica-se, no momento, ao estudo aprofundado dos problemas materiais e espirituais desta região [...]. Quando o governo lança planos regionais de grande envergadura, seria uma tristeza que a Igreja não estivesse em condições de congregar esforços, aparecer unida e à altura dos acontecimentos. Encontros regionais, assim, mais facilmente interessariam aos Senhores Bispos e abririam caminho para os indispensáveis encontros nacionais[43].

43 Citado em G. QUEIROGA, *Comunhão e responsabilidade*, p. 171, nota 13. Interessante é a observação de O. BEOZZO: "Não é necessário comentar a estreita relação entre a iniciativa do Governo e a resposta da Igreja que vai até à coincidência do vocabulário: ao plano de valorização

De fato, o Núncio Apostólico convocou essas duas reuniões para que os bispos estabelecessem metas pastorais nessas regiões de fronteiras do desenvolvimento. As reuniões se realizaram e o planejamento pastoral foi feito[44], demonstrando o avanço e a amplidão de visão que tinham naquele momento os responsáveis pela pastoral. Consequência imediata desse planejamento pastoral atrelado aos planejamentos do desenvolvimento econômico do governo é que a Igreja entrou em contato direto com o drama da miséria, fome e desamparo de grande parte da população, de um modo especial das faixas mais pobres. Por isso, foi na região Nordeste (uma das mais carentes do país) que o episcopado mais se convenceu das virtudes e necessidades do planejamento pastoral. Os bispos dessa região já lançavam mão, amplamente, da noção de planejamento em seus trabalhos educativos e sociais, levados à frente em colaboração com os órgãos técnicos do governo, como vimos no *Movimento de Natal*. As reuniões que realizaram em Campina Grande (21-26/05/1956)[45] e em Natal (26 Maio de 1959)[46], quando foi lançada a *Superintendência do Desenvolvimento do Nordeste* (SUDENE), trazendo as sementes da ideia de planejamento: foi daí que saiu o apoio ideológico e os recursos humanos para a realização[47], em 1962, do primeiro grande plano de ação pastoral no Brasil: o *Plano de Emergência*.

b) Intervenção de João XXIII e a conjuntura internacional

Mas há outros fatores que criaram o clima favorável para o surgimento deste *Plano de Emergência*. Em *primeiro lugar*, João XXIII, logo que eleito, recebeu os membros do CELAM reunidos em Roma por convocação de Pio XII, dando diretrizes muito claras para a renovação pastoral do continente

---

econômica deve-se seguir ou preceder um plano de valorização espiritual da região. Os Bispos são também convidados a sair da esfera estritamente religiosa para se enfronhar nos problemas técnicos e nos de ordem econômica" O. BEOZZO, *Igreja no Brasil*, p. 483.

44 Cf. por exemplo, *Declaração do Episcopado da Amazônia sobre "a Igreja e a Amazônia" in REB* 12 (1952), p. 700-708. O cronista da *REB* diz que a finalidade da reunião foi "tratar dos diversos problemas da Amazônia e colaborar com o governo da união, dos Estados e Municípios na solução dos mesmos". *Ibid.*, 700. Na *Declaração* se fala explicitamente de uma "Ação Católica adaptada à Amazônia e da colaboração do Secretariado Nacional da Ação Católica Brasileira": cf. *Ibid.*, 707.

45 *O Encontro dos Bispos do Nordeste, em Campina Grande in REB* 16 (1956), p. 503-504.

46 *II Encontro dos Bispos do Nordeste in REB* 19 (1959), p. 461-462.

47 O peso da experiência de Natal era tão grande na inspiração do *Plano de Emergência*, que essa cidade será a sede escolhida para o regional do Nordeste (que abrangia do Maranhão à Bahia), sendo deixadas de lado outras capitais mais importantes, como Salvador (Sé Primacial do Brasil), Recife, São Luiz: cf. O. BEOZZO, *Igreja no Brasil*, p. 494.

latino-americano; era preciso ter uma clara visão da realidade, um plano realista, racional e corajoso, a reunião de todas as forças humanas para a renovação a América Latina. Concretamente propôs *um programa a longo prazo*, especialmente no setor das forças apostólicas e em particular do clero, e *um programa imediato*, visando a um uso mais eficaz da ação dos padres, religiosos e leigos, imprensa, rádio e missões populares[48]. Na carta *Ad dilectos Americae Latinae Populos* ao Episcopado Latino-Americano em 8 de novembro de 1961[49], o Papa vai quase que exigir o plano de mobilização pastoral sugerido em 1958: foi a causa imediata do *Plano de Emergência*.

Em *segundo lugar*, colaborou para o surgimento dessa época de planejamento a *conjuntura internacional*. Conforme o Núncio Apostólico, Dom Lombardi, a razão da carta do Papa urgindo um planejamento estava no drama sombrio da *revolução cubana*. Era necessário mobilizar a Igreja para levantar um dique à influência de Cuba sobre as populações latino-americanas cansadas da exploração e miséria a que eram submetidas. Para O. Beozzo, um grande fator político-econômico estava por trás da luta contra o *perigo cubano*. Conforme ele, naquele momento, em amplos setores e de modo particular no seio da Igreja, acreditava-se que a saída para o subdesenvolvimento latino-americano não se encontrava na ruptura da dependência em relação aos Estados Unidos e à exploração do imperialismo, mas no aprofundamento dessa dependência, através de programas do tipo *Aliança para o Progresso*. Haveria um projeto já desde o fim da guerra da Coreia em 1953 de desnacionalização da economia para garantir a internacionalização desta, criando condições para a expansão do capital estrangeiro. Cuba teria sido o pretexto para a aceleração desse projeto.

Tal projeto consistia em três pontos: **1)** substituir o atrativo revolucionário de reorganizar a economia pelo modelo cubano com a proposta americana da *Aliança para o progresso*; **2)** politicamente, fazer face ao *socialismo cubano* incentivando os regimes militares de segurança nacional para suprimir os apelos populistas e nacionalistas (tipo peronista, getulismo, chavismo, kichinerismo,) e abrir a economia ao capital estrangeiro; **3)** levar as Igrejas, sobretudo a Católica, a trocar seu compromisso social e sua luta contra o subdesenvolvimento pela denúncia do perigo comunista, e dar apoio aos governos para que dessem prioridade à luta antissubversiva. No

48 Cf. JOÃO XXIII, *Alocução aos participantes da 3ª reunião do CELAM* em 15/11/1958 *in REB* 19 (1959), 176-182; G. QUEIROGA, *Comunhão e responsabilidade*, p. 343.

49 *Carta de João XXIII ao Episcopado Latino-Americano in REB* 22 (1962), p. 461-463.

Brasil, essa estratégia esbarrou na resistência do governo de Jânio Quadros e da Igreja: muitos bispos desconfiavam do súbito interesse norte-americano em financiar programas de Igreja na área social, como o Movimento de Natal e o Movimento de Educação de Base, através da *Aliança para o Progresso*. Com a renúncia de Jânio Quadros e o caos que se instaurou com a posse de seu sucessor e o consequente golpe militar de 1964, a Igreja ficou sozinha numa luta de titãs. Foi dentro dessa conjuntura político-econômica que surgiu o *Plano de Emergência*[50].

1.4.2 O Plano de Emergência da CNBB (PE)

A V AG da CNBB de 2-5 de abril de 1962 no Rio de Janeiro elaborou o *Plano de Emergência* (PE)[51]. É a primeira Assembleia realizada sob a vigência dos novos estatutos que previam, como membros efetivos, todos os Bispos. O *PE* dirigia-se a uma Igreja cada vez mais complexa que abrigava 170 circunscrições eclesiásticas, com 204 bispos com pouco conhecimento entre si, apesar de 10 anos de CNBB, pois, conforme os estatutos anteriores, somente cardeais e metropolitas dela participavam. Estavam previstas duas partes para o plano; a segunda, que trataria dos aspectos econômicos e sociais, não foi elaborada, sinal de que não havia unanimidade dentro do episcopado: a discussão do tema traria ameaças à sua unidade interna. Em seu lugar foi feita uma declaração pela Comissão Central[52].

a) Conteúdo e Linhas de ação do Plano de Emergência

O *PE*, com introdução escrita pelo Secretário Geral, Dom Hélder Câmara, datada de 25 de setembro de 1962, foi publicado às vésperas da partida dos bispos para a abertura do Concílio Vaticano II, inaugurado em 11 de outubro. O próprio nome, *Plano de Emergência*, indicava não só o caráter de *urgência* da situação brasileira solicitando uma ação pastoral imediata, mas também o *caráter transitório* do plano. De fato, seus idealizadores

50 Cf. O. BEOZZO, p. 487-489.

51 CNBB, *Plano de Emergência para a Igreja do Brasil*, Rio de Janeiro, Livraria D. Bosco, 1962. É muito estranho que a *REB*, sempre atenta aos grandes acontecimentos e documentos da Igreja, não tenha publicado nada a respeito do *PE*, nem na secção de documentação, nem em suas crônicas. Não se faz nenhuma referência explícita a ele no longo e minucioso índice analítico da REB. Há apenas uma comunicação em que se expõe o *PE* aos religiosos, e alguma coisa sobre *Pastoral de Conjunto*. Talvez possa haver uma explicação no fato de todas as atenções estarem voltadas para a iminente abertura do Concílio Vaticano II, para o qual, aliás, o redator-chefe da REB, Frei Boaventura Kloppenburg, tinha sido convocado como perito (*expert*); diante disso, as questões do episcopado nacional tornavam-se menores.

52 *Declaração dos Cardeais, Arcebispos e Bispos do Brasil in REB* 22 (1962), p. 485-490.

pensavam num plano mais amplo e mais orgânico, sendo que este serviria de teste para algo mais definitivo posteriormente, como realmente acabou acontecendo[53]. O *objetivo* do *PE* era:

> superar os obstáculos advindos do fracionamento territorial e do isolamento entre dioceses e prelazias. Visava também superar a ineficácia da maioria das deliberações da Conferência Episcopal que ficavam pendentes para a sua aplicação, "em cada circunscrição eclesiástica, do beneplácito e do apoio direto e pessoal do Ex.mo Ordinário"[54].

Identificou 4 *perigos mortais*, que ameaçavam a Igreja: naturalismo, protestantismo, espiritismo e marxismo. Descreveu estruturas tradicionais (paróquias) incapazes de responder às atuais transformações e apresentou um conceito renovado de paróquia, definindo-a como a *comunidade local* de Igreja, congregada ao redor do pároco que a conduz "na comunhão da Igreja diocesana", da qual a paróquia é a célula orgânica. Foi proposta a existência do *Conselho Paroquial* que elaborasse, coordenasse e executasse o planejamento da paróquia[55]. As pequenas comunidades recebem especial atenção; sem receber ainda o nome de *comunidades eclesiais de base*, aí estava a sugestão do que elas seriam futuramente[56].

O *PE* apresentou também um projeto de modernização da estrutura eclesiástica nacional: descentralização da CNBB, aumentando suas subdivisões, chamadas *Regionais* (no início eram 7, depois 11 e, em 2024, 19), encarregados de executar, neste nível, as diretrizes gerais; a secretaria geral, à cuja frente estava Dom Hélder Câmara; as doze comissões episcopais passaram a contar com doze *secretariados nacionais* com características de assessoria e execução. Foi criado o *Centro de Estatística Religiosa e de Investigação Social* (CERIS) como órgão de *assessoria técnica*, necessário para o conhecimento *científico* da realidade. Assim, o *PE* inovou criando estruturas eclesiásticas que deram maior agilidade ao funcionamento da CNBB.

b) Os agentes do Plano de Emergência

Conforme o mesmo *PE*, o agente principal encarregado de mover, convencer e arrastar as pessoas para a sua execução, era o *MMM*, sendo ele

53 Cf. J. MARINS, *A quantas anda o nosso plano, in REB* 28 (1968), p. 357.

54 CNBB, *Plano de Emergência*, p. 3.

55 Cf. *PE* 16; 18, 20, 21, 23.

56 Cf. *PE* 21-24.

citado a cada passo[57], ao passo que a *Ação Católica* não recebeu nenhuma atribuição especial. Conforme Beozzo, o *PE* dá pouca atenção aos leigos:

> É sintomático que em todo o *PE* nenhuma tarefa seja atribuída aos movimentos da *Ação Católica*, marginalizados em favor do MMM. Nos trinta anos anteriores a Igreja havia tentado toda uma estratégia pastoral, centrada sobre o leigo e sobre sua atuação no mundo, visando a conquista espiritual e a presença da Igreja nos chamados "meios" de vida: estudantil, universitário, operário, camponês, independente. Esta estratégia é sacrificada no *PE* em favor de uma outra que coloca no centro a própria Igreja: os bispos e suas estruturas de atuação, paróquias e colégios, e assim, nós temos o plano nos seus quatro pontos principais: a renovação paroquial, a renovação do ministério sacerdotal, a renovação dos educandários, introdução a uma pastoral de conjunto[58].

No entanto, o juízo de G. Queiroga é diverso; em sua obra dedica duas páginas para mostrar o papel do leigo dentro do *PE*. De fato, se de um lado o documento reconhecia que a Igreja dá pouca importância ao laicato[59].

> tal fato levou o episcopado a dar a maior ênfase à valorização do laicato, de modo que todo o *PE* está animado deste interesse. [...] Uma das principais tarefas assinaladas pelo *PE* aos presbíteros será a de suscitar lideranças e aproveitá-las no trabalho. A formação dos leigos é até colocada como missão principal. [...] Haverá lugar para todas as forças e movimentos [leigos]. É necessário aproveitá-los, entrosá-los, canalizar os esforços, dentro dos objetivos amplos de um plano. [...]. Desta renovação dos ministérios e vocações específicas surgirá o clima de comunhão fraternal entre bispo, presbíteros, religiosos e leigos; o espírito de equipe corresponsável que, sem confundir os ministérios, sem eliminar a autoridade, unifica no amor a variedade dos membros e atuações, numa autêntica comunidade de Igreja[60].

Os religiosos(as), por sua vez, receberam pouca ênfase no *PE*, talvez, explica Queiroga, porque quando o *Plano* estava em elaboração as relações

---

57 "Utilizar o *MMM* na dinamização das atividades do Plano" (*PE* p. 13); "Para conservar e renovar o clima comunitário, realizar-se-ão, periodicamente, cursos do Mundo Melhor" (*PE* p. 24); [São recomendados] os cursos do *MMM* para os que irão elaborar as linhas mestras da Pastoral de Conjunto e, posteriormente, para os que irão executá-lo. O clima do *MMM* é utilíssimo à visão global e ao esforço planificado. É a chama espiritual, cerne e alma de toda a Pastoral autêntica" (*PE*, p. 45).

58 Cf. O. BEOZZO, *Igreja no Brasil*, p. 493.

59 Cf. *PE*, p. 30.

60 Cf. G. QUEIROGA, *Comunhão e responsabilidade*, p. 359-361.

entre episcopado e religiosos estavam em laboriosa gestação, sem um claro suporte teológico e jurídico que apoiasse os esforços e experiências[61].

c) Avaliação do Plano de Emergência

Sem dúvida o *PE* foi portador de todas as lacunas e defeitos que os primeiros empreendimentos trazem normalmente consigo, como por exemplo: a falta de uma maior participação das bases em sua elaboração, ou a falta de um objetivo formulado que unificasse suas grandes intuições. De qualquer maneira, o *PE* foi um primeiro ensaio de ação pastoral planejada e inaugurou uma tradição que irá trazer grandes benefícios para a evangelização no território nacional. Implantou uma pastoral não só enraizada no mistério da salvação e na eclesiologia que despontava na Igreja pré-conciliar e teria depois plena receptividade no Vaticano II, mas também bem situada geográfica e historicamente: uma pastoral para o Brasil e para o seu tempo[62].

Até 1965, já eram 93 as circunscrições eclesiásticas que haviam integralmente adotado o *PE*, e 73 as que tentavam fazer algo a partir dele. A avaliação oficial da CNBB do *PE*, por ocasião da elaboração do *Plano de Pastoral de Conjunto* (*PPC*), em 1965, é muito positiva. Eis a longa lista desta otimista avaliação: o *PE* superou todas previsões, foi uma bandeira e um roteiro de renovação paroquial, empreendeu uma séria renovação do ministério sacerdotal, possibilitou uma reflexão mais profunda e uma ação de maior envergadura no campo educacional e socioeconômico por parte da Igreja, suscitou dinamismos, energias novas e latentes, principalmente no sentido da comunhão entre os membros da Igreja, renovou estruturas diocesanas, possibilitando ao episcopado uma ação regional e nacional mais efetiva, através da constituição dos regionais, reformulação e ampliação da CNBB, proporcionou a primeira experiência de *pastoral de conjunto*, e sobretudo criou uma mística e esperança de renovação. É ressaltada a importância do *MMM*, que foi como a alma de todo o *PE*[63].

---

61 Aliás, a comunicação de Frei Paulo Avelino de ASSIS, *Colaboração dos Religiosos na Pastoral de Conjunto do Episcopado Brasileiro in REB* 23 (1963), p. 433-451 é a única referência que há na REB ao *PE*, publicada na secção *Assuntos Pastorais*; na verdade o título não reflete o conteúdo, pois se trata de uma exposição deste *Plano* aos religiosos.

62 Cf. G. QUEIROGA, *Comunhão e responsabilidade*, p. 369.

63 Cf. CNBB, *Plano de Emergência in Plano de Pastoral de Conjunto (1966-1970)*, Livraria Dom Bosco: Rio de Janeiro, 1965, p. 43-44.

1.4.3 O Plano de Pastoral de Conjunto *(PPC)*

Dois acontecimentos de natureza completamente diferente, mas de suma importância, aconteceram entre o *PE* e o *PPC*. O *Concílio Vaticano II* proporcionou ao episcopado brasileiro uma rica experiência de intensa convivência. Ao lado de outros aspectos, foi também uma experiência de colegialidade episcopal aberta aos problemas do mundo, em comunhão com a Sé Apostólica, e principalmente uma profunda reciclagem teológica e de mentalidade. Tais elementos trariam uma coesão muito maior ao episcopado. O resto do clero não teve oportunidade de viver a mesma experiência de comunhão e reciclagem.

No plano político, teve início no Brasil o regime militar e golpista de 1964, que, abolindo toda participação da sociedade, traçou um *plano* de modernização forçada para o país, principalmente com a criação de um *Ministério do Planejamento*. É nesse clima que se processa também na Igreja um outro *Plano*. Procuraremos expor a gênese, estrutura, finalidades, significado e efeitos do *PPC* na Igreja do Brasil. Sobre suas implicâncias catequéticas falaremos mais à frente, no capítulo seguinte.

a) Gênese do Plano de Pastoral de Conjunto

O presidente da CNBB em 1965, Dom Agnelo Rossi, em sua apresentação do *PPC*, dizia:

> Este plano foi elaborado por *especialistas*, e exaustivamente discutido, emendado e aprovado pelos bispos do Brasil, na VII AG Extraordinária da CNBB, reunida em Roma durante os três meses da última sessão conciliar [1965][64].

O. Beozzo comentou:

> O plano é elaborado por técnicos e especialistas e discutido pela cúpula episcopal, ficando o restante da Igreja, laicato, clero, religiosos e religiosas afastados de sua formulação. A presença de especialistas é claramente perceptível na linguagem geral e no encadeamento dos passos do plano. O linguajar técnico invade todas as formulações e fornece a arquitetura do plano. É de per si, uma dificuldade ponderável para a compreensão do Plano. Muitos dos cursos de implementação do *PPC* gastavam boa parte do seu tempo em introduzir os participantes no domínio do *jargão técnico do planejamento*: objetivo geral e específico, justificativas, linhas de trabalho, atividades fim e atividades meio, projeto, programa, plano, projetos fim e projetos meio, organogramas, fluxogramas[65].

64 CNBB, *Plano de Pastoral de Conjunto (1966-1970)*, Livraria Dom Bosco: Rio de Janeiro, 1965, p. 5.

65 O. BEOZZO, *Igreja no Brasil*, p. 495-496.

E por aí vai por mais algumas páginas mostrando, conforme ele, a *tecnicidade* do plano, sem grande apoio nas *bases* ou na *realidade* concreta. Entretanto, embora tenha razão em alguns pontos, os fatos parecem contradizê-lo em outros, principalmente na questão da maior participação de muitas pessoas fora do episcopado na confecção do plano[66]. É este o testemunho do Pe. Marins, um dos articuladores deste *PPC*:

> Durante todo o ano de 1965 foi avaliado o *Plano de Emergência* – suas lacunas, seu alcance, suas conquistas. Multiplicaram-se, então, preparativos para um novo plano de conjunto, mais elaborado, mais técnico, mais bem-acabado, que, partindo do *Plano de Emergência*, fosse sua continuidade e, ao mesmo tempo, concretizasse, para nós, a magnífica documentação conciliar. A tentação mais aliciadora seria a de reunir os assessores e peritos e com eles elaborar um plano tecnicamente perfeito, teologicamente exato e pastoralmente... inócuo. Um planejamento pastoral é um processo educativo. É um "compromisso" (alguém diria "engajamento") inserido na realidade da vida concreta, das pessoas concretas da Igreja do Brasil. Planejar é, sobretudo, instaurar um processo contínuo que leve permanentemente a um esforço de reflexão e decisão, à elaboração de um plano, ao acompanhamento da ação à sua avaliação e revisão[67].

Vê-se, portanto, a vontade dos idealizadores do planejamento de envolver também as bases na reflexão e na busca de meios eficazes para a ação pastoral. Esta foi uma característica que marcou continuamente a Igreja no Brasil, criando, assim, um clima de comunhão e corresponsabilidade. A prática já existente de reuniões então aumentou significativamente. De fato, é nelas que, se bem planejadas, conduzidas e aproveitadas, aos poucos delinearam-se as estratégias de uma ação comum, e, muito mais, criou-se uma mentalidade comum e uma comunhão mais profunda[68].

---

66 É o que prova também Francisco Whitaker FERREIRA, num artigo-resposta às afirmações de BEOZZO: "De fato, o que ocorreu foi um pouco diferente. A responsabilidade de elaboração do Plano coube ao Secretário Geral da CNBB. Para essa elaboração, não se contava com muitos "técnicos e especialistas". Na realidade, a equipe do Secretariado era muito modesta, e um único "técnico" lhe dava assessoria direta e contínua. Se outros "técnicos e especialistas" ajudaram, isto ocorreu precisamente ao longo de um amplo processo de discussão do qual participaram não somente bispos, mas também padres, religiosos, religiosas e leigos de quase todo o País. Em verdade durante a Assembleia em Roma somente se deram os retoques finais e se submeteu o *PPC* à aprovação. O trabalho anterior, de elaboração, propriamente dita, tinha durado todo um ano, e foi feito aqui no Brasil, junto ao Povo de Deus" (Francisco Whitaker FERREIRA, *A respeito do Artigo Publicado Nesta Revista: "Igreja do Brasi – O Planejamento Pastoral em Questão", in REB* 43 (1983), p. 136).

67 J. MARINS, *A quantas anda o nosso plano*, p. 357.

68 Hugo D'ANS, da diocese de Lins, num artigo bastante crítico ao excesso de planejamentos e reuniões, assim se exprime: "Precisa-se exorcizar o mito do planejamento pelo planejamento!

Em fevereiro de 1965 há a quarta reunião anual dos secretariados regionais e nacionais em São Paulo: havia representantes de quase todo o Brasil. Esse grupo elaborou um primeiro esboço do novo plano, já com os pontos fundamentais. Nele se refletia claramente o entusiasmo provocado pelo *Plano de Emergência* e, de um modo especial, o novo espírito do Vaticano II, que já caminhava para a conclusão no final daquele ano. Mas os idealizadores queriam maior participação significativa das bases. Programaram, então, duas reuniões, ambas em maio: uma para as regiões Centro-Sul em São Paulo e outra em Fortaleza, para as regiões do Norte e Nordeste.

> Nos dois encontros estiveram presentes Bispos, presbíteros, religiosas e leigos, vindos das coordenações diocesanas (alguns eram vigários, outros assistentes de movimentos especializados de apostolado leigo). Os participantes destes encontros, uma vez colocados minuciosamente a par dos trabalhos desenvolvidos até o momento no Brasil, foram treinados nas técnicas modernas do planejamento, para que, valendo-se disto, procurassem entender, corrigir e ampliar o esboço do novo plano pastoral[69].

Também a participação dos religiosos foi muito ampla através da CRB e seus regionais e assessorias especializadas. Todas e todos os provinciais do Brasil, reunidos em junho no Rio de Janeiro, receberam o anteprojeto e participaram posteriormente com sugestões e observações. O Secretário-Geral da CRB tomou parte na equipe redatora, em Roma, quando se davam os últimos retoques.

O anteprojeto foi ainda estudado e emendado em todos os regionais da CNBB; assim o recebeu a Comissão Episcopal, que mais uma vez o retocou e o apresentou à AG em sua reunião plenária de 15 de novembro de 1965, aprovando-o quase por unanimidade. Recebeu o nome de *Plano de Pastoral de Conjunto*[70], a entrar em vigor a partir de 1° de janeiro de 1966, vigorando até 31 de dezembro de 1970. Num discurso ao Episcopado Latino-Americano, uma semana após a aprovação do *PPC*, Paulo VI demons-

---

Não esqueçamos que as preciosas horas gastas em papelada e reuniões são *roubadas* ao trabalho genuinamente pastoral... do qual os pastores já não conseguiam mais dar conta nos tempos passados! Será que o excesso de planejamento não está criando um novo tipo de padre: o padre correndo duma *reunião* para outra, sem tempo para visitar os seus paroquianos, convivendo só com o mesmo grupinho de pessoas?". (H. D'ANS, *Um planejamento "pastoral"? in REB* 43 (1983), p. 374). Pedagogicamente, após cada item o autor apresenta algumas perguntas para avaliação a ser feita durante... *reunião* do clero!

69 J. MARINS, *A quantas anda o nosso plano,* p. 358.

70 CNBB, *Plano de Pastoral de Conjunto 1966-1970.* 2ª ed. Rio de Janeiro: Livraria Dom Bosco Editora, 1967, 163 p.

tra conhecê-lo e exorta a que "o exemplo pode ser seguido também pelos outros episcopados"[71].

b) Teologia conciliar subjacente ao Plano de Pastoral de Conjunto e suas diretrizes

De um modo muito claro, o *PPC* quer colocar o Concílio na realidade brasileira; as linhas teológicas, sobretudo a eclesiologia de comunhão, do Vaticano II estão explicitamente presentes:

> O Plano baseou seu esforço de renovação no mistério da Igreja como comunidade: prolongamento e presença viva do mistério de Cristo. O Vaticano II significou, para toda a Igreja, uma clara e esplêndida tomada de consciência, uma explicitação de seu próprio mistério e a disposição firme de renovar-se segundo a imagem que Cristo nela deseja fazer brilhar. Nesta perspectiva, situamos o OBJETIVO GERAL do Plano de Pastoral de Conjunto, que é: *Criar meios e condições para que a Igreja no Brasil se ajuste, o mais rápida e plenamente possível, à imagem de Igreja do Vaticano II*[72].

O *PPC* sintetiza as grandes perspectivas da *Lumen Gentium*, especialmente em seu capítulo primeiro, ao definir o *objetivo geral da ação da Igreja:* "Levar todos os homens à plena comunhão de vida com o Pai e entre si, em Jesus Cristo, no dom do Espírito Santo, pela mediação visível da Igreja"[73].

Dessas duas proposições, vão surgir as célebres *6 linhas de ação pastoral*, ao redor das quais se concentrará o esforço evangelizador da Igreja, planejado e organizado[74]. O termo *Linha de ação* aqui é entendido como diretrizes ou partes essenciais de um Plano Pastoral. Em seus *objetivos* e *linhas de ação* concentra-se a riqueza teológica do Vaticano II, imprimindo forte *cristocentrismo* à pastoral. Toda densidade teológica é bebida na *Lumen Gentium* e *Gaudium et Spes,* transpostas para o campo pastoral. A ideia chave é a *comunhão de vida em Cristo*, a ser alcançada através de cada uma das 6 atividades, sobretudo na linha 2 (evangelização) que tem por objetivo a *primeira adesão* a Cristo[75].

---

71 PAULO VI, *A ação pastoral na América Latina in* CNBB, *PPC,* p. 7-11. PAULO VI, *Exortação Pastoral de Paulo VI ao Episcopado da América Latina* [em 24/11/65] *in REB* 26(1966), 145-155. O Papa aliás exorta o episcopado latino-americano a elaborar, a partir destes exemplos, um plano continental: "sob certos aspectos e para certos assuntos, poderá também ser útil e oportuno estudar um plano de nível continental". *Ibid.*, p. 150. *Medellín, Puebla* e *Santo Domingo* foram, de certa maneira, frutos também deste exemplo de planejamento!

72 CNBB, *PPC,* p. 24-25.

73 CNBB, *Ibid.*, p. 26.

74 CNBB, *Ibid.*, p. 28-31; 47-49; 52-87.

75 Cf. O. BEOZZO, *Igreja no Brasil,* p. 499.

O *Plano* traça diretrizes pastorais para todo o país e prevê, de um modo global, as atividades a serem realizadas pelos organismos nacionais, durante o período de 5 anos. Posteriormente os *planos* serão reduzidos a 4 anos. Numa primeira parte (*Introdução Geral*) é proposto um grande *objetivo*, desdobrado em 6 *objetivos específicos*, todos eles fundamentados na *Lumen Gentium*. Segue-se a segunda parte (*Diretrizes fundamentais da ação pastoral*) com uma justificativa geral, a explicitação das 6 linhas de trabalho, provenientes dos 6 objetivos específicos e a aplicação das delas aos planos nacional, regional e diocesano. A terceira parte (*Plano nacional de atividades da CNBB*) estabelece 4 grandes programas de ação nacional.

c) As seis Linhas de ação do Plano de Pastoral de Conjunto e seus objetivos

Com a elaboração do *PPC*, estamos diante de um momento muito importante, pois seus objetivos e 6 linhas de ação, abaixo elencadas, ditaram, a partir de então, a estruturação da CNBB como organismo de animação pastoral no Brasil. Desencadeou, assim, um processo de *pastoral de conjunto* muito fecundo e que marcou a natureza e a ação da Igreja nos anos seguintes chegando até nossos dias. Após o enunciado de um *objetivo geral e dos 6 objetivos específicos*, o *PPC* estabelece que o *esforço comunitário-eclesial* se explicita nestes 6 pontos:

1. Pelo testemunho eficaz de *unidade visível* e de *comunhão intereclesial* (Linha 1: comunitário-participativa);
2. Pela Igreja que *anuncia o mistério de Cristo*, levando as pessoas a uma *primeira adesão* ao Jesus Cristo vivo na sua Igreja (Linha 2: evangelizadora ou missionária);
3. Pela *educação da fé* do Povo de Deus e *aprofundamento da vida cristã* através da Palavra e do testemunho da comunidade (Linha 3: Bíblico-Catequética);
4. Pela *celebração dos mistérios cristãos*, na Liturgia (Linha 4: litúrgica);
5. Pelo esforço de levar a comunidade eclesial a um contínuo *diálogo com todos cristãos* e não cristãos (Linha 5: ecumênica e de diálogo religioso);
6. Pela *presença da Igreja como fermento no mundo*, procurando fazer chegar o fermento de Evangelho a todas as realidades humanas (Linha 6: sociotransformadora).

Não são etapas nem setores da ação pastoral, apenas aspectos que precisam ser considerados na sua globalidade e que, justamente por isso, dão à pastoral a característica de comunhão, ou, para usar a expressão consagrada, torna-se uma *pastoral orgânica* ou *de conjunto*. Note-se que a *catequese* é uma das 6 grandes linhas de ação, a *Linha 3*, inspirada na Palavra de Deus e no testemunho comunitário. Esta perspectiva teológica vai renovar aos poucos a catequese, como veremos.

O esquema que preside ao *PPC* é claramente baseado na descrição tradicional da ação pastoral como o exercício das funções de *ensinar*, *santificar* e *guiar* próprias de *Cristo Pastor* amplamente acolhidas pelo Vaticano II e vivenciadas na Igreja. Por outro lado, o texto do *PPC*[76] é claro em explicar que os objetivos e as linhas 2 e 3 esclarecem e interiorizam o *ministério da palavra de Deus* (*ação missionária*, para os que ainda não chegaram à fé, e *catequese* para que a vida de fé já recebida cresça e se intensifique). A linha 4 e seu objetivo se referem à *Liturgia*, com seu ponto alto na santa Eucaristia. Por fim a *caridade*, terceiro elemento fundamental da vida cristã, está evidenciada no *PPC* através do *testemunho de unidade intereclesial*, explicitada na linha 1 e seu objetivo, e através do *serviço ao mundo* na linha 6. Por fim, a linha 5 e seu objetivo sobre o *ecumenismo*, além de traduzirem a dimensão da caridade, refletem também o clima do Vaticano II que lhe deu grande importância.

Fica evidente que a organização das seis linhas se fundamenta no capítulo II da *Lumen Gentium*, cuja visão do *Povo de Deus* se baseia em círculos concêntricos ao redor do núcleo central da Igreja Católica. A ordem proposta inicialmente, porém, refletindo de certo modo também a *Gaudium et Spes*, era inversa, isto é, a primeira linha de ação era o *serviço ao mundo*, passando pelo *anúncio missionário* (linha 2), pelo *diálogo* cristãos separados e não cristãos (linha 3), e terminar na atenção à *vida cristã*: *catequese* (linha 4), *liturgia* (linha 5) e *unidade-comunhão* (linha 6). Os debates, entretanto, levaram a adotar a ordem inversa (unidade-comunhão em primeiro lugar e serviço ao mundo em último)[77], fazendo assim prevalecer as acentuações eclesiológicas da *Lumen Gentium*, e não as da *Gaudium et Spes*[78].

---

76 Cf. CNBB, *PPC*, *op. cit.*, p. 26-30.

77 Cf. A. ANTONIAZZI, *Planejamento pastoral: reflexões críticas in Perspectivas Teológicas* 21 (1989), p. 103. Isso fica claro quando, num artigo de avaliação dois anos e meio depois, o Pe. José MARINS, um dos elaboradores do plano, ao apresentar a sequência das 6 linhas, obedece à ordem inicial, e não a que foi publicada e permaneceu até hoje; mostra, assim, que na intenção primeira dos autores era dar precedência mais a uma Igreja *extramuros* do que a uma Igreja *intramuros*: cf. J. MARINS, *A quantas anda o nosso plano*, p. 359.

78 Sobre estes e outros aspectos teológico-eclesiológicos, retornaremos no último capítulo.

Além de tais influências teológicas, devemos assinalar também a influência da pastoral francesa, que na época falava muito de "pastorale d'ensemble". Seus interesses eram os ambientes urbanos descristianizados, particularmente entre os proletários: a proposta apontava para uma reorganização da pastoral com base na *zona humana* (e não *territorial*) e que, por isso, deveria se organizar de forma supraparoquial, entrosando as paróquias e os movimentos especializados. Daí a necessidade de uma *pastoral de conjunto*. Afirma A. Antoniazzi:

> Na elaboração do *PPC*, influiu decisivamente a novidade do Concílio. Mas algo da teologia pastoral francesa e de sua concepção da missão, da evangelização dos descristianizados, penetra no *PPC* e lhe oferece uma base para pensar as seis "linhas" [de ação][79]

Devemos ainda falar sobre a qualificação, digamos *jurídica*, das *diretrizes* que nascem deste *PPC*. Qual é a natureza do objetivo geral, objetivos específicos, diretrizes, linhas de ação? Intencionalmente, os bispos no exercício de sua corresponsabilidade pastoral e solicitude por todas as igrejas particulares, conforme a doutrina do Concílio, não apresentam tais diretrizes como normas jurídicas, mas como *diretrizes pastorais* que devem orientar a ação de todos aqueles que trabalham na Igreja, respeitados, naturalmente, os carismas e vocação de cada um dentro do multiforme corpo eclesial.

Como podemos observar, analisando as 163 páginas do *PPC*, as diretrizes, tanto em seu objetivo geral como em suas seis linhas de ação, são muito amplas e genéricas e de realização a longo prazo. Tanto assim é que até hoje, através destes quase 60 anos, elas têm se mantido basicamente as mesmas. O objetivo geral tem sofrido bastante atualização, mas as 6 linhas de ação basicamente não mudaram. É claro que naquilo que se refere à terceira parte do *PPC*, *Plano Nacional de atividades da CNBB*, que corresponde aos programas concretos, são metas com tempo de execução bem estabelecidos, pois se referem a atividades dos vários organismos executivos de âmbito nacional[80]. Na evolução histórica dos *Planos de Pastoral*, seu nome transformou-se em *Diretrizes Gerais da Ação Pastoral da Igreja do Brasil*[81].

---

79 A. ANTONIAZZI, *Planejamento Pastoral*, p. 106.

80 CNBB, *PPC*, p. 31.

81 A partir de 1995, houve uma importante alteração para acentuar mais a natureza missionária da Igreja, mudando o título "ação pastoral" por "ação evangelizadora": *Diretrizes Gerais da Ação Evangelizadora da Igreja no Brasil*. Assim comentava Dom Antônio Celso Queirós: "Ao aproximar-se o jubileu do ano 2000, as *Diretrizes gerais (1995-1998)* mudaram seu título. De *Diretrizes*

d) Avaliação do Plano de Pastoral de Conjunto

Qual é a avaliação do *PPC*? Podemos encontrar vários tipos, dependendo, naturalmente, das perspectivas e das categorias com as quais cada um se posiciona.

1. Atitude crítica

BEOZZO, que se coloca numa perspectiva de pastoral popular, "a partir das bases", além dos aspectos teológicos positivos, citados já acima, acena ao excesso de tecnicismo e burocracia que começou a ter na pastoral da Igreja no Brasil a partir do *PPC*. Por exemplo, partindo do *objetivo geral*: "Criar meios e condições para que a Igreja no Brasil se ajuste, o mais rápido e plenamente possível, à imagem de Igreja do Vaticano II", este autor deduz que o importante já não é a realidade brasileira ou os problemas e necessidades do povo a fim de lhes dar uma resposta, mas sim "ajustar a Igreja a algo que foi elaborado em grande parte sem o seu concurso e em resposta a problemas de outras realidades". Chega até a atribuir a este *eclesiocentrismo* a "fúria iconoclasta e enorme agressão em relação à religião das camadas populares, com supressão das formas de culto tradicionais" que ocorreram no imediato pós-concílio.

Também afirma, embora reconhecendo nisso uma *caricatura*, que os conhecimentos adquiridos pela catequese anterior agora são substituídos por *cursos*, com direito a *certificados e diplomas*, por ocasião dos sacramentos (curso de batismo, de noivos, de crisma...). Igualmente critica o *caráter técnico* do plano, elaborado por "especialistas", e não pelas bases, e que, para sua execução, exige uma "assessoria" em todos os níveis e um fluxo financeiro, que foi possível só porque os recursos do exterior (particularmente da Alemanha, através da *Adveniat* e *Misereor*) deram uma retaguarda às dioceses. Seu juízo neste ponto é bastante duro:

> O contato com as Igrejas ricas da Europa, Canadá e Estados Unidos, perverteu de um certo modo a consciência das reais condições de vida e funcionamento da Igreja no Brasil, para não dizer, do povo brasileiro[82].

---

da Ação Pastoral, passaram a ser *Diretrizes da Ação Evangelizadora*. Longe de ser simples troca de palavras, essa modificação marca a consciência de que nossa realidade está em rápido processo de mudança, obrigando nossas igrejas a partir sempre mais para a *missão de evangelizar*. Igualmente, o quadro de referência (as seis linhas ou dimensões) foi enriquecido com as quatro exigências da ação evangelizadora: serviço, diálogo, anúncio, testemunho de comunhão. A atenção à inculturação passa também a fazer parte do caminho indicado para a ação eclesial". Cf. https://www.vidapastoral.com.br/artigos/documentos-e-concilios/compreendendo-as-diretrizes). Logo começou-se a distinguir entre tais *diretrizes* (reelaboradas de quatro em quatro anos) e os *Planos de Pastoral dos organismos nacionais*, de caráter *bienal*, pois respondem mais diretamente às necessidades pastorais, chamados de *Planos Bienais*.

82 O. BEOZZO, *Igreja no Brasil*, p. 498.

Continua ele dizendo que a liderança até então carismática de Dom Hélder Câmara foi substituída pela de Dom José Gonçalves, bom administrador, organizador e sobretudo... conhecedor da língua alemã, qualidade indispensável para os bons contatos com a *Adveniat*. Conforme ele por causa da nova mentalidade estabelecida pelo *PPC*, o militante foi substituído pelo técnico, o trabalho voluntário pelo expediente burocrático, a conversa pessoal pelo papel e o relatório, a conversão pelo curso de treinamento, a atenção à realidade pela aplicação do planejamento. Diz ainda que em nenhum momento o *Povo de Deus*, tão citado no *PPC*, é o sujeito da ação pastoral: o único sujeito ativo é o episcopado, argumentando que toda a primeira parte do Plano é dedicada à própria CNBB, e não ao Povo de Deus no Brasil... Daí conclui que

> o período autoritário [regime golpista militar] instalado no País em 1964, o isolamento dos Bispos em Roma, reunidos apenas entre si com os especialistas, longe do Povo de Deus, fizeram com que produzissem um documento fortemente autoritário, onde todas as diretrizes vêm de cima para baixo e onde nada mais resta às pessoas, instituições e comunidades do que aplicar as determinações já prontas. Por isso mesmo, o *Plano* não se cansa de repetir que "a renovação não se realiza automaticamente por um decreto emanado do alto", o que exprime realmente o caráter do *PPC*: "Decreto emanado do Alto"[83].

Outro autor, seu colega, Pe. Hugo D'ANS, procurando fazer uma "tentativa de avaliação sincera", possui a mesma visão "questionadora", reconhecendo seus limites: afirma que o *planejamento* se tornou, a partir do *PE* e do *PPC*, um tabu indiscutível, tentando reagir contra um estilo de planejamento que mata a criatividade das bases e leva a uma inflação assustadora de burocracia e de reuniões sem resultado concreto. Questiona se os *efeitos perversos do demônio burocrático* não estão matando, aos poucos, a criatividade e o entusiasmo de nossos agentes de pastoral, religiosos ou leigos[84].

Embora devamos reconhecer que o *PPC* de fato sofreu vários destes defeitos apontados pelos dois autores, por outro lado não podemos deixar de constatar exagero e unilateralidade nessas críticas[85]. De fato, a nosso ver,

83 *Ibid.*, p. 500.

84 Cf. Hugo D'ANS, *Um planejamento "pastoral"?*, p. 373-374.

85 A mesma opinião expressa A. ANTONIAZZI, *Planejamento Pastoral: reflexões críticas in Perspectivas Teológicas* 21(1989), p. 101-112. O autor, referindo-se a BEOZZO diz que ele "ressaltou, neste vigoroso artigo, os aspectos técnicos e autoritários do *PPC* de forma bastante unilateral e exagerada, mas levantando problemas reais que, parece-me, transcendem o próprio *PPC*". *Ibid.*, p. 102.

uma das grandes virtudes desse *PPC* foi justamente ter proporcionado uma base organizacional, embora inevitavelmente burocrática, que possibilitou a concretização, ao menos em parte das ideias do Vaticano II. Também outros episcopados e outros *planos* tinham e têm um belo discurso teológico, baseado igualmente no Vaticano II, mas não conseguiram sair do papel por falta de um instrumental que lhe possibilitasse descer à prática. Se de fato foi possível criar uma Igreja de estrutura mais *comunional*, em parte (e, repetimos, devido também a *outros* fatores) se deve ao *PPC* e a seus desdobramentos nos planos e diretrizes posteriores, sempre atentos às necessidades da realidade brasileira. Podemos também afirmar que, se hoje temos uma Igreja onde a *comunhão e participação* é uma de suas características, isso se deve ao longo aprendizado e exercício possibilitado pelas perspectivas e diretivas advindas do *PPC*, embora ele mesmo, tanto em sua confecção como atuação, não tenha tido tanta participação popular, como desejariam seus críticos.

2. Atitude otimista

A avaliação do Pe. José MARINS, após dois anos de uso do *PPC*, foi muito positiva; falou de "um promissor conjunto de realizações" e, de fato, fez um relatório bastante amplo[86], onde apareceu soberba folha de trabalhos surgidos da execução dos vários programas do *PPC*: pesquisas, reflexões, encontros, formação, assessorias, trabalho nas bases... Além de expressar a opinião positiva de pessoas fora do Brasil a respeito do *PPC*[87], apresentou também a visão negativa e positiva de muitos pastoralistas[88], e por fim expressa sua opinião:

---

86 Além deste relatório, encontramos um outro mais sintético, porém com outros dados (principalmente sobre a catequese) em *Revista Catequesis Latinoamericana*, nos bons tempos em que essa revista, ainda vigorosa, publicava documentos e artigos em português: cf. *Igreja do Brasil: marcha do Plano de Pastoral de Conjunto in Catequesis Latinoamericana* 2 (1970), p. 382-384. Não consta o autor, mas tudo leva a crer que seja do Pe. J. MARINS.

87 Por exemplo, a opinião de *Informations Catholiques Internationales*, junho 1966, nº 265, p. 7-9: "Um plano quinquenal exemplar e prometedor, um realismo novo... plano doutrinalmente bem motivado e fundamentado"; ou de um bispo africano: "o Brasil está sendo, no continente americano, a *avant-première* da resposta pastoral da Igreja, nos problemas do Terceiro Mundo". J. MARINS, *A quantas anda nosso plano*, p. 365.

88 "Alguns não dizem coisa alguma, porque a vida intensa de trabalhos e compromissos materiais, "para-pastorais", os absorve totalmente, impedindo ver muito além dos poucos metros quadrados das obras paroquiais, ou do promissor educandário católico... outros se assustam, com informações parceladas e fora de contexto. Há os que, mergulhados em amarguras longamente curtidas contra a hierarquia, contra colegas... decepcionados com iniciativas outrora pioneiras, hoje de retaguarda, lamentam que "nada se faz"...; muitos, afinal, e seu número aumenta cada dia, descobrem que estamos caminhando corajosa e perseverantemente, na linha de autenticidade evangélica e de encarnação responsável no Brasil de hoje". *Ibid.*, p. 365.

> O que achamos de mais positivo é que, no Brasil, começamos a pensar e não somente a pensar, mas a realizar uma *pastoral própria*. Não se trata de encontrar novas fórmulas pastorais, ou novos métodos que por si mesmo sejam eficazes... Trata-se de uma nova concepção de pastoral – plenamente evangélica, totalmente comunitária, seguramente teológica, inteligentemente planejada, perseverantemente executada, sinal de unidade visível da Igreja, testemunho sacramental de amor efetivo para com todos os homens. Isto, para nós, é o *Plano de Pastoral de Conjunto*[89].

Sobre o caráter excessivamente "técnico" do *PPC*, Whitaker FERREIRA, leigo, que deu grande contribuição para seu desenvolvimento, respondeu dizendo que não se pode atribuir aos técnicos a autoria do Plano, mas ao episcopado, pastoralistas, religiosos e leigos de todo o país[90]. Rebateu também a ideia de que o plano seria autoritário pelo fato de ter previsto somente atividades da CNBB; ora, essa foi justamente a opção do *PPC*, diz o autor, ditada pela intenção não autoritária do *Plano*: continha diretrizes e sugestões para a CNBB nacional: o resto era liberdade e criatividade, comunhão e corresponsabilidade que cada Igreja e cada Regional deveria assumir e viver à sua maneira. O *PPC* foi, pelo contrário, um questionamento ao autoritarismo [sociopolítico] que se instaurava no País. O autor concluiu dizendo que o esforço de planejamento pastoral surgido no *PPC* se inseriu numa caminhada de avanço, e não de retrocesso na Igreja do Brasil[91].

Um balanço geral do *PPC*, no final de seus cinco anos de funcionamentos, apresentado pelo Secretariado Geral da CNBB, ressaltou o despertar de uma consciência comum dos Bispos no tocante aos objetivos da ação da Igreja, a consolidação da pastoral nas CEBs, os intercâmbios e experiências e, sobretudo, a criação de uma mentalidade do processo de planejamento pastoral. Houve esforço de coordenação nacional e o contato direto dos responsáveis desta coordenação com a realidade do país. Citou ainda a criação em 1969 do *Instituto Nacional de Pastoral*. Não deixou de assinalar a colaboração "de fundamental importância" prestada pelos Bispos alemães que, mediante a ação *Adveniat*, financiou o *PPC*. E conclui sua avaliação com estas palavras:

> O *PPC* sistematizou os movimentos de ação pastoral, no Brasil, nestes cinco anos. Foi uma experiência sua, em busca de seus caminhos, aberta, porém, ao diálogo pastoral com renovações existentes em outras Igrejas. Esta tomada de

89 *Ibid.*, p. 365-366.

90 Cf. F. W. FERREIRA, p. 136.

91 *Ibid.*, p. 136-139.

consciência de sua originalidade, do esforço, que foi realizado, é motivo de humildade, de ação de graças, de esperança, de sempre maior fidelidade a Cristo e ao Espírito Santo[92].

3. *Avaliação do episcopado*

Importantes são as reflexões sobre o *Planejamento Pastoral* brotadas da X AG da CNBB em 1969, às vésperas do final da vigência do *PPC*. O episcopado reconheceu que o *plano* não foi somente instrumento de coordenação das atividades pastorais, mas expressão do compromisso da Igreja no Brasil com a *recepção* do Vaticano II. Falou também de três aperfeiçoamentos introduzidos pelo *PPC* com relação ao *PE*: 1) aplicação mais rigorosa do planejamento à pastoral, obedecendo a aspectos técnicos e implicações teológicas; 2) codificação de objetivos da ação pastoral em sintonia com o Vaticano II e definição de uma sistemática de ação mais missionária e participativa; 3) estabelecimento de atividades subsidiárias a serem executadas por organismos nacionais da CNBB[93]. A mesma Assembleia estabeleceu que se faça uma ampla avaliação do *PPC*, envolvendo todos os regionais, e uma profunda reflexão sobre as implicações teológicas da adoção do planejamento da pastoral; tudo isso em vista da revisão e aperfeiçoamento do *Objetivo Geral* e *seis objetivos específicos* (as seis linhas).

Afirma-se também explicitamente que não se faria um *segundo plano de pastoral de conjunto,* mas deveria haver uma efetiva continuidade do trabalho iniciado com o *PPC* em 1966, com a elaboração de *diretrizes para os diversos setores da pastoral*. A palavra *Diretrizes* a partir de então dominou o vocabulário pastoral, intitulando inclusive os sucessivos planos pastorais. Elas devem refletir não só as opções da Igreja Universal, mas de um modo especial as conclusões de *Medellín*[94]. E concluíram afirmando que as *Diretrizes* constituiriam o elemento fundamental do planejamento em âmbito nacional. De sua aceitação consciente e efetiva resultariam a objetividade e a unidade de ação pastoral que se desejava *orgânica* e de *conjunto*[95]. Começou-se a falar, então, mais de *pastoral orgânica* do que de *pastoral de conjun-*

---

92 CNBB, *Plano de Pastoral de Conjunto: fator de dinamização pastoral no Brasil in Nacionais Informam* (1970), nº 114, p. 1-6. Há também um informe resumido deste balanço *in REB* 31 (1971), p. 202-203.

93 CNBB, *Plano de Pastoral de Conjunto da CNBB. Decisões da X Assembleia Geral do Episcopado in REB* 29 (1969), p. 644-647, nº 1-3.

94 *Ibid.*, p. 648, nº 4.

95 *Ibid.*, p. nº 5.

to, pois aquela expressão traduz muito melhor a comunhão eclesial (aspecto teológico) e a eficiência de um planejamento sistemático e harmônico.

A partir de 1970, de quatro em quatro anos, coincidindo sempre com as assembleias eletivas em que há mudança na direção da CNBB (Presidência e Comissão Episcopal de Pastoral), foram elaboradas as *Diretrizes Gerais da Ação Pastoral da Igreja no Brasil*, sempre com a proposta de um *Objetivo Geral* e a manutenção das seis linhas de ação formuladas no *PPC*. Houve oportuna evolução no *objetivo geral*, atendendo sempre às necessidades de cada quadriênio, como também pequenas alterações, mas sem mudar sua estrutura, nas seis linhas.

Não vamos aqui aprofundar as *diretrizes* (ou *planos pastorais*) seguintes, pois nos estenderíamos muito. Basta a visão até aqui apresentada, para podermos situar o MCB dentro dessa dinâmica de *pastoral planejada*, principalmente o surgimento da *Linha 3* da CNBB, *dimensão catequética*, que foi como que o motor desse movimento, em continuidade com os Secretariados do Ensino Religioso da *Ação Católica Brasileira* e outros da CNBB. Desdobramentos posteriores, tanto organizacionais como teológicos, apareceram em seguida. Neles vamos mergulhar, já bem dentro do tema da pesquisa que aqui propusemos.

2. O NASCIMENTO DO *MOVIMENTO CATEQUÉTICO BRASILEIRO*

Após esta retrospectiva da caminhada da catequese brasileira, chegamos ao momento em que podemos começar a falar de *movimento catequético no Brasil*, isto é,

> não a ação de pessoas isoladas, mas o trabalho mais ou menos organizado de um número cada vez maior de agentes diretos, de estudiosos e de animadores, unidos entre si na ação e na reflexão, que criam e difundem uma opinião, que conduzem a uma renovação tanto da legislação como da organização, a uma revisão e reconsideração dos conteúdos e dos textos de catequese, a uma comunicação através de revistas e associações, criando justamente um movimento mais ou menos organizado, e a uma difusão das ideias e experiências[96].

Se na Europa já se falava disso no final do século XIX e início do XX com a *renovação dos métodos*, e muito mais a partir de 1930 com a *renovação dos conteúdos*, podemos dizer que no Brasil essas ideias começaram a chegar e

96 U. GIANETTO, *Storia della pastorale giovanile e della catechesi contemporanea 2*. p. 0, mimeografado. Também ID., *Movimento Catechistico in* Joseph GEVAERT (ed.), *Dizionario di Catequetica*, Leumann (Torino): LDC, 1986, p. 448-450.

a frutificar somente a partir da década de 1940. Porém, num crescendo de tal intensidade que, na fase da *renovação antropológica*, após o Vaticano II, o Brasil colocou-se mesmo na vanguarda do *movimento catequético mundial*. É preciso também observar que a renovação dos *métodos e conteúdos* aconteceu mais ou menos contemporaneamente no Brasil.

Podemos assinalar o nascimento do MCB através da confluência de alguns eventos: a renovação querigmática, o significado e obra do Pe. Álvaro Negromonte e alguns acontecimentos da década de 50: a preparação do Congresso Internacional de Catequese (Roma, 1950) e os primeiros passos na tentativa de um movimento popular catequético. A respeito da renovação querigmática, como é um assunto bastante estudado e conhecido[97], daremos apenas alguns traços, com referência principalmente ao Brasil. Dedicaremos maior espaço principalmente à figura e atuação do Pe. Álvaro Negromonte, dada a sua importância particular dentro do tema desta pesquisa.

2.1 A renovação querigmática

Sob este título, pretendemos focar a reviravolta na catequese através dos vários tipos de renovação, não apenas conteúdos (como poderia deixar entender o título), mas também a reforma dos métodos, dos textos, da organização catequética.

Os progressos alcançados pelas ciências pedagógicas e psicológicas, unidos à renovação dos conteúdos teológicos, abrem caminho também para a renovação catequética. É por demais conhecido, por exemplo, o *Método de Munique,* que, inspirando-se em Herbart (1854-1932) e na *escola ativa* (Arbeitschule), propõe para a catequese um método chamado psicológico e de raiz indutiva, superando o *dedutivismo* do catecismo doutrinal. O Congresso de Viena (1912) e de Munique (1928) estabelecem seus postulados e serve de plataforma de sua divulgação por todo o mundo.

Pedagogicamente construído a partir de unidades didáticas, tem como espinha dorsal de seu conteúdo a *História da Salvação,* cujo centro é Jesus Cristo, com uso frequente da Bíblia, particularmente dos Evangelhos, como também da *Liturgia*. Devido ao fato de colocar no centro da catequese o núcleo da mensagem cristã, ou querigma, toda a metodologia derivada dessa revolução catequética é chamada de *método querigmático*. Ele é fruto,

97 Cf. de um modo especial, R. MENDES DE OLIVEIRA, *Movimento Catequético*, p. 21-48; U. GIANETTO, *Storia della pastorale giovanile,* tendo presente os outros quatro volumes desta apostila.

pois, da convergência na catequese dos avanços do *movimento bíblico, litúrgico*, da renovação da *teologia querigmática*, da *escola ativa*, e de toda a *efervescência pastoral* que acontecia na Igreja o Concílio Vaticano II[98]. As repercussões destas novidades no Brasil aconteceram aos poucos, mais por um processo de cópia do que propriamente de produção própria, sob a influência direta das produções europeias na área catequética[99].

Sinais de renovação já se encontravam no início do século XX, atenuando-se posteriormente. Por isso retornamos a algumas obras produzidas nesse período, pois elas não se enquadram naquela linha nitidamente doutrinal dos catecismos propostos pela hierarquia. Pelo contrário, assinalam um lento movimento de renovação que desemboca nas propostas querigmáticas. Talvez a tentativa pioneira de uma renovação pedagógica aplicada à catequese no Brasil esteja em São Paulo, com a obra *Diretório do catequista* do Pe. Antônio Pereira Reimão, publicado em 1901[100]. Encontramos outras obras traduzidas do francês, como, por exemplo, o *Catecismo segundo o Evangelho*, de Charles-Eugène ROY[101], as *Lições Catequéticas* e *Para os pequeninos do Jardim da Infância*, de Quinet, e seus *Apontamentos do catequista*[102], as obras de Boulanger, de Guillois e de Cauly, entre outros. Do alemão traduziu-se a coleção *Luz e Vida*[103], da Universidade de Bonn.

Mas há também produções próprias, que Miguel Meier chama de "catecismos reformados"[104]. Podemos citar, por exemplo, entre os mais antigos, o *Pequeno Catecismo* e a *Explicação do pequeno catecismo* de 1924 do Pe. Jacob H. Slater, com muita divulgação no Sul do país, juntamente com o *Catecismo Maior*, de Frei Boaventura Poll, acima citados. Este último e o *Catecismo da Doutrina Cristã* de Porto Alegre com seu suplemento *Primei-*

98 Cf. R. MENDES DE OLIVEIRA, *O movimento catequético*, p. 32-47.

99 Cf. O. LUSTOSA, *Catequese Católica*, p. 119.

100 Antônio Pereira REIMÃO, *Diretório do catequista*, São Paulo, Escola Tipográfica Salesiana, 1901. O. LUSTOSA, *Catequese Católica*, p. 119, informa que tal obra é tradução do "preciosíssimo livro" *L'Oeuvre par excellence* ou *entretiens sur le Catéchisme*, do célebre escritor francês DIPANLOUP.

101 Charles-Eugène ROY, *O catecismo segundo o Evangelho*, Petrópolis: Vozes, 1935.

102 Cf. Á. NEGROMONTE, *Pedagogia do Catecismo*, Petrópolis: Vozes, 1938, p. 95.

103 Obra em três volumes: I parte: *A Igreja*, Petrópolis: Vozes, 1935; II parte: *Jesus Cristo*, Petrópolis: Vozes, 1935; III parte, *A Moral Católica*, Petrópolis: Vozes, 1936.

104 "Estamos no Brasil, na "época dos catecismos reformados"". Ele os divide em 3 tipos: o primeiro (basicamente as obras do Pe. Á. Negromonte) incorpora a pedagogia da "Escola Nova"; o segundo e o terceiro são esforços de "modernizar" o catecismo tradicional: cf. M. MEIER, *Entre os problemas atuais*, p. 497.

ra História Bíblica, são uma espécie de transição entre o antigo catecismo teológico e uma forma renovada de expor a doutrina com textos e exemplos da Sagrada Escritura e aspectos da vida litúrgica[105]. Entretanto, tanto a série dos três *Catecismos da Doutrina Cristã* como outros de linha nitidamente doutrinal continuam a ser editados e usados. Exemplo típico foi o texto da Arquidiocese do Rio de Janeiro *Sou cristão;* insistiu-se aí na *memorização, doutrina, disciplina*, embora também se fale de *linguagem adaptada às crianças e métodos ativos.* O texto foi precedido por uma *pedagogia catequética*[106].

Porém, já bastante ligadas ao *Método de Munique*, podem ser consideradas as obras da renomada pedagoga e catequista Waleska Paixão, "pioneira da renovação catequética no Brasil"[107], sob o nome genérico de *Cadernos Catequéticos*[108]. Carolina Nabuco publicou uma *Doutrina cristã para a primeira comunhão* em cuja recensão se diz que "a autora conhece bem o Congresso de Viena (1912) e o Movimento de Munique"[109]. Textos acentuando a dimensão litúrgica são os da Ir. Teresa de Cristo Lézier, ursulina canadense formada no Instituto *Lumen Vitae* da Bruxelas e no *Institut Catholique* de Paris; seus textos seguem o chamado *método vital*, ou seja: *celebração da Palavra* (Evangelho-Doutrina), *celebração sacramental* (Li-

---

105 *Ibid.*, p. 496-497.

106 Cf. cap. I, nota 120, e a pequena apresentação *in RC* 1 (1941) nº 1, 32, por ocasião da primeira edição. É interessante notar como os editores da nova *Revista*, a estas alturas já bem enfronhados na renovação querigmática, apresentam *respeitosamente* o catecismo (doutrinal!) de *Sua Eminência*, mas sem lhe dar grande importância.

107 M. MEIER, *Entre os problemas*, 494. Waleska Paixão é leiga consagrada, pertencente ao Instituto Secular "Caritas Christi", que atuou sobretudo em Belo Horizonte, mas cujas obras tiveram aceitação em todo o território nacional.

108 É uma obra em 3 volumes: *Métodos e Programas* (I), *Formação da consciência* (II) e *Histórias para o Catecismo* (III), Petrópolis: Vozes, 1937. Assim se expressa a autora na introdução do primeiro volume: "As experiências de mais de 20 anos de ensino catequético fizeram-me chegar a conclusões bem práticas entre as quais três ocupam lugar importantíssimo: 1) Necessidade de começar o ensino religioso por *narrações bíblicas*, das quais tiraremos as consequências práticas resumidas no Catecismo da Doutrina Cristã. 2) O cuidado de impor à criança, em cada lição, um ato de piedade, uma virtude a praticar, relacionados com o assunto da lição de modo a excitar a vontade ao bem. 3) O aproveitamento em todos os graus do ensino, em toda a medida possível, da *liturgia* como fator de primeira ordem". Embora a autora apele para a própria experiência, é evidente a influência da escola francesa e do *Método de Munique* em suas obras, sem negar, naturalmente sua longa experiência. Sobre ela, pode-se consultar: Avelyn de Almeida ORLANDO. *Os manuais de Catecismo na História da Educação. A coleção Monsenhor Álvaro Negromonte e a Escola Nova Católica no Brasil.* Dissertação de Mestrado, *in* https://books.google.com.br/books?id=U1gzEAAAQBAJ&pg=PT180&lpg=PT180&dq=quem+foi+waleska+paix%C3%A3o+da+silva&source.

109 Heliodoro PIRES, [Recensão de] Carolina NABUCO, *Doutrina cristã para a primeira comunhão*, Rio de Janeiro: José Olympio, 1942, 189 p., *in REB* 2 (1942), 560.

turgia) e *celebração militante* (Ação apostólica e evangélica)[110]. Os textos mais representativos desta fecunda safra querigmática são certamente os do Pe. Álvaro Negromonte. Seu *método integral*, inspirado no movimento querigmático, é um grande marco na renovação da catequese no Brasil. Dele falaremos mais adiante. Podemos ainda citar a tradução das obras de Henrique Stieglitz no Rio de Janeiro, que já reflete as primeiras inovações catequéticas havidas na Alemanha no fim do século XIX[111].

Entretanto, além e mais importante que os textos, dentro da concepção de *Movimento Catequético* que adotamos, são as pessoas, que em várias partes do Brasil criaram mentalidade e trabalharam pela renovação catequética. É principalmente devido a esse grupo de pessoas que podemos, de fato, falar da existência de um *movimento catequético* nascente. Encabeçando a lista dos pioneiros da renovação pedagógica no Brasil, podemos apresentar o Pe. Carlos Leôncio da Silva, salesiano, fundador e diretor, na época, do Instituto Superior de Pedagogia do Pontifício Ateneo Salesiano de Turim (Itália), que depois se tornou a UPS de hoje, e, no Brasil, fundador da Faculdade de Filosofia, Ciências e Letras de Lorena (SP). Suas obras[112], de profundo valor filosófico-teológico e pedagógico, tiveram repercussão no Brasil, apesar de sua ausência por longos anos na Europa.

Outro pioneiro dessa renovação pedagógica e metodológica no Brasil foi Mons. José Tibúrcio, em João Pessoa (Paraíba): suas experiências juntamente com outros sacerdotes e leigos estão consolidadas na obra *Pedagogia Popular do Catecismo*[113]. Em Belo Horizonte, estava inicialmente o Pe. Ál-

110 Teresa de Cristo LÉZIER, *A caminho do Pai*, Rio de Janeiro: Agir, 1962 (texto do mestre e do aluno). Seu método vital se inspirou na metodologia da catequeta francesa François Derkenne: cf. H. PAIVA *in Curso de Iniciação Catequética*, Rio de Janeiro, 1969, *in D 01088* BiblINP (*Documento 01088* da Biblioteca do *Instituto Nacional de Pastoral* de Brasília), p. 23-25, mimeografado; *Histórico da catequese no Brasil*, Rio de Janeiro, 1968, *in D 15933* BibINP, p. 2, mimeografado; J. COSTA CAMPOS, *Resumen de las actividades del CLAF*, p. 212. "*A caminho do Pai* é até hoje o melhor texto escrito no Brasil": Mário BONATTI (tradutor) *in* Paul VERNHET, *Novas dimensões do catecismo*, Petrópolis: Vozes, 1966, p. 202. A morte prematura de T. Lézier em 1961 permitiu que deixasse apenas este grande texto catequético *A caminho do Pai*. Foi também a idealizadora e animadora da *Exposição Catequética* durante o XXXVI Congresso Internacional do Rio de Janeiro.

111 Heinrich STIEGLITZ, *Manual do Catequista*, Petrópolis: Vozes, 1948, em 4 volumes. A edição original alemã é de 1902.

112 Carlos Leôncio da SILVA, *Fundamentos de uma educação integral*, Coleção *Biblioteca de Cultura Católica 17*, Petrópolis: Vozes, 1949, 214 p.: cf. recensão *in REB* 9 (1949) 816-817; ID., *Linhas fundamentais para uma Teologia da Educação in REB* 10 (1950) 352-369: é uma das obras fundamentais para o estudo da relação pedagogia-teologia.

113 José TIBÚRCIO, *Pedagogia popular do catecismo*, Rio de Janeiro: Ed. AB, 1939. O. LUSTOSA avalia esta obra nos seguintes termos: "Estilo claro, resumos bem acabados, sugestões realistas

varo Negromonte, que juntamente com Waleska Paixão lideram o movimento de reforma e atualização da catequese. Em Fortaleza, e mais tarde no Rio de Janeiro, encontrava-se o Pe. Hélder Câmara, que à frente da *Ação Católica*, será um dos renovadores não somente da catequese, mas de toda a pastoral brasileira: ele com o Pe. Á. Negromonte são os fundadores da *Revista Catequética*, grande divulgadora do *método integral* do Pe. Negromonte e em geral da renovação catequética. Em Porto Alegre encontrava-se o jesuíta Pe. Miguel Meier, autor do texto *Manual de Catequese teórica e prática*[114], um dos primeiros manuais de catequética a ser publicado no Brasil, e editor da *Folha Catequética,* neste momento, de alcance nacional e divulgadora do *Método de Munique.* Em São Paulo atuavam as dinâmicas cônegas de Santo Agostinho, o Pe. Joaquim Neto[115] e o salesiano Pe. José Noronha[116]. Em Santa Catarina encontrava-se o Cônego Agenor N. Marques, um dos atuantes catequetas deste momento, que publicou sua alentada obra *Catequista Ideal*[117] "onde troca em miúdos todas as questões da pedagogia catequética, em esquemas claros e práticos"[118].

Além da obra do Pe. Álvaro Negromonte, analisadas a seguir, esta *catequética* do Pe. Agenor N. Marques, foi a mais completa até então. Seu tratado *Catequista ideal* era volume de mais de 470 páginas, formato grande, alcançando três edições em seis anos. Dividido em 9 partes, possui um caráter enciclopédico pelo número de assuntos que trata: educação integral, o educador integral, o educando integral[119], meios de formação, princípios da

---

a partir das experiências, senso dos verdadeiros problemas, são qualidades da obra desse catequista, a qual mereceria outra sorte, que não o cemitério do esquecimento, como são, no geral, bibliotecas eclesiásticas" (ID., *Catequese Católica,* p. 121).

114 M. MEIER, *Manual de Catequese teórica e prática*, Porto Alegre, Edições A Nação, 1948; segunda edição: São Paulo: Paulinas, 1956, 446 p. A primeira parte é uma catequética e a segunda trata dos conteúdos da catequese; cf. recensão de Romano KOEPE *in REB* 12 (1952), 745 e *REB* 14 (1954), p. 537.

115 Joaquim Antônio NETTO, *Manual de Religião*, São Paulo/Rio de Janeiro: Editora do Brasil, 1950.

116 Não foi possível documentar a atividade do Pe. J. Noronha; sabe-se, pelo testemunho do Pe. W. Gruen, seu aluno, que ele lecionou catequética no Instituto Filosófico dos Salesianos em Lorena (SP) e escreveu um dos primeiros "tratados de catequética". Nos arquivos da Inspetoria Salesiana de São Paulo, encontram-se alguns apontamentos seus. Seu nome, como um dos primeiros catequetas brasileiros, é citado por H. PAIVA *in Curso de Iniciação Catequética*, p. 23.

117 Agenor N. MARQUES, *Catequista ideal*, São Paulo: Paulinas, 1952, 478 p.; 3ª ed.: 1960, 521 p.

118 O. LUSTOSA, *Catequese Católica,* p. 120.

119 Estas três primeiras partes parecem inspirar-se na obra clássica do Pe. Carlos Leôncio da Silva, salesiano, acima citada. Ela está citada na bibliografia final, mas não durante a exposição no corpo do livro.

escola nova, metodologia integral, formação para a vida cristã, comunhão e confissão das crianças, organização integral do catecismo e um apêndice sobre perseverança (catequese de adultos). Como se vê, o adjetivo *integral* domina o vocabulário do autor, sinal de sua preferência pelo *método integral*, adotado também pelo Pe. Á. Negromonte. Percebe-se que ele dependia quase que exclusivamente de obras francesas, e está bem informado das ideias de seu tempo. Porém, o Método de Munique, movimento catequético, renovação bíblica, litúrgica e tudo o mais que na época estava na ordem do dia, não são nem mencionados, embora o autor pareça conhecer seus desdobramentos. É muito estranho também a referência contínua que faz ao "catecismo", sem definir claramente de que se trata. Na maioria das vezes se refere ao *fato catequético* (a catequese, portanto) e outras vezes se refere a um texto que supõe conhecidíssimo e adotado por todos; nada, porém, sobre sua natureza, sua função, virtudes ou defeitos, gênese, aprovação, edição, divisão etc.[120].

Os aspectos mais desenvolvidos foram os psicopedagógicos e didáticos; quanto aos conteúdos, quase nada. Às vezes dá a impressão de uma certa ingenuidade no vocabulário, nas expressões, que se mantêm mais num nível "piedoso" e de "bons conselhos" do que propriamente dentro dos rigores de um método científico[121]. Nota-se ainda uma certa confusão na "mistura" de matérias, como, por exemplo, a maneira de abordar o tema "primeira comunhão"[122]. Tudo isso se justifica, talvez por se tratar mais de uma obra de divulgação do que de caráter científico. Teve, de fato, uma boa acolhida, demonstrada pelas suas três edições e pelos altos elogios da recensão da época que assim se expressou:

> esta obra apresenta um tratado completo de tudo quanto o bom catequista deve saber para o desempenho frutuoso de sua nobre missão: pedagogia, psicologia, didática, organização do catecismo, legislação eclesiástica [...]. Mereceria ser adotado entre os manuais de catequética usados em nossos seminários maiores[123].

---

120 Nem mesmo na interessante lista de *Literatura para catequistas* (bibliografia sobre catequese) das p. 463-466, pela qual se pode ter uma ideia da produção dos subsídios catequéticos da época, o autor se refere aos *Catecismos da Doutrina Cristã* aprovados pelas Províncias Meridionais e, apesar de todos seus defeitos, é muito usado. Dá a impressão, salvo melhor juízo, que se referindo ao "catecismo" A. Marques se referisse a um formulário que paira acima de tudo, como se disse, e que todo o complexo aparato catequético da Igreja, do qual seu livro é uma excelente demonstração, gravita em torno dele.

121 Basta ver, por exemplo, a maneira deficiente de citar tanto ao longo do trabalho como na bibliografia final, e as citações de autores para efeito retórico.

122 Cf. A. N. MARQUES, *Catequista ideal*, p. 404-421.

123 Romano KOEPE, [*Recensão*] *in* REB 16 (1956), p. 288-289.

2.2 A obra do Pe. Álvaro Negromonte e seu significado

Sobre o maior catequeta brasileiro, Mons. Álvaro Negromonte, assim se expressa O. Lustosa:

> Reconhecido na vida como "mentor do catecismo no Brasil" e "um mestre brasileiro de pedagogia do catecismo", o Pe. Álvaro Negromonte foi lentamente esquecido após sua morte (1964). Sua obra catequética merece, não apenas os agradecimentos dos catequistas, mas um estudo sério de sua importância e de sua influência nos 30 anos de atuação[124].

A queixa do historiador eclesiástico brasileiro tem razão de ser, pois possuímos pouca bibliografia específica sobre o eminente catequeta[125]. No entanto, os poucos que tratam do *Movimento Catequético Brasileiro* colocam-no em primeiro plano, como renovador da catequese no Brasil, após a era dos *catecismos teológicos* e com o advento da renovação querigmática[126].

---

124 O. LUSTOSA, *Catequese Católica*, 113, nota 1. A mesma queixa se repete à p. 120, nota 33. Dando toda a razão a LUSTOSA, recentemente foi publicado um longo artigo de 130 páginas sobre a *História dos Catecismos* por J. E. M. TERRA, onde nem sequer é citado o nome ou os livros do grande catequeta brasileiro...: cf. ID., *História dos Catecismos, in Revista de Cultura Bíblica* 36 nova série 17 (1993), nº 67-68, p. 5-134 (em parte é reedição de obras anteriores).

125 Hélder CÂMARA, *Um mestre brasileiro de pedagogia in REB* 1(1941) 395-409; CRÔNICA DA REB, *Instituto de Formação Catequética, in* REB 1 (1941), p. 342-343; *Concluída a série primária do Pe. Negromonte, in RC* 2 (1950), 18, 39-43; *Mons. Álvaro Negromonte in REB* 24 (1964) 818-819 [Necrologia]; Ricardo Pereira CALVO, *A pastoral catequética de Mons. Álvaro Negromonte. Ideias, realização, influência*, Roma, Università Pontificia Salesiana, dir: U. GIANETTO, 1984, mimeografado; R. P. CALVO, *Crescimento permanente e progressivo na fé: uma contribuição ao estudo histórico-pastoral sobre a catequese no Brasil a partir da obra de Mons. Álvaro Negromonte*, Roma, Pontifícia Universidade São Tomás de Aquino, Faculdade de Teologia, dir: Antolin Gonzalez FUENTE, OP, 1986. Encontramos um exemplar mimeografado desta última obra nos arquivos da CNBB em Brasília. Não consta que tenha sido publicado pelo menos algum extrato. Esta tese de doutorado, embora volumosa e contendo muitos dados, é, a nosso ver, parcial. Basta observar a lista incompleta das fontes nas p. VI-XII (como, por ex., a falta dos artigos do Pe. Negromonte na *Revista Catequética* desde 1949 a 1956; só para citar um exemplo: falta, o *Discurso de Inauguração da Exposição Catequética* no 36º Congresso Eucarístico Internacional do Rio de Janeiro *in RC* 7 [1955], nº 48, p. 3-7); é parca também a bibliografia arrolada na nota 1 da Introdução, p. 2. Além desta exígua nota bibliográfica e das *fontes* incompletas, o autor não apresenta nenhuma outra bibliografia! Mas sobretudo seu conteúdo interno, impostação geral e desenvolvimento, deixam muito a desejar. O autor não teve conhecimento de muitos artigos de Negromonte na Revista REB (ao menos não citou em sua tese), como *Um livro perigoso*, 2 (1942), p. 164; *Pró ou contra*, 2 (1942), p. 432; *O catecismo nas escolas* 2 (1942), p. 930; *A Missa e a catequese* 3 (1943), p. 286; *Sobre a pregação* 5 (1945), p. 639; *A salvação do Brasil depende do clero* 19 (1959), 3. Não há ainda relação dos inúmeros artigos do Pe. Negromonte, objeto da tese, publicados na *RC* por ele fundada (1949-1955). De qualquer maneira, é um estudo considerável sobre o Pe. Á. Negromonte.

126 No mais antigo estudo sobre o catecismo no Brasil, de Heliodoro PIRES, *A caminho da História da Catequese no Brasil in RC* 7 (1955), nº 46, p. 38-47, embora o Pe. Á. Negromonte já estivesse atuando há quase 20 anos, nada se diz dele. Aliás, como reconhece o autor, os dados deste ar-

2.2.1 Dados Biográficos

Álvaro Pereira de Albuquerque Negromonte nasceu em 26 de outubro de 1901, no Engenho Gameleira, distrito de Cruangi, prefeitura de Timbaúba (PE)[127]. Demonstrando vocação para o sacerdócio, ingressou no Seminário de Olinda em 1914, onde fez os estudos eclesiásticos; com dispensa pela idade, pois tinha apenas 23 anos, foi ordenado sacerdote dia 8 de junho de 1924 e designado Diretor do Colégio Diocesano Bento XV de Nazaré da Mata. Foi sua primeira experiência com os problemas do ensino religioso na escola.

Por motivos de saúde, transferiu-se em 1927 para Belo Horizonte. Seu zelo o fez assumir um trabalho apostólico como capelão de Macaúbas. Aí ficou até 1929, quando foi designado capelão da Santa Casa de Itaúna, hospital no qual se curava. Em março de 1930 recebeu o cargo de secretário do Arcebispado, exercendo tal ofício até 1939. Mas a esse serviço burocrático agregou atividades pastorais, como, por exemplo, a assistência eclesiástica ao *Conselho Estadual da União de Moços Católicos* de Minas Gerais, e várias pregações de sermões, retiros, conferências. Em 1932 a tudo isso acrescentou ainda a capelania do Hospital Militar. Em 4 de fevereiro de 1933 foi designado Assistente Eclesiástico junto ao *Conselho Escolar da Universidade de Minas Gerais* e a 13 de abril do mesmo ano recebeu a missão de *Vigário encomendado* da Igreja Catedral de Boa Viagem. Exerceu com zelo o novo ofício; sua criatividade se manifesta na criação de uma *Missa dos homens* às 11:00 dos domingos para incentivar a participação masculina na Igreja: foi um sucesso! Por ocasião do Congresso Eucarístico de Salvador, foi designado representante da Arquidiocese e orientador das atividades pastorais de Belo Horizonte em vista do Congresso.

Em 1934 já estava plenamente envolvido nos problemas da *educação religiosa nas escolas*: sua ideia era que as professoras devem ser as catequistas dos seus próprios alunos na escola estatal. Realiza pela primeira vez em Belo Horizonte a Páscoa das professoras, com um tríduo de preparação: participa-

---

tigo são verdadeiramente *notas esparsas e fragmentos*... Aludem à obra do grande catequeta os seguintes estudos: M. MEIER, *Entre os Problemas atuais*, p. 496-497; R. AZZI, *A catequese no Brasil*, 507; R. MENDES DE OLIVEIRA, *Movimento Catequético*, p. 45-47; L. ALVES DE LIMA, *A catequese do Vaticano II aos nossos dias*. São Paulo: Paulus, 2016, p. 62-66. ID., *Elementos fundamentais* 112; O. LUSTOSA, *Catequese Católica*, p. 113; 120-121; 128; Bernardo CANSI, *Os catecismos no Brasil*, p. 69.

127 Os dados biográficos a seguir foram colhidos *in Mons. Álvaro Negromonte* [Necrologia] *in REB* 24 (1964), 818-819, *in* Ricardo Pereira CALVO, *Crescimento permanente*, p. 91-104, e atualizados pelo Wikipédia: https://pt.wikipedia.org/wiki/Timba%C3%BAba. Acessado em: 19-02-2024.

ram 400 delas. Outra atividade em favor das mulheres foi o retiro de três dias para domésticas: participaram 800 funcionárias. Disso resultou a instalação da *Associação Santa Rita*, com fins de instrução religiosa e assistência social para elas com o lema: "as mãos para o trabalho, o coração para Deus". Ainda nesse ano reformou os estatutos da *Irmandade do Santíssimo Sacramento* de sua paróquia e fundou a *Congregação Mariana* para moços.

Mas o que mais o distinguia era o interesse pela *catequese*. Encontram-se registradas no livro do Tombo de sua paróquia as *semanas catequéticas*, nas quais procura preparar melhor suas catequistas; fez exposição de trabalhos escolares ligados à catequese, celebrou com muita solenidade as festas anuais do catecismo e promoveu retiros para as professoras-catequistas do ensino fundamental. Em 1936 inaugurou o *Instituto de Cultura Católica* para aperfeiçoamento do apostolado leigo.

Logo começou sua atividade de escritor publicando os primeiros livros e escrevendo artigos no modesto, mas eficaz *Boletim Catequético*, por ele fundado, e no jornal católico da cidade *O Diário*. A primeira edição de sua obra fundamental *Pedagogia do Catecismo* veio a lume em 1937. Em março de 1940 deixou sua paróquia para estender por toda a Arquidiocese de Belo Horizonte sua experiência e zelo catequético: foi nomeado *Diretor Arquidiocesano do Ensino Religioso*, o que não o impediu de exercer outras atividades pastorais. Nos primeiros anos desta atividade se caracterizou pela realização das *semanas catequéticas*. Impressionado com a profundidade de sua vida espiritual centrada na Eucaristia e Liturgia, seu Arcebispo o nomeia formador e professor do Seminário Arquidiocesano do Coração Eucarístico. Em Belo Horizonte também fundou o *Instituto Católico de Cultura*, que se transformaria mais tarde na *Universidade Católica de Minas Gerais*.

A convite do Pe. Hélder Pessoa Câmara, da Arquidiocese do Rio de Janeiro, o Pe. Negromonte se transferiu em 1945 para a capital do país, onde por vários anos permaneceu à frente da organização e dinamização da catequese carioca. Em 1949 Negromonte coordenou o *I Sínodo da Arquidiocese do Rio de Janeiro* que, entre outras coisas, procurou adaptar o CPB à Arquidiocese do Rio de Janeiro usando uma linguagem menos jurídica e mais pastoral; sob esse ponto de vista tal *Sínodo* foi considerado como "um passo adiante no caminho da Pastoral Catequética no Brasil"[128]: a partir dessa experiência, a atividade de Negromonte se irradiou por todo o Brasil.

---

128 Cf. R. P. CALVO, *Crescimento permanente*, p. 57. Nas p. 50-57 o autor analisa longamente as decisões catequéticas deste *I Sínodo da Arquidiocese do Rio de Janeiro*.

Na capital federal, ele foi conhecido por suas atividades catequéticas, mas aí ocupou também outros cargos[129]. Organizou ainda o *1º Congresso Nacional do Ensino da Religião*, realizado no Rio de Janeiro de 17 a 23 de junho de 1950 e nesse mesmo ano participou em Roma do *Congresso Internacional de Catequética* como membro da delegação brasileira[130].

Com a criação da CNBB em 1952, o Pe. Álvaro Negromonte foi escolhido assessor do *Secretariado Nacional do Ensino de Religião* (SNER), cujo Bispo responsável era Dom Alberto Gaudêncio Ramos. À frente do SNER ficou até 1962. A partir de 1953 foi Redator Chefe da *Revista Catequética*; mantinha um programa catequético semanal na Rádio Guanabara, intitulado *Palavra sacerdotal*. Faleceu dia 17 de agosto de 1964, exatamente duas horas após o lançamento de seu livro *A eterna Aliança*. Está sepultado no cemitério São Francisco Xavier no Rio de Janeiro.

Pessoas de seu círculo testemunham: mais do que um intelectual ou pedagogo, foi uma pessoa de profunda vida interior e de grande fé. Durante os mais de 30 anos nas suas várias ocupações, mas principalmente na sua atividade como publicista no campo da pastoral catequética, Mons. Álvaro Negromonte foi justamente considerado por todos como figura de maior importância para a catequese brasileira, "mentor do catecismo no Brasil" (Pe. M. Meier), "um mestre brasileiro de pedagogia do catecismo" (Dom Hélder C.), "Apóstolo do catecismo" (Card. J. B. Câmara)[131].

2.2.2 Obras publicadas

Pe. Á. Negromonte tornou-se líder da catequese no Brasil principalmente através de seus 27 livros; abarcam praticamente toda a instrução cristã de base. Podem ser divididos em três séries: catecismos, obras didáticas e obras de formação moral.

---

129 Foi Orientador *Educacional do Serviço de Assistência a menores do Ministério da Justiça, Diretor do Departamento Arquidiocesano de Ensino Religioso,* cargo para o qual foi nomeado em 1950, onde permaneceu por 14 anos, até à morte, e *Professor de Pedagogia Catequética* no Seminário Arquidiocesano São José de 1955 a 1961.

130 Deste Congresso falaremos mais à frente. Curiosamente lemos nas *Atas do Congresso*, a observação que deixa a entender seu longo atraso na longa viagem, mas sua fama o precedeu. Assim dizem as *Atas:* "Longo itinere maritimo detentus, clarissimus Director institutionis religiosae *in* urbe Fluminis Ianuarii (Rio de Janeiro), R. P. Alvarus Negromonte videtur nondum urbe advenisse, atque optimo modo vos potuisset informare – cum iam de aliis rebus publicis Americae Latinae audivimus vere pulchras relationes – censeo praesentibus placere aliqua circa statum religiosae institutionis *in* Brasilia audire", *in Acta Congressus Catechistici Internationalis* MCML, Romae, Typis Polyglottis Vaticanis, 1953, p. 261. O Pe. Aloísio Jaeger, da delegação brasileira, leu a longa relação preparada pelo Pe. Á. Negromonte (cf. *Ibid.*, p. 262-271), da qual falaremos mais adiante.

131 Cf. citações em O. LUSTOSA, *Catequese Católica*, p. 113.

a) Textos e subsídios catequéticos

São textos escritos para alunos desde o jardim da infância (maternal) até o curso colegial. Seguem a divisão do ensino que existia então na escola oficial: *Meu Catecismo*: 5 volumes ilustrados para escola primária[132]. *Manual de Religião*: síntese da doutrina do catecismo em um só volume, obra que conheceu 22 edições[133]: além de texto usado na escola (curso de admissão e mesmo no ginásio, de um modo especial nas escolas oficiais), esse *manual* foi usado largamente também na catequese popular e como leitura para adultos de pouca instrução geral e religiosa[134]. Fazendo sua recensão, Dom Hélder afirmava:

> Os catecismos existentes são feitos no método dedutivo; o *Manual* [do Pe. Negromonte] adota o indutivo. Ele é destinado aos alunos que deixam o curso primário, alunos com 12 ou 14 anos, nem crianças, nem moços. Os catecismos oficiais se ressentem da falta da nova orientação religiosa, em que 'a vida toda é informada pela doutrina toda'. O *Manual de Religião* substitui as perguntas e respostas por uma exposição simples, trazem sempre uma leitura bíblica; não esquece nunca de dizer o que é preciso fazer com o que se aprendeu; há em todas as aulas uma curta oração; um questionamento final faz o aluno trabalhar, refletir. Não temos em português nada que se possa comparar no gênero com o *Manual de Religião* do Pe. Negromonte[135].

Para os alunos da 1ª à 4ª séries do curso ginasial das escolas católicas compôs outros 4 catecismos: *Minha vida cristã*[136] (introdução à vida cristã), *Doutrina viva* (cujos conteúdos são, sobretudo, os mandamentos)[137], *Fontes do Salvador*[138] (sacramentos, dando grande espaço para a Eucaristia) e *O caminho da vida*, moral católica; constava de 7 unidades: começava com a explicação do que é a moral cristã, seguindo-se os deveres para com Deus,

132 Á. NEGROMONTE, *Meu Catecismo.* 23ª ed. Rio de Janeiro: José Olympio, 1943 e 1963, ; cf. recensão *in REB* 2(1942), p. 1094.

133 ID., *Manual de Religião.* 22ª ed. Petrópolis: Vozes, 1938; Rio de Janeiro: Ed. Rumo, 1963; cf. recensão *in REB 1 (1941)*, p. 367 e 395.

134 Cf. Á. NEGROMONTE, *Manual de Religião,* p. 7.

135 Hélder CÂMARA, *Um mestre brasileiro de pedagogia do catecismo in REB* 1 (1941), p. 401.

136 Á. NEGROMONTE, *Minha vida cristã.* 5ª ed. Rio de Janeiro: José Olympio, 1952 e 1957; cf. recensão *in REB* 14 (1954), p. 253, e também uma sua apresentação *in RC* 4 (1953), nº 31, p. 38-43.

137 ID., *A doutrina viva.* 11ª ed. Petrópolis: Vozes, 1939; Rio de Janeiro: José Olympio, 1954; cf. recensão *in REB* 1 (1941), p. 367.

138 ID., *As fontes do Salvador.* 21ª ed. Petrópolis: Vozes, 1941; Rio de Janeiro: Ed. Rumo, 1963; cf. recensão *in REB* 1 (1941), p. 368.

para com o próximo, para consigo mesmo e termina com a explicação dos mandamentos da Igreja; cada lição tem uma conclusão viva, que procura aplicar a doutrina à realidade da vida de cada dia[139].

Em 1947 lançou uma nova obra intitulada *A vida de Jesus para a infância e a juventude*[140]: é uma narração romanceada da vida de Jesus e adaptada aos leitores. Para o curso colegial elaborou a sua *História da Igreja*[141]: tinha a finalidade de formar professoras normalistas para o ensino religioso primária. O texto é de cunho um tanto apologético, narrado não cronologicamente, mas por unidades que perseguem exatamente esse objetivo apologético.

A *História da Salvação*[142] foi o livro com o qual o Autor, valendo-se dos próprios textos bíblicos, apresentou o desenrolar dos fatos ali tratados de forma mais simples, servindo assim como introdução ao estudo da Sagrada Escritura. É ilustrado, e cada capítulo termina com indicações pedagógicas. Era indicado para jovens de mais de 18 anos, pertencentes ao 2º ciclo dos cursos colegiais, escolas normais e faculdades de filosofia. Completando esta obra, preparou em 1959 uma edição pastoral-catequética do *Novo Testamento*[143] com linguagem simples e aplicações imediatas à vida; foi também um sucesso editorial. Para completar uma trilogia bíblica, veio a lume em 1964, sua última publicação: *A eterna aliança*[144], obra de cunho bíblico-pastoral, versava sobre a vida de Jesus através de uma sinopse-concordância dos Evangelhos.

b) Obras de catequética

Além de se mostrar um excelente *catequista* com esta abundante produção de subsídios catequéticos, Negromonte também se mostrou *catequeta*

---

139 ID., *O Caminho da Vida*. 21ª ed. Petrópolis: Vozes, 1937; Rio de Janeiro: Ed. Rumo, 1963; cf. recensão *in REB* 1 (1941) 367. Conforme o autor, este texto nasceu de suas experiências pastorais em Belo Horizonte: "As lições eram escritas semana a semana para serem lidas aos meus paroquianos. Há em minha paróquia a "missa dos homens". Para eles é que escrevi estas lições. E eles as ouviam com atenção, com uma ansiedade, que me estimulavam a continuá-las, mau grado os não pequenos afazeres de uma vida repartida por várias atividades" (Cf. *As fontes do Salvador*, apresentação da segunda edição *in Boletim Catequético* (Belo Horizonte) 10 (1945), nº 80, p. 7).

140 Á. NEGROMONTE, *A vida de Jesus para a infância e a juventude*, Rio de Janeiro: José Olympio, 1947.

141 ID., *História da Igreja*. 5ª ed. Rio de Janeiro: José Olympio, 1954 e 1961.

142 ID., *História da Salvação*, Rio de Janeiro: Ed. Rumo, 1960; cf. recensão *in REB* 21 (1961), p. 843 e 1052.

143 *Novo Testamento*, 3ª ed., traduzido e anotado por Mons. Á. NEGROMONTE, Rio de Janeiro: Agir, 1959 e 1961; cf. recensão *in REB* 21 (1961), p. 843 e 22 (1962), p. 282 e 549.

144 Á. NEGROMONTE, *A eterna aliança*, Rio de Janeiro: Ed. Rumo, 1964.

publicando 4 obras de reflexões, mas principalmente de orientações catequéticas: neles expunha seu pensamento e seu método, com explanações claras sobre a didática do catecismo, a partir de seu método.

A primeira, e talvez sua maior obra, é a *Pedagogia do catecismo*[145], onde expõe minuciosamente o seu método e todos os requisitos necessários para ser um bom catequista. *Diretrizes catequéticas*[146] é uma coletânea de vários discursos pronunciados pelo Autor, todos eles de cunho catequético, nos anos 30, em diversas solenidades.

Acompanhando os 4 volumes do *Meu catecismo* encontram-se, de autoria de Negromonte, três volumes auxiliares, para os catequistas; neles se explica detalhadamente como o catequista deve proceder em cada lição de catecismo. Indicam-se também todos os subsídios necessários para fazer com que as lições sejam eficazes e despertem o interesse das crianças: são os 3 volumes *Guias do Catequista*[147].

Um dos melhores livros de Negromonte foi a *Preparação para a primeira comunhão*[148]. Dedicado a professoras, catequistas e pais, tem como escopo, como o próprio nome indica, a orientação para a preparação das crianças para Primeira Eucaristia. Foi uma adaptação dos princípios catequéticos expressos já em outras obras, principalmente na *Pedagogia do catecismo*, dirigidos a esse público particular e com indicações minuciosas tão características do autor.

c) Obras de formação geral

Sob este título podem ser arroladas outras cinco obras de Á. Negromonte. Não fazem parte de uma coleção, mas foram publicadas em épocas

---

145 ID., *Pedagogia do Catecismo*, Petrópolis: Vozes, 1937. Essa obra foi traduzida em castelhano por T. S. de Chiappini: *Pedagogía del Catecismo*, Buenos Aires, Ed. Difusión 1945. Em 1965 a editora Rumos publicou, postumamente, *Nova pedagogia do catecismo*, uma edição completamente renovada, mais simples e menos minuciosa que a anterior. Na apresentação o editor diz: "Fruto da longa experiência vivida por aquele que o Cardeal Câmara chamou com razão "o grande apóstolo da catequese no Brasil", coroamento de um trabalho de mais de 40 anos de estudos dedicados à divulgação da doutrina da Igreja, síntese magnífica de aplicação do *Método integral*, que o seu autor formulou e difundiu através de sua vasta obra – esta *Nova pedagogia do Catecismo* (que substitui o velho volume *Pedagogia do catecismo*, hoje completamente esgotado) apresenta-se como o grande instrumento a ser utilizado na formação e no desenvolvimento dos catequistas brasileiros". ID., *Nova Pedagogia do Catecismo*, Rio de Janeiro: Ed. Rumo, 1965, introdução.

146 ID., *Diretrizes Catequéticas*, Petrópolis: Vozes, 1938.

147 ID., *Guia do Catequista para o 1º e 2º anos*. 4ª ed. Rio de Janeiro: Ed. Rumo, 1963; *Guia do Catequista para o 3º ano*. 3ª ed. Rio de Janeiro: Ed. Rumo 1959, 1963; *Guia do Catequista para o 4º ano*. 3. ed. Rio de Janeiro: Ed. Rumo, 1959, 1963; cf. recensão *in REB* 21 (1961), p. 827.

148 ID. *Preparação para a primeira comunhão*, Rio de Janeiro: Ed. Rumo, 1960.

diferentes como complemento à sua obra catequética. Eram destinadas a pais e sobretudo educadores. A primeira foi *A Educação Sexual*[149]: partindo da necessidade da educação sexual, Negromonte ilumina-a nos seus vários aspectos através da doutrina moral da Igreja. Era destinada a quem devia instruir os jovens nesse campo, e não aos próprios jovens. Foi obra pioneira nessa matéria. A segunda de 1948 foi *Noivos e Esposos*[150]: apresenta os problemas do matrimônio, os princípios doutrinais que regulam este como sacramento da Igreja (primeira parte) e as várias vicissitudes de índole moral e sexual (segunda parte: preparação próxima para vida em comum, amor, castidade, a autoridade e a educação dos filhos).

Dois livros de cunho psicopedagógico: *O que fazer de seu filho*[151] e *Corrija seu filho*[152], são orientações práticas para os pais e educadores num estilo simples e coloquial. Neles são percorridas as etapas da idade evolutiva apresentando conselhos oportunos do ponto de vista psicopedagógico.

Por último, uma obra estritamente apologética: *O que é o espiritismo*[153]; destinado aos que se dizem católicos, mas não deixam de frequentar sessões espíritas, esse livro um tanto anômalo dentro da vasta produção catequética do autor, situa-se no quadro pastoral de intenso combate ao espiritismo desencadeado com o *Concílio Plenário Brasileiro,* de 1939.

d) Artigos de Revistas

Se os livros do Pe. Negromonte foram veículo de divulgação de suas propostas catequéticas, nos artigos ele pôde expressar melhor seu pensamento e de certa maneira teorizar sobre elas. No entanto, precisamos afirmar que ele de maneira nenhuma foi um autor teórico; foi, sim, um autor muito prático. Por isso deve-se dar maior importância às suas publicações de subsídios catequéticos. Na sua vasta produção de artigos, não encontramos tanto um pensador que formula novas teorias, mas um homem preocupado com a prática catequética e com a solução dos problemas que se apresentam de imediato. Negromonte não teve oportunidade, como vimos pelos

149 ID., *A Educação Sexual*. 10ª ed. Petrópolis: Vozes, 1939; Rio de Janeiro: José Olympio. Em castelhano: *Para padres y educadores: la educación sexual*, Buenos Aires: Ed. Difusión, 1939; cf. recensão *in REB* 1 (1941), p. 373; 2 (1942), p. 557.

150 ID., *Noivos e Esposos*, Rio de Janeiro: José Olympio, 1948.

151 ID., *O que fazer de seu filho*, José Olympio, 1955. Cf. recensão *in REB* 15 (1955), 820. Uma segunda edição é feita com outro título e outra casa editora: ID., *A Educação dos filhos*, Rio de Janeiro: Ed. Rumo, 1961.

152 Á. NEGROMONTE, Corrija *seu filho*, Rio de Janeiro: Rumo, 1961.

153 ID., *O que é o espiritismo*. 2ª ed. Rio de Janeiro: Ed. Santa Maria, 1949 e 1954.

seus traços biográficos, de fazer cursos superiores em pastoral catequética. Tudo aquilo que realizou, escreveu e produziu foi fruto de sua formação de base e de longos anos na ação direta da catequese. Percebe-se que ele estava atento às transformações que aconteciam na catequese, principalmente na Europa. Mas, salvo melhor juízo, não se interessava muito pelos aspectos teóricos do *movimento catequético*, porém sobretudo pelas suas consequências práticas. Em seus artigos há pouquíssima teoria, mas abundam as indicações muito pormenorizadas sobre os assuntos da imediata prática catequética. Quase nunca ele discute um problema teórico de catequese, mas imposta-o sempre em função de aspectos práticos: assim, por exemplo, não estudava o *melhor método catequético*, mas o *melhor texto de catequese*[154].

Seus primeiros e mais abundantes artigos encontram-se no *Boletim Catequético* de Belo Horizonte, fundado por ele em 1936. Em 1941 fundou-se, em Petrópolis, por iniciativa dos franciscanos, a grande *Revista Eclesiástica Brasileira* (*REB*), que desde seu primeiro número teve, em Negromonte, um assíduo colaborador. Essa revista é de nível científico, mais do que pastoral; no entanto, os artigos de Negromonte se mantêm sempre na linha prático-pastoral. A mesma *REB* passou também a fazer recensões (sempre elogiosas) às suas obras, além de publicar recensões de outros autores. Mais tarde, junto com Dom Hélder Câmara, como vimos, iniciou a publicação da *Revista Catequética* de alcance nacional; por isso seu pensamento e métodos passam a ser mais divulgados.

Esta, diferentemente da futura *Revista de Catequese* (1977), tem como destinatários diretos os catequistas de base, mantendo-se, pois, no nível deles, sem aprofundamentos teóricos ou estudos mais profundos. Um dos temas continuamente rebatidos por Negromonte foi a situação catequética no Brasil: não se cansou de denunciar a pouca importância que se lhe davam os párocos, a falta de formação dos catequistas, a linha intelectualista dos textos, sua total falta de atração para as crianças e sobretudo a falta de organização da catequese. Ao lado disso, faz constantes apelos em vista de uma catequese mais organizada, eficiente e renovada em seus métodos e conteúdo[155]. Um elenco parcial dos artigos de Negromonte encontra-se na tese doutoral de Ricardo Calvo[156].

154 Assim procedeu no artigo *Como usar meus textos catequéticos in RC* 7 (1956), nº 54, 32-35.

155 Como exemplo cf. Á. NEGROMONTE, *O problema do Catecismo no Brasil in RC* 5 (1953), nº 36, p. 7-12; ID., *Visão Geral do Ensino Religioso no Brasil in RC* 8 (1956), nº 53, p. 36-39; ID., *A exposição Catequética in RC* 6 (1955), nº 48, p. 3-7.

156 R. P. CALVO, *Crescimento permanente,* cap. IX-XII.

2.2.3 O método integral de Negromonte

Um dos pontos críticos da caminhada da catequese no século XX foi a questão metodológica[157]. Grande mérito do Pe. Negromonte foi afrontar esse problema com a proposta de seu *método integral*. O nome dado por Negromonte a seu método não era novidade na catequética. De fato, no Canadá, o Abbé Charles-Eugène ROY já usava um método ao qual chamava de *método indutivo integral* ou *evangélico*[158]. Negromonte demonstrava conhecê-lo e admirá-lo, porém, não sem apontar imperfeições. Assim escreveu em 1942 nosso catequeta brasileiro:

> Ainda não existe, que eu saiba, um catecismo novo em qualquer língua. O que fez o P. Roy foi adotado, a título de experiência, pelo bispo de Gaspé [Canadá], o qual, sendo uma autoridade no assunto, confessa que o livrinho "não está isento de imperfeições", mas introduz "a transformação radical que é necessário levar ao ensino catequético". Ainda não sei os resultados totais da experiência. Se, de um lado, o próprio clero felicitou vivamente o autor, doutro lado as novas fórmulas nem sempre satisfizeram – e se pediram mudanças[159].

157 Cf. O. LUSTOSA, *Catequese Católica*, 117, onde o autor, comentando a abundância de métodos fala de um verdadeiro "labirinto de métodos". De fato, no fim da década de 1940, arrolavam-se os seguintes métodos: *de Munique*, do *Pe. Yorke* e de *Shields* (EUA), o *Plano Sower* (Inglaterra), o *indutivo integral* ou *evangélico* (Abbé Roy), o *método de Manjon* (Granada), o *método de Bilbau* (Jesus González), *o método de Lorente* (Valladolid), o método de *Tusquets e Jecel* (Barcelona), todos na Espanha. Na Itália os métodos indutivos e cíclicos de Pavanelli e Vigna; na Bélgica o *método eucarístico* do *P. Poppe* que as irmãs de *Vorsellar* aperfeiçoaram, o método das *Soeurs de Notre-Dame de Namur*, o método de *Dupont*, de Tournai e o método *litúrgico* ou de *Cibel* de Gaspar Lefèbre, da Abadia de S. André perto de Bruges. Na França, o velho método de *Saint Sulpice*, o dos *Irmãos das Escolas Cristãs*, o *método Gahéry*, o do cônego *Charles*: Catecismo pelo Evangelho; o do *Cônego Quinet*, indutivo e integral, procurando concretizar o ensino na experiência da criança, na História Sagrada, no Evangelho e na Liturgia; os *métodos ativos* de *Fargues* e de *Derkenne*; o *método sintético de Sullerot*; o *método do "catecismo vivo" de Boyer* e o *método do catecismo missionário* do Pe. Ivan Daniel: Cf. João A. NABAIS, *O problema da catequese: deficiências e sugestões in REB* 9 (1949), p. 1006-1007.

158 Cf. *Ibid.*, p. 1007.

159 Á. NEGROMONTE, *Um novo texto de catecismo in REB* 2 (1942), p. 81. Em nota cita-se, *Le Petit Catéchisme* por C.-E. Roy, ptre, d. th. Imprimé à Quebec, Août, 1935. Mais na frente dá a entender que as importantes transformações catequéticas provêm do Canadá. Não temos notícias, mas certamente Negromonte desconhecia a obra mais importante do ex-cura da Catedral de Gaspé (Canadá) Charles-Eugène ROY, *Méthode pédagogique de l'enseignement du catéchisme*, Paris-Tournai: Castermann, 1935, 348 p. e *L'organizacion catéchétique*, Paris: Castermann 1938, 476. Ele e o autor citado na nota anterior se referem ao catecismo de ROY em sua edição canadense, sem saber, talvez, que era da França que provinham as ideias renovadoras. Esta questão das fontes de formação e de informação de Negromonte precisaria ainda ser pesquisada, obra certamente difícil, uma vez que raríssimamente Negromonte cita suas fontes, e quando o faz nem sempre usa o rigor científico.

Cita ainda outro catecismo de Québec e um *Catecismo fácil para as crianças* de Frei Gregório, dos Servos de Maria, elogiando sua linha *evangélica e litúrgica*, mas solicitando um maior aperfeiçoamento do texto[160]. Na sua *Pedagogia do Catecismo* apresenta algumas concepções sobre a catequese: deve ser um ensino dos aspectos positivos da fé, e não centrado sobre proibições; não deve ser um fim em si mesma, mas um meio para que o catequizando seja um fermento no mundo e um apóstolo. Acentua a dimensão litúrgica[161] superando a piedade individualista, com forte acentuação bíblica. Entretanto, o uso da Bíblia está ligado mais a aspectos pedagógicos e à demonstração das verdades doutrinais que o catecismo deve ensinar[162], perspectiva, pois, ainda longe da renovação bíblica que já estava em ato, e muito mais, distante dos parâmetros da *Catequese Renovada* de 1983. Os textos, uma preocupação constante de Negromonte, deviam ser adaptados à idade dos alunos e estar à altura dos outros textos escolares com relação à apresentação gráfica e facilidade de uso[163]. Por fim, o método, no seu conjunto, devia levar a criança à prática *integral* da vida cristã[164].

Entretanto o Pe. Negromonte, após longos anos de experiências catequéticas e de publicações de textos, pode fazer uma síntese de seu *método integral*, colocando sua preocupação na *formação integral* do catequizando. Assim se expressou em 1956 com relação a este seu *método:*

> O essencial de meu método está na formação. A formação é tudo no ensino religioso. Saber religião nada é, se o conhecimento de doutrina não levar à prática. Os textos que ficam no ensino, sem *conclusões práticas em termos de vida consciente da fé*, são textos mortos. Bom texto é o que orienta para a vida cristã. E ele é tanto

---

160 *Ibid.*, p. 84. Não cita, porém, o sobrenome do autor, editora e ano de publicação.

161 "Está hoje nas convicções de todos a necessidade de pôr as crianças a par do Evangelho e da Liturgia. Aquele lhes revela a pessoa de Cristo, viva, e os prende com uma força de atração, interesse e formação de que as ideias não são capazes ainda mesmo para os adultos [...]. A Liturgia é a vida da Igreja. Por ela se comunica com Deus a cristandade inteira de modo oficial e eficiente [...]. Ainda no aspecto puramente didático, as evidentes vantagens desta inovação no catecismo encherão de encanto o ensino e arrebatarão as crianças, cujo gosto pelas histórias e cuja imaginação vivíssima se deliciarão com os fatos do Evangelho e com as cenas e evocações da Liturgia". ID., *Um texto novo de catecismo, in REB* 2 (1942), p. 77-78.

162 "Muito do agrado infantil, as histórias prendem a atenção, dispõem a vontade, movem os sentimentos, tocam a imaginação, impregnam a mente, servindo de excelente veículo à mensagem catequética [...]. Histórias da Bíblia são as primeiras na catequese". *Ibid., Nova Pedagogia do Catecismo,* Rio de Janeiro: Ed. Rumo, 1964, p. 127; cf. também a citação da nota anterior.

163 Cf. ID., *O problema do Catecismo no Brasil in RC* 5 (1953), nº 36, p. 7-12; ID., *Um texto novo de catecismo in REB* 2 (1942), p. 72-82.

164 Cf. ID., *Pedagogia do Catecismo,* p. 33-70; *Guia do Catequista,* 4º ano, 7.

> melhor quanto mais orienta. Por isso, fiz da formação o *supremo cuidado* dos meus livros catequéticos. E não uma formação qualquer, mas a *formação integral*, isto é, a que envolve toda a vida, todas as atividades de um verdadeiro cristão[165].

Segundo ele, cada lição de seus textos se baseava em três pontos: *história evangélica*, *doutrina* e *formação*, tendo como objetivo final a formação *individual* (*dever*: o mínimo fundamental, e *conselho*: atos de devoção) e a formação *social* (*apostolado*: superação do individualismo, e *liturgia*: participação do Corpo Místico de Cristo); assim se atinge uma formação integral. Apresenta seu método integral como *indutivo, expositivo* e *evangélico*, julgando-o o "único capaz de atingir a finalidade do catecismo"[166].

Como dissemos, Negromonte sempre esteve intensamente ligado à prática imediata da catequese. Esta situação levou-o a esmiuçar e detalhar seu método a ponto de descer às mínimas disposições. Além disso, pode-se criticar a extrema rigidez, fruto também da preocupação prática, na qual enquadrava todas as lições e atividades dos catequistas, tolhendo a liberdade e abafando a criatividade, característica tão típica dos agentes de catequese[167]. Daí resvalar para um certo autoritarismo e até moralismo em suas obras, o passo é pequeno; também sua visão de mundo é bastante pessimista. É verdade que se pode notar uma evolução em seu pensamento, particularmente na nova edição da *Pedagogia do Catecismo*, mais sintética: aí, sua impostação moralista é atenuada e a eclesiologia respira um ar mais atualizado, com benéficos influxos das encíclicas *Mystici Corporis* e *Mediator Dei*[168].

Entretanto, a crítica principal que se pode fazer à sua obra é a falta de maior elaboração do seu método. Em vários lugares há a exposição do *método integral*, porém nem sempre é claro e sobretudo falta-lhe uma maior fundamentação

---

165 ID., *Como usar meus textos catequéticos*, p. 32.

166 Cf. ID., *Ibid.*, p. 33. Anteriormente escrevera: "Quem já conhece o meu método catequético sabe que ele se baseia numa *história* (fato ou parábola do Evangelho) donde sai a *doutrina*, na qual se fundamenta a *formação*. Esta, que é afinal a suprema preocupação do Catecismo, desdobra-se em 4 pontos: *dever* (obrigações da vida cristã), *conselhos* (atos de mera devoção), *apostolado* (cuidado pela salvação do próximo) e *liturgia* (culto da Igreja), comunitário por natureza, e no qual por isso mesmo nos devemos integrar. Só é completa a lição quando se realiza este esquema. Ficarmos na história ou na doutrina, seria deter-nos a meio caminho, pois o termo é precisamente a vida. Por isso as minhas lições vão à prática envolvendo os 4 pontos de formação". ID., *Meu catecismo, 3º ano primário*, Rio de Janeiro: José Olympio 1951, introdução.

167 Basta citar este exemplo: "Ninguém venha dizer que acha que se deve desenvolver mais este ou aquele ponto, insistir mais nisto ou naquilo. Ninguém se julgue no direito de modificar o programa. Sigam-no todos com uma fidelidade absoluta". ID., *Os programas in Boletim Catequético* 5 (1940), nº 39, p. 1-2.

168 Cf. R. P. CALVO, *Crescimento permanente*, p. 134-140.

teórica, embora se saiba que, do ponto de vista pedagógico, se baseie na obra do Pe. Carlos Leôncio da Silva, sdb (cf. acima, quase final do item 2.2.3), na Escola Ativa francesa (Adolfo Ferrière, Eduardo Claparède e Ovídio Decroly) e sob o ponto de vista catequético-conteudístico, no método querigmático alemão e francês, pouquíssimo citados. São abundantíssimas as indicações de ordem prática e imediata, mas falta em todo o conjunto de sua obra um maior embasamento teórico. Percebe-se a influência nele do CPB, da *Pastoral Coletiva de 1915* e sua nova edição em 1950 e principalmente da *Acerbo Nimis*[169].

No entanto, o grande mérito de Negromonte, além do intenso e apaixonante zelo pela causa catequética traduzido em inúmeras iniciativas, foi divulgar no Brasil as novas conquistas pedagógicas aplicadas à catequese, revolucionando e renovando toda a ação educativa da fé. Assim aconteceu naqueles lugares onde seu *método integral* foi acolhido e vivenciado. Graças ao zeloso sacerdote aportaram no Brasil, mas nem sempre com a mesma intensidade e consequências, as ideias inovadoras e práticas que pela Europa faziam sucesso. Além do mais, é o único autor na história do movimento catequético, naquele momento, a apresentar uma obra catequética completa e abrangente, cobrindo todo o arco da formação cristã, dentro de um método unificador. Foi também o primeiro a se preocupar explicitamente com a *catequese de adultos* e a batalhar eficazmente pela *formação dos catequistas*[170]. O princípio da interação entre *fé e vida*, forte inspirador do futuro Documento *Catequese Renovada* (1983), encontrou já em Negromonte um precursor.

Diferentemente de muitos catequetas da fase posterior, extremamente teóricos, o Pe. Negromonte é exemplo de pessoa muito preocupada com a ação catequética, o que não deixa de ser um aspecto positivo. Claro que seria ideal um maior equilíbrio entre as duas dimensões. Com justiça ele é considerado por todos uma das figuras centrais da renovação catequética brasileira; poderíamos dizer que sem ele o caminho não estaria aberto para a renovação mais profunda que se seguiu. O documento *Catequese Renovada,* reconhecendo seus méritos e a eficácia de seu método, assim se expressa:

---

169 ID., 353. Cf. R. MENDES DE OLIVEIRA, *O Movimento catequético*, p. 38.

170 Em 13 de março de 1941 era inaugurado no Rio de Janeiro um *Instituto de Formação Catequética*, sendo seu primeiro Diretor o Pe. José Tapajós, que já havia dirigido o *Concilio Plenário Brasileiro* e, depois, colaborado na preparação do Concílio Vaticano II junto à CNBB. O Pe. Negromonte proferiu a aula inaugural: cf. *Instituto de Formação Catequética in REB* 1(1941), p. 342-343 e 368. 23 anos depois, quando nasceu o célebre *Instituto Superior de Pastoral Catequética*, no Rio de Janeiro, esteve presente igualmente o Pe. Negromonte, como veremos no capítulo seguinte.

Desde os anos 40, diversos pioneiros se dedicaram ao trabalho de sistematização e adaptação da Catequese às novas exigências. É o caso, entre outros, de Mons. Álvaro Negromonte, que criou e difundiu no Brasil o chamado *método integral* de catequese, o qual se propunha como objetivo formar o cristão "íntegro, firme na fé, forte no amor e pleno de esperança"[171].

2.3 A Catequese na década de 1950

A ação do Pe. Negromonte polarizava o Movimento Catequético Brasileiro nessa época. Entretanto outros acontecimentos, vividos ou até protagonizados por ele, tiveram importância para a catequese nesse período pré-conciliar. Já fizemos referências a alguns deles mais acima, como a intensa atividade da *Ação Católica* e o nascimento da *Revista Catequética* e publicações semelhantes. Abordaremos a seguir outros acontecimentos significativos dessa fase.

2.3.1 O Congresso Internacional de Catequese *de 1950*

a) Preparação

No marco do Ano Jubilar de 1950, e no quadro dos inúmeros congressos realizados na época, Pio XII convocou também um *Congresso Internacional de Catequese*. Com carta de 01/03/1949 aos bispos, o Card. Francisco Marmaggi, prefeito da Sagrada Congregação do Concílio, convocava tal Congresso com objetivos bem definidos:

> Estudar 1. A catequese nas paróquias, não só para as crianças e os adolescentes, mas também para os adultos de todos os níveis sociais; 2. A catequese nas escolas, tanto paroquiais como públicas, tanto primárias, como secundárias e superiores; 3. A administração do ensino de religião, tanto diocesana (Secretariado Catequético Diocesano) como paroquial (Congregação da Doutrina Cristã); 4. Preparo de professores de Religião para as escolas de todos os níveis e graus[172].

Conforme a carta de convocação, era desejável que participasse pelo menos um representante de cada diocese; se assim acontecesse, seria um congresso de grandes proporções. Realizou-se de 10 a 14 de outubro de 1950 em Roma, comparecendo 400 dioceses de 40 países com mais de 600 participantes, dos

171 *CR* 22. É o único catequeta citado em todo o documento, ficando fora, inclusive São José de Anchieta, certamente devido a um lapso.

172 *Acta Congressus Catechistici Internationalis MCML*, Romae, Typis Polyglottis Vaticanis 1953, p. 490. Esta carta foi publicada em português pela *Revista Catequética em seu primeiro número,* com o título: *Congresso Internacional de Catecismo in RC* 1 (1949), nº 1, p. 48-49.

quais 6 brasileiros[173]. Para preparar tal congresso houve mobilização em várias dioceses brasileiras, com a realização de congressos diocesanos[174]. O mais importante deles foi o *1º Congresso Nacional do Ensino de Religião*, convocado pela Comissão Episcopal da Ação Católica, organizado e conduzido pelo Pe. Negromonte e realizado simultaneamente com a *4ª Semana Nacional de Ação Católica*, de 17 a 23 de junho de 1950. Os objetivos, conforme se pode ver na programação, eram mais ou menos os mesmos do Congresso Internacional[175].

b) A intervenção do Pe. Negromonte

As *Atas do Congresso Internacional Catequético* de Roma foram publicadas três anos depois e em latim, o que dificultou a sua divulgação não só no Brasil, mas também em outras partes[176]. Interessante é a extensa apresentação (ou *relação*) sobre a *situação geral da catequese brasileira*, preparada (e assinada) pelo Pe. Negromonte[177]. Através dela podemos ter um quadro de referência sobre a situação da realidade catequética brasileiro naquele momento. Além do texto da apresentação (em português, precedido de uma nota em latim), as *Acta* trazem, também em pé de página, a longa legislação brasileira, que no momento regulava o ensino religioso nas escolas públicas e particulares. A seguir exporemos os pontos principais dessa apresentação:

---

173 *Ibid.*, p. 503. A delegação brasileira era assim composta: Dom Delgado de Medeiros, Bispo de Caicó; Pe. Arduino Barbosa, de Oeiras; Pe. Alfredo Barbosa, da Paraíba; Pe. Hélder Câmara com o Pe. Á. Negromonte, do Rio de Janeiro e Pe. Aloysio Jaeger, de Porto Alegre: cf. *Ibid.*, p. 556.

174 As *Acta Congressus Catechistici Internationalis*, o.c., p. 499 relacionam quatro congressos realizados no Brasil em preparação ao evento internacional: nas dioceses de Leopoldina (MG), Ponta Grossa (PR), Salvador (BA) e Taubaté (SP). Parece que houve muito mais; talvez tenham sido os únicos que enviaram documentação a Roma.

175 Participaram ao todo 12 Arquidioceses e 32 Dioceses. As conclusões estão publicadas na *RC* 2 (1950) nº 15-16: *Programas e Horários*, p. 6-18; *Preparação dos Círculos Catequéticos*, p. 19-36; *Conclusões levadas a plenário*, p. 37-61; *Exposição Catequética*, p. 62-76. É estranho que o *Congresso Nacional do Rio de Janeiro* não tenha sido citado nas *Acta Congressus Catechetici Internacionalis* (cf. nota anterior), uma vez que foi preparado e celebrado com esta específica finalidade.

176 Cf. U. GIANETTO, *Storia della pastorale giovanile e della catechesi contemporanea: 4. Il lancio mondiale*, Roma: Università Pontificia Salesiana, Dipartamento di pastorale giovanile e catechetica, Anno Accademico 1992-1993, p. 6, nota 7, mimeografado; R. MENDES DE OLIVEIRA, *O Movimento Catequético*, 47. Deste Congresso Internacional, realizado em Roma de 10 a 14 de outubro de 1950, o Pe. Negromonte publica a relação preparada por ele, porém, com alguns retoques: *Ecos do congresso Internacional Catequético in RC* 3 (1951), nº 24, p. 47-50. Anteriormente a mesma *RC* 2 (1950) nº 15-16, p. 77-81, trouxera o *programa* do Congresso; também foi publicado o *Discurso do Santo Padre aos membros do Congresso Catequético Internacional in RC* 2 (1951), nº 19, p. 13-16; sob o pseudômico de PEREGRINUS é publicado: *Que houve no Congresso Catequético Internacional? in RC* 2 (1951), nº 19, p. 29-39 (Tradução de *Documentation Catéchetique*). Encontramos ainda: *Pio XII ao Congresso Internacional de Catequese in REB* 11 (1951), p. 434; Padre PIRES, *Impressões do Primeiro Congresso Catequético Internacional in REB* 11 (1951), p. 475-486.

177 *Acta Congressus Catechistici Internationalis*, p. 261-271.

Após *breve nota histórica*, criticando principalmente as funestas consequências da união Igreja-Estado nos tempos imperiais (o clero havia se habituado ao paternalismo do Estado, e viviam como funcionários), fala do espírito de hostilidade à Igreja criada nas escolas e do indiferentismo religioso logo no início da república. O clero, formado na mentalidade antiga (ensino religioso obrigatório nas escolas do estado), desenvolveu muito pouco a catequese paroquial. Abolido o *ensino religioso das escolas* em 1889 pela república, é reintroduzido em 1934, o que foi considerado grande vitória da Igreja. A partir de então, a *avaliação* sobre o desenvolvimento da catequese foi altamente *positiva*:

> Os grandes princípios modernos da pedagogia foram aplicados no ensino religioso. Os grandes mestres da catequese mundial eram divulgados em suas línguas originais, principalmente entre os catequistas e religiosos e secundários leigos, enquanto os mestres da catequese na Alemanha e França, eram muito mais divulgados por suas traduções em português. Um espírito novo animou o ensino do catecismo em quase todo o Brasil. É claro que não se venceram todas as dificuldades, nem se fez tudo o que importava fazer[178].

Constata que os *pais* pouco ajudam na catequese e que ela se reduz à preparação da primeira comunhão. Nas zonas rurais e nas periferias das cidades há uma "carência quase total do ensino religioso". Catequese para *adolescentes e adultos*, nos moldes do Direito Canônico, é instituição rara: um pouco era consequência da sobrecarga de trabalho do clero, mas não faltavam *iniciativas criativas*, como "doutrinações por alto-falantes nas feiras onde é grande o concurso do povo", cursos e conferências para os mais cultos, programas de rádio e aproveitamento da Liturgia (Missas explicadas): as pregações abandonam temas morais e acentua-se a tendência de "pregações mais fundamentais e dogmáticas".

Grande preocupação era a *formação de catequistas*: seu número era insuficiente; as paróquias abriam cursos para catequistas, e os colégios católicos procuravam "fazer de cada aluno um catequista". Multiplicam-se cursos intensivos e semanas de formação. Grande êxito foi a formação catequética das *normalistas*, entre as quais "o ensino religioso atingiu uma perfeição de processos superior à do ensino geral".

As maiores conquistas encontravam-se nas *escolas primárias*, graças a uma legislação muito favorável à Igreja; de modo geral, "é ótimo o entendimento

178 *Ibid.*, p. 264-265.

entre as autoridades civis e religiosas"; a quase totalidade das crianças era atingida pelo ensino religioso na escola, onde muitas vezes era feita a Primeira comunhão. No interior as escolas públicas são os únicos centros de formação". Sessenta por cento das *escolas secundárias* eram dos/das religiosos/as, onde o ensino religioso era garantido: a preocupação era atualizar os métodos e buscar maior eficácia. As escolas públicas secundárias possuíam as mesmas facilidades das primárias, porém não há leigos preparados para esse nível.

Quanto à *organização catequética* existiam os Secretariados Catequéticos Diocesanos e, em menor proporção, as Congregações da Doutrina Cristã, mas "com um funcionamento, em geral, pobre". Foi enaltecida a produção de *textos catequéticos*:

> Merece especial menção a bibliografia catequética nacional. Livros de orientação, planos de aula, pedagogia catequética, livros de textos para os cursos primários e secundários têm sido publicados, com geral interesse, agrado e proveito[179].

O apresentador (relator) Pe. Negromonte prosseguiu oferecendo modestamente "à Presidência deste Congresso os livros catequéticos de minha própria autoria, desde o curso primário até o curso de formação de professores". E concluía:

> Tudo observado, temos muito o que realizar ainda no Brasil no campo da catequese, mas tanta coisa tem sido feita e tão bem feita que podemos nos regozijar diante de Deus, e, não tememos confronto com as Nações cristãs mais velhas e adiantadas, o que dizemos sem orgulho, mas com grande satisfação[180].

Abstraindo o tom solene e triunfalista que em geral tais congressos adotavam, mas ao mesmo tempo temperado com a quase obsessão do relator pelos *problemas* catequéticos, essa apresentação preparada baseando-se em muitos outros congressos diocesanos e nacionais e com a experiência igualmente nacional do Pe. Negromonte, podemos perceber que o movimento catequético no Brasil caminhava a largos passos. Se o Congresso Internacional não teve influxo direto sobre o andamento de nossa catequese, teve-o indiretamente, uma vez que sua preparação, principalmente através do Congresso Nacional do Rio de Janeiro, "deixou marcas indeléveis no Movimento Catequético Brasileiro"[181].

---

179 *Ibid.*, p. 270.

180 *Ibid.*, p. 271.

181 R. MENDES DE OLIVEIRA, *O Movimento Catequético*, p. 45.

2.3.2 Primeiros passos rumo à Catequese Popular: *nascimento das CEBs*

A década de 1950, além da movimentação em torno do Congresso Internacional de Roma, caracterizou-se também pelos incipientes passos de um movimento catequético de cunho popular, muito promissor. A ideia nascera dentro de um contexto de pastoral popular de combate às seitas, portanto de dimensões apologéticas: atingir o povo nas suas bases, principalmente para defendê-lo da expansão cada vez mais assustadora das seitas protestantes e do espiritismo.

Assim, na segunda Assembleia Geral da CNBB, em 1954, o então Pe. Agnelo Rossi fizera a proposta do *catequista popular*: eles deveriam assumir a catequese e o culto dominical nos lugares onde o sacerdote não podia estar presente. A CNBB, acatando a ideia, em vez de ligá-la ao SNER, como seria normal, coloca-a sob a dependência do recém-criado *Secretariado Nacional da Defesa da Fé e da Moral*:

> Resolvemos [...] propor como medida urgente, a organização de catequistas leigos, para subúrbios, bairros, fazendas e agrupamentos – catequistas leigos que serão assistidos pelo *Secretariado Nacional da Defesa da Fé e da Moral,* com material catequético que facilite ao máximo a atuação de colaboradores quase sempre humildes e sem grande preparo[182].

Foi uma experiência extremamente rica de consequências. De fato, essa *catequese popular* atingia diretamente o povo através de um agente de pastoral também popular, leigo e, acima de tudo, com uma espécie de *nascente ministério catequético*, porque até então o ministério da catequese era apanágio do clero, ao qual os leigos se uniam como auxiliares dependentes. Para esse fim foram preparados alguns subsídios próprios[183], e posteriormente Dom Agnelo Rossi, então Bispo de Barra do Piraí (RJ), escreveu uma *Carta Pastoral sobre a Catequese Popular*[184], coordenou a composição de textos e subsídios para esta experiência e realizou a *Primeira concentração de catequistas populares,* em 28 de outubro de 1956. Suas experiências originais foram descritas depois num artigo que teve grande repercussão[185].

---

182 CNBB, *Conclusões Gerais* [da 2ª Ass. Geral em 1954] p. 1, *in* CNBB, *2ª Reunião Ordinária,* Aparecida (SP), 10-12 de Setembro de 1954, mimeografado); Gervásio QUEIROGA, *Comunhão e corresponsabilidade,* São Paulo: Paulinas, 1977, p. 388; cf. também R. AZZI, *A catequese no Brasil,* 505; R. MENDES DE Oliveira, *O Movimento Catequético,* 53 e O. LUSTOSA, *Catequese Católica,* p. 128.

183 Cf. *Leituras da doutrina cristã,* Petrópolis: Vozes, 1958, e *Manual do catequista popular,* Petrópolis: Vozes, 1958.

184 Cf. *CM* (1956), nº 51, p. 7. Dom Agnelo afirmava já possuir 300 catequistas populares!

185 Agnelo ROSSI, *Uma experiência de catequese popular in REB* 17 (1957), p. 731-737. Colocamos aqui um trecho deste artigo cujo teor permite realmente entrever neste *movimento dos*

O Pe. José Marins, que foi subsecretário geral da CNBB na época do *Plano de Pastoral de Conjunto*, muito ligado ao *MMM* e posteriormente às CEBs, atribui a essa experiência pioneira dos *catequistas populares* o início da "perspectiva de comunidade de base"[186]. Podemos dizer, pois, que este novo modelo pastoral das CEBs, novo modo de ser Igreja, de tanta significação para a Igreja no Brasil, *teve origem também no movimento catequético dos anos pré-conciliares*.

Além do mais, é interessante notar que, a partir dessa época, também por influência de outros movimentos, como a *Ação Católica Especializada* (JOC e JUC em especial)[187], o *MMM*, o *Movimento de Natal*, a catequese começa a ter outras dimensões, diferentes daquelas que o Pe. Álvaro Negromonte imprimia ao Movimento Catequético Brasileiro. Esse *apóstolo da catequese* tinha preocupações mais de ordem psicológica e metodológica; agora a catequese começa a se renovar também em sua impostação geral, na qualificação de seus agentes e sobretudo, como veremos no próximo capítulo, em seus conteúdos e perspectivas.

---

catequistas populares uma espécie de *semente das futuras CEBs*: "Eis o catequista escalando o morro: seu novo campo de missão. Tem boa notícia a dar: o sr. Bispo não podendo mandar padre reunir o povo para rezar, cantar, dar instrução religiosa, ele escolheu uma pessoa de confiança para tanto... e mostra sua ficha de inscrição. Marca o dia da primeira reunião na capelinha ou na residência tal. Deixou o convite do próprio Bispo. A primeira reunião deve ser muito bem preparada para impressionar favoravelmente. Outro catequista conseguiu introduzir-se na localidade através da visita domiciliar [da imagem] de Nossa Senhora. Granjeou a simpatia de um certo grupo e já pode, agora, manter um núcleo permanente de Catequese. O Catequista reside, quanto possível, no local onde ministra a catequese, mas tenho caso de catequistas que percorrem mais de uma légua a pé [6 quilômetros e meio] para atingir seu núcleo". *Ibid.*, p. 734; cf. também ID., *Os primeiros manuais de catequese popular in REB* 18 (1958), 463-464.

186 Cf. José MARINS, *Clero, religiosos e o desenvolvimento in Igreja na América Latina: desenvolvimento e integração* [Assembleia extraordinária do CELAM, Mar del Plata, 11-16/10/1966]. Coleção CERIS 8, Petrópolis: Vozes, 1968, p. 169-170; ID., *Comunità ecclesiali di base in America Latina in Concilium* [ed. italiana], 11 (1975), 4, p. 47-48. Ambas referências são citadas por G. QUEIROGA, *Comunhão e Corresponsabilidade*, p. 388, nota 39, e acrescenta: "O medo dos "adversários" da Igreja seria assim uma das origens das CEBs, como o foi de tantas outras coisas válidas da pastoral brasileira; nem duvidamos que a ideia do catequista popular e das CEBs se tenha inspirado na do pastor ou pregador popular protestante que – de conhecimentos mínimos, mas com fé e ardor, sustentado por sua "Igreja" – difunde a mensagem, forma pequenos núcleos de culto e de vida, fervorosos e atuantes; não é vergonhoso aprender do adversário". *Ibid.*, A observação do Pe. MARINS sobre esta possível origem das CEBs é ainda citada por R. MENDES DE OLIVEIRA, *O movimento catequético*, p. 53, L. ALVES DE LIMA, *Elementos fundamentais*, 113 e O. LUSTOSA, *Catequese Católica*, p. 128.

187 Cf. J. COMBLIN, *Medellín: 20 anos depois – balanço temático in REB* 48 (1988), p. 817.

CONCLUSÃO

Na edição acadêmica dessa tese doutoral, publicada pela UPS em Roma, este segundo capítulo iniciava-se com a exposição da atividade da Igreja a partir da instauração da República no Brasil. Aí mostrávamos como a Igreja, ora discordando com os poderes públicos de plantão, principalmente quando defendia seus direitos, ora aliando-se a eles, sempre ocupou lugar importante na sociedade e exerceu o seu papel social a partir do Evangelho. Durante o regime ditatorial e militar, ideologia fortemente defendida pelos donos do poder, foram as doutrinas ligadas à *Segurança Nacional*, em oposição ao sempre invocado perigo comunista, inculcado pelos interesses norte-americanos para salvar sua liderança e desfrute de nossa pobre economia. Tal análise, por falta de espaço e delimitações do tema, ficou supressa.

Movimentando grandes forças eclesiais, mormente a organização episcopal e um laicato militante de primeira qualidade (Ação Católica), a Igreja conseguiu realizar sua missão evangelizadora. Da parte da hierarquia houve, ainda no final do século XIX, grandes esforços, liderados por Dom Antonio Macedo e depois por Dom Jaime Câmara em vista de uma planificação pastoral nacional e maior união do episcopado. Pudemos acompanhar o esforço da Igreja para organizar a sua pastoral, tomando como ponto de partida o assim chamado *processo de romanização*: *maior ajuste da Igreja Continental à Igreja Universal*, com o *Concílio Plenário Latino-Americano* (realizado em Roma!) do final do século XIX. Representa um momento importante na reorganização da Igreja continental, da qual o Brasil participa ativamente. Seus efeitos se restringiam aos países isoladamente: a época da ação *pastoral continental* veio somente às vésperas do Vaticano II, com a fundação do CELAM em 1955 no Rio de Janeiro. Tal *romanização* chega ao auge, com o *Concílio Plenário Brasileiro* já adentrando pelo século XX. Ele representa uma tentativa de planificação pastoral em nível de nação, embora ainda com pouco influxo, por sua natureza radicalmente jurídica (e pouco pastoral) e por nunca ter sido publicado em português...

Nessa caminhada teve presença marcante a *Ação Católica* Brasileira, entre outros elementos, por sua contribuição na abordagem dos intrincados problemas sociopolíticos, pelo valioso método *ver, julgar e agir* e com sua séria organização interna. Tais elementos, unidos à dinâmica espiritualidade do *Movimento por um Mundo Melhor*, favoreceram a organização do episcopado, que há tempo vinha se mobilizando nesse sentido, em *Conferência*

Nacional dos Bispos do Brasil. Ela, posteriormente reforçada pelo Vaticano II, construiu as estruturas e linhas de ação que permitiram à Igreja uma atuação mais marcante e uma presença mais forte na sociedade brasileira.

A ação pastoral passou a ser pensada, refletida e planejada através dos diversos instrumentos, desde o primitivo *Plano de Emergência* até as atuais *Diretrizes Gerais da Ação Pastoral da Igreja no Brasil*. Surge então uma *Pastoral de conjunto* ou *Pastoral orgânica*, que procura conduzir a atividade da Igreja dentro de um quadro maior em que todas as dimensões da pastoral são igualmente contempladas, fugindo ao perigo da fragmentação e da dispersão, e baseando-se em sólidos fundamentos teológicos e séria metodologia de planejamento. São traçados grandes objetivos gerais, especificados depois em seis objetivos específicos. Estes dão origem às 6 linhas de ação, ao redor das quais se organiza também a estrutura central de ação da CNBB.

Dentro de toda essa movimentação de renovação pastoral, em base à teologia do Vaticano II, é sempre dado um destaque à *evangelização* e *catequese*. Como estrutura nacional que dinamiza essa dimensão da pastoral, encontramos primeiramente o *Secretariado Nacional de Doutrina*, depois o *Secretariado Nacional de Ensino Religioso* e finalmente a *Linha 3*, que vão ser os responsáveis pelo movimento catequético no Brasil, em âmbito nacional.

Duas gigantes figuras emergem nesse cenário que traçamos: o Pe. Álvaro Negromonte e o Pe. Hélder Câmara, cada um com personalidades e sensibilidades diferentes, que, unindo-se, deram um grande impulso ao MCB.

O Pe. Á. Negromonte (depois Monsenhor), homem de grande senso prático e sem muitos arrazoados teóricos, recebe as influências da renovação pedagógica (escola nova) e psicológica, aplicando à catequese as novas conquistas no campo da educação. Do ponto de vista do conteúdo, entretanto, não vemos nele grandes alterações com relação ao passado, ou seja, ao conteúdo dos catecismos doutrinais. Há, sim, uma atualização, devido à influência dos movimentos bíblico, litúrgico, patrístico, ecumênico e das grandes encíclicas *Mediator Dei* e *Mystici Corporis*. Sua preocupação central, entretanto, é o método, a psicologia da criança e do jovem, a formação da/do catequista, a oferta de um bom texto! Seu ardente zelo apostólico leva-o a publicar inúmeras obras e a liderar grandes iniciativas como a *Revista Catequética, os Congressos* e *Semanas Catequéticas*, as *Maratonas* etc. Era o *Movimento Catequético Brasileiro* já em marcha!

O Pe. Hélder (depois arcebispo) foi um dos responsáveis pela fundação da CNBB, organismo que irá alcançar aqueles ideais de organização pastoral já sonhados desde o início do século por setores do episcopado. Pe. Hélder e Pe. Negromonte são duas personalidades e duas formações diferentes. Este, um catequista nato, se preocupava pelos métodos, pela formação dos catequistas, pelos textos, enfim, pela solução dos problemas imediatos a fim de que a "instrução religiosa" não faltasse a ninguém e fosse ministrada com eficácia. Aquele, trabalhando numa plataforma de ação mais ampla, naturalmente tinha uma visão maior dos problemas, sonhava longe, traçava grandes estratégias... um sonhador com os pés bem fincados no chão!

Com o advento do Vaticano II, Dom Hélder teve consagradas as próprias intuições pastorais, vendo impor-se cada vez mais na Igreja sua preocupação pela dimensão social e a importância que tem para o Evangelho influenciar as grandes decisões políticas. Temos a impressão de que o Pe. Negromonte, com todos os méritos que teve com sua ação renovadora, já no final de seus anos (início da década de 60) fora atropelado pelos acontecimentos. A linguagem dos setores mais avançados da ACB, do *Plano de Emergência* e especialmente do *Plano de Pastoral de Conjunto* que surgem logo depois, já não era a sua. A catequese começa a tomar rumos totalmente diferentes, ao passo que os dois planos pastorais (*PE* e *PPC*) estavam bem dentro das propostas e visões de Dom Hélder.

Enfim, podemos concluir que foram duas figuras que prepararam, cada uma a seu modo, o futuro da catequese. Sem a renovação pedagógica de Mons. Negromonte e a atuação social da Ação Católica dentro da qual militava Dom Hélder, a revolução provocada pelo *PPC* e de modo especial pelos acontecimentos posteriores que vamos analisar, não teriam sido possíveis.

CAPÍTULO III

O itinerário do movimento catequético brasileiro sob o impacto do Concílio Vaticano II

O presente capítulo abrange um dos períodos mais importantes da Igreja neste século com a realização do Concílio Ecumênico Vaticano II, de inestimável significado para toda a Igreja e suas consequências sobre a atividade catequética. Nele, de uma maneira panorâmica, veremos os mais significativos acontecimentos que contribuíram para a renovação da catequese no Brasil, juntamente com a evolução dos conceitos e propostas. Começamos retomando as atividades do *Secretariado Nacional de Ensino Religioso* (SNER, 1953-1965), do qual falamos do final do capítulo II.

A renovação deste Secretariado Nacional, que coincide com os inícios do Concílio Vaticano II, foi motivo do reflorescimento da catequese; em seguida nos deteremos sobre a visão da catequese nos *PE* e *PPC*, que inauguram a era da *pastoral orgânica* e planejada da qual muito se beneficiou a renovação da catequese. Em seguida, serão objeto de nossa atenção os três grandes acontecimentos de 1968, divisores de águas na caminhada da Igreja no Brasil e na América Latina: o encontro nacional de catequese do Rio de Janeiro (julho), a semana internacional de Medellín (agosto), e a Conferência Episcopal Latino-americana também em *Medellín* (setembro). Uma visão da realidade catequética no Brasil durante este ano de 1968 precederá o estudo dos três importantes eventos.

1. A CATEQUESE NO PRÉ-CONCÍLIO

Como vimos no segundo capítulo, em 14 de outubro de 1952 era oficialmente fundada a *Conferência Nacional dos Bispos do Brasil* (CNBB). Vimos também sua importância e significado para a presença e ação da Igreja no Brasil. Cumpre agora analisar os efeitos do surgimento dessa organização episcopal para o Movimento Catequético Brasileiro (MCB).

1.1 O Secretariado Nacional de Ensino da Religião – SNER

A primeira consequência relevante da criação da CNBB é a nacionalização do Movimento Catequético. Com a rigorosa e dinâmica organização da Ação Católica Brasileira (ACB) e a atuação do zelante Pe. Álvaro Negromonte, a catequese já havia começado a se movimentar em âmbito de Brasil. Agora, à medida que a estrutura da CNBB foi se aperfeiçoando, também foi tomando novos rumos a organização catequética. Inicialmente, a CNBB assumiu algumas estruturas da bem organizada ACB; entre os seus vários secretariados, havia o *Secretariado do Ensino da Religião,* fundado em 1946[1], que passou para a CNBB como *Secretariado Nacional do Ensino da Religião* (SNER). Este será daqui para frente a principal instituição a organizar e dinamizar a catequese no país, tendo à frente, inicialmente, D. Alberto Gaudêncio Ramos como bispo coordenador e o Pe. Álvaro Negromonte como assessor[2]. O nome do secretariado (do *ensino da religião*) não significa que ele fosse responsável só pela educação religiosa escolar, embora esta fosse a grande preocupação do episcopado; coordenava também a catequese paroquial. Uma separação entre as duas atividades pastorais veio só mais tarde em 1983 com o Documento *Catequese Renovada*[3].

No serviço de animação da catequese nacional o SNER contou também com o apoio, sobretudo nas escolas, de outro organismo mais antigo, a *Associação de Educação Católica*[4] e que mais para frente esteve ligado à *Conferência dos Religiosos do Brasil.* Um terceiro organismo, criado a partir da primeira reunião ordinária da CNBB em 1953, era o *Secretariado Nacional*

---

1 Cf. [AÇÃO CATÓLICA BRASILEIRA], *Estatutos e Regulamentos da Ação Católica Brasileira in* REB 6 (1946), p. 470-478. Dom Hélder Câmara dá um autorizado testemunho sobre a ligação que existe entre as estruturas da ACB e as estruturas da nascente CNBB: cf. H. CÂMARA, *A CNBB nasceu assim in CM* (1977), nº 302, p. 1199-1202.

2 Cf. CNBB, *Nossas informações in CM* (1952), nº 1, p. 1. A reunião de fundação da CNBB coloca como objetivo geral deste Secretariado "coordenar as forças nacionais para aprimorar e valorizar" a catequese: cf. *A reunião dos Arcebispos do Brasil no Rio de Janeiro in REB* 12 (1952) 990-991. De Roma vieram elogios sobre a nova inciativa: cf. CNBB, *A voz de Roma. A sagrada Congregação do Concílio e o Secretariado Nacional do Ensino de Religião in CM* (1953) nº 6, p. 3. No início este organismo chamou-se *Secretariado da Doutrina cristã* (cf. *A reunião dos Arcebispos do Brasil*, p. 990), mas logo depois adotou-se o nome e sigla SNER. Na reestruturação de 1958, institui-se a *Comissão Episcopal do Ensino da Religião* e o *Secretariado* passa a ser seu órgão executivo, mas sem grandes mudanças práticas: cf. Gervásio QUEIROGA, *CNBB, Comunhão e Corresponsabilidade*, São Paulo: Paulinas, 1977, 504 p., Anexo 4: *Estatutos da CNBB* (1958), p. 431.

3 Cf. *CR* nº 124-125.

4 Cf. Oscar LUSTOSA, *Catequese católica no Brasil: para uma história da evangelização* Coleção *Estudos e Debates Latino-americanos*, São Paulo: Paulinas, 1992, p. 116.

de Defesa da Fé e Moral. Como se vê pelo nome, o órgão possuía uma conotação fortemente apologética, que na época fazia parte integral da educação da fé. Dentro do clima de "cristandade" reinante, a defesa da pureza da fé e dos costumes era uma dimensão muito valorizada. Daí se explica também o tom polêmico que muitas vezes adquiria a catequese[5].

No entanto, nas mãos do *SNER* é que realmente se concentrou a organização catequética. Seu objetivo e atuação foram objeto de considerações do Prefeito da Sagrada Congregação do Concílio, à qual estava afeta a catequese na Curia Romana[6]. Documentos da incipiente CNBB mostram os claros objetivos do novo organismo catequético nacional:

> No Secretariado Geral da CNBB cabem ao SNER as seguintes incumbências: **1.** Campanhas eficientes que visem a fazer reconhecer, de teoria e de fato, a catequese como base de todo o apostolado, sobretudo em país de ignorância religiosa tão extensa e tão intensa; **2.** esforços conjugados tendentes ao aprimoramento da catequese, pelo mais claro conhecimento dos objetivos da formação religiosa, do catecumenato e dos métodos catequéticos, inclusive do material a utilizar; **3.** prudente e seguro exame do texto único de religião; **4.** manutenção e aprimoramento da *Revista Catequética*; **5.** realização da maratona catequética nacional[7].

Como se vê, o primeiro objetivo é de *coscientização* sobre a importância da catequese. Observe-se a insistência sobre a *ignorância religiosa* e seu *remédio*, a catequese, ideia-força que, a partir da *Acerbo Nimis*, moveu muitas iniciativas do Card. Sebastião Leme, da ACB, integrou as disposições do CPB e neste momento ainda motivava vivamente o Pe. Negromonte, autor dos objetivos acima expostos. O segundo objetivo versa sobre o *aprimo-*

5 Veja-se, por exemplo, a "Cruzada em defesa da fé católica" levadas à frente a partir de 1957 por D. Agnelo Rossi (contra o protestantismo) e Fr. Boaventura Kloppenburg (contra o espiritismo, umbadismo, exoterismo, rosacrucianismo, maçonaria) e a campanha nacional contra a "heresia espírita" desencadeada em 1965 pela própria CNBB: cf. Ralfy MENDES DE OLIVEIRA, *O movimento catequético no Brasil*, São Paulo: Editora Salesiana D. Bosco, 1980, p. 51. Segundo O. LUSTOSA, dentro deste organismo para a defesa da fé e da moral "o ensino religioso e a catequese paroquial serão contemplados como parentes pobres. Ademais, o organismo era de caráter ofensivamente apologético, qualidade precária no processo da *educação da fé*". O. LUSTOSA, *Catequese Católica no Brasil*, p. 115.

6 "O objetivo do Secretariado, de colocar o ensino catequético na base de todo o apostolado e de coordenar as forças nacionais para aprimorar e valorizar tal ensino, é ótimo e responde, sem dúvida, às necessidades espirituais dos fiéis" *A Santa Sé e o ensino religioso no Brasil in RC* 5 (1953), nº 35, p. 5.

7 SNER, *Relatório sobre a Situação da Catequese no Brasil*, Rio de Janeiro, 1952, *in D 4685* BibINP, mimeografado.

ramento da catequese. O terceiro insiste no *texto único nacional*, problema nunca resolvido.

A *RC* (*Revista Catequética*) passou a ser órgão do SNER[8] conforme o quarto objetivo; porém ela continuou a ser publicada sob o patrocínio da ACB, embora seu redator-chefe fosse, agora, o Pe. Negromonte, secretário do SNER, e não mais D. Hélder, assistente nacional da ACB. A *RC* reflete intensamente o ambiente de grande efervescência catequética do momento. Ela foi publicada durante quinze anos, chegando até o Vaticano II. O quarto e último objetivo do SNER insistia na *Maratona Catequética*: tratava-se de um certame nacional, espécie de *concurso* nos moldes pedagógicos do modelo europeu vigente na época, já recomendado em 1939 pelo CPB[9]. Tal recurso pedagógico-didático consagrava a *memorização* da doutrina como meio privilegiado de educação da fé. A *Folha Catequética* de Porto Alegre e a *RC* deram grande importância e relevo às maratonas, especialmente nacionais[10].

Uma das atividades especiais do SNER eram os *encontros e congressos* nacionais ou estaduais de ensino religioso, que incluíam, naturalmente, tanto a atividade da educação religiosa nas escolas como a catequese paroquial. Ao falar do Congresso Internacional de Catequese de Roma de 1950, já abordamos também vários outros congressos, e de um modo especial o *1º Congresso Nacional de Ensino da Religião*, realizado no Rio de Janeiro de 17 a 23/07/1950. Um primeiro grande encontro depois da fundação da CNBB e do SNER realizou-se ainda em 1953. Os Diretores Diocesanos das Circunscrições Eclesiásticas do Sul reuniram-se de 14 a 16 de abril de 1953

---

8 Cf. *Secretariado Nacional de Ensino Religioso in CM* (1953), nº 8, p. 3. Nelson Gil TOLENTINO diz que em 1952 o SNER "iniciou a publicação da "Revista Catequética" como seu órgão oficial". ID., *A renovação da catequese no Brasil*, Roma: UPS, Faculdade de Ciências da Educação, Extrato da tese doutoral 266, 1989, p. 13. Como vimos, o SNER, como órgão da CNBB, tem início em 1952, ao passo que o primeiro número da *RC* é de maio de 1949, portanto três anos antes. O objetivo fala em *manutenção* e *aprimoramento*, e não em fundação da *Revista*. Vimos também que, apesar disso, a *RC* continua a ser publicada sob o patrocínio da ACB: cf. SNER, *Relatório*, Rio de Janeiro, 1952, mimeografado, *in D04684*, p. 8.

9 "Hunc *in* finem alia quoque praesto sint media, quae aptiora videantur, v. gr. (...) *certamina catechistica* propositis praemiis indicendo". *Concilium Plenarium Brasiliense in urbe S. Sebastiani Fluminis Januarii anno Domini MCMXXXIX celebratum*, Petropolis, Typis Domus editricis vulgo "Vozes" 1940, canon 422, § 3.

10 Na *RC* cf, por exemplo, Álvaro NEGROMONTE, *As lições de maratona, in RC*, 1 (1950), nº 9, p. 52-55; *Regulamento da maratona catequética nacional (e programas), in RC*, 3 (1951), nº 21, p. 7; SECRETARIADO NACIONAL DE ENSINO RELIGIOSO, *A Maratona Eucarística, in RC*, 5(1954), nº 42, p. 6-37; SECRETARIADO NACIONAL DE ENSINO RELIGIOSO, *Maratona Catequética Nacional para 1957, in RC*, 8 (1957), nº 55, p. 11-26; SECRETARIADO NACIONAL DE ENSINO RELIGIOSO, *Sobre a Maratona Catequética, in RC*, 8 (1957), nº 57, p. 36-38.

no Rio de Janeiro e as do Norte e Nordeste de 12 a 14 de agosto do mesmo ano em Belém. Em ambas as reuniões, entre outros assuntos, volta-se ao tema do *texto único* de catequese, problema que continua sem solução[11].

A CNBB instituiu o ano de 1959 como *ano catequético*. Uma de suas celebrações foi a *Reunião Nacional dos Diretores Diocesanos do Ensino da Religião* promovido pelo mesmo SNER de 23 a 27 de fevereiro deste ano em Belo Horizonte. Estiveram presentes quase 70 dioceses. Além da insistência sobre o funcionamento das *Congregações da Doutrina Cristã* em todas as paróquias e de sugestões concretas para realização de *congressos catequéticos diocesanos* e *tríduos catequéticos* paroquiais a serem celebrados no correr do ano catequético, a principal decisão do encontro foi a fundação do *Centro Catequético Nacional* sob a direção do Pe. Álvaro Negromonte[12]. Entretanto, tal projeto, pelo que tudo indica, não se concretizou.

1.2 Grande momento de florescimento do *Movimento Catequético Brasileiro*

A década de 1960 representa para o MCB um momento fecundo e significativo. Graças à efervescência do momento pré-conciliar, à caminhada anterior de renovação tendo à frente o Pe. Negromonte, e sobretudo graças à presença de pessoas realmente empreendedoras à frente do MCB e à fundação do ISPAC, o MCB atingiu um dos seus momentos mais altos. Vejamos mais detalhadamente a sequência dos acontecimentos, a evolução da catequese e o pensamento dos vários protagonistas.

1.2.1 O SNER sob a direção de D. José Costa Campos e do Pe. Hugo Paiva

Fato importante para o MCB ocorreu em 1961, quando D. José Costa Campos, Bispo de Valença (MG), foi nomeado Secretário Nacional da Co-

11 É este o teor da solicitação: "Pedem [os Diretores diocesanos do Sul do Brasil] que o SNER solicite à CNBB se digne nomear uma comissão de especialistas em catequese, comissão incumbida de elaborar o texto único, segundo o mesmo critério de segurança com que veem construindo seus textos países líderes em catequese: a comissão elaboraria textos a serem experimentados e só depois incorporados ou não ao texto definitivo". *Reunião do SNER in CM* (1953), 8, p. 4, nº 11 b). Para a reunião dos Diretores Diocesanos das províncias do Norte cf. SNER, *Conclusões do IIº Encontro in CM* (1953), 12, p. 5, nº 1 d. Informado destas reuniões, a Sagrada Congregação do Concílio escreve uma carta altamente elogiosa, incentivando a ideia do texto único, mas pede que sejam consultados todos os Diretores Diocesanos: Cf. SAGRADA CONGREGAÇÃO DO CONCÍLIO, *Carta a D. Carlo Chiarlo in CM* (1953), 11, p. 5-6. Sobre a reunião dos Diretores das Circunscrições do Norte e Nordeste, cf. também R. MENDES DE OLIVEIRA, *O Movimento Catequético*, p. 52.

12 Cf. crônica desta reunião *in REB* 19(1959) 203; também O. LUSTOSA, *Catequese Católica no Brasil*, p. 116.

missão Episcopal de Ensino da Religião. Ele mesmo afirma que, estando à frente do SNER e depois Secretariado Nacional de Catequese (*SNAC*), teve o privilégio não apenas de seguir o desenrolar do MCB, mas ser, segundo suas possibilidades, um de seus artífices e executores mais diretos[13].

O dinamismo desse bispo imprimiu um novo vigor ao MCB com inúmeras iniciativas. Sua primeira providência foi a reorganização do SNER. Juntamente com o Secretário Geral da CNBB, D. Hélder Câmara, ele convidou o Pe. Hugo Paiva para assessorar o SNER[14]. Esse sacerdote da Congregação da Missão (lazaristas) havia estudado no *Institut Catholique* de Paris de 1959 a 1961 e começou a prestar seus serviços na CNBB, no segundo semestre de 1962, em pequenos espaços de tempo e a partir de 1963 em tempo integral[15]. Foi escolha muito acertada, pois o Pe. Hugo Paiva teve um papel de importância na renovação catequética nas décadas de 60 e 70.

O novo assessor do SNER logo elaborou "um plano de reorganização da catequese no Brasil", cujas medidas mais urgentes foram a "organização de um *Instituto de Pastoral e Catequese* e criação de um Centro de Informação e Documentação"[16]. Criou-se ainda uma equipe nacional de assessoria[17] que atuou em todo território nacional, principalmente com cursos e

---

13 José COSTA CAMPOS, *Relatório do Secretariado de Catequese in SEDOC* 3 (1971), p. 1365. Publicado também em castelhano: *Diez años de catequesis en Brasil in Catequesis Latinoamericana* (*CLA*) 1 (1971), p. 532.

14 Cf. SNER, *Histórico*, p. 1. Trata-se do livro de *Atas* e ao mesmo tempo *Diário do SNER* a partir de Julho de 1962 até 06 de Novembro de 1964: contém também as *Atas*. É um *manuscrito inédito*, encontrado nos Arquivos da Linha 3 da CNBB de Brasília, contendo praticamente a descrição das atividades do SNER neste período. Pela análise interna do mesmo conclui-se que ele foi escrito pelo secretário do SNER, Iacy Ewerton Martins: cf. *Ibid.*, p. 1. Sua cópia original estava no Palácio S. Joaquim, Rua da Glória 446, Rio de Janeiro – GB, com o título de *Histórico* [do SNER].

15 Cf. *Ibid.*, p. 1 v. (verso) e *passim*. Citaremos este documento indicando a página e acrescentando v. quando se trata do verso da mesma página.

16 Cf. *Ibid.*, p. 1-2. Pela farta documentação, percebe-se que D. José C. Campos tinha o cuidado de registrar oficialmente tudo o que ele e SNER realizavam. Nisso foi seguido também por seu assessor Pe. Hugo Paiva.

17 A equipe nacional era formada pelo Pe. Hugo Paiva, Madre Pereira (Cenáculo), Ir. Bernardete Mello (Ir. de Caridade), Madre Maria Leopoldina de Oliveira (Doroteia) e Pe. Pascoal Filipelli, salesiano, que trabalhava na CRB: cf. SNER, *Histórico*, p. 2, 2 v. e 4 v. Mais tarde fará parte o Pe. Nereu Meirelles, futuro dirigente do SNER: "Novo elemento: Pe. Nereu Meirelles de Santa Maria, que com a devida autorização de seu Bispo [D. Sartori: cf. *Ibid.*, p. 13], trabalhou no SNER até o fim do ano. Deu aulas no ISPAC e assistência a Secretariado. Iacy fica responsável pelo Boletim Informativo, mensal". *Ibid.*, p. 21 v. da ata de 21/04/1963; cf. também p. 11 e 14; igualmente integrarão esta equipe o Pe. Rubens Hoskeu Ferreira (de Caratinga) e a Ir. Sílvia Villac, MJC: cf. *Ibid.*, p. 32 v., atas de 04/02 e 12 de 03/04/1963 e 33 v., ata de 08/06/1963. Formou-se também uma *Equipe Volante*, com a missão de dar cursos onde fossem solicitados: cf. *Ibid.*, p. 13.

acompanhamento da caminhada das atividades do SNER. Em outubro de 1962 foi lançado o *Boletim Informativo* mensal do SNER, com o objetivo de "reunir diferente centros e auxiliá-los com informações e ajuda pedagógica no terreno catequético"[18].

1.2.2 Fundação do ISPAC em 1963 e sua importância

Sem dúvida a atividade mais significativa do SNER reorganizado foi a fundação do *Instituto de Pastoral Catequética* (ISPAC) do Rio de Janeiro. Idealizado pelo Pe. Hugo Paiva, que garantiu "dar ao Instituto um cunho essencialmente pastoral", teve o apoio e o incentivo imediato de D. Hélder Câmara; este, ao traçar sua identidade, pensou-o como "um Instituto Superior, mas voltado para a realidade brasileira, isto é, um Instituto Superior funcionando em um país subdesenvolvido e em função dele"[19]. Com tal característica de propor uma reflexão catequética na perspectiva da problemática da realidade nacional, os cursos do novo Instituto foram organizados tendo como modelo cursos semelhantes da Europa, de modo especial o Instituto Superior de Pastoral Catequético do *Institut Catholique* de Paris, onde tanto o seu Diretor, Pe. Hugo Paiva, como outros seus professores haviam se formado[20].

O Pe. Álvaro Negromonte participou significativamente da fundação do ISPAC: foi ele o convidado para ser o primeiro Diretor; foi também a ele que o Pe. Hugo Paiva submeteu a aprovação do currículo e dos professores[21]. Num relatório do ISPAC de 1966, lemos:

---

18 Cf. *Ibid.*, p. 4 e 4 v.; cf. também *Ibid.*, p. 13, 19, 21 v.

19 Cf. *Ibid.*, p. 11 e 11 v. em 08 de janeiro de 1963.

20 Cf. *Ibid.*, p. 4 v., 5 e 5 v. Esta dependência da escola francesa pode-se perceber também através das várias obras catequéticas traduzidas pelo SNER neste período: cf. *Ibid.*, p. 9, 11 v. e 20 v.; somente à p. 24 é que se fala da tradução de um catecismo norte-americano: *Catecismo de São João*.

21 "De combinação com D. José, o Pe. Paiva, em visita, convidou Mons. Negromonte para diretor do Instituto, tendo sido aceito o convite". SNER, *Histórico* p. 3 e 3 v. Na organização do quadro das matérias e do corpo docente do ISPAC a disciplina *Organização da catequese paroquial* ficou confiada a Mons. Negromonte: cf. *Ibid.*, p. 5, ata 22/10; referindo-se ao esquema do currículo, se diz: "todo este esquema deverá ser submetido a Mons. Negromonte". *Ibid.*, p. 5 v., da ata de 22/10/62. E ainda: "Dois depois [14/11/62] Pe. Paiva vai à residência de Mons. Negromonte e dá a última demão no esquema e corpo docente". *Ibid.*, p. 6 v. da ata de 12/11/1962. Naturalmente o convite para que ele fosse o Diretor do novo Instituto, foi um ato de deferência e reconhecimento pelo seu trabalho; de fato, ele não chegou a exercer tal função, vindo a falecer, como vimos, em 17/08/1964. Seu nome aparece pela última vez nas Atas do SNER do dia 22/07/1963, à p. 25, relatando sua participação nos *Dias de Estudo* do *Encontro Nacional* em Valença de 17-20/07/1963.

> O ISPAC iniciou suas atividades no dia 11 de março de 1963. Mons. Álvaro Negromonte, pioneiro da renovação catequética no Brasil, presente à inauguração, saudou o aparecimento do Instituto, como um acontecimento decisivo e o início de uma história nova para a nossa pastoral. A sessão solene de abertura foi presidida por S. Emcia. o Sr. Cardeal Jaime de Barros Câmara, Arcebispo do Rio de Janeiro e presidente da CNBB". A aula inaugural foi dada por D. José Costa Campos, Secretário Episcopal do Ensino de Religião e atual Secretário Nacional para a Catequese, no salão nobre da Faculdade Santa Úrsula, onde graciosamente, durante dois anos o ISPAC funcionou[22].

Como se vê, a sede do ISPAC eram as dependências da Faculdade Santa Úrsula, das irmãs Ursulinas. O apoio dessa Congregação religiosa não se limitou apenas aos aspectos logísticos; consistiu principalmente na orientação e apoio da estrutura acadêmica do Instituto[23]. Os fundadores se interessaram também para que a nova escola de formação catequética fosse agregada à Pontifícia Universidade Católica do Rio de Janeiro[24], fato apoiado pelo seu grão chanceler, o Cardeal D. Jaime de B. Câmara, pois, conforme ele, "um instituto desta natureza não poderá manter um alto nível e prosperar sem a estreita colaboração de uma Universidade"[25].

Tendo iniciado em 1963, o ISPAC atuou até 1968, quando foi agregado ao *Instituto Nacional de Pastoral* (INP). Por essa Escola Superior de formação catequética passaram mais de 400 catequistas, catequetas e pastoralistas. Outros 5 ISPACs regionais foram abertos em todo o território nacional sob a inspiração do ISPAC nacional do Rio de Janeiro (São Paulo: 1963; Porto Alegre: 1966; Belo Horizonte: 1966; Salvador e Curitiba: 1968). Também 10 escolas diocesanas, localizadas prevalentemente no centro-sul do país, foram fundadas: Rio de Janeiro, RJ; Belém, PA; Valença, RJ; Petrópolis, RJ; Campinas, SP; Nova Iguaçu, RJ; Santa Maria, RS; Campanha, MG; Niterói, RJ; São João del Rey, MG. Devemos ainda nos referir

---

22 INSTITUTO SUPERIOR DE PASTORAL CATEQUÉTICA (ISPAC), *Relatório*, Rio de Janeiro, 1966, *in D 15091* BibINP, p. 1, mimeografado, inédito.

23 "Entrou Pe. Paiva em contato com a Faculdade Santa Úrsula; por uma feliz coincidência estava no Rio a Rev.da Madre Geral das Ursulinas. Em reunião com ela, com a Madre Geral e mais duas religiosas, foi exposto o problema da criação do novo Instituto. Sta. Úrsula acedeu em ser sua sede e ficou combinado que uma das Irmãs Ursulinas ficaria como diretora e, se possível, forneceria uma Secretária: cf. SNER, *Histórico*, p. 2 v. e 3; cf. também *Ibid.*, p. 6 v. em reunião da equipe nacional de 12/11/1962 com a presença da Madre Provincial das Ursulinas. A coordenação do ISPAC ficou sob a responsabilidade de Madre Tarcísio, ursulina: cf. Ibid., p. 10, 10 v. e 11.

24 Cf. SNER, *Histórico*, p. 8 v.: ata de 30/11/1962; e 12 v.: ata de 23/01/63.

25 INSTITUTO SUPERIOR DE PASTORAL CATEQUÉTICA (ISPAC), *Relatório*, Rio de Janeiro, 1966, *in D 15091* BibINP, p. 2, mimeografado.

ao Instituto *Lumen Christi* em Campinas, das religiosas do Santo Sepulcro e à Escola Catequética *Mater Dei*, do Rio de Janeiro[26], que se colocam entre as Escolas de Formação catequética mais antigas do Brasil, em atividade durante muitos anos posteriormente.

Estando vários seminários em crise, nessa época, foi através do ISPAC, e futuramente através de outros institutos semelhantes promovidos pela CNBB e pelo CELAM, que a renovação conciliar chegou ao clero e religiosos[27]. O grande número de catequistas formados por esses ISPACs e escolas diocesanas alimentaram a renovação catequética logo em seguida, estendendo sua atuação por anos e anos[28].

Ao redor do SNER, e em seguida do ISPAC, foi-se reunindo um grupo de pessoas bastante competentes no campo da catequese, da pastoral, da teologia, que aos poucos deram grande incremento ao MCB[29]. Foram contatados também alguns dos grandes catequetas europeus na época, para trocas de experiências, como o Pe. G. Delcuve, diretor do Instituto *Lumen*

26 "O ISPAC funcionou durante seis anos até a sua transformação no INP, juntamente com os demais Institutos ISPAL e ISPAV. Formou mais de 400 agentes de pastoral, padres, religiosos e leigos, e motivou a criação de 16 órgãos similares para formação de evangelizadores e Catequistas, ISPACs regionais, Institutos e Escolas de catequistas diocesanos". J. COSTA CAMPOS, *Relatório do Secretariado de Catequese in SEDOC* 3 (1971), p. 1366. Conforme o mesmo D. José C. Campos em 1980 os ex-alunos do ISPAC eram 600: cf. *Ata nº 6 de 12/2/1980 da 18ª AG* (Coleção *Assembléia Geral*) *da CNBB in CM* (1980) nº 329, p. 103-104. A maioria dos alunos do ISPAC recebiam bolsas de estudos da ADVENIAT através do SNER e da CLAF: cf. J. COSTA CAMPOS, *Resumen de las actividades del CLAF, Región Brasil, periodo 1964-1973 in CLA* 5 (1973) 211-216. Encontram-se referências ao ISPAC de São Paulo *in Histórico*, p. 20, 22, 26 e 26 v.; e à fundação do ISPAC de Salvador (Bahia): p. 24 v. e 33. Num relatório do SNAC (que substituiu o SNER) de 1971 ao Comité Latino-americano da Fé (CLAF) pode-se ver a relação completa de todas estas escolas, com seus diretores e endereços: cf. *SNAC, Relatório dirigido ao Comité Latinoamericano de la fe – CLAF in D 15027* BibINP, p. 3-4.

27 Cf. José OSCAR BEOZZO, *A Igreja no Brasil: de João XIII a João Paulo II*, Petrópolis: Vozes, 1993, p. 84. Os outros institutos foram o ISPAL (liturgia) e ISPAV (pastoral vocacional). Em nível latino-americano, promovidos pelo CELAM: *Instituto Catequético Latino-americano*, ICLA de San Tiago do Chile, 1960; *Instituto de Liturgia Pastoral*, ILP de *Medellín* (Colômbia), 1965; *Instituto de Pastoral Latino-americana*, IPLA de Quito (Equador), 1968; *Instituto Catequético Latino-americano* ICA de Manizales (Colômbia), 1966. Em 1974, todos eles foram reunidos no IPLA de Medellín e, depois, transferidos para Bogotá onde funcionam até hoje com o nome de *Instituto Teológico Pastoral Latinoamericano* – ITEPAL.

28 Sobre a fusão do ISPAC com o *Instituto de Pastoral Litúrgica* e o *Instituto de Pastoral Vocacional* e suas consequências, trataremos no capítulo seguinte.

29 Em reunião de 03/12/1963 os membros do SNER resolveram convidar para participar das reuniões "padres mais integrados na catequese: Pe. Pacheco (Porto Alegre), Pe. Nivaldo (Botucatu), Irmão Cristóvão (S. Paulo) e Pe. Benedito Costa (Jaboticabal)". Cf. SNER, *Histórico*, p. 10 v. Outros nomes aparecem nas *ATAS*, como Conrado Deretz (p. 14), Pe. Miguel Falbela (de Juiz de Fora), Pe. Joaquim Neto (de São Paulo), Pe. Agnelo Dantas Barreto (de Natal) (cf. p. 14), Pe. Caramuru Barros.

Vitae da Bélgica[30]. O Pe. Ilitz, também ele do *Lumen Vitae,* proferiu um ciclo de conferências de 11 a 15 de novembro de 1963[31]. Igualmente, o Pe. Jacques Audinet, do *Institut Catholique* de Paris, foi convidado para um curso de *Psicopedagogia religiosa do adolescente* nos ISPAC do Rio de Janeiro de 01 a 15 de agosto e logo depois no ISPAC de São Paulo[32]. Os membros do SNER marcaram presença nas reuniões e cursos de âmbito continental, como o curso sobre *Catequese de Adultos* ministrado no Uruguay pelos Pe. José M. Stepa (Espanha) e Pe. J. Audinet em julho[33]. Esses contatos e outros mostram a abertura do SNER para as correntes catequéticas da época que renovavam a catequese na Europa.

1.2.3 Outras atividades do SNER

Além desta atividade de formação de catequistas e catequetas, o SNER se preocupou também com a organização e animação da catequese em âmbito nacional. Assim, por exemplo, encontramos os seguintes temas que chamam a atenção do SNER neste momento: a) encarar a catequese como problema de verdadeira evangelização; b) atingir, com a renovação catequética, os centros de influência: bispos, comunidades religiosas, movimentos de amplo raio de ação; organizar a catequese em plano nacional e diocesano (envolvendo os bispos locais), nos colégios e comunidades e nos secretariados regionais[34].

Estas preocupações centrais apareceram também no relatório que foi feito na reunião dos Secretários Regionais em Abril de 1963: encarar a catequese tanto como *movimento* quanto como *instituição*, levando em conta quatro importantes prioridades: reflexão sobre a organização; prioridade da formação de catequistas sobre a produção de material didático; a formação do clero, das religiosas e religiosos e dos leigos; a catequese da adolescência e da infância[35].

30 Cf. SNER, *Histórico*, p. 11.

31 Cf. *Ibid.*, p. 28 v.

32 Cf. *Ibid.*, p. 26 v.

33 Cf. *Ibid.*, p. 23 v., 24 e 24 v.

34 Cf. *Ibid.*, p. 17, ata de 22 de março de 1963.

35 Cf. *Ibid.*, p. 18, ata da reunião dos secretários nacionais de 22-27 de abril de 1963. É claro que a catequese de crianças continuará a ter importante relevo, ocupando, como até hoje em dia, grande parte das forças catequéticas. Porém, não há dúvida que, desde então, a atenção aos adultos vem crescendo cada vez mais. Note-se essa interessante solicitação do *Secretariado do Apostolado dos Leigos* ao SNER, que, de certa maneira é uma antecipação das perspectivas de 1968: "na revisão da catequese de adultos, catecumenato e crianças, colocar a *doutrina social da Igreja*, e que a *preocupação central da catequese sejam os pobres*" (grifos nossos). Cf. *Ibid.*, p. 22 e 23 v., ata de 03/06/1963.

É importante notar também o desejo expresso numa reunião nacional de Diretores de Religião em Valença em 1963: a publicação de um *Diretório Catequético*. Entretanto, as *Atas* desta reunião diziam que tal projeto "foi objeto de estudos e ficou resolvido que a publicação e divulgação do mesmo, em face das perspectivas do Concílio, deveriam ainda aguardar um pouco"[36]. A espera durou bem 20 anos: de fato, o Documento *Catequese Renovada* (espécie de *diretório nacional*) veio à luz somente em 1983, como será considerado mais adiante. E, com esse nome *Diretório Nacional* foi publicado apenas em 2006.

A formação do clero para a renovação catequética foi particularmente sentida, quando se estabelece que "ao menos 40% das matrículas do ISPAC deverão ser de sacerdotes", e o envio de subsídios do Instituto aos seminários para a formação pastoral dos seminaristas[37]. Também "pensa-se em lançar uma revista de reflexão pastoral catequética destinada aos srs. Bispos, diretores de Ensino Religioso, sacerdotes e religiosas, em colaboração com o ISPAC de São Paulo e a comissão de música sacra"[38]. Este projeto, que infelizmente não chegou a ser realizado, mostra que a então *RC*, que, como dissemos, era mais um instrumento para catequistas de base do que um periódico de reflexão e aprofundamento, já não estava satisfazendo às necessidades suscitadas pelo movimento catequético que abria novas perspectivas. Esta aspiração será satisfeita, apenas com o aparecimento da *Revista de Catequese* (*RdeC*) 15 anos depois, em 1978, por obra do Pe. Ralfy Mendes de Oliveira. Por enquanto as ideias são veiculadas e discutidas em reuniões e cursos que se multiplicam abundantemente, também devido à intensa atividade do SNER.

Nas atividades do SNER nesta época encontramos várias referências ao *Plano de Emergência*. De fato, começando a vigorar em 1962, contemporaneamente ao Vaticano II, era o ponto de referência de toda a pastoral, que se renovava a largos passos, como a catequese. É hora, pois, de nos dedicarmos, a esta altura, ao estudo do magno evento eclesial, o *Vaticano II*, e destes dois grandes documentos que tiveram significativa influência na renovação catequética: *o Plano de Emergência* (1962) e o *Plano de Pastoral de Conjunto* (1966): são três realizações que se relacionam intimamente.

36 Cf. *Ibid.*, 25 v., ata do Encontro de Valença de 18 a 22 de julho de 1963. Valença foi sede de inúmeros encontros nessa época, pois era a sede episcopal de D. José Costa Campos, encarregado nacional da catequese.

37 Cf. *Ibid.*, p. 19 v.

38 Cf. *Ibid.*, p. 20.

Tendo já estudado no capítulo anterior os dois planos em outro contexto, aqui os veremos apenas do ponto de vista catequético.

2. A CATEQUESE NO CONCÍLIO VATICANO II

Certamente o Concílio Vaticano II foi fruto maduro de um vasto movimento de renovação da Igreja vivenciado desde o final do século XIX e início do século XX. A renovação teológica, litúrgica, espiritual, ecumênica, patrística e histórica, acompanhadas dos vários movimentos que aconteceram neste período (movimento litúrgico, patrístico, bíblico, ecumênico, catequético, missionário) prepararam a Igreja para o advento do Concílio Vaticano II. De caráter pastoral, a magna assembleia abarcou propriamente todos os grandes temas da vida cristã em seus fundamentos e princípios, na tentativa de colocar a Igreja em sintonia com o mundo contemporâneo.

Como o Concílio Vaticano II tratou a catequese? No dia 8 de maio de 1962, durante a sexta sessão plenária da Comissão Central preparatória do Concílio, o Card. Pedro Ciriaci apresentou dois esquemas de decretos sobre o *catecismo* e sobre *a organização didática*; apareceram também vozes que, referindo-se ao Concílio de Trento, pediam que o Vaticano II preparasse um novo catecismo universal[39].

Tais ideias não foram para frente. É sabido que entre os 16 grandes documentos emanados pelo Vaticano II (constituições, decretos, declarações), nenhum deles trata *ex professo* da catequese. Alguns poucos textos, de grande significado, referem-se a ela. O mais importante foi o mandato da *elaboração de um Diretório especial para a catequese*, nesses termos: "Elabore-se [...] um diretório de formação catequética do povo cristão (*directorium de catechetica populi christiani institutione*). Nele se trate dos princípios fundamentais e da organização dessa formação (*eiusdem institutionis*), bem como da elaboração de livros sobre o assunto. Na sua elaboração, tomem-se em conta também as sugestões feitas pelas Comissões ou pelos Padres

39 Cf. B. KLOPPENBURG, *Renovação da Catequese in* REB 22 (1962), p. 412-413. Sobre a *catequese no concílio*, apareceram vários estudos recentes, por ocasião da publicação do *Catecismo da Igreja Católica*. Entre eles: M. SIMON, *Un Catéchisme Universel pour l'Eglise. Du Concile de Trente à nos jours.* Leuven, University Press – Uitgeverij Peeters. 1992; G. BIANCARDI, *Conoscere il "Catechismo della Chiesa Cattolica": genesi storica, motivazioni di una scelta eclesiale in Catechesi* 62 (1992) 1, p. 10-30. Luiz ALVES DE LIMA. *Catequese in* João Décio PASSOS, – Wagner Lopes SANCHEZ, *Dicionário do Vaticano II*, São Paulo: Paulinas, 2015, p. 86-91. ID., *A Catequese do Vaticano aos nossos dias.* São Paulo, 2016, p. 64-127. João Décio PASSOS, *Catecismo da Igreja Católica in Dicionário do Vaticano II*, p. 80-86.

Conciliares". Estava assim determinada pelo Concílio, sua mais importante intervenção para a renovação da catequese na Igreja[40].

De grande impacto posterior foi também a decisão tomada no primeiro documento conciliar *Sacrosanctum Concilium*: "Restaure-se o *Catecumenato* dos adultos dividido em diversas etapas" (SC 64). O esclarecimento sobre essa grande instituição da Igreja Primitiva, agora restaurada, encontramos em *Ad Gentes* (14 e 17). No espírito do Concílio, esse documento sobre as *missões*, se dirigia aos "povos não evangelizados (*gentes*); mas, à medida que tomamos consciência da descristianização galopante das sociedades modernas, mais ainda nos convencemos da necessidade de evangelização explícita, a serviço da qual está o *Catecumenato*. Ainda sobre ele fala a *AG*: "sejam os catecúmenos convenientemente iniciados no mistério da salvação. Através da prática dos costumes evangélicos e pelos ritos sagrados que se celebram em tempos sucessivos, sejam introduzidos na vida da fé, da liturgia e da caridade do Povo de Deus" (*AG* 14a). Para isso publicou-se em 1972, como fruto do Concílio, o livro litúrgico do *Rito de Iniciação Cristã de Adultos* (RICA): ele é que dá o ritmo dos ritos e celebrações que devem acompanhar a catequese entendida como educação e instrução na fé. Desde o início do século XXI o *RICA* vem sendo redescoberto e utilizado com grande fruto para a Catequese que, por usa natureza, deve trabalhar em união com a Liturgia. A publicação do *Diretório Catequético Geral*[41], em 1971, e toda a renovação provocada pelo Concílio deu grande impulso à renovação caquética.

Podemos relevar alguns pontos fundamentais da nova visão conciliar, responsáveis por essas transformações na catequese: a compreensão que a Igreja tem de si mesma concebendo-se como Povo de Deus, a proposta de uma eclesiologia de comunhão e participação, superando a eclesiologia vertical e institucional (*Lumen Gentium*), presente no mundo, sensível aos sinais dos tempos e a serviço dos homens, de um modo especial dos pobres, em diálogo com o mundo, procurando quebrar a ruptura entre fé e cultura (*Gaudium et Spes*), a ampliação do conceito de fé e revelação, através de gestos e palavras e o resgate da Palavra de Deus novamente para o centro da vida cristã (*Dei Verbum*), a renovação da liturgia, abrindo caminhos para a

40 *CD* 44. No nº 14, afirma-se que a instrução catequética "tem por fim tornar viva, explícita e operosa a fé ilustrada pela doutrina; seja ministrada às crianças, adolescentes, jovens e mesmo adultos (...) Baseie-se na Bíblia, Tradição, Liturgia e Vida da Igreja".

41 *Diretório Catequético Geral*, Petrópolis: Vozes, 1971. Outras editoras o publicaram e ainda o publicam. Ele teve uma nova edição em 1997 (*Diretório Geral para a Catequese*) e em 2020 (*Diretório para a Catequese*).

participação e inculturação da celebração cristã (*Sacrosanctum Concilium*), a importância dos leigos na Igreja e a abertura para sua real presença no ministério da palavra e demais ministérios não ordenados (*Apostolicam Actuositatem*), a busca sincera de respeito e diálogo com as demais Igrejas cristãs (*Unitatis Redintegratio*), o reconhecimento do pluralismo religioso dando primazia à pessoa humana (*Dignitatis Humanae*) etc.[42].

> As consequências da obra conciliar sobre a catequese foram grandes e profundas. Antes de tudo, pelo conteúdo dos documentos conciliares, que atingem em profundidade as colunas básicas da realidade catequética: o *objeto* (a Palavra de Deus, pois a catequese é anúncio da Palavra), o *sujeito* (o homem crente, pois a catequese é educação da fé) e a *instituição* (a Igreja, porque catequese é sempre obra e expressão eclesial)[43].

Como vimos no capítulo anterior, as profundas transformações trazidas pelo Vaticano II, com raríssimas exceções, tiveram imediata e entusiasta acolhida no Brasil, de modo especial no movimento catequético. Os dois grandes planos pastorais, que vamos analisar se constituem nos instrumentos privilegiados de recepção do Vaticano II entre nós[44].

3. A CATEQUESE NOS PLANOS DE EMERGÊNCIA E DE PASTORAL DE CONJUNTO

Já tivemos oportunidade de analisar longamente, no capítulo anterior, a gênese e o significado desses dois planos pastorais, que inauguraram propriamente uma nova fase na vida eclesial brasileira. Agora nossa análise se restringe somente àquilo que se refere à catequese.

---

42 Cf. Giacomo Maria MEDICA, *Catechesi in* Salvatore GAROFOLO (Ed.) *Dizionario del Concilio Vaticano II*, Roma, Unedi 1969, p. 680-690; Emílio ALBERICH, *La pedagogia catechistica dopo il Concilio. Rassegna bibliografica sui problemi generali della catechesi in Orientamenti Pedagogici* 16 (1969) 292-325; ID., *Fede ed esperienza nel movimento catechistico postconciliare: istanze, realizzazioni, problemi in Catechesi* 50 (1981)17, p. 13-37; Alberto Perez MEDINA, *La catequesis: principales documentos eclesiales en los ultimos 20 años in Medellín* 8 (1982), p. 540-577.

43 E. ALBERICH, *A catequese no contexto do Concílio Vaticano II e o pós-Concílio in RdeC* 16 (1993), nº 61, p. 17.

44 "Inegavelmente o impulso maior para a difusão do Concílio, e quase para recriar uma Igreja à luz de suas grandes inspirações, partiu do próprio *PPC*, das equipes de assessores da CNBB, que multiplicaram os cursos sobre o Concílio em todo o país, do trabalho em profundidade realizado pela *Conferência dos Religiosos do Brasil* e pelo esforço de formação em todos os níveis". J. O. BEOZZO, *A Igreja do Brasil*, p. 82-83. O mesmo autor nas páginas anteriores discorre sobre a obra de repercussão internacional dos franciscanos brasileiros Boaventura KLOPPENBURG e Guilherme BARAÚNA, assessores do Concílio, comentando seus documentos.

3.1 A catequese no *Plano de Emergência*

No *PE*, a catequese está inserida no núcleo central do documento, quando na segunda parte, abordando a *renovação paroquial*, trata de certa maneira das *políticas* a serem colocadas em prática a fim de se atingir o primeiro objetivo do plano, isto é, transformar as paróquias em *comunidades de fé*. Três metas são apontadas: **1.** valorizar a pregação; **2.** vitalizar e dinamizar a catequese; **3.** promover e incentivar o movimento bíblico. Como se percebe, são três itens intimamente ligados à educação da fé. Vejamos o segundo item, mais especificamente catequético. Assim foi enunciado:

> *Valorizar e dinamizar a catequese*: orientá-la dentro de seus verdadeiros métodos e objetivos. Mobilizar todos que com ela podem de alguma maneira colaborar. Organizá-la conforme as necessidades e potencialidades das paróquias (Congregação da Doutrina Cristã, entrosada com o Secretariado Diocesano de Religião, ligado com o Secretariado Nacional de Ensino de Religião)[45].

Constatamos que as metas propostas são muito amplas; acena-se aos verdadeiros *métodos* e *objetivos* da catequese, sem, entretanto, especificá-los, discuti-los, aprofundá-los ou esclarecê-los. Pede-se também, muito genericamente, uma mobilização geral de todos quantos possam ser *catequistas*. O único ponto bastante especificado é o da *organização*! Nada se fala dos *conteúdos*, mas pelo contexto geral do *PE*, percebe-se já a influência da nova eclesiologia centrada sobre a *comunhão* e a valorização da Palavra de Deus; timidamente também já se começa a *olhar para a realidade* a partir da qual se deve impostar a renovação (principalmente do ministério sacerdotal).

O *PE* tendo sido elaborado sob forte influência do *MMM*, tendo como "raiz teológica a doutrina do Corpo Místico"[46] e às vésperas do Vaticano II, já colocava a catequese num amplo movimento de renovação, cuja concretização veio mais tarde.

Cabe ressaltar que na apresentação do *PE*, D. Hélder Câmara, então Secretário Geral da CNBB, faz menção às futuras publicações "contendo subsídios para a aplicação do Plano de Emergência". O segundo subsídio da lista tem como título: "A catequese, alma do Plano de Emergência"[47].

---

45 CNBB, *Plano de Emergência para a Igreja do Brasil*, Coleção *Cadernos da CNBB* 1, Rio de Janeiro: Livraria D. Bosco Editora, 1962, p. 19, nº 4.1, b.

46 ID., *Ibid.*, 1.3, p. 44.

47 ID., *Ibid.*, apresentação, p. 4. Infelizmente tal subsídio não chegou a ser produzido e publicado.

Assim a catequese foi idealizada! Podemos de fato afirmar que o *PE*, juntamente com tudo o que vimos antes e dentro do grande entusiasmo e efervescência provocados pela convocação do Vaticano II, foi um dos pontos fortes no impulso do MCB[48].

3.2 A Catequese no *PPC*

3.2.1 O Embasamento teológico-pastoral

Quanto ao *Plano de Pastoral de Conjunto* (*PPC*) de 1966, cuja gênese e significado também já abordamos, por ser um plano mais elaborado, orgânico e abrangente, dá relevo particular à catequese no quadro de toda a pastoral eclesial. Fruto da longa caminhada da Igreja no Brasil nos anos anteriores e de um modo especial da renovação que o Vaticano II trouxe à Igreja, o *PPC* tornou-se um ponto de chegada e ao mesmo tempo de partida na vida da Igreja no Brasil. Nenhum documento anterior havia descido tão a fundo na reflexão sobre a pastoral, no sentido de lhe dar um embasamento teológico substancioso para, a partir daí, traçar um plano verdadeiramente orgânico.

Do próprio nome do plano já podemos perceber uma das características impressas à catequese: ela deverá ser considerada dentro de todo o *conjunto* da ação pastoral, sem segmentações ou particularismos, em sintonia com as outras pastorais. Tal integração de toda a pastoral é dada por um objetivo geral, detalhado depois nos objetivos específicos, todos eles inspirados de um modo especial na densidade teológica da *Lumen Gentium* e demais documentos conciliares. Dos seis objetivos específicos, o terceiro se refere à catequese, sendo assim formulado:

> Levar o povo de Deus a uma maior *comunhão* de vida em Cristo, através da *Palavra* e do *testemunho* evangélico, que iluminam e alimentam[49].

Chamamos a atenção, inicialmente, para estas três palavras-chaves: comunhão, Palavra e testemunho. *Comunhão* denota a dimensão comunitária que a seguir se desenvolveu amplamente, e *Palavra-testemunho* traduz o lugar central que este binômio da *Dei Verbum* ocupou na renovação catequética.

---

48 N. G. TOLENTINO, *A renovação da catequese*, p. 21, faz uma comparação entre o *PE* e o diretório nacional *Catequese Renovada*. Cremos, porém, que o influxo deste *Plano* naquele *diretório* se situa mais no contexto global da caminhada da Igreja do que numa inspiração direta dos autores de *Catequese Renovada* no *PE*.

49 CNBB, *Plano Pastoral de Conjunto*. 2ª ed. Rio de Janeiro: Livraria Dom Bosco Editora, 1967, p. 49, nº 3. Os grifos são nossos.

Para colocar em prática este e os outros objetivos específicos, o *PPC* instituiu *linhas de trabalho* com suas *justificativas* e *atividades propostas*. Assim, nascem as 6 *linhas de ação* que inspiraram também a organização de todo o organismo da CNBB. No caso da catequese, o antigo SNER será substituído agora pelo SNAC (Secretariado Nacional de Catequese)[50], logo depois chamado simplesmente pelo nome de *Linha 3*[51], responsável pela animação e organização das atividades referentes à educação da fé em termos nacionais. Entretanto, o *Ensino Religioso Escolar*, junto com *Educação* começaram a fazer parte da Linha 6 (ação da Igreja no mundo). O MCB estará, pois, daqui para frente orbitando ao redor deste órgão nacional de coordenação, denominado *Linha 3*; cada um dos *Regionais* (inicialmente 9 e hoje 19) têm também sua *Linha 3*, porém trabalhando em íntima comunhão com a coordenação *nacional*. Mais do que o *PE*, este *PPC* e seus posteriores desdobramentos, através das quadrienais *Diretrizes Gerais da Ação Pastoral da Igreja no Brasil*, deram impulso novo à catequese, acompanhando toda a vitalidade da Igreja nessa época.

3.2.2 O espaço da catequese no Plano de Pastoral de Conjunto

Foquemos agora os textos em que o *PPC* trata da catequese. Na segunda parte, quando ele procura fazer uma *tomada de consciência da situação da Igreja no Brasil*, faz a seguinte constatação concisa, porém bastante severa sobre a catequese:

> A ação pastoral está, em grande parte, absorvida pela ação sacramental e pela administração das obras. O anúncio missionário, a catequese, o aprofundamento doutrinal e toda a educação da fé ocupam um lugar insignificante no conjunto, e a Palavra que é transmitida carece muitas vezes de seiva evangélica e de encarnação, que lhe possibilitem atingir os grupos a que dirige[52].

Todo o ingente trabalho do Pe. Á. Negromonte e de quantos trabalharam na renovação querigmática ainda não fora suficiente para uma evangelização satisfatória! O texto continua a dizer: tal situação requer uma ação

---

50 Cf. *Ibid.*, p. 89.

51 Cf. *Ibid.*, p. 65. Na verdade, o nome completo seria *Linha de Trabalho nº 3*, mas logo generalizou-se a terminologia mais simples de *Linha 3*. Também a sigla SNAC perdurou algum tempo, principalmente durante a vigência do *PPC*, mas logo desapareceu.

52 *Ibid.*, p. 37-38; mais na frente, na parte propriamente catequética, afirma que "a vida cristã do povo de Deus em nosso país está marcada por uma ruptura entre religião e vida e, para muitos, o cristianismo transformou-se num ritualismo quase vazio, sem contato vital com o mistério de Cristo, nem inserção na comunidade de Igreja". *Ibid.*, p. 66.

da Igreja orientada numa perspectiva marcadamente *missionária*, capaz de conduzir a uma *explicitação e aprofundamento da fé* e inserir organicamente os cristãos na *comunidade de Igreja*[53]. Insiste sobretudo na integração entre *educação da fé e vida sacramental* visando à construção da comunidade eclesial, pois não pode haver conversão sincera e adesão pessoal a Cristo sem inserção na comunidade visível da Igreja pela fé e pelos sacramentos[54]. Como se vê, ao lado da constatação de uma catequese pouco valorizada no conjunto eclesial, o documento logo aponta grandes linhas de inspiração para a sua revitalização, a partir de uma eclesiologia de comunhão, sublinhando a relação que deve haver entre crescimento na fé e inserção na comunidade eclesial, entre conversão-adesão a Cristo e construção da Igreja.

Tais diretrizes e fundamentação teológica da catequese continuam a ser desenvolvidas no item propriamente dedicado à *Linha 3*. Seu título: "Promover a ação catequética, o aprofundamento doutrinal e a reflexão teológica"[55]. Numa primeira parte encontramos a *Justificativa;* numa segunda, as *Atividades propostas*. A *Justificativa* é constituída de três páginas que resumem as intuições da *Dei Verbum:* a criação, revelação e salvação em Cristo, sua obra em "palavras e ações", a missão da Igreja de transmitir a revelação, sua função de interpretar autenticamente a Palavra de Deus, o lugar do magistério e da reflexão teológica. Essa espécie de *teologia da palavra* se conclui com a afirmação:

> Assim como a vida da Igreja recebe um forte incremento pela contínua participação no mistério eucarístico, assim também se pode esperar um novo impulso de vida espiritual pela veneração da Palavra de Deus, que permanece para sempre (Is. 40, 8; 1Pd 1, 23-25)[56].

Aqui estamos num campo de reflexão e *petição de princípios* totalmente diferentes daqueles do tempo do Pe. Negromonte, em que pese a influência do Movimento de Munique. O discurso é totalmente outro. Vemos que, nem bem o Vaticano II havia sido concluído, e já sentíamos seu reflexo em nossa catequese. A *Dei Verbum,* certamente uma das pilastras deste Concílio, é colocada na raiz de nossa visão de catequese. A *centralidade da Palavra de Deus na vida cristã,* propugnada por aquele magno documento é

---

53 *Ibid.*, p. 66.

54 *Ibid.*, p. 38.

55 *Ibid.*, p. 65.

56 *Ibid.*, p. 66.

agora assimilada em nosso *PPC* e aplicada à educação da fé. Tal perspectiva revolucionária atravessou de ponta a ponta a renovação catequética, trazendo-lhe novo vigor. Mas estamos apenas no início: o trabalho de tirar todas as consequências da *Dei Verbum* e demais documentos conciliares exigiu anos de caminhada, que acompanharemos.

3.2.3 Justificativas teológico-pastorais

Nesse momento, ainda dentro das *justificativas,* o *PPC* começa a fazer considerações sobre a importância da catequese na vida da Igreja, no sentido de "educar a fé do povo de Deus tornando seus membros cada vez mais adultos, humana e sobrenaturalmente". Insiste na necessidade de um "clima e ambiente eclesial que sustente e dinamize a catequese" e ao mesmo tempo no esforço da catequese para "orientar e levar o cristão a inserir-se numa comunidade de Igreja concreta". Sublinha a importância da preparação catequética aos sacramentos e a exigência de uma "séria e metódica reflexão teológica que aprofunde a inteligência sobre os dados da revelação" para que haja um bom aprofundamento doutrinal na catequese.

A seguir, é apenas timidamente sugerida outra dimensão que no futuro terá impacto e consequências no movimento catequético: "Faz-se necessário, igualmente, um *conhecimento mais preciso da realidade humana* e de Igreja". Igualmente fala da necessidade de "contínua experimentação e revisão dos métodos, da pedagogia e da organização". Apela ainda para "uma formação intensa dos diversos membros da comunidade de Igreja, e em especial, catequistas e teólogos". Uma nota curiosa conclui estas justificativas: a importância de "despertar a opinião pública, sobretudo dentro dos quadros visíveis da Igreja, para o verdadeiro enfoque, importância e natureza do problema"[57]! Essa legítima preocupação com a opinião pública (sobretudo eclesiástica!), que não estava acostumada a esta nova linguagem, e sobretudo, novo modo de *ser Igreja,* foi logo traduzido a seguir numa linha de ação[58].

3.2.4 Meios e estratégias

O segundo ponto desta *Linha 3* de trabalho trata das atividades propostas,

57 Todas citações deste parágrafo estão na página 67 do *PPC*. Não tendo ainda sido adotado o sistema de numeração sequencial, fica difícil citar mais exatamente este documento *PPC*, pois a numeração das páginas variam nas várias edições.

58 Cf. CNBB, *PPC*, p. 69, nº 4.

divididas em *atividades fins* e *atividades meio*[59]. É uma linguagem técnica que perpassa todo o *PPC*. Nas *atividades fins* são previstas as atividades tradicionais quer da *catequese comunitária*, quer da *educação religiosa escolar*. É importante notar o seguinte: a) como lugar de catequese, fala-se em comunidades de base, Matriz e zonas pastorais[60], uma nova maneira de conceber o território paroquial; b) insiste-se numa promoção e organização da catequese "através de sistema de rádio e TV com recepção organizada"[61]; c) no último item há uma clara referência e envolvimento da ACB na atividade catequética da Igreja[62].

Quanto às *atividades meio* o mais importante é a insistência naquilo que timidamente já havia sido enunciado: o conhecimento da realidade[63]. De fato, em todos os níveis (nacional, regional, diocesano) é necessário conhecer

> a história religiosa, as categorias e expressões religiosas, os níveis de motivação religiosa e comportamento moral, a psicologia em relação com a vida religiosa, a situação social, a estrutura econômica, o nível cultural, a dinâmica da evolução em suas relações com a vida religiosa, a situação atual da catequese que é ministrada, da reflexão nas diversas ciências sagradas[64].

Além disso é necessário refletir à luz da teologia esses dados da realidade para se poder elaborar as linhas da renovação catequética[65]. Cremos que as célebres ideias surgidas na reunião de junho de 1968 no Rio de Janeiro, da qual falaremos logo a seguir, são a execução corajosa, sim, das orientações e atividades propostas agora em 1965 no *PPC*: aqui pode ser detectada sua gênese próxima, embora se deva reconhecer a audácia e grandeza de visão dos participantes daquela reunião.

---

59 Cf. *Ibid.*, p. 68 A e 69 B.

60 Cf. *Ibid.*, p. 68, A, 2. Esta nova organização, principalmente no que se refere às comunidades de base (ainda sem o adjetivo *eclesial*, que veio mais tarde), encontra-se em todo o *PPC*, mas particularmente na p. 58, 1 e 2.

61 Cf. *Ibid.*, p. 68, A, 7. Quanto à catequese por rádio, já era prática antiga do *Movimento de Educação de Base*, como vimos. Na TV houve pouquíssimas tentativas. Somente no final e início do século, é que um grupos de leigos liderados pelo Arcebispo de Bauru (SP), D. Antônio Mucciolo, com o apoio da maioria das dioceses brasileiras, inaugurou a "TV Vida" com finalidade tipicamente catequética e evangelizadora. O mesmo se diga da *Canção Nova*, do Pe. Jonas Abib e outras iniciativas.

62 Cf. *Ibid.*, p. 68, A, 9. Isso deve amenizar um pouco a afirmação de J. O. BEOZZO de que com o advento do *PPC* a classe média e os leigos engajados "perdem suas organizações pela supressão dos movimentos da ACB". ID., *Igreja no Brasil – o Planejamento Pastoral em questão*, 497; na mesma direção vão as irônicas e caricaturais páginas 498 e 500!

63 Cf. acima item 2.2.4.

64 CNBB – *PPC*, p. 69 nº1 a) até f).

65 Cf. *Ibid.*, p. 69, nº 2. Cremos ter havido neste número um erro de redação, pois não se entende como se possa indicar, como *atividades-meios* e dentro deste contexto, a elaboração das grandes linhas da "reflexão nas diversas ciências sagradas" como o texto deixa a entender. Talvez os redatores quisessem dizer que se deve "refletir à luz da teologia e *das diversas ciências sagradas* os dados da realidade...".

Em outros lugares do *PPC* há referências à catequese[66], principalmente quando se urge educar a fé dos leigos para dinamizar sua participação na Igreja[67] e quando a dimensão comunitária é amplamente discutida e proposta como característica fundamental da vida cristã. Mas cremos que, com a análise acima, já ressaltamos as linhas principais traçadas pelo *PPC* e que foram o motor da entusiástica revolução na catequese acontecida nos anos seguintes.

3.3 A situação da catequese em 1968

O ano de 1968 representa um tempo tenebroso para o Brasil, do ponto de vista político-social: a decretação do *Ato Institucional nº 5* (AI-5), fechando o Congresso, impôs a censura à imprensa e impôs a força militar no poder. Entretanto, assim como a sociedade era sacudida pelas agitações do mundo estudantil, especialmente na França e Estados Unidos, com reflexos em todo o mundo, para a Igreja, e de um modo particular para a catequese, representava um ano de grandes mudanças. É nesse ano que se realizam o *Encontro Nacional do Rio de Janeiro*, a *Semana Internacional de Medellín* e a *Assembleia Episcopal do CELAM*. Será, pois, necessário analisar cada um desses eventos e seu significado para o MCB.

Antes, porém, constatemos a situação da catequese dois anos após a aprovação do *PPC* e seis meses antes do *Encontro do Rio de Janeiro*. A *reunião nacional dos secretariados regionais* de catequese, em fevereiro de 1968, nos fornece esses dados. Vemos já os efeitos benéficos das novas diretrizes de uma pastoral planificada, embora permaneçam deficiências crônicas. Assim, por exemplo, apesar do esforço de renovação do conteúdo, da pedagogia e do método, em várias áreas a catequese permanece como transmissão de doutrina, sem atingir a vida; métodos importados de outras regiões mostram-se ineficazes. Por parte de presbíteros, religiosos e leigos há uma tomada de consciência mais teórica do que prática da verdadeira dimensão da catequese. Como positivo, se constata que

> em quase todos os regionais surgem novas experiências de educação para a fé a partir da realidade concreta dos homens; em várias regiões criam-se ISPACs e escolas catequéticas; multiplicam-se os cursos de formação em todos os níveis [...]; em algumas regiões a catequese popular assume grande prioridade[68].

66 Cf. R. MENDES DE OLIVEIRA, *O Movimento catequético*, p. 64-67. N. G. TOLENTINO, *A renovação da catequese no Brasil*, p. 26-28: este autor parece ter dado pouca importância ao *núcleo catequético central do PPC* e girado em torno de questões periféricas, uma vez que não faz uma análise mais profunda de todo o conjunto da *Linha 3*.

67 Cf. CNBB – *PPC*, p. 41.

68 CNBB, *Sétima Reunião dos Secretariados Regionais e Nacionais in CM* (1968) nº 186-187, p. 18; *Reunião Nacional dos Secretariados in Nacionais Informam* (1968), fevereiro-março, número especial, p. 10.

Durante os debates, reafirma-se não só a necessidade de renovar o conteúdo e a pedagogia, mas também de

> assumir, cada vez mais, toda a *dimensão humana*, empreendendo uma educação para a fé, inserida nesta mesma realidade; a catequese, além de transmitir o conteúdo da mensagem e levar a uma conversão de vida, procura *formar a comunidade eclesial* e dar-lhe maior vitalidade[69].

Como se vê começou a despontar, lentamente, a preocupação de imprimir uma dimensão mais *situacional, antropológica* à catequese. Ao mesmo tempo se fez presente a dimensão *comunitária*. São duas características que se acentuavam cada vez mais, dando características próprias ao MCB. Os grandes eventos seguintes confirmaram essa tendência.

Emergiu também dessa reunião um forte desejo de maior diálogo e contribuição entre *catequese e teologia*; a catequese poderia beneficiar-se amplamente com a contribuição dos teólogos, e estes, por sua vez, podem enriquecer sua teologia no contato e no diálogo com os fiéis e pastores que vivem e sentem a problemática de uma fé encarnada.

Ao mesmo tempo, estabelecem-se as características de uma *teologia a serviço da catequese*: que esteja a serviço do povo de Deus, e não seja patrimônio exclusivo do clero; que leve em conta a realidade dos homens e da Igreja, para explicar melhor o Mistério revelado; que seja elaborada em diálogo com o Povo de Deus e com sua participação efetiva[70]. No encontro do Rio de Janeiro, que analisaremos, houve este feliz encontro entre teologia e catequese, levando a resultados bastante fecundos.

4. O ENCONTRO NACIONAL DE CATEQUESE NO RIO DE JANEIRO: JULHO DE 1968

4.1 Motivações do Encontro Nacional

Cremos que três são os motivos que estão na raiz da realização desse importante Encontro Nacional[71] de 1968 para a caminhada da catequese no Brasil: o *primeiro*, mais remoto, foi o clima sociopolítico pelo qual passava o

---

69 CNBB, *Sétima Reunião dos Secretariados*, p. 18; *Reunião Nacional dos Secretariados*, p. 10. Os grifos são nossos.

70 *Ibid.*, p. 19; *Reunião Nacional dos Secretariados*, p. 11.

71 A documentação sobre este evento em 1968 no Rio de Janeiro e as referências que se fazem a ele posteriormente usam uma *nomenclatura variada* para denominá-lo; o relatório oficial do *SNAC* chama-o de *Encontro Nacional de Catequese*; em outros lugares é denominado também *Seminário Nacional de Catequese* ou ainda *Seminário de Estudos, 1º Seminário Nacional de Estudos sobre Renovação Catequética*, ou simplesmente *Semana Nacional de Catequese*.

Brasil, que podemos genericamente chamar de "injustiça institucionalizada" reinante naquele 1968. O endurecimento dos militares, o fechamento do Congresso, a perseguição política e ideológica, o terrorismo por parte tanto das forças que se rebelavam contra os donos do poder como do aparato militar e paramilitar repressor, a ignóbil e hedionda prática da tortura, a censura aos meios de comunicação e a perseguição da Igreja (quase a única força da sociedade que então ousava levantar a voz)... tudo isso criava um clima que exigia dos cristãos uma resposta evangélica.

De um modo geral a Igreja se uniu neste momento difícil da história e enfrentou, muitas vezes sofrendo o martírio em seus membros, a dura situação. O Episcopado fazia sentir sua voz profética através de diversos documentos e gestos. A teologia da libertação, nascia, nos meios brasileiros, enraizada neste húmus que, de resto, era de toda a América Latina. A catequese sentiu também os influxos deste ambiente, ao propor uma renovação de seus conteúdos e métodos a partir da situação histórica de gritante injustiça.

O *segundo* motivo que provocou a guinada da catequese no Encontro do Rio em 1968 é de ordem mais teológica, e por isso mais importante: a renovação conciliar. As novas perspectivas teológicas e pastorais propostas pelo Vaticano II encontraram eco muito fecundo e imediato na Igreja do Brasil. Como vimos, seu fruto mais evidente e tempestivo são os dois planos pastorais (*PE* e *PPC*); no SNER, a partir de 1962, o *Plano de Emergência* era o ponto de referência de inúmeras atividades. Mais ainda, quando apareceram o *PPC* e a reestruturação da CNBB, momento em que o SNER passou a ser denominado SNAC, a catequese em nível nacional adquiriu novo impulso organizativo e um dinamismo deveras impressionante, sob o impulso das mudanças conciliares.

O Encontro Nacional do Rio de Janeiro está intimamente ligado ao *PPC* no sentido de que não foi outra coisa senão a realização de seu *projeto 2.9*. Seu objetivo já estava definido desde 1965:

> Refletir à luz da teologia sobre os dados da realidade e elaborar as grandes linhas da renovação catequética e da reflexão nas diversas ciências sagradas[72].

Para alcançar tal objetivo, o *projeto 2.9* do *PPC* estabelecia dois Seminários Nacionais: um em julho de 1968 e outro em julho de 1970, precedido, ambos, por estudos de peritos e sob a coordenação do SNAC. O Encontro do Rio de Janeiro é, pois, a realização da primeira parte deste projeto.

---

72 CNBB – *PPC*, p. 124, nº 2.9.

Um *terceiro motivo* deste Encontro, que podemos dizer circunstancial, foi a preparação da *Semana Internacional de Medellín*, cuja realização seria imediatamente depois. De fato, é o que lemos em seus objetivos:

> Avaliar o movimento catequético do Brasil nos últimos cinco anos e prever as perspectivas para o futuro; preparar a Semana Internacional de Catequese a realizar-se em *Medellín* (Colômbia) de 12 a 17 de agosto de 1968[73].

4.2 Sua preparação

Deve-se assinalar também que o encontro de julho de 1968 foi patrocinado não só pelo SNAC, órgão da CNBB, mas também pelo CLAF, órgão do CELAM[74]. A preparação foi longa e cuidadosa; os professores dos seis ISPACs existentes na época se reuniram de 12 a 14 de fevereiro de 1968; ao tratar da preparação deste encontro, urgiram a realização de "um levantamento sobre a situação da catequese no país"[75]. De fato, tal pesquisa já atribuída à responsabilidade do CERIS pelo *PPC*, foi realizada logo em seguida em todo o território nacional[76]. Um minucioso questionário foi enviado a todas "equipes regionais, os ISPACs e escolas catequéticas, as comissões diocesanas de catequese" para ser discutido e respondido. Na introdução do questionário se lê:

> Tomamos como base deste roteiro o objetivo geral e os seis objetivos específicos de ação da Igreja, apresentados pelo *Plano de Pastoral de Conjunto*, pois, uma catequese renovada deve perseguir estes seis objetivos. Seguimos o método *ver, julgar e agir*, formulado de maneira mais integrada e dinâmica. Neste sentido, a reflexão está baseada em quatro questões fundamentais: **1.** Até onde a catequese, que se realiza no Brasil, atinge o objetivo geral e os seis objetivos específicos

73 CNBB – SNAC, *Encontro Nacional de Catequese* [Relatório], Rio de Janeiro, 1968, *in D 01651* BibINP, p. 2, mimeografado-inédito; também *Secretariado Nacional de Catequese in Nacionais Informam* (1968), junho, nº 57, p. 1: aí há uma pequena variação significativa do objetivo; em vez de dizer "prever as perspectivas para o futuro", se diz "lançar as perspectivas para o futuro".

74 Cf. CNBB – SNAC, *Encontro Nacional de Catequese* [Relatório], frontispício. Aí, e em outros lugares, documenta-se a participação destes membros do CLAF: D. Felipe Santiago Benitez, presidente, Pe. Juan Oscar Usher, secretário executivo e Pe. John Gorham (Bogotá), delegado.

75 SNAC, *Encontro de Professores dos Institutos Catequéticos in Nacionais informam* (1968), nº 50, fevereiro, p. 3.

76 Cf. CNBB – *PPC* [em apêndice, encarte após p. 140], *Programa 1: Levantamento e Pesquisas*. Quadro – Resumo. O *projeto 1.7* assim estabelece: Situação atual da catequese; datas e prazo: outubro de 1966 a setembro de 1968. Tal pesquisa estava também a serviço de outros projetos. No relatório feito na reunião dos secretariados regionais de 8 a 12 de fevereiro de 1968 no Rio de Janeiro, se diz: "Está sendo ultimado, pelo CERIS, em colaboração com o SNAC, um levantamento quantitativo da situação catequética no Brasil. O resultado desta pesquisa será um dos subsídios para o seminário (de julho)". CNBB, *Sétima Reunião dos Secretariados Regionais*, p. 19; *Reunião Nacional dos Secretariados*, p. 11.

do Mistério da Salvação? **2.** Que fatores estão ajudando a catequese a atingir esses objetivos e que fatores a impedem de realizá-los? **3.** O que está sendo feito, dentro de que medida ajuda a catequese a desenvolver estes seis objetivos? **4.** Em face destas constatações, o que a catequese deve fazer, em termos de diretrizes e atividades?[77].

4.3 A Realização

Com as respostas ao questionário, foi elaborado um relatório com dados quantitativos e reflexões de catequistas e catequetas que serviram como uma espécie de *Instrumento de Trabalho* para o Encontro Nacional[78] que se realizou nos dias 1° a 5 de julho, com a participação de mais de 66 representantes de quase todos os 13 regionais da CNBB, membros do SNAC e representantes de outros organismos eclesiais[79]. Os trabalhos foram coordenados pelo bispo responsável pela catequese nacional, D. José Costa Campos e pelo Pe. Raimundo Caramuru, da equipe do SNAC. A dinâmica, bastante participativa, constava de uma *conferência* feita por um relator, seguida de *painel* de debates, *grupos* de estudo e *plenário*.

77 CNBB – CERIS, *Renovação Catequética: Roteiro para sua avaliação.* Rio de Janeiro, 15 de janeiro de 1968 *in D 02699* BibINP, p. 1, mimeografado. Publicado também sob o título *Renovação catequética, roteiro para sua avaliação. Rio de Janeiro, 1-5 de julho de 1968 in CLA* 1 (1969) 1, p. 27-33. É interessante notar que, ao enumerar os seis objetivos específicos do *PPC*, este questionário inverte a ordem oficial (publicada no *PPC)*, voltando à ordem originária, isto é, colocando em primeiro lugar a *dimensão sociotransformadora* (*Linha* 6) e por último a *dimensão comunitário-participativa* (*Linha* 1): cf. *Ibid.*, p. 1 e 6. Acrescenta-se uma sétima dimensão: *Catequese e estruturas fundamentais da pastoral*, em vista da Pastoral de Conjunto: cf. *Ibid.*, p. 7.

78 Este *Instrumento de Trabalho* para o Encontro Nacional encontra-se *in D 15936* BibINP, publicado também *in CM* (1968), n° 186-187, p. 5-41.

79 O local do encontro foi a Casa Provincial das Filhas da Caridade (Vicentinas) no Rio de Janeiro. Dos 13 regionais somente o Extremo Oeste (Mato Grosso) e Centro (Brasília) não enviaram representantes. O regional Leste I (Rio de Janeiro e Espírito Santo) era o que tinha mais representantes, 11. Além de membros da CLAF, estavam presentes membros da CERIS, CRB, de alguns secretariados da CNBB e o Diretor Nacional de Catequese da Argentina, Irmão Onésimo O'Gorman. Note-se a presença de figuras importantes para o MCB: Pe. Hugo Assmann, Pe. Wolfgang Gruen, Ir. Antônio Cecchin, Pe. Riolando Azzi, Ir. Cristina Schröter, além de toda a equipe do SNAC: D. José Costa Campos, D. Luís Fernandes, Pe. Nereu Meirelles da Silveira, Pe. Dorvalino Eloy Koch, Pe. Marçal Versiani dos Anjos, Pe. Luciano Castelo, Ir. Bernadete Vaz de Melo, Ir. Sílvia Villac e Ir. Ana Agostinho Roy: cf. CNBB – SNAC, *Relação dos Participantes in Encontro Nacional de Catequese* [Relatório], duas últimas páginas s/n, onde se encontra também a relação completa dos 66 participantes. O Pe. Hugo Paiva, que tanta importância tivera nos anos anteriores para o MCB, não esteve presente pois, nesta data, encontrava-se na França em viagens de estudo: cf. SNAC, *Atividades do Secretariado in Nacionais Informam* (1968), n° 59/60, p. 12.

4.3.1 Os temas

Os argumentos principais estavam enucleados ao redor de três temas fundamentais:

a) *Fé e promoção humana*: exigências de uma autêntica promoção humana diante da situação atual do Brasil; que atenção a catequese está dando a este problema; o que fazer para desenvolver uma educação da fé que responda a estas exigências. O tema foi desenvolvido pelo Pe. Hugo Assmann, tendo como debatedores: Pe. Rubens Müller, Pe. Marçal Versiani dos Anjos, Cristina Schröter, Pe. Miguel Papoaski.

b) *Análise dinâmica da situação de fé hoje no Brasil e exigências que dela decorrem*: que significado teológico possui o pluralismo religioso no Brasil (religiosidade popular, cristianismo sociológico, sincretismo religioso, esforço de renovação eclesial, secularização e pós-cristianismo, pluralismo das denominações cristãs, religiões africanas, animismo indígena). Este tema esteve a cargo do Pe. Virgílio Rosa Neto, Cssr, cujos debatedores foram: Pe. Riolando Azzi, Dr. Carlos Alberto Medina, Dr. César Augusto Barroso Falcão e Irmã Ana Agostinho Roy.

c) *Fé e Comunidade eclesial*: relação entre Povo de Deus e estruturas da comunidade eclesial; o que fazer para que a educação da fé dinamize em sentido mais evangélico as relações entre membros do Povo de Deus e as estruturas eclesiais. O tema foi desenvolvido pelo Pe. José Alberto Castelo, tendo como debatedores D. Luiz Fernandes, Pe. Virgílio Rosa Neto, Ir. Antonio Cecchin, Pe. Cláudio Ortigara, Pe. Wolfgang Gruen e Pe. Nélson Queiroz[80].

4.3.2 A intervenção de Hugo Assmann

Das três grandes palestras, a que mais causou impacto foi certamente a do então Pe. Hugo Assmann[81]. Desde 1962 já tinha realizado conferências e

---

80 Cf. CNBB – SNAC, *Temário in Encontro Nacional de Catequese* [Relatório], terceira página s/n; *Temário* (do Encontro do Rio de Janeiro) *in Nacionais Informam* (1968) junho, nº 57, p. 1.

81 Hugo ASSMANN, nascido em Venâncio Aires (RS, Brasil), em 1933, estudou teologia em Roma e sociologia no Brasil. Ordenado sacerdote em 1958, trabalhou na Comissão de Liturgia da CNBB e na elaboração do *PPC*; lecionou teologia dogmática em Porto Alegre, em vários ISPACs, e na Faculdade de Teologia dos Jesuítas em São Leopoldo. Após os anos de magistério, teve que deixar o país com o endurecimento do regime militar em 1969, sendo *Professor Visitante* na faculdade de Teologia de Münster (Alemanha). De 1971 a 1973 foi secretário de estudos da ISAL (Igreja e Sociedade na AL) e professor na Escola de Jornalismo da Universidade de Costa Rica, onde fundou o DEI (*Departamento Ecuménico de Investigaciones)*; lecionou na pós-graduação de Ciências Humanas e sociais, na UNIMEP (Universidade Metodista de Piracicaba, SP) e em São Paulo. Sua obra mais sistematizada é *Teologia da prática libertadora* (Publicada

cursos em várias Universidades brasileiras e nos ISPACs do Rio de Janeiro, de Belo Horizonte e Porto Alegre[82]. Seu pronunciamento trazia a visão do Concílio Vaticano II, de um modo especial da *Gaudium et Spes* e *Lumen Gentium*, mas a partir de nossa realidade e das ciências sociais. Sua bibliografia é basicamente alemã, demonstrando sua formação e sua identificação com a teologia de linha política que nos anos 60 havia medrado na Europa[83], onde também "estava em andamento a renovação *hermenêutica*, com seu respaldo filosófico-linguístico"[84]. É considerado um dos fundadores da *Teologia da Libertação*; sua palestra pronunciada no Encontro Nacional[85]

em italiano com o título: *Teologia della prassi della liberazione*, Assisi, Citadella 1974: cf. J. B. MONDIN, *Dizionario dei Teologia*, Bologna, Edizione Studio Dominicano 1992, Verbete *Assmann*, p. 72 e *Desafios e falácias: ensaios sobre a conjuntura atual*, São Paulo, Paulinas 1991). R. OLIVEROS coloca-o no grupo que, juntamente com Segundo Galileia, J. Comblin, J. L. Segundo, G. Gutierrez e Miguel Bonino, ajudou a gestar a *Teologia da Libertação* (cf. R. OLIVEROS, *Historia de la Teologia de la Liberación in* I. ELLAUCURIA e Jon SOBRINO, *Mysterium Liberationis: conceptos fundamentales de la Teologia de la Liberación*, Valladolid: Editorial Trotta 1990, vol. I, p. 37). LIBÂNIO o vê como representante da corrente da Teologia da Libertação ligada à práxis de grupos revolucionários e próximo da posição dos *Cristãos para o Socialismo*, sem filiá-lo, no entanto, à linha mais radical da Teologia da Revolução: usa o instrumental de análise marxista (materialismo histórico), sem aceitar em nível filosófico o materialismo dialético ateu. Debruça-se teologicamente sobre a práxis de grupos cristãos politizado, radicalizados e comprometidos com a ação revolucionária (não necessariamente violenta) em relação dialética com essa mesma práxis. Constrói uma teologia da práxis e para a práxis de grupos revolucionários; é crítico das formulações e das instituições da fé; por sua vez, a fé assume função crítica da práxis, sem, porém, questionar a opção revolucionária: cf. João Batista LIBÂNIO, *Teologia da Libertação: roteiro didático para um estudo* Coleção *Fé e realidade* 22, São Paulo: Loyola 1987, p. 35 e p. 259. Por fim, trabalhou temas como as relações entre Teologia e Economia, publicando *A Idolatria do Mercado*, Petrópolis: Vozes, 1989, e *Desafios e falácias: ensaios sobre a conjuntura atual*, São Paulo: Paulinas, 1991. Faleceu em S. Paulo aos 22 de fevereiro de 2008.

82 É o que deixa transparecer textos de palestras e cursos conservados no arquivo do INP de Brasília, como *O mistério da Igreja, o Povo de Deus: breves notas à margem da Constituição LG in D 02054* BibINP, 5 p., mimeografado; *A concepção de Deus e da Fé: perspectivas de reflexão teológico-pastoral*: Comunicação ao Seminário de Evangelização, Belo Horizonte de 5 a 15 de fevereiro de 1966, *in D 03322* BibINP, 12 p., mimeografado; um resumo desta palestra com indicação de Porto Alegre, janeiro de 1966, se encontra *in D 03323* BibINP, 6 p., mimeografado.

83 Os autores mais citados são Karl Rahner, E. Schillebeeckx, J. B. Metz, J. Moltmann, R. Bultmann, D. Chenu, Teilhard de Chardin, Otto Semmelroth, R. Guardini, H. von Balthasar, A. Liégé, John Robinson, Harvey Cox, E. Feiffel, A. Brunner, R. Schnackenburg, Jean Mouroux, D. Bonhoeffer, Martin Buber, René Latourelle, Ph. Roqueplo Ducrocq.

84 Wolfgang GRUEN, *As novas orientações para a catequese no Brasil in RdeC* 7 (1984), nº 27, p. 35.

85 H. ASSMANN, *Fé e Promoção humana, in* SNAC, *Encontro Nacional de Catequese*, Rio de Janeiro, 1-5 de julho de 1968 *in D 01651* BibINP, p. 1-11, mimeografado. Encontra-se, no mesmo arquivo do INP, uma outra versão com o título *Fé e Processo Histórico. Tópicos tirados das colocações do Pe. Hugo Assmann: texto não integral in D 01663* BibINP, p. 1-8, mimeografado. Apesar de observar que o "texto não é integral", entretanto corresponde ao oficialmente publicado pelo SNAC, trazendo às vezes uma versão mais compreensiva. Aqui citaremos sempre a versão oficial do SNAC, recorrendo à segunda versão para casos de esclarecimentos.

foi toda vasada nas categorias e linguagem desta original reflexão teológica latino-americana. Nela ele procurou dar nova interpretação à fé e ao ato evangelizador, porém, a partir da realidade sofrida vivida pelo povo brasileiro, com amplidão de horizontes.

Ela deu o tom a todo a *Semana*, influenciando as discussões e, de um modo especial, o documento final, denominado *Conclusões*. Após uma introdução, aludindo aos pontos urgentes do atual processo histórico brasileiro, o autor apresenta 12 elementos para um quadro de referência teológico[86], tentando depois fazer a aplicação dessas referências teológicas à evangelização[87]. Conclui apresentando 20 critérios para que seja superada a crise atual[88]. As categorias, o linguajar e em especial o novo e revolucionário

---

86 Vale a pena registrar os doze pontos: 1. O primado da História da Salvação geral e a diaconia da história da salvação particular; 2. A originalidade do judeu-cristianismo e sua missão; 3. Conversão ao Reino como conversão à história em movimento; 4. Conversão a Deus na conversão ao homem; 5. A distinção entre o cristão e o simples humanismo; 6. Cristianismo e ideologia; 7. Cristianismo como movimento religioso, não religião; 8. Reino de Deus e as estruturas do mundo; 9. Micro e macroprocesso histórico: próximo-indivíduo, próximo-massas humanas; 10. Reino de Deus e projeto revolucionário; 11. O imobilismo religioso das estruturas mentais dos cristãos; 12. Profetismo e dinâmica do Cristianismo (*kénosis*): cf. H. ASSMANN, *Fé e Promoção humana*, p. 2-7.

87 Bastam estas duas citações: "No passado até há pouco, e hoje em muitas áreas predominou na Evangelização a *preocupação salvacionista:* temos que fazer os homens entrarem no céu. Daí uma noção de fé minimalista. Ausência da característica original da fé judaico-cristã: fé como ato e *processo histórico*. Logicamente, primado de preocupação *religiosa* (ligar e enquadrar nas práticas institucionais) e o consequente sacramentalismo". *Ibid.*, p. 7. Após constatar que a renovação catequética querigmática e mesmo aquela proposta pelos ISPACs apenas tiveram o "mérito da melhoria da Mensagem, tornando-se mais cristocêntrica", diz que o próprio Vaticano II, que "louva a inserção no processo histórico, continua insistindo preocupadamente sobre o destaque a dar à Palavra tomada em si mesma". Propõe então um salto de qualidade, para que a catequese possa responder "às urgências do processo histórico-revolucionário". *Ibid.*, p. 7-8.

88 Destacamos os seguintes: **1.** "O processo histórico de libertação e o processo de evangelização devem ser vistos como indissociáveis, formando um único filão processual de acontecimentos concretos, embora não coincidam adequadamente". *Ibid.*, p. 8, nº 1. **2.** "A *conversão cristã* é encontro com o Cristo histórico no encontro histórico com os homens contemporâneos, numa inserção no solidário processo histórico. Só a partir do encontro com o Cristo presente neste compromisso recíproco adquire sentido a visão retrospectiva sobre o Cristo de ontem (seus gestos e suas palavras) e com o Cristo que se presentifica nos sacramentos da Igreja. Esta característica de o ato e o processo de conversão cristã serem *compromisso histórico* não é acidental à fé cristã, mas revela precisamente sua *originalidade*. Quando lhe falta esta nota de pertença histórica, que a transforma necessariamente num ato "político", recai no nível da simples fé religiosa, como a ocasionam também outras religiões". *Ibid.*, p. 8, nº 6 e 7. **3.** "As noções, embora um tanto imprecisas e de uso variado, de "conscientização", "educação de base" e "politização", dado a sua gênese e uso entre nós, parecem ricas de sentido para expressarem o encaminhamento processual de "educação da fé"". *Ibid.*, p. 8, nº 12. **4.** "A Palavra evangelizadora, como conscientização da Vida presente de Deus, é essencialmente processo dialogal e comunicação dos homens entre si. E Igreja é reciprocidade dos apelos mútuos, convocação e comunhão fraterna. Por aí vemos a importância da doutrina conciliar de que a Evangelização é *ato de Igreja*, que emerge e se instaura no processo histórico dos homens que se libertam e convocam para a fraternidade. Senão não teria sentido definir a Igreja como "Sacramento da unidade"". *Ibid.*, p. 8, nº 15.

enfoque da *Teologia da Libertação*, que no momento dava seus primeiros passos, fazem-se presentes de modo significativo. À luz de tudo aquilo que Assmann falou em sua densa exposição, conclui dizendo que

> parece chegada a hora para uma séria tomada de consciência de uma virada, de um deslocamento de eixo na concepção e execução do processo de Evangelização. A etapa de melhoria da Mensagem, como *a priori* ao processo histórico, parece ter exaurido suas virtualidades. Prosseguir simplesmente nela significaria fixar-se num pastoralismo intra-eclesiástico e situar a Igreja em face do mundo, em vez de concebê-la como Sacramento da unidade libertadora e salvadora dos homens que emerge do mundo. Doravante será necessário tirar as consequências da indissociabilidade entre processo histórico e processo de Evangelização[89].

Os participantes do Encontro, de fato, tiram as consequências dessas premissas teológicas propostas por Assmann, provocando uma verdadeira *virada*, deslocamento de eixo na catequese que haverá de influenciar o MCB daqui para frente. De fato, lendo as *sínteses de conclusões dos grupos relativas ao primeiro tema*, tem-se a nítida sensação de que o conteúdo proposto por Assmann foi bem assimilado[90], com uma "séria tomada de consciência" dos novos rumos. Esta *síntese* apresenta inicialmente uma reflexão sobre a *realidade sociológica* e a *realidade catequética*[91], passando a um *julgamento da realidade constatada*[92] e concluindo com *perspectivas*. Eis algumas dessas *perspectivas*:

---

89 *Ibid.*, p. 10.

90 Não é esta a opinião de um ilustre participante, antes, *conferencista* responsável pelo segundo tema, que ao lado de um juízo positivo sobre o significado do Encontro (cf. abaixo nota 104), deu este outro parecer negativo: "os responsáveis regionais e diocesanos presentes foram sacudidos pelas novas ideias e se perderam completamente, pois não chegaram a entender a justificativa teológica apresentada por Hugo Assmann e não assimilada pelos participantes" (Virgílio Rosa NETO, *Carta ao Pe. Ralfy Mendes*, Rio de Janeiro, 13 de agosto de 1973, p. 3, cuja cópia se encontra nos arquivos da *Linha 3* da CNBB em Brasília). O Pe. Wolfgang Gruen, participante e debatedor durante o Encontro, desautoriza tal juízo: cf. W. GRUEN, *As novas orientações*, p. 36-37. Expressou essa opinião também em entrevista por ocasião do Congresso de Caracas em setembro de 1994. Cf. cap. V, nota 31.

91 Alguns tópicos: "Há um esforço louvável para apresentar o mistério cristão na realidade brasileira, mas, de modo geral a catequese situa-se muito aquém do processo de libertação exigido pelo evangelho. (...) A catequese não tem levado a um engajamento, mas se preocupa em formar o homem, o bom cristão. Há um aperfeiçoamento na linguagem "segundo o Vaticano II", mas falta o gesto, tanto para o sacerdote, como para os cristãos. Certos movimentos, como sindicalismo, são proféticos, mas estão completamente dissociados da catequese. Também os grupos ACO, JOC, JAC não estão suficientemente presentes nos ISPACs e outros órgãos que desejam formar evangelizadores e catequistas" (SNAC, *Encontro Nacional de Catequese* [Relatório], p. 2-3).

92 Destacamos este item: "Em catequese não estamos suficientemente conscientes do que queremos por que não convivemos bastante com o povo porque nos faltam estudos científicos sérios

> O processo histórico de libertação e o processo de evangelização, devem ser considerados indissociáveis, embora distintos. A evangelização será feita a partir dos acontecimentos concretos [...], o evangelho anunciado como um acontecimento de libertação dos cativos, uma alegre notícia para os pobres e oprimidos. [...] A evangelização só será exaustiva e desencadeará um autêntico processo de conversão (revolução) se permanecer não apenas no âmbito do micro processo de grupo ou pessoas isoladas, mas se evoluir para um âmbito de ação mais global. A visão retrospectiva sobre o Cristo histórico só terá sentido na medida em que for indicada a sua atuação no presente. A referência ao Cristo histórico é fundamental pois revela precisamente a originalidade da fé cristã. A distância entre culto e vida deve ser combatida como um dos mais graves de nosso tempo[93].

4.3.3 Outras intervenções

Quanto ao *segundo tema*, quase não há novidades. O relatório do encontro não apresenta o texto da palestra[94]; a discussão em grupos também deve ter sido fraca, pois os participantes ficaram só no *Ver* e no *Julgar*; o relatório não apresenta *perspectivas* ou pistas de ação[95]. Quanto ao *terceiro tema*: *Fé e Comunidade Eclesial*, além do embasamento teológico no Vaticano II, refletindo sobre o aprofundamento da vida de comunhão eclesial, que supere as meras estruturas, os participantes mostram preocupação com a figura do catequista:

> não [é] um professor que leva uma mensagem, mas um dinamizador que caminha, que cresce com o grupo [...], inserido nos grupos e na comunidade eclesial. Donde, não haverá mais evangelizadores que vivam e função e estruturas artificiais, mas apenas naquelas mediações que surgirão da vida da comunidade[96].

---

de antropologia, psicologia, sociologia a partir dos quais deveriam ser ensinadas a Evangelização, a Catequese, a Liturgia e também a formação nos ISPACs e demais Institutos de Catequese. (...) Até que ponto no Brasil há uma realidade cristã consciente vivida?" (*Ibid.*, p. 3). E continua constatando a falta de envolvimento responsável dos agentes de catequese (alunos e professores dos ISPACs) no processo histórico, a existência de um cristianismo nocional e não de conversão, enfim, uma dicotomia entre fé e vida: cf. *Ibid.*, p. 3.

93 *Ibid.*, p. 4, nºs 1-2, 4, 6-8.

94 O relatório diz explicitamente: "Observação: o responsável pelo Tema II, Pe. Virgílio Rosa Neto, CSSR, não apresentou trabalho escrito. Segue-se a síntese das conclusões dos grupos de estudo". SNAC, *Encontro Nacional de Catequese,* Tema II: *Análise dinâmica da situação de fé no Brasil e exigências que dela decorrem* (*Conclusões dos grupos*), p. 1. Conforme o Pe. Wolfgang Gruen, esta incúria do conferencista é mais um motivo para desautorizar o seu severo juízo com relação à palestra de Assmann: cf. nota 90 acima.

95 Cf. *Ibid.*, p. 1-4.

96 SNAC, *Encontro Nacional de Catequese*, Tema III: *Fé e Comunidade*, Grupos de Estudos: *Síntese das conclusões*, p. 3.

4.4 As conclusões

Interessa-nos agora fixar a atenção sobre as *Conclusões*, único documento do Encontro Nacional do Rio de Janeiro de 1968 que foi publicado[97] e que, de certo modo, recolhe as intuições maiores dos participantes. O documento é composto de uma introdução e de três partes, que basicamente segue o esquema do método *ver-julgar-agir*. É um dos primeiros, se não o primeiro documento da CNBB a ser estruturado neste método, que mais tarde também a Sé Apostólica usará em seus documentos. Inicia-se com a análise da situação, iluminando-a com princípios teológicos e concluindo com diretivas de ação. Com pequenas variações, esta metodologia vai tornar-se tradição, chegando até os dias de hoje.

Na *Introdução*, após analisar a situação catequética, fazendo uma breve retrospectiva da renovação querigmática, apresenta a base teológica, mais especificamente eclesiológica, que fundamenta as novas "opções decisivas sobre todo o processo de educação para a fé":

> Toma-se consciência de que o Reino de Deus, pelo mistério de Cristo e pela ação do Espírito – de que a Igreja é o Sacramento de salvação universal – já começa a realizar-se na própria história humana, sem com ela identificar-se. Esta presença ativa da salvação, operando-se na história humana, e a originalidade

97 Foi publicado com o título de: *Conclusões do Seminário de Estudos sobre a Renovação Catequética*. Nos arquivos do INP da CNBB de Brasília encontra-se uma cópia com as correções finais, sob o nº *D 02628* e outras cópias sob os nºs *D 01651* e *D 4685* com a redação final. O *Relatório* do SNAC, acima citado, publica o documento em 6 p., em seu final. Oficialmente foi publicado *in Nacionais informam* (1968), nº 62, setembro, p. 1-6; *in* SEDOC 1 (1968), 987-992; *Conclusões do Seminário de Estudos sobre a Renovação Catequética in CLA* 1 (1969), 1, 146-159. W. GRUEN, *As novas orientações*, p. 36, nota 3, acha estranho este título, mas é o oficial, conforme o documento original *D 2628* BiblINP. Não se entende como a REB não tenha publicado este documento, nem noticiado o *Encontro*. No exterior, além da revista *CLA*, o documento foi publicado somente em italiano, assim mesmo com a primeira parte resumida: SECRETARIATO NAZIONALE PER LA CATECHESI (Brasile), *Incontro Nazionale di Catechesi in Catechesi* 38 (1969), nº 470, agosto-settembre, p. 8-12. É curiosa a *apresentação* que esta prestigiosa revista italiana faz do documento: "Offriamo ai nostri lettori il documento catechistico che viene del Brasile e che è già, *sembra*, un'applicazione delle Direttive di *Medellín*". Ainda bem que há ali um "sembra" que salva o equívoco, pois o *Documento de Medellin* não só é posterior, mas recebeu influência deste Encontro do Rio, através da *Semana Internacional de Medellín*, como veremos na frente. Há uma longa referência ao Encontro do Rio e às suas *Conclusões* no artigo de Maucir GIBIN: *Amérique. Brésil: L 'évolution du Mouvement Catéchètique. L'Institut National du Pastoral in Lumen Vitae* 34 (1969), p. 335-343 e *in America. Brazil: The evolution of the catechetical Movement. The National Pastoral Institut in Lumen Vitae* 24 (1969), p. 688-695. Por fim, A. Exeler, comentando a *Semana Internacional de Medellín*, fala que o grupo brasileiro havia se preparado com uma *semana de estudos e a elaboração de um documento próprio*: cf. ID., *Manifestation sozialer Unruhe. Bemerkungen zur internationalen katechetischen Studienwoche in Medellín/Kolumbien* (11-17/8/1968), *in Katechetische Blätter* 93 (1968), p. 686-687, citado por N. G. TOLENTINO *in A renovação da catequese no Brasil*, p. 36, nota 129.

> sacramental da Igreja, em relação intrínseca com esta mesma história, conduzem-nos a opções decisivas sobre todo o processo de educação para a fé[98].

A *primeira parte* sintetiza o problema básico que caracteriza a situação brasileira: subdesenvolvimento global e pluralismo religioso. A respeito do primeiro problema, chama a atenção para a necessidade de uma pastoral catequética que se baseie num conhecimento científico da realidade através das ciências sociais. Sobre o pluralismo religioso, as conclusões sublinharam três aspectos fundamentais: o sentimento religioso do povo, o catolicismo sociológico (católicos que continuam ligados à Igreja por tradição ou prática ocasional de algum gesto religioso, mas não praticam mais a fé na vida quotidiana ou na comunidade) e a secularização generalizada.

A *segunda parte* amplia o embasamento teológico já esboçado na introdução. A catequese deve visar à explanação e ao aprofundamento de todas as dimensões da fé: a *dimensão pessoal*, aperfeiçoando a religiosidade popular; a *dimensão eclesial* restabelecendo a relação entre a fé e a sacramentalidade da Igreja e a *dimensão histórico-escatológica* confrontando a fé com o processo histórico. Recomenda "o estudo sério de todo o aspecto *fé-sacramentalidade* da Igreja, apenas abordado nestes dias de estudo, devido às grandes ressonâncias de ordem pastoral nele implicadas"[99].

A *terceira parte* propõe algumas perspectivas de ação. Em primeiro lugar apresenta uma descrição de *catequese* à luz de tudo o que foi dito anteriormente:

> Entendemos Catequese como sendo uma reflexão da comunidade, à luz da fé, do seu próprio processo histórico. É Cristo, presente na Comunidade, que revela o homem ao homem (GS)[100].

As consequências pastorais mais imediatas são: perceber a importância dos meios de comunicação como fator fundamental para a aceleração ou retardamento do processo histórico e ter uma consciência crítica diante deles; promover "as

---

98 SNAC, *Conclusões do Seminário de Estudos sobre Renovação Catequética in SEDOC* 1 (1968), p. 988.

99 *Ibid.*, p. 990.

100 *Ibid.*, p. 991. Como se vê, a afirmação de J. AUDINET descrevendo a catequese como "acción por la cual un grupo humano interpreta su situación, la vive y la expressa a la luz del Evangelio" (J. AUDINET, *La renovación de la catequesis en la situación contemporánea in* SEMANA INTERNACIONAL DE CATEQUESIS, *Catequesis y promoción humana*, Salamanca: Sígueme 1969, p. 35: citaremos este documento com a sigla *SIC-68*), formulada durante a Semana Internacional de Medellín de 11-18 de Agosto de 1968, e tão citada posteriormente (cf. por exemplo E. ALBERICH, *La Catechesi della Chiesa*, Leumann (Torino), Elle Di Ci 1992, p. 65), com muita probabilidade tem seu primeiro esboço e intuição neste documento do Encontro do Rio de Janeiro de 1-5 de julho de 1968.

comunidades de base como instrumentos de superação da marginalização humana existente e como sinal do mistério de Cristo atuante". Conclui considerando a figura do "Evangelizador como homem inserido no processo histórico e que serve a Comunidade, para que ela atinja maior consciência e expresse sempre mais claramente os aspectos de libertação e construção em Cristo"[101].

A linguagem é nova e contundente, refletindo, por vezes, os problemas da época (como, por exemplo, Cristo histórico), porém ela se impôs daqui para a frente não somente como discurso retórico, mas principalmente como prática pastoral. Estava brotando, neste encontro nacional e sob o influxo dos passos anteriores, de um modo especial do *PPC*, uma perspectiva original, revolucionária, destinada a inaugurar uma nova fase em nossa catequese[102]: a realidade histórica, as situações de vida individual e social passam a ser conteúdos, e não apenas motivações para a catequese.

4.5 O significado do Encontro do Rio de Janeiro

Os documentos produzidos por um evento como esse nem sempre revelam a totalidade de sua riqueza; é preciso também considerar outros aspectos que chegam até nós através dos que vivenciaram o acontecimento. Assim, é significativo o testemunho dado pelo Pe. W. Gruen, participante desses Encontro e que depois se tornou, como veremos, um dos artífices principais de *Catequese Renovada* de 1983 e renovação que daí se seguiu. Assim ele se expressa primorosamente sobre o Encontro Nacional do Rio de Janeiro de julho de 1968:

> Esses cinco dias foram um acontecimento. Ali não se falava mais a costumeira linguagem importada. Não se parou na catequese da infância ou da adolescência. Da linguagem-pensamento passou-se à prioridade da ação transformadora feita linguagem. Mais que princípios se procuraram imperativos concretos. Da verdade possuída e estudada avançou-se para a verdade como tarefa. Enfim, o que se presenciou naquele Encontro foi um rosto novo, uma nova voz, novos rumos. Sem o percebermos, a criança agarrada à saia da mãe [catequese doutrinal e depois querigmática] havia-se tornado jovem cheio de coragem e vigor, de ira; mas de muita fé e esperança[103].

O testemunho de outro participante, Pe. Virgílio Rosa Neto, ressalta o mesmo significado e importância do Encontro, acrescentando outros aspectos, como a influência das revolucionárias ideias pedagógicas de Paulo

---

101 SNAC, *Conclusões do Seminário*, p. 992.

102 Cf. W. GRUEN, *As novas orientações*, p. 35.

103 *Ibid.*, p. 36.

Freire nos debates e posicionamentos, e o deslocamento da catequese em direção ao mundo dos adultos:

> Julho de 1968 apresenta uma data decisiva na evolução da orientação catequética por parte do ISPAC, e o início da crise que persiste em nossos dias. Esta crise pode caracterizar-se como passagem de uma preocupação de catequese de crianças e adolescentes a uma pastoral decididamente comprometida com a evangelização de adultos. Ela comporta a adoção de uma metodologia da educação de adultos tomada de especialistas, como Paulo Freire, conscientização do homem para que assuma o processo histórico, juntamente com a influência das teologias de cunho desprivatizantes: consideram o adulto na sua dimensão política, social, econômica e cultural da História única da Salvação e invasão dos métodos psicossociais de formação de grupos[104].

A pastoral, de um modo abrangente, e a catequese em particular deu um salto qualitativo para uma nova dimensão[105], que no momento foi denominada especialmente *dimensão situacional*, pois quer anunciar a mensagem de Jesus Cristo a partir da *situação* de pobreza, opressão, subdesenvolvimento em que vive a maioria da população. Futuramente outros nomes tentaram especificar e qualificar melhor esta nova visão: dimensão *antropológica*, *sociopolítica*, *profética*, *transformadora*, *vital* etc.

5. A SEMANA INTERNACIONAL DE CATEQUESE EM MEDELLÍN: AGOSTO DE 1968

Na história do Movimento Catequético da Igreja Católica os congressos e semanas internacionais dos anos 50-60 exerceram bons influxos na evolução da catequese. É sabido que os congressos ou encontros nacio-

104 V. R. NETO, *Carta ao Pe. Ralfy*, 2 (cf. acima nota 90).

105 Todos os autores que falam desse evento emitem um juízo altamente positivo sobre o mesmo. R. AZZI no seu artigo *A Catequese no Brasil. Considerações históricas in Convergência* 10 (1977), p. 506-509, transcreve longos trechos da *introdução* e da *3a. parte* das *Conclusões*. Da mesma forma o Pe. R. MENDES DE OLIVEIRA, *in O Movimento no Brasil*, atribui ao Encontro Nacional uma "importância ímpar" e também transcreve, nas p. 68-70, toda a *introdução* e quase toda a *3a. parte* das *Conclusões*. O Pe. W. GRUEN, no artigo *As novas Orientações*, refere-se a este evento como "a grande guinada" da catequese no Brasil (*Ibid.*, p. 36-37). Em meu livro *Elementos Fundamentais da Catequese Renovada*, São Paulo: Editora Salesiana D. Bosco, 1986, à p. 116 afirmo que "a verdadeira mudança no campo da catequese brasileira começou a acontecer no *Encontro Nacional de Catequese* no Rio de Janeiro em 1968". N. G. TOLENTINO em sua tese doutoral *A renovação da catequese no Brasil*, à p. 31, afirma que tal Encontro "provocou uma reviravolta qualitativa na catequese brasileira". Já em sua obra, *Catequese Católica no Brasil*, O. LUSTOSA, em vez de falar em guinada, reviravolta ou mudança, prefere ver o Encontro do Rio como um *ponto de chegada* da caminhada até então feita; conforme ele, esse Encontro "manifestou o alto grau de decantação do movimento catequético no Brasil, pois ofereceu, nas suas conclusões, como fruto das experiências vividas, um material sugestivo que será também aproveitado na Conferência do CELAM" (*Ibid.*, p. 156).

nais, como o que acabamos de analisar, exerceram mais influência no progresso da catequética do que as reuniões internacionais[106]. A importância da *Semana Internacional de Medellín*, porém, está no fato de que, por um lado, recebeu influência do Encontro do Rio de Janeiro de 1968 e outros encontros equivalentes na AL; e, por outro, transmitiu a riqueza de suas orientações para a consequente Assembleia Episcopal de *Medellín*, que, com sua autoridade e prestígio, imprimiu maior força para que fossem divulgadas e colocadas em prática em todo o continente.

5.1 Preparação e contexto eclesial

Os cinco Congressos ou Semanas internacionais até então realizados[107] tinham sido consequência ou confluência de vários congressos nacionais, que

---

106 Cf. J. GEVAERT, *Congressi catechistici internazionali in* J. GEVAERT (Ed.), *Dizionario di Catechetica*, Leumann (Torino): Elle Di Ci, 1986, p. 173.

107 Esta é a sequência de tais congressos ou semanas: **1.** *Congressus Catechisticus* [ou *Catechistici* conforme outras versões] *Internationalis* (Roma 10-14/10/1950): repercutiu as tendências metodológicas do momento: inicia-se uma tímida revisão do conteúdo. Sobre esse congresso e a participação do Brasil, já falamos no capítulo III (cf. 2.3.1); **2.** *Semana Internacional de Catequese Missionária* (Eichstätt, 21-28/07/1960), onde chega a seu ápice a dimensão querigmática; **3.** *Semana Internacional Missionária* (Bankok, 31/10 – 03/11/1962): colocam-se as exigências da evangelização diante do perigo de uma Igreja que se fecha sobre si mesma; **4.** *Semana Internacional Missionária* ou *Semana de estudos pan-africanos* (Katigondo, 28/08 – 01/09/1964): estuda as exigências da apresentação da fé em contexto africano; concentra-se nos problemas de adaptação litúrgica, revitalização do Catecumenato, preparação dos futuros seminaristas de acordo com a maneira de pensar e sentir dos povos africanos; **5.** *Semana Internacional de Catequese* (Manilha, 16-30/04/1967): amplia a reflexão para além da catequese: liturgia, meios de comunicação social, ecumenismo. Acentua-se a dimensão antropológica da catequese, na linha do diálogo em profundidade com a pessoa humana e as dimensões enriquecedoras dos catequizandos, interroga-se sobre a originalidade da Revelação para os dias de hoje, tanto do ponto de vista cristão como de outras religiões. **6.** A *Semana Internacional de Medellín* é, pois, considerada a sexta, nesta ordem: cf. *Retrospectiva dos Congressos Internacionais de Catequese in RdeC*15 (1992), nº 60, p. 77-78, na qual me servi de *Informativo* do Congresso de Sevilha redigido por Luís Resines. No entanto, as Atas da Semana de *Medellín* colocam-na com sétima (**7ª**), talvez porque considere também a de Nimega em 1959. Após essa de Medellín ainda houve a **8.** *Semana Internacional de Estudos* (San Antonio, Texas-EUA, 22-27/06/1969), onde estudo os meios de comunicação e catequese; **9.** *o Congresso Catequético Internacional de Roma* (20-25/09/1971), onde se discutiu o *DCG* aprovado naquele ano. Finalmente, o **10.** *Congresso Internacional de Catequese de Sevilha* (20-25/09/1992), no marco das celebrações do V.º Centenário da Evangelização da América Latina. Ubaldo GIANETTO usa um outro critério para elencar esses grandes eventos catequéticos; coloca em primeiro lugar o *Congresso Catequético Internacional de Roma* (1950), seguindo-se as 6 semanas da década de 50: Léopoldville-Kinshasa, 1955; Lovaina, 1955; Anversa, 1956; Assis, 1956; Nimega-Uden: 1959. Finalmente, as 6 semanas da década de 60: Eichstätt, 1962; Bangkok, 1962; Katingondo, 1964; Manila, 1967; Medellín, 1968 e San Antonio-Texas, 1969 (cf. ID., *Storia dellla pastorale giovanile e della catechesi contemporanea, 5. Il Lancio mondiale del rinnovamento kerygmatico e antropologico atraverso le settimane catechistiche di studio degli anni 60*, Roma: Università Pontificia Salesiana, Dipartimento di Pastorale Giovanile e Catechetica, Anno Accademico 1992-93, p. 4-34, mimeografado). Rudi PALOŠ, em sua tese doutoral sobre o *problema do conteúdo da catequese nos encontros catequéticos internacionais,* usa mais ou menos a mesma divisão de U. GIANETTO, sendo que na década de 60 começa com Nimega e acrescenta a de Aachen; assim, a de Medellín torna-se também a *sétima:* cf. Rudi PALOŠ, *Il problema del contenuto della catechesi negli incontri catechistici internazionali.* Tesi dottorale. Dir.: E. ALBERICH. Roma: UPS, 1994, p. 489-490, nota 76.

desde o início do século se celebravam em diversos países. Também esta Semana em Medellín, Colômbia, teve uma preparação nos vários países com a realização de semanas ou encontros nacionais. Oficialmente, porém, ela foi patrocinada pelo CELAM através de seu departamento CLAF, com a ajuda da Conferência Episcopal Colombiana e a colaboração do *East Asian Pastoral Institute*[108]. Daí se vê que por trás desse acontecimento estava também a dinâmica figura de J. Hofinger, fundador e diretor daquele Instituto Asiático e responsável também por semanas internacionais anteriores[109]. A ele coube a presidência do primeiro grupo organizador da Semana de Medellín. Entretanto, a direção da Semana ficou com o CLAF, presidido por D. Felipe Santiago Benitez (Paraguai), tendo como secretários executivos, e verdadeiros condutores, o Pe. Juan O. Usher (Bolívia) e John Gorham (Paraguai)[110]. Como vimos, os três haviam participado do Encontro do Rio de Janeiro de julho de 1968.

Antes de entrar no mérito dessa Semana, convém situar o *contexto eclesial* em que ela se realizou. O otimismo do imediato pós-concílio já estava passando e se caía na dura realidade das dificuldades que as mudanças, propostas por esse magno acontecimento, estavam trazendo para toda a Igreja. Na América Latina, alguns eventos de Igreja estavam em plena efervescência: a celebração do *Congresso Eucarístico de Bogotá*, a *visita* que Papa Paulo VI realizou alguns dias depois da Semana Internacional de catequese e a posterior *Conferência Epis-*

---

108 Cf. *SIC-68*, Presentación, 10 (Sígueme, 1969).

109 J. Hofinger, sj (1903-1984), sacerdote austríaco, discípulo e herdeiro das intuições renovadoras de J. Jungman, foi incialmente missionário na China e um incansável apóstolo da renovação catequética, não só nas Filipinas, onde fundou o *East Asian Pastoral Institute*, e as Revistas Catequéticas *Good Tidings* e *Teaching All Nations* (posteriormente *East Asian Pastoral Review)*, mas também com suas viagens fazendo conferências e organizando congressos por todo o mundo e batalhando pela renovação catequética particularmente de impostação kerigmática. Lemos no *Informativo* do SNAC: "Orientará a referida Semana de Estudos o Revmº Pe. Johannes Hofinger, sj, diretor das Semanas de Estudos realizadas em Eichstätt (1960), Bankok (1961), Katigondo (1964) e Manila em 1967": cf. *Nacionais informam* (1968) nº 54, abril, p. 4. Na verdade, o Pe. Hofinger não aderiu plenamente às novidades antropológicas que emergiam com muita força em *Medellín*, quase que como desdobramento do movimento que ele mesmo havia iniciado. Parecia-lhe ser algo sem fundamento e sem futuro. Como a Semana de Medellín foi o ápice da evolução da catequese antropológica, o Pe. J. Hofinger quase que ficou à margem das discussões, também pela sua dificuldade de compreensão do espanhol e português, línguas predominantes em *Medellín*. Posteriormente, dedicou-se ao estudo do castelhano para continuar, no seu ardor missionário, a pregação querigmática no nosso continente: cf. U. GIANETTO, *Hofinger in* J. GEVAERT (Ed.), *Dizionario di Catechetica*, 330-331. Tomou parte na preparação do Concílio Vaticano II, sob recomendação pessoal de seu amigo e professor J. Jungmann, trabalhando de modo especial na preparação da Constituição *Sacrosanctum Concilium* sobre a Liturgia.

110 "O Congresso, em seu aspecto material, teve uma magnífica organização". Francisco M. AGUILERA, *La Semana Catequística Internacional de Medellín. Apuntes para una historia interior in Catequesis anuncio de Cristo* 20 (1968), 267.

copal de Medellín. A presença do Papa criou um clima de muita expectativa e entusiasmo, tanto na Colômbia como em todo o continente: era a primeira vez na história que um Papa pisava em terras americanas.

Mas o horizonte estava carregado de ansiedades e problemas: que significado teria tal visita num momento em que a América Latina se despertava para seus grandes problemas sociais e entrava em crise de desenvolvimento, de revolução? Em quase todos países latino-americanos imperava o regime militar, *longa manus* do capitalismo internacional que relutava em perder seus avantajados espaços no nosso subcontinente. A reação oposta, do terrorismo de esquerda, não se fazia esperar: Colômbia, sede desses acontecimentos eclesiais, era a pátria do revolucionário padre Camilo Torres! Os problemas colocados pela recente encíclica *Humane Vitae* estavam acesos em todos. A iminente Conferência Episcopal iria abordar temas urgentes como subdesenvolvimento, revolução, urgência de reformas das estruturas econômicas, políticas, sociais e suas repercussões sobre a fé, a reforma da pastoral da Igreja, seus obstáculos e resistências etc.

Era esse o clima que se respirava quando se celebrou a Semana Catequética de *Medellín*, de 11 a 18 de agosto. Seu *lema* era: *Onde está a vossa fé?* (Lc 8, 25), que, de certa maneira manifestava o *objetivo* que se queria alcançar: "A avaliação da Fé dos povos latino-americanos como ponto de partida para uma evangelização e uma catequese renovada"[111]. O momento histórico de profundas transformações que estava vivendo a América Latina foi um elemento decisivo para um salto qualitativo no enfoque da catequese: a guinada antropológica. "Do *biblismo* um tanto arcaizante dos últimos decênios, se passa agora para um reenfoque da fé sobre o homem e sua realidade secular"[112].

5.2 Participantes da Semana e temário

Quanto aos participantes, "houve representantes dos cinco continentes, congregando-se, assim, o que havia de mais qualificado em matéria de pastoral catequética no mundo inteiro"[113]. Além das presenças prestigiosas

---

111 *La "Carta" Catequística de Medellín: precisiones para una catequesis actual in* Didascalia 23 (1969), p. 147. As atas dessa *Semana* publicadas em *SIC-68* não trazem essa formulação, mas genericamente se diz que "as questões principais de estudo eram a análise da fé na América Latina com suas luzes e sombras". *SIC-68, presentación*, p. 9; cf. também Felipe Santiago BENITES, *Los objetivos del encuentro in Didascalia* 22 (1968), p. 136-139.

112 *SIC-68*, 9.

113 *La "Carta" Catequistica de Medellín*, 147. "(Todos los) Continentes estaban representados por los "grandes" de la Pastoral Catequética: Instituto Superior de Pastoral Catequética de París, Centro Internacional *Lumen Vitae* de Bruselas, Instituto Pastoral de Salamanca, directores de otros grandes

do Card. Villot, prefeito da Sagrada Congregação para o Clero, do Cardeal Agnelo Rossi, Arcebispo de São Paulo, e de 21 bispos, participaram 214 pessoas procedentes de trinta países: ao todo, pois, 236 membros nessa Semana. Delas, 187 eram de 18 países da América Latina, 15 da América do Norte, 21 da Europa, 11 da Ásia e 2 da África. Com uma predominância tão grande da América Latina, pode-se falar de um Congresso de peso nitidamente latino-americano[114].

Interessa-nos destacar a presença da *delegação brasileira*. O fato de que os catequetas brasileiros já estavam usando com frequência a linguagem das ciências sociais e políticas nas categorias teológicas para muitos tornava difícil identificá-los como catequetas. Conforme o testemunho de D. Francisco Aguilera, ela era "uma equipe da melhor qualidade, um verdadeiro grupo de especialistas em diversos ramos: pastoralistas, teólogos, sociólogos e algum catequeta". Doze deles tinham participado do Encontro Nacional de Catequese do Rio de Janeiro. Predominavam também aqui os representantes do centro-sul do Brasil, enquanto o Centro-Oeste, Nordeste e Norte tinham poucos representantes. Após Colômbia (anfitriã, e por isso com mais participantes) e o México, a maior delegação era dos brasileiros.

A lista completa dos 16 participantes brasileiros é a seguinte: "O Brasil estará representado [na Semana de Medellín] por uma delegação, chefiada por D. José Costa Campos, Secretário Nacional de Catequese e Delegado do CLAF para o Brasil, e integrada pelos seguintes membros: Pe. Firmino Caberlon, Ir. Antônio Cechin, marista (*RS*), Dom Agnelo Rossi, Pe. Hugo Assmann, Dr. César Augusto Falcão e Irmã Maria Conceição Pinto (*SP*), Pe. Hugo Vasconcelos Paiva, Pe. Dorvalino Koch, Pe. Marçal Versiani dos Santos, Pe. José Engel, Pe. Nereu Meirelles da Silveira (*RJ*), Pe. Cláudio

---

centros nacionales de formación: Alemania, Canadá, Estados Unidos. Una especial mención para la delegación del *East Asian Pastoral Institute de Manila, Filipinas. En este grupo, además del Padre Hofinger, saludamos al Padre Nebreda y al Padre Calle*". F. M. AGUILERA, *La semana catequística Internacional de Medellín*, p. 266; cf. ainda *Presentación in CLA* 1(1969) nº 3, p. 7. Podemos destacar a presença destes catequetas da época: Francisco De Vos, O. O'Gorman, Dom M. Raspanti (Argentina), H. Assmann, A. Cecchin, Dom J. C. Campos, W. Gruen (Brasil), J. Gorham, J. Micolta (Colômbia), F. Ugarte Larraín (Chile), Dom F. Aguilera (México), B. Spoletini (Venezuela), A. Barth, A. Exeler (Alemanha), M. van Caster (Bélgica), C. Florestán (Espanha), J. Hofinger, A. Nebreda (Filipinas), J. Audinet, Pierre Babin, F. Coudreau, J. Puyo (França), D. Amalorpavadass (Índia).

114 Cf. *SIC-68, Lista de participantes por países*, 289-293. Estes dados não coincidem com os apresentados por alguns congressistas, como F. AGUILERA, *La semana catequística Internacional de Medellín*, p. 267, que fala de um total de 275 participantes, e J. PUYO, *Réflexions d'un témoin in Catéchèse* 9 (1969), nº 34, p. 114, que estima em 201 o total de membros da Semana. Cf. também nota seguinte.

Ortigara (*PR*), Pe. Wolfgang Gruen (*MG*), Pe. Ângelo Dantas Barreto (*RN*), Dom Antônio Fragoso (*CE*)[115].

Os grandes *temas centrais* e seus relatores foram os seguintes: **1.** Gustavo Pérez Ramírez, Colômbia: *Condições atuais da Catequese na América Latina;* **2.** Alfonso Nebreda, Filipinas: *Exigências básicas de uma catequese fundamental na atualidade*; **3.** José Gabriel Calderón (Colômbia): *A família e a fé na América Latina*; **4.** J. Audinet (França): *A renovação catequética na situação contemporânea*; **5.** José García Bauer (Guatemala): *Dimensões sociais do Apostolado Catequético*[116]. Além dessas cinco palestras centrais, foram feitas também importantes relações em torno dos temas propostos nas sete comissões e três subcomissões de estudo[117].

Infelizmente as *atas* dessa Semana, publicadas em *SIC-68*, não trazem toda a riqueza do conteúdo aí veiculado, como também faltam dados mais explícitos para a compreensão da verdadeira dinâmica da *Semana*. Não se fica sabendo quais os critérios usados para serem publicadas apenas duas relações principais das cinco havidas (as de J. Audinet e A. Nebreda)[118] e

115 Cf. *Secretariado Nacional de Catequese in Nacionais Informam*: agosto (1968), nº 61, p. 3; *SIC-68*, p. 289.

116 *La "Carta" catequística de Medellín*, p. 147-148.

117 Os temas designados para as *comissões*, e seus relatores, foram os seguintes: 1. *Formação de Catequistas*: Onésimo O'gorman (Argentina) e *Preparação de Catequistas*: Ir. Maria de la Cruz (Estados Unidos); 2. *Catequese e Liturgia*: Luis Maldonado (Espanha); 3. *Orientações atuais da catequese como base para a reforma catequética na América Latina*: Joseph Bournique (França); 4. *Bíblia e Catequese*: Bruno Dreher (Áustria); 5. *Avaliação das manifestações religiosas na AL*: Marçal Versiani dos Anjos (Brasil); *Avaliação da religiosidade popular na América Latina e atitudes fundamentais para a renovação da catequese*: Armando Undurraga (Chile) e *Zonificação da América Latina do ponto de vista da vivência da fé*: César Augusto B. Falcão (Brasil); 6. *Catequese de Adultos*: Cassiano Floristán (Espanha) e *Catequese Familiar*: Francisco M. Aguilera; 7. *Elaboração de material catequético*: A. Cecchin (Brasil). Nas três *subcomissões*, foram estudados os temas: 1. *Catequese e Bíblia*: Román Arrieta (América Central) e *Bíblia ecumênica*: Adolf Exceler (Alemanha); 2. *Catequese e meios de comunicação social*: Marcos L. Testa (Colômbia), Josef Engel (Brasil), Edmond Becker (Índia), Eugênio Gomes (Colômbia), Neil Huley (Chile) e Inácio Chapa 3. *Colaboração catequética internacional*: Juan O. Usher (Paraguai). Cf. *Semana Internacional de Medellín in Documento Cat. 1, c 35, 1a* (I volume) e *Cat. 1, c 35, 21* (II volume) (mimeografado e encadernados) da Biblioteca do ITEPAL (CELAM, Bogotá), passim; J. PUYO, *Réflexions d'un témoin*, 114; *SIC-68, Contenido*, 7-8; *Presentación in CLA* 1 (1969), nº 3, p. 7.

118 Na *apresentação*, em menos de uma página e meia, quase nada se esclarece. A edição é de uma Casa Editora espanhola (Sígueme, Salamanca), e não do CLAF ou outro órgão do CELAM. Há falhas na listas dos participantes, pois há palestristas cujos nomes não constam da lista. A Palestra de J. Audinet é acompanhada de várias notas que não são do autor, mas dos editores (que falam na primeira pessoa do plural); acrescentam títulos e subtítulos inexistentes em outras publicações da mesma palestra, inclusive a do próprio autor: J. AUDINET, *Le renouveau catéquètique dans la situation contemporain in Catéchèse* 34 (1969), nº 9, p. 33-50. Outro fato muito estranho: citam continuamente trechos do *documento da Conferência de Medellín*, que é posterior à Semana. Tais citações têm a finalidade apoiar ou confirmar ideias expostas pelo autor francês;

também por que não foram publicadas algumas das relações feitas nos grupos. Todo esse material se encontra na Biblioteca do *Instituto de Teologia Pastoral da América Latina* em Bogotá[119]. N. Gil Tolentino avança a hipótese de que foram publicados somente aqueles trabalhos que estavam em sintonia com a linha mais antropológica da semana[120].

às vezes coloca interrogações sobre afirmações do conferencistas, como na nota 8 da p. 27, ou dá exemplos concretos de fatos que o autor apresenta genericamente, como por exemplo na nota 10 da p. 28, onde afirmam: "A tentação é muito clara no Brasil e nem sempre se soube vencê-la. O mesmo sucede em certas passagens de autores chilenos. Nos demais países e na Venezuela concretamente, não existe perigo algum em tal sentido, por enquanto". A *tentação* a que aludem é "deixar de catequizar e evangelizar para construir a cidade dos homens" (cf. J. AUDINET, *La renovación de la catequesis y su terminologia relacionadas y condicionadas a los valores actuales de la fe en America Latina in CLA* 1(1969), nº 1, p. 28.

119 Na Biblioteca do ITEPAL (CELAM, Bogotá) encontram-se dois volumes intitulados: *Semana Internacional de Catequesis, Medellín 1968*, sob a numeração Cat. 1, c 35, 1ª. (I volume) e Cat. 1, c 35, 21 (II volume) (mimeografados e encadernados) contendo todo o material sobre a *Semana Internacional de Catequese de Medellín*. Infelizmente, não há numeração sequencial de páginas: cada artigo ou matéria, retoma a paginação do início. Os artigos não publicados oficialmente nas atas *SIC-68* são seguintes: **PRIMEIRO VOLUME**: **1)** Gustavo PÉREZ RAMÍREZ: *Condiciones actuales de la catequesis en America Latina*, 37 p., com muitíssimos quadros estatísticos. Em nota se lê: este documento ha sido redactado por la Sra. Bertha Corredor de Pavía, del Instituto Colombiano de Desarollo Social – ICODES en base a cuestionarios preparados por el CELAM). **2)** José Gabriel CALDERÓN: *La esperanza de la America Latina: el retorno a la catequesis familiar*, 15 p. **3)** J. AUDINET, *Documento complementario n. 2: evangelización y promoción humana*, 7 p. (com a seguinte observação inicial: "nota elaborada después de la discusión preparatoria al Congreso Catequético de Medellín del 10 de Agosto 1968". **4)** Román ARRIETA y equipo de América Central: *Presentación de la mesa redonda sobre "Catequesis y Biblia"* 4 p. **5)** Román ARRIETA y equipo de América Central: *Catequesis y Biblia*, 7 p. **6)** *Orientaciones actuales de la catequesis como base de la reforma catequística en America Latina*. Notas para las mesas redondas, 12 p. (É interessante notar que na p. 8 fala-se da preparação em 6 semanas regionais: a última é a do Brasil, mas no item 3. *Las semanas regionales: conclusiones*, não se fala do Brasil!) **7)** Hernán VERGARA, *Bases para una zonificación de la América Latina desde el punto de vista de la fe* (esta ponencia contempla solamente Colombia), 7 p. **SEGUNDO VOLUME**: **8)** Ignacio CHAPA, *Cine y educación de la fe*, 11 p. **9)** Edmond BECKER, Centro Catequístico Tamilnan, India, Secretariado Misional de OCIC, Roma, *Comunicaciones sociales y catequesis*, 14 p. **10)** Marcos L. TESTA, *Posibilidades de la Iglesia como comunicadora en el campo del cine*, 13 p. **11)** Eugenio M. GOMEZ, *¿Como enviar el mensaje católico a través de la prensa?* 2 p. **12)** Josef ENGEL, *Sono Viso de America Latina*, 5 p. **13)** Neil HURLEY, *Las sete vidas de la Televisión*, 11 p. **14)** María DE LA CRUZ, *Preparación de catequistas*, 9 p. **15)** José García BAUER, *Breves Meditaciones de la situación social en America Latina para la labor catequística*, 19 p. (Esta foi uma das palestras principais). **16)** Juan O. USHER, *Bases para la colaboración internacional en Catequesis* (resumen de Luis Maldonado), 2 p. **17)** Adolf EXELER, *Labor bíblica como contribución al ecumenismo*, 5 p.

120 "É de justiça, porém, ressaltar aqui que a catequese no enfoque histórico-político não era patrimônio exclusivo dos latino-americanos; alguns poucos catequetas de outros continentes, como Jacques Audinet (França) e Alfonso M. Nebreda (Filipinas) demonstraram isso nas colocações que fizeram, nesta linha, em *Medellín*. Talvez tenha sido este o motivo que explique porque, dentre as cinco conferências pronunciadas na Semana de Medellín, somente as de Audinet e de Nebreda foram aceitas e publicadas oficialmente". ID., *A renovação da catequese*, 33. Rudi PALOŠ se equivoca ao dizer que alguns (e cita esta passagem de N. G. TOLETINO) afirmam

5.3 Dinâmica, desenvolvimento e confrontos

Como se desenvolveram os trabalhos? Não foi fácil reconstruir a dinâmica e sequência dos trabalhos dessa Semana, pois nem as atas oficiais[121] nem diversos artigos publicados a esse respeito davam uma ideia de conjunto. Foi preciso reunir informações de várias partes para se chegar a tal reconstrução. Ela baseou-se em cinco *palestras principais*, realizadas de manhã e seguidas de discussões nas sete comissões e três subcomissões especiais, cada uma delas composta de 15 ou mais pessoas. À tarde as comissões e subcomissões discutiam temas específicos anteriormente determinados e à escolha de cada um. As sessões plenárias eram presididas por Dom Felipe Santiago Benitez Ávalos (Paraguai), presidente do CLAF, junto com Dom José Gabriel Calderón (Colômbia), presidente da comissão catequética da conferência episcopal colombiana. O discurso de abertura foi pronunciado por Dom T. Botero Salazar, arcebispo de Medellín[122].

Como dissemos, o grupo organizador era presidido pelo Pe. J. Hofinger. Com a experiência das *Semanas Internacionais* anteriores, pretendia ele, com um documento de base ou *anteprojeto*, orientar os trabalhos para os mesmos resultados. O *anteprojeto*, redigido poucos dias antes do início da *Semana*, concebia a catequese de natureza querigmática, centrada na História da Salvação, como nas *Semanas* anteriores. Além de Hofinger, tomaram parte na equipe de redação do *anteprojeto*[123], entre outros, os seguintes catequetas, quase todos europeus: J. Audinet, A. Nebreda, J. Bournique, A. Exeler, F. Coudreau e de um modo especial M. Van Caster[124].

---

que "no final foram publicadas somente as duas (conferências: de Audinet e Nebreda) porque as outras *eram muito radicais*". Cf. ID., *Il problema del contenuto della catechesi*, p. 215, nota 76.

121 *SIC-68*. Outra publicação que traz abundante material da *Semana* é J. HOFINGER (Ed.), *The Medellín Papers. A seleccion from the proceedings of the 6º International Study Week.* Manila, East Asian Pastoral Istitute 1969, 222 p. Várias revistas publicaram as *Orientações Gerais* e algumas poucas, outras partes da *Semana*.

122 Cf. Rudi PALOŠ, *Il problema del contenuto della catechesi*, p. 214.

123 Esse anteprojeto não foi publicado nas atas oficiais, mas está publicado com o título *Orientaciones fundamentales para la oración* [*sic*! leia-se *acción*] *catequética en latinoamérica in Catequesis anuncio de Cristo* 20 (1968), nº 6, p. 276-279. Não se entende como os editores dessa revista mexicana publicaram um documento que fora rejeitado na assembleia com a seguinte confusa e incompleta observação: "Con vistas a hacer partícipes a los responsables de la catequesis que no han podido asistir a la Semana Internacional, de las reflexiones y aportes de la Asamblea, pareció conveniente redactar um documento cuyo anteproyecto se sometió a la consideración, análisis y crítica de todos los congresistas". Foram ainda publicadas, juntamente com o *Documento final*, em italiano com o título: *Anteprogetto degli esperti in Catechesi* 38 (1969), nº 6-7, p. 40-47.

124 Cf. U. GIANETTO, *Storia dellla pastorale giovanile e della catechesi contemporanea*, p. 23; F. AGUILERA, *La semana catequística internacional de Medellín*, p. 262.

Desde o início a Assembleia mostrou-se insatisfeita com esse documento. Já no segundo dia foi rejeitado em peso, pois era considerado muito genérico e sem nenhum mordente com a realidade latino-americana[125]. Foi duramente denunciado, pois, conforme muitos, era de cunho intelectualista e *escolástico*. Não é que rejeitavam o aspecto teológico, mas queriam uma teologia numa direção mais existencial, concreta, histórica, que ajudasse a construção integral da pessoa humana e de toda comunidade, aberta à transcendência, mas plenamente enraizada na história, enfim, uma teologia mais *política* e menos preocupada com as *essências metafísicas*.

Os participantes queriam eles mesmos produzir o próprio documento, discutindo não tanto as questões pedagógicas e metodológicas, mas indo ao centro de seu fundamento, a partir das dramáticas situações sociopolítico-econômicas e sociais do homem latino-americano. O discurso que se desenvolveu nas comissões, às vezes com muita paixão e confronto direto, principalmente entre latino-americanos e europeus, tomou tal rumo que alguns começaram a pensar que se tratava de um encontro de sociólogos e antropólogos de tendências às vezes marxistas ou revolucionárias, e não de catequetas. No entanto, conforme um participante europeu, foi extremamente significativo que, em todas as comissões, os latino-americanos se encontravam concordes sobre as orientações gerais[126].

Muitos não esconderam a própria insatisfação e outros confessaram o próprio despreparo para enfrentar tal dimensão. Mas houve aqueles poucos que tentaram descobrir os valores desta nova visão. J. Audinet foi um dos que tentaram captar as novas tendências e fazer uma reflexão sobre elas. No dia anterior ao início da Assembleia, após o encontro e discussão com a comissão preparatória, sentindo já o descontentamento dos latino-americanos, tentou elaborar um pequeno subsídio com reflexões em torno da *evangelização e promoção humana*, que serviu de documento complementar ao lado do anteprojeto[127]. Mas foi em sua palestra, já quase no final da Semana,

125 Cf. *Ibid.*, p. 261.

126 Cf. J. PUYO, *Réfexions d'un témoin*, p. 114.

127 Este *documento complementar* foi publicado *in* J. AUDINET, *Evangélizaton et Promotion humaine: note préparatoire in Catéchèse* 9 (1969), nº 34, p. 103-107; ao apresentá-lo, uma *Nota da Redação* diz: "[Esta nota preparatória] trata de uma das questões fundamentais do Congresso (...). O interesse desta nota é a maneira com a qual é abordado o problema: não mais a partir de conceitos especulativos, mas numa perspectiva de ação, tentando analisar o "como" de uma ação pastoral. Ela se esforça por encontrar critérios de análise e de orientação deste "como". Os conceitos utilizados são os de uma "teoria da ação", aplicados ao futuro religioso. Uma tal linha de pesquisa leva à elaboração de uma "estratégia" de ação pastoral". *Ibid.*, p. 102. Cf. ainda:

que o catequeta francês pôde desenvolver mais suas reflexões. De fato, de todas as palestras, a sua foi a que mais esteve sintonizada com as aspirações do grupo latino-americano. As pistas traçadas por ele suavizaram as posições radicais e orientaram novamente os debates para o campo pastoral.

5.4 O Documento Final

Após muitas discussões e confrontos, chegou-se a um consenso entre os vários pontos de vista e sobre a natureza do documento final. Foi reorganizada a comissão de redação, incluindo nela todos os presidentes das comissões. Os catequetas europeus que tinham sido redatores do anteprojeto ficaram como consultores desse novo grupo[128]. O documento que daí saiu, discutido posteriormente e votado por toda a Assembleia, em vez de enunciar princípios de ordem teórica, expôs as intuições mais originais surgidas durante a semana. Contra uma minoria que defendia a ideia de um *Diretório* que valesse para a Igreja inteira, prevaleceu o desejo da maioria dos latino-americanos que pensavam ser mais útil publicar *orientações gerais* a partir da experiência pela qual estava passando a Igreja latino-americana e sublinhar certos pontos cuja importância parecia fundamental para a renovação catequética[129]. Aliás, esse *gênero literário* é explicitamente declarado no documento final:

> A Semana Catequética, consciente do imenso esforço que se realiza na Igreja visando uma renovação da Catequese, prefere em vez de publicar um documento de caráter geral, sublinhar determinados pontos cuja importância parece fundamental para levar adiante a tarefa de busca e de atualização catequética na América Latina e no resto do mundo[130].

5.4.1 *Visão Geral*

Em 17 números as *Orientações Gerais* recolhem as conclusões da *Semana*. Numa *primeira parte*, após introdução sobre a *renovação catequética no mundo* e a necessária *integração entre passado, presente e futuro*, é feito um

Evangelización y promoción humana in Catequese Anuncio de Cristo 20 (1968), nº 6, p. 268-273. É interessante o fundamento eclesiológico que o autor coloca ao afirmar: "As decisões (sobre a relação catequese-promoção humana) dependem da imagem que a Igreja tem de si mesma e de sua missão; por outro lado, estas decisões dependem da imagem que a Igreja dará a seus membros, como aos outros homens". *Ibid.*, p. 268.

128 Cf. *La "Carta" catequística de Medellín*, p. 148.

129 Cf. *SNAC in Nacionais Informam* Agosto (1968), nº 61, p. 6; J. PUYO, *Réfexions d'un témoin*, 115; M. VAN CASTER, *La semaine catéchétique Internationale. Medellín août 1968 in Lumen Vitae* 23 (1968), p. 711.

130 *Orientações Gerais da Semana Internacional de Catequese in REB* 28 (1968), p. 643, nº 5.

diagnóstico da situação da América Latina constatando nela *as rápidas e profundas mudanças* nos campos econômico, demográfico, social e cultural que geram uma série de tarefas complexas e difíceis para a Igreja. Numa *segunda* fala-se da necessidade de um *pluralismo* na *pastoral de conjunto:* o pluralismo de situações exige pluralismo na ação pastoral, necessidade de ter em conta as mudanças sociais ("a catequese deve ajudar esta evolução e dar-lhe significado")[131], a influência dos *meios de comunicação social* e a urgência de *revisão evangélica* nas instituições e estruturas eclesiais que impedem maior profetismo à Igreja.

Seguem-se *orientações concretas para a catequese*[132], considerada atividade especialmente profética. Seu fundamento é a *revelação* que continua nos sinais do *processo histórico* ("situações históricas e aspirações autenticamente humanas como conteúdo da catequese". Seu conteúdo: a *unidade dinâmica* entre os valores humanos e o plano de Deus manifestado em Jesus Cristo, sem dualismos nem identificação simplista ("a catequese vive em permanente tensão entre a continuidade e a ruptura"). Uma *fidelidade dinâmica* à revelação, sempre reinterpretada à luz dos acontecimentos (tradição viva). Por isso, a catequese precisa usar *linguagem* que faça perceber a mensagem salvífica, palavra de vida, reexpressando incessantemente o Evangelho. Daí a característica *situacional* da catequese: compreender as situações humanas e reinterpretá-las à luz da Páscoa de Cristo e provocar uma *resposta pessoal* de fé.

Conclui com um *programa de ação*: audácia e reflexão (Institutos Catequéticos), invenção permanente e experimentação, diálogo com as ciências humanas, elaboração de material pedagógico (verificação e avaliação) e a indispensável liberdade de ação.

---

131 "Em cada caso faz-se mister um diagnóstico", dizem as *Orientações Gerais* (nº 8), substituindo o conceito de *discernimento* que havia anteriormente, o que foi posteriormente criticado por M. van Caster ao dizer que "esta instância é válida, essencial e urgente, não esquecendo que ela é complexa e exige dos responsáveis da pastoral, especialmente da catequese, uma reflexão suficientemente profunda e o *discernimento dos espíritos*" (Cf. M. van CASTER, *La Semaine Catéchétique Internationale,* p. 713).

132 Note-se que o catequeta M. van CASTER, membro ativíssimo desta *Semana de Medellín* ao comentar estas conclusões (1968), considera *propriamente catequético* somente os parágrafos a partir deste número 11; ou seja, todas as considerações anteriores sobre a *realidade* em mudança na sociedade e na Igreja, não são propriamente catequéticas: cf. M. van CASTER, *La Semaine Catéchétique Internationale,* p. 710-711. Entretanto o próprio A. Cecchin assim também pensava; basta ver o título de um seu artigo em 1971: *Révolution dans la catéchèse latinoamericaine. Structures non catéchètiques d'evangelización in Catéchistes* 22 (1971), nº 85, p. 73-90. O novo modo de considerar a catequese ainda encontrava dificuldades em se expressar!

5.4.2 Acentuações

Como podemos observar, há fortes acentuações sobre:

1) o *pluralismo* na pastoral diante das situações diversas: explícito reconhecimento da necessidade de atitudes diversas por parte da catequese diante das diferentes situações sociorreligiosas;
2) a *revelação* concebida como ação permanente de Deus na linha da *Dei Verbum* que sublinha seu caráter dinâmico e histórico, tendo como consequência a promoção do homem e sua *libertação total*;
3) o *conteúdo da catequese* considerado como a busca de interpretação e de sentido das situações históricas vividas à luz de Jesus Cristo, buscando a continuidade entre valores terrestres e salvação cristã.

Outras acentuações: a clara percepção da necessidade geral de *evangelização dos batizados*; a necessidade de usar na catequese a linguagem das *palavras e gestos*, "que consistem no testemunho de uma vida comprometida com o homem de hoje" (nº 7), a importância das *CEBs*, da catequese aos *adultos*, dos meios de *comunicação social*, do *diálogo* com as ciências, dos *Institutos de Catequese*, a dimensão *libertadora* da mensagem cristã e da catequese.

Estranhamente, o tema da *religiosidade popular* não é valorizado, apesar de ter sido objeto de três grandes apresentações de dois brasileiros e um chileno nas comissões. Isso talvez se explique pela demasiada preocupação dos participantes em acentuar as exigências histórico-transformadoras da fé[133].

133 As três apresentações foram: Marçal Versiani dos ANJOS (Brasil), *Avaliação das manifestações religiosas na América Latina*; Armando UNDURRAGA (Chile), *Avaliação da religiosidade popular na América Latina e atitudes fundamentais para a renovação da catequese* e César Augusto Barroso FALCÃO (Brasil), *Zonificação da América Latina do ponto de vista da vivência da fé*. A respeito do problema da *religiosidade popular* nesta *Semana Latino-Americana* cabe aqui uma observação. N. G. TOLENTINO, em sua obra, faz um longo arrazoado, inclusive levantando hipóteses, para demostrar que o documento desta *Semana* não só não valorizou, mas até apresentou a *religiosidade popular* sob uma visão negativa, contrapondo à visão altamente positiva que tinha tido o Encontro do Rio de Janeiro e que teria depois passado para os Documentos da Assembleia de Medellín: cf. N. G. TOLENTINO, *A renovação da catequese*, p. 44-45. Ora, na verdade, a frase que TOLENTINO cita das *Orientações Gerais da Semana Internacional de Catequese* como se se referisse à *religiosidade popular*, se refere genericamente às *formas do passado*, que, pelo contexto pertencem à *tradição cristã*. Textualmente diz o documento: "Não é possível ignorar a riqueza de quatro séculos de tradição cristã. Por outro lado, não pode deter-se nas *formas do passado*, algumas das quais, além de ambíguas, se mostram, por causa da transformação histórica, cada vez mais inadequadas e mesmo nocivas". *Orientações Gerais*, nº 2. Como se vê, não se trata explicitamente de uma visão negativa da *religiosidade popular*. Trata-se, pois, de uma *ausência* que logo depois foi sanada pela prática.

5.5. Avaliação da Participação do Brasil

5.5.1 Testemunhos

Conforme o testemunho concorde de quase todos os que escreveram sobre esse evento, a delegação brasileira teve uma participação e incidência decisivas nos rumos que tomou a Assembleia. Adolf Exeler, por exemplo, fala que os participantes provenientes do Sul e sobretudo os brasileiros, que haviam se preparado muito bem com uma semana de estudos e um documento próprio, caracterizavam-se pela audácia, à diferença daqueles do Centro e do Norte[134]. Também D. Francisco Aguilera fala que uma das características da *Semana* foi "a geografia dos grupos representativos dos países que intervieram". E afirma:

> O grupo brasileiro foi o mais inquieto, mais radical e que mais contribuiu para que a reflexão do Congresso abandonasse as vias formais e atitudes convencionais, para lançar-se numa busca profunda, às vezes um pouco cruel, da realidade[135].

Além de contar com um bom número de delegados, sem, porém, se constituir no maior grupo, os brasileiros adotaram a estratégia de "trabalhar nas bases", ou seja, expor suas ideias e batalhar por elas principalmente nas reuniões dos grupos. De fato, foi nas comissões que os membros da delegação brasileira lançaram sua nova visão da catequese e aquelas ideias que haviam sido amadurecidas no Encontro do Rio de Janeiro[136]. Outros grupos, como os argentinos, cuja delegação era formada de jovens catequetas, aderiram logo às posições brasileiras; outros, como os mexicanos "descobrindo os interessantes pontos de vista dos brasileiros", acabaram também se unindo a eles[137]. Os brasileiros também manifestam a consciência da própria influência nos ritmos de trabalho da Semana, conforme se lê nesta observação do *Boletim Informativo do SNAC*:

---

134 Cf. ID., *Manifestation sozialer Unruhe. Bemerkungen zur internationalen katechetischen Studien--woche in Medellín/Kolumbien* (11-17.8.1968), *in Katechetische Blätter* 93 (1968), p. 683-689, citado por Rudi PALOŠ, *Il problema del contenuto*, p. 217.

135 Cf. F. AGUILERA, *La Semana Catequística Internacional de Medellín*, p. 266 (cf. acima nota 114).

136 Cf. N. G. TOLENTINO, *A renovação da catequese no Brasil*, p. 35; aí também o autor cita o testemunho de Exeler: "Este grupo (brasileiro) decidira influenciar fortemente todos os grupos de discussão (...); ele determinava tanto o curso dos trabalhos – em estreita colaboração com partidários de outros países – que os resultdos da discussão da maioria dos grupos traziam um nítido colorido social-revolucionário". *Ibid.*, p. 35.

137 Cf. F. AGUILERA, *La Semana Catequística Internacional de Medellín*, p. 266.

> Os representantes do Brasil retornaram satisfeitos [da Semana de *Medellín*] não só pela participação efetiva na reflexão, debates e plenários, mas sobretudo pela aceitação e influência da linha de pensamento, apresentada, fruto, naturalmente de muitos anos de trabalho e de reflexão que culminaram com o Encontro Nacional de 1° a 5 de julho [de 1968] o qual muito contribuiu para preparar a Semana Internacional de *Medellín*[138].

5.5.2 Importância da apresentação de Antônio Cecchin e Hugo Assmann

D. José Costa Campos, chefe da delegação brasileira, fala que "três importantes conferências estiveram sob a responsabilidade de A. Cecchin, Marçal Versiani dos Anjos e do Dr. César Augusto Falcão, todos integrantes de nossa equipe"[139]. Na verdade, nenhuma delas é uma das cinco palestras principais, mas são comunicações expostas nas comissões. Os organizadores reconheceram, porém, sua importância ao publicar, na íntegra, o texto desses três brasileiros, em prejuízo de três palestras principais não publicadas, como já vimos. Sem dúvida, das três intervenções brasileiras, a que traz maior novidade e conteúdo"sociorrevolucionário", no dizer de A. Exeler, é a de A. Cecchin. Os organizadores da *Semana* tinham designado para o Brasil, além do tema da religiosidade popular (tratada pelos outros dois conferencistas), também o tema menor sobre a *Elaboração de material catequético*. E é esse o título que consta oficialmente nas Atas *SIC-68*. Entre os brasileiros, foi escolhido o Irmão marista Antônio Cecchin, do Rio Grande do Sul, para desenvolver o tema. Entretanto, diante de um assunto tão inócuo, espertamente os brasileiros mudam o título para: *Orientações gerais para a elaboração de material catequético*[140], com o seguinte argumento:

> O material catequético só pode estar a serviço do homem a evangelizar. Aquele que evangeliza, segundo o conceito que tem de evangelização, adotando o método que lhe parece mais adequado para atingir sua finalidade, adota também os instrumentos materiais consentâneos com finalidade e método. Disto se conclui que, para estarmos em condições de elaborar material catequético, devemos ter bem presente: *o homem-em-situação; o que seja evangelizar esse homem-em-situação; os melhores*

138 SNAC, *Secretariado Nacional de Catequese in Nacionais Informam* (1968), Agosto, n° 61, p. 6.

139 ID., *Resumen de las actividades dl CLAF – Región Brasil, período 1964-1973 in CLA* 5(1973) 19, p. 213. Cf. título destas conferências acima, nota 133.

140 É o que se encontra tanto nos Arquivos *Semana Internacional de Catequesis, Medellín 1968*, na Biblioteca do ITEPAL (CELAM, Bogotá) sob a numeração Cat. 1, c 35, 21 (II volume) como no *D 01728* BibINP, p. 1-13, ambos mimeografados.

métodos para atingir tal objetivo. Dadas as respostas a essa tríplice problemática, parece-nos encaminhado o problema que nos foi confiado para este simpósio internacional[141].

Está claro que os brasileiros não estavam dispostos a perder tempo com questões secundárias, mas queriam ir à raiz do problema: *o que significa evangelizar o homem latino-americano numa situação de opressão.* Ao concluir sua exposição, o autor diz explicitamente: "Em sã consciência, sentimos que tivemos de ultrapassar de muito o tema porque, para além do material catequético, *é toda a catequese que está em questão,* em seu conteúdo e em seu processo"[142].

Os três pontos dessa palestra, propostos acima, revelam imediatamente a adoção da trilogia *ver-julgar-agir*, que vai se impondo cada vez mais. Entretanto, das 13 páginas da palestra, somente a primeira e as três últimas são de A. Cecchin (o *ver* e o *agir*), pois toda a grande parte teológica (*julgar*: elementos para um quadro de referência teológico) é de Hugo Assmann, e, mais exatamente, a palestra que esse teólogo fizera no Encontro do Rio de Janeiro de 1968 . Basta fazer uma simples comparação entre os dois textos, para constatar que Hugo Assmann é o autor principal da palestra[143]. Na parte pedagógica (*agir),* própria de Cecchin, ele expõe o método pedagógico de Paulo Freire, idealizado pelo pedagogo brasileiro para a alfabetização de adultos. Esse método parte de *palavras geradoras*, selecionadas através de uma pesquisa no universo vocabular da comunidade, leva a pessoa a uma *conscientização* a respeito de si mesma, sua dignidade, seu destino, as estruturas sociais, superando o inato conformismo do homem latino-americano e despertando nele a consciência crítica. Portanto, um método ativo, dialogal, crítico e conscientizador, que modifica o conteúdo programático da educação e usa técnicas como a redução e a codificação.

A partir dessa palestra de Cecchin o conceito de *conscientização* se impôs cada vez mais em âmbito pastoral e particularmente catequético. A. Cecchin não faz aplicação à catequese, mas a prática posterior, principalmente

141 A. CECCHIN, *Orientaciones generales para elaboración de material catequístico: quadro de referências para a elaboração de Material Catequético in D 01728* BibINP, p. 1.

142 *Ibid.*, p. 13. Os grifos são nossos.

143 Além do mais, na cópia da palestra de A. Cecchin, conservada *in D 01728* BibINP, está anotado bem claramente à p. 2: *A partir daqui o autor é Hugo Assmann*; e à p. 10: *Até aqui Hugo Assmann.* Esta palestra foi publicada indicando como autores ambos brasileiros e tendo por título *Quadro de referência para a elaboração de material catequético in CLA* 1 (1969) 1, 34-48 e *in* J. M. ESTEPA (Ed.), CLAF – CELAM, *Catequesis y mundo de hoy,* Madrid: Ediciones Marova, 1970, p. 159-184.

nas CEBs, usará largamente esse conceito na educação da fé. A grande oposição que parte da Igreja no Brasil e América Latina sofreu posteriormente, por parte dos donos do poder em países cristãos, tinha uma de suas causas justamente aqui: os pobres, uma vez *conscientizados* de seus direitos e da própria exploração, se erguem na luta contra esta injustiça, criando conflitos na sociedade e desestabilização da *ordem constituída*, que, como sempre, favorecia os endinheirados.

No entanto, o conceito de *conscientização* vai tomando cada vez mais corpo, a ponto de, no Sínodo de 1977, o então responsável pela *Linha 3* da CNBB, D. Paulo Eduardo Ponte, propor uma definição de catequese[144] baseada nesse conceito de Paulo Freire, cujo ingresso na reflexão catequética fora através dessa palestra de A. Cecchin. Voltaremos a este assunto no capítulo seguinte ao abordar a intervenção de D. Paulo E. Ponte no Sínodo de 1977.

O simples título original da palestra, *Elaboração do material catequético*, publicado nas atas oficiais SIC-68, não deixa entrever a riqueza do seu conteúdo. É o que afirma o editor espanhol:

> Quando lemos o título deste artigo pela primeira vez, não imaginávamos toda sua riqueza: parecia algo inofensivo. Entrando em seu conteúdo, deparamo-nos com o *artigo que há tanto tempo esperávamos*. Pois, para além do material catequético, o autor nos mostra *como o processo de mudanças* na América Latina *nos questiona todo o conteúdo* e processo da catequese[145].

Através da palestra de A. Cecchin – H. Assmann e de toda a atuação do grupo brasileiro, as perspectivas e propostas do Encontro do Rio de Janeiro passaram para a Semana Latino-Americana em seu documento final. Assim, ao concluir o estudo da participação brasileira nessa *Semana Latino-americana*, N. G. Tolentino emite este parecer:

> Parece que se pode afirmar que o Encontro do Rio de Janeiro de 1968 serviu de texto-inspirador para as *Orientações Gerais* emanadas no final da sexta Semana Internacional de Catequese, imprimindo nelas tão fortemente suas novas pro-

144 "Pergunto se não seria possível enfatizar, na descrição da catequese, o conceito de *consciência crítica* ou *conscientização* (em vez de conceitos de *intelecção)*, enquanto ele implica uma interpretação existencial cristã feita sob a luz da fé ou da Revelação, da vida e das condições do homem e das comunidades humanas e mesmo de toda a história humana" (Paulo Eduardo A. PONTE, *O conceito de catequese e sua relação à Evangelização in* R. MENDES DE OLIVEIRA – Alberto ANTONIAZZI (Eds.), *Catequese à luz do Sínodo*, São Paulo: Editora Salesiana D. Bosco, 1978, p. 95; *RdeC* 1 (1978), 1, p. 63, e também em *CM* (1977), nº. 301, p. 1107.

145 J. M. ESTEPA (Ed.), *Sumario* (do artigo) 9. *Quadro de referencias para la elaboración de material catequético in* CLAF – CELAM, *Catequesis y mundo de hoy*, Madrid: Ediciones Marova, 1970, p. 10.

posições, a ponto de se poder detectar, em alguns casos, não só uma sintonia de ideias entre ambos os documentos, mas uma identificação[146].

5.6 Revista *Catequesis Latinoamericana*, Fruto da *Semana*

Gostaríamos de ressaltar ainda um dos frutos benéficos dessa *Semana de Medellín*. Uma pequena intervenção de Juan O. Usher, secretário executivo do CLAF e um dos responsáveis pelo êxito da semana, falava da necessidade de "facilitar aos catequistas latino-americanos uma bibliografia ampla, atualizada e a baixo preço"; e ainda: "a *Revista Catequética Latino-americana,* que está em projeto, poderá servir como um interessante vínculo e meio de transmissão das inquietações e necessidades da América Latina". De fato, a partir do ano seguinte começou a ser publicado esse periódico, como órgão de reflexão e divulgação de toda a efervescência catequética do nosso continente, sob a responsabilidade do CLAF e do Departamento de Catequese do CELAM.

Através dela, as Igrejas de outros continentes puderam entrar em contato com as novas perspectivas que aqui surgiam. Foi um valioso instrumento para o avanço e solidificação da catequese latino-americana surgida em *Medellín*. Essa *Revista* teve um período áureo na sua primeira fase (1969-1975), quando era publicada no Paraguai sob a responsabilidade de D. Felipe Benitez e Pe. José Isidro Salgado; na segunda fase, quando passou a ser publicada no Chile, em 1976-1977, e na terceira fase na Colômbia, de 1978 a 1980, infelizmente ela sofreu um declínio acentuado, perdendo toda sua força inicial. Houve uma tentativa de retomada ao ser transportada para o México, na quarta fase, de 1981-1985, obtendo poucos resultados, até desaparecer completamente. Para suprir sua falta, a Revista *Medellín* dedicou, durante muitos anos, o último número de cada volume a argumentos da catequese latino-americana[147].

Conclusão sobre a Semana Internacional em Medellín (agosto 1968)

Detivemo-nos mais longamente na realização dessa *Semana de Medellín* em razão da densidade de seu conteúdo e de sua importância histórica. A dimensão situacional da catequese, ou antropológico-existencial que timidamente havia despontado em algumas *semanas internacionais* anteriores, principalmente em Bangkok (Tailândia, 1962) e Katigondo (Uganda, 1964),

146 N. G. TOLENTINO, *A renovação da catequese*, p. 41.

147 Cf. *Nota Editorial in Medellín* 12 (1986), p. 433.

reafirmando-se um pouco mais em Manila (Filipinas, 1967), adquiriu agora toda sua força nos Encontros do Rio de Janeiro e Semana de *Medellín*[148].

Essa característica se impôs como característica da catequese latino-americana e como contribuição original desse continente à reflexão da catequese em toda a Igreja. Falta-nos apenas fazer referência à Conferência Episcopal de *Medellín,* que dá a esta perspectiva catequética uma projeção maior.

6. A CATEQUESE NA CONFERÊNCIA EPISCOPAL EM MEDELLÍN (26 agosto a 06 setembro de 1968)

6.1 Significado desse fato histórico e seu contexto eclesial

O Concílio Vaticano II aterrissou de vez com toda sua força em terras latino-americanas, através *da* II Conferência Episcopal Latino-Americana (*a* II CELAM), celebrada em *Medellín,* mesma sede da Semana Internacional, de 26 de agosto a 06 de setembro de 1968. No dizer do Presidente *do* CELAM (*Conselho* Episcopal latino-americano) que dirigiu os trabalhos, ali se viveu "um autêntico Pentecostes para a Igreja Latino-Americana"[149]. Paulo VI, em seu discurso de abertura, expressou bem o profundo significado desta Conferência, chamando-o de *fato histórico,* que se insere na longa, complexa e infatigável ação evangelizadora do continente, concluindo-a e abrindo um novo período para a vida eclesial[150]. Por isso, é comum falar-se de um *antes* e um *depois* de *Medellín* em toda a vida da Igreja, especialmente para a teologia, a pastoral e a catequese.

O título dessa *II Conferência* da CELAM é bastante sugestivo e já denota o espírito no qual o magno evento viveu: *A igreja na atual transformação da América Latina à luz do Concílio.* Pela esperança e otimismo por ele despertado, cinco anos após sua realização, dizia-se ainda que

148 Alguns, como U. GIANETTO, L. ERDOZAIN e outros preferem colocar o cume da dimensão antropológica em Manila, denominando a dimensão nascida na América Latina de fase política: cf. U. GIANETTO, *Storia dellla pastorale giovanile e della catechesi contemporanea,* p. 20-22, juntamente com L. ERDOZAIN, *L'évolution de la catéchèse. Panoramique des six semaine internationales de catéchèse in Lumen Vitae* 24(1969), 575-599; edição inglesa: 25(1070)1, 7-31; em castelhano: *La Catequesis hoy: de Nimega y Eichstätt a Medellín in Sinite* 11 (1970), p. 267-296.

149 Avelar Brandão VILELA, *Apresentação, in A Igreja na atual transformação da América Latina à luz do Concílio: conclusões de Medellín.* 6ª ed. Petrópolis: Vozes, 1977, p. 7. Citaremos como *Doc-Medellín.*

150 PAULO VI, *Discurso de Abertura da IIa. CELAM in Doc-Medellín,* p. 9.

> *Medellín* não se reduz a algumas conclusões, por mais importantes que sejam contidas em seus documentos; *Medellín* é um espírito, uma responsabilidade, um carisma, uma abertura de horizontes de esperanças. Tudo isto não se percebe em seus documentos[151].

Devido a esse evento de verdadeira "transcendência histórica"[152], que despertou a América Latina para renovação pastoral nunca antes conhecida, a palavra *Medellín*, quase que envolvida numa atmosfera de lenda carismática, passou a ser sinônimo de avanço pastoral, de uma Igreja que queria romper com alianças atreladas ao poder, para comprometer-se verdadeiramente com o homem latino-americano, em sua maioria pobre, lutando pela causa de sua libertação integral. Alguns novos conceitos passam a ser muito usados na pastoral, e em especial na catequese, e traduzem a nova visão: *opção pelos pobres, pastoral popular, Igreja nas bases, opressão, libertação, promoção humana, caminhada, comunidades de base, transformação, pastoral profética, dimensão histórica da fé, dimensões sócio-político-econômica da realidade, cultura, interação fé e vida* etc.

Sem dúvidas, porém, o conceito que polarizou todo o esforço da pastoral latino-americana e que, ao mesmo tempo, dividiu os ânimos provocando intensa polêmica, e muitas vezes divisão, foi o de *libertação*. Já desde 1964 era usado, mas sem se tomar consciência de seu significado político global. Paulo Freire e o MEB brasileiro utilizam, como fundamento metodológico, o conceito correlativo de *conscientização*; pedagogicamente se trata de uma "educação libertadora" ou "educação como prática da liberdade". Rubens Alves (Brasil) e Gustavo Gutierrez (Peru) são os primeiros a usarem o conceito de libertação na sistematização teológica, dando origem à chamada *Teologia da Libertação*. Quando a *mensagem dos Bispos do terceiro mundo*, de 1966, a *Semana Internacional de Catequese* e a *Conferência de Medellín* em 1968 deslocaram o acento do *desenvolvimento* para a *libertação*, usando o termo no seu significado político (libertação das estruturas de domínio colonial), o problema então é impostado definitivamente. Daí para frente seu uso é generalizado, caracterizando de um modo especial a pastoral latino-americana[153].

---

151 SECRETARIADO GENERAL DEL CELAM, *Consejo Episcopal Latinoamericano*, Bogotá: Oficina de prensa y publicaciones del Celam, s/d, p. 19.

152 Cf. E. DUSSEL, *Teología de la Liberación y Marxismo in* I. ELLAUCURIA – J. SOBRINO (Eds), *Mysterium Liberationis: conceptos fundamentales de la Teología de la Liberación*, Valladolid, Editorial Trotta 1990, 2° volume, p. 118.

153 Cf. E. DUSSEL, *Storia della Chiesa in America Latina*, Brescia: Queriniana, 1992, p. 347.

6.2 Gênese da *Conferência episcopal de Medellín*

A preparação dessa *II Conferência Geral do Episcopado Latino-americano* (Coleção II CELAM) foi, na percepção do cardeal presidente do CELAM, D. Avelar Brandão, uma "história acidentada", "uma jornada cheia de trabalho e orações, sofrimentos e equívocos, expectativas e esperanças"[154]. Sua gênese remota pode ser encontrada na longa caminhada que a Igreja neste continente vinha fazendo desde os tempos do *Concílio Plenário Latino-Americano* (1899), passando pelo *Concílio Plenário Brasileiro* (1939), a atuação vibrante da ACB, a fundação e atividades das Conferências Episcopais, e de um modo especial do Conselho Episcopal Latino-Americano no Rio de Janeiro em julho-agosto de 1955 (Coleção CELAM), que se define como "serviço de comunhão das Conferências episcopais latino-americanas", e, em 1958, a ereção da Pontifícia Comissão para a América Latina (Coleção CAL).

6.2.1 Contexto eclesial e sociopolítico

Influência especial, pelas suas benéficas repercussões na América Latina, tiveram também as grandes encíclicas sociais de João XXIII, *Mater et Magistra* (1961) e *Pacem in Terris* (1963), que deram lugar a uma renovação do *empenho político* da Igreja latino-americana. E, naturalmente, encontra-se na raiz de *Medellín* a grande corrente renovadora que brotou do Concílio Vaticano II, sobretudo nos documentos *Lumen Gentium* e *Gaudium et Spes;* ao lado das ideias inovadoras exaradas nos documentos conciliares, encontra-se também um fato paralelo ao Concílio, mas significativo e de grandes consequências: o grupo de bispos dos cinco continentes comprometidos com a *Igreja dos Pobres* (já presente nas geniais intuições de João XXIII), que se reuniam frequentemente para fazer o Concílio caminhar na direção das grandes encíclicas sociais[155]. O tema dos pobres, presente em germe nos

154 A. B. VILELA, *Discurso de Abertura, in Doc-Medellín*, p. 30.

155 Entre eles, com destaque encontrava-se D. Hélder Câmara; a iniciativa, porém, era do CELAM com o patrocínio do Card. Suenes (Malines-Bruxelas), um dos quatro moderadores do Concílio. As reuniões eram feitas na *Domus Mariae* às sextas-feiras, com grande participação dos brasileiros hospedados no vizinho *Colégio Pio Brasileiro*. Sobre este grupo, dá testemunho o próprio D. Hélder Câmara *in* José de BROUCKER (Ed.), *Dom Hélder Camara: Le Conversioni di un vescovo*, Torino: SEI, 1977, 238 p., de um modo especial no capítulo *I Venerdi del Vaticano II*, p. 169-180. Às vésperas do encerramento do Concílio, 40 padres conciliares pertencentes a este grupo, numa celebração eucarística nas catacumbas de Santa Domitila, pediram "a graça de serem fiéis ao Espírito de Jesus "que os consagrou e os enviou para evangelizarem os pobres" (Lc 4, 18)". Cf. Boaventura KLOPPENBURG, *O Concílio Vaticano II*, Petrópolis: Vozes, 1966, vol. V., p. 526. Em 31 de julho de 1966, 17 bispos dos países pobres da A. Latina tornaram público a *De-*

documentos do Concílio (sobretudo *LG* 8), torna-se centro e inspiração de setores importantes da AL, cuja expressão maior é, sem dúvida, *Medellín* e, posteriormente, *Puebla*. Nesta sequência de acontecimentos, devemos colocar também a *Populorum Progreso*, de Paulo VI (1967), onde o papa denunciava o "imperialismo internacional do dinheiro" e apontava "o *desenvolvimento* como o novo nome da paz".

Do ponto de vista sociopolítico, podemos acenar a fatos de repercussões históricas nesta época: triunfo da revolução castrista em Cuba (janeiro 1959), clima de otimismo do capitalismo dependente com a "Década do Desenvolvimento" (1955-1965) e a "Aliança para o Progresso" (1961), marcha de correntes revolucionárias na América Latina (Che Guevara, Camilo Torres, Lamarca, Tupamaros, Monteneros etc.), e, em contraposição, o triunfo dos regimes militares em toda a América Latina sob a égide da *doutrina da segurança nacional* para fazer frente, conforme a propaganda dos Estados Unidos, ao "grande inimigo do ocidente cristão", o *comunismo*. É nessa época que a *teoria da dependência* começa a colocar em questão teoricamente o *desenvolvimentismo*, mostrando a necessidade não de *reformas*, mas de *libertação* estrutural e continental. A Revolução cultural chinesa de 1966, as manifestações estudantis contra a guerra do Vietnã em Berkeley (Califórnia), o "maio" francês, a rebelião juvenil mexicana de outubro de 1968, o Ato Institucional nº 5 recrudescendo a ditadura militar no Brasil em 13 de dezembro desse mesmo ano, fizeram desse ano um momento histórico. Tudo isso criou um clima de grande efervescência e tensões: *Medellín* medrou neste húmus *político-ideológico*, procurando dar uma *resposta evangélica* à dramática situação da América Latina[156].

6.2.2 À luz do Concílio Vaticano II

A gênese mais próxima da Conferência de *Medellín* pode ser colocada no final do Vaticano II, quando o então presidente do CELAM, D. Manuel Larraín, sentia a necessidade de reunir toda a Igreja da América Latina "em caráter oficial para um balanço geral da situação interna da Igreja neste inquieto e esperançoso continente latino-americano e apreciar também o com-

---

claração dos Bispos do Terceiro Mundo que teve longa história: cf. E. DUSSEL, *História da Igreja latino-americana (1930-1985)*, São Paulo: Paulinas, 1989, p. 40.

156 Cf. *Ibid*., p. 40. Note-se que um dos formuladores desta *teoria da dependência*, sociólogo Fernando Henrique Cardoso, após longos anos de magistério acadêmico (Brasil, França, Chile, Estados Unidos), tornou-se político, elegendo-se nas eleições gerais como presidente do Brasil. No entanto, sua teoria da dependência, tão usada pela Teologia da Libertação, na época era colocada em dúvida pelo implacável teólogo J. COMBLIN: cf. J. B. LIBÂNIO – A. ANTONIAZZI, *20 anos de teologia na América Latina e no Brasil*, Petrópolis: Vozes, 1991, p. 33.

portamento da Igreja na formidável conjuntura em que vivemos nos tempos atuais"[157]. Com seu prematuro desaparecimento em acidente automobilístico, em 22 de junho de 1966, a ideia não morreu, mas robusteceu-se e consolidou-se. D. Avelar Brandão, seu sucessor, depois dos necessários contatos com Paulo VI e consulta ao episcopado latino-americano, recebe em maio de 1967 a aprovação oficial para a realização e o sinal verde para a organização.

Em novembro do mesmo ano, numa reunião do CELAM em Lima (Peru), foi aprovado o tema oficial: *A Igreja na atual transformação da América Latina à luz do Concílio Vaticano II*. Apareceu claro aí a vontade colocar em prática na América Latina a renovação eclesial trazida pelo Vaticano II em nível universal. Em janeiro de 1968 uma comissão de estudos elaborou, com base na trilogia *ver-julgar-agir*, um *Documento Preliminar*, que já adotava os três itens: *visão integral das realidades latino-americanas, reflexão teológica sobre estas realidades* e *projeções pastorais para a ação da Igreja no Continente*[158]. Corrigido e enriquecido em junho do mesmo ano com as observações tanto do Vaticano quanto das conferências episcopais nacionais, o texto tornou-se mais ordenado, vigoroso e pastoral e serviu de *Instrumento de Trabalho* para a Assembleia Geral. Já nessa fase, conforme o testemunho de D. Avelar,

> o documento teve grandes repercussões em todos os Continentes; houve debates e pronunciamentos, os mais variados, a favor e contra sua estrutura doutrinária, sobre seu método de enfocar os problemas, o que a nosso ver contribuiu grandemente para estender os estudos e aprofundar as ideias propostas. Alguns o consideravam demasiado forte. Outros desejavam fosse mais incisivo na caracterização de nossos males[159].

6.3 Realização da *Conferência Episcopal de Medellín*

6.3.1 *Participantes e dinâmica*

A Conferência foi não só Assembleia Episcopal, mas uma amostra, em pequenas proporções, da diversidade da Igreja e de suas complexas rela-

157 A. B. VILELA, *Discurso de Abertura, in Doc-Medellín*, p. 32.

158 Este *documento preliminar*, sem a *Introdução Geral*, foi publicado *in REB* 28(1968), p. 432-461; para comemorar os 25 anos da Conferência de *Medellín*, em 1993, a revista *Medellín* publicou a íntegra deste *documento preliminar* numa separata especial: ITEPAL, *Conmemoración 25 años Conferencia de Medellín 1968-1993. Homenaje del Instituto Teológico Pastoral del CELAM. Documento básico para la II Conferência General del Episcopado Latinoamericano.* Santafé de Bogotá – Colombia 1993 *in Medellín* 19 (1993), separata.

159 A. B. VILELA, *Discurso de Abertura, in Doc-Medellín*, p. 33.

ções, pois havia delegados de organismos do Vaticano, núncios apostólicos, membros da CLAR, representantes do clero diocesano, de leigos e de organizações europeias e americanas que ajudam a Igreja latino-americana. Também foram convidados observadores evangélicos e ortodoxos, assessores especializados em teologia, pastoral, sociologia e outras ciências, além do numeroso pessoal de serviço. Os delegados episcopais, convidados especiais e assessores eram 249 ao todo[160].

Como afirma Beozzo, as cifras e estatísticas dos participantes são bastante confusas e contraditórias. O pesquisador professor Fernando Altemeyer publicou em abril de 2018, depois de ampla pesquisa, os seguintes dados, com relação à participação do Brasil na Conferência Episcopal de Medellín: **1.** Cardeais, Arcebispo e Bispos 21 (grande parte havia participado do Concílio Vaticano II); **2.** Religiosas, religiosos e Padres 14; **3.** Leigas e Leigos: 03. **4.** Assessoras/es 06. **5.** Um pastor da Igreja Presbiteriana Independente. Ao todo quase 50 participantes, com grande predominância episcopal[161].

Reuniram-se em Bogotá, onde, em 24 de agosto de 1968, o papa Paulo VI inaugurou, com um discurso de grande repercussão, os trabalhos da Assembleia. A partir do dia 26 de agosto continuaram em *Medellín*, onde houve uma etapa de três dias dedicados à reflexão, a partir de sete palestras de bispos[162]. Esses temas foram discutidos em sete seminários ou grupos de

---

160 Por regulamento seriam participantes da Assembleia os membros do CELAM, os presidentes das Conferências Nacionais, Representantes dos Episcopados (um para cada 25 bispos), os membros sacerdotes dirigentes da CLAR, seis sacerdotes representantes do *clero diocesano* e mais outros nomeados pelo Papa. Estavam assim distribuídos: 8 Cardeais; 45 Arcebispos; 92 Bispos; 70 Sacerdotes Religiosos e diocesanos; 6 Religiosas; 19 Leigos; 9 Observadores não católicos, 15 assessores (experts). A *delegação brasileira* era composta de 36 participante, ou seja: membros efetivos 22 Arcebispos e Bispos, 1 sacerdotes nomeado pelo Papa e 3 sacerdotes representantes da CLAR; e ainda como assessores: 5 sacerdotes, 1 religiosa, 3 leigos e uma leiga: cf. SECRETARIADO GENERAL DEL CELAM, *Consejo Episcopal Latinoamericano*, Bogotá: Oficina de prensa y publicaciones del Celam, s/d, p. 19; Herman PARADA, *Crónica de Medellín, Segunda Conferencia General del Episcopado Latinoamericano*, Bogotá: Indo-american Press Service 1975, p. 261-269; B. KLOPPENBURG, *A segunda Conferência Geral do Episcopado Latino-Americano in REB* 28 (1968), p. 62; J. O. BEOZZO, *A Igreja do Brasil*, p. 154-159; este último mostra as divergências que existem na relação dos participantes tanto brasileiros quanto de outros episcopados nas várias fontes; não cita, porém, a importante *Crônica* de H. PARADA (ver nota seguinte).

161 Cf. ALTEMEIER, Fernando. *Participantes da 2ª Conferência dos Bispos da América Latina e Caribe*, publicado na revista eletrônica *Ciberteologia Revista de Teologia e Cultura* (Paulinas) em ttps://ciberteologia.com.br/conteudo/artigos/participantes-da-2-ordf-conferencia-dos-bispos-da-america-latina-e-caribe/36.

162 As sete conferências fundamentais foram: *Os sinais dos tempos na América Latina de hoje* (Dom Marcos McGrath, Panamá), *A interpretação cristã dos sinais dos tempos* (D. Eduardo Pironio, Argentina), *Tarefas pastorais da Igreja na promoção humana da América Latina* (Dom Eugênio

estudo, após o que, nos dias 30 e 31 de agosto, os trabalhos prosseguiram em 9 "comissões pastorais", a maioria delas subdividida em subcomissões, para estudarem os 16 assuntos em pauta organizados ao redor de três grandes blocos: *promoção humana, evangelização e crescimento na fé, Igreja visível e suas estruturas*[163]. O primeiro resultado dessas 16 comissões foi lido no plenário, brevemente discutido e voltou às comissões para ser emendado ou até inteiramente reelaborado. Na tarde do dia 4 de setembro o plenário começou a votar os primeiros textos, votação que ainda permitia, como no Concílio, a modalidade do voto "juxta modum": isso permitiu uma notável correção nos textos. Duas comissões "ad hoc" prepararam uma *Mensagem aos povos da América Latina* e uma *Introdução às conclusões*.

Estava prevista a elaboração de *um único documento final*, mas, por falta de tempo, resolveu-se na última hora manter os *16 relatórios* das comissões e subcomissões (numerados conforme sequência de votação final). Se por um lado esse fato prejudicou a *unidade do documento*, por outro fez com que cada um dos temas mantivesse no próprio documento a densa carga profética de que eram portadores na forma como saíram das comissões. Os documentos trazem a data de 06 de setembro de 1968. A catequese, tratada na comissão 5C, passou a ser o documento 8 de *Medellín*[164].

Sales, Brasil), *Evangelização na América Latina* (Dom Samuel Ruiz, México), *Pastoral popular e pastoral de elites* (Dom Luís Henríquez, sdb, Venezuela), *A unidade visível da Igreja* (Dom Pablo Muñoz Vega, Equador), *A pastoral de conjunto* (Dom Leónidas Proaño, Equador). Todas foram publicadas: SEGUNDA CONFERENCIA DEL EPISCOPADO LATINOAMERICANO, *La Iglesia en la actual transformación de América Latina a la luz del Concilio*, I volume: Ponencias. 2ª ed. Bogotá: Secretariado General del Celam, 1969, 270 p.

163 Estas eram as comissões: **1)** PROMOÇÃO HUMANA – Comissão 1A: Justiça; 1B: Paz; 2: Família; 3: Educação; 4: Juventude; **2)** EVANGELIZAÇÃO E CRESCIMENTO NA FÉ – Comissão 5A: Pastoral Popular; 5B: Pastoral das elites; 5C: Catequese; 5D: Liturgia; **3)** IGREJA VISÍVEL E SUAS ESTRUTURAS – Comissão 6: Movimentos de leigos; 7A: Sacerdotes; 7B: Religiosos; 7C: Formação do clero; 8: Pobreza da Igreja; 9A: Pastoral de Conjunto e colegialidade; 9B: Meios de Comunicação Social. O documento final traz, além dos 16 documentos, uma *apresentação* de D. Avelar B. Vilela, os *discursos de abertura* de Paulo VI, do Card. Juan Landázuri Ricketts, do Card. Antônio Samoré e de Dom Avelar Brandão; uma *mensagem aos povos da América Latina* e uma *introdução às conclusões*, intitulada *Presença da Igreja na atual transformação da América Latina*: cf. *Documento final de la 2ª Conferencia General del Episcopado Latinoamericano*, Medellín: Imecso, 1968, p. 2.

164 É digno de nota que o Car. Samoré, Presidente da Pontifícia Comissão para a América Latina, tenha comunicado a autorização do Papa para que o documento fosse imediatamente publicado, ficando submisso apenas a modificações de estilo: cf. *Documento final de la 2ª Conferencia General del Episcopado Latinoamericano*, p. 2; J. O. BEOZZO, *A Igreja do Brasil*, p. 198. Assim realmente se fez; este gesto de Paulo VI deu maior credibilidade à mensagem de *Medellín*, essencial para seu papel de *Diretório da Pastoral Latino-Americana*, em meio às contestações que se multiplicavam. Já no mês de setembro várias edições provisórias foram feitas, sendo que a edição oficial, com data de 30 de novembro de 1968, apareceu somente nos inícios de 1969. No Brasil

6.3.2 Tensões e confrontos

Como na *Semana Internacional de Catequese*, também na *Conferência de Medellín*, houve problemas, dificuldades, tensões e confrontos acalorados. Um desses momentos foi a ameaça que o Card. Samoré fez de retirar-se da Assembleia, quando percebeu as tendências bastante arrojadas que algumas comissões estavam tomando[165]. Também se esboçou um *AntiMedellín*, cujo maior animador foi o bispo ultraconservador brasileiro D. Geraldo Sigaud, que, sem ser membro de direito, lá apareceu para defender suas posições ultramontanas[166].

Não faltaram aqueles que criticaram a impostação dos documentos de *Medellín*, muito solícitos em criticar as estruturas sócio-econômico-políticas, mas tímidos e inibidos para denunciar as falhas internas da Igreja. É significativa esta avaliação feita ainda em 1968, por um padre brasileiro, assessor teológico da Assembleia, Fr. Boaventura Kopplenburg, em seguida bispo:

> A Conferência mostrou-se valente, livre e desinibida quando examinava as estruturas sociais, econômicas e políticas, para propor mudanças globais profundas, urgentes e audazes, exigindo a livre formação de estruturas intermediárias sem a intervenção indevida da autoridade ou de grupos dominantes. Mostrava-se, porém, tímida, inibida e ineficiente quando se via colocada diante das estruturas eclesiásticas, demonstrando pouca coragem em propor ou exigir transformações nas estruturas intermediárias ou em protestar contra as indevidas intervenções da autoridade ou de grupos dominantes[167].

Alguns acusaram o *exagerado* influxo dos assessores (*experts*), mas o testemunho de um dos dirigentes é de que

> todos e cada um dos documentos foram estudados, revisados e aprovados por todos e cada um dos bispos presentes, certamente com sobrecarga de

---

foi publicado com o título: *A Igreja na atual transformação da América Latina à luz do Concílio. Conclusões de Medellín*. Petrópolis: Vozes, 1969, que aqui estamos citando como *Doc-Medellín*.

165 A intervenção pessoal de D. Ramón Bogarín fez com que o presidente da CAL e representante do Vaticano permanecesse até o fim da Assembleia (cf. o testemunho de D. José Maria Pires *in* J. O. BEOZZO, *A Igreja do Brasil*, p. 173-174).

166 Marina Bandeira, brasileira, uma das assessoras da Assembleia, diante da imprensa considerava como Conferência Paralela essa atividade de militância de direita do bispo brasileiro ligado, na época, à *Tradição, Família, Propriedade* (TFP), entidade que representa no Brasil a ala militante ultraconservadora do catolicismo, em geral formadas com pessoas abastadas economicamente... Também se retém como *Conferência Paralela* as reuniões de estudantes e trabalhadores no café *La Bastilla*.

167 B. KLOPPENBURG, *A segunda Conferência Geral do Episcopado Latino-americano*, p. 626.

trabalhos, mas ninguém pode afirmar que não os teve à disposição para o estudo[168].

6.3.3 Presenças marcantes

Os participantes são concordes em ressaltar a marcante influência de algumas pessoas: a habilidade do grupo organizador do CELAM e a sagacidade de seu presidente, D. Avelar Brandão, o discurso de D. Juan Landázuri Ricketts, as palestras de D. Marcos McGrath (sinais dos tempos), D. Eduardo Pirônio (interpretação dos sinais dos tempos), D. Samuel Ruiz (evangelização), D. Eugênio Sales (promoção humana, em parte feita por D. Hélder), as intervenções de Dom Leónidas Proaño (pastoral de conjunto), de D. José Maria Pires (padres casados), a assessoria do Pe. Gustavo Gutierrez, que ajudou na redação de vários discursos e documentos, a influência de outros assessores como Cecilio de Lora.

Também tiveram grande influência, o Pe. Egídio Viganó, sdb (depois, superior geral dos salesianos, grande teólogo), Lúcio Gera, Renato Poblete, Segundo Galileia. A presença de D. Filipe Santiago Benitez, do Pe. Juan Oscar Usher e do Pe. John H. Gorham, que haviam participado também do *Encontro Nacional do Rio de Janeiro* e da *Semana Internacional de Catequese* garantiram o aproveitamento dos grandes resultados dessas duas reuniões na Assembleia maior de *Medellín*.

6.4 Pontos relevantes e conquistas

Pontos altos da Assembleia foram: a presença do Papa e seu discurso de abertura; as celebrações litúrgicas, preparadas especialmente para essa ocasião com muito cuidado pelo Departamento de Liturgia do CELAM, tendo à frente D. Julián Mendoza Guerrero e o Pe. José Manuel Segura; o clima de convivência e comunhão favorecido pelo estar juntos, a liberdade e o diálogo entre Bispos, sacerdotes, religiosos e leigos, todos trabalhando num verdadeiro *mutirão*; o clima de ecumenismo tão intenso que permitiu a participação na Eucaristia dos Irmãos Separados, fato bastante criticado posteriormente; a tomada de consciência dos bispos ao longo da Conferência refletida na elaboração dos documentos[169].

---

168 José Dammert BELLIDO, *Crônica de Medellín in Medellín* 15 (1989), 58-59, p. 19.

169 Tais pontos foram relevados pelos participantes brasileiros, numa pesquisa feita por J. O. BEOZZO *in Medellín, vinte anos depois: o balanço dos participantes* [*brasileiros*] *in* J. O. BEOZZO, *A Igreja do Brasil*, p. 169-174.

Como principais avanços de *Medellín*, podemos apontar, antes de tudo, a assimilação das inovadoras intuições do Concílio Vaticano II, de um modo especial o modelo de Igreja-Comunhão, como Povo de Deus, expressa nas propostas de uma Pastoral de Conjunto, nas CEBs e em geral no crescimento da dimensão comunitária, com grande valorização dos leigos. O *mistério da Igreja* é o pano de fundo de *Medellín*, porém, um mistério visto em sua concretude, inserido num mundo em conflito.

A acolhida da *Gaudium et Spes* deu um cunho particularmente pastoral à Conferência. Ela descobre nos rostos de milhões de homens e mulheres latino-americanos o rosto do Senhor sofredor, fazendo nascer a chamada *Igreja dos Pobres* com sua opção pelos que mais sofrem. Essa aproximação e comunhão com o homem latino-americano fez nascer também maior respeito e valorização da religiosidade popular, tão minimizada no imediato pós-concílio.

Outra inovação de Medellín, sem dúvida, foi a sua metodologia[170], já esboçada na *Gaudium et Spes*: debruçar-se sobre a realidade sociopolítico (*ver*), discerni-la à luz da fé, Escrituras, Magistério (*julgar*), para daí buscar operacionalização pastoral (*ação*). Foi não somente o método da Conferência, mas daí para frente cresceu em toda a pastoral, e de um modo especial na catequese, chegando às suas últimas consequências, a ponto de usar amplamente o conceito de *libertação* como categoria chave da intervenção pastoral.

Com relação ao primeiro passo deste método, o *ver*, grande novidade de *Medellín* foi a maneira de ver essa realidade: superou-se a visão ingênua ou simplesmente piedosa da realidade; ela é analisada com grande rigor usando conceitos das ciências sociais, e "dando nome aos bois", como se diz na expressão popular, sem máscaras ou maquiagens, próprias de certa cultura eclesiástica... (e por isso, sobretudo, de intolerância e perseguição... pelo poder econômico).

Igualmente, quanto ao *agir*, *Medellín* inova colocando a *práxis evangélica* como forma de anúncio; a importância da ação foi assumida de um modo especial na pastoral popular, sobretudo nas CEBs. Neste sentido é significativa esta afirmação da *introdução:*

> Não basta refletir, obter maior clareza e falar. É preciso agir. Esta não deixou de

170 É significativo este abalizado testemunho de D. Marcos McGRATH, secretário da Conferência: "Impressionou-me o *impacto do método escolhido*, que foi principiar *Medellín* com um processo de autoconscientização dos membros, mediante as palestras e os debates que vieram logo a seguir. Depois foi possível dividir os tópicos e as comissões correspondentes, e trabalhar em perfeito acordo, graças à convergência de ideias". Marcos McGRATH, *Momentos significativos de Medellín: Carta de D. Marcos McGrath in REB* 49 (1989), p. 408.

> ser a hora da *palavra*, mas tornou-se, com dramática urgência, a hora da *ação*. É o momento de inventar com imaginação criadora a ação a ser realizada e, sobretudo, levá-la a término com a audácia do espírito e o equilíbrio de Deus. Esta Assembleia foi convidada a tomar decisões e estabelecer projetos, unicamente se estivermos dispostos a executá-los como compromisso pessoal nosso, ainda que à custa de sacrifícios[171].

Há quase uma unanimidade em apontar os documentos sobre *Justiça, Paz, Catequese, Pobreza na Igreja* e *Pastoral de Conjunto*, como os de maior teor profético e de maior repercussão na Igreja e na pastoral em particular, devido justamente ao seu apelo para a ação inspirada no Evangelho. De qualquer maneira, os *16 documentos* aprovados ao final de apenas duas semanas de trabalho possuem uma força interna, uma linguagem e perspectivas teológicas e um descortino tão grande que talvez foram verdadeiramente conhecidas e avaliadas somente depois que eles desencadearam, ao longo de todo o continente, uma revolução eclesial inimaginável anteriormente[172]. Na verdade, *Medellín* não apenas aplica o Vaticano II, mas de certo modo deu um novo passo: nele emergiu pela primeira vez a importância das CEBs, esboçou-se a teologia da libertação, aprofundou a noção de justiça e de paz ligadas aos problemas da dependência econômica, deu-se ênfase ao conceito de pecado social, o pobre foi colocado no centro da reflexão da Igreja no continente e, a catequese foi entendida como uma educação da fé comprometida com a transformação da realidade[173].

6.5 A catequese em *Medellín*

Nos 16 documentos de *Medellín* encontram-se frequentes referências à catequese[174]. Entretanto, é no segundo grande bloco: *Evangelização e crescimento na fé*, que encontramos um documento inteiramente dedicado à catequese. Trata-se do *relatório* produzido pela subcomissão 5C, que se tornou

171 *Doc-Medellín, Introdução às conclusões* nº 3, p. 41-42.

172 Cf. J. O. BEOZZO, *Medellín, vinte anos depois in* ID., *A Igreja no Brasil*, p. 178-182.

173 Entre tantos teólogos latino-americanos que assumiram as perspectivas de *Medellín* em sua reflexão teológica, podemos citar o padre salesiano Luís GALLO, particularmente em sua eclesiologia: *Uma Igreja a serviço dos homens – contribuições para uma compreensão atual da Igreja*, São Paulo: Editora Salesiana Dom Bosco, 1984, 230 p.

174 Encontram-se referências nos documentos: *Justiça* nº 3, *Paz* nº 24, *Família e Demografia* nº 6, 19; *Educação* nº 17; *Juventude* nº 17; *Pastoral Popular* nº 1, 5, 8; *Pastoral das Elites* nº 13; *Liturgia* nº 7; *Movimentos leigos* nº 11, 19; *Sacerdotes* nº 17; *Formação do Clero* nº 10, 33; *Pobreza da Igreja* nº 8, 9; *Pastoral de Conjunto* nº 10 e *Meios de Comunicação Social* nº 6, 7.

depois o *documento nº 8*. Nesta subcomissão, como já dissemos, estavam D. Filipe Santiago Benitez e Pe. Juan Oscar Usher, membros do CLAF e Pe. John H. Gorham, do Departamento de Catequese do CELAM. Os três tinham participado tanto no *Encontro do Rio de Janeiro* como na *Semana Internacional de Catequese* em Medellín. Eles e outros, sobretudo brasileiros[175], garantiram a entrada quase que integral das reflexões dessas reuniões anteriores dentro do célebre documento 8 de *Medellín*.

6.5.1 Novas perspectivas

Ao assumir as *conclusões da Semana Internacional de Catequese*, os participantes da Conferência de *Medellín* suavizaram-lhe alguns aspectos mais radicais e as críticas mais duras a pessoas e instituições eclesiais[176]. Mantiveram, entretanto, o essencial, isto é, a forte *dimensão antropológica* que caracterizava a novidade da catequese latino-americana: a nova visão da *revelação* que fez a Igreja sentir-se fiel não só a Deus (e daí o *marco evangelizador querigmático* da catequese), mas também ao homem-em-situação, isto é, ao homem latino-americano (e daí a acentuação da *dimensão histórico-libertadora da fé*, e a consequente promoção humana); sobressai ainda a ênfase dada à *dimensão comunitária*, a opção pela *catequese de adultos*, a importância de uma nova *linguagem*, de uma cuidadosa *formação de catequistas* e da *organização* nacional e regional da catequese.

A categoria teológica da *unidade do plano de Deus*, sobre a qual se insistia desde o *Encontro do Rio de Janeiro*, é novamente afirmada: sem cair em simplificações e superando todo dualismo, a catequese deve manifestar a *unidade do plano de Deus*, unidade entre o projeto salvífico de Cristo e as aspirações huma-

---

175 Os outros membros da subcomissão de catequese eram: D. Hugo Eduardo Polanco (Porto Rico), presidente; Pe. Raimundo José Airemoraes, pastoralista que teve grande atuação na pastoral brasileira principalmente à frente do INP, único brasileiro nesta subcomissão; D. Pedro Arnoldo Aparicio (El Salvador), D. José Gabriel Calderón (Colômbia, nomeado pelo Papa), D. Antonio Cardoso (Portugal, Bispo convidado), Pe. Jerome Hamer, O.P. (convidado especial e futuro membro da Cúria Romana), Pe. José Joaquín Matte Varas (Diretor do ICLA do Chile), Pe. Carlos Palmés (delegado da CLAR), D. Raul Primatesta (Argentina, nomeado pelo Papa), D. Samuel Ruiz García (México, Nomeado pelo Papa), D. Jesús Serrano Pastor (Panamá) cf. H. PARADA, *Cronica de Medellín*, p. 264.

176 Cf. Mario BORELLO, *América Latina in Dizionario di Catechetica*, Leumann (Torino): LDC 1986, p. 30-33; W. GRUEN é de opinião que a Conferência de *Medellín* enfraqueceu notavelmente as *Conclusões da Semana Internacional de Catequese*, e assim enfraquecidas foram oficializadas para todo o continente: cf. ID., *As novas orientações*. Raul RUIJS fez um estudo comparativo para estabelecer as diferenças entre os dois importantes documentos: cf. ID., *Raízes e rumos do anúncio da palavra in Atualização* (1976), p. 449-471.

nas, entre história da salvação e a salvação humana, entre revelação de Deus e experiência do homem (nº 4)[177]. Sobre esse tema comenta o Pe. W. Gruen:

> O movimento querigmático havia procurado superar o intectualismo dos séculos precedentes insistindo não só na *salvação* (principalmente da alma) mas na *história* da salvação; e nela, ao nexo indispensável que há entre história do povo e Palavra de Deus. Consequentemente, a catequese passou a falar mais da história do povo – de então (Bíblia) e de hoje. O princípio estava certo; sua aplicação, porém, era insuficiente. História *contada* ainda não é história: é narrativa. Na América Latina é que se fez a verdadeira mudança que o movimento querigmático apenas vislumbrou: incorporou-se ao conteúdo da catequese a história vivida, realizada; e não só momentos fortes, mas a atuação lenta e firme dentro do próprio processo histórico em sua macro dimensão. A história vivida passou a ser não apenas ponto de partida (motivação pedagógica), mas parte integrante do conteúdo da catequese[178].

Este aspecto *histórico* da catequese, conforme *Medellín*, faz com que ela mantenha um caráter dinâmico e evolutivo; de fato, a mensagem cristã deve ser continuamente aprofundada e traduzida conforme o ritmo da evolução dos acontecimentos, hoje aceleradíssimo (nº 5). Por isso, a catequese não pode ignorar as profundas transformações sofridas pela América Latina (nº 5) e "deve ajudar a evolução integral do homem, dando-lhe seu autêntico sentido cristão, promovendo sua motivação nos catequizandos e orientando-a para que seja fiel ao Evangelho" (nº 7).

6.5.2 Novo conteúdo: as situações históricas

As inovadoras perspectivas abertas pelo *Documento de Catequese* de *Medellín* estão condensadas no célebre nº 6, que se tornou uma passagem clássica, principalmente em sua segunda parte, citada por quase todos os tratados modernos de catequética, quando abordam a dimensão antropológica:

> De acordo com a teologia da Revelação, a catequese atual deve assumir totalmente as angústias e esperanças do homem de hoje para oferecer-lhes possibilidades de uma libertação plena, as riquezas de uma salvação integral em Cristo,

177 Luís ERDOZAIN nota que "é a primeira vez que um documento oficial de catequese se pronuncia com tanta ênfase sobre esta *unidade do plano de Deus*. Talvez se diga que o movimento querigmático tenha insistido também de uma maneira privilegiada neste plano de Deus, nesta história da salvação que, culminando em Cristo, se projeta em todos nós. De fato foi assim, mas quem sabe centralizou muito a atenção nesta história da salvação contada pela Bíblia, sem acentuar suficientemente esta *única* história de salvação que vivemos" (ID., *L'évolution de la catéchèse in Lumen Vitae* 2 (1969), p. 593; também *in Sinite* 11 (1970), p. 289).

178 W. GRUEN, *Novas orientações*, p. 36-37.

> o Senhor. Por isso deve ser fiel à transmissão, não somente da mensagem bíblica em seu conteúdo intelectual, mas também da sua realidade vital encarnada nos fatos da vida do homem de hoje. As situações históricas e as aspirações autenticamente humanas constituem parte indispensável do conteúdo da catequese. E devem ser interpretadas seriamente, dentro de seu contexto atual, à luz experiências vivenciais do Povo de Israel, de Cristo e da comunidade eclesial, na qual o Espírito de Cristo ressuscitado vive e opera continuamente.

O tradicional *conteúdo doutrinal* que durante séculos tinha alimentado e caracterizado a catequese, e que com o recente movimento querigmático tinha sido enriquecido com conteúdo bíblico-litúrgico, agora passa por uma completa revolução: ela assume como "indispensável" também as "situações históricas e as aspirações autenticamente humanas", sem as quais não mais se poderá falar de "integridade do conteúdo catequético".

A partir de *Medellín*, a catequese adquire esta *característica profética*: procura ler a história do povo latino-americano à luz do mistério pascal, e aí descobrir os germes de morte que oprimem para indicar os caminhos de uma vida autenticamente cristã. A catequese, nas trilhas de toda a renovação pastoral, adquire uma *face libertadora*; ela vai se referir não somente à mensagem de salvação, mas também à prática histórica, buscando uma nova correlação entre fé e vida. A revelação não é vista num passado distante e longe do mundo e fora da vida, mas nas situações de cada dia, na realidade movediça do quotidiano e do tecido complexo dos acontecimentos, permeando todos os seus aspectos sociais, políticos, econômicos e culturais.

6.5.3 Metodologia e destinatários

Mas a mudança não é somente de conteúdo, há também profundas alterações no *método*. A catequese, a educação da fé, não tem mais como protagonista apenas o catequista, mas a própria pessoa humana com sua vida e sua história: é uma metodologia intensamente participativa. Não se trata tanto de "aprender" a doutrina. A catequese deixa de ser *nocional e mnemônica*; a nova perspectiva procura aprofundar as experiências vitais de cada comunidade (e não somente de indivíduos), assumindo todas as suas angústias e esperanças, para aí descobrir a manifestação de Deus. A fé passa a ser vivida na conflitualidade da vida.

Quanto aos *destinatários*, já não são crianças, mas *adultos*: eles são capazes de viver em maior plenitude o Evangelho em sua dimensão social e política. O *catequista* já não pode ser alguém ausente da vida e da história concreta de seu povo. Pelo contrário, deve ser alguém inserido no processo histórico da comunidade, capaz de fazer uma *interação* entre fé e vida, e levar seus irmãos na fé a descobrir Deus que se manifesta no dia a dia. Superando os limites do individualismo, a catequese encontra na *comunidade cristã* o lugar privilegiado da educação da fé. A verdadeira educadora da fé será a comunidade como um todo.

Concluindo 1968

Destes três acontecimentos da vida eclesial latino-americana: *Encontro Nacional do Rio de Janeiro, Semana Internacional de Catequese* e *Conferência Episcopal de Medellín*, surgiu na América Latina, e em especial no Brasil, um modelo de catequese que se caracteriza pela dimensão antropológica ou política, denominada também *catequese libertadora*: à luz do Evangelho pretende educar os cristãos na fé para que, junto com outras forças sociais e políticas da sociedade, lutem por melhores condições de vida e transformem as estruturas sociais, em geral muito longe dos ideais de justiça.

É claro que esse conteúdo *imanente* (voltado para as realidades terrestres), absolutamente não quer apagar nem diminuir a força *transcendente* da mensagem cristã (dimensão escatológica): sua fé na ressurreição e superação de todo o mal em virtude do Mistério Pascal de Cristo Jesus, vivido na sacramentalidade da Igreja, sobretudo pela Eucaristia e demais sacramentos. O que se quer repropor é a mensagem integral dos Evangelhos, que não se limita ao *aspecto espiritual*..., mas abrange também nossas atitudes e relações humanas, sobretudo com relação aos mais empobrecidos e marginalizados!

Aí está a razão pela qual a catequese latino-americana do final e início do século interessou-se pelas realidades humanas, pelos problemas econômicos, sociais, políticos, culturais. E isso a duras penas! De fato, provocaram conflitos às vezes trágicos, não só por parte da sociedade conservadora e ciosa de manter seus privilégios, mas também por parte de muitos dentro da Igreja que não compreenderam ou não quiseram aceitar, até suas últimas consequências, as novas posições do Vaticano II, que a teologia e, consequentemente, a catequese assumia no continente.

Como veremos, as novas categorias catequéticas, em parte já saídas do *Encontro do Rio de Janeiro de 1968* e da *Semana Internacional*, mas agora sacramentadas pela Assembleia Episcopal de *Medellín*, dominaram o MCB. Foi o processo de recepção e aprofundamento de tais perspectivas, que encontraram no futuro documento Catequese Renovada (1983), um de seus pontos culminantes.

CONCLUSÃO

Este terceiro capítulo, diferentemente dos outros, abarca em sua maior parte apenas um ano: 1968. Neste breve espaço de tempo profundas transformações aconteceram, decisivas tomadas de posição foram assumidas, aprofundaram-se princípios e amadureceram linhas operativas de incalculável valor. A Igreja na América Latina assumiu verdadeiramente o Concílio Vaticano II e, privilegiando as novas perspectivas sobretudo da *Lumen Gentium, Gaudium et Spes* e da *Dei Verbum* estabelece uma plataforma de renovação que irá atingir todos os setores da vida eclesial.

Dentro deste amplo quadro de mudanças e renovação, a catequese deu passos como nunca anteriormente no movimento catequético, quer latino-americano, quer brasileiro. Isso se deve também à forte liderança de pessoas de visão, reflexão e organização. Duas observações iniciais podemos fazer, neste sentido. Primeiramente, o MCB não alcançou tais transformações a partir do nada, ou a partir de alguma pessoa *iluminada* que em 1968 provocou uma revolução. Como vimos, foi uma verdadeira caminhada, um verdadeiro processo que começou antes mesmo do Concílio, aprofundou-se no tempo dos ISPACs, consolidou-se com os inovadores *Planos Pastorais* e alcançou grande repercussão em todo o Brasil, como um movimento verdadeiramente nacional, por ocasião dos três grandes eventos: o *Encontro do Rio de Janeiro*, a *Semana Internacional* e a *Conferência Episcopal de Medellín.*

E daí nos vem a segunda conclusão: o MCB, neste momento-ápice de seu recente desenvolvimento, não foi gestado e dinamizado só a partir do Brasil. Ele estava em profunda sintonia e se beneficiava vivamente daquilo que ocorria na Igreja, tanto em nível universal (com o Concílio Vaticano II) como latino-americano (com a Semana Internacional e a Conferência Episcopal de *Medellín*). Por outro lado, podemos afirmar, como vimos, que os catequetas brasileiros exerceram um papel importante, e às vezes de liderança, no confronto com o resto da América Latina. Não podemos deixar de ressaltar a influência fundamental de um dos iniciadores da teologia da libertação no MCB: Hugo Assmann. O *Encontro do Rio de Janeiro* e em parte também a *Semana Internacional* devem a ele o embasamento teológico e as audazes consequências pastorais que provieram dessa sua visão teológica.

Neste segundo ponto das consequências pastorais e catequéticas, podemos também nomear Hugo Paiva e Antônio Cecchin. No plano organizacional e de liderança no MCB, sem dúvida ocupa o primeiro lugar D. José da Costa Campos, cujo trabalho ainda perdurou por alguns anos. Não podemos afirmar que todo o episcopado brasileiro (e latino-americano) caminhava nessa linha de vanguarda, nem que o movimento catequético assim descrito estava presente em todos os rincões do país. Entretanto, sendo a *Linha 3* da CNBB a propulsora, animadora e coordenadora dessa renovação, é claro que tudo ia acontecendo de acordo com a linha oficial da Igreja e dentro da pastoral planejada pelos pastores, como pudemos constatar analisando os *Planos* produzidos nessa época.

Ao concluir o capítulo anterior víamos desaparecer a figura do Pe. Negromonte, que havia liderado o movimento querigmático dando ao MCB um alcance verdadeiramente nacional; no ocaso de suas atividades surgia a seu lado, e com uma visão totalmente nova, o Pe. Hélder Câmara, que, juntamente com Hugo Paiva, imprimia novos rumos à catequese sob o impulso do Vaticano II. A figura de D. Hélder não aparece mais no MCB, pois esteve na direção e liderança da pastoral num sentido mais amplo, abarcando toda a Igreja. Porém, outras figuras surgem, de um modo especial à sombra dos ISPACs, que assumem a catequese nacional, provocando uma verdadeira guinada como nunca antes havia acontecido.

Sem dúvida, o que caracteriza a nova face da educação da fé que emerge dos acontecimentos de 1968 é a dimensão na época denominada *situacional*. O crescimento da fé, na América Latina e no Brasil de um modo especial, é pensado particularmente unido à *situação* socioeconômica do povo. Talvez somente por este fato a nova catequese não seja tão original assim; também o Pe. Negromonte e em geral o movimento querigmático falavam em iluminar a vida com a mensagem evangélica (as célebres *aplicações da doutrina à vida*); de certo modo não só a catequese, mas a Igreja inteira sempre esteve voltada para os pobres. Então, onde está o *novo* desta profética visão?

Certamente está *no modo e nos instrumentos de análise* com os quais se *vê a situação* sofrida da população, a realidade das gritantes injustiças, desnível social assustador e o rumo que vão tomando profundas transformações socioeconômicas. Não é mais uma visão *ingênua, empírica* ou *acrítica* da sociedade e seus problemas, ou impostas pelo poder econômico. Agora as ciências sociais são chamadas em causa. O método pastoral da *GS* é plenamente assumido: primeiro é preciso ver a realidade *tal qual ela é* (e não como queríamos que fosse, ou como a fazem ver os que têm interessem em defender seus privilégios). A pastoral esforça-se por ter uma visão o mais *científica* possível da realidade e dos conflitos latentes ou emergentes da sociedade, particularmente as causas de tanto sofrimento e *opressão* dos pobres. Estes são vistos como *vítimas* de um sistema perverso, *oprimidos*, que necessitam de uma *libertação*. E o Evangelho torna-se uma força libertadora, não só no sentido escatológico, como sempre pregou a Igreja, mas também de uma *libertação aqui e agora*: fala-se então em *libertação integral*.

Esta perspectiva *situacional-libertadora*, apoiada nos princípios teológicos do Vaticano II, leva a uma leitura diferente da Bíblia, da figura de Jesus, de sua missão, da Igreja, dos sacramentos, da fé. Tudo é visto a partir da *ótica do pobre* em vista de sua libertação: o Evangelho, a catequese, toda a atividade da Igreja procuram ser fiéis ao homem em sua situação concreta e estão a serviço da realização dos seus legítimos anseios e aspirações. A mensagem da catequese é comunicada à pessoa humana no seio de sua própria história, dá sentido a todos os aspectos da existência humana e convoca o homem a construir um mundo mais humano e justo, através do exercício consciente da dimensão política. A catequese, vista nestes moldes, é descrita por uma série de adjetivos que procuram relevar alguma nuance da nova dimensão: situacional, antropológica, histórica, existencial, política e libertadora, profética, transformadora.

Tal impostação correu e corre o risco da ideologia, e principalmente de absolutizar a nova e envolvente dimensão, a ponto de deixar em segundo plano (quando não desaparecer) outros aspectos importantes do sentido cristão no mundo. É a tentação do unilateralismo e reducionismos indevidos que na prática concreta nem sempre será fácil evitar. Por isso, no MCB uma tal transformação ou passagem da *catequese doutrinal, querigmática* ou *centrada na mensagem*, para uma catequese *situacional-libertadora centrada no homem* não será de um modo pacífico, mas conflituoso, pelas inevitáveis alterações na ordem *tradicional*, pelas reações e confrontos que provoca. E isso não só fora da Igreja, mas também no ambiente intereclesial. Não se pretende, por suposto, eliminar a centralidade de Jesus Cristo; pelo contrário, é a fidelidade à sua *prática* que nasceu e viveu pobre, a seus *ensinamentos* e doutrinas.

Dimensão importante desenvolvida a partir do Concílio e aprofundada posteriormente na catequese foi a *dimensão comunitária*. A motivação é, em primeiro lugar, teológica: a fé cristã se vive e se manifesta em comunidade. Entretanto, motivos sociológicos também concorrem para que tal dimensão se consolide. Para enfrentar as lutas contra a injustiça social reinante é preciso a *união de todos*. De qualquer maneira, a dimensão comunitária fará desenvolver novas formas de pastoral e de catequese, entre as quais as CEBs. Elas possuem um lugar de destaque: nelas os cristãos aprendem a viver sua fé em íntima conexão com a vida concreta, onde cada um assume a sua responsabilidade na construção não só da comunidade eclesial (ministérios), mas também de uma sociedade mais justa (empenho sociopolítico). Do ponto de vista catequético, as CEBs são muito valorizadas, pois através delas se favorece a realização do ideal sempre sonhado pelos pastoralistas: atingir *todas as faixas etárias*, de um modo especial os *adultos*, e dar à catequese dimensão *permanente* liberando-a do apego excessivo, quando não exclusivo, às crianças, criado por secular tradição eclesial, por causa da cristandade que se implantou o Ocidente.

Podemos ressaltar ainda, como característica da catequese emergente de 1968, a dimensão *evangelizadora*. A multidão de batizados não evangelizados, de que fala *Medellín*, leva à atenção especial pelo *anúncio primeiro* ou, por outra, à pastoral que provoque a *conversão* em primeiro lugar, sem dar tanta importância aos aspectos doutrinais, como era próprio do modelo catequético anterior. Esta dimensão evangelizadora faz colocar novamente no centro da catequese a pessoa de Jesus Cristo; mas agora, não tanto o Cristo glorioso e às vezes distante do povo, mas o Cristo pobre, humano, profeta, evangelizador e catequista, que prega e age no sentido de trazer uma libertação a todos os que sofrem. A *releitura cristológica* que a teologia faz a partir da situação sofrida do povo, teve consequências imediatas nos *conteúdos catequéticos*, como também na *iconografia*, na *música*[179] e no *canto*[180], tão importantes para a prática da educação da fé. Nos anos poste-

---

179 Impressionante como essa visão evangélica perpassou, além da iconografia, também o cancioneiro litúrgico e de animação dos encontros, reuniões, assembleias. Muda-se completamente a produção de letras e música, deixando aquele estilo muitas vezes romântico, lânguido, açucarado dos antigos hinários e passa-se a expressar o compromisso, a luta, o profetismo evangélico nas canções. Damos aqui um pequeno exemplo, entre muitíssimos, desse tipo de linguagem que pode parecer agressiva, mas é o Evangelho transmitido na proposta de versos e músicas apropriadas às novas situações. O texto e música são atribuídos ao Pe. André Luna. "Seu nome é Jesus Cristo e passa fome/E grita pela boca dos famintos/E a gente quando vê passa adiante/Às vezes pra chegar depressa à igreja. Seu nome é Jesus Cristo e está sem casa/E dorme pelas beiras das calçadas/E a gente quando vê aperta o passo/E diz que ele dormiu embriagado". E ainda: "Seu nome é Jesus Cristo e é analfabeto/E vive mendigando um subemprego/E a gente quando vê, diz: "é um à toa/Melhor que trabalhasse e não pedisse". E o perturbador refrão: "Entre nós está e não O conhecemos. Entre nós está e nós O desprezamos". É um chamado à consciência para que se reconheça a presença de Cristo, especialmente naqueles que a sociedade tende a ignorar ou rejeitar.

180 Música e letra são convite à ação social e à compaixão, incentivando a prática de uma fé que se traduz em amor e justiça, seguindo os ensinamentos cristãos de fraternidade e solidariedade. Usa uma série de metáforas para comunicar como Cristo se manifesta nos mais diversos aspectos

riores, principalmente a partir do Sínodo sobre Evangelização, da *Evangelii Nuntiandi* e de *Puebla*, tal dimensão ganhou maior força.

Finalmente, deve-se ressaltar a *dimensão bíblica*. A partir dessa renovação catequética, o MCB vai cada vez mais colocando a Bíblia nas mãos dos catequizandos. A Palavra de Deus se torna o conteúdo principal catequético. Se o clássico catecismo cai em desuso e os novos textos e manuais ainda procuram o caminho da renovação, *a Bíblia ocupou então o lugar central na educação da fé*. É um resgate que se mostrou muito eficaz, estimulando a criatividade dos catequistas para tornarem sempre mais compreensível a Palavra de Deus, lida e acolhida a partir dos problemas da vida; assim, ela passa realmente a iluminar a existência. Multiplicaram-se os círculos bíblicos; na liturgia ela é celebrada e acolhida com mais criatividade, e começaram a aparecer os métodos de leitura popular da Bíblia, ou leitura orante (*lectio divina*).

Com relação a textos e subsídios catequéticos, como vimos, ainda refletiam muito as dimensões da catequese querigmática, particularmente de linha francesa. Ainda se vivia na fase da reflexão, aprofundamento, primeiras experiências, busca de uma nova linguagem e um novo método. Uns poucos textos (como os de Antônio Cecchin e Ruiz de Gopegui) avançam pelos novos caminhos e, por isso, suscitaram críticas, polarizações e até mesmo *sequestro* por parte do governo militar. A explosão de material catequético dentro das novas perspectivas, vamos encontrar com o avançar do movimento catequético nessa direção.

Sem dúvida, vivia-se o ápice das transformações catequéticas. Entretanto foi apenas o início de sofrida, mas fecunda, caminhada. Nos anos posteriores, entre crises de crescimento e amadurecimento, este vulto da catequese emergente de 1968 se delineou melhor. Serão anos de autêntico *movimento catequético* no pleno sentido da palavra, envolvendo inúmeras pessoas, particularmente os catequistas de base, provocando novas reflexões e aprofundamentos, e tentando chegar a sínteses mais ou menos completas. Este será o conteúdo do próximo capítulo.

---

da vida dos empobrecidos, menos afortunados, desafiando o ouvinte a reconhecer a presença de Deus em situações de pobreza, doença e exclusão social. Denuncia a indiferença das pessoas, a hipocrisia de fé insensível ao sofrimento dos famintos, sem-teto, doentes, idosos e vítimas de injustiças. Fala da indiferença das pessoas que, ao se depararem com os pobres, maltrapilhos, moradores de rua, preferem seguir seu caminho, muitas vezes em direção a práticas religiosas, sem perceber que o verdadeiro encontro com Deus se realiza no ato de ajudar o próximo. Aliás, quase todos os temas das *Campanhas da Fraternidade* vão nessa perspectiva. Cf. LUNA, André. Disponível em: https://www.letras.mus.br/pe-andre-luna/1463153/significado.html. Acessado em: 12 mar. 2024.

CAPÍTULO IV

O movimento catequético brasileiro de Medellín a Puebla: uma década de consolidação e de busca

O período que separa as duas Conferências Gerais do Episcopado latino-americano foi tempo dos mais fecundos na história recente do movimento catequético eclesial, particularmente na América Latina. De um lado acontece a consolidação das perspectivas pastorais surgidas da Assembleia de Medellín, e, por outro, na Igreja Universal sucedem-se acontecimentos de importância fundamental para a catequese. Tudo como consequências e aprofundamento do Concílio Vaticano II: o *Diretório Catequético Geral – DCG*), o Congresso Internacional de Catequese de Roma (1971), os Sínodos da Evangelização e da Catequese com seus respectivos desdobramentos na *EN* (*Evangelii Nuntiandi*) e *CT* (*Catechesi Tradendae*).

Os dois polos desse desenvolvimento catequético (latino-americano e mundial) fecundam-se e completam-se mutuamente na busca da compreensão e equilíbrio entre as diversas dimensões da catequese. O MCB, na sequência daquilo que até então já conquistara, participou de todos esses acontecimentos, avançou por sua vez no aperfeiçoamento de uma pastoral planejada e realizou uma trajetória produtiva e original, em que pesem os difíceis momentos por que continuava a passar política e socialmente.

Começando com as imediatas consequências de *Medellín*, acompanharemos o desenrolar desses eventos, sempre a partir da perspectiva do MCB, chegando até o final dos anos 70, com *Puebla*, quando tudo já orientava para a consolidação, na década seguinte, dos princípios e orientações catequéticas do documento *Catequese Renovada*.

1. O IMEDIATO PÓS-MEDELLÍN

As ideias em geral não costumam mudar a prática da noite para o dia. No caso do MCB, deve-se considerar que, antes da realização de *Medel-*

lín e da formulação de suas inovadoras orientações, já havia um fermento de mudança radical na catequese, como vimos, devido justamente aos vários movimentos pré-conciliares de renovação, à influência direta do Vaticano II em nossa pastoral e sobretudo pela atuação dos dois grandes planos de pastorais: *PE* e *PPC* e o Encontro do Rio de Janeiro de 1968. Na América Latina, particularmente no Brasil, houve um verdadeiro *boom* catequético.

No dizer de Roberto Viola, a catequese em *Medellín* calçara "botas de sete léguas"[1], dando passos gigantes; lentamente as revolucionárias ideias gestadas nos acontecimentos de 1968 que acabamos de analisar, vão chegando às bases, à prática catequética. Conforme o Pe. Ralfy Mendes, "a partir de 1969, os encontros catequéticos, em todos os níveis, tinham presentes as linhas mestras de *Medellín*"[2]. Constata-se a busca de uma maior *vivência comunitária* em todos os níveis; sua maior expressão são as *CEBs* que começam a se multiplicar rapidamente: constituem- se em verdadeiros laboratórios da nova visão pastoral e catequética. A *Bíblia* tornava-se instrumento direto da educação da fé, porém, com uma *nova leitura intimamente ligada à vida*, aos problemas concretos, aos aspectos sócio-econômico-políticos. A *liturgia*, por sua vez, já bastante renovada no imediato pós-concílio, agora adquiria mais vigor: são celebrações vivas, participadas, verídicas. De um modo especial os cantos litúrgicos e de animação de reuniões, encontros e assembleias começam a deixar o tom às vezes romântico, adocicado ou totalmente alienado da vida, para adquirir um reflexo imediato das novas ideias: agora exprimem a vontade de transformação, de mudanças profundas, de libertação, de esperança no novo que foi nascendo.

1.1 Nova concepção e nova prática catequética

Quais são as *prioridades* estabelecidas para a catequese em nível nacional após *Medellín*? Encontramo-las no *Relatório* do Secretariado Nacional de Catequese (SNAC) para a X AG (Assembleia Geral) da CNBB em julho de 1969: são cinco pontos que resumem as preocupações da pastoral catequética do pós-*Medellín*:

---

1 Roberto VIOLA, *Siete años después de Medellín in CLA* 8(1976), p. 63. Também *in* CELAM, *Medellín. Reflexiones en el CELAM* Coleção BAC 391, Madrid: BAC, 1977, p. 394. Mais à frente o mesmo autor fala que o documento catequético de *Medellín* "fermentou o campo da catequese de tal modo que esta adquiriu pujança, vivacidade e criatividade, ligando este século XX com os grandes séculos catequéticos da história da Igreja". *Ibid.*, p. 67 a., e 398 a.

2 Ralfy MENDES DE OLIVEIRA, *O Movimento catequético*, p. 76.

> **1.** Necessidade de promover a evolução das formas tradicionais da Fé, professadas pela grande maioria do povo cristão e, ao mesmo tempo, suscitar novas formas de expressão e vivência cristã. **2.** Necessidade de evangelizar e catequisar a incontável massa de povo simples, que formam a maior parte de nossa gente, na sua quase totalidade constituída de analfabetos ou semianalfabetos, sem descuidar, contudo, dos estudantes e intelectuais, que constituem, por vezes, as porções mais vivas e dinâmicas da sociedade. **3.** Necessidade de suscitar a catequese familiar em sua tríplice dimensão: a família como sujeito da catequese, a família como agente da catequese dentro da própria família e a família aberta, como agente da catequese na comunidade cristã. **4.** Necessidade de purificar – quando as circunstâncias o exigirem – as formas tradicionais de presença cristã e, ao mesmo tempo, descobrir uma nova maneira de tornar-se presente e dar testemunho numa sociedade que se seculariza. **5.** Necessidade de assegurar o conjunto destas tarefas prioritárias, utilizando todos os recursos atuais da Igreja e ao mesmo tempo, renunciando às formas de prestígios e privilégios que não são evangélicas[3].

Além dessas prioridades, o SNAC solicitava sobretudo que se criasse "uma nova visão da catequese". E colocava nestes termos a direção desta mudança radical:

> Do nocionismo e das formas memorizadas se procure passar à redescoberta da mensagem cristã no exercício ativo e comprometido da missão profética da Igreja. Esta catequese deverá ser encarnada na vida pessoal e comunitária do homem concreto, que vive e atua numa situação concreta: família, profissão, classe, política, cultura, etc.[4].

No que diz respeito diretamente à *prática catequética*, "assumindo as angústias e esperanças do homem latino-americano e apontando as situações históricas e aspirações autenticamente humanas como parte indispensável da educação da fé"[5], houve multiplicação espantosa de iniciativas, experiências, ensaios, tentativas que muitas vezes provocaram reações críticas, atitudes opostas, confrontos, debates acalorados, denúncias, declarações... uma verdadeira "caixa de Pandora"[6]. Com o magnífico ideal pastoral de manifestar sempre a "unidade profunda que existe entre o projeto salvífico

---

3 *Relatório do Secretariado Nacional de Catequese (julho 1968-julho 1969)*, São Paulo 1969 *in D 00065* BibINP, p. 1, mimeografado.

4 *Ibid.*, p. 2; cf. *Ibid.*, p. 4, nº 8.

5 *Med-Cat* (*Documento* nº 8 de *Medellín*: *Catequese*) nº 6 e 7.

6 R. VIOLA, *Siete años después de Medellín*, p. 65 e p. 395.

de Deus e a experiência humana, entre a história da salvação e a história humana"[7], a atividade catequética lançou-se no combate ao divórcio entre fé e vida, esforçando-se por fazer a *interação* entre a mensagem revelada e a complexidade da vida dos destinatários.

Neste afã, justo em si, mas que requer muito respeito e paciência pela caminhada do povo, os dirigentes e pensadores da catequese nem sempre souberam ter a devida paciência para esperar o lento amadurecimento para as novas perspectivas, abolindo ou desprezando facilmente formas tradicionais de religiosidade popular profundamente arraigadas. Aqui está uma das causas da procura pelas seitas, por parte de muitos católicos, já naqueles anos.

Para uma catequese assim renovada, era necessário também uma *nova linguagem*[8]. Houve realmente considerável esforço neste sentido; principalmente em ambientes populares, logrou-se reexpressar, com êxito, a fé de modo mais vital, mais aderente à cultura do povo. Porém, não faltaram dificuldades; em muitos ambientes a catequese perdeu-se numa babel de linguagens, arriscando, inclusive frequentemente, a "fidelidade à Palavra revelada" que era pedida pelo próprio documento catequético de *Medellín*[9].

Aspectos positivos da influência dos documentos de *Medellín* na catequese foram: a catequese como atividade permanente na vida cristã, e não apenas ligada à primeira fase da existência, a importância dada à catequese dos adultos, a participação da família na educação da fé dos filhos, a superação da catequese puramente nocional, baseada na exagerada memorização, a ambientação da catequese dentro da pastoral de conjunto e em sintonia com todos os objetivos da pastoral, superando o isolacionismo catequético.

1.2 Riscos e perigos de desvios

Como já começamos a apontar, com a renovação da catequese no período pós-*Medellín* vieram também os riscos; foi uma verdadeira primavera, porém nem sempre serena e límpida: a efervescência foi tanta e a desestabilização da ordem tradicional tão intensa, quer no âmbito sociopolítico como no eclesial, que muitos, mesmo dentro da Igreja, começaram a lamentar os novos tempos, esquecendo-se de que "os momentos mais ricos,

---

7 *Med-Cat* 4.

8 Cf. *Ibid.*, p. 15.

9 Cf. *Ibid.*, p. 15.

evangelicamente falando, não são necessariamente os mais tranquilos"[10].

Alguns desses aspectos negativos apontados pelos analistas do movimento catequético pós-*Medellín* podem ser resumidos nos seguintes itens: querendo evitar o perigo da dicotomia entre história humana e história da salvação, perdeu-se, por vezes, o sentido do transcendente, indo cair num sociologismo funesto[11], ou numa espécie de "inflação antropológica"[12]; pouca valorização da religiosidade popular como lugar de evangelização e catequese; certos aspectos da tradição do catolicismo popular, como por exemplo a busca sincera e solícita dos sacramentos, foi menosprezada em vista de um postulado teológico que requer profunda conversão evangélica (refletida na prática de vida) para digna celebração dos sacramentos. Afirmando que é preciso *evangelizar* e não *sacramentalizar*, em muitos lugares não se conseguiu um equilíbrio e integração entre evangelização e celebração sacramental. Assim também, a incompreendida relação catequese-liturgia, que aliás é muito fraca ou quase nula no documento catequético de *Medellín*, não valorizou suficientemente o aspecto catequético da liturgia nem a educação para a mesma; igualmente, descuidou-se um pouco da oração, contemplação e adoração.

Na formação dos catequistas, a fim de prepará-los para uma leitura não ingênua da realidade e capacitá-los para fazerem a interação entre fé e vida, frisaram-se às vezes por demais os aspectos sócio-econômico-políticos, em vez dos elementos bíblico-teológicos para uma correta iluminação da realidade. Sempre esteve presente ainda o perigo de visões parciais do homem e das relações sociais, ou seja, a *idelogização*. Nessa época de grande efervescência na busca de novos caminhos e de renovação teológica, foi também comum levar para a formação de catequistas, e às vezes até para a catequese, posições teológicas não suficientemente amadurecidas, e às vezes confusas, *questiones disputatae* que pertencem realmente ao labor teológico, mas que

10 R. VIOLA, *Siete años después de Medellín*, p. 67 e p. 399.

11 CELAM-DECAT, *Actualidad del documento catequístico de Medellín in CLA* 7 (1976), p. 60; encontra-se a tradução em português *Atualidade do documento de Medellín*, São Paulo, s/d *in D 1509* BibINP, p. 2, mimeografado. Como exemplo de certo *sociologismo* na catequese pode-se ver: *Síntese Global*, s/d *in D 00621* BibINP. Por falta de outros dados, penso tratar-se das conclusões do Encontro Nacional de Peritos (Rio de Janeiro, 1970: cf. J. COSTA CAMPOS, *Relatório do Secretariado de Catequese in SEDOC* 3 (1971), 1366, nº A. 5).

12 Louis ERDOZAIN, *Lévolution de la catéchèse: panoramique de six semaine internationales de Catéchèse in Lumen Vitae*, 24 (1969), p. 590; publicado também como *La catequesis hoy: de Nimega y Einchstätt a Medellín: pulsación de seis Semanas Internacionales de Catequesis in Sinite* 11 (1970), p. 284.

confundem e atrapalham se tratadas indevidamente em âmbito de pastoral e catequese.

Do ponto de vista metodológico, houve também um descuido, principalmente na catequese às crianças e jovens, da memorização como elemento importante, embora não essencial, na educação da fé. Houve ainda uma dificuldade sempre presente e não suficientemente superada: coordenar, no processo de educação da fé, uma catequese de dimensão situacional ou antropológica, com a sistematização dos conhecimentos, tão característica da catequese[13].

1.3 Os Institutos de catequese pós-Medellín

A crise que se acometeu sobre a Igreja no pós-*Medellín*, ao lado de incontáveis aspectos renovadores, repercutiu, como não poderia deixar de ser, sobre os Institutos e Escolas de Catequese. Eles tiveram presença de primeira ordem antes de *Medellín*, mas desapareceram no pós-*Medellín*, devido a vários motivos, não sem notável prejuízo para a catequese.

1.3.1 Missão renovadora dos Institutos Superiores de Pastoral Catequética

Como vimos, desde 1963 funcionava no Rio de Janeiro, e com êxito cada vez maior, o *Instituto Superior de Pastoral Catequética* (ISPAC), de âmbito nacional, e outros cinco similares em pontos distintos do país. Havia sido fundado pelo SNAC, e o *PPC* considerou-o um *organismo ligado à CNBB*[14]. No dizer de Dom José Costa Campos, um simples exame do currículo do ISPAC mostra que, pela primeira vez no Brasil, se levava a sério a formação de coordenadores de catequese[15].

Tendo iniciado sob forte inspiração da catequética francesa, em seguida assimilou a teologia do Vaticano II, acentuando fortemente a dimensão

13 Cf. CELAM, *El Documento catequístico de Medellín. Sus ideas inspiradoras, sus resonancias, sus lagunas y proyecciones in Medellín. Reflexiones en el CELAM*. Coleção BAC 391, Madrid: BAC, 1977, p. 107-110; Mario BORELLO, *America Latina in* J. GEVAERT (Ed.), *Dizionario di Catechetica*, Leumann (Torino): LDC, 1986, p. 32.

14 Cf. *PPC*, p. 91.

15 Cf. José COSTA CAMPOS, *Diez años de Catequesis en Brasil in CLA* 3 (1971), nº 12, p. 536; ID., *Relatório do Secretariado de Catequese*, 1366. A avaliação feita em 1976 dos ISPACs era altamente positiva: "O esforço iniciado pela CNBB (através do ISPAC Nacional e dos ISPACs regionais) para fornecer pessoas, está propiciando possibilidades de organização da catequese em níveis diocesanos". CNBB, *Reunião da Comissão Representativa. Votação 1: "A catequese no mundo contemporâneo"*, nº 56, p. 978. Vários dos líderes do MCB nas décadas de 70 e 80, e mesmo 90 saíram dos quadros do ISPAC; dentre eles podemos citar Dom Albano Cavallin, Fr. Bernardo Cansi, Ir. Araceli Roza, Ir. Jeanette Ferrer, Ir. Cristina Schröder, e muitos outros.

antropológica. É o que podemos observar no encontro de professores dos seis ISPACs que funcionavam em 1967: as escolas do Rio de Janeiro e Belo Horizonte mostram-se as mais avançadas. E, naturalmente, ao trabalhar com as novas perspectivas, surgiram não poucas dificuldades. Lemos no relatório deste encontro:

> O ISPAC do Rio dá grande importância à problemática antropológica. Pretende chegar a uma síntese do assunto. A orientação que o Instituto tem recebido do SNAC é de distinguir as decisões do magistério das pesquisas bíblicas e teológicas mais avançadas, o que por vezes, na prática, não tem sido fácil[16].

1.3.2 Crise dos ISPACs

Mas esta *virada antropológica*, como de resto em outras partes da Igreja sob o impacto do Vaticano II, encontrou ferrenha oposição na América Latina, principalmente no pós-*Medellín*, pois sentia-se necessidade de ultrapassar a antropologia genérica, a psicologia individual evolutiva, para se chegar a um conhecimento concreto da realidade mediante análises sócio-político-econômicas. As novas perspectivas impressas na formação de coordenadores de catequese baseada na renovação conciliar e de *Medellín*, despertavam reações violentas. O testemunho deste momento difícil é ainda dramaticamente relatado por Dom José Costa Campos:

> O Movimento catequético passa a ser atacado agora em nome da ortodoxia. Não se trata de uma legítima vigilância [do episcopado!] ou de simples suspeitas, mas de acusações. Afirma-se até, em documentos oficiais, que os ISPACs negam a virgindade de Maria, a ressurreição de Cristo, a presença real, o pecado original, etc. As mais cuidadosas investigações resultaram sempre em nada. Os professores, sendo obrigados a fornecer apostilas de seus cursos, apostilas cuidadosamente arquivadas, é fácil verificar-se o [conteúdo] infundado de tais acusações[17].

Os problemas estavam surgindo, pois, dentro da Igreja. E a grande imprensa, representante da classe mais rica burguesa que se sentia ameaçada com os rumos que ia tomando a pastoral que surgira de *Medellín*, aproveitava para colocar mais "lenha na fogueira" das diatribes episcopais. O Jor-

---

16 SNAC, *Encontro dos Professores dos Institutos Catequéticos in Nacionais informam* (1968), nº 50, p. 3. Dom J. COSTA CAMPOS observa: "Ao lado do aprofundamento doutrinário numa perspectiva querigmática, da acentuação bíblica, desenvolvia-se uma contextura antropológica e uma preocupação humana situacional". ID., *Relatório do Secretariado de Catequese*, p. 1368.

17 *Ibid.*, p. 1369.

nal *O Globo*, um dos representantes do segmento conservador da sociedade brasileira, em 31 de julho de 1968 dava publicidade, durante a IXª AG da CNBB no Rio de Janeiro, a um "documento eclesial" (ao qual Dom José Costa Campos se referia na citação acima) onde se afirmava:

> Constatamos que nos cursos do ISPAC se vem disseminando doutrinas errôneas ou discutíveis que, consequentemente, são depois disseminadas no meio do povo de Deus. Apresentam um conceito errado de pecado, põem em dúvida verdades teológicas, suscitam questões exegéticas que lançam dúvidas nos alunos de pouca cultura, ministram orientações em matéria litúrgica e disciplinas que não estão em consonância com as normas da Santa Sé[18].

No decurso dessa mesma IXª AG, a CNBB emitiu uma declaração desmentindo essa "onda de denúncias generalizadas e notícias tendenciosas e irresponsáveis que manifestam a existência de pessoas ou grupos interessados em agravar as dificuldades normais de todo esforço renovador"[19]. De fato, o que acontecia era a existência destas *dificuldades normais* que sempre aparecem em cursos desse tipo, principalmente naquele momento histórico do pós-concílio. Havia, sem dúvidas, choques de mentalidades e certa desorientação. Algumas pessoas que iam frequentar os cursos não estavam preparadas para enfrentar o nível de reflexão que lá se propunha ou eram portadoras de problemas pessoais[20]. Durante os debates na AG da CNBB em torno da renovação catequética iniciados em 1980, Dom Paulo Eduardo Ponte, que terminava o seu quadriênio à frente da *Linha 3*, esclarecia que

---

18 Citado *in Esclarecimento sobre o ISPAC Nacional in CLA* 1 (1969), p. 162. Aí também se encontra uma nota sobre este tema: "Um outro problema que se coloca com relação ao ISPAC Nacional e aos ISPACs regionais é o que se refere às questões teológicas: em muitas questões atuais nem sempre é possível fornecer resposta de uma "Ortodoxia" evidente e incontestável. Ora, a IIa. CELAM pôs em evidência muitas destas questões e exorta a estudá-las. Só muito lentamente é que se chegará em alguns pontos a ter prova da autenticidade de uma solução perfeitamente conciliável com o ensino da Igreja. Que orientações serão dadas aos responsáveis da ação pastoral? Desde que tais questões sejam reservadas aos especialistas. Esta norma, excelente em si, será aplicável em nossos dias visto que muito antes que os especialistas tenham apresentado uma solução, várias destas questões caem em domínio da opinião pública" (*Ibid.*, p. 163). Embora o texto não seja claro (por falha redacional e/ou tipográfica), evidencia, entretanto, o problema que se estava sentido com o impacto da renovação teológica conciliar na formação de coordenadores de catequese.

19 *O ISPAC não foi fechado pela CNBB* [informe sobre a Declaração da CNBB] *in REB* 29 (1969), p. 967.

20 Era comum dizer-se, em tom de brincadeira, que, quando um bispo ou superior religioso não sabia o que fazer com alguém por causa de seus problemas de ordem pessoal, mandava "fazer o ISPAC". Significativa também era a anedota que corria nos meios eclesiásticos: "Havia 10 virgens: 5 eram prudentes e 5... ispaquianas!".

entre os motivos do fechamento dos Institutos de Catequese, além da majoração dos problemas-fronteira, estava o tipo de alunos que os frequentavam. Muitas vezes eram padres e religiosos desajustados, quando tais Institutos exigem pessoas equilibradas e comprometidas pastoralmente[21].

1.3.3 Fusão do ISPAC nacional com o INP

Em 1969 desapareceu o ISPAC nacional, ocasião em que foi fundido com os outros dois Institutos de Liturgia e Pastoral Vocacional num único, intitulado *Instituto Nacional de Pastoral* (INP). Muitos quiseram ver nessas crises internas, acima apontadas, tanto de ordem doutrinal como de ordem pessoal, as causas do desaparecimento do ISPAC. Como vimos, o próprio Dom Paulo E. Ponte fala que um dos motivos realmente foi de ordem pessoal. Mas, de outro lado, a CNBB em 1969 emitiu uma declaração desmentindo que houvesse motivos de ordem doutrinal e apontando os verdadeiros motivos[22]. O fechamento do ISPAC foi resultado de um processo que vinha se movendo há tempo. Desde 1965, já nos projetos do *PPC* se falava da necessidade de um *Instituto de formação pastoral* que preparasse agentes dentro da nova visão pastoral proposta pelo mesmo *PPC*. O problema começou a ser estudado em 1967 numa reunião de professores dos ISPACs. Dessa reunião resultaram dois documentos: o *primeiro* propunha a fusão dos três institutos existentes (catequese, liturgia e vocações) num só, e o *segundo* mantinha a independência dos três com suas características[23].

O objetivo do novo Instituto proposto era claramente a formação "daqueles que necessita a Igreja do Brasil para realizar os seis objetivos específicos da ação pastoral, conforme o *PPC*"[24]. Portanto, a razão última do desparecimento dos três institutos era a ideia de *pastoral de conjunto*, concretizada no *PPC*. O estudo apresentado pelos professores dos ISPACs é

---

21 CNBB – XVIIIª AG, *Ata nº 6 de 12/2/1980 in CM* (1980), nº 329, p. 106.

22 Esta *Declaração* não foi publicada oficialmente no órgão da CNBB, o *Comunicado Mensal*; temos uma sua síntese *in O ISPAC não foi fechado pela CNBB*.

23 Primeiro documento: *Encontro dos Professores de Institutos Catequéticos* [12-14/12/1967] *in REB* 28 (1968), p. 198-199. "Um documento apresentado estabelecia um único Instituto de Pastoral, desaparecendo as siglas ISPAC, ISNAL [liturgia] e ISPAV [vocações], ficando ISNAL. O segundo documento faz com que os Institutos conservem suas siglas e tenham estrutura autônoma" (*Ibid.*, p. 199). Informações mais sucintas estão em *Encontro de Professores dos Institutos Catequéticos in Nacionais Informam* (1968), nº 50, p. 3-4. É estranho a sigla ISNAL, cujo significado não se esclarece. Na verdade, depois se chamou INP: *Instituto Nacional de Pastoral*.

24 *Instituto Nacional de Pastoral* s/d, *in D 02636* BibINP, p. 1, mimeografado. Trata-se do primeiro documento (não publicado) citado na nota anterior, e que trazia o projeto posteriormente aprovado.

aprofundado no III Encontro dos Secretariados Nacionais e do Secretariado Geral da CNBB[25]. Sugere à CNBB que na reunião da *Comissão Central* de 21 a 25 outubro de 1968 nomeasse uma comissão "ad hoc" composta de Secretários Nacionais interessados e do Secretário-Geral, para encaminhar a execução da unificação[26].

Esse grupo formado pelos diretores dos três institutos e o secretário-geral da CNBB se reuniu em 14-15 de novembro e redigiu o *documento final da unificação* que foi aprovado em 29 de novembro pelos Bispos responsáveis desses três setores; as atividades do novo Instituto, batizado como INP (Instituto Nacional de Pastoral), teve início em 17 de março de 1969[27]. As especializações dentro do novo Instituto, além de catequese, liturgia e pastoral vocacional, se estenderam também para os setores do ecumenismo, missões e apostolado leigo, ou seja: estão praticamente presentes as seis linhas de ação do *PPC*[28].

O *documento de unificação dos institutos* coloca como finalidade do INP: promover a reflexão teológico-pastoral e formar, em nível superior, responsáveis pela promoção pastoral. O primeiro item foi considerado *finalidade primordial*, colocando-se o novo instituto a serviço e em plena dependência do *PPC*. Quanto ao segundo item, são exaradas normas rígidas de aceitação e seleção dos futuros participantes dos cursos[29].

---

25 Cf. *III Encontro dos Secretariados Nacionais e do Secretariado Geral* [16-21/09/68) *in CM* (1968), nº 193, p. 12. Aí se fala da unificação dos três institutos num *Instituto Brasileiro de Pastoral* para a formação de especialistas e coordenadores de pastoral nos diversos campos; inicialmente seria em nível médio, e depois em nível superior e pós-graduação, com o objetivo de "refletir teológica e pastoralmente para criar uma pastoral que responda melhor às necessidades da ação da Igreja em nosso país". *Ibid.*, p. 12.

26 Cf. CNBB, *Reunião da Comissão Central: unificação dos institutos in CM* (1968), nº 194, p. 4.

27 Encontra-se cópia deste *documento final* nos arquivos da *LINHA 3* da CNBB, sem título, sem data, sem classificação; parece não ter sido publicado. Aqui citaremos como *Documento da unificação dos Institutos*. Cf. também *Instituto Nacional de Pastoral in CLA* 1(1969), p. 161; Maucir GIBIN: *Amérique. Brésil: L 'évolution du Mouvement Catéchètique. L'Institut National du Pastoral in Lumen Vitae* 34 (1969), p. 339, e *in America. Brazil: The evolution of the catechetical Movement. The National Pastoral Institut in Lumen Vitae* 24 (1969), p. 691-692.

28 Cf. M. GIBIN, *L'évolution du Mouvement Catéchètique*, p. 339. Dentro do novo instituto unificado, o departamento de catequese, além do núcleo comum a todos os setores, oferece especificamente cursos sobre *Bíblia e Catequese, Catequética, Metodologia catequética evolutiva, catequese e comunicação, pastoral profética*; além disso há os estágios e grupos de pesquisa: *Ibid.*, p. 340. Mas é claro que as cargas horárias para essas matérias especificamente catequéticas são reduzidíssimas.

29 Cf. *Documento de unificação dos institutos*, p. 1-2; é interessante ressaltar esta disposição: "A fim de obviar os grandes inconvenientes causados pela admissão de cursistas que procuram os Institutos para solução das mais variadas crises pessoais, ou sem o devido preparo e maturidade, impõem-se medidas severas de seleção". *Ibid.*, p. 2.

A tendência de unificação de institutos de formação específica num único instituto prevaleceu também em nível continental. De fato, o CELAM mantinha vários cursos superiores de formação pastoral, litúrgica e principalmente catequética, onde muitos brasileiros se formaram na década de 60 e início de 70, que foram unificados[30] num único instituto, o *Instituto Pastoral Latino-Americano* (IPLA), em 1974, e mais tarde no Instituto Teológico Pastoral da América Latina (ITEPAL) com sede inicialmente em Medellín e depois em Bogotá, no qual tive a honra de lecionar *catequética* no final no século XX e início do XXI.

Qual foi o resultado, para o MCB, dessa *unificação*, ou, por outra, do desaparecimento do ISPAC nacional? É claro que a *catequese saiu prejudicada*, por falta de um Instituto Superior específico de formação para ela. É verdade que a *unificação* atingia somente o ISPAC do Rio de Janeiro, por ser de âmbito nacional. Mas os outros institutos, sentindo a ausência de um apoio mais central, e também devido a problemas de ordem interna, aos poucos foram desaparecendo, sendo que em 1973 sobrevivia apenas o ISPAC de Salvador[31], que, prolongando-se por mais algum tempo depois, diluiu-se também em toda a pastoral, perdendo o específico catequético.

Deve-se notar ainda que o INP sobreviveu como instituto de pesquisa e assessoria teológica à CNBB; seu objetivo de formar agentes de pastoral limitou-se a pequenos cursos. Em 1971 tornou-se um dos departamentos autônomos da CNBB, diretamente vinculado à sua Presidência[32]. Desapareceram os Institutos específicos de formação catequética, mas a reflexão continuava tanto nas escolas teológicas quanto em nível do próprio INP, da *Linha 3* e em nível popular. Tal reflexão foi impulsionada também pela

---

30 Tais institutos foram: *Instituto Catequético Latinoamericano*, ICLA de Santiago do Chile; *Instituto de Liturgia Pastoral*, IPLA de Medellín; *Instituto Pastoral Latinoamericano*, IPLA de Quito; *Instituto Catequético Latinoamericano*, ICLA de Manizales (Colômbia): Cf. CELAM, *Elementos para su história: 1955-1980*, Bogotá: Celam, 1982, p. 165-173.

31 Cf. J. COSTA CAMPOS, *Resumen de las actividades del CLAF in CLA* 4 (1973), p. 212.

32 Cf. *Instituto Nacional de Pastoral*, Brasília 1978 *in D 07749* BibINP, p. 1, mimeografado. O novo estatuto do INP de 1971 aprovado pela Comissão Representativa da CNBB em reunião de 16-23 de agosto de 1971 encontra-se em *INP – Instituto Nacional de Pastoral in CM* (1971), nº 227, p. 126-128. Nova reestruturação do INP é feita na Comissão Representativa da CNBB em reunião de 22-25 de novembro de 1971, quando Dom Luciano Mendes de Almeida diz que "ninguém pode negar os imensos benefícios prestados pelo INP à Igreja do Brasil". Cf. CNBB-COMISSÃO REPRESENTATIVA, *Ata nº 3 de 24/11/93 in CM* (1983), nº 373, nº 35, p. 1162; cf. também nº 70 e 71, p. 1168; um resumo do *Breve histórico do INP* feito em 1994 pode-se encontrar no *relatório* durante a 6ª Reunião da Presidência da CNBB e CEP feito pelo Pe. José Cabo FERNANDEZ, *Instituto Nacional de Pastoral*, Brasília 22-24 de fevereiro de 1994, mimeografado, 5 p.

prática direta da catequese; de fato, agentes, catequetas, teólogos estiveram sempre em contato vivo com a catequese direta nas comunidades. Este foi um dos motores do dinamismo do MCB nos anos seguintes.

1.4 Mudanças na direção nacional da catequese e suas consequências

No início dos anos 70 o MCB pareceu ter perdido um pouco de sua vitalidade. O Pe. José Geeurickx afirma que, depois das avançadas propostas catequéticas de *Medellín*, notou-se um certo desânimo no campo da catequese[33]. Nelson Gil Tolentino faz a mesma observação, tentando, ao mesmo tempo, apontar suas causas:

> O movimento catequético nacional, no início da década de 1970, perdeu muito do seu impulso. Vários fatores contribuíram para isso. Dentre eles, o maior foi a repressão política que se instaurou no país com a ditadura militar. A catequese, que tinha sido impostada no enfoque político-libertador, passou a ser reprimida[34].

1.4.1 Saem de cena protagonistas do Movimento Catequético

Se esse motivo histórico-político, que não pode ser minimizado, explica um pouco a perda de impulso[35], creio que há também *motivos eclesiais*. De fato, na XIIª AG da CNBB de 7 a 17 de fevereiro de 1971, em Belo Horizonte, juntamente com a reestruturação da CNBB e com a aprovação do *PPC*

---

33 José GEEURICKX, *História do documento in RdeC* (*Revista de Catequese)* 6 (1983), nº 24, p. 9. Pe. Zeca (como ele é conhecido) pensa que tal *desânimo* tenha durado toda década de 70; como causas aponta: repressão político-militar, a secularização que atingiu em cheio muitos agentes de pastoral, a crise dos ISPACs e a crise de muitos religiosos e sacerdotes que deixaram a vida religiosa ou o sacerdócio. Acrescenta ainda que algumas experiências de renovação catequética que aconteceram nesta época, pecavam por exageros ou ambiguidades, ao lado do fato de muitos catequistas continuarem com o catecismo doutrinal: cf. *Ibid.*, p. 9-10.

34 N. G. TOLENTINO, *A renovação da catequese no Brasil*, p. 59.

35 Como exemplo desta *perseguição política* pode-se citar o clássico exemplo da proibição em fins de 1969 por parte do governo brasileiro nas escolas públicas no Brasil do texto catequético *Viver e Crescer* do Ir. Antonio CECCHIN e sua consequente prisão: "O Ministério da Educação e Cultura proibiu, nas escolas públicas, o uso do catecismo *Viver e Crescer* de Antônio Cecchin e aprovado pela CNBB. O Ministério da Educação alegou que a obra incitava à subversão. O Arcebispo de Porto Alegre, Dom Vicente Scherer assim como o clero diocesano, defendeu o catecismo. O Ir. A. Cecchin encontra-se preso, sob acusação de ajudar terroristas. 31/12/1969". N. A., *Catecismo prohibido en las Escuelas públicas de Brasil in CLA* 2 (1970), p. 133. Cf. também CNBB, *O tema do Sínodo [de 1977] in CM* (1976), nº 289, p. 972, nº 29; Riolando AZZI, *A catequese no Brasil. Considerações históricas in Convergência* 10 (1977), p. 510; R. MENDES DE OLIVEIRA, *O Movimento catequético*, p. 77. Também os textos de Juan Ruiz de GOPEGUI sofreram restrições por parte da autoridade policial.

por mais quatro anos, era eleita a nova diretoria do organismo episcopal brasileiro. A direção da catequese em âmbito nacional esteve nos seguintes quatro anos nas mãos de Dom Luciano Cabral Duarte, de orientação mais conservadora que avançada[36]. Deixa portanto esse importante cargo Dom José Costa Campos, o dinâmico bispo de Valença, que desde 1961 vinha animando o MCB, principalmente com a reorganização do SNER, depois SNAC, com a fundação do ISPAC e outros cursos em todo território nacional, com a promoção da formação de um bom número catequetas em universidades da Europa e América Latina, com a realização de inúmeros encontros e palestras sobre a renovação catequética por todo o Brasil, com a participação ativa nos acontecimentos de 1968 que mudaram a face da pastoral latino-americana.

Com a saída de Dom José C. Campos da liderança da catequese, grande parte de seus colaboradores no SNER, SNAC e posteriormente a *Linha 3* também se afastam ou já não trabalharam no mesmo nível que antes. Outras lideranças afloram; encontramos, primeiramente, o Pe. Hugo Vasconcellos Paiva, sem dúvida um dos responsáveis pela renovação catequética brasileira no pré e pós-concílio. Além de bom organizador da catequese em âmbito nacional, foi o idealizador e fundador do ISPAC. Em 1969 ele compõe uma apostila para o ISPAC intitulada *Curso de Iniciação Catequética*[37], de forte inspiração francesa; tratava-se do primeiro esforço pós-conciliar de sistematização das novas linhas que orientaram a catequese no Brasil; aí encontramos refletidas todas as linhas teológico-pastorais do Vaticano II, veiculadas principalmente pelos canais de língua francesa; porém, as ideias de *Medellín* ainda não estão presentes. Ele aprofunda as dimensões da catequese consolidada em *Medellín* através de seu clássico artigo, um de seus poucos escritos, sobre a dimensão libertadora da catequese: *A catequese como meio de libertação e evolução integral do homem latino-americano*[38].

Outro grande colaborador de Dom José Costa Campos foi o Pe. Nereu Meirelles da Silveira, que havia iniciado sua assessoria à catequese nacional

36 Renovação do Regimento: cf. CNBB – XIIª AG, *Ata do dia 09/02 in CM* (1971), nº 221-222, p. 44-53; conservação do *PPC*: cf. *Ata do dia 10/02, Ibid.*, p. 54-58; eleições da nova diretoria: cf. *Ata do dia 13/02, ibid.*, p. 65 ss. Eleição de Dom Luciano Cabral Duarte como 3º membro da *Comissão Episcopal de Pastoral* (a quem será confiada a catequese): cf. *Ata do dia 13/02, ibid.*, p. 69.

37 Encontra-se cópia *in D 01088* BibINP. Parece que tal *Catequética* não foi publicada. Um documento que traz já as orientações de *Medellín* é *Histórico da Catequese no Brasil*, s/a, s/d mimeografado, *in D 015933* BibINP, p. 5, talvez de autoria do Pe. Ralfy Mendes de Oliveira, sdb.

38 Publicado em português *in CLA* 1 (1969), p. 66-80.

quando o SNER fora reorganizado em 1963 e permanecera como secretário nacional até 1971. Deixou pouquíssimos documentos do longo período em que esteve à frente do secretariado nacional de catequese; temos apenas um pequeníssimo relatório publicado em duas revistas[39]. Dom José C. Campos ao final de seu mandato, em inícios de 1971, aponta outros grandes colaboradores que tiveram importante papel no MCB desse período[40].

Outro fato que favorece a impressão de uma súbita diminuição no impulso do MCB nos inícios da década de 70 é a falta de documentação específica. A era de implantação e execução dos planos pastorais, criara o hábito burocrático de escrever relatórios, e Dom José C. Campos fora fiel a esse costume, deixando um bom número deles. Por isso possuímos hoje abundante documentação sobre a movimentada década de 60, em que ele esteve à frente da catequese[41]. O mesmo já não aconteceu com seu sucessor, *escasseando consideravelmente a documentação* sobre o período seguinte. Daí também a impressão de que o MCB perdera impulso na década de 70. Po-

---

39 Nereu MEIRELLES DA SILVEIRA, *O movimento catequético no Brasil in CLA* 1 (1969), p. 95-98; também publicado *in Convergência* 11 (1969), p. 17-18. Sua nomeação como subsecretário nacional de catequese encontra-se *in CM* (1968), nº 194, p. 2. Apesar de ter deixado a assessoria da *Linha 3* em 1971, continua como representante do Brasil no CLAF juntamente com Dom José C. Campos, exercendo intensa atividade, como se deduz de *Crônica in CLA* 5 (1973), p. 102. Os que conheceram o Pe. Nereu falam dele como uma pessoa muito discreta e retraída. Provavelmente muitos dos relatórios deixados por Dom José C. Campos são da sua lavra.

40 Além de Dom Agnelo Rossi, seu antecessor como *delegado da CNBB na CLAF* e dos três bispos que compunham a *Comissão Episcopal de Catequese da CNBB* (Dom Alberto Gaudêncio Ramos, Dom João Rezende Costa e Dom José Newton de Almeida Batista), Dom José C. Campos cita estes *seus colaboradores* aos quais se deve, em grande parte, a renovação da catequese no Brasil: Pe. Wolfgang Gruen, Pe. Cláudio Ortigara, Pe. Miguel Popoaski, Ir. Antônio Cecchin, Ir. Bernardete Vaz de Melo, Ir. Sílvia Villac, Ir. Cristina Schröter, Ir. Elisabeth Moreuaux, Ir. Ana Agostinho Roy e Laura Chaer: cf. J. COSTA CAMPOS, *Resumen de las actividades del CLAF* 215; ID., *Diez años de catequesis en Brasil*, p. 538; *Relatório do Secretariado de Catequese*, 1370. Outras pessoas trabalhavam com Dom José C. Campos como *grupo do CLAF* no Brasil; além do Pe. Nereu Meirelles, Silvia Villac e Elisabeth Moureaux, acima citadas, pertenciam a este grupo: Bernardette Mello (ainda do tempo do SNER), João Luiz, Dario Motta e Bruno Trombetta: cf. *Cronica in CLA* 3 (1971), p. 291.

41 Fazia publicar seus relatórios não somente no Brasil, mas também em revistas estrangeiras. Também porque, como delegado da CNBB junto ao CLAF, elaborava relatórios para este organismo do CELAM. Alguns exemplos: J. COSTA CAMPOS, *Diez años de catequesis en Brasil* 532-538; ID., *Resumen de las actividades del CLAF*, p. 211-216; ID., *Relatório do Secretariado Nacional de Catequese* (julho 1968 – julho 1969) *na X AG da CNBB*, São Paulo 1969 *in D 00065* BibINP, 4 p. mimeografado; SNAC, *Brasil: encuentro nacional de evangelización de adultos in CLA* 3 (1971), p. 103-105; INSTITUTO SUPERIOR DE PASTORAL CATEQUÉTICA (ISPAC), *Relatório*, Rio de Janeiro ,1966 *in D 15091* BibINP, 7 p., mimeografado; SNAC, *Relatório de atividades 1966-1967 durante a VIII AG da CNBB*, Aparecida (SP) 1967 *in D 01021* BibINP, 4 p., mimeografado; SNAC, *Relatório dirigido ao CLAF*, Rio de Janeiro, s/d *in D 15927* BibINP, 6 p., mimeografado.

demos também acrescentar que a presença do Brasil nos encontros latino-americanos, nos quais tivera um papel de liderança até então, desapareceu literalmente nesta época, retomando por volta de 1975[42].

1.4.2 Rumos diferentes

Outro motivo, de ordem ideológica, explica melhor o fato do enfraquecimento do MCB no início dos anos 70. Ao deixar o cargo, Dom José Costa Campos concluiu o extenso relatório das próprias atividades dizendo que "sente-se feliz ao entregar os destinos da catequese em boas mãos"[43]. Para substituí-lo foi eleito Dom Luciano Cabral Duarte, certamente por ser alguém especialista em educação, pertencendo, inclusive, ao Conselho Federal de Educação, órgão do Ministério da Educação do governo brasileiro. Porém, o bispo de Aracaju, um dos representantes mais típicos da ala conservadora do episcopado, não estava à altura para conduzir o MCB, que, após *Medellín*, assumira uma linha tipicamente libertadora.

Ele é conhecido no Brasil como um dos mais ferrenhos combatentes da dimensão libertadora tanto da teologia como da pastoral. O mesmo não se pode dizer de seus dois assessores sucessivos: Pe. Juan Ruiz de Gopegui, SJ (1971-1972) e Pe. Ralfy Mendes de Oliveira (1973-1977), ambos plenamente sintonizados com a renovação catequética. Quando, quatro anos depois, foi eleito Dom Paulo Ponte para o mesmo cargo, a catequese teve à sua frente um encarregado episcopal mais de acordo com as orientações que vinha tomando desde o imediato pós-concílio[44].

---

42 É o que se constata analisando as *Crônicas* da Revista *Catequesis Latinoamericana*. Encontramos a presença do Brasil apenas no *Encontro de Diretores Nacionais de Catequese* de 10 a 30 de junho de 1973, promovido pelo Instituto de Catequese do Chile em Quito. Estiveram presentes Dom Mário Teixeira Gurgel e o Pe. Geraldo João Lima: cf. *Crônica in CLA* 5 (1973) 457-463. Um ano mais tarde Dom Mario Teixeira Gurgel e o Pe. Ralfy Mendes visitaram Dom Felipe Benites Ávalos em Assunção e pediram, por razões de conveniência, para participarem das reuniões do Cone Sul: cf. *Crônica in CLA* 6 (1974), p. 256. De fato, os dois e Dom Paulo A. Ponte participaram, representando o Brasil, na reunião do Cone Sul de 30/10 a 03/11 de 1976 em Montevideo: cf. *Crônica in CLA* 9 (1977), p. 115-121.

43 Cf. J. COSTA CAMPOS, *Relatório do Secretariado de Catequese in SEDOC* 3 (1971), p. 1365-1370. Ele leu este relatório na XII AG da CNBB em Belo Horizonte de 9 a 18 de fevereiro de 1971, ao terminar o seu longo mandato: cf. *CM* (1971), nº 221-222, p. 36, p. 38, nº 9, p. 81 e 87. Como esse relatório não foi publicado no *CM*, órgão oficial da CNBB, Dom José C. Campos não teve dúvidas de enviá-lo à revista de documentação *SEDOC*, que o publicou na íntegra, conforme citação acima. Entre outras coisas diz Dom José C. Campos: "todas as atividades previstas no *PPC* relativas ao projeto 3.2 [catequese] foram rigorosamente cumpridas" (*Ibid.*, p. 1366).

44 Sobre a nomeação dos dois assessores: cf. R. MENDES DE OLIVEIRA, *O Movimento catequético*, p. 82; da atuação do Pe. Juan RUIZ DE GOPEGUI na assessoria da *Linha 3* restou somente alguns

Entretanto, na mesma XIIª AG de 7-17 de fevereiro de 1971 que elegera Dom Luciano Cabral, a CNBB mantinha para *Linha 3*, junto com o *PPC*, a orientação catequética libertadora. A linguagem, entretanto, permaneceu tímida. Não se veem no *Comunicado final da XIIª Assembleia* (1971) o vigor e a clareza da linguagem de *Medellín*. Após analisar os aspectos deficientes da religiosidade e constatar a falta de um espírito crítico em nosso povo, lembra que "evangelizar é dar testemunho de nossa fé, pela palavra e pela vida, na situação concreta em que vivemos. A catequese é orgânica na medida em que é parte orgânica do esforço evangelizador global"; e "a evangelização deve atingir a vida inteira das pessoas e dos grupos [...]: queremos evangelizar homens reais em sua vida real".

Os bispos fazem o propósito de "incentivar uma catequese que, em suas diretrizes e em seu instrumental, fale a linguagem do jovem e do adulto de hoje [...] na fidelidade aos ensinamentos da Igreja [...] e também na fidelidade às necessidades e aspirações dos homens, aos quais somos chamados a levar, em situações concretas, o Evangelho"[45]. Aparece claro o vocabulário *situacional* para qualificar esta catequese que se vai renovando. São as primeiras formulações oficiais da CNBB sobre as *orientações catequéticas*, ainda tímidas, após *Medellín*. Com o tempo, como veremos, elas foram solidificando-se e se aprofundando.

2. ACONTECIMENTOS E REALIZAÇÕES

Após esta análise geral dos reflexos de *Medellín* sobre a catequese, veremos agora alguns acontecimentos, realizações e personagens desse frutuoso período. De fato, é nas inúmeras realizações catequéticas e seus protagonistas que vemos a evolução e riqueza dessa importante fase do MCB.

A fecundidade catequética da década de 70, em que pese um pouco a diminuição da intensa atividade do final da década anterior, está bem descrita e avaliada por um de seus protagonistas principais, o Pe. Ralfy Mendes de Oliveira, em seu livro *Movimento Catequético no Brasil*[46]. Também a *Revista*

vigorosos artigos que, como veremos, tiveram importante influência no desenvolvimento posterior do MCB: ID., *Evangelização: algumas reflexões críticas in CM* (1972), nº 238, p. 22-29; ID., *A Evangelização, problema de linguagem in CM* (1972), nº 239, p. 135-140; ID., *Evangelização e Libertação in CM*, nº 241, p. 83-90; ID., *Evangelização e Comunicação in CM* (1977), nº 240, p. 39-46.

45 CNBB – XIIª AG, *Comunicado final [de 1971] in CM* (1971), nº 221-222, p. 14-15.

46 Publicado pela Editora Salesiana Dom Bosco, São Paulo, 1980. Sobre esse tema, cf. ALVES DE LIMA, Luiz, *Medellín e a renovação catequética na América Latina in* SOUZA, Ney de; Emerson SBARDELOTTI (org.), *Medellín: memória, profetismo e esperança na América Latina*. Petrópolis: Vozes, 2018, p. 257-273.

de Catequese, fundada por ele em 1977, com inúmeros artigos seus, começa a ser não só testemunho e repertório documental, mas também um dos bons instrumentos do MCB na renovação da catequese. Tal publicação trimestral vem preencher, a partir de 1978, a falta de documentação que se fazia sentir desde inícios de 1970. Pe. Ralfy dizia constatar muita riqueza de reflexão catequética que ficava perdida nos arquivos... e por isso, com o apoio da Província Salesiana de São Paulo, através da Editora Dom Bosco, fundou o novo periódico que se mantém até hoje, agora em formato eletrônico.

2.1 Semana Internacional de Estudos sobre Meios de Comunicação Social e Catequese

Voltando ao imediato pós-*Medellín,* constata-se o entusiasmo da acolhida das novas orientações, devido a duas importantes reuniões. A primeira foi a *Semana Internacional de Estudos sobre Meios de Comunicação Social e Catequese,* realizada em Santo Antônio (Texas – EUA) de 22 a 27 de junho de 1969, sob o patrocínio da Arquidiocese de Santo Antônio e do CLAF. O Documento de *Medellín* havia dedicado *um documento* à comunicação na Igreja[47]; por outro lado, o documento catequético de *Medellín,* no nº 12, pedira com urgência "uma séria investigação sobre o efeito dos meios de comunicação social e busca das formas mais adequadas das respostas a dar". Anteriormente, tanto a *Semana Internacional de Catequese de Medellín* como o *Encontro do Rio de Janeiro* também haviam acentuado a importância desse tema. O primeiro grande encontro logo após *Medellín* foi, pois, sobre os *Meios de Comunicação e Catequese*[48].

Considerada dentro da série de congressos e semanas internacionais que marcaram a renovação catequética na década de 60, esta *Semana de Estudos* foi dirigida oficialmente pelo Pe. Alfonso M. Nebreda e Pe. Marcel Van Caster; mas preparada e conduzida na prática pelo Pe. V.

47 É o último dos 16 documentos: *Meios de Comunicação Social in* CELAM, *A igreja na atual transformação da América Latina à luz do Concílio. Conclusões de Medellín.* 6ª ed. Petrópolis: Vozes, 1977, p. 158-161.

48 Cf. V. ELIZONDO; A. ODIE, *San Antonio International Study Week on Mass Media and Catechetics: a repport,* Dayton (Ohio), G. A. Pflaum, 1969; *Conclusions of the International Study Week on Mass Media and Catechetics in Teaching All Nations* 6 (1969), p. 331-339. *Documento final de la Semana Internacional de Estudios sobre Medios de Comunicación Social y Catequesis in CLA* 2 (1970), p. 72-75. Todo este número 5 da revista *CLA* será dedicado à *Catequese* e *Meios de Comunicação.* Rudi PALOŠ, *La Settimana Internazionale di Studi: "Mezzi di comunicazione e catechesi", San Antonio (Texas-Stati Uniti), 22-27 giugno 1969, in* PALOŠ Rudi, *Il problema del contenuto della catechesi negli incontri catechistici internazionali.* Tese dottorale. Dir.: Emílio ALBERICH. Roma: UPS, 1994, p. 218-220.

Elizondo, diretor da *Congregação da Doutrina Cristã* da diocese de Santo Antonio. Limitada a poucos participantes, teve como conferencistas especialistas em catequese e em comunicação, alguns deles famosos. As conclusões reafirmaram a necessidade do uso dos meios de comunicação na catequese; constituiu-se também uma *comissão internacional para a educação religiosa e os meios de comunicação*, com o trabalho de coordenar os trabalhos nesta área[49]. O Brasil foi representado por Dom José Costa Campos e pelo Pe. Wolfgang Gruen[50]: este último escreveu um longo relatório que possibilitou a divulgação da *Semana de Estudos* nas áreas de língua portuguesa e castelhana[51].

Os meios de comunicação na catequese receberam um grande incremento no Brasil com a fundação da *Sono Viso* (especializada em diapositivo ou filminhos) pelo Pe. Joseph Engel no final da década de 60[52], posteriormente com a atividade dos vários ramos da família Paulina e, depois, com os salesianos[53], sobretudo com o *Centro Gaúcho de Audiovisuais,* de Porto Alegre, e com o *Serviço Salesiano de Vídeo-Comunicação* de Belo Horizonte, com avançadíssima tecnologia para aquele momento.

2.2 A atenção da Catequese pelo mundo dos Adultos

Outro tema sobre o qual muito se insistiu e que revelou a imediata influência de *Medellín* foi a opção pela *catequese de adultos,* depois denominada, no Bra-

---

49 Como fruto dessa *Semana Internacional*, reuniu-se posteriormente de 03 a 22 de abril de 1972 na cidade do México, um seminário para estudar o mesmo tema em âmbito latino-americano. Não consta que tenha havido participação do Brasil: cf. *Semana latinoamericana de evangelización en los medios de comunicación social in CLA* 4 (1972), p. 276-279.

50 Cf. J. COSTA CAMPOS, *Resumen de las actividades*, p. 214; *Relatório do Secretariado Nacional de Catequese (julho 1968-julho 1969)*, São Paulo, 1969 [mimeografado) *in D 00065* BibINP, p. 3.

51 W. GRUEN, *Medios de Comunicación social y catequesis in CLA* 2 (1970), p. 45-70. Também uma pequena síntese em cinco pontos é apresentada no *Relatório do Secretariado Nacional de Catequese in D 00065* BibINP, p. 2-3.

52 *Relatório do Secretariado Nacional de Catequese in D 00065* BibINP, p. 3. Dom José C. CAMPOS diz haverem sido distribuídos no Brasil quase gratuitamente mais de dois mil aparelhos de projeção, com inúmeras coleções de slides catequéticos: ID., *Relatório do Secretariado de Catequese in SEDOC* 3 (1971), I, B, 2, p. 1366; ID., *Diez años de catequesis en Brasil,* 534; ID., *Resumen de las actividades del CLAF*, 214.

53 O *PPC* havia assumido a *Livraria Dom Bosco Editora* (posteriormente *Editorial Dom Bosco* e *Editora Salesiana Dom Bosco*) como uma das estruturas de serviço da CNBB, destinando, inclusive, um programa de reestruturação da mesma *Livraria*: cf. CNBB, *PPC,* p. 136 e p. 140. Entretanto, posteriormente, foram as *Edições Paulinas* que se tornaram editores oficiais dos documentos da CNBB: cf. *Correspondência Oficial, Das Edições Paulinas com renovação de contrato de edição in CM* (1975), nº 273, p. 578-579, enquanto a *Editora Salesiana Dom Bosco* se responsabilizou pela impressão e distribuição do abundante material da *Campanha da Fraternidade*.

sil, *catequese com adultos*[54], para acentuar o protagonismo desses interlocutores. De 16 a 26 de julho de 1969 havia sido realizado em Montevidéu um *Encontro sobre Catequese de Adultos*, com participantes da região do *Cone Sul-Brasil* do CELAM: Argentina, Brasil, Chile, Paraguai e Uruguai, e a presença do Pe. Jacques Audinet. A razão do encontro foi que a *catequese de adultos* se tornara para a América Latina uma "necessidade urgente, tal como se afirmara em *Medellín*". E a finalidade era não somente realizar um diagnóstico da situação, mas "sobretudo uma reflexão comum em vista da ação neste campo". No final do encontro todos se comprometeram a continuar trabalhando para incrementar a catequese de adultos. Suas conclusões não foram publicadas, restando apenas um *informe* cuja cópia se encontra nos arquivos da CNBB[55].

Sem dúvida o encontro despertou a atenção para os adultos como destinatários preferenciais de catequese; de fato podemos considerar fruto desse encontro do *Cone Sul-Brasil,* como o *Encontro Nacional de Evangelização de Adultos,* realizado no Rio de Janeiro de 4 a 6 de novembro de 1970 e promovido pelo SNAC, com a participação dos coordenadores regionais e outros agentes da catequese popular, e a coordenação de Dom José C. Campos e do Pe. Nereu Meirelles. O temário era constituído de quatro itens: ponto de partida da evangelização de adultos, inserção pela presença no meio dos adultos, evangelização e ideologia do grupo dominante e sugestões práticas[56].

Pode-se dizer que, como consequência desses encontros e do esforço dos agentes de pastoral, a *catequese de adultos,* lentamente, mas num crescendo sempre maior, conquistou bons espaços no Brasil, já com uma perspectiva

---

54 No final dos anos noventa e início do novo milênio, esse movimento em direção aos adultos retornou com mais força. Disso nasceu o *Estudo da CNBB* 80, com o sugestivo título: CNBB-LINHA 3, *Com Adultos Catequese Adulta.* Texto base da 2ª Semana Brasileira de Catequese. Estudos da CNBB 80. São Paulo: Paulus 2001, 130 p. Igualmente essa dimensão foi bastante considerada e desenvolvida no documento da CNBB, *Diretório Nacional de Catequese.* Brasília: Edições da CNBB, 2006, 224 p. Publicações da CNBB 1; São Paulo; foi publicado também por Paulinas, 2006, Coleção *Documentos da CNBB* 84, 288 p. Sua aprovação pela CNBB se deu em 2005 e pela Sé Apostólica em 2006 (*recognitio*). Acompanhei, como redator, tal documento dos inícios em 2002 até sua conclusão em 2006. Nele, o tema da *catequese com adultos,* é desenvolvido nos nºs 180-186. Logo depois outro *pronunciamento* da Conferência Episcopal veio reforçar a opção da catequese com adultos: CNBB-COMISSÃO EPISCOPAL PASTORAL PARA ANIMAÇÃO BÍBLICO-CATEQUÉTICA, *Catequistas para a catequese com Adultos: processo formativo* Coleção Estudos da CNBB 94. São Paulo: Paulus, 2007. Igualmente o importante documento de *Aparecida* seguiu nessa linha.

55 *Informe sobre el encuentro de "catequesis de adultos"*, Montevideo julho 1969 *in D 02703* BibINP, 6 p., mimeografado com a explícita *proibição de publicação* no Brasil; não traz o nome dos participantes.

56 *Brasil: encuentro nacional de evangelización de adultos in CLA* 3 (1971), p. 103-105. Cf. R. MENDES DE OLIVEIRA, *O Movimento catequético*, p. 78-81; aí se faz um resumo dos temas e das sugestões práticas.

renovada de impostação sociolibertadora e bem dentro do contexto brasileiro. Naturalmente, com objetivos, metodologia e conteúdos bem diferentes da catequese de crianças, a *catequese de adultos* se firmou na modalidade de *círculos bíblicos, comunidades eclesiais de base, em diversos cursos*, sobretudo por ocasião dos sacramentos, e em grandes *movimentos pastorais*, destacando-se entre eles a *Campanha da Fraternidade*. Esta última, tendo começado em 1964 em âmbito regional nordestino, na década de 70 se firmou como uma importante ação evangelizadora de nível nacional; sobre ela refletiremos mais adiante (5.2.2, c). É o projeto evangelizador mais concreto e eficaz da Igreja no Brasil como um todo, promovendo sempre temas candentes e de grande alcance catequético.

2.3 Publicações

O MCB mostrou-se bem-sucedido também com o que se publicou nessa época. O mais importante são as *publicações sob a orientação do Secretariado Nacional* e do ISPAC, pois de certa maneira trazem uma marca de oficialidade. São obras que refletiam ainda a renovação que ocorria na Europa, particularmente através da escola francesa ligada ao *Institut Catholique* de Paris. Textos com novas perspectivas sociolibertadoras foram editados inicialmente em número reduzido. Neste sentido, a prática precedeu em muito os manuais e textos.

Assim, foi traduzida do francês, com uma certa adaptação ao Brasil, uma grande coleção denominada *Catequese e Pastoral*[57]. Compunha-se de 12 volumes, sendo 5 didáticos, 4 de orientação e 3 de reflexão. Seguiram-se outras coleções, como *Catequese e Família* (8 pequenos volumes) e *Catequese e Evangelização* (6 volumes). Conforme o Pe. Ralfy M. de Oliveira, "é de inestimável valor o papel destas coleções em nossa renovação catequética, sobretudo no que toca à formação de novos catequistas"[58]. A CLAF, que havia patrocinado muitos cursos e encontros, subvencionou também a publicação dos *Cadernos Catequéticos* sobre os sete sacramentos, 3 volumes sobre a *pastoral de adolescentes*, um sobre a *pastoral de enfermos* e a coleção *Evangelização e Juventude*. Além das

---

57 Os títulos são os seguintes, na ordem apresentada no verso da primeira página de cada um dos volumes: *Pedagogia e didática do catecismo, Orientação religiosa dos adolescentes, Os jovens e a fé, Curso de pedagogia catequística* (3 vol.), *A pedagogia do herói, Novas dimensões do catecismo, Introdução à catequética, Curso de pedagogia catequística, O itinerário da fé, Mentalidade moderna e evangelização* (2 vol).

58 ID., *O Movimento catequético*, p. 67-68

editoras do Rio de Janeiro (Vozes) e São Paulo (Paulinas [que incluía a atual Paulus], Editorial D. Bosco), também se destacaram as publicações da Arquidiocese de Porto Alegre e de Salvador da Bahia[59]. Conforme Dom José Costa Campos

> De 1966 a 1970 foram lançadas 12 coleções de *Evangelização e Catequese* com um total de mais de 50 volumes, destinadas à formação pedagógica, iniciação cristã e livros de textos para catequese de infância e juventude. Todo este instrumental embora lançado sob a responsabilidade do ISPAC, de algumas Diocese ou por grupos de reflexão e pesquisa, foram sendo orientados ou pelo menos incentivados pelo Secretariado Nacional de Catequese[60].

Além dessa bibliografia destinada à formação de catequistas, teve início também uma série de *subsídios catequéticos*, pois a catequese, em seu nível mais popular, se alimenta principalmente desse material didático e pedagógico. O MCB se caracteriza também pela multiplicidade e variedade do material catequético. Uma vez entrada em declínio a catequese nocional ou doutrinal baseada nos formulários doutrinais (*catecismos*), os *textos e manuais de catequese*, no final da década de 60 e início de 70, começaram a se multiplicar, conservando-se ainda sob forte influência da dimensão querigmática. Nesta linha, um dos mais importantes foi a obra *Descoberta do Reino de Deus*[61], adaptada do italiano pelo Pe. Dr. Wal-

---

59 Cf. N. MEIRELLES DA SILVEIRA, O movimento catequético no Brasil *in Convergência* (1969) nº 11; também *in CLA* 1(1969), p. 96.

60 J. COSTA CAMPOS, *Relatório do Secretariado de Catequese*, p. 1366; ID., *Diez años de catequesis en Brasil*, p. 534; cf. ID., *Resumen de las actividades* p. 214. As equipes ou grupos de reflexão que são mais ativas nessa produção de textos estão apontadas num relatório de 1969: catequese infantil: São Paulo, Porto Alegre e Salvador; catequese juvenil: Curitiba, Porto Alegre e Rio de Janeiro; catequese de adultos e Cebs: Minas Gerais, Natal, São Paulo e Curitiba. Cf. *Relatório do Secretariado Nacional de Catequese in D 00065* BibINP, 3.

61 *A descoberta do Reino de Deus*, Obra do Centro Catequético Salesiano de Turim e do Instituto Catequético do Pontifício Ateneu Salesiano de Roma. Edição brasileira elaborada por Walter Bini, SDB, 3 vols.: *Deus nos salva no seu Reino* (1965); *Hoje Deus nos faz viver no seu Reino* (1967); *Hoje Deus nos faz colaborar no seu Reino* (1967), São Paulo: Editorial Dom Bosco. As primeiras edições baseavam-se na obra *La Scoperta del Regno di Dio* (Torino-Leumann, LDC 1964). O primeiro volume teve 10 edições até 1975; o segundo, 5 edições, e o terceiro, quatro. Acompanhavam também os fichários e o caderno: *Orientações para o catequista.* Neste último, na edição de 1975 do segundo volume, após uma introdução geral (p. 5-7), falando da prioridade da dimensão litúrgica (p. 8-10), o autor acenava à *dimensão situacional*, com um pequeno capítulo (p. 11-13); entretanto, refere-se apenas às *carências da religiosidade popular brasileira* e ao modo *como o texto procura responder a estas carências*. Nada que possa, ao menos de longe, lembrar a dimensão sociopolítica (gravíssima naqueles momentos) dos documentos eclesiais de 1968. Esse excelente texto, com uma ótima adaptação ao Brasil, nasceu e se manteve até sua últi-

ter Bini, sdb[62], posteriormente Bispo de Lins. Teve diversas edições e, propriamente, foi o último grande texto, e talvez o melhor, de orientação claramente querigmática[63].

Podemos ainda assinalar outros textos dessa época com grande significado para a renovação catequética: os da Ir. Sylvia Villac, da equipe do ISPAC do Rio; os textos do Centro de Pastoral (CEPAC) de Nova Iguaçu; da Diocese de Limoeiro do Norte (CE); do Secretariado Diocesano de Pastoral de Joinville (SC). As Irmãs Liduína Van Der Ploeg e Celina Rezende, do centro catequético *Lumen Christi* de Campinas (SP), fizeram uma série baseada no ciclo litúrgico; a Equipe de Catequese da Editora Paulinas lançou a coleção *Mundo Jovem*. Os manuais do Pe. Juan Ruiz de Gopegui, do Ir. José Israel Nery e da Equipe de Catequese de Santo Ângelo (RS) eram endereçados mais ao público escolar.

Já nos referimos atrás ao texto do Ir. Antônio Cecchin, *Viver e Crescer*, um dos pioneiros na dimensão sociotransformadora, e que causou intensa polêmica. Além destes, muitos outros foram publicados por diversas editoras em todo o território nacional. Devemos citar também o êxito obtido, como em outros lugares, pelo assim chamado *Novo Catecismo Holandês*[64]. Além da

---

ma edição (1975) fiel à linha nitidamente querigmática, embora a caminhada do MCB avançasse noutros rumos. Pe. Ralfy M., consciente dos novos rumos do MCB, impediu a publicação de mais edições, embora a demanda de mercado religioso fosse grande: superou a tentação mercadológica! (ver nota seguinte).

62 Dom Walter Bini foi professor de teologia e catequética no Instituto Teológico Pio XI (onde também foi Diretor) e de Filosofia na Faculdade Salesiana de Filosofia de Lorena e animador da catequese na Província Salesiana de São Paulo; nomeado provincial e depois superior salesiano regional da região Cone Sul – Brasil, foi em 1984 eleito Bispo de Lins (SP), onde deu grande impulso à catequese; na AG da CNBB de 1987 foi eleito como encarregado nacional da *Linha 3*, nada podendo realizar neste nível devido à sua morte prematura em acidente rodoviário. Seus colaboradores na preparação edição brasileira do texto *Descoberta do Reino de Deus* foram: Pe. W. Gruen, Pe. Mário Bonatti, Pe. Leandro Rossa, salesianos e Ir. Celeste Precht. Teve também a assessoria do ISPAC do Rio de Janeiro.

63 Apesar da insistente solicitação de mercado a respeito desse texto ainda no início da década de 80, o Pe. R. Mendes de Oliveira, então editor catequético da Editora Salesiana Dom Bosco, não permitiu outras reedições deste texto, convencido dos novos rumos que a catequese assumia já desde *Medellín*.

64 *Novo Catecismo Holandês*, São Paulo: Herder, 1969. Fr. Boaventura Kloppenburg fez recensão do mesmo *in REB* 29 (1969), p. 285-287. Aí expressa excelente juízo sobre a inviabilidade de um *catecismo universal* e da precariedade deste para a realidade brasileira; cf. também COMISSÃO CARDINALÍCIA, *Declaração da Comissão Cardinalícia sobre o catecismo holandês in REB* 29 (1969), p. 194-199, citada e comentada por Mons. Roberto Mascarenhas Roxo, como "parecer para o *Nihil obstat* e *Imprimatur* para a edição brasileira". Ainda uma longa análise se encontra em Ubaldo GIANETTO, *Il "nuovo"* catechismo tedesco (*Glauben-leben-handeln*) *in Orientamenti pedagogici*, XVII (1970), nº 2, p. 331-363.

polêmica suscitada pela sua radical linha antropológica (de raiz europeia) e suas opções teológicas, o texto serviu de aprofundamento da fé para aqueles que a buscavam nas perspectivas de uma linguagem renovada e moderna.

3. O MOVIMENTO CATEQUÉTICO MUNDIAL E SUAS REPERCUSSÕES NO MOVIMENTO CATEQUÉTICO BRASILEIRO

O MCB, como qualquer outro, é dependente, por sua própria natureza, da Igreja Universal. Deveremos agora nos ocupar dos eventos eclesiais que consolidaram e avançaram com as orientações traçadas pelo Concílio Vaticano II. Se por um lado devamos obrigatoriamente nos deter, ao menos genericamente, sobre cada um deles, para a compreensão exata do seu significado, contudo a nossa perspectiva será sempre a da *participação do Brasil* nesses eventos e *suas repercussões* no MCB.

3.1 O *Diretório Catequético Geral* (*DCG*): um grande documento eclesial

Oficialmente, para a Igreja Universal, a renovação conciliar chegou à catequese através do *Diretório Catequético Geral* (*DCG*) publicado em 11 de abril de 1971. Obedecendo a uma disposição do Decreto *Christus Dominus* nº 44 do Concílio, a Sagrada Congregação para o Clero, responsável pela catequese, após as devidas consultas ao episcopado mundial, catequetas, teólogos, universidades e institutos de catequese, e após um *iter* de trabalho de mais de 5 anos, publicou o precioso documento[65].

A importância do *DCG* está no fato de afrontar, em termos de Igreja Universal, os problemas levantados pelo mundo de hoje para a educação da fé. Desde o início de sua redação (e mesmo já durante o Vaticano II), ti-

65 *Diretorium catechisticum generale*, Città del Vaticano, Tipografia Poliglotta Vaticana, 1971. Edições no Brasil: SAGRADA CONGREGAÇÃO PARA O CLERO, *Diretório Catequético Geral*, Petrópolis: Vozes, 1971; ID., *Diretório Catequético Geral*. Coleção A Voz do Papa, São Paulo: Paulinas, 1971. Os trabalhos relativos à redação do *Diretório* iniciaram-se em junho de 1966. As universidades, institutos e especialistas consultados, inicialmente se restringiram, por questões práticas, à cidade de Roma. Uma contribuição significativa foi dada pelos professores do Instituto de Catequética da Faculdade de Pedagogia do Ateneo Salesiano de Roma no que diz respeito às orientações gerais. Segundo Giuseppe GROPPO, que participou dos trabalhos da redação, na fase final da elaboração do documento, participaram mais os *teólogos* que *catequetas*: cf. G. GROPPO, *Direttorio Catechistico Generale in* J. GEVAERT [Ed.], *Dizionario di Catechetica*, Leumaman (Torino): LDC, 1986, p. 221-222. Para outras informações sobre a *história* do documento, pode-se consultar Pietro PALLAZZINI, *L'opera svolta dalla S. Congregazione per il Clero nel campo catechistico in Atti del IIº Congresso catechistico Internazionale*. Roma settembre 1971, Edtrice Studium 1972, p. 208-212 (Daqui para frente citaremos como *Atti*).

nha sido descartada a ideia de um *catecismo universal*. Ao invés disso, neste documento se propõe uma série de princípios e normas, de natureza teológica e metodológico-pastoral, enraizados no Concílio, para a orientação e animação da catequese em toda a Igreja. Seu embasamento teológico é substancioso: pela primeira vez, um pronunciamento oficial da Igreja aborda em profundidade a natureza da catequese, relacionada com o Ministério da Palavra, suas funções na vida eclesial e os critérios de escolha de seus conteúdos.

São dignos de nota também o fato de o *DCG* ter apontado a *catequese de adultos* como a forma principal de catequese, a insistência em sua *dimensão evangelizadora* e a aceitação daquilo que ultimamente em todo mundo se vinha afirmando: a *dimensão antropológica*. Nesses três últimos pontos, o *DCG* se aproxima muito das conquistas da nossa catequética latino-americana, embora no que se refere às dimensões ou instâncias antropológicas o discurso da América Latina seja muito mais vigoroso e original, o que se explica pelas dramáticas situações de vida de nosso continente. Os comentários ao *DCG* publicados na América Latina mostram bem essa identidade com a visão catequética latino-americana e as suas diferenças[66].

66 Em geral em todo o mundo a aceitação do *DCG* foi positiva e entusiasta. Podem-se citar, por exemplo, as avaliações de G. GROPPO, *Direttorio Catechistico Generale*, p. 222; o Pe. R. MENDES DE OLIVEIRA faz a seguinte avaliação do *DCG*: "apresenta um plano máximo que resultará ora excessivo, ora inadequado, segundo as diferentes situações pastorais. O aspecto teórico prevalece sobre o prático e nem todas as suas partes têm a mesma importância". Em seguida, apresenta 8 pontos "que despertaram grande interesse catequético no Brasil": o reconhecimento da *nova situação pastoral* no mundo, a exigência de nova *linguagem* e *aprofundamento do conteúdo* que prevê também a interação de *dimensões humanas* e o *compromisso temporal, fé madura individual e comunitária como objetivo* da catequese; *catequese evangelizadora; conteúdo teocêntrico, cristocêntrico e antropocêntrico*, a importância da *família*, a *formação de catequistas* e os *destinatários* (adultos, jovens, adolescentes e crianças: *nessa ordem*!) sublinhando a importância da *educação permanente dos adultos*" (ID., *O Movimento catequético*, p. 84-85). Vários artigos comentando o novo *DCG* a partir da perspectiva latino-americana foram publicados no número monográfico, a ele dedicado, de *Catequesis Latinoamericana*: Rafael AVILA, *Lectura crítica del Directório desde Medellín*, in *CLA* 4 (1972) 339-352; Rodrigo CASTRO, *America Latina y el Directório*, in *CLA* 4 (1972), 16, p. 375-377; Edith CHAHIN; José Luis CATAÑEDA. *Aportes al Directorio desde la Base*, in *CLA* 4 (1972), p. 378-386; GADDI G., *Un documento eclesial sobre la renovación de la catequesis [DG]*, in *CLA* 6 (1974), p. 35-39; Juan GORSKI, *Directorio y Congreso Catequístico en la perspectiva del Tercer Mundo*, in *CLA* 4 (1972), p. 366-374; Johannes HOFINGER, *Evaluación del Directorio Catequístico General en el contexto de la situación catequética en México*, in *CLA* 6 (1974), p. 177-181; J. R. MEDINA, *El directorio catequístico general*, in *Sinite* 12 (1971), p. 387-396; Gerardo MELENDEZ, *Congreso Catequístico (1971) y Directorio: el determinante cultural y lo urgente o lo importante*, in *CLA* 4 (1972), p. 353-366; Roberto VIOLA, *Imagen nueva de la Catequesis en el Directorio* in *CLA* 4 (1972), p. 331-338.

3.2 Recepção crítica do *DCG* por alguns catequetas

Damos relevância às anotações feitas por dois catequetas: um brasileiro e outro colombiano. O *primeiro* deles, Hugo Assmann, fez uma crítica quando ainda o *DCG* estava em estudos, no seu artigo *Notas al margen del proyecto para un Directorio Catequístico General*[67]. Ressalta ele os *aspectos positivos* que teria sido impossível encontrar num documento desse gênero vinte anos antes: **1.** seu ponto de partida é a análise da situação atual do mundo e da Igreja, continuando a metodologia da *GS*, embora seja análise sumária; **2.** reconhece a crise atual da linguagem religiosa; **3.** citando explicitamente *Medellín*, no seu nº 8 o *DCG* insiste na visão unitária, sem dualismos, entre história salvífica e história humana, entre as aspirações do homem e o projeto de Deus, entre revelação e história; **4.** a integração da catequese na visão da Pastoral de Conjunto; 5. a catequese de adultos considerada como forma principal e referencial de toda catequese; **6.** o reconhecimento da comunidade eclesial como sujeito da catequese e não só indivíduos; **7.** a necessidade de não pressupor simplesmente a existência de fé nas formas religiosas sociológicas, reconhecendo pois, o primado da evangelização; **8.** o indispensável testemunho da comunidade eclesial; **9.** abertura para a nova Teologia da Revelação; e, finalmente, **10.** a visão cristocêntrica, plenamente incorporada no documento.

Assmann, porém, não deixa também de apontar *aspectos negativos*: **1.** a falta de unidade do documento: diferentes redações e sobretudo perspectivas diversas são sobrepostas. **2.** um certo irrealismo na noção de catequese: apresenta-se uma noção pura de catequese (nº 18), embora se afirme que a Evangelização a precede e a acompanha; na América Latina, prefere-se falar em *Catequese evangelizadora*. **3.** uma catequese de cunho muito doutrinal, gerando um toque exageradamente intelectual à catequese: a *fides quae* é apresentada como "matéria ou conteúdo da revelação" (nº 36) que o ministério profético deve "tornar inteligível" (nº 37), e a meta da catequese é propor todo o conteúdo ou a matéria deste anúncio (nº 38). Como a catequese se define por sua finalidade, e esta, conforme o *DCG* é a doutrina, a natureza da catequese se torna eminentemente doutrinária; a ampla descrição destes "elementos essenciais do cristianismo" (3ª parte), possui acentuados vestígios apologéticos. **4.** a falta de uma autocrítica: a visão da realidade sociológica da Igreja é profundamente autocomplacente; por ou-

67 *CLA* 1 (1969), p. 48-64.

tro lado, há um certo eclesiocentrismo, que tende rapidamente a desclassificar qualquer "lugar teológico" que não seja meramente intraeclesial. **5.** na quinta parte, tratando da catequese diferencial, por idades, parece que o *DCG* apresenta uma visão quase que puramente psicológica e uma ótica individualista e privatizante, desconhecendo-se o contexto social do problema psicológico; assim, a situação se des-historiciza; evangelizar desconhecendo a situação histórica seria cair no vácuo. **6.** por fim, Assmann faz reparos à afirmação de que "o catequista é um intérprete da Igreja diante dos catequizandos; ele lê e ensina ler os sinais da fé, o primeiro dos quais é a mesma Igreja" (nº 35): é uma visão que concorda com as perspectivas latino-americanas, mas aí aparece de novo o eclesiocentrismo: a Igreja se define como o primeiro sinal para a interpretação e os sinais a serem lidos são puramente intraeclesiais. Os documentos latino-americanos vão além desta interioridade eclesial, buscando os chamados de Deus dentro do próprio processo social da história humana; esta torna-se uma *fonte* da Palavra atual de Deus, sem exclusão, é claro, das *fontes* clássicas.

O *segundo* autor, Rafael Ávila[68], levanta também algumas objeções, principalmente no que se refere à Teologia da Revelação, ou melhor, quanto ao conceito de "tradição viva": uma mera repetição do que já foi revelado? O que significa a afirmação: "o ministério da palavra não constitui uma simples repetição da doutrina antiga, mas uma fiel reprodução sua com adaptação aos novos problemas e com uma compreensão crescente da mesma" (final do nº 13)? O que será esse *reproduzir e adaptar*? Não se deveria ampliar o conceito de revelação? Estará aprisionada nos limites de um setor histórico (Israel ou a Igreja), onde a Palavra encontraria verdadeiramente seu lugar? Se a história salvífica não acontece à margem da história, mas por dentro da história humana, coincidindo com ela, então, fica superada a barreira intereclesial e, portanto, onde se encontre o homem, ali encontramos um "lugar teológico" e uma possível "emissão" da Palavra: para captá-la seria necessário somente "sintonizá-la" com os radares proféticos. Enquanto a *GS* e a *Ecclesiam suam* de Paulo VI tendiam para uma eclesiologia centrífuga, o *DCG*, comenta Ávila, supõe uma revelação restrita e uma eclesiologia centrípeta[69]. E afirma textualmente:

> A Revelação é coextensiva à História Geral da Humanidade. Assim entendida, é que se constitui no "objeto da fé católica"; a fé segue a Palavra onde quer que ela

68 R. AVILA, *Lectura crítica del Directorio desde Medellín in CLA* 4 (1972), p. 339-352.

69 Cf. *Ibid.*, p. 343-345.

> esteja, ou seja: desde que se atravessou o umbral da hominização até à manifestação *parusíaca*. E como a revelação é primariamente o "ato revelador de Deus" e não as "fontes" ou os "conteúdos", dizer que a revelação é coextensiva a toda a história significa essencialmente que Deus atua e se revela ao longo de toda a trajetória histórica e que a fé procura seguir as "pegadas" de Deus na História. A História, então, é a fonte fontal (desculpem-me o pleonasmo) e o conteúdo fundamental de tal "ato revelador". É a História que nos revela e o que se nos revela (fonte e conteúdo, veículo e matéria). Logicamente, voltamos a insistir, existem momentos históricos que marcam a história geral e que constituem como uma espécie de "condensadores" de sua significação, convertendo-se assim em momentos privilegiados. Tal é o caso de Israel, de Jesus de Nazaré, da Igreja[70].

Esse autor ainda critica outros pontos do *DCG* como a distinção entre *fides qua* e *fides quae*, afirmando que a fé tanto na Teologia como na Catequese deve ser entendida somente como resposta a Deus, e não como conteúdo; também ressalta que o conceito de "tradição viva" (nº 13) está impregnado de intraeclesialidade, levando a considerar o cristão como um *receptor passivo* de tal "tradição viva". E pergunta: "Não pode o cristão ser também um "agente" de tal "tradição viva"?". Se assim não for, diz ele, a própria reflexão teológica que a segue passa a mera condição de "ato segundo" e não se entende como se valoriza tanto a teologia minimizando a práxis cristã[71].

Tais considerações ou repercussões do *DCG* mereceram este longo espaço, por dois motivos: primeiro para dizer que a *recepção* do *DCG* na América Latina não foi tão pacífica assim; em segundo lugar porque as questões suscitadas em torno do conceito e da compreensão da Revelação, de fato, estão no centro da reta interpretação do fato catequético. Dele se ocupará bastante o MCB, principalmente nos momentos de reflexão em torno da elaboração de *Catequese Renovada Orientações e Conteúdo* na década de 80, como teremos oportunidade de analisar nos capítulos seguintes.

O *DCG* não desperta de imediato o MCB para a questão catequética nacional, embora suas orientações e prescrições sobre os *diretórios catequéticos nacionais* (Cf. nº 116 e 117) possam ser consideradas a raiz e origem jurídica de *CR* da nossa conferência episcopal[72]. O *DCG* chegava numa época em

---

70 *Ibid.*, p. 346.

71 *Ibid.*, p. 347. O autor conclui suas reflexões com um quadro comparativo entre as ideias do *DCG* e as propostas de *Medellín*, tanto na *Semana Internacional* quanto na *Conferência Episcopal*: cf. *Ibid.*, p. 352.

72 Cf. N. G. TOLENTINO *in A renovação da catequese no Brasil* p. 51, onde afirma: "O documento CR, qual Diretório Catequético Nacional posterior à publicação do DCG, tem nele sua

que já estava passando o auge do entusiasmo catequético próprio da década de 60 e quando Dom José Costa Campos estava deixando a liderança nacional do MCB, como acima se disse. Além do mais, a Igreja no Brasil terá questões vitais, diríamos até de sobrevivência, para enfrentar, diante do auge do período da ditadura e repressão militar. As questões políticas e sociais, a atenção aos candentes problemas do momento histórico pelo qual estava passando o Brasil, não permitiam maior consideração dos problemas catequéticos. É o momento do desaparecimento dos ISPACs e, com eles, dos centros onde se fermentavam as ideias e se criava um movimento de animação catequética.

Por outro lado, é o momento da *práxis*. As CEBs se afirmam e florescem de um modo primaveril. E nelas a educação da fé se deu longe das cátedras ou das salas de aula, mas no contato vivo com as realidades do dia a dia. A reflexão catequética voltava no final dessa década de 70, colhendo os frutos das ricas experiências que se produziram nos anos anteriores, indo desembocar, do ponto de vista catequético, na *CR*, nossas *orientações para catequese renovada* e seus complementos sobre *textos e manuais* e a *formação de catequistas*, como, oportunamente, veremos.

3.3 O Congresso Internacional de Roma de 1971

Ligado intimamente ao *DCG* encontramos o outro acontecimento de 1971, o IIº Congresso Internacional de Catequese de Roma em 1971; embora tivesse sido pensado já desde o final do Vaticano II, entretanto "a ideia [de um Congresso Internacional] começou a delinear-se de modo concreto durante a preparação do *Diretório Catequético Geral*"[73]. É o último dos grandes encontros internacionais de que foram ricos os anos 60. Após ele, somente em setembro de 1992, com o Congresso Internacional de Catequese em Sevilha por ocasião da celebração do Vº Centenário da Evangelização da América Latina, é que houve outra ocasião de reunião internacional sobre catequese[74]. O Sínodo dos Bispos que se reuniu em 1977 igualmente sobre o tema *catequese* foi um encontro de outro gênero e de outro nível, como é evidente.

---

origem jurídica e nele encontra também incentivos e auxílios fundamentais para propor a educação da fé ao povo brasileiro".

73 *Atti.*, p. 525.

74 Cf. *Retrospectiva dos Congressos Internacionais de Catequese in RdeC* 15 (1992), nº 60, p. 77-78, que se serviu de um *Informativo* do Congresso de Sevilha realizado por Luís Resines.

3.3.1 Aspectos organizativos e realização do Congresso Internacional romano

Foi preparado pela Congregação para o Clero, após consulta às Conferências Episcopais; o temário era composto de 4 itens: **1.** necessidade, dificuldades e carências da catequese hodierna; **2**. sua natureza; **3**. conteúdo da mensagem cristã e **4.** planos pastorais futuros[75]. Foi constituída uma secretaria executiva do Congresso e nomeados os quatro *relatores dos quatro temas*. Em 1º de fevereiro de 1971 enviou-se o programa às Conferências Episcopais e uma circular na qual se pedia que cada país fornecesse um *relatório sobre a própria situação catequética*, convidando a organizar a parte da Exposição Catequética referente ao próprio país ou região[76].

O Congresso foi inaugurado dia 20 de setembro na basílica de São João de Latrão, e os trabalhos se desenvolveram na Universidade Lateranense. Os participantes, conforme as Atas, eram 1152 bispos, padres, religiosos/as, leigos/as; estavam presentes 79 países de todos os continentes[77]. As conclusões foram elaboradas da seguinte maneira: os palestristas, tendo presente o debate em plenário e nos grupos sobre os próprios temas, elaboravam proposições que eram remetidas a uma especial Comissão; esta as redigiu em formato final, votadas na última sessão. Por outro lado, os grupos que quiseram tiveram oportunidade de elaborar sínteses das próprias discussões, que foram publicadas integralmente nas Atas[78].

---

75 *Atti*, p. 525-540. Seguiremos estas *Note di Cronaca* muito bem apresentadas no final das Atas do Congresso.

76 Cf. SAGRADA CONGREGAÇÃO PARA O CLERO, *Congresso catequético internacional, prot. nº 134541 de 16 de junho de 1971 in CM* (1971), nº 226, p. 5-6.

77 Um apêndice dos *Atti* contém não somente a listagem completa dos cardeais, arcebispos, bispos e demais participantes divididos por países, mas também um quadro, inclusive por países, com o número de cada categoria de participantes: cf. *Atti*, p. 541-568.

78 *Atti*, p. 538-539. As relações principais giraram em torno dos 4 temas propostos inicialmente. São os seguintes, com os respectivos relatores: Dia 21: *Necessidade, dificuldades e possibilidades da catequese atual*: Pe. José Manuel Estepa Llaurens; Dia 22: *Natureza, finalidade e metodologia da catequese na ação pastoral da Igreja*: Pe. Duraisamy Simon Amalorpavadass; Dia 23: *O objeto da catequese, suas fontes e suas recíprocas relações*: Dom José Stimpfle; Dia 24: *A nossa tarefa: as exigências fundamentais da ação catequética*: Dom José M. Bournique. Uma quinta relação, conforme as Atas, foi *A obra desenvolvida pela Sagrada Congregação para o Clero no campo catequético* pronunciada por Dom Pedro Palazzini. A dinâmica do Congresso, como se pode ver pelos *Atti*, foi mais magisterial e de cima para baixo, sem grande participação dos congressistas. Dinâmica parecida quiseram repetir os organizadores do Congresso Internacional de Catequese de Sevilha em 1992, com evidente desconforto dos latino-americanos que postulavam maior participação.

As *Orientações conclusivas*[79] reconhecem que uma das maiores transformações de hoje acontece no campo da educação e da cultura: a formação da pessoa humana se dá também fora da escola; os próprios processos de educação recebem grande impacto dos meios de comunicação. Essas mudanças culturais fazem com que a catequese deva se ocupar mais da educação dos adultos que das crianças: estas sempre dependem daqueles. Reconhece também o papel e a importância da família na educação da fé. A catequese deve iluminar a existência do homem de hoje com a Palavra de Deus expressa em linguagem humana, respeitando o pluralismo. Para isso as *Orientações* insistem muito sobre a criatividade na catequese e na importância da comunidade. Entre outras coisas, urge um novo organismo catequético em nível de Igreja Universal, composto de representantes das Igrejas locais[80].

3.3.2 A participação do Brasil

O IIº Congresso Catequético Internacional parece ter tido boas repercussões na Europa, com pouquíssimas exceções, tendo em conta o que foi escrito sobre ele[81]. Na América Latina, a revista *Catequesis Latinoamericana* publicou um número monográfico sobre o evento[82]. No

---

79 As conclusões receberam o título de *Orientações Conclusivas*; são cinco pontos; os quatro primeiros possuem os mesmos títulos (com pequenas alterações) das palestras principais, e o quinto ponto trata do *DCG*. É muito significativo que tal Congresso, realizado após os eventos catequéticos de 1968 da América Latina e a *Semana de Estudos* de Santo Antônio (Texas), tenha também publicado as conclusões dos delegados do terceiro mundo e as conclusões apresentadas pelo grupo de estudo sobre os *mass media*, como se dizia na época: cf. *Atti*, p. 510-514. Durante o Congresso realizaram-se duas exposições catequéticas: uma sobre a *história da catequese* e uma segunda sobre a catequese moderna. Foram apresentados livros e subsídios catequéticos provenientes de todo o mundo. A lista de livros catequéticos brasileiros levados a esta exposição, encontra-se em SACRA CONGREGAZIONE PER IL CLERO, *Guida alla Catechesi nel mondo*, Roma, 1971, p. 197-204. Após uma apresentação da estrutura organizativa da catequese no Brasil, dos centros de estudos, dos programas e manuais, fornece uma *bibliografia* dividida em *estudos e orientações gerais, textos para a catequese* (escolas primárias, secundárias, adultos, iniciação bíblica) e *subsídios audiovisuais*.

80 Como consequência deste *voto* do IIº Congresso Internacional de Roma de 1971, a Sagrada Congregação para o Clero instituiu, em 1974, a *Comissão Internacional de Catequese*. Nos primeiros anos o Brasil foi nela representado por Dom Mário Teixeira Gurgel (cf. *Crônica in CLA* 7 [1975] p. 120); substituiu-o Pe. Ralfy Mendes de Oliveira, sdb, que nela permaneceu de 1981 a 1992. A Ir. Ana Lúcia de Faria e A. (Lúcia Imaculada, da (Congregação de Na. Sa. de Belém) foi nomeada para 1994-2000, e depois o Pe. Paulo Ricardo, de Cuiabá, especialista em Direito.

81 Cf. R. PALOŠ, *Il problema del contenuto della catechesi*, p. 224-226.

82 É o número 13 de 1972, que traz todas as principais conferências do Congresso e um estudo de Francisco AGUILERA, baseado nas informações sobre a catequese enviada pelas conferências episcopais da América Latina, *Proyectos y medios en orden a la renovación y desarrollo de la catequesis in CLA* 3 (1971), p. 715-720; O número 12 da mesma *CLA*, p. 544-589, já trouxera uma documentação inicial sobre o Congresso.

Brasil encontramos quase nada. Nos arquivos da CNBB não restou rastro dele[83] apesar do grupo significativo de brasileiros que dele participou. O Pe. José Geeurickx, assessor da *LINHA 3* nos anos 1981-1983, expressa a seguinte opinião:

> A Semana [sic] Internacional de Catequese em Roma e a publicação do *DCG* não tiveram quase nenhum impacto no Brasil: pouquíssimos catequistas, até agora, leram o *Diretório* ou souberam dos resultados da Semana Catequética de Roma. A nossa atenção de agentes de pastoral se dirigia mais para as CEBs, os novos ministérios, a evangelização de adultos, grupos de reflexão e círculos bíblicos...[84].

O Brasil fez-se representar no Congresso através de uma delegação de 21 membros. Os três bispos escolhidos representavam bem a catequese brasileira: Dom José Costa Campos, Dom Mário Teixeira Gurgel e Dom Geraldo Fernandes. É estranho que o bispo encarregado da *Linha 3* na época, Dom Luciano Cabral, não tenha participado, sinal de sua pouca ou quase nenhuma incidência no MCB. Quanto aos demais participantes, excetuando o Pe. Nereu Meirelles Silveira, Pe. Joseph Engel, da *Sono-Viso,* e o Ir. Antônio Cecchin, nenhum deles tinha tomado parte nos importantes acontecimentos de 1968, nem eram figuras de proa no MCB da época (salvo melhor juízo)[85]. Conforme indicam as

83 Não foi possível encontrar nem os relatórios pedidos pela organização do Congresso. Há um documento, sem data, que parece ser esse relatório; intitula-se *Organização da Catequese no Brasil,* com 7 páginas datilografadas e com dados que correspondem mais ou menos àqueles solicitados por Roma, mas com vários erros, como por exemplo, citar o texto *Descoberta do Reino de Deus* como se tivesse sido publicado em São João del Rey, quando de fato foi publicado em São Paulo. Fala também, no final, da criação do INP sem citar a extinção do ISPAC nacional. Um texto, com dados semelhantes, intitula-se *Relatório dirigido ao CLAF* s/d, *in D 15917* BibINP, 6 p., cópia a carbono. O mesmo se diga do texto intitulado *Institutos Catequéticos e Escolas de catequese* s/d, *in D 15925* BibINP, 3 p., também a carbono.

84 Joseph GEEURICKX, *História do Documento in RdeC* 6 (1983), nº 24, p. 10; cf. também N. G. TOLENTINO, *A renovação da catequese no Brasil,* p. 59.

85 Não foi possível encontrar nenhum documento referente aos participantes ao Congresso nos arquivos da CNBB em Brasília. Entretanto, conforme as *Atas oficiais* publicadas em Roma, podemos reconstituir a delegação brasileira; participaram do Congresso, além dos já nomeados: Pe. Sérgio Arthur Braschi, Ir. Carmelina de Freitas, Gisela Eyng, Silvia Eyng, Pe. Andreas Picarelli, Ir. Maria Celeste Ferreira, Magda Furtado, Lucila Mendonça, Leonilda Menossi, Hamilcar Nota, Maria Juliette Schuckenbrack, Ir. Regina Tagliari, Helena Thomasi, Tarcília Thomasi e Pe. João Wanat. Como na lista oficial não há o título das pessoas, foi difícil saber se algumas das mulheres eram religiosas ou leigas. Mas o quadro estatístico do Congresso enumera para o Brasil: 2 Bispos (eram 3!), 5 sacerdotes, 8 religiosas e 5 leigas. Também não consta das listas oficiais o nome de Dom Geraldo Fernandes, Arcebispo de Londrina, porém há quase uma página e meia com sua intervenção em plenário: cf. *Atti,* 436-437. Ao todo 21 participantes; note-se que a Alemanha tinha 33, o México 45, a Espanha 63, os Estados Unidos 78 e a Itália...494 (entre estes, muitos eram estrangeiros residentes na Itália: cf. *Atti,* p. 558; 564-568).

Atas oficiais, a nenhum dos brasileiros coube alguma das 17 comunicações havidas em plenário.

Entretanto, Dom Mário Teixeira Gurgel, Bispo de Itabira (MG), fez uma pequena intervenção num dos debates em plenário a respeito da ação dos catequistas: em síntese acentuou a importância da formação dos catequistas, afirmando que eles não são mestres que ensinam uma ciência, mas cristãos que transmitem uma vida. Afirmou ainda que a criatividade dos catequistas e a abertura às realidades terrenas não devem levar a uma interpretação do mundo à luz das próprias opiniões, mas sim do Evangelho, único objeto verdadeiro da catequese. Também Dom Geraldo Fernandes, Arcebispo de Londrina (PR), fez uma intervenção lamentando a presença no Brasil de missionários não preparados, incapazes de compreenderem a religiosidade popular; afirma que o Brasil precisa de missionários que preguem o Evangelho, e não a revolução, pois a verdadeira libertação é a do pecado[86].

Como se vê, estamos longe de 1968. Quase nada das importantes conquistas daqueles acontecimentos que revolucionaram e continuavam a revolucionar a catequese nos anos seguintes foi trazido para o II° Congresso Internacional de Roma. É verdade que o ambiente, a sensibilidade e principalmente a metodologia de trabalho do Congresso romano eram totalmente outros[87]. E também deve-se dizer que a presença mais marcante de outros latino-americanos no Congresso[88] fez ressoar com mais vigor no plenário e

---

86 Cf. *Atti*, p. 419, 436-437. Quanto à síntese do *Grupo de Estudos* do qual participaram os delegados do Brasil, foi a mais curta de todas... Após falar das dificuldades para "tornar relevante a Revelação no tempo presente", insiste-se na missão do catequista. Embora toda comunidade deva catequizar, é importante a presença de pessoas que se dediquem explicitamente à catequese. Acentua a necessidade de o catequista estar inserido entre os catequizandos e conhecê-los; ressalta que "a catequese deve começar pelos adultos, e daí aos jovens e crianças". Por fim, fala dos dois estágios da evangelização: ajudar as pessoas a descobrirem os próprios valores e descobrir na comunidade os problemas existentes e buscar comunitariamente as soluções: cf. *Atti*, p. 493.

87 Na revista *CLA* há a seguinte crítica ao II° Congresso de Roma: "Cremos que é necessário organizar [congressos internacionais] de outra forma, com maior participação e representatividade, precedidos de um trabalho prévio e centrado na temática concreta, que não tente abarcar tudo, com o perigo de não tocar nada; não se pode reunir dirigentes qualificados para simplesmente escutarem-se mutuamente ou para expor ideias, sem discussão grupal ou temática". *Crônica: Congresso Catequético Internacional. Roma 20-25/09/1971 in CLA* 3 (1971), p. 589.

88 Aos latino-americanos couberam estas comunicações: Dom Felipe Santiago Benítez Avalos (Paraguay): *Características e possibilidades da catequese na América latina*; Dom Francisco Aguilera (México): *Projetos e meios em vista da renovação do desenvolvimento da catequese na América Latina*; Ir. Onésimo O'Gorman (Argentina): *Necessidades, dificuldades e possibilidades da catequese na América do Sul*. Referindo-se à delegação latino-americana Juan Gorski (Bolívia) diz que "representavam um alto grau de responsabilidade e competência catequética [...]. Estes não vinham com a ideia de ser meramente turistas ou expectadores mudos (parece que muitos participantes dos Estados Unidos e Europa se satisfaziam com tal grau de assistência passiva). Criam

nos grupos as perspectivas de nossa catequese continental. Basta considerar as *Conclusões apresentadas pelos delegados do terceiro mundo*[89], publicadas nas Atas oficiais, onde se fala da *libertação total do homem* e se afirma literalmente: "A nossa catequese deve levar os nossos povos a uma tomada de consciência de suas reais condições e fazer de modo que assumam o ônus pessoal e comunitário de seu destino"[90].

Concluindo, podemos dizer, com o Pe. José Geeurickx, acima citado, que realmente os brasileiros participantes do II° Congresso Internacional de Roma, em que pese a numerosa delegação, em nada, ou quase nada, influíram nas decisões, como também, conforme os documentos existentes, não é que o Congresso tenha tido grandes repercussões na prática catequética. Apresentamos acima algumas causas para explicação deste fato (a ausência do bispo brasileiro responsável pela catequese, Dom Luciano Cabral Duarte, é um claro sintoma). Podemos acrescentar que tanto o *DCG* como o II° Congresso Internacional de Roma fizeram a *receptio* do Vaticano II, coisa que a América Latina, de um modo bastante inculturado, já havia realizado com três anos de antecedência, e por isso, talvez, não tiveram o impacto que os acontecimentos de 1968 conseguiram imprimir ao MCB.

3.4 Os primeiros *Sínodos* da década de 1970 e sua ressonância no Movimento Catequético Brasileiro

Na caminhada do MCB nesse período, o Pe. Ralfy Mendes de Oliveira dá importância à realização do *Sínodo dos Bispos de 1971*, com o tema da *Justiça no Mundo*[91]. De fato, um dos mais eloquentes e proféticos documentos de *Medellín* tinha sido o da *Justiça e a Paz*, cujas perspectivas o Sínodo de 1971 assumiu. Foi um reforço para que a educação, e particularmente a educação da fé, despertasse para o senso de justiça. O continente latino-americano vivia um momento histórico de tomada de consciência e intenso despertar para a mudança das situações seculares que *Medellín* e *Puebla* chamam de *injustiça institucionalizada*. Daí a ressonância especial que teve o apelo do Sínodo sobre a *Justiça no Mundo*, de 1971.

---

que experiências e reflexões catequéticas das Igrejas locais que representavam iriam ser uma contribuição valiosa para a Igreja inteira". ID., *Directorio y Congreso Catequístico en la perspectiva del Tercer Mundo in CLA* 4 (1972), p. 371.

89 Cf. *Atti*, p. 510-511.

90 Cf. *Atti*, p. 511; cf. também R. MENDES DE OLIVEIRA, *O Movimento catequético*, p. 87. Este autor também não se refere explicitamente a nenhuma influência desse congresso na catequese brasileira. Após apresentar *ad litteram* as *Conclusões apresentadas pelos delegados do terceiro mundo*, refere apenas a intervenção bem *latino-americana* de Dom Felipe Benitez Ávalos: cf. *Ibid.*, p. 88.

91 ID., *O Movimento catequético*, p. 88-89.

Igualmente, influência no MCB mais ainda, exerceu o *Sínodo sobre a Evangelização* de 1974 e a consequente exortação apostólica *Evangelii Nuntiandi*. Quase que se impõe o eclipsar do conceito de *catequese*, prevalecendo a terminologia *evangelização*; e isso se percebe até nos planejamentos nacionais de pastoral e na própria estrutura da CNBB, como veremos. Tanto sua preparação por parte da CNBB (em nível regional e nacional) como suas ressonâncias após a realização, despertaram grande entusiasmo e ardor ao redor do tema *evangelização*. A *EN* foi considerada o maior documento do século XX, após os documentos conciliares...!

A participação dos Bispos do chamado então de *Terceiro Mundo*[92] foi considerável, a ponto de terem sido acatadas as instâncias como libertação, justiça, paz, progresso, implicações ético-políticas da fé etc. Recolhendo a fecunda reflexão dos bispos sinodais, Paulo VI publicou a *EN*, espécie também de testamento do Papa Montini[93]. Toda ela possui uma densidade catequética, particularmente os itens referentes à *comunidade*, à *religiosidade popular* e à *libertação*. Entretanto, o Papa faz menção especial à catequese (para além de sua característica doutrinal), no nº 44 colocando-a entre as *vias privilegiadas da evangelização*. Fala-se também do *ensino religioso sistemático* que não pode ficar só na aquisição de conhecimentos, mas deve ser acompanhado de *educação dos hábitos da vida religiosa*. Como *lugares da catequese* são apontados: a *comunidade eclesial*, a *escola* e a *família*. Recomenda ainda *textos apropriados e atualizados* para a catequese, assim como a *preparação de bons catequistas*. Por fim, insiste na catequese *sob forma de catecumenato*[94].

4. A CATEQUESE NO PLANEJAMENTO PASTORAL NACIONAL

No capítulo anterior, afirmou-se que o MCB deve muito à implantação, no Brasil, de uma pastoral verdadeiramente planejada. É nesses *planos*

92 Pelo Brasil participaram: Dom Avelar Brandão Vilela, Dom Paulo Evaristo Arns, Dom Vicente Scherer, Dom Aloísio Lorscheider e Dom Hélder Câmara: cf. *Eleição dos delegados do Brasil ao Sínodo Mundial 1974 in CM* (1974), nº 264, p. 806-810. A contribuição da CNBB ao Sínodo encontra-se em *Proposições sobre o tema sinodal "Evangelização do Mundo de hoje" in CM* (1974), nº 263, p. 654-673. Há um *Relatório sobre a participação do Brasil no Sínodo Mundial 1974 in CM* (1974), nº 266, p. 1149-1153.

93 Edição em português: *A Evangelização no mundo de hoje*, Petrópolis: Vozes, 1975; *Evangelii Nuntiandi*, São Paulo: Paulinas, 1975; João Batista LIBÂNIO (Ed.), *A Evangelização no Mundo Contemporâneo: edição didática*, São Paulo: Loyola, 1976.

94 Conversando em Brasília com Dom A. Lorscheider em 2006, ele afirmou ter tido boa participação na redação da *EN*, sobretudo no tema das CEBs. Entretanto, maior participação na época, conforme ele, teve Dom Lucas Moreira Neves, prefeito da Congregação para os Bispos, da Cúria Romana.

pastorais que podemos constatar as opções, as dimensões e o dinamismo do nosso movimento catequético.

4.1 A catequese nos primeiros planos bienais de pastoral

Quando na XIIª AG de fevereiro de 1971 a CNBB confirmou a continuação do *PPC* com suas seis linhas de trabalho para mais quatro anos, estabeleceu-se também que ele fosse traduzido e concretizado em *planos bienais* (*PB*). Assim, o *comunicado final da presidência* da Comissão Representativa da CNBB, de agosto de 1971, após afirmar que o *Plano Bienal* (PB) foi cuidadosamente examinado, assim o descreve: "Não se trata de um Plano de toda a Igreja do Brasil, mas tão só de *Plano de Atividades dos Organismos Nacionais da CNBB*, os quais desempenham uma função animadora e subsidiária com respeito às Regiões e Dioceses do Brasil"[95].

Tanto o *PPC* como seu sucessor *Diretrizes Gerais*, de duração quadrienal e vigente até hoje, são planos de grandes perspectivas e políticas de ação válidas para toda a pastoral brasileira. Os novos *planos bienais*, entretanto, se restringem, como se vê, aos *organismos* da CNBB. No nosso caso, contêm projetos específicos para *Linha 3*. Refletem também a direção que vai tomando o MCB, pois colocam em prática os planos gerais. Daí a importância que se lhes deve dar.

O *primeiro PB*[96], de curta duração (setembro 1971 – dezembro 1972), sem inovar muito, repetia propriamente os projetos da terceira parte do *PPC*, insistindo sobre a renovação dos ministérios e estruturas eclesiais. Dos projetos referentes à catequese merecem destaque: o projeto de um *estudo sobre catequese de adultos* encomendado ao INP, um *levantamento* sobre a organização da catequese nos Regionais da CNBB, a situação dos catequistas, dos institutos e escolas de catequese e sobre os recursos didáticos existentes, e *elaboração de subsídios* sobre o *DCG*[97].

Mais importante foi o *segundo PB* (1973-1974): elaborado com técnicas de planejamento mais precisas, tais como a adoção de *objetivos operacionais globais*, o estabelecimento dos *responsáveis imediatos pela execução do*

---

95 CNBB, *I Reunião da Comissão Representativa in CM* (1971), nº 227, p. 5.

96 Este primeiro plano foi estudado na I reunião da Comissão Representativa: cf. *CM* (1971), nº 227, p. 5, 28 e 29), e aprovado em sucessivas reuniões da CEP: cf. *CM* (1971), nº 224, p. 28; *CM* (1971), nº 226, p. 35; *CM* (1971), nº 227, p. 9. Cf. também Gervásio QUEIROGA, *CNBB: Comunhão e Corresponsabilidade*, São Paulo: Paulinas, 1977, p. 394.

97 Cf. CNBB, *Plano de atividades especiais e permanentes dos organismos nacionais da CNBB* [Primeiro PB] *in CM* (1971), nº 228, p. 11-46 (também publicado em separata).

plano e a determinação do sistema de *acompanhamento e avaliação das realizações*[98]. Com o *segundo PB* cresceu a comunhão e corresponsabilidade na Igreja, despertou-se maior interesse pela Igreja particular e começou-se um novo empenho de valorização do laicato, com novo estilo de relações com a hierarquia[99], elementos importantes para o incremento da catequese, cujos agentes, em sua maioria esmagadora leigos/as, sentem-se valorizados e promovidos dentro do corpo eclesial. Na avaliação deste período 1971-1974, o juízo sobre os resultados alcançados pelos dois planos bienais foram altamente positivos, principalmente no que toca ao crescimento do *espírito comunitário* e da *corresponsabilidade participada*[100].

4.1.1 Preocupação pelo conhecimento real da catequese: uma pesquisa nacional

Quanto aos projetos, a preocupação continuou sendo o conhecimento da realidade catequética do país, ao lado da formação dos evangelizadores. Neste sentido, um amplo projeto sobre *catequese e socialização da fé* é entregue ao CERIS, que realiza um trabalho verdadeiramente científico, o maior realizado até hoje neste sentido sobre a situação catequética nacional. Os objetivos da grande pesquisa foram assim estabelecidos: "Análise dos caminhos que a renovação catequética está seguindo e os problemas que este processo enfrenta; tal análise quer proporcionar aos agentes comprometidos com a pastoral catequética um quadro de referência sociológica para sua ação"[101].

Os resultados foram publicados em 1974[102]. Feita em âmbito sociológico, a pesquisa revelou uma contraposição do projeto renovador do Vaticano II que

---

98 Cf. CNBB, *2º Primeiro PB dos organismos nacionais da CNBB 1973-1974 in CM* (1972), nº 243, p. 10-38.

99 G. QUEIROGA, *CNBB: Comunhão e Corresponsabilidade,* p. 397.

100 CNBB – 14ª AG, *Relatório sobre os trabalhos da Presidência da CEP no período 1971-1974 in CM* (1974), p. 1136; cf. também p. 1138-1144.

101 *Una investigación sobre "catequesis y socialización" in CLA* 7 (1975), p. 320. Deve-se notar também que a CNBB-Linha 3 realizou um *Levantamento e análise da situação do Ensino Religioso obrigatório nos diversos estados* relatados *in CM* (1973), nº 251, p. 1042-1054.

102 Pedro A. RIBEIRO DE OLIVEIRA, *Catequese e socialização da fé,* Coleção Estudos sociorreligiosos 12, Rio de Janeiro: CERIS, 1974, 183 p. mimeografado. ID., *Evangelização e catequese: um problema em formulação in REB* 34 (1974), p. 318-328. Nesse projeto, organizado e dirigido pelo sociólogo Pedro A. R. de Oliveira, trabalharam também o Pe. J. Ruiz de Gopegui, sj, o Pe. W. Gruen, sdb, e o Frei Vicente Bohne, ofm. Outras pesquisas menores já haviam sido realizadas, como a do sociólogo César Augusto Barroso FALCÃO, *Pesquisa sócio religiosa: meio universitário. Pastoral universitária,* São Paulo, ISPAC "Sedes Sapientiae", 1967, 49 p. mimeografado; ou também a pesquisa do sociólogo Pe. Paulo GOLLARTE, carmelita, *A iniciação eucarística ou a catequese e a adesão religiosa, sua função sociológica de integradora de atitudes in REB* 32 (1972), p. 915-928.

acentua a *vivência comunitária da fé* com o sentido de *privatização da fé* que é vivido no catolicismo popular. Disso resultou, para os anos seguintes, a insistência, durante o processo da educação da fé, sobre a dimensão comunitária e a participação efetiva nos sacramentos da Igreja, assim como em seus organismos.

Num artigo, durante a interpretação dos dados, o autor da pesquisa procura demonstrar que não é real a premissa sobre a qual toda a catequese trabalhava desde os tempos de Dom Sebastião Leme, isto é: "a razão última, a causa final de nossos males é a ignorância da religião"[103]. A tese do autor é de que "não existe propriamente ignorância religiosa na população brasileira, e sim desinteresse por aquilo que é próprio do Catolicismo apresentado pelo Magistério da Igreja"[104]. Conforme ele, a maior parte da população católica tem interesse nos aspectos do catolicismo popular (devoções, novenas, promessas, invocações aos santos, procissões, romarias) e não tanto na doutrina da Igreja: quem não aderiu à mensagem evangélica não vê o aspecto doutrinal como uma necessidade para a salvação, e se contenta com as práticas devocionais.

Os métodos catequéticos vigentes têm como efeito a adesão da quase totalidade dos brasileiros ao catolicismo, embora com pequena participação ao sistema doutrinal da Igreja. O autor conclui sua análise dizendo que, se hoje a Igreja deseja não só uma pertença sociológica, mas uma maior vivência da mensagem evangélica, o problema fundamental da catequese não está nos métodos de ensino, nem na formação dos agentes catequéticos, e sim no *anúncio da mensagem*[105].

O Sínodo sobre a evangelização e a consequente *EN* foi grande reforço para que a catequese supere o mero aspecto doutrinal e assuma mais a dimensão evangelizadora, tão necessária como mostrou esta pesquisa. É o que veremos mais abaixo.

4.1.2 Experiências na prática da catequese

Alguns estudos ligados a esta pesquisa[106] mostraram a existência de *novas experiências de evangelização e catequese* nas quais era claro o processo

103 Tal afirmação, como vimos, é de 1916, sob a influência da *Acerbo Nimis* de Pio X (1910), embora ela seja mesmo anterior ao texto de Pio X.

104 P. A. RIBEIRO DE OLIVEIRA, *Evangelização e Catequese*, p. 321.

105 Cf. *Ibid.*, p. 326-327.

106 Referimo-nos aqui à experiência da Paróquia Dom Bosco de São João del Rey (MG) bem descrita e analisada por W. GRUEN, *Catequese e socialização da fé in CLA* 9 (1977), p. 49-60. Tal experiência e reflexão do Pe. W. Gruen é de relevante importância. De fato, nele já estão em gérmens algumas das intuições da renovação catequética que irão integrar o documento *Catequese Renovada Orientações e Conteúdo*, cujo inspirador é sem dúvida este mesmo autor, que escreve a partir das próprias experiências e não não só de princípios teóricos, que os teve sempre em abundância.

de socialização: o interesse se desloca das pessoas para a comunidade; e da comunidade eclesial se irradia para outros setores da vida: alguns cristãos mais *ativistas* provocam reflexões, debates e ações por uma melhoria do próprio ambiente; o bairro onde moram torna-se mais habitável, mais humano; a religião deixa de ser algo ao lado da vida, e passa a ser vivida no dia a dia; supera-se a perspectiva individualista, nocional, pietista e legalista da religião. Os leigos sentem-se mais Igreja e assumem os serviços requeridos pela nova situação: assim vão nascendo os novos ministérios. Como consequência deste espírito comunitário e luta pelos próprios problemas, cresce o diálogo e colaboração ecumênica e diminui a agressividade e o fanatismo próprios de épocas não muito distantes.

Neste processo de crescimento da comunidade, papel importante exercem sobretudo a *liturgia*, agora muito mais viva e participada; outro elemento importante eram as *reuniões* onde estavam presentes a reflexão sobre a *Palavra de Deus*, a *oração*, a *discussão dos problemas*: uma Palavra intimamente ligada à ação. Quando estes elementos começam a faltar, diminui a força da comunidade e dos movimentos. Como se vê, a educação da fé vai muito mais além das simples "aulas de catecismo" para se alimentar agora de toda vida da comunidade que vive sua fé.

No centro da preocupação pastoral já não está a *criança* (embora esta não seja deixada de lado), mas é o *adulto*, ou melhor, todas as faixas etárias, mas com uma especial opção pelos adultos. Dessas experiências populares, cujas raízes estão ainda na década de 60, como vimos, se consolidam as *comunidades eclesiais de base*, que, posteriormente mais bem organizadas, foram uma das forças principais da Igreja no Brasil, com clara influência na sociedade e, sobretudo, se constituíram como que o lugar privilegiado da educação da fé.

4.2 As primeiras *Diretrizes Gerais da CNBB* e os consequentes planos bienais

Cabe, a esta altura, examinar o MCB nas *Diretrizes Gerais da Ação Pastoral da Igreja no Brasil* (*DG*), que, com um novo nome, continuam a caminhada de uma pastoral orgânica e planejada, iniciada com o *PPC* e dentro da qual a catequese encontra o seu lugar privilegiado. Nove anos já se haviam passado desde que estava em andamento o *PPC*. A XIVª AG da CNBB de novembro de 1974 deveria tomar uma decisão sobre o futuro da pastoral planejada. Após a devida avaliação desse longo período, a consulta a todo o episcopado e os estudos realizados pelo INP, foram apresentadas oito alternativas para se definir o futuro do planejamento pastoral. Optou-se pela sétima alternativa:

> Conservar as atuais diretrizes, isto é, o mesmo objetivo geral e os seis objetivos específicos com as consequentes seis linhas, reformulando suas justificativas com documentos e dados posteriores ao Vaticano II e enriquecendo-as com elementos de reflexão teológica e da experiência pastoral dos últimos anos e, além disso, definir certas áreas prioritárias de ação pastoral da Igreja no Brasil e elaborar diretrizes para essas áreas[107].

As *Diretrizes Gerais*, novo nome do *PPC* e documento mais importante do episcopado brasileiro, renovadas de 4 em 4 anos, é descrito como o conjunto de orientações, normas, critérios, sugestões e indicações que devem balizar e direcionar todas dimensões da vida eclesial nas situações humanas em que ela se concretiza para a realização do Objetivo Geral[108]. Este, embora mantido no quadriênio 1975-1978, recebeu nova formulação, procurando sintonizar as políticas de ação da Igreja com as necessidades de cada período, a fim de se dar uma resposta evangélica aos apelos da realidade. Os *seis objetivos específicos* também foram mantidos com sua fundamentação teológica ou "justificativa" mais enriquecida, e continuam a reger a organização da CNBB nas 6 *linhas fundamentais de ação*, que abarcam as dimensões da vida eclesial. Elas são confirmadas nesse quadriênio[109]. Entretanto, com o impacto do Sínodo sobre a Evangelização de 1974, as Linhas 2 e 3,

---

107 CNBB – 14ª AG, *Estudo e definição das Diretrizes Gerais da Ação Pastoral: esboço histórico e levantamento de opções in CM* (1974), nº 266, p. 1086. Votação sobre esta escolha: *Ibid.*, *V. 2 – Diretrizes Pastorais: A) Escolha e Encaminhamento da "Opção Ótima" in ibid.*, p. 1025: com 194 votantes esta opção recebeu 109 adesões, ao passo que a 8ª, que previa redefinição completa, recebeu 81 votos; 4 votos restantes para outras: cf. *Eleições, votações, conclusões* [*da 14ª AG*] *in ibid.*, p. 1025-1026).

108 CNBB – 21ª AG, *7. Votações, Vot. I: Diretrizes Gerais da Ação Pastoral, in CM* (1983), nº 366, p. 282.

109 Cf. CNBB, *V. 2 – Diretrizes Pastorais: B) Atualização das Diretrizes Pastorais: recomendações particulares para cada linha in CM* (1974), nº 266, p. 1028-1035. Aqui as *linhas de ação* são chamadas apenas pelo número; os seus nomes aparecerão na documentação posterior. No texto das *DG 1975-1979* o capítulo III trata das *linhas fundamentais de trabalho*; as linhas 2 (evangelização) e 3 (ação missionária) encontram-se unidas no que se refere à *fundamentação teológica*, porém as *atividades propostas* são específicas para cada uma: cf. CNBB, *Diretrizes Gerais da Ação Pastoral da Igreja no Brasil 1975-1978 in CM* (1975), nº 269, p. 97-106. Citaremos esse documento sempre com a sigla *DG* seguida dos anos de sua vigência, como *DG 1975-1978*. As duas linhas também se encontram sob a responsabilidade de um único bispo, Dom Paulo E. Ponte. O assessor para ambas dimensões continua o Pe. R. Mendes de Oliveira: cf. R. MENDES DE OLIVEIRA, *O Movimento catequético*, p. 94-95.

que no *PPC* se chamavam respectivamente *ação missionária* e *ação catequética*, recebem agora nova nomenclatura, desaparecendo a terminologia *Catequese*; assim a Linha 2 passa a se chamar *evangelização* (ou *dimensão evangelizadora da formação cristã*) e a Linha 3 *ação missionária* (ou *evangelização e libertação*). Tal mudança é assim justificada:

> É tendência muito acentuada hoje empregar-se *evangelização* num sentido mais amplo e abrangente, incluindo, além do primeiro anúncio, a promoção humana, a catequese propriamente dita, o testemunho e até o ministério da Palavra nas celebrações litúrgicas[110].

Conforme afirma o Pe. Ralfy, nesse quadriênio as Linhas 2 e 3 tentaram desenvolver trabalho conjunto em nível de organização nacional, embora com seus objetivos e projetos diferentes[111]. No linguajar dos documentos desta época, em vez de catequese, fala-se mais em evangelização e evangelizadores. A experiência foi transitória, pois nos quadriênios seguintes, volta-se à nomenclatura primitiva e às organizações separadas para a ação missionária (*Linha 2*) e Catequese (*Linha 3*); de fato, se em perspectiva teórica e pastoral tal aglutinação entre evangelização e catequese parece viável, em termos organizacionais não se mostra tão prática.

A XIVª AG apresentou muitos elementos e sugestões para a elaboração das diretrizes para a catequese, tarefa entregue à responsabilidade da CEP. Juntamente com as *Diretrizes Gerais da Ação Pastoral da Igreja no Brasil 1975-1978* foi elaborado também o *3º PB dos Organismos Nacionais*[112]. Ambos documentos são enriquecidos com os documentos e a reflexão dos anos anteriores. Assim, o *PPC*, agora com o nome *Diretrizes Gerais...*, recebia o reconhecimento definitivo de seu significado e validade que, cinco antes, lhe fora dado com excessiva cautela[113]. Consagra-se a prática de uma pastoral orgânica e planejada que perdura até os dias de hoje com grande

---

110 CNBB, *DG 1975-1978*, Cap. III, Linhas 2 e 3: *Evangelização e Ação Missionária*, p. 98; cf. também INP, *Anteprojeto de justificativa teológico [sic] das diretrizes das linhas de ação pastoral do PPC*, Rio de Janeiro, 02 de janeiro de 1975 *in D 02870* BibINP, p. 6-7, mimeografado. Essa tendência na América Latina de usar os termos *evangelização* e *catequese* com quase igual significado será mais tarde (1977) explicado por um documento do CELAM: "Respeitando a distinção clássica entre catequese e evangelização, optamos na América Latina – um continente de batizados – por dar à palavra Evangelização o sentido de uma *catequese evangelizadora que equivale a uma evangelização* nos termos das conclusões de *Medellín*" . CELAM, *Catequesis para America Latina: documento de trabajo del Celam para el Sínodo de 1977*. Coleção *CELAM 16*, 4ª ed. Bogotá: CELAM, 1977, p. 24.

111 Cf. R. MENDES DE OLIVEIRA, *O Movimento catequético*, p. 94.

112 Ambos documentos se encontram *in CM* (1975), nº 269, p. 58-167.

113 Cf. G. QUEIROGA, *CNBB, Comunhão e Corresponsabilidade*, p. 399.

vantagem para a ação da Igreja, particularmente para a catequese. De fato, o exercício da educação da fé, tendo claras as linhas de ação da Igreja, sente-se orientado, apoiado e estimulado.

Analisemos agora as *dimensões catequéticas* desses dois documentos episcopais. No primeiro capítulo das *DG 1975-1979*, ao se fazer o levantamento da situação pastoral, constata-se o avanço da catequese devido especialmente ao *ministério da palavra* seriamente assumido após o Vaticano II, os progressos da *catequese sacramental* por causa dos encontros de preparação, a acentuação da *catequese de adultos*, agora com uma dimensão mais bíblico-vital, a íntima relação entre *evangelização e promoção humana* e o crescimento da dimensão comunitária[114].

A segunda parte desse documento (fundamentação teológica, ou *justificativa*, como se dizia então usando a terminologia dos planejamentos) é muito valiosa: sendo quase que um resumo das reflexões sobre evangelização e catequese feitas sob a influência do Vaticano II e *Medellín*, pode ser considerado o núcleo de um pequeno diretório catequético para o Brasil[115].

Insiste-se nestes aspectos: **1.** *ministério da palavra* da Igreja e de todo batizado, fazendo de cada crente um evangelizador; **2.** o grande número de batizados não evangelizados no Brasil, faz com que não seja muito nítida a separação entre *catequese* e *evangelização*: não evangelização e catequese como fases distintas, mas *formação cristã verdadeiramente evangelizadora* em todos seus graus; **3.** aprofunda-se a relação entre *evangelização e promoção humana* que aqui é vista como *libertação*: não se pode entender evangelização que não seja também verdadeira libertação do homem e de todos os homens; **4.** valorização da *religiosidade popular* que contém apreciável abertura aos valores evangélicos, em que pese seus desvios; **5.** a necessidade de uma *educação permanente da fé*, principalmente para atingir o adulto em todos os níveis de vivência cristã; **6.** necessidade de uma ação missionária que atinja as *pessoas que vivem à margem* da comunidade eclesial e os setores secularizados da sociedade; **7.** insistência numa educação da fé em *conexão e colaboração* com as demais atividades eclesiais (pastoral orgânica); e **8.** a catequese de adultos deve levar a um *diálogo* entre todos[116].

No item *atividades propostas* das *DG* são sugeridas algumas ações prioritárias referentes à formação de agentes e ao anúncio da Palavra[117]; tais ativi-

114 Cf. CNBB, *DG 1975-1978*, Cap. I, 2.1 e 2.2, p. 64-65.

115 Cf. R. MENDES DE OLIVEIRA, *O Movimento catequético*, p. 95.

116 CNBB, *DG 1975-1978*, Cap. III, Linhas 2 e 3: *Evangelização e Ação Missionária*, p. 97-102.

117 *Ibid.*, Linhas 3: *Atividades Propostas*, p. 105-106.

dades são programadas com projetos mais detalhados nos terceiro e quarto *planos bienais* (1975-1976 e 1977-1978, respectivamente).

4.3 O Terceiro Plano Bienal de Pastoral

O *Terceiro PB 1975-1976*[118] dá especial atenção ao *ensino religioso escolar*, ao *aperfeiçoamento de professores-catequistas* e às questões relacionadas aos *sacramentos da iniciação cristã*[119]. Esses projetos foram concretizados através da reflexão de grupo de trabalho, cujos resultados estão em dois *relatórios* de 1975[120]. Um é sobre o *ensino religioso* e o outro sobre a *formação de evangelizadores ou catequistas*. Merece atenção esse último pelo seu significativo conteúdo e por ser dos primeiros frutos da reflexão em torno da renovação posterior. Ela, a partir desse momento, cresceu cada vez mais até desembocar nos três grandes documentos da década de 80 que irão consolidá-la.

Do que trata o presente *relatório* do anônimo[121] grupo de trabalho? Primeiramente analisa os *objetivos* dos Institutos de Pastoral e Escolas de Catequese então existentes, as grandes *dimensões da formação* neles veiculada, (dimensões *doutrinal, humana, pastoral, pedagógico-metodológica*). Essa última trata das aulas, seminários, pesquisas, prática pastoral e estágios. A seguir reflete sobre a necessidade de *evangelizadores qualificados* para a catequese no Brasil; delineia, em breves traços, sua *figura*, destacando a espiritualidade, testemunho, sinal, ouvinte e pregador da Palavra. Acentua essas dimensões: a evangelização deve ter uma linha *antropológica, situa-*

---

118 CNBB, *3º PB dos Organismos Nacionais 1975-1978 in CM* (1975), nº 269, p. 131-166. A partir deste terceiro plano, todos eles são publicados como volume à parte na coleção *Documentos da CNBB* das Edições Paulinas: CNBB, *3º PB dos Organismos Nacionais 1975-1978*. Coleção *Documentos da CNBB 5*, São Paulo: Paulinas, 1975.

119 Cf. CNBB, *3º PB dos Organismos Nacionais 1975-1978*, Programa 5, Linha 2, p. 150 e especialmente p. 159.

120 Cf. GRUPO DE TRABALHO, *Avaliação de programas de catequese escolar nos estabelecimentos de ensino oficial. Relatório do Grupo de Trabalho in CM* (1975), nº 271, p. 390-397; *Avaliação e reflexão sobre a formação de evangelizadores ou catequistas in CM* (1975), nº 271, p. 397-409. As coisas não são claras a respeito desses dois relatórios. Sem outras informações, parece, tanto pelo índice como pelo texto, que ambas são da responsabilidade da *Linha 2* (Evangelização) e da *Linha 6* (Presença da Igreja no mundo), ao passo que o Pe. R. Mendes de Oliveira afirma ser da *Linha 3* e tratar-se de projeto ainda do 2º PB: cf. *O Movimento catequético*, p. 114-115.

121 Em carta de 18/11/1994 a mim dirigida, o próprio Pe. Ralfy afirma que a composição desses grupos de trabalhos na época em que ele foi assessor nacional da catequese variava conforme o argumento, mas que o Pe. W. Gruen e Ir. José. Israel Nery participaram de mais de um desses grupos de trabalho. Naturalmente o próprio Pe. Ralfy, como assessor nacional da *Linha 3*, era o coordenador do grupo.

cional, personalística e libertadora, comunitária e de compromisso. Ainda: particular atenção aos *adultos*, dimensão *evangelizadora* da catequese, integração entre *fé e vida*, inserção na *Igreja local* e dimensão *ecumênica*.

Nas *propostas* sobre a *formação dos evangelizadores*, sobressaem a fidelidade à Igreja e criatividade, a insistência na pastoral de conjunto e inclusão na comunidade, a aquisição de conhecimentos teológicos indispensáveis, a formação pedagógica (que inclui também *saber ouvir*), a formação pastoral (ter um coração de pastor e a paixão missionária) em estreita conexão com a promoção humana, as mudanças sociais e as formas de religiosidade popular. Entretanto a maior prioridade é dada à formação espiritual e o confronto das próprias experiências de vida e das várias situações humanas com o Evangelho, afirmando:

> Não basta desenvolver, a serviço do conteúdo da Revelação, um saber unicamente teórico, mas ocorre desenvolver sobretudo o *carisma de interpretação* que leve o evangelizador a descobrir a relação entre o conteúdo revelado e as aspirações do homem de hoje[122].

Mais à frente veremos a catequese no *quarto PB*, pois, conforme a ordem cronológica, que estamos seguindo, temos que nos ocupar agora do importante acontecimento que, de certa forma, aceleraram o MCB: a Assembleia Sinodal Episcopal sobre a catequese de outubro de 1977.

5. O SÍNODO SOBRE A CATEQUESE DE 30/09 A 29/10 DE 1977

Dentro do ritmo trienal das Assembleias Sinodais, em meados de 1975 a Sé Apostólica desencadeava uma consulta sobre o tema de um próximo Sínodo. Os dados enviados pela CNBB em resposta à consulta do Secretariado Permanente do Sínodo mostram que *o episcopado brasileiro não estava muito interessado no tema da catequese*. De fato, este tema foi colocado em quinto e último lugar na lista de prioridades, com uma escassíssima votação[123]. Como já ficou dito, o momento histórico por que passava o Brasil justificava a opção pastoral por outros temas; as graves repercussões das

122 GRUPO DE TRABALHO, *Avaliação e reflexão sobre a formação*, p. 404.

123 Cf. SECRETARIA PERMANENTE DO SÍNODO DOS BISPOS, *Sugestões para o próximo Sínodo mundial dos bispos in CM* (1976), nº 272, p. 447-448; Ivo LORSCHEITER, *Circular do Secretário Geral sobre sugestões para o Sínodo dos Bispos, ibid.*, p. 479. CNBB, *Temas do próximo Sínodo dos Bispos: sugestões de 110* [sic] *Bispos do Brasil in CM* (1975), nº 275, p. 706-714. A soma total dos bispos consultados resulta em 210 (cf. notas seguintes), pelo que é justificado pensar que neste último título tenha havido um erro tipográfico, ao se grafar 110.

mudanças sociais sobre a *família e a juventude* fizeram com que grande parte do episcopado optasse por esses dois temas, ou ainda pelo pronunciamento sobre os *princípios objetivos de moralidade*; por outro lado, a falta de clareza e segurança na reflexão teológica que avançava a largos passos naqueles momentos levou muitos a proporem o tema do relacionamento entre *fé e magistério*[124].

No entanto, era bastante lógico que, após a reflexão sinodal sobre a *evangelização* em 1974 e a consequente publicação da *EN*, a Igreja se debruçasse sobre o problema da catequese. Assim, após a consulta ao episcopado mundial, Paulo VI em 29 de outubro de 1975 convocou para setembro de 1977 um Sínodo sobre a *catequese em nosso tempo com particular referência à catequese das crianças e dos jovens* (pelo título, vê-se que os assessores do Papa ainda estavam atrelados à trilogia *catequese-doutrina-criança* e os avanços do movimento catequético europeu passaram longe de serem considerados pelos organizadores do Sínodo...!).

A escolha do tema e a sua preparação de certa maneira obrigaram o episcopado brasileiro a se interessar de uma forma explícita e aprofundada pelo problema da catequese. A *Linha 3* se empenhou intensamente nessa preparação, envolvendo todas as forças eclesiais e isso resultou numa série de encontros, estudos e documentos. A nascente *Revista de Catequese* dedicou inteiramente seu número zero (0) inaugural ao estudo e documentação sobre essa preparação[125].

124 Note-se, porém, que esses cinco temas já haviam sido sugeridos pelo Conselho Permanente do Sínodo, conforme a circular de Dom Ivo Lorscheiter acima citada. A ordem de preferência dos temas assim resultou: *Família*: 68; *Princípios objetivos da moralidade*: 41; *Juventude*: 40; *Fé e Magistério*: 33; *Catequese*: 28. Total: 210: cf. CNBB, *Temas do próximo Sínodo dos Bispos*, p. 706. Os poucos que escolheram o tema *catequese* apontaram como *aspectos a considerar* prioritariamente questões de conteúdo e quase nada de questões relativas à catequese fundamental; como *razões da escolha* há uma diversidade muito grande, sobressaindo a que pede uma "catequese mais encarnada em nossa realidade histórica, e não tradução de textos europeus". Cf. *Ibid.*, p. 713-714.

125 Abundante é a bibliografia em língua portuguesa em torno deste Sínodo ou referente à participação do episcopado brasileiro: A. ANTONIAZZI, *Para uma educação permanente da fé: o Sínodo de 1977 visto de perto, in Atualização* 8 (1977), p. 420-437; A. ANTONIAZZI; R. MENDES DE OLIVEIRA, *A catequese à luz do Sínodo 77*, São Paulo: Editora Salesiana Dom Bosco, 1978, 157 p.: recensão de João Bosco NUNES DE OLIVEIRA *in RdeC* 2 (1979), 8, 89; Hélder CÂMARA, *El Evangelio y la liberación humana, in CLA* 9 (1977), p. 119-123; CELAM, *Catequese para a América Latina: contribuição do CELAM para o próximo Sínodo dos Bispos, in SEDOC* 9 (1977), p. 1217-1262; CNBB, *Intervenções dos Bispos Brasileiros no Sínodo de 1977, in CM* (1977), nº 301, p. 1096-1116; CNBB-COMISSÃO NACIONAL DE PASTORAL, *Contribuições para o tema do Sínodo mundial dos bispos 77: catequese in CM* (1976), nº 289, p. 1097-1100, publicado também com o título *Contribuição da Comissão Nacional de Pastoral, in RdeC* 0 (1977), nº 0, p. 31-35, e ainda *in SEDOC* 9 (1977), p. 1122-1124; CNBB, *Tema do Sínodo: "A catequese do [sic] mundo contemporâneo, com particular referência às crianças e aos jovens in CM* (1976), nº 289, p. 965-979, publicado também com o título *Propostas da Comissão Representativa in RdeC* 0 (1977), nº 0, p.

5.1 A preparação no Brasil do *Sínodo da Catequese*

Em primeiro lugar consideraremos os vários momentos da preparação das contribuições do episcopado brasileiro para a reflexão sinodal; em seguida nos interessaremos pela atuação dos bispos brasileiros durante o magno evento e por fim as repercussões pós-sinodais na catequese brasileira.

5.1.1 Estudo dos Lineamenta

Dom Paulo E. Ponte, bispo responsável pela catequese na CNBB, em circular de 28 de maio de 1976 solicitava a todos os secretários regionais o estudo nas diversas dioceses dos *Lineamenta* preparados pela Secretaria do Sínodo[126]. Com os resultados desses estudos, foi possível realizar duas importantes reuniões nesse mesmo ano; nelas a CNBB pôde elaborar suas contribuições ao Sínodo. A primeira foi a reunião da Presidência e *Comissão Nacional de Pastoral* (CEP) e assessores em 16-17 de outubro de 1976 no Rio de Janeiro, com quase 70 participantes; entre outros assuntos, foi estudado com a coordenação de Dom Paulo A. Ponte e do Pe. Ralfy Mendes de Oliveira também o tema do Sínodo[127]. Baseando-se nos *Lineamenta* elaborou-se um *documento* que foi retomado pela Comissão Representativa.

Neste texto nota-se que a educação da fé, embora muito variada em suas formas, não atinge a maioria da população e ainda está muito ligada a problemas psicológicos, certo subjetivismo, dificuldade em superar a lin-

---

47-60; CNBB – *LINHA 3, Panorama da Catequese no Brasil in RdeC* 0 (1977), nº 0, p. 36-46; CNBB-Sul I, *Sugestões do Regional Sul I in RdeC* 0 (1977), nº 0, p. 68-73; CNBB-NE II, *Sugestões do Regional Nordeste II in RdeC* 0 (1977), nº 0, p. 74-80; DECAT-CONE SUR, *Aportes del encuentro catequístico de la región "Cono Sur/Brasil" en 30/10 – 3/11/76 in CM* (1977), nº 292, p. 32-38, publicado também com o título *Contribuições do Encontro Catequético "Cone Sul-Brasil" in RdeC* 0 (1977), nº 0, p. 61-67, e ainda *in SEDOC* 6(1977)5-9; A. LORSCHEIDER, *O Sínodo visto por Dom Aloísio, in SEDOC* 10 (1978), p. 607-610; ID., *Sínodo mundial dos Bispos 1977: "Relatio", in CM* (1977), nº 301, p. 1084-1095; J. MATAS: FEDERICO BASSÓ *et alii*, *A catequese em exame, in SEDOC* 11 (1978), p. 19-27; Carlos PALACIOS, *Entre dois Sínodos: Evangelização e Catequese, in Convergência* 10 (1977), p. 407-425; SÍNODO 1977, *A catequese em nosso tempo, in SEDOC* 9 (1977), p. 1109-1122; *Documentos del Sínodo de 1977 sobre la Catequesis, in Medellín* 4 (1978), nº 13, p. 127-159; SÍNODO 1977, *Mensagem ao Povo de Deus*, São Paulo: Paulinas, 1977; também *in REB* 37 (1977), p. 767-775; *in SEDOC* 10 (1978), p. 594-603; *O Sínodo da Catequese in REB* 38 (1978), p. 159-162; R. VIOLA, *A catequese diante do próximo Sínodo, in RdeC* 0 (1977), nº 0, p. 13-27, publicado também com o título *En Amérique Latine: la catéchèse devant le prochain Synode, in Catéchèse* 17 (1977), nº 66, p. 67-81.

126 Cf. Paulo E. PONTE, *Circular sobre o tema do Sínodo 77 de 28 de maio de 1976 in CM* (1976), nº 284, p. 454-455.

127 Sobre a metodologia de trabalho nesta reunião, cf. CNBB-COMISSÃO NACIONAL DE PASTORAL, *Contribuições para o tema do Sínodo mundial dos bispos 77: catequese in CM* (1976), nº 289, p. 1074. Note-se a presença, nesta reunião também do Pe. Alberto Antoniazzi e do Ir. José Israel Nery, lassalista, que tiveram uma forte presença no MCB (Cf. *Ibid.*, p. 1067).

guagem intelectualizada e "europeizada, sem raízes nas tradições religiosas do povo". No entanto, as perspectivas consolidadas em 1968 vão também avançando; fala-se, de fato, em catequese de libertação, despertar o senso crítico diante da realidade, unidade entre história da salvação e história humana, reinterpretação contínua da própria história, engajamentos concretos, grandes esforços por atingir a pessoa humana concreta etc. O seguinte texto demonstra que o MCB vai caminhando no sentido de uma necessária renovação:

> Deve-se reconhecer, entretanto, que começa a crescer o compromisso concreto com a promoção do povo e sua evangelização sobretudo nos movimentos que, segundo a orientação de *Medellín* (8, 6), colocam as situações sociais como conteúdo da evangelização e da catequese, e não apenas como ponto de partida ou pretexto. É no esforço, sobretudo, de analisar criticamente essas situações, sem perder de vista o contexto da história da salvação, que esses grupos se abrem aos de fora e os engajam em sua ação. Isso tem levado a uma visão de fé na vida concreta e a um compromisso verdadeiro com essa vida[128].

5.1.2 Uma sólida reflexão catequética

Dois dias depois, iniciou-se a reunião da *Comissão Representativa da CNBB* com a duração de uma semana, com a presença de 30 bispos e 40 representantes das principais forças eclesiais; o tema principal foi a preparação do Sínodo sobre a catequese, tendo como instrumento de trabalho o documento da reunião anterior. Ao final foi aprovado *um texto bastante rico de ideias e sugestões* sobre a catequese[129]. O conceito de catequese que emerge dele já é bem renovado e se aproxima muito das dimensões que serão propostas nos documentos futuros. Inicialmente é a *identidade da catequese* que merece toda a atenção; insiste-se na conversão, relação fé-vida, vocação cristã, dimensão pessoal e comunitária. Com essas palavras pede-se que o Sínodo aprofunde o conceito de catequese

> acentuando a exigência de conversão contínua no itinerário da fé; ressaltando que a educação da fé, inserida na educação global, deve relacionar-se com a vida

---

128 CNBB-COMISSÃO NACIONAL DE PASTORAL, *Contribuições para o tema do Sínodo*, p. 1098, publicado também com o título *Contribuição da Comissão Nacional de Pastoral, in RdeC* 0 (1977), nº 0, p. 33.

129 CNBB, Tema do Sínodo: "A catequese do [*sic*] mundo contemporâneo..." (cf. nota 123 acima). Uma síntese deste documento se encontra com o título: Propostas fundamentais enviadas à Secretaria Permanente do Sínodo pela Comissão Representativa em outubro de 1976 *in CM* (1977), nº 293, p. 235-237.

> concreta do nosso tempo e despertar o senso crítico do cristão que leve a uma opção evangélica de vida na ambiguidade das realidades terrestres; evidenciando o papel da catequese como orientadora na tomada de consciência da vocação fundamental dos cristão como filho de Deus e na descoberta de sua vocação pessoal dentro da comunidade humana e eclesial[130].

A CNBB apresenta clara sugestão de elaboração e publicação de "um *texto-roteiro* no qual se aponte o conteúdo fundamental da fé"[131]; não se trata de catecismo, mas seria uma síntese apresentada pela Igreja universal e que serviria de base para ser adaptada nas várias culturas locais. Este pedido de *roteiro de conteúdo* será uma constante nos anos seguintes, como veremos, e motivo de aprofundamentos sempre maiores até se chegar ao documento *Catequese Renovada*. Pede-se ainda que os delegados do Brasil no Sínodo tenham como subsídio a riqueza da prática e dos *documentos nacionais*[132], e de um modo especial de *Medellín* "que continua sendo uma das principais fontes inspiradoras da pastoral na América Latina"[133]. Grande relevo se dá à *dimensão comunitária* da catequese, insistindo no inestimável valor das *CEBs* para a catequese, pois elas despertam a corresponsabilidade na educação da fé, favorecem o crescimento da fé tanto de adultos, jovens, adolescentes e crianças. Sobretudo

> catequizam a partir das realidades da vida, provocam o surgimento de lideranças novas, originais, rompem os esquemas sociais estratificados; há mais participação dos leigos na catequese. Isso renova o vocabulário e obriga à análise da situação vivida por eles com seus problemas concretos[134].

---

130 CNBB, Tema do Sínodo: "A catequese do [*sic*] mundo contemporâneo...", p. 965.

131 *Ibid.*, p. 965. Um formulação mais incisiva se encontra na síntese das sugestões que foi enviada à Secretaria do Sínodo: "Como *voto explícito* do Episcopado, pela voz da Comissão Representativa, pede-se que o Sínodo elabore e publique um *texto roteiro* no qual se aponte o conteúdo fundamental da fé, isto é, uma *síntese catequética com conteúdo atualizado* que sirva de base para as adaptações a se efetuarem nas várias regiões". CNBB, *Propostas fundamentais enviadas à Secretaria... in CM* (1977), nº 293, p. 237, nº 3.5.

132 Pede-se, de modo particular, que sejam consideradas as contribuições da Comissão Nacional de Pastoral, as DG 1975-1978, as orientações sobre os sacramentos da iniciação e as publicações para sobre as CEBs: cf. CNBB, *Tema do Sínodo: "A catequese..."*, p. 965-966. Quanto ao "levantamento das experiências vivas de catequese existentes no Brasil", a *Linha 3* preparou um relatório, não publicado em *CM*, mas que se constituiu num subsídio para esta reunião da Comissão Representativa da CNBB; trata-se do cap. 7 (Catequese) do subsídio *Panorama da Igreja no Brasil nos anos 1976-1977*, Rio de Janeiro, 1976, *in D 05770* BibINP, p. 17-21, mimeografado, publicado com o título *Panorama da Catequese no Brasil in RdeC* 0 (1977), nº 0, p. 36-44. É documento muito interessante que retrata a situação da catequese do Brasil nesse momento referindo-se a quatro pontos: agentes, destinatários, mentalidade-conteúdo-métodos-subsídios e organização. De cada um deles são retratados os pontos positivos, negativos e sugestões.

133 *Ibid.*, p. 965-966.

134 *Ibid.*, p. 971.

Aprofunda também o *conceito de conversão* que a catequese deve provocar para que exerça sua função crítica: "conversão *pessoal* e *social* de pecados das estruturas, para humanizá-las e proporcionar uma vida plena em todas as dimensões desde aqui e agora, sem esquecer a dimensão escatológica"[135]. O texto , em vários momentos, deixa entrever que tal *dimensão libertadora* da catequese, já bastante desenvolvida no Brasil, suscita *incompreensões e perseguições*: "Vê-se no Brasil o esforço estatal e do sistema [ditadura militar] para confinar a Igreja à sacristia, de onde só poderá sair com uma doutrina desencarnada; condicionar a liberdade à desencarnação da doutrina é coarctar a liberdade"[136].

Com referência aos *conteúdos*, após considerar a conversão a Jesus Cristo, a fé ligada ao contexto histórico, o testemunho de vida, a oração, vida comunitária e celebração da fé, rejeita uma catequese unidimensional (*só* doutrinal, sacramental ou antropocêntrica) e opta por uma *catequese como interpretação da vida e da história*: "A catequese desejável seria que ela fosse [sic] uma interpretação cristã da história e da vida dos homens e das comunidades, confrontando a Palavra de Deus vivida na Igreja com a situação real dos homens de hoje"[137].

5.1.3 Um enfoque latino-americano

Uma semana depois, reuniram-se de 30 de outubro a 03 de novembro em El Pinar (Uruguai) os representantes da região Cone Sul-Brasil do CELAM-DECAT com a finalidade de elaborar também contribuições para o Sínodo sobre a Catequese[138]. O texto preparado por essa re-

135 *Ibid.*, De um modo especial a catequese aos jovens e adultos é marcada por esta dimensão libertadora: "O que caracteriza nossa catequese da juventude é a busca de catequese encarnada, vivencial, comprometida [...] e seus temas estão ligados à libertação: justiça, promoção humana, liberdade, autenticidade, vivência da fé, engajamento". *Ibid.*, p. 969.

136 *Ibid.*, p. 973.

137 *Ibid.*, p. 977.

138 Cf. DECAT-CONE SUR, *Aportes del encuentro catequístico de la región "Cono Sur/Brasil" en 30/10 – 3/11/76 in CM* (1977), nº 292, p. 32-38. Os países pertencentes a essa região e presentes na reunião eram: Argentina, Brasil, Chile, Paraguai e Uruguai. Como representantes do Brasil estiveram Dom Paulo Andrade Ponte, Dom Mário Gurgel e Pe. R. Mendes de Oliveira, que tinham participado também das reuniões anteriores: cf. *Contribuições do Encontro Catequético "Cone Sul-Brasil" in RdeC* 0 (1977), nº 0, p. 61, nota. Deixamos aqui também apenas registrada (pois o Brasil não tomou parte especificamente) a preparação feita pelo DECAT-CELAM. É fruto de uma reunião em 1977 dos membros da Equipe de Reflexão teológico-pastoral do CELAM, com os assessores do DECAT e seu presidente. Trata-se de *Catequesis para America Latina: documento de trabajo del Celam para el Sínodo de 1977.* 4ª ed. Coleção *CELAM 16*, Bogotá, CELAM, 1977, 80 p. Compõe-se de três partes: *introdução histórica* (muito breve), *processo e metodologia catequética, aporte teológico*. Nesta última se destaca o item: *critérios teológicos para*

união internacional parece mais orgânico em sua estruturação, com a vantagem de possuir a mesma riqueza de conteúdo. Parece também que há um apelo mais explícito às perspectivas de *Medellín*, o que se justifica por se tratar de um documento de organismo do CELAM. Partindo de breve visão dos valores e da situação histórica dos povos latino-americanos, com relação à catequese (desejo de igualdade, solidariedade, hospitalidade, alegria, vida comunitária, religião popular, pujante vida eclesial), analisa as condições históricas reportando-se ao documento *Justiça e Paz* de *Medellín* e reafirmando a enorme importância da Igreja para uma transformação profunda das situações sociopolítico-econômicas e esperança para os pobres.

Em seguida, interroga-se sobre o que fazer diante desta situação, apontando quatro pontos: necessidade de uma redefinição da catequese levando em conta a situação pastoral desses países, propiciar *atualização catequética aos Bispos e sacerdotes*, já que se constata um desconhecimento bastante generalizado das exigências específicas da catequese, intensificar a formação de catequistas e propiciar uma presença adequada da Igreja nos Meios de Comunicação Social. O texto conclui com algumas sugestões em ordem à organização da catequese nos países participantes.

5.1.4 O despertar do Movimento Catequético Brasileiro

Saindo do âmbito da Conferência Episcopal, podemos constatar também o entusiasmo provocado pela convocação desse *Sínodo sobre a catequese*: de fato, em vários pontos do território nacional desenvolvem-se reuniões tendo como tema a renovação da catequese; assim o ano de 1977 é considerado um ano "fértil em encontros catequéticos". Sendo impossível relatar todos os encontros de âmbito diocesano, registramos aqui os de alcance regional, reunindo várias dioceses. Em março o regional Leste II (Minas Gerais e Espírito Santo) promoveu um encontro em Belo Horizonte com a participação de coordenadores de Ensino Religioso; em maio, foi a vez das dioceses e prelazias do Norte II reunirem em Belém os coordenadores de catequese; o regional Nordeste II no mês de junho promoveu em Natal a reunião dos coordenadores de catequese de várias dioceses daquela região;

---

uma catequese libertadora. O opúsculo teve ampla divulgação na América Latina de língua espanhola, com várias edições (não se conhece tradução em português). É uma espécie de *diretório catequético latino-americano* até que apareceu o *Diretório Oficial* em 1985 com o título: *Catequesis en America Latina: Líneas Comunes*, de cuja redação tive a honra de participar.

as dioceses do Paraná (Sul II) reuniram os catequistas em Londrina com o tema "A catequese como interpretação cristã da existência"; finalmente, o Sul III promoveu também encontro para coordenadores diocesanos de catequese do Rio Grande do Sul[139].

As perspectivas expressas por tais encontros de preparação ao Sínodo de 1977 e seus documentos, se de um lado refletem uma prática em andamento já há vários anos e experiências ricas na renovação da catequese, por outro lado vão se constituindo num legado doutrinal que aos poucos convergiram para formulações mais sistemáticas até se consolidarem, cinco anos mais tarde, no Documento *Catequese Renovada*".

Nesta caminhada, a reflexão desencadeada pela preparação deste Sínodo foi marcante. Mas ela não termina aqui; esta foi a primeira etapa. A etapa seguinte é a participação da delegação brasileira no Sínodo e a riqueza que logo após seus participantes trazem para o Brasil.

5.2 A realização do *Sínodo* e a participação brasileira

5.2.1 A delegação brasileira

O Sínodo sobre a Catequese realizou-se em Roma de 30 setembro de 1977 a 29 de outubro, com a participação de 204 padres sinodais; destes, 143 eram delegados das Conferências episcopais e os outros participavam por diversos outros títulos. Da América Latina estavam presentes 41 delegados, sendo 7 brasileiros[140]. Para compor a delegação brasileira foram eleitos: Card. Dom Aloísio Lorscheider, Dom Paulo Andrade Ponte, responsável nacional da catequese, Dom Adriano Hypólito, Dom João Rezende Costa, SDB[141].

---

139 Cf. R. MENDES DE OLIVEIRA, *O Movimento catequético,* p. 123.

140 Cf. Giovanni CAPRILE, *Il Sinodo dei Vescovi 1977,* Roma: Editrice "La Civiltà Cattolica", 1978, p. 34 e 598.

141 Cf. CNBB – 15ª AG, *Ata especial de 14/2/1977 in CM* (1977), nº 293, p. 161-164; *Eleições e Votações, Ibid.*, p. 187. Como suplentes foram eleitos: Dom Luciano Mendes de Almeida e Dom Clemente Isnard. A eleição de Dom Adriano Hypólito, além de sua competência catequética, se deveu também ao fato de que ele cinco meses antes tinha sofrido sequestro e humilhações por parte de extremistas da direita, mancomunados com o regime militar ditatorial que dominava então o Brasil. Um pouco antes em 15 de julho tinham sido assassinados o salesiano Pe. Rodolfo Lunkenbein e o jesuíta Pe. João Bosco Bournier. Em 25 de outubro de 1976 a CNBB fez um violento pronunciamento contra todos esses atos de barbárie que abalaram a Igreja e o povo brasileiro: Cf. CNBB, *Comunicação pastoral ao povo de Deus* [de 25/10/1976] *in CM* (1976), nº 289, p. 986-1003. A eleição de Dom Adriano Hypólito para o Sínodo foi também reação e reafirmação da Igreja diante da enorme violência que se vivia naqueles anos. Sua intervenção na aula sinodal discorrendo sobre as *Dimensões antropológicas da catequese in CM* (1977), nº 301, p. 1113-1115, mostrou não só suas preocupações pessoais e suas dramáticas experiências, mas também o clima que se vivia então.

O Papa Paulo VI, confirmando a eleição desses bispos do Brasil para o Sínodo de 1977, nomeia o Card. Dom Aloísio Lorscheider, presidente da CNBB, como *relator oficial* do tema do mesmo Sínodo[142] e também nomeia como participante de *escolha pontifícia* Dom Mário Teixeira Gurgel, Bispo de Itabira[143] que já tivera boa participação no MCB. O Brasil esteve também representado nas pessoas de Dom Lucas Moreira Neves e do Card. Agnelo Rossi, membros da Cúria Romana[144]. Para assessorarem os bispos brasileiros em Roma durante os trabalhos sinodais foram eleitos pela Presidência da CNBB o Pe. Ralfy Mendes de Oliveira e o Pe. Alberto Antoniazzi, que, posteriormente publicaram uma obra sobre este evento eclesial[145].

5.2.2 Destaques da atuação brasileira no Sínodo

A participação da delegação brasileira nesse quarto Sínodo dos Bispos foi bastante significativa. O papel de Dom Aloísio Lorscheider foi fundamental: além da grande *Relatio* inicial, ele também fez a síntese de todas as inúmeras intervenções realizadas em 7 sessões gerais e orientou os trabalhos dos grupos linguísticos. Junto com os 11 relatores dos grupos linguísticos e o secretário especial, foi também autor do elenco de 34 proposições entregues ao Papa como fruto principal do Sínodo. Além disto, foi ainda um dos redatores principais da *Mensagem ao Povo de Deus*[146] e

---

142 Cf. SINODO DOS BISPOS, *Paulo VI confirma a eleição dos bispos do Brasil para o Sínodo 77* [carta do Secretário do Sínodo Dom Ladislau Rubin] *in CM* (1977), nº 296, p. 652.

143 Cf. G. CAPRILE, *Il Sinodo dei Vescovi 1977*, p. 598.

144 *Ibid.*, p. 29 e 598 respectivamente.

145 Cf. acima nota 124. Além de dois estudos em torno do Sínodo, são apresentados uma crônica da reunião sinodal, o documento *Mensagem ao Povo de Deus* e 20 intervenções significativas de padres sinodais de várias partes do mundo: recensão de J. B. NUNES DE OLIVEIRA *in RdeC* 2 (1979), nº 8, p. 89. Esse material é publicado no número monográfico *Caminhos abertos pelo Sínodo 1977 in RdC* 1 (1978), nº 1, p. 3-88. Sobre a participação do Pe. R. Mendes de Oliveira e Pe. A. Antoniazzi como assessores dos bispos brasileiros, cf. CNBB, *8a. Reunião da Comissão Representativa: Ata nº 6 de 21/11/1977 in CM* (1977), nº 302, p. 1256, e ainda em R. MENDES DE OLIVEIRA, *O Movimento catequético*, p. 125.

146 Cf. R. MENDES DE OLIVEIRA, *Os dias do Sínodo in RdeC* 1 (1979), nº 1, p. 5-9. Note-se que o documento sinodal *Mensagem ao Povo de Deus* possui o mesmo título do vigoroso e intrépido documento emitido pela CNBB, cujo presidente era Dom A. Lorscheider, um ano antes denunciando os horrores das torturas e outros abusos da ditadura militar no Brasil: cf. CNBB, *Comunicação Pastoral ao Povo de Deus, in CM* (1976), nº 289, p. 986-1003. Conta-se que essa *Mensagem* foi redigida nas altas horas da noite, para ser apresentada na manhã seguinte. Diante do cansaço físico da comissão episcopal, Dom Aloysio dispensou-a de partição na redação, concluindo o laborioso trabalho, no resto da madrugada. Note-se também que foi a primeira *Mensagem ao povo de Deus,* que se repetirá nos seguintes Sínodos, para dar a conhecer a todos imediatamente o conteúdo do mesmo Sínodo, pois a respectiva *Exortação Apostólica* demoraria ainda alguns meses...

no final foi eleito como membro do conselho permanente da Secretaria Geral do Sínodo[147].

a) Uma original concepção de catequese

Os outros delegados fizeram cada um ao menos duas intervenções em aula sobre temas de importância e quase todos dentro das perspectivas da renovação pastoral surgida em *Medellín*[148]. Algumas delas merecem destaque. Primeiramente Dom Paulo Andrade Ponte insiste na *síntese* que deve haver *entre catequese situacional e doutrinal*; assim, a tomada de consciência da verdade libertadora surge ao mesmo tempo, da consideração das condições de vida ou situações da existência e da escuta da Palavra de Deus em Cristo:

> Convém que o Sínodo ressalte a complementariedade ou antes a inseparabilidade desses aspectos de uma catequese autêntica [...] A consideração doutrinal da catequese só tem sentido para o homem se morder a sua realidade ou situação e, por sua vez, a consideração da situação humana só adquire significação para ele pela referência a um discurso revelador de sentido. A doutrina revelada por Jesus Cristo manifesta ao homem o sentido de sua existência, mas esse sentido só é percebido dentro da situação e das condições da mesma existência[149].

O mesmo bispo, ressoando o pedido que a CNBB fizera em suas propostas, de que se esclarecesse o *conceito de catequese*, afirma que a concepção de catequese como *processo de educação para a maturidade da fé* já é bastante aceita, e se interroga sobre a tarefa específica da catequese neste *processo de maturação da fé*; não se pode confundir tal processo com a educação da

---

147 *Novo conselho permanente da Secretaria Geral do Sínodo in CM* (1977), nº 301, p. 1130-1131. A intensa atividade de Dom A. Lorscheider no Sínodo pode ser constatada também pelas 32 vezes que ocorre seu nome na obra de G. CAPRILE, acima citada, sendo que o segundo mais nomeado, após ele, é Dom Hyac Thandoum, Arcebispo de Dakar e um dos 3 presidentes delegados, com 21 citações.

148 Todas as intervenções dos bispos brasileiros foram publicadas no número de outubro de *CM* (1977), nº 302; citaremos o autor, título da intervenção e página: Card. A. LORSCHEIDER, *Relatio: De Catechesi hoc nostro tempore tradenda praesertim pueris atque juvenibus*, p. 1084-1095; Dom João Rezende COSTA, *Critérios de uma Catequese Autêntica*, p. 1096-1100; ID., *Critérios de uma Catequese Autêntica: Adenda*, p. 1101-1102; Dom Paulo E. PONTE, *Catequese Situacional e Doutrinal*, p. 1102-1104; ID., *Conceito de Catequese e sua Relação à Evangelização*, p. 1104-1107; ID., *A Noção de Catequese*, p. 1108-1109; Dom Mário Teixeira GURGEL, *Objetivo Especifico da Instrução Religiosa nas Escolas*, p. 1110-1112; ID., *A Escola como Lugar da Catequese*, p. 1112-1113; Dom Adriano Hypólito, *Dimensões Antropológicas da Catequese*, p. 1113-1115; ID., *Campanha da Fraternidade, Catequese e Meios de Comunicação Social: informes apresentados por escrito*, p. 1115- 1116.

149 Dom Paulo A. PONTE, *Catequese Situacional e Doutrinal, in CM* (1977), nº 301, p. 1103.

fé, que depende de outras fontes (como liturgia, testemunho, compromisso social, ação caritativa etc.): corre-se o perigo de *pancatequismo* sobrecarregando os catequistas de funções que não são deles. Alguns tentam recorrer à categoria do *conhecimento* (em sentido bíblico, rejeitando a mera instrução doutrinal), *compreensão, iluminação, reflexão, intelecção, ensino, instrução, erudição, reconhecimento* etc. Mas todas essas expressões, de fundo noético, resvalam para a intelectualização da fé. Os bispos brasileiros, diz ainda Dom Paulo Ponte, falam da catequese como *educação da fé inserida na educação global* relacionando com a vida concreta e despertando o senso crítico. O papel da catequese seria levar o cristão a *tomar consciência* de sua vocação cristã com todas as consequências decorrentes dentro da comunidade humana. A esse ponto Dom Paulo Ponte faz sua proposta concreta de uma *nova descrição de catequese* usando a categoria *conscientização:*

> Pergunto se não seria possível enfatizar, na descrição da catequese, o conceito de *consciência crítica* ou *conscientização* (em vez do conceito de *intelecção*), enquanto ele implica uma interpretação existencial cristã (feita sob a luz da fé ou da revelação) da vida e das condições do homem e das comunidades humanas, e mesmo de toda a história humana. Descrevendo a catequese com a categoria de *conscientização*, levando à *interpretação existencial* cristã, salvaremos a sua especificidade *cognitiva* sem reduzi-la a uma pura instrução doutrinal. A conscientização que leva a uma interpretação existencial cristã só pode resultar da consideração simultânea da situação concreta, ou conjunto das condições de vida, e do discurso significante, ou seja, portador de sentido, a saber: o anúncio evangélico[150].

b) Profetismo

Nos debates após a apresentação dos círculos linguísticos, o mesmo bispo voltava ao assunto, agora refletindo sobre a *função profética* da catequese e procurando ainda fugir ao *pancatequismo* (tudo na Igreja se reduziria à catequese):

> a catequese está ordenada à celebração dos sacramentos [liturgia] e à confissão da fé na vida quotidiana, mas não se identifica com estas, assim como a missão profética não se identifica com as funções sacerdotal e régia. O mistério de Cristo é conhecido pela catequese, é celebrado pela liturgia, e é vivido pela caridade da vida cotidiana para transformar o mundo.

E onde estará, perguntava, a especificidade profética da catequese em relação às outras atividades da Igreja e à evangelização? Está justamente, diz

150 ID., *O conceito de evangelização e sua relação à evangelização in CM* (1977), nº 301, p. 1107.

ele, no "suscitar ou proclamar uma interpretação existencial cristã da vida e da história dos homens, obtida por uma consciência crítica ou profética, que interpela as pessoas e as comunidades para celebrar a liturgia e assumir um engajamento no mundo". Tal interpretação existencial não se refere somente ao conteúdo doutrinal, mas principalmente às condições existenciais, superando assim a dicotomia entre catequese doutrinal e situacional. Conclui sua argumentação propondo mais uma descrição de catequese:

> A catequese é uma ação profética eclesial pela qual as comunidades cristãs adquirem sob a guia do Espírito Santo, pela consideração das condições ou situações da existência dos homens e pela reflexão sobre o mistério pascal de Cristo revelado no Evangelho e explicado pela Igreja, uma consciência crítica para fazer uma contínua interpretação existencial da vida e da história dos homens à luz da fé, em ordem a promover a maturidade de sua vida cristã, de modo que celebrem o Reino de Deus pela liturgia já aqui na terra e o instaurem cada vez mais por um engajamento no mundo[151].

c) Opção pelos adultos

Como se vê, o bispo brasileiro usa o conceito de conscientização, formulado pelo pedagogo também brasileiro Paulo Freire quando elabora sua célebre teoria sobre a *pedagogia do oprimido*[152]. Assim, as categorias e perspectivas de *Medellín* voltam à baila com toda sua força, agora com um maior aprofundamento[153]. É claro que tais propostas soaram arrojadas demais na

---

151 ID., *A noção de catequese in CM* (1977), nº 301, p. 1109.

152 Cf. Paulo FREIRE, *Pedagogia do oprimido*, Rio de Janeiro: Paz e Terra, 1974. Como vimos no capítulo anterior, H. Assmann já havia usado na reflexão catequética o conceito de *conscientização*. É interessante notar que José Freire de OLIVEIRA NETO, eleito bispo do nordeste, portanto a mesma que Dom Paulo A. Ponte, havia realizado seus estudos de pedagogia na Faculdade de Ciências da Educação da Universidade Salesiana de Roma, onde redigiu sua tese de mestrado com o seguinte título: *Educação libertadora e catequese: viabilidade do método psicossocial de Paulo Freire em uma catequese antropológica*, Roma, UPS, 1975, datilografado. É muito provável que as ideias desse bispo estudioso de Paulo Freire tenha influenciado o pronunciamento de Dom Paulo A. Ponte no Sínodo de 1977. Eis a conclusão de Dom José Freire de Oliveira Neto em sua dissertação acadêmica: "O método psicossocial de Paulo Freire, muito embora seja um método de alfabetização de adultos e de educação popular, oferece pistas para uma catequese antropológica que não quer ser somente uma doutrinação, mas iluminação da existência, uma catequese que parte da situação concreta de um grupo humano e assume os problemas humanos e as aspirações autenticamente humanas desse grupo como parte integrante do conteúdo da catequese. Julgamos que o método psicossocial é válido sobretudo para uma catequese popular de adultos, dadas as suas características e algumas experiências já realizadas neste terreno". ID, *Ibid.*, p. 130-131.

153 Naturalmente a presença das dimensões catequéticas de *Medellín* fazem-se presente no Sínodo por mérito de muitos outros episcopados latino-americanos. Tome-se como exemplo a exposição de F. VALENZUELA RIOS, *Panorama de la catequesis en América Latina in CLA* 20

Sala Sinodal e não foram acolhidas em toda sua força tanto nas proposições, nem na *Mensagem* do Sínodo e muito menos na *Catechesi Tradendae*, embora se possa constatar em todos esses documentos uma abertura para esta dimensão socioantropológica da catequese.

Outra observação: o Sínodo, pelo seu título, parece que queria voltar sua atenção mais sobre a catequese às crianças, adolescentes e jovens; a tendência cada vez mais crescente de uma *catequese aos adultos* parecia fora de cogitação. Entretanto, por aquilo que a delegação brasileira e tantas outras apresentaram, o destinatário principal da catequese é o adulto, sem deixar, entretanto as crianças. Esta dimensão está muito presente na *Mensagem ao Povo de Deus* e na *CT*. Uma catequese que insiste mais sobre o social, situacional, antropológico, consciência crítica etc., só pode estar voltada para o mundo dos adultos.

Neste sentido, é digno de nota também o informe apresentado por escrito por Dom Adriano Hypólito, personagem importante dos movimentos catequéticos no Brasil: a *Campanha da Fraternidade*, uma das significativas formas de catequese com adultos no Brasil; esclarece sobre seu potencial catequético, seu relacionamento com a pastoral de conjunto, sua dimensão social, sua difusão nos maiores e menores meios de comunicação. As atividades catequéticas propostas pela *Campanha da Fraternidade* se estendem a muitas e variadas formas: catequese nas comunidades (paróquias e CEBs), catequese nas famílias, principalmente por meio dos grupos bíblicos, catequese nas escolas públicas e particulares. O tema anualmente proposto, quase sempre de cunho social, é veiculado através de inúmeros subsídios, adaptados à idade e condição das várias faixas etárias. Embora ela tenha o seu tempo forte na Quaresma, culminando na Páscoa, seu tema se prolonga pelo resto do ressoa e se torna a força inspiradora da atividade catequética no Brasil[154].

Aqui não é o lugar de se relevar toda a riqueza do Sínodo de 1977 sobre a catequese, nem de se falar dos seus inúmeros e importantes atores e protagonistas.

(1978), p. 21-22, ou a de Germano SCHMITZ, *Interpelação recíproca entre catequese e história in RdeC* 1 (1978), nº 1, p. 69-71.

154 Cf. A. HYPÓLITO, *Campanha da Fraternidade, catequese e meios de comunicação social in CM* (1977), nº 301, p. 1115-1116. Anos depois o grande catequeta Emílio ALBERICH escreveu, e foi traduzido para o português, duas importantes obras sobre *Catequese com adultos:* ALBERICH Emílio; A. BINZ, *Catequese de Adultos: elementos de metodologia.* São Paulo: Editora Salesiana, 1998, 200 p., com nova edição em 2001. E *Formas e modelos de catequese com Adultos: panorama internacional.* São Paulo: Editora Salesiana, 2001, 340 p. Pode-se também consultar, do mesmo autor: E. ALBERICH, *Modelos de catequese com adultos, in RdC* 24 (2002), nº 97, p. 35-50, e *Motivações para a Catequese dos Adultos, in RdC* 4 (1981), nº 16, p. 5-15.

Esta apresentação quis apenas evidenciar a participação dos bispos brasileiros, que procuraram levar para a aula sinodal as contribuições originais do MCB. Como vimos, o episcopado brasileiro, quase pego de surpresa pelo tema catequético ao qual, por circunstâncias históricas não estava muito atento, soube captar o essencial de nossa recente tradição catequética e relançá-la no Sínodo. Mas o movimento também foi inverso, isto é: da aula sinodal seus participantes trouxeram para o MCB uma rica contribuição que teve uma calorosa acolhida tanto entre o episcopado como entre os catequistas. É o que veremos a seguir.

5.3 Ressonâncias do Sínodo de 1977 no Movimento Catequético Brasileiro

5.3.1 Apresentação na CNBB

Na reunião da Comissão Representativa da CNBB logo após o Sínodo, de 16 a 22 de novembro de 1977, Dom Paulo Andrade Ponte fez uma primeira exposição sobre os resultados daquela Assembleia, sendo completado por Dom Aloísio Lorscheider e Dom João Rezende Costa. Os pontos relevados por esses três participantes do Sínodo, foram: a continuidade entre o Sínodo da Evangelização (1974) e o da Catequese (1977); a catequese situa-se no coração da missão confiada à Igreja, pois se trata da *transmissão da Palavra de Deus*; a identidade da catequese, os lugares, agentes, destinatários, conteúdos da catequese e sua metodologia; a natureza da *autêntica* catequese para que se evite a instrumentalização da fé (*fé e ideologia*).

E ainda: o problema sempre presente da *inculturação* e o do *nexo entre fé e vida*. As conclusões mais importantes: o *cristocentrismo* na catequese, catequese como *processo permanente*, o *direito e obrigação* de todos à catequese, necessidade da *formação* de catequistas e escolas de catequese, os três elementos que devem sempre estar presentes em qualquer catequese: *conhecimento*, *celebração* e *testemunho* da fé, a importância da *memorização*, a necessidade de *inculturação*, catequese concebida como *transmissão intensiva, gradual e progressiva* da fé segundo a idade, a cultura e as situações concretas, a necessidade da *apologética* (razões e defesa da fé) num mundo pluralista e, finalmente, a possibilidade, em alguns casos, de uma *catequese comum* para confissões cristãs diferentes (ecumenismo)[155].

---

155 Um esquema destes pontos expostos durante a reunião encontra-se em: CNBB, *8a. Reunião da Comissão Representativa: Comunicações – Sínodo 77:* "A Catequese em nossos dias, com especial referência às crianças e aos jovens" *in CM* (1977), nº 302, p. 1330; p. Outros dados destas comunicações encontram-se na *Ata nº 6 de 21/11/1977, Ibid.*, p.1254-1256.

5.3.2 A visão sinodal do Pe. Ralfy Mendes de Oliveira

Por sua vez, o Pe. Ralfy M. de Oliveira, assessor nacional da catequese e dos bispos brasileiros durante o Sínodo, juntamente com o Pe. A. Antoniazzi, também relevou alguns pontos importantes sobre os quais insistia continuamente. O *primeiro* deles é a concepção da catequese como processo de *educação permanente da fé*. É uma dimensão que já havia sido proposto pela CNBB e plenamente colhida pelo Sínodo; de fato, a proposição 15, cujo título é justamente *A catequese como processo permanente*, afirma que "a educação da fé não pode limitar-se à recepção dos Sacramentos, mas deve ser oferecida aos homens como um *itinerário permanente de maturação cristã* que acompanhe os fiéis desde a idade pré-escolar até a velhice". E comentou o Pe. Ralfy:

> Pelo fato de visar a despertar uma fé viva, como uma "energia dinâmica" que exerce influência em toda a vida, a catequese não pode completar-se em determinado tempo; dever-se-á procurar uma "forma contínua de educação da fé"[156].

Relevou também a Proposição 21 que insiste na mesma ideia ao afirmar: "cresceu na Igreja a consciência de que todos os cristãos sempre precisam de uma contínua audição da Palavra de Deus, pela qual cada um possa conhecer a fé de modo adequado às próprias necessidades e aos próprios deveres". Todo fiel, seja qual for seu carisma e missão na Igreja, deve, pela catequese, conhecer mais profundamente a própria fé, para que esta possa ser levada à maturidade. O Pe. Ralfy diz também que, quando o Sínodo afirma a importância da catequese de adultos e quando caracteriza a catequese de crianças e jovens não como etapas estanques ou conclusivas, mas como etapas integradas e preparatórias, está igualmente se reportando à catequese como um processo de educação permanente da fé[157].

O *segundo* aspecto do Sínodo relevado pelo Pe. Ralfy foi a *dimensão comunitária da catequese*. Os bispos do assim chamado *terceiro mundo* mostraram-se satisfeitos pela existência e atuação das pequenas comunidades, pois se constituem na melhor forma de catequese inculturada e permanente. Sobre este importante tema sinodal, assim se referiu ele:

> Os padres sinodais repetiram muitas vezes que a comunidade cristã é, ao mesmo tempo, fonte, lugar e meta da catequese. Isto vale tanto para a grande comunidade (Igreja universal e Igreja local) quanto para as várias expressões comunitárias produzidas pela experiência cristã, ao impulso do Espírito Santo. O Sínodo falou destas últimas referindo-se não só às tradicionais associações cató-

156 R. MENDES DE OLIVEIRA, *O Movimento catequético*, p. 127.

157 Cf. *Ibid.*, p. 128.

licas como também, e sobretudo, às novas experiências comunitárias: grupos de aprofundamento bíblico, de renovação eclesial, movimentos de espiritualidade, movimentos familiares, carismáticos, comunidades eclesiais de base, etc. Estas e outras manifestações foram examinadas no Sínodo sob a qualificação geral de "pequenas comunidades". O exame foi prevalentemente conduzido com a confiança nas potencialidades catequizadoras de tais grupos[158].

O Pe. Ralfy continuou dando destaque a esta *dimensão comunitária*, citando a Proposição 25, onde expressamente a catequese é considerada *fonte, lugar e meta da catequese*. Também a proposição 29 afirmou a importância das pequenas comunidades eclesiais de base para a catequese: é aí que os cristãos se sentem verdadeiramente Igreja, saindo do anonimato e compartilhando experiências de fé; nelas a atividade catequética pode adaptar-se e impulsionar a criatividade de cada um e tem maior oportunidade de iniciar os cristãos numa autêntica experiência litúrgica e de compromisso concreto. Os pastores são incentivados a favorecerem as pequenas comunidades provendo-as dos meios necessários, sem contudo descuidar a catequese das massas[159].

Quisemos salientar esta visão do Sínodo do grande catequeta Pe. Ralfy, que o viveu muito de perto, pois teve um papel preponderante no MCB dos anos 60 a 80: não só esteve à frente da *Linha 3* da CNBB como assessor, fundou e dirigiu a *Revista de Catequese* durante 13 anos, mas também foi conferencista muito solicitado em todas as partes do Brasil e membro das mais importantes reuniões desta época, que eram expressão e ao mesmo tempo impulsionadoras da renovação catequética. Devido à sua competência e influência, participou desde organismos paroquiais para a animação catequética, até os órgãos diocesanos, regionais, nacionais (como membro do primeiro Grupo do GRECAT, atual GREBICAT), continentais (como membro do DECAT) e internacionais (membro do COINCAT de 1981 a 1992)[160].

158 *Ibid., p.* 129.

159 *Ibid.*, p. 130. O Pe. Ralfy, ao relevar esses dois pontos fundamentais do Sínodo, se apoia unicamente sobre as conclusões dos *círculos menores* (ou linguísticos) e as *Proposições*, que na verdade não foram publicadas em sua integridade, mas apenas uma síntese, como era costume. Entretanto, o documento *oficial* e que resume as grandes intuições do Sínodo de 1977, e não citado pelo Pe. Ralfy, é a *Mensagem ao Povo de Deus*. Este documento, logo na introdução releva a *dimensão permanente* da catequese ao afirmar que ela é "uma atividade que leva à educação ordenada e progressiva da fé e se encontra intimamente unida a um contínuo processo de maturação da mesma fé" (cf. *Mensagem ao Povo de Deus in RdC* 1 [1978], nº 1, p. 48). E o substancioso número 13 do mesmo documento, dedica sua segunda parte à *dimensão comunitária da catequese* dando importância às "pequenas comunidades eclesiais", apresentando-as quase como "novos lugares de catequese" (*Ibid.*, p. 56).

160 Para biografia e obras do Pe. Ralfy Mendes de O., pode-se consultar: Luiz ALVES DE LIMA, *Um protagonista do movimento catequético no Brasil: memória do Pe. Ralfy Mendes de Oliveira, fundador da* Revista de Catequese *in Revista de Catequese* 32 (2009), janeiro-março, nº 125, p. 48-58 (coautoria).

5.3.3 Outras dimensões do *Sínodo sobre a Catequese*

Outros aspectos do Sínodo, não explicitamente relevadas pelas pessoas e fatos acima referidos, são igualmente importantes na evolução da catequese no Brasil. Em primeiro lugar relevamos o *tema da cultura*, que vinha sendo já muito valorizado principalmente após a publicação da *EN*, mas que teve sua consagração em âmbito de catequese no Sínodo de 1977 através da célebre intervenção do Pe. Arrupe[161].

A *Mensagem ao Povo de Deus* dedica-lhe o inteiro nº 5, afirmando, entre outras coisas que "a fé cristã, por meio da catequese, há de encarnar-se nas culturas. A verdadeira "encarnação" da fé por meio da catequese supõe não só o processo de "dar", mas também o de "receber""[162]. Igualmente a *dimensão social* ou *tema da libertação*, característica fundamental dos grandes acontecimentos e documentos latino-americanos, como vimos, e também já valorizado pela *EN*, recebeu uma singular atenção no Sínodo de 1977. Foi um reforço para as opções da renovação catequética brasileira que nesta perspectiva já caminhava desde o Encontro do Rio de Janeiro em 1968.

Usando ainda a *Mensagem ao Povo de Deus* como expressão autêntica do Sínodo, podemos sublinhar neste sentido as seguintes afirmações do item *Catequese como Testemunho*:

> A salvação que é levada pela comunidade, oferece aos homens de agora a libertação do pecado, da violência, da injustiça, do egoísmo [...]. Portanto, a catequese não pode separar-se de um sério compromisso de vida [...]. Um dos encargos fundamentais da catequese consiste em despertar eficazmente novas formas de compromisso sério, especialmente no campo da justiça. Deste modo, da experiência cristã surgirão novos estilos de vida evangélica que, com a graça de Cristo, darão frutos novos de santidade[163].

6. O MOVIMENTO CATEQUÉTICO BRASILEIRO SOB A INFLUÊNCIA DO SÍNODO DA CATEQUESE (1977)

6.1 Quarto Plano Bienal 1977-1978

O *Quarto PB 1977-1978*[164], além das atividades de preparação para o Sínodo e uma continuada atenção ao ensino religioso escolar, também se

161 Cf. Pedro ARRUPE, *Catequese e "inculturação" in RdeC* 1 (1978), nº 1, p. 86-88.

162 *Mensagem ao Povo de Deus*, p. 51.

163 *Mensagem ao Povo de Deus*, p. 54-55.

164 CNBB, *4º PB dos Organismos Nacionais 1977-1978 in CM* (1977), nº 292, p. 55-101. ID., *4º PB dos Organismos Nacionais 1977-1978*. Coleção *Documentos da CNBB 9*, São Paulo: Paulinas, 1977, 62 p.

propunha "averiguar a situação da catequese no seu sentido mais amplo e global"[165]. No final de 1977, ao se fazer uma revisão da programação deste 4º PB, tal projeto foi mantido, porém não se encontra documentação sobre sua realização, donde se conclui, não ter sido realizada[166]. Entretanto, nesta mesma revisão do 4º PB, outro projeto era estabelecido sobre textos catequéticos para novembro de 1978; tratava-se de um

> Encontro de elaboração de textos catequéticos à luz da documentação do *Sínodo dos Bispos* para fazer um levantamento de *temas fundamentais*, considerando a realidade brasileira[167].

Cremos que este é *um projeto de significativa importância* na história recente do MCB, pois pela primeira vez, e claramente sob a influência do Sínodo de 1977, encontramos oficialmente a proposta sobre *temas fundamentais* de catequese. Na verdade, pela formulação do projeto, se percebe os bispos querem mesmo é a formulação dos *conteúdos catequéticos*, pois se trata de um *encontro de autores de textos*. A preocupação pelo *conteúdo* catequético foi uma constante da *Linha 3* nos anos seguintes. Foi o esforço dessa busca que nasceu o futuro Documento *Catequese Renovada Orientações e Conteúdo*, promulgado cinco anos mais tarde.

6.2 Encontro nacional: em busca dos gérmens do documento *Catequese Renovada*

O encontro proposto neste projeto se realizou em novembro de 1978, um ano após a conclusão do Sínodo sobre a Catequese. No entanto, dele participaram não os autores de textos de catequese (como era previsto no 4º PB), mas *coordenadores regionais de catequese*. Podemos dizer também que esse foi o primeiro dos encontros de coordenadores regionais, que depois se tornou tradição, num ritmo bienal. Sua finalidade, entretanto, mudou: os participantes não trataram, em primeiro lugar, de *conteúdos* da

165 *Ibid.*, p. 80 e *Linha 3 – Catequese, Projeto 5.3.3, ibid.*, p. 91.

166 Sua realização seria na segunda quinzena de dezembro de 1978: cf. CNBB, *4º PB dos Organismos Nacionais. Quadro das atividades para 1978, Linha 3 – Catequese, projeto 5.3.4 in CM* (1977), nº 303, p. 1438. Entretanto, na reunião da Presidência da CNBB com a CEP em 25 de maio de 1979, se diz que um "encontro de elaboradores de texto de catequese, planejado no PB 1977/1978, não foi cancelado, mas transferido". *Ata Reunião da Presidência da CNBB com a CEP (em 25 de maio de 1979 in CM* (1979), nº 320, p. 575). Não se diz para quando teria sido transferido, mas sem dúvida se trata do encontro de Brasília de 21-24 de novembro de 1978 do qual trataremos a seguir.

167 Cf. CNBB, *4º PB dos Organismos Nacionais 1977-1978. Quadro das atividades para 1978, in CM* (1977), nº 303, p. 1438.

catequese, mas refletiram sobre as *orientações fundamentais* da catequese. Fato também relevante: de um lado o episcopado pedia insistentemente aos assessores e especialistas a formulação do *conteúdo claro da catequese* e, do outro, assessores e especialistas insistiam sobre as *orientações fundantes da catequese.* Os primeiros pareciam querer ressuscitar o antigo catecismo... ao passo que os segundos miravam na renovação taxativa da catequese...

Quando o encontro se realizou em Brasília de 21 a 24 de novembro de 1978, ele foi intitulado *Encontro nacional de avaliação da catequese*[168]. Participaram coordenadores de vários estados, predominando os do Nordeste e do Centro Sul, sob a coordenação do Pe. João Bosco Nunes de Oliveira, salesiano; ele havia assumido há pouco a assessoria nacional da *Linha 3,* em substituição do Pe. Ralfy Mendes de Oliveira que agora trabalhava na redação da *Revista de Catequese* recém fundada por ele. Seguindo o método ver-julgar-agir,

> no primeiro dia os participantes trabalharam em grupos para obter uma *visão* bem objetiva da realidade de cada estado; no segundo dia, a palestra de Dom Paulo Ponte sobre as Linhas Catequéticas do Sínodo/77 trouxe a necessária *iluminação* para o julgamento [ou iluminação sobre a realidade catequética no Brasil]. O terceiro dia foi empregado na busca de *diretrizes* para a ação e propostas endereçadas à CNBB nacional e regional e às dioceses[169].

Sobre a *situação da catequese* nada ficou registrado. Da palestra de Dom Paulo Andrade Ponte, conservou-se um resumo[170]. O documento final desse encontro nacional trata apenas das *conclusões* do terceiro dia, que

168 É este o título que encontramos numa cópia original do documento nos arquivos da *Linha 3* em Brasília. Ele não traz nenhuma classificação; seu conteúdo são as conclusões do encontro. Excetuando um pequeno aceno por ocasião da *Reunião da CEP in CM* (1978), nº 314, p. 1044, nada há no *CM* sobre ele. Aliás, dificilmente se encontra documentação específica da *Linha 3* nesta publicação oficial da CNBB, enquanto as outras *Linhas* frequentemente estão presentes. O Pe. Ralfy M. publicou um *resumo deste documento* em seu livro *O Movimento catequético,* p. 131-132. Um ano antes ele mesmo, como redator da *RdeC,* havia publicado a *íntegra do documento* com o título: *Conclusões do Encontro Nacional: CNBB – Brasília in RdeC* 2 (1979), nº 5, p. 78-80. Aí fez uma divisão diferente da divisão original, o que atinge um pouco a compreensão do mesmo, sem, contudo, comprometê-lo.

169 CNBB, *Conclusões do Encontro Nacional de Catequese,* [apresentação] *in RdeC* 2 (1979), nº 5, p. 78-79.

170 Encontra-se tal resumo nos arquivos da *Linha 3* com o título: CNBB, *Encontro nacional de avaliação da catequese. Informação acerca do Sínodo dos Bispos sobre a Catequese,* [e o subtítulo:] *Resumo da apresentação feita na Assembleia do Regional Nordeste I por Dom Paulo Eduardo Andrade Ponte,* bispo *de* Itapipoca-*CE,* s/d, 5 p., mimeografado. A leitura desse documento é importante para entender mais profundamente as intervenções de Dom Paulo Ponte durante o Sínodo.

realmente é seu fruto mais profícuo. Dedicaremos um largo espaço para a apresentação destas *conclusões,* convictos de que, nelas, como em outros documentos já citados, estão os gérmens do futuro documento *Catequese Renovada.* Pensamos também que a realização desse encontro, embora sem a importância daquele do Rio de Janeiro de 1968, pode ser considerada, no entanto, o *início formal de um processo* que, teve *mais repercussão* e *consequências práticas* que o mesmo Encontro de dez anos antes. De fato, o MCB recebeu um impulso considerável no território nacional com resultados de grande alcance e sem precedentes na história da catequese brasileira, quer no aprofundamento das ideias, como na produção de documentos e envolvimento de muitas de pessoas, tanto da jerarquia como da prática concreta dos catequistas.

6.3 As conclusões do Encontro Nacional no final de novembro de 1978

O documento final do encontro (cf. notas 163 a 167 acima) se compõe de dois blocos: *Diretrizes* e *Propostas*; estas últimas, por sua vez, são de âmbito nacional, regional e diocesano.

6.3.1 Orientações Gerais para a Catequese no Brasil

Em seu *primeiro ponto* apresentam-se três grandes orientações para a catequese no Brasil: **1.** Uma catequese que seja *resposta aos desafios da realidade,* sob a inspiração dos documentos de *Medellín* e dos Sínodos sobre a Evangelização e Catequese; **2.** Seu enfoque principal deve ser o de uma *educação permanente* considerando *a realidade conflitante*; **3.** Ela deve partir da experiência concreta dos vários destinatários/interlocutores confrontada com as exigências da Palavra de Deus, em vista de uma *ação transformadora da realidade.*

Tais itens bastam para ver que as revolucionárias dimensões da pastoral libertadora nascida em *Medellín* e incrementadas pela Teologia da Libertação, estão de volta: desafios da realidade muito conflitantes, experiência concreta, ação transformadora. Ao mesmo tempo se faz sentir também a influência do Sínodo de 1977 que acentuou muito a catequese como *educação permanente*[171].

---

171 Creio que a insistência sobre o conceito de catequese como educação permanente, e um pouco também sobre a dimensão comunitária, dimensões presentes na *Linha 3* mesmo antes do Sínodo de 1977, como vimos, se deve muito à atuação do Pe. R. Mendes de Oliveira, em cujos escritos e palestras tais acentuações eram típicas. Além de insistir nesta dimensão ao longo de seu livro *O Movimento catequético* (p. 120, 125-129, 131, 134, 140, 142,154, 157, 173, 174, 178), o seu artigo no número monográfico da *RdeC* sobre o Sínodo de 1977 foi justamente sobre *Catequese e Educação permanente:* cf. *in RdeC* 1 (1978), nº 1, p. 25-46.

Num *segundo* ponto das *Diretrizes* fala de diversos setores da catequese; assim, deve-se organizar a catequese a partir do meio social (urbano, rural, estudantil, operário, independente, de pescadores...); os movimentos, grupos, encontro de jovens e de adultos, devem ter uma dimensão catequética, sempre na linha da *formação permanente da fé*. Pede-se a produção de programas e subsídios para os diversos setores do meio social. A própria catequese de jovens, adolescentes e crianças, precisa ser realizada a partir da pastoral de cada setor. Apela-se para que a ação catequética seja realizada dentro da pastoral de conjunto, com coordenações regionais e diocesanas, e encontros com os encarregados da catequese das diversas faixas etárias, sempre "tendo presente a realidade conflitante" (mais uma vez!).

O *terceiro* ponto das *Diretrizes* trata dos lugares de catequese. Dá-se primeiramente destaque à família "lugar privilegiado da educação da fé"; tanto na catequese paroquial quanto na educação religiosa escolar[172] a família deve ser envolvida. Em seguida o assunto são as CEBs: "nelas e por elas deve ser orientada a catequese". No terceiro item, não se fala de catequese na escola, mas de "ação evangelizadora da escola" que deve promover "a passagem da educação vigente para a educação libertadora", em sintonia com a pastoral orgânica[173]. O quarto item é dedicado à liturgia: as celebrações sejam expressão do *processo pessoal e comunitário*[174] de educação da fé. O último item é dedicado aos recursos catequéticos, a serem elaborados com criatividade e a partir de critérios sugeridos pelas Igrejas Particulares.

6.3.2 Propostas concretas

No bloco das *Propostas*, em primeiro lugar, são apresentadas *sugestões para a Linha 3*, que aqui, como em muitos lugares é chamada também de "o nacional". A *primeira* delas se refere à criação de um *Instituto Superior de Catequese*. Como vimos, o ISPAC nacional do Rio de Janeiro havia desapa-

172 Note-se que é uma das primeiras vezes que se faz uma distinção clara entre *catequese comunitária* (paroquial) e *educação religiosa escolar*. A meu ver, isso se deve sobretudo à ação do Pe. W. GRUEN que já desde 1975 vinha debatendo o problema. Seu artigo *O Ensino Religioso na Escola Oficial. Subsídio à reflexão in Atualização* 6 (1975), nº 64-65, p. 127-143, reeditado várias vezes em separata e reescrito três anos mais tarde com o título *O Ensino Religioso na Escola: tema para debate in RdeC* 1 (1978), nº 4, p. 49-58, é até hoje um ponto de referência obrigatório na discussão sobre a natureza do ensino religioso escolar, sua distinção e pontos de contato com a catequese comunitária. Em outros escritos o Pe. W. Gruen aprofundou o assunto.

173 Aqui também o linguajar é novo; abandona-se a terminologia *pastoral de conjunto* (tradução do francês: *pastoral d'ensemble*) e adota-se uma forma mais rica e exata: *pastoral orgânica*.

174 Esta expressão se fundamenta no *DCG* nº 21 e foi plenamente assumida depois em *CR*: cf. entre tantos o nº 318.

recido há quase 10 anos e os cursos propostos pelo INP em substituição ao ISPAC não tiveram sucesso, sendo suspensos logo a seguir. Os ISPACs regionais igualmente entraram em crise, sobrevivendo apenas o de Salvador que funcionou razoavelmente por algum tempo[175]. Entretanto, será sempre aspiração de uma corrente da *Linha 3* a fundação de um *Instituto Superior de Catequese*, como aqui é solicitado. Na revisão do quarto *PB* quando se apresentam sugestões para a diretoria do exercício seguinte da CNBB, tal proposta é explicitada[176]. Prevaleceu, entretanto, a opinião de outra corrente, que pensa não poder a CNBB assumir tal iniciativa, deixando-a às congregações religiosas. Somente em 1981 surgiu em São Paulo, por iniciativa do Diretor do Instituto Teológico Pio XI dos salesianos, Pe. Hilário Moser, e sob a minha coordenação, um *Curso Superior de Pastoral Catequética* de âmbito nacional[177].

A *segunda* proposta é verdadeiramente importante para se compreender o sucessivo desenvolvimento do MCB; diz textualmente: "A CNBB organize *um elenco de temas fundamentais de doutrina*, incluindo a doutrina social da Igreja, com roteiro básico de seus conteúdos, para a pastoral catequética"[178]. Era a questão do *conteúdo* da catequese, já levantada por ocasião da preparação do Sínodo de 1977 e no *PB* 1977-1978, que novamente vem à tona. A busca destes *temas fundamentais de doutrina* ou *roteiro básico* desencadeou o processo de aprofundamento sobre a catequese resultando daí o Documento *Catequese Renovada*. Observe-se que se pedia especial atenção para com a *doutrina social da Igreja*. De fato, as dimensões situacional-antropológica que nossa catequese tomou, exigiu cada vez mais que na formação de catequistas e na própria ação catequética fosse estudada e aprofundada a *Doutrina Social da Igreja*.

A *terceira* proposta se refere à maior presença do coordenador nacional de catequese nos diversos regionais. Teve, inicialmente, duas consequências: o coordenador nacional da catequese foi liberado de outras incumbências que

---

175 Cf. *Formação de Agentes de Catequese: ISPAC de Salvador in RdeC* 1(1978), nº 2, p. 60-64. Desta escola trataremos mais à frente.

176 "Organizar um Instituto Superior de Pastoral Catequética para a formação de Coordenadores de Catequese nos regionais e nas dioceses": CNBB, *Reunião da Comissão Nacional de Pastoral*. Anexo IX *in CM* (1978), nº 314, p. 1124, nº 6.11.

177 Cf. Luiz ALVES DE LIMA, *Curso Superior de Pastoral Catequética in RdeC* 4 (1981), nº 15, p. 73-76. Também sobre esse curso falaremos no último capítulo.

178 CNBB, *Conclusões do Encontro Nacional de Pastoral: CNBB – Brasília*, p. 79.

lhe eram atribuídas até então (como o cuidado da educação, ou ainda a coordenação da *Campanha da Fraternidade*), ficando totalmente disponível para a coordenação nacional da catequese. Posteriormente, ao invés de um, foram nomeados dois coordenadores: um mais especialista em *Catequese* e outro em *Bíblia*. A proposta sobre subsídios catequéticos empenhou a *Linha 3* na produção anual de diversos subsídios destinados a vários tipos de catequese em torno do tema da *Campanha da Fraternidade*. Ficou assim intensificada a vertente catequética do vasto movimento de evangelização dos adultos.

Das outras propostas, destaca-se a que insiste num problema sentido pelos catequistas e que apareceu sempre ao longo do MCB: a *formação catequética de Bispos e Sacerdotes*. Constata-se que catequistas de base possuíam facilidade muito maior de se atualizarem no campo catequético do que os pastores. Daí ocorrer frequente defasagem entre *catequistas em sintonia com a caminhada catequética da Igreja*, e *Bispos e Padres com uma concepção de catequese ainda pré-conciliar*, extremamente doutrinal, insistindo na memorização como único recurso pedagógico. A formação do clero, como de resto de grande parte de catequistas, não se deu propriamente em cursos acadêmicos ou escolas formalmente estruturadas, mas nas assembleias, reuniões, cursos ocasionais de um dia ou de fim de semana, encontros, programações, avaliações etc.

Concluamos: a realização do Sínodo da Catequese suscitou no Brasil um reaquecimento do MCB e entusiasmo renovado pela catequese. Assim, ao lado dessas promoções oficiais da *Linha 3*, multiplicaram-se também por toda parte, iniciativas de vários tipos, para acolher os resultados da reunião sinodal[179].

Entretanto, outro acontecimento, agora de ordem continental, surgia nos horizontes: a IIIª Conferência do CELAM realizada em Puebla (México, início de 1979). Ela polarizou as atenções da Igreja e foi elemento a mais que ajudou a pastoral brasileira, e nela a catequese, a traçar mais especificamente a própria fisionomia.

179 O Instituto Teológico Pio XI de São Paulo, dos Salesianos, por exemplo, promoveu nestes anos várias *Semanas Catequéticas*. Seu objetivo principal foi oferecer reflexão teológica sobre a catequese, a partir do Sínodo dos Bispos de 1977, mas não faltou a parte prática, pois foram apresentadas também várias experiências catequéticas significativas. Este Instituto, onde o Pe. Ralfy M. de Oliveira e o Pe. Wolfgang Gruen lecionaram catequética por longos anos, ocupa um lugar significativo no MCB, como se viu acima, pela fundação do *Cursos de Metodologia Catequética* (CMC, em 1977), *Curso Superior de Pastoral Catequética* (CSPC, em 1981) e *Pós-graduações em Catequeses* (início do século XXI): cf. *Informações Várias, São Paulo: Semana Catequética in RdeC* 2 (1979), nº 5, p. 99.

7. A CONFERÊNCIA DO EPISCOPADO LATINO-AMERICANO EM PUEBLA

O último item do presente longo capítulo é dedicado à III^{a} AG do Episcopado Latino-americano em Puebla. Tratamos aqui de sua preparação, realização, documentos e consequências pastorais. Muito se escreveu sobre ela[180], inclusive sobre seu significado catequético[181]. Limitamo-nos ao con-

---

180 Indicamos aqui apenas algumas referências em língua portuguesa: J. O. BEOZZO, *Puebla: a voz dos esquecidos, in SEDOC* 12 (1980), p. 1119-1125; Clodovis BOFF, *Introdução à leitura das conclusões de Puebla, in SEDOC* 11 (1979), p. 1056-1069; Leonardo BOFF, *A libertação em Puebla, in SEDOC* 11 (1979), p. 1093-1118; Id., *Teologia da Libertação: o mínimo do mínimo, in REB* 38 (1978), p. 696-705; CNBB, *Sugestões para a aplicação ao Brasil das conclusões da conferência de Puebla [catequese: 15.1, p. 1280], in SEDOC* 11 (1979), p. 1267-1286; A. LORSCHEIDER, *O documento de Puebla: uma tentativa de síntese, in SEDOC* 11 (1979), p. 1255-1267; *Puebla: Contribuição dos teólogos, in SEDOC* 12 (1979), p. 5-79; *Puebla: Contribuição dos cientistas sociais, in SEDOC* 12 (1979), p. 79-127; Luiz Gomes de SOUZA, *Documento de Puebla: um diagnóstico a partir dos pobres in REB* 39 (1979), 1979. Como exemplos de literatura pueblana em otros idiomas, citamos: Mark MCGRATH, *Algunas reflexiones sobre el impacto y la influencia permanente de Medellín y Puebla en la Iglesia de America Latina, in Medellín* 15(1989), p. 58, 152-179; Felix Serrano URGUA, *Puebla: Balance de un debate teológico-pastoral sobre la misión de la Iglesia*. Instituto Teologico Salesiano, Guatemala C. A., 1986, 382 p.; Luís A. GALLO, *Evangelizzare i poveri: la proposta del Documento di Puebla*. Coleção *Biblioteca di Scienze Religiose* 55, Roma: LAS 1983, 165 p. etc.

181 Basta citar, por exemplo, o excelente capítulo *A mensagem catequética de Puebla* do Pe. R. MENDES DE OLIVEIRA em seu livro *O Movimento Catequético no Brasil*, p. 139-146. A seguir a relação de alguns comentários mais significativos da dimensão catequética do documento de Puebla: *La catequesis en Puebla*. Coleção *CELAM* 16, Bogotá: Paulinas, 1979; Francisco MERLOS, *Lectura Catequética de Puebla in Medellín* 5 (1979), nº 20, Dic., p. 477-507; Enrique GARCIA AHUMADA, *Puebla: una catequesis profética, in Sinite* 20 (1979), p. 267-285; ID., *Puebla y Medellín: un nuevo enfoque en la pastoral de America Latina, in Medellín* 15 (1989), p. 58-69, 95-113; Emilio ALBERICH, *La catechesi nei documenti della Chiesa Latinoamericana: da Medellín a Puebla in* ISTITUTO DI CATECHESI MISSIONARIA DELLA PONT. UNIV. URBANIANA (Ed.), Andate e insegnate. Commento all'esortazione apostolica "*Catechesi Tradendae*", Bologna, EMI 1980, 616-632; M. G. BORELLO, *America Latina in* J. GEVAERT (Ed.), *Dizionario di Catechetica*, Leumann (Torino), LDC, 1986, p. 30-33, principalmente o nº 6: *Puebla*; ID., *La catequesis de Medellín a Puebla, in CLA* 10 (1979), p. 33-50; publicado também *in Medellín* 5 (1979), p. 17-18, 115-129 e *in Didascalia* 35 (1981), p. 4-17; CNBB, *Sugestões para a aplicação ao Brasil das conclusões da conferência de Puebla* [catequese: 15.1, p. 1280], *in* SEDOC 11 (1979), p. 1267-1286; Andrea FONTANA, *La catechesi in America Latina a partire da Medellín e Puebla, in Catechesi* 60 (1991), p. 44-47; Juan RUIZ DE GOPEGUI, *A catequese após Puebla: uma reflexão teológica sobre a metodologia, in Síntese* 7 (1980), p. 3-19; Ricardo GRZONA, *La catequesis en America Latina. Orientaciones del magisterio. De Medellín a Puebla, de Puebla a Santo Domingo, in Medellín* 18 (1992), 72, 825-850; Nelson Rodríguez HERNANDEZ, *Evangelización y catequesis en los documentos del CELAM desde "Medellín" a "Puebla"*, Roma: UPS, 1980: tese de mestrado dirigida por Emílio ALBERICH; Ronaldo MUÑOZ, *O capítulo eclesiológico de Puebla, in* REB 39 (1979), 153, 113-122; Paulo A. PONTE, *La catequesis latinoamericana al impulso de Medellín y Puebla, in Medellín* 15 (1989), p. 133-151; Benito SPOLETINI, *De Medellín a Puebla. De la catequesis situacional y liberadora a la catequesis de comunión y participación, in CLA* 10 (1979), nº 40, 40-51; ID., *Panoramica della catechesi latinoamericana da Medellín a Puebla. Intervista a Mons. Andrade de Ponte, in Via Verità e Vita* 28 (1979), 72, 70-78; Genaro Saénz UGARTE, *La catequesis en America Latina: de Medellín a Puebla, in Sinite* 21 (1980) 155-184, publicado também na Re-

texto eclesial, à participação do episcopado brasileiro e à importância de sua pequena parte sobre a catequese para o MCB.

7.1 O contexto eclesial

Mais de 10 anos se haviam passados da impactante Conferência de Medellín: a Igreja Latino-americana se renovara significativamente, e com relação à catequese, não sem momentos de tensões e conflitos, como mostramos no início deste capítulo. A reflexão teológica, consolidada nas várias correntes da Teologia da Libertação, dera significativos passos no esforço de propor uma releitura evangélica a partir da realidade sociocultural do continente e das conclusões de *Medellín*. A pastoral, tomando a sério a opção pelos pobres, conseguira realizar uma caminhada com abundantes frutos, tanto nas formas tradicionais, como nas novas, como os criativos métodos catequéticos e as entusiasmadas CEBs.

As inovações sempre trazem riscos; assim também a teologia e a pastoral latino-americanas incorreram por vezes em falhas, exageros, radicalismos. De fato, durante séculos a Igreja havia insistido quase que unilateralmente nas dimensões doutrinais, institucionais, espirituais, intereclesiais e ontológicas naquilo que era comprovadamente católico, como o cuidado com os pobres. O Vaticano II, e particularmente *Medellín*, provocou uma abertura para a práxis, o existencial, vivencial, experiencial, histórico, temporal, o diálogo com o mundo: uma Igreja voltada mais *ad extra*, para fora do que *ad intra*, para dentro. Tais perspectivas foram vividas, muitas vezes unilateralmente por vários segmentos da Igreja, dando às vezes ideia de uma ruptura total com a Igreja pré-conciliar. Ora, isso suscitou nos pastores a perplexidade e a vontade de redefinir princípios e reorientar a prática.

Por outro lado, grande parte de teólogos e pastoralistas não queriam perder as preciosas conquistas de *Medellín*. O problema das relações entre as duas conferências criou tensões, diatribes, fantasmas, expectativas. A preparação dessa IIIª Assembleia foi realizada mais ou menos no meio de tais querelas e preocupações. A grave situação sociopolítico-econômica pela qual passava o continente, no auge das ditaduras militares e em plena vigência da Lei da Segurança Nacional, fazia recrudescer tais tensões[182].

---

vista argentina *Didascália* 35 (1981), p. 4-22. ALVES DE LIMA Luiz, *Medellín – Aparecida: um diálogo provocador in RdC* 31 (2008), nº 123, julho-setembro, p. 6-24; em castelhano: *in Medellín* XXXIV (2008), nº 136, diciembre, p. 593-624.

182 A América Latina, no dizer de L. BOFF, vivia uma situação de *cativeiro e escravidão:* cf. ID., *Teologia do cativeiro e da libertação*, Lisboa: Editora Multinova, 1976.

7.2 Os temas e preparativos de *Puebla*

Logo nos primeiros *Instrumentos de Trabalho*, surgiu o conceito de *comunhão e participação*, que ao longo dos últimos preparativos, e principalmente durante a realização de *Puebla*, cresceu, tomou corpo e se impôs como *eixo principal* de toda a Assembleia. Creio que esse esforço de diálogo e vontade de *comunhão e participação* salvou a Igreja latino-americana do perigo de uma ruptura que a rondava aí pela segunda metade da década de 70.

Os temas de *Puebla* refletem as preocupações da Igreja nos dois últimos sínodos sobre Evangelização e Catequese. De fato, Paulo VI, ao convocá-la, estabeleceu, sob sugestão do CELAM e da CAL após ampla consulta, o seguinte tema: *A Evangelização no presente e no futuro da América Latina*[183]. A sua preparação envolveu toda a Igreja no continente muito mais do que a preparação de *Medellín*. Foram feitos incontáveis estudos e contribuições em torno de seus temas[184]. Por ocasião dos preparativos, o episcopado brasileiro se posicionou imediatamente por uma continuidade entre *Medellín* e *Puebla*, apresentando um substancioso documento de contribuição com o título *Subsídios para Puebla*[185]: versa sobre a realidade latino-americana (*ver*), os elementos teológico-pastorais para iluminar tal realidade (*julgar*) e sugestões para a ação evangelizadora da Igreja na América Latina (*agir*). É nesta última parte que encontramos expressas em poucas, mas densas, palavras as propostas do episcopado brasileiro sobre a catequese:

> Desenvolva-se uma catequese educadora permanente da fé mais atinente à situação envolvente, capaz de formar a consciência moral, o senso crítico, o espírito comunitário e o compromisso social[186].

---

183 A carta do Card. Sebastião Baggio, prefeito da Sagrada Congregação para os Bispos, comunicando oficialmente a convocação da Assembleia de Puebla por parte da Sé Apostólica encontra-se em *Convocação da Assembleia de Puebla in CM* (1978), nº 304, p. 15-17. Na XVIª AG (extraordinária) da CNBB de 18 a 25 de Abril de 1978 para estudo do tema de *Puebla* e eleição dos delegados, Dom A. Lorscheider apresentou um histórico completo da gênese e *iter* de preparação de *Puebla* até abril de 1978 no qual resumia bem as inquietudes e ansiedades pastorais da Igreja naquele momento: cf. A. LORSCHEIDER, *IIIª Conferência Geral do Episcopado Latino-americano in CM* (1978), nº 307, p. 358-365.

184 Cf. J. O. BEOZZO, *A Igreja do Brasil: de João XXIII a João Paulo II*, p. 136, com sua nota nº 39. Do ponto de vista oficial, os documentos mais importantes são o *Documento de Consulta* e o *Documento de Trabalho*. Sobre a apresentação do *Documento de Consulta* ao episcopado brasileiro por parte de Dom A. LORSCHEIDER, cf. *Documento de Consulta às Conferências Episcopais: apresentação do Card. A. Lorscheider, presidente do CELAM, in CM* (1978), nº 304, p. 25-30.

185 CNBB, *Subsídios para Puebla in CM* (1978), nº 307, p. 295-321, publicado também na coleção *Documentos da CNBB 13*, São Paulo: Paulinas, 1978.

186 *Ibid.*, p. 312, nº 95.

7.3 Celebração da Assembleia

Inicialmente marcada para 12-28 de outubro de 1978, acabou sendo realizada de 27 de janeiro a 13 de fevereiro 1979, devido ao falecimento de São Paulo VI e João Paulo I. O longo *discurso* de João Paulo II na abertura de *Puebla* foi realmente programático; entre outras coisas, relembra aos bispos que são mestres da verdade, principalmente da *verdade sobre Jesus Cristo, a Igreja e o Homem*. A cristologia, eclesiologia e antropologia do discurso papal determinou não só a estrutura do documento final, como também seus conteúdos[187]. Falou ainda da dupla missão de serem construtores da unidade (comunhão dentro e fora da Igreja), e de serem defensores e promotores da dignidade humana; por fim apontou três tarefas prioritárias: a família, vocações sacerdotais e religiosas, e juventude[188].

A Assembleia se desenvolveu num clima de intenso trabalho, com discussões profundas, acaloradas e por vezes tensas, predominando, entretanto, a comunhão fraterna e a busca do bem da Igreja[189]. Tomaram parte 221 bispos (187 com voz e voto); mas a lista completa com todo o pessoal da Secretaria Geral e outros serviços era de quase 400 pessoas. Por ser um episcopado numeroso, a delegação brasileira participou de *Puebla* com 37 representantes, mais outros 20 membros por diversos títulos[190]. Os participantes foram divididos em 22 comissões (de 12 a 20 membros) que trabalharam em grupo de discussão em plenário[191].

---

187 Alfonso López TRUJILLO, *Perfiles de Puebla*. Colección Puebla 3, Bogotá, CELAM, 1979, p. 24-25.

188 Cf. III CONFERÊNCIA GERAL DO EPISCOPADO LATINO-AMERICANO, *A Evangelização no presente e no futuro da América Latina. Puebla: Conclusões*, São Paulo: Loyola, 1979, p. 13-32.

189 Além dos participantes oficiais havia na cidade de Puebla, sem acesso aos trabalhos da Conferência, muitos teólogos, pastoralistas, assessores. Muitas querelas, suspeitas, acusações (conferência paralela) foram levantadas ao seu redor, naturalmente alimentadas pela imprensa em busca de sensacionalismo. Sobre esse aspecto pode-se ver Rubén Darío VANEGAS, *Puebla según la Prensa*, *in Medellín* 6 (1979), 208-229. Frei Boaventura KLOPPENBURG, presente em Puebla e que participara das Conferências do Rio de Janeiro (1955) e Medellín (1979), afirmou que "esta terceira conferência foi muito diferente: mais bem preparada, mais rica, mais teológica, mais pastoral e, sobretudo, mais episcopal". Cf. ID., *Genesis del documento de Puebla. Colección Puebla 2*, Bogotá, CELAM 1979, p. 1.

190 Oficialmente, pois, havia 57 brasileiros em Puebla. A CNBB compunha-se de 313 bispos; conforme os critérios estabelecidos pela Santa Sé, o *quorum* dos delegados da CNBB foi feito à base do número de bispos na ativa, que eram 270: para a primeira centena de bispos se elege um por cada 5, e para a segunda centena um por cada 10; assim sendo, os bispos brasileiros teriam direito a 57 delegados: cf. CNBB – XVIª AG [extraordinária], *Ata nº 4 de 21/04/1978 in CM* (1978), nº 307, p. 262. Para o elenco dos participantes oficiais: cf. CNBB, *Brasileiros participantes da III Conferência Geral do episcopado latino-americano in CM* (1979), nº 316, p. 44-46.

191 A dinâmica e metodologia de trabalho foram preparadas e conduzidas pelo Pe. Andrés Vela e Pe. José Marins, que previram e calcularam tudo nos mínimos detalhes; tal dinâmica de trabalho

7.4 O Documento Final

Após quatro redações, foi aprovado um único documento final bastante denso, homogêneo (mais do que o de *Medellín*) e que pode ser considerado uma verdadeira *summa* pastoral pela amplitude de temas e profundidade com que alguns deles são tratados do ponto de vista tanto teológico quanto pastoral[192]. Se por um lado o encontro de *Medellín* fora um grito profético, o de *Puebla*, continuando e aprofundando suas opções, foi mais reflexivo, analítico, programático e operativo.

O pano de fundo (*back ground*) de *Puebla* é, sem dúvida, a *Evangelização*, nos termos propostos pela Exortação Apostólica de Paulo VI *Evangelii Nuntiandi*, porém vista e sentida a partir da realidade viva do povo e da Igreja latino-americana. Por isso, os temas sobre *libertação* e a *opção pelos pobres*[193] não poderiam deixar de caracterizar o processo evangelizador propugnado por *Puebla*. Neste sentido, houve um passo a mais ao se descrever melhor a *identidade latino-americana*, assumindo os aspectos socioeconômicos já enfatizados em *Medellín* e completando-os com enfoques histórico, cultural e antropológico. E, como estas realidades (situação sócio-econômico-social, libertação, pobreza), em geral são muito conflitantes, *Puebla* não poderia deixar de sublinhar também, como o fez de um modo profundo, a dimensão de *comunhão e participação*[194], que, aliás, se tornou a marca re-

---

permitiu a livre participação de todos e impediu possíveis manipulações de qualquer tipo: cf. B. KLOPPENBURG, *Genesis del documento de Puebla*, p. 5.

192 Sobre o conteúdo essencial de *Puebla*, Dom A. LORSCHEIDER em 18 de Abril de 1979 faz uma síntese para todos os bispos brasileiros reunidos na XVIIª AG. Aí ele releva 5 pontos: **1.** a situação de *pecado de injustiça social* na América Latina; **2.** o êxodo desta situação é a *evangelização libertadora*, que cria *comunhão filial* com Deus e *comunhão fraterna* com todos. **3.** É uma *libertação transformadora* do homem, do mundo e das injustiças; para tal é preciso *tomar consciência* da própria dignidade e da situação em que se encontram, *levar ao compromisso* de renovar a vida da sociedade segundo os valores do Evangelho, *buscar uma libertação* que ultrapasse todos os limites temporais e encontre sua realização plena na comunhão com Deus, o verdadeiro e único Absoluto. **4.** A evangelização *é um processo dinâmico permanente*. **5.** *O ponto de referência fundamental* da tarefa evangelizadora da Igreja hoje e amanhã na América Latina é e será sempre *Jesus Cristo Evangelizador*: cf. A. LORSCHEIDER, *O documento de Puebla: uma tentativa de síntese in CM* (1979), nº 319, p. 488-506; CNBB – XVIIª AG, *Ata nº 1 de 18/04/1979 in Ibid.*, p. 337.

193 O documento de Puebla adjetivou bastante estes dois conceitos: fala-se de libertação *integral* (nº 141, 321, 475, 480, 696, 895, 1134), *verdadeira* (281, 452, 979), *verdadeira e integral* (189), *cristã* (481-482, 488-489), *total* (26), *genuína e cristã* (1026), mas sobretudo *Libertação em Cristo* (479, 351-354, etc.). Quanto à expressão "opção pelos pobres" ficou assim adjetivada: é *preferencial* (382, 707, 733, 769, 1134, 1217), *solidária* (1134), *especial* (711, 1144), *não excludente* (1145), *não exclusiva* (1165).

194 Este é um binômio que se completa. O conceito de *comunhão* possui uma dimensão mais teologal e ontológica, e por isso é mais fruto da ação da graça do que a ação humana; mas *comunhão* não é só *ação de Deus no homem*, mas é o próprio Deus que se comunica, que *comunga* com o homem; é fundamento da *comunhão* com os outros. Já o conceito de *participação*, bem antro-

gistrada desta Conferência. Esta *dimensão comunitária* continuará a ter nas CEBs a expressão privilegiada e muito apoiada por *Puebla*. Pode-se, pois, dizer que de *Puebla* surgiu uma Igreja mais profética e mais consciente da originalidade de sua mensagem libertadora, mas também mais unida no testemunho de comunhão e participação, Igreja mais encarnada na vida do povo, na história e na cultura latino-americanas, Igreja mais dos pobres e, por fim, mais orante, audaz e eficaz[195].

7.5 *Puebla* e seu pequeno texto sobre a catequese

Todos esses aspectos influenciaram fortemente sobre a catequese no Continente, pois sendo uma atividade eclesial, ela reflete muito a imagem da Igreja. Tal imagem que surgiu em *Puebla*, foi a imagem que a própria catequese latino-americana vinha desenvolvendo. Assim, não podemos ver a catequese em *Puebla* a partir somente do pequeno documento catequético nele produzido, mas dentro do contexto geral como acima expusemos[196]. Pela sua riqueza doutrinal e enfoques originais, todo o documento (de um modo especial a *cristologia, eclesiologia e antropologia*) passou a ser conteúdo de catequese[197]. A própria metodologia do ver-julgar-agir que se impôs mais uma vez em *Puebla*, foi também consagrada pela catequese. Acrescente-se ainda que, na estrutura do documento final, a catequese é colocada na terceira parte: ela é considerada um dos grandes *meios* de comunhão e participação na vida eclesial.

---

pológico, caracteriza o aspecto mais dinâmico e existencial, relevando a dimensão do esforço e empenho humano na busca da unidade.

195 Cf. Hernán ALESSANDRI, *El futuro de Puebla*, Buenos Aires: Paulinas, 1979, p. 25-26, e todos os títulos da *segunda parte*, p. 33 ss.

196 De fato, assim se expressa E. ALBERICH: *Puebla* "representa também para a catequese um lugar eclesial e magisterial de primeira importância, e isto não tanto, ou não somente, pelos números do documento final dedicados à catequese, quanto pelas opções gerais referentes à evangelização, que abrem novas e significativas perspectivas para o exercício da catequese". ID., *La catechesi nei documenti della Chiesa Latinoamericana: da Medellín a Puebla in* ISTITUTO DI CATECHESI MISSIONARIA DELLA PONT. UNIV. URBANIANA (Ed.), *Andate e insegnate. Commento all'esortazione apostolica "Catechesi Tradendae"*, Bologna: EMI, 1980, p. 617.

197 Comenta o Pe. Ralfy: "Todo o *documento de Puebla é fonte* de catequese, enquanto é o exercício vivo e atual do Magistério da Igreja que, à luz da Sagrada Escritura, interpreta os sinais dos tempos. Deve, por isso, fazer parte da catequese, enriquecendo seu conteúdo, mas especialmente compondo uma catequese tipicamente latino-americana" ID., *O Movimento catequético*, p. 141. É importante anotar tal comentário do Pe. Ralfy, pois quando ele, mais tarde apresentar à CNBB um índice para desenvolver o célebre *roteiro de catequese* tão solicitado pela *Linha 3*, retomou integralmente estes *conteúdos* de *Puebla*. Foi sobre este *índice* do Pe. Ralfy que eu desenvolvi um dos roteiros ou temários de catequese em 1982, que, por isso mesmo recebeu a simpatia dos redatores de *Catequese Renovada*. Voltaremos sobre este tema nos próximos capítulos.

Vejamos mais de perto este *pequeno documento catequético* de *Puebla*. Afirmam os cronistas que a comissão que o elaborou[198] foi a única a obedecer aos critérios de medida propostos pela presidência: apenas três ou quatro páginas. Todas as outras comissões extrapolaram e apresentaram longas páginas conforme os vários assuntos. Isso explica um pouco a pequenez da parte catequética, com relação ao enorme conteúdo de todo documento. Nos seus reduzidos parágrafos (nºs 977-1011)[199], não consegue ter a força profética e original que teve tanto o documento da *Semana Internacional* como da *Conferência* de Medellín, também porque os tempos eram outros. Entretanto, apresenta alguns elementos que enriquecem sobremaneira a concepção de catequese.

A sua estrutura se articula nos três pontos já clássicos: análise da situação (*ver*), critérios teológicos (*julgar*) e projetos pastorais (*agir*). No primeiro item (nºs 978-991) são apontados os *aspectos positivos*: novas e ricas experiências; esforço para integrar melhor, ou interagir fé e vida, cristocentrismo, Bíblia como fonte principal, grande valorização da dimensão comunitária, catequese como processo dinâmico e permanente, escolas de catequese e proliferação de textos etc. E *negativos*: não se atinge todos os cristãos, dualismos e falsas oposições entre catequese situacional e doutrinal, descuido da dimensão litúrgico-orante, confusão entre teologia e catequese, levando para esta as *quaestiones disputatae* de teólogos, desorientação no ecumenismo etc.

---

198 Trata-se da 16ª Comissão que tinha também o encargo de redigir os documentos sobre o *testemunho*, a *educação*, e os *meios de comunicação social*. Alguns nomes são bastante conhecidos na área da catequese latino-americana: *Coordenador*: Card. Juan Landázuri. *Relatores:* Dom Carlos Quintero Arce e Dom Francisco de Borja Valenzuela. *Membros*: Dom Pedro Arnoldo Aparício, Dom Medardo Luzardo, Dom Luciano Metzinger, Dom Rúbens Buitrago, Dom Emílio Bianchi, Dom Sydney Charles, Dom Ernesto Alvarez, Dom Horácio Bozzoli, Dom Ulisses Casiano, Dom Darío Castrillón, Pe. Pedro Arrupe, Pe. Carlos Talavera, Ir. Ernesto Fedón, Sr. Antonio Cagrerizo, Dr. Francisco Carreras, Pe. Rodrigo Castro: cf. B. KLOPPENBURG, *Genesis del documento de Puebla*, p. 14. *Brasileiros participantes desta comissão*: Dom Serafim Fernandes, Dom Paulo A. Ponte e Dom Nivaldo Monte: cf. CNBB, *Conferência de Puebla: Comissões de Estudo: 16ª comissão – Catequese, Testemunho, Educação, Meios de Comunicação Social in CM* (1979), nº 317, p. 145. Presente também estava o grande catequeta ítalo-chileno salesiano, Pe. Mário Borello (cf. nota 202 abaixo). Sobre o Pe. Mário Borello, pode-se consultar: TEJO Javier Díaz; Lorena Basualto PORRA, *Obras pastorales de Mário Borello*. Claves para una lectura actualizada. Colección Educación Religiosa. Salesianos Don Bosco, Chile – Finis: Universidad *Finis Terrae* perteneciente a la Red Universitaria Anahuac. No comercial. Libro de formato digital y de acceso libre, 2023 (www.escueladelafe.cl).

199 Ao longo do documento se encontram outras referências à catequese: nºs 78, 81, 97, 100, 101, 119, 150, 364, 456, 457, 461, 479, 566, 605, 629, 654, 687, 788, 867, 896, 901, 926, 927, 928, 941, 961.

Mais importante é a segunda parte: os *critérios teológicos* (992-999). Princípio e fim da catequese é a *comunhão e participação*. A grande ideia--força de *Medellín* havia sido *libertação*. Assumindo-a como primeiro critério, *Puebla* aprofunda-o referindo-se não só à *libertação de...*, mas também à *libertação para a comunhão e participação*[200]. Tal tarefa é especialmente confiada à catequese, não só como princípio-força, mas também como tarefa concreta (construção de comunidades).

O segundo critério é a tríplice fidelidade a Deus, à Igreja e ao Homem. Em geral já se falava de *fidelidade a Deus e ao homem*[201]. *Puebla* sente necessidade de acrescentar a *fidelidade à Igreja* por causa de ideologias que tendem na América Latina a separar fé cristã e Igreja. Além do mais, sabemos que a eclesiologia se constitui como um dos pontos centrais de qualquer catequese, como já refletimos. Note-se ainda que neste tripé, ao se referir à fidelidade ao homem, para não ficar numa pessoa humana abstrata, fala-se de *fidelidade ao homem latino-americano*; isso implica assumir a cultura e iluminar com a palavra de Deus as situações humanas e acontecimentos da vida: é a força da dimensão situacional, muito característica da catequese latino-americana.

Um *terceiro critério*: considerar a catequese como *processo de conversão e crescimento permanente e progressivo na fé*. Qualificar a catequese como *processo* enriquece sobremaneira seu conceito, deslocando a atenção excessiva sobre a transmissão de conceitos, para a *educação* da fé. Se o critério anterior, refletindo mais *Medellín*, se concentrava na *situação*, agora, dando um passo avante se aproxima do conceito patrístico de mistagogia e do processo catecumenal. Está no centro da preocupação catequética "a fé da pessoa-em-situação"[202].

O *quarto* e último critério reflete integralmente outra trilogia do Sínodo de 1977, particularmente refletida na *Mensagem ao Povo de Deus*: catequese integradora do "conhecimento da Palavra de Deus, a celebração da fé nos sacramentos e a confissão da fé na vida cristã"[203].

A terceira parte (nº 1000-1011) constitui-se numa série de *projetos pastorais* (sem muita sistematização) na linha operativa, embora se retorne às

200 *Puebla*, p. 482-483

201 Cf. *DCG* nºs 34-35.

202 Cf. M. G. BORELLO, *America Latina in* J. GEVAERT, *Dizionario di Catechetica*, Leumann (Torino): LDC, 1986, p. 32. Cf. também nota 197 acima.

203 *Puebla*, p. 999.

vezes aos princípios, como é o caso, por exemplo, da *integridade dos conteúdos*. Podemos resumir em 6 aspectos: **1.** Figura do cristão a ser formado pela catequese: comprometido com Jesus Cristo, integrado na comunidade eclesial (comunhão e participação) e agindo no mundo para transformá-lo; **2.** A Bíblia "como fonte principal, lida no contexto da vida, à luz da Tradição e do Magistério"; principalmente após *Medellín* a Bíblia já era considerado o *texto principal* da catequese. *Puebla*, ao afirmar tal opção, alerta para o perigo de falsas leituras bíblicas; **3.** A metodologia implica diversas fases de maturação da fé: conversão e fé em Jesus Cristo, vida comunitária fraterna, vida sacramental e compromisso apostólico; **4.** Aspectos particulares da educação da fé a serem cultivados: saber dar razão da própria fé, diálogo, seguimento de Cristo na vivência das bem-aventuranças, uma ética sexual positiva, formação política a partir da doutrina social da Igreja; **5.** Meios: não desprezar a memorização e usar técnicas audiovisuais; **6.** Destinatários: catequese a todas as faixas etárias e nos diversos lugares (família, escola, movimentos, comunidades ou grupos).

7.6 Concluindo *Puebla*

Ao concluir, podemos dizer que o documento de Puebla foi amplamente divulgado no Brasil e teve uma influência marcante na orientação da nossa pastoral nos anos seguintes,[204] principalmente no momento de elaborar as diversas *Diretrizes Gerais da Ação Pastoral*, com veremos nos capítulos seguintes. Interessa-nos aqui sublinhar que o rosto da catequese emergente de *Puebla* traz um excelente equilíbrio entre os inovadores aspectos conquistados em *Medellín*, confirmados na *tradição pós-Medellín*, e os aspectos da *tradição mais antiga*. Já em *Medellín* se cunhava a expressão pouco usual de *catequese evangelizadora* (evangelização dos batizados). *Puebla* chama a catequese de *obra evangelizadora* (nº 992) e, como vimos insiste nos aspectos da conversão, do compromisso com Jesus Cristo, na vida de comunhão e participação, na vida sacramental, na importância da Palavra de Deus no processo da educação da fé etc.

Mas não deixa de relevar também o *empenho apostólico*, a dimensão *libertadora e situacional*, de compromisso com a transformação da realidade.

204 Sobre a divulgação e aplicação de *Puebla* no Brasil, tanto em nível nacional como regional e sua influência no planejamento pastoral, pode-se consultar a apresentação que o delegado da CNBB para o CELAM fez durante a XIXª AG de 17-26 de fevereiro de 1981: cf. CNBB – XIXª AG, *Relatório do Delegado da CNBB ao CELAM in CM* (1981), nº 341, p. 218-223.

Neste sentido, faltaria uma referência mais explícita à opção preferencial pelos pobres, dimensão presente ao longo de todo o documento, mas ausente neste da catequese, e isso se refletiu no documento catequético brasileiro de 1983. De qualquer maneira, a importância dada também à dimensão comunitária e permanente da catequese faz com que catequese atinja a todos, sobretudo os pobres. Entretanto, foi a práxis catequética, fortificada por todo o conjunto das ideias e propostas de *Puebla*, confirmou essa preferência por eles, tão característica da Igreja latino-americana.

CONCLUSÃO

Mais de dez anos de caminhada do MCB foram considerados neste capítulo. Seguindo ordem mais cronológica que sistemática, acompanhamos os momentos mais significativos do desenrolar do MCB neste período. Dedicamos bastante espaço aos fatos, acontecimentos, pessoas e realizações, pois cremos que um movimento catequético é também constituído por estes elementos. Mas não paramos aí: a nossa investigação procurou sobretudo relevar ideias, concepções e tendências da catequese, frutos desses acontecimentos.

Partindo do imediato pós-*Medellín* que provocou reviravolta na pastoral em geral e na catequese em particular, acompanhamos o desenvolvimento e afirmação de uma prática catequética renovada, com significativas marcas antropológicas. Ela encontrou igual entusiasmo que vinha tendo desde o Vaticano II, porém em meio a contínuas dificuldades que toda inovação traz consigo. Pudemos constatar, entretanto, uma breve diminuição do impulso renovador nos primeiros anos da década de 70. Isso pode ser atribuído, de um lado ao fechamento ou integração do ISPAC nacional no novo INP nascente, que infelizmente não conseguiu substituir aquela grande escola catequética; por outro lado à pouca liderança nacional por parte de quem estava à frente da *Linha 3* para esse tipo de catequese situacional-libertadora, florescente em toda a América Latina ao impulso de *Medellín*.

Ficou bem claro, neste capítulo, uma realidade que no capítulo anterior já havia emergido: o MCB não é isolado, mas está em sintonia com o que se passa tanto na Igreja Latino-Americana, como na Igreja Universal. Se bem que seu papel de liderança em campo catequético tenha diminuído um pouco devido às causas acima expostas, contudo continuou sua fecunda caminhada. Vimos o papel fundamental que exerceu a convocação do Sínodo sobre a Catequese no despertar do MCB, após a crise dos inícios dos anos 70. Foi momento propício para a jerarquia tomar consciência do que se passava no campo da educação da fé e ajudar a aprofundar na busca de uma autêntica catequese. Os dois Sínodos (1974 e 1977) e a Assembleia de Puebla ajudaram a recolocar no centro da catequese em nosso país a preocupação pela evangelização, a figura de Jesus Cristo, a integridade da mensagem.

Ao mesmo tempo constatamos que as riquezas de nossa caminhada catequética após *Medellín* também ressoaram nas outras Igrejas; foi a contribuição típica do nosso continente. De fato, os Sínodos Episcopais da Evangelização e da Catequese realizados nesse período, juntamente com as exortações apostólicas *EN* e *CT* que deles surgiram, insistiram na estreita relação que existe entre evangelização e desenvolvimento integral, autêntica promoção e libertação, característica de nossa Igreja. A ação pela justiça se apresenta como parte constitutiva integrante da Evangelização e Paulo VI indica a conexão necessária que se dá entre evangelização e promoção humana, tanto pelos vínculos de ordem antropológico-político e teológico, como, sobretudo, pelos vínculos de ordem evangélica de caridade. No Brasil, e na América Latina em geral, existe uma particular sensibilidade pelo "pecado social" gerado pelas suas estruturas injustas. A libertação pascal anunciada pela mensagem evangélica possui suas consequências na libertação não só do pecado, mas também de suas consequências, como afirma *Puebla*. Assim, há uma consciência viva e dinâmica da realidade da salvação que começa e se realiza na história e chega à sua plenitude quando "Deus será tudo em todos" (cf. 1Cor. 15, 28), na expressão paulina.

O MCB, como de resto na América Latina, procura justamente ter presente na educação da fé a totalidade desta libertação, para que seja salva a originalidade cristã e se evite assim as ambiguidades que estão sempre presentes em ideologias que instrumentalizam a fé. Observamos uma jerarquia sempre atenta aos possíveis desvios que uma tal impostação sempre traz consigo. Também a jerarquia no Brasil sempre compartilhou com a Igreja Universal tal preocupação. Entretanto ela nunca foi empecilho para o desenvolvimento e atuação dessa dimensão. Pelo contrário: tendo grande sensibilidade pela justiça social, devido às concretas situações históricas pelas quais passou nosso país nesse período, a jerarquia não duvidou em apoiar e estimular aquele tipo de catequese que, em geral a partir da prática popular, propunha um compromisso maior com a transformação da realidade à luz do Evangelho[205].

Para a compreensão dos ulteriores desenvolvimentos do MCB é importante relembrar um elemento que muito apareceu ao longo deste capítulo, ou seja: a partir de 1976, por ocasião da preparação do Sínodo sobre a catequese, a CNBB começa a insistir quase obstinadamente sobre um assunto: o *roteiro de catequese* ou *elenco dos grandes conteúdos* que deveriam ser propostos na catequese. O pedido desse *roteiro ou temário* se dirigiu primeiramente ao Sínodo de 1977: foi quase a única proposta em nível operacional por parte da CNBB. O pedido continuou sendo feito depois à *Linha 3*. Toda a reflexão havida desde *Medellín*, passando pelo *Diretório Catequético Geral* da Sé Apostólica, os planos de pastoral, os dois Sínodos etc., não foram suficientes para iluminar em profundidade todo o episcopado. Grande parte continuou a insistir unicamente sobre o *roteiro de catequese*. A *Linha 3* e seus assessores e especialistas não caíram na tentação de logo elaborar uma lista de conteúdos (o que não seria tão difícil), mas colhem a ocasião para aprofundar mais ainda *a identidade da catequese*, seus grandes princípios, objetivos, destinatários, metodologia etc. Desse esforço nasceu o Documento *Catequese Renovada*, que, numa forma muito feliz, contém uma coisa e outra, seguindo o preceito Evangélico: "É preciso fazer uma coisa, sem deixar a outra" (cf. Mt. 23, 23). É neste sentido que caminhou o MCB daqui para frente. É disso que trataremos no capítulo seguinte.

205 Neste ponto, nossa conclusão é diferente da de N. G. TOLENTINO: ele considera a causa maior do enfraquecimento do MCB no início da década de 70 e crises posteriores no episcopado que não teriam assumido como bloco monolítico as conclusões de *Medellín*: cf. ID., *A renovação da catequese no Brasil*, p. 69-71.

CAPÍTULO V

Em busca de um temário comum e formulação dos fundamentos da catequese

Com este capítulo e o subsequente chegamos ao ponto alto do Movimento Catequético Brasileiro, e, consequentemente, deste trabalho. Se a década de 70 tinha sido para a Igreja Universal a época dos grandes documentos catequéticos que culminaram no *DCG*, *Sínodo de 1977* e *CT*, para o Brasil será a década de 80 o grande momento de safra catequética. Também aqui encontramos uma trilogia: **1.** O Documento *Catequese Renovada Orientação e Conteúdo* (*CR*) será o primeiro e fundamental texto no qual conflui toda a trajetória anterior e do qual se desencadeia um vasto movimento de aprofundamento da Renovação Catequética. A influência das *correntes teológicas da Libertação*, que estavam então no auge de seu desenvolvimento, é bastante clara.

Dois outros documentos, na série *Estudos da CNBB*, são publicados nos anos seguintes, como complementos de *CR*: **2.** *Textos e Manuais de Catequese,* que se interessou dos instrumentos da catequese, e, fechando o ciclo, também foi publicado **3.** *Formação de Catequistas,* colocando a figura do catequista no centro das atenções do Movimento Catequético. Ao redor desta *trilogia catequética* outros acontecimentos se sucedem, quer preparando, quer assimilando e aprofundando os seus conteúdos. Assim, o MCB continua vivo e pujante, talvez num de seus maiores momentos na curta história da Igreja no Brasil. É o que passaremos a considerar.

1. PERSPECTIVAS TEOLÓGICO-PASTORAIS DA RENOVAÇÃO CATEQUÉTICA

Se, como dissemos, a caminhada da Igreja anteriormente confluía para a elaboração de orientações para a catequese nacional, alguns importantes fatos que precedem imediatamente seu aparecimento merecem também uma atenta análise. A liderança e forte carga carismática do novo Papa, reuniões de Bispos e de catequetas, novas lideranças do MCB são eventos que devem merecer agora nossa atenção. Desses eventos, particularmente da *Catechesi Tradendae* (*CT*) e da elaboração das *Diretrizes Gerais da Ação Pastoral da Igreja no Brasil* surge o quadro teológico-pastoral que deu sustentação à renovação catequética. Serão o pano de fundo desse período.

1.1 Influência do novo papa, São João Paulo II

1.1.1 A Catechesi Tradendae

Em 16 de outubro de 1979 São João Paulo II, após um ano de sua eleição, publicou a Exortação Apostólica *Catechesi Tradendae* (*CT*)[1]. É o documento que recolhe a riqueza das reflexões do Sínodo de 1977, à semelhança da *Evangelii Nuntiandi* com relação ao Sínodo de 1974. Nela trabalharam três papas: São Paulo VI, nos últimos meses de seu pontificado, João Paulo I, o Papa Catequista, em sua meteórica passagem pelo sólio pontifício, e São João Paulo II no início de seu longo pontificado. Porém, a *CT* é um documento tipicamente do Papa Woytiła, que havia tido intensa participação no Sínodo de 1977. Ele, ao transmitir a herança sinodal, não deixa de imprimir também a sua marca muito pessoal. Trata-se do primeiro documento pontifício totalmente dedicado à catequese, desde a *Acerbo Nimis* de Pio X (1905).

No momento em que a *CT* é publicada, a Igreja, como de resto o mundo, vive uma época de tensões e conflitos, e a catequese naturalmente se encontra na confluência deles. O documento catequético papal se ressente disso; de fato, a *CT* aponta na atividade catequética de hoje várias tensões, como

1 Edições no Brasil: *A Catequese hoje: exortação apostólica "Catechesi Tradendae" de João Paulo II*. Coleção A Voz do Papa 93, São Paulo: Paulinas, 1980; *Catechesi Tradendae: exortação apostólica de João Paulo II*, Coleção Documentos Pontifícios, Petrópolis: Vozes, 1980; *A Catequese em nosso tempo: exortação apostólica "Catechesi Tradendae"*. Coleção Igreja Viva 2, São Paulo: Editora Salesiana D. Bosco, 1982. A *bibliografia* sobre ela é grande. Aqui nos inspiramos nas análises e comentários de A. LORSCHEIDER, *Apresentação da Exortação Apostólica "Catechesi Tradendae" in CM* (1980), nº 329, p. 225-233. A. CAVALLIN, *A catequese em nosso tempo: comunicação sobre a Exortação Apostólica "Catechesi Tradendae" de João Paulo II in CM* (1979), nº 326, p. 1141-1144. Francisco MERLOS, *Catechesi Tradendae, un documento para tiempos difíciles in Medellín* 6 (1980), nº 22, p. 151-163; Giuseppe GROPPO, *Catechesi Tradendae in* J. GEVAERT (Ed.), *Dizionario di Catechetica*, Leumann (Torino): LDC ,1986, p. 108-109; *Catechesi Tradendae:* Ralfy Mendes de Oliveira, *Dimensões da CT in RdeC* 3 (1980), nº 10, p. 9-13; Roberto VIOLA, *Catequese hoje: subsídios para a leitura da Exortação Apostólica Catechesi Tradendae in RdeC* (*Revista de Catequese*) 4 (1981), nº 14, p. 71-81: RECALDE, R. L., *Da* Catechesi Tradendae *ao Diretório Geral para a Catequese in RdeC* 28 (2005), nº 110, 27-38; BOONE, A., *A Catechesi Tradendae à luz de Aparecida in RdeC* 33 (2010), nº 130, abril-junho, p. 26-38.

as existentes entre certezas e buscas (*CT* 60), entre Evangelho e Ideologias (*CT* 52), doutrina e vida (ortodoxia e ortopráxis: *CT* 22), integridade da mensagem e transmissão pedagógica (*CT* 30-32), inculturação e universalismo do Evangelho (*CT* 53), investigação teológica e catequese (*CT* 67), linguagem do *Credo* e linguagem de hoje (*CT* 28, 46, 49), presença e ausência da memorização (*CT* 55), escola católica e catequese (*CT* 69), integridade da fé católica e ecumenismo (*CT* 33), publicações catequéticas entre fidelidade e risco (*CT* 49-50). João Paulo II deseja oferecer esclarecimentos, fazendo afirmações corretivas ou categóricas, manifestando preocupação em não permitir desvirtuamentos e dirimindo questões.

A catequese, como emerge da *CT,* se caracteriza por um cristocentrismo vertebral (*CT* 5-7), por uma insistência sobre um ensino sistemático e orgânico (*CT* 7; 18) e por preocupação quase obsessiva pela integridade do conteúdo (*CT* 18-25; 30), sem esquecer o aspecto experiencial (*CT* 5; 7); catequese que se alimenta da Palavra de Deus manifestada na Tradição e Escritura (*CT* 26-29), do dinamismo litúrgico (*CT* 23) e impulsionada pelo Espírito (*CT* 72). Tem em conta também as dimensões da libertação (*CT* 29) e da cultura (*CT* 53), e particularmente a original pedagogia da fé que se espelha na pedagogia de Deus (*CT* 58). Observemos, porém, que o vocábulo *libertação,* usado tanto por São Paulo VI na *EN* como por São João Paulo II na *CT,* não possui a mesma valência e significado que na América Latina, onde sua densidade sociopolítica é muito mais forte.

Sobre o MCB tiveram especial incidência aqueles *dois elementos* que parecem ser as duas convicções fundamentais de São João Paulo II e sobre os quais ele voltou a insistir na sua visita ao Brasil: catequese como *comunicação da Revelação divina na sua integridade* (*CT* 30) e a *pedagogia original da fé* que se inspira na pedagogia de Deus, manifestada na pedagogia de Jesus Cristo. Vivendo momentos de transformações na Igreja e no meio das contínuas tensões causadas pelas novas perspectivas teológicas e pastorais surgidas particularmente em *Medellín,* os bispos brasileiros insistiram muito sobre o *conteúdo* da catequese. Ora, a força com que o Papa falou sobre a *integridade da mensagem* e sobre a necessidade de *ensino sistemático e orgânico* foram um reforço para que o episcopado postulasse cada vez mais dos catequetas *conteúdo seguro e sistemático* para ser proposto na catequese nacional. Essa preocupação, que começou a aparecer já na preparação do Sínodo de 77, foi intensificada por ocasião da redação de *Catequese Renovada.*

1.1.2 Repercussões de Catechesi Tradendae *na Conferência Episcopal brasileira*

A exortação apostólica de João Paulo II sobre a catequese mereceu por duas vezes uma atenção especial do episcopado brasileiro. Analisaremos a visão de dois qualificados membros da CNBB sobre a *CT*.

a) Visão de Dom Aloysio Lorscheider sobre a **Catechesi Tradendae**

Durante a 18ª AG (5-14 de fevereiro 1980), o episcopado debruçou-se explicitamente sobre o *tema catequese*, como veremos. Neste momento Dom Aloysio Lorscheider, participante e relator do Sínodo de 1977 e presidente da CNBB, fez uma breve exposição resumindo os pontos essenciais do documento papal[2].

Entre outras coisas o Cardeal brasileiro relevou que a chave mais importante de interpretação da *CT* deve ser buscada numa preocupação particular do atual Santo Padre: ele sente a necessidade, neste momento histórico que vive a Igreja, de *corroborar a solidez da fé e da vida cristã, dar um novo vigor às iniciativas atuais, estimular a criatividade sempre com a devida vigilância e contribuir nas comunidades para a difusão da alegria de levar ao mundo o mistério de Cristo*[3]. Como aspectos mais acentuados, Dom Aloysio apontou o cristocentrismo, a necessidade de um ensino cristão ordenado, sistemático, integral, essencial, que não se reduza a fórmulas doutrinais e a particular insistência sobre a *integridade* do conteúdo transmitido. Os *aspectos novos* ressaltados por ele foram: a catequese dos adultos como forma principal da catequese e valorização da piedade popular; os *aspectos menos acentuados*: o sentido das CEBs para a catequese, os pobres como destinatários preferenciais da catequese e a dimensão missionária da catequese[4].

b) Visão de Dom Albano Cavallin sobre a **Catechesi Tradendae**

Dom Albano Cavallin, na reunião da *Comissão Representativa* da CNBB em 03 de novembro de 1979, já eleito novo encarregado nacional da catequese, como veremos, também fez uma breve apresentação da *CT* aos bispos dessa Comissão[5]. Após mostrar os pontos principais da exortação

---

2 Aloysio LORSCHEIDER, *Apresentação da Exortação Apostólica "Catechesi Tradendae"* [durante a 18ª AG de 1980] *in CM* (1980), nº 329, p. 225-233.

3 Cf. *Ibid.*, p. 226.

4 Cf. *Ibid.*, p. 232-233.

5 Albano CAVALLIN, *A catequese em nosso tempo: comunicação sobre a Exortação Apostólica "Catechesi Tradendae" de João Paulo II in CM* (1979), nº 326, p. 1141-1144.

apostólica, ele afirma que é um documento-síntese que aproveitou as contribuições do Sínodo sobre a catequese, mas que focaliza apenas certos aspectos mais decisivos. Relevou ainda: o seu cristocentrismo, a grande preocupação pela integridade e segurança doutrinal, a valorização do *DCG* e contribuição dos especialistas, a coragem, esperança e otimismo do Papa.

No final de sua exposição, Dom Albano apresentou *algumas exigências decorrentes do documento para nossa catequese*: o desafio apresentado às conferências episcopais de fazer bons catecismos; a validade ainda do *DCG*, mas a necessidade de criatividade dos especialistas e colaboração dos catequistas de base; a busca de uma metodologia adequada à realidade sociocultural de nossa sociedade em transformação; a paróquia e pequenas comunidades como lugares privilegiados de catequese; a sensação de que ainda estamos no início em termos de encarnação da mensagem nas culturas; a necessidade de cuidar mais da formação de catequistas; a necessidade de *encontros com elaboradores de textos ou roteiros de catequese* (grifo nosso) e finalmente: a necessidade de assumir a catequese como atividade prioritária e permanente da pastoral em todos os níveis.

Nessas preocupações de Dom Albano, principalmente nas últimas, estão sintetizadas as coordenadas pelas quais os novos encarregados nacionais da catequese conduziram o MCB nos anos seguintes. A *Linha 3* da CNBB concentrou sua atenção daqui para frente de um modo especial na definição deste *texto ou roteiro de catequese,* chamado também *o temário catequético*[6]; catequetas e assessores, entretanto, insistiam sobre *fundamentos da catequese.*

1.1.3 A visita pastoral de São João Paulo II ao Brasil em 1980

A primeira visita pastoral do Santo Padre ao Brasil realizou-se de 30 de junho a 12 de julho de 1980, uma das primeiras de sua longa lista de viagens apostólicas. Recebeu cuidado especial desde seus preparativos, como em sua realização e nos momentos seguintes. Foram elaborados vários subsídios pastorais que ajudaram o povo brasileiro a captar o sentido profundo da presença do Papa, transformando-a em verdadeiro momento evange-

6 A preocupação de Dom Albano Cavallin era tanta que chegou a reunir cinco desses roteiros ou sínteses catequéticas encontrados em bibliografia europeia (Cf. A. CAVALLIN, *Depoimento ao Pe. Luiz Alves de Lima em março de 1993*; citaremos daqui para frente como *Depoimento*). Numa das tantas reuniões havidas em vista desse *roteiro* ao fazer a própria apresentação, ele dizia que, se um psicanalista analisasse as profundezas de sua psique, encontraria uma única coisa: o roteiro de catequese!

lizador-catequético[7]. Seus pronunciamentos estão reunidos em volume de quase trezentas páginas, publicado oficialmente pela CNBB em sua revista *CM*, como em outras publicações[8].

Praticamente o Papa tocou em todos os setores da vida eclesial e pronunciou-se a respeito dos diversos problemas da Igreja no Brasil. Não poderia faltar, naturalmente, o *tema da catequese*, não só pela proximidade do lançamento da sua *CT*, mas também pela intensidade do movimento catequético naqueles anos. Embora o Papa tenha falado da catequese em vários pronunciamentos, o momento em que mais explicitamente se dedicou a ela foi a *homilia* pronunciada em Porto Alegre em 07 de julho[9]. Ele relevou que um dos problemas que se impõem com toda sua gravidade e urgência para a Igreja no Brasil hoje é o *esforço sério e sistemático de catequese*. Estimula os catequistas a desenvolverem com entusiasmo o ministério do anúncio da Palavra na catequese: não se trata de simples ensino, mas é transmissão de mensagem de vida, isto é, algo mais do que doutrina: é a própria pessoa de Jesus Cristo[10]. Para não trair a mensagem divina, é preciso ser fiel a Cristo e à pessoa humana na própria situação concreta. Essa última mereceu mais espaço, nas palavras do Papa, do que a própria fidelidade à doutrina. Disso, conforme ele, depende a eficácia da catequese: "da capacidade de dar um sentido, o sentido cristão, a tudo aquilo que constitui a vida do homem em seu tempo, homem entre os homens, cidadão entre os cidadãos"[11].

Portanto, a descrição de catequese que São João Paulo II fez no Brasil foi fortemente marcada pela dimensão antropológica. Ressalta alguns pontos da *CT* "que mais de perto tocam as necessidades da Igreja no Brasil". Refere-se aos grandes *lugares da catequese*. Antes de tudo, a importância

---

7 O subsídio principal que inspirou todos os outros foi: CNBB, *O Papa vem ao Brasil*. Coleção *Estudos da CNBB 25*, São Paulo: Paulinas, 1979; cf. ainda: CNBB, *Reunião da Comissão Representativa* [30/10 – 03/11 de 1979]: *Visita do Papa ao Brasil* e *Sugestões para a preparação da visita do Papa ao Brasil in CM* (1979), nº 326, p. 1139-1140. Aí, além de se referir às grandes motivações teológico-pastorais a partir das quais se deveria enfocar a visita pontifícia, indicam-se também os vários tipos de subsídios que seriam produzidos neste sentido.

8 CNBB, *João Paulo II no Brasil in CM* (1980), nº 334, p. 511-804; *Todos os pronunciamentos do Papa no Brasil. Texto integral segundo a CNBB*, São Paulo: Loyola, 1980 (com mais de 10 edições). São 53 discursos, saudações ou homilias abordando uma ampla gama de assuntos referentes aos problemas pastorais e os mais candentes desafios da sociedade brasileira.

9 Cf. CNBB, *João Paulo II no Brasil in CM* (1980), nº 334, p. 612-617.

10 Cf. JOÃO PAULO II, *Catequese* [homilia de Porto Alegre], *Ibid.*, p. 614-615, nºs 9, 13-14.

11 *Ibid.*, p. 615, nº 16.

da *catequese nas famílias* onde os pais, em força do Batismo e do Matrimônio, são os primeiros catequistas; o testemunho dos pais é fundamental na educação da fé das crianças[12]. Recomenda vivamente *a catequese paroquial*: é nesta comunidade de fé que "a escuta da Palavra se associa à oração, à celebração da Eucaristia e dos outros sacramentos, à comunhão fraterna e ao exercício da caridade cristã". Por isso, a catequese deve receber "a maior das atenções" por parte das paróquias[13].

Ele aborda também o tema do *Ensino Religioso nas escolas*: aqui se mantém entre uma proposta de *ensino religioso* tipicamente católico e um ensino vago e neutro; diz que, encaminhando-se para todas as dimensões da cultura, as jovens gerações devem também encontrar na escola, pelo ensino religioso, a possibilidade de tomar conhecimento dos problemas fundamentais da existência, entre os quais o primeiro é a resposta que eles devem dar a Deus. Com essa proposta a Igreja quer defender uma educação integral ampla, os direitos da família e da pessoa[14].

Lembrou, finalmente, nessa célebre homilia de Porto Alegre, a grande contribuição que vem dos *meios de comunicação social* para a catequese: os perigos de seu mau uso estão ligados à pessoa humana, e não à técnica e seus instrumentos. A catequese, que até agora teve expressão escrita, é convocada a exprimir-se sempre mais através da *mídia*[15]. Terminou falando da necessidade dos *meios e subsídios didáticos* eficientes e eficazes, das escolas para formação de catequistas e entregando os catequistas à proteção de Maria "Mãe e Modelo dos catequistas"[16].

Também em seu encontro com os Bispos em Fortaleza, em 09 de julho já quase no final da visita, o Papa retornou com toda a ênfase ao tema da catequese, insistindo na sua urgência e elogiando aqueles que, respondendo a esse desafio, fazem dela uma prioridade[17]. Afirmou:

> A catequese permanece sempre tarefa principal da Evangelização [...]. Penso que ela deva constituir uma preocupação constante da Conferência Episcopal como tal e dos seus diversos organismos, que não deixarão de recorrer, quando necessário, a teólogos e peritos na arte de ensinar, para precisão da doutrina e

12 *Ibid.*, p. 615-616, n°s 18-21.

13 *Ibid.*, p. 616, n°s 22.

14 *Ibid.*, p. 616, n°s 23.

15 *Ibid.*, p. 616-617, n°s 24-26.

16 *Ibid.*, p. 617-618, n°s 27-30.

17 JOÃO PAULO II, *Encontro com os Bispos do Brasil* [discurso de Fortaleza], *ibid.*, p. 690, n° 22.

adaptação dos catecismos para as diversas idades e diversos níveis das pessoas às quais se destinam[18].

Recordou aos bispos a *CT* e insistiu num ponto: todos cristãos têm o direito de receber a *palavra da fé, em todo o seu rigor e vigor*, através de uma catequese eficaz, ativa e adequada: catequese que, pela integridade de seu conteúdo, traga ao homem do nosso tempo toda a mensagem de Cristo. Propõe questões vivas à consciência episcopal: como são elaborados os *textos de catequese*? Qual seu conteúdo? Que mensagem transmitem? Que imagem de Deus, de Jesus Cristo, da Igreja, da vida cristã, do homem, eles comunicam? E exorta: é neste ponto que o zelo e a vigilância episcopal devem se exercer mais que em qualquer outros[19].

Os pronunciamentos do Papa deixaram perceber sua preocupação em ver os bispos mais empenhados na orientação da atividade catequética no Brasil. Além do mais, ao retornar a Roma, e fazendo um balanço geral de sua visita, após bom tempo de reflexão, o Papa escreveu uma carta em 10 de dezembro de 1980, dirigida não à CNBB em geral, mas a cada bispo em particular, insistindo na urgência de uma maior atenção à catequese na Igreja do Brasil. Nela ele afirma:

> É impossível não partilhar convosco uma ânsia pastoral que me acompanha desde que pisei o solo brasileiro, ânsia que externei irresistivelmente a muitos de vós no correr das visitas *ad limina*. Refiro-me à *urgente necessidade da catequese*, no sentido mais abrangente que dei a este termo na *CT*. Refiro-me especialmente à educação religiosa das crianças, dos adolescentes e dos jovens [...] O futuro da Igreja neste País depende em máxima parte de uma catequese sólida, segura, alicerçada no mais genuíno ensinamento da Igreja[20].

No final da carta, o Papa não se negou a um enésimo apelo dramático ao afirmar: "tratem uma e muitas vezes desse tema em vossas assembleias nacionais, regionais e diocesanas"[21]. Palavras tão claras e revestidas de preocupações pastorais não poderiam deixar de ter forte repercussão no

---

18 *Ibid.*, p. 690-691, nº 23.

19 *Ibid.*, p. 691, nº 24.

20 JOÃO PAULO II, *Carta de João Paulo II aos Bispos* do Brasil *in CM* (1981), nº 340, p. 7.

21 *Ibid.*, p. 7. Dom Ivo Lorscheiter, presidente da CNBB, falou de repercussões negativas desta carta na imprensa que a interpretou como repreensão à CNBB, provocando até uma sua viagem a Roma para esclarecimentos, Cf. *Adendo à Ata 1: reunião privativa que precedeu à sessão solene de abertura* [da 19ª AG de fev. 1981] *in CM* (1981), nº 341, p. 69-70.

episcopado. De fato, aquele movimento catequético que já vinha se desenvolvendo nos últimos tempos, retoma um ritmo mais intenso e sempre mais crescente durante os próximos três anos até a aprovação definitiva do Documento *Catequese Renovada* em 1983[22]. É o testemunho de Dom Albano Cavallin durante uma das AG dedicadas à catequese: "A catequese, sobretudo após a *Catechesi Tradendae* e a visita do Papa João Paulo II ao Brasil, está voltando a ser ação prioritária na Pastoral de muitas dioceses[23]".

Como para as outras Igrejas, também para o Brasil tal visita tornou-se um momento de intensa vivência eclesial e crescimento na fé, e principalmente de impulso ao MCB.

1.2 Importantes decisões da 17ª Assembleia Geral da CNBB

Após situarmos o MCB dentro do quadro do novo Pontificado, relevando suas insistências e acentos teológico-pastorais, devemos voltar um pouco atrás para acompanhar de perto os passos da movimentação do episcopado. A partir do seu desinteresse pela catequese por ocasião da consulta sobre o Sínodo de 1977, como vimos, sentiu-se cada vez mais um *crescendo* nas preocupações dos bispos pela catequese.

A 17ª AG da CNBB, de 18 a 27 de abril de 1979, foi eletiva. Procedeu-se a uma renovação da alta cúpula da CNBB e decidiu-se pela continuação do planejamento pastoral. Aí a catequese começa a receber especial atenção por parte do corpo episcopal. São elementos importantes para o MCB e que precisamos analisar.

1.2.1 Novas lideranças nos quadros da CNBB

Dom Aloysio Lorscheider, após 8 anos à frente desse organismo episcopal nacional, deixou a Presidência. Foi eleito seu sucessor, o primo Dom Ivo Lorscheiter para o quadriênio 1979-1982, reeleito para os 4 anos seguintes, 1983-1986. Havia ocupado também a Secretaria-Geral por 8 anos (1971-1978). Os dois mantiveram e garantiram a continuidade das arrojadas linhas pastorais da CNBB.[24]

22 N. G. TOLENTINO mostra através de paralelismos entre os discursos do Papa e os números de *CR* como a visita do Papa teve grande influência na elaboração de nosso *documento catequético:* cf. ID., *A renovação da catequese no Brasil*, p. 62-63, notas 248-253.

23 Albano CAVALLIN, *Relatório sobre o Instrumento de Trabalho Orientações em torno do conteúdo da catequese* [durante a 20ª AG] *in CM* (1982), nº 353, p. 195, nº 10.

24 Um importante editorialista do jornal o *Estado de S. Paulo*, Lenildo Tabosa Pessoa, ex-seminarista (estudou na Gregoriana, em Roma), superconservador e tradicionalista, crítico sutil e mordaz da arrojada CNBB, escreveu um fogoso editorial nesse jornal dizendo ironicamente

Na 17ª AG é eleito Secretário-Geral Dom Luciano Mendes de Almeida, que também ficou 8 anos na Secretaria-Geral e mais outros 8 anos na Presidência. Sem dúvida nenhuma, durante o tempo da gestão desses três grandes Servidores da Igreja, a CNBB conheceu um enorme avanço organizativo, teológico e pastoral, tornando-se uma das mais dinâmicas e empreendedoras conferências episcopais da Igreja. Desse clima e dessas lideranças saiu ganhando sem dúvida a catequese[25].

Porém, aqui é mais importante ressaltar a eleição de Dom Albano Cavallin, bispo auxiliar de Curitiba, como membro da Comissão Episcopal de Pastoral (CEP), à qual foi confiada a animação da *Linha 3*[26]. É um acontecimento de capital relevância: com muita experiência catequética pelo intenso trabalho realizado na prática da catequese e na organização pastoral-catequética do Regional Sul II (Paraná), ele vai trazer para o nível nacional, estando à frente da *Linha 3*, sua competência, capacidade organizativa e principalmente sua grande paixão pela catequese[27]. Foi o grande animador

---

que a Igreja no Brasil era dirigida por multinacional alemã. Título do Editorial: *Lorscheider und Lorscheiter*.

25 Sobre a preocupação de Dom Ivo de aprofundar cada vez mais a comunhão entre os bispos, de unir e somar, cf. Ivo LORSCHEITER, *Relatório da Presidência da CNBB* [no final do mandato 1979-1983] *in CM* (1983), nº 366, p. 312. Sobre a avaliação de seus 16 anos de à frente da CNBB, feita por ele mesmo, cf. Marcelo VILLAS BOAS, *Em busca de um novo modelo político-social: entrevista a Dom Ivo Lorscheiter in RdeC* 10 (1987), nº 38, p. 27-32.

26 Cf. CNBB – 17ª AG, *Ata nº 5 de 24/4/1979 in CM* (1979), nº 319, p. 356; *Eleições e Votações*, *Ibid.*, p. 386.

27 Albano Bortoletto CAVALLIN, nascido aos 25 de Abril de 1930 em Lapa (PR) e ordenado sacerdote em 6 de dezembro de 1953, foi eleito Bispo Auxiliar de Curitiba (PR), em 20 de junho de 1973. Participou dos cursos do Centro Internacional do Mundo Melhor, do Pe. Lombardi (1960-1961) e de um curso de Pastoral Litúrgica em Bruges (Bélgica) em 1969. Quando foi nomeado bispo era Diretor Espiritual do Seminário Maior da mesma capital e subsecretário do Regional Sul 2. Na Arquidiocese de Curitiba, como padre e depois como Bispo, distinguiu-se como professor, conferencista e diretor espiritual, devendo-se a ele, em boa parte, a implantação da Pastoral renovada na Arquidiocese. O Regional Sul II da CNBB (Paraná) é particularmente conhecido pela organização e renovação catequética, o que muito se deve também à atuação dele: cf. CNBB, *Nomeações in CM* (1973), nº 249, p. 834; *Crônica in REB* 33(1973) 739. Sobre sua atuação no Regional Sul II, pode-se ter um exemplo em *Crônica: Seminário paranaense de catequese in REB* 36 (1976), p. 712. Exceto algumas entrevistas na *Revista de Catequese*, os inúmeros relatórios à CNBB no *CM* e alguns outros escritos, Dom Albano Cavallin não tem nenhuma bibliografia de porte a apresentar; não se considerava pensador ou escritor, mas pastor e missionário (Cf. A. CAVALLIN, *Depoimento*). Foi incentivador, coordenador e autor do texto catequético *Crescer em Comunhão"*, em 5 volumes e com uma tiragem de mais de dois milhões de exemplares. Ocupou o importante cargo de *Coordenador Nacional da CNBB* (*Linha* 3) por bem três períodos: 1979-1982, 1983-1986, 1990-1994, perfazendo 16 anos. Foi o idealizador e condutor do documento *Catequese Renovada*, fundador do GRECAT, depois GREBICAT e GRERE. Seu grande mérito foi dinamizar as pessoas, unir forças, coordenar, animar e criar clima de eficiente participação, e sobretudo, zelar pela pastoral e catequese em nível nacional.

do MCB durante três mandatos consecutivos (cf. nota 28). Sua atuação à frente da *Linha 3* da CNBB foi decisiva para o andamento e o sucesso do MCB nesses anos.

Dom Albano, consolidando e reforçando uma tradição já em andamento, procurou reunir os especialistas em catequese, pastoralistas e teólogos para que fosse elaborado o *texto básico-doutrinário, núcleo catequético* ou *roteiro de catequese*, tão solicitado pelos bispos, porém ainda não oficialmente. Era uma preocupação já aflorada em outros níveis, como vimos, e para a qual Dom Albano tem uma especial atenção, também sentindo a realidade catequética brasileira. Como homem de diálogo, que soube escutar e suscitar a participação de todos, o novo bispo encarregado da catequese nacional conseguiu movimentar o maior número possível de forças catequéticas, desde o mais humilde catequista de base até as faculdades, institutos, universidades e altas personalidades eclesiásticas. A finalidade era buscar os fundamentos da catequese e a redação daquele que seria o futuro documento *Catequese Renovada*. Com Dom Albano Cavallin à frente da catequese nacional e seus colaboradores, intensifica-se o que já vinha sendo vivido no Brasil: um verdadeiro movimento catequético de âmbito nacional.

Um de seus primeiros trabalhos foi encontrar um *assessor* nacional de catequese, ou secretário executivo da *Linha 3*. A tarefa não foi fácil; inicialmente o Pe. João Bosco Nunes de Oliveira, salesiano, e a Ir. Maria Glória Bordeghini, paulina, preencheram as funções de assessores[28]. Também o Pe. Ralfy Mendes de Oliveira, embora em São Paulo, continuou a prestar a sua preciosa colaboração, tendo um papel muito importante na 18ª AG de fevereiro do ano seguinte, como assessor especial. Somente depois de

---

Faleceu como arcebispo emérito de Londrina em 01 de fevereiro de 2017, aos 87 anos. Uma breve sua bibliografia escrita pela Profa. Anísia de Paulo FIGUEIREDO, intitula-se: *Dom Albano, Bispo Catequista, Pastoralista, Articulador e Animador do Diálogo. Homem de Deus: Fiel Discípulo de Jesus, a serviço exclusivo da missão assumida in* https://catequesehoje.org.br/raizes/catequista/1215-dom-albano-o-bispo-catequista, acessado em 27 de julho de 2023. Também dessa autora: *Albano Bortoletto Cavallin, Arcebispo Emérito de Londrina in Revista Ecoando* 15 (2017) – n. 58, junho/agosto, p. 32. SANTOS, Virgílio Geraldo, *Dom Albano Cavallin, catequista do Brasil in Ecoando* 19 (2021), n. 73, março/maio, p. 30-31. Sobre ele também MAFFI, Bruno escreveu: *Dom Albano Cavallin, o Bispo Catequista e contador de Historinhas*. Londrina, 2014. O título é um pouco infeliz, pois passa ideia de pessoa menos importante contador de historietas... O gigante Dom Albano foi muito mais que isso...

28 Logo no princípio pensava-se no Frei Vicente Bohn (Cf. *Ata da Reunião Privativa da Presidência e da CEP de 26-28 de junho de 1979 in CM* [1979] nº 321, p. 673), mas em agosto fala-se na Ir. Maria da Glória Bordeghini, que já trabalha na *Linha 6*; devido à sua larga experiência catequética é convidada também a prestar serviços à *Linha 3*: cf. *Ata da Reunião da Presidência, CEP e assessores de 28-30 de agosto de 1979 in CM* (1979), nº 323, p. 794.

mais de um ano Dom Albano consegue trazer para Brasília, como coordenador nacional da catequese, o Pe. José Gustaaf H. Geeurickx, belga há muitos anos no Brasil; ele havia realizado um significativo trabalho catequético juntamente com o próprio Dom Albano no mesmo Regional Sul II, Paraná. Conhecido principalmente como *Pe. Zeca* nos meios catequéticos brasileiros, esteve ligado à elaboração de *Catequese Renovada,* pois foi no quadriênio (propriamente triênio) de seus serviços à *Linha 3* que esse *Documento* foi longamente preparado e aprovado[29].

1.2.2 Decisões sobre a pastoral orgânica e catequese

A 17ª AG da CNBB estava também diante do problema da *continuidade dos planos pastorais.* O tema foi longamente discutido e examinadas várias propostas sobre sua continuidade e modalidades da pastoral planejada. Ao final decidiu-se manter as *Diretrizes Gerais para a ação pastoral da Igreja no Brasil,* expressas nas mesmas 6 linhas de ação do antigo *PPC*; porém sua formulação (definição, objetivos e estratégias) foi deixada a cargo da CEP, constituída de 8 membros, que deveria se basear nas sugestões sobre a *operacionalização* do documento de Puebla apontadas pela AG[30].

Na mesma 17ª AG o tema *catequese* é escolhido para fazer parte da Assembleia Episcopal do ano seguinte[31]. Entretanto, foram necessários três

---

29 Joseph G. GEEURICKX nasceu em 15 de março de 1947 em Opwijk (Bélgica) vindo para o Brasil em 31/10/68 como jovem missionário para trabalhar na ASSESOAR, organização de assistência aos agricultores. Em Francisco Beltrão (PR), centro da renovação pastoral no Paraná, trabalhou na formação de catequistas mantendo contatos com o ISPAC de Curitiba. Cursou teologia em Leuven (Lovaina, bacharelado) e licenciou-se em Catequética no Institut International de Catéchèse et Pastorale *Lumen Vitae* de Bruxelas, antes de seu fechamento e posterior reforma; sua tese de licenciatura em catequese foi sobre a expansão das seitas nos meios populares. Lecionou catequética no *Studium Theologicum* dos Claretianos, em Curitiba, tendo sido coordenador diocesano e posteriormente coordenador regional (Sul II) de catequese. Assumiu a coordenação nacional da catequese no carnaval de 1980 permanecendo até meados de 1983, quando retorna aos serviços de sua congregação, *Missionários do Sagrado Coração,* como mestre de noviços. Dom Albano Cavallin e o Pe. José Geeurick são os autores principais do texto de catequese *Crescer em comunhão* (5 volumes), elaborado, inicialmente entre 1977 e 1979, adotado em quase todas as dioceses do Regional Sul II e em muitas outras dioceses brasileiras: cf. J. GEEURICKX, *História do Documento in RdeC* 6 (1984), nº 24, p. 9-14; J. GEEURICKX, *Entrevista* em 04 de fevereiro de 1995; daqui para frente citaremos como *Entrevista).*

30 Cf. CNBB – 17ª AG, *Atas de 18-27 de abril de 1979 in CM* (1979), nº 319, p. 331-385, de um modo especial a *Votação 2: Opções e Orientações Pastorais,* p. 386-388.

31 Cf. CNBB – 17ª AG, *Eleições e Votações, Votação 15, Sugestões para a próxima Assembleia Geral in CM* (1979), nº 319, p. 408. Dom Albano Cavallin, na reunião da *Comissão Representativa* da CNBB de 30/10 a 03/11 de 1979, voltou a apresentar "a catequese como assunto a merecer especial atenção dos bispos, pelo momento histórico e pela necessidade de uma metodologia: cf. CNBB – COMISSÃO REPRESENTATIVA, *Ata nº 3 da Reunião de 1º de Novembro de 1979 in CM* (1979), nº 326, p. 1067.

anos consecutivos de discussão e reflexão em Assembleia Geral para que os bispos reunidos se definissem sobre esse problema, fazendo suas opções e traçando as grandes linhas da renovação catequética. Além da aprovação do prosseguimento das *Diretrizes Gerais*, a 17ª AG refletiu sobre a *operacionalização* da Conferência de Puebla no Brasil, aprovando sugestões intituladas *Puebla: opções e orientações pastorais*[32].

Como qualquer documento, também este, sobre *Puebla*, deve ser bem interpretado e avaliado para não se lhe dar um maior valor daquilo que era. De fato: trata-se primeiramente de *sugestões* que a *Assembleia Geral* apresenta à nova diretoria da CNBB, aos regionais e às dioceses com referência à atuação das linhas pastorais de *Puebla*. Em segundo lugar, trata-se de *sugestões* apresentadas pelos *regionais* à nova CEP para que sejam traçadas as *prioridades* pastorais dentro das seis linhas de ação. Não estamos diante de um documento final e direcionado a toda a Igreja no Brasil. Eram apenas linhas de orientação para os organismos episcopais. Foi publicado no *Comunicado Mensal* e por isso mesmo traz todas as sugestões, também aquelas que receberam poucos votos[33]. É justamente entre tais propostas apresentadas por uns poucos bispos (4 apenas), como sugestão à nova diretoria da CNBB, que se encontrava uma *anacrônica proposta* sobre um *catecismo doutrinal*[34].

---

32 CNBB – 17ª AG, *Puebla: opções e orientações pastorais in CM* (1979), nº 319, p. 415-429; cf. também CNBB, *Sugestões para a aplicação no Brasil das conclusões da Conferência de Puebla in SEDOC* 11 (1969), p. 1267-1286: a catequese, item 15.1, encontra-se à p. 1286.

33 Cf. CNBB – 17ª AG, *Votação 2: Opções e Orientações Pastorais in CM* (1979), nº 319, p. 386-388.

34 Apenas um bispo (Dom Benjamin Gomes) ao longo das discussões propôs que se "elaborasse um *catecismo* doutrinal e normativo para o Brasil". Cf. CNBB – 17ª AG, *Ata 4 de 14/4/1979 in CM* (1979), nº 319, p. 349. No documento *Puebla: opções e orientações pastorais*, mais três (3 apenas!) bispos se juntam a ele e apresentam a seguinte sugestão: "Elaborar um *catecismo da doutrina cristã*, didática e pedagogicamente atualizado, com contribuições de *Puebla*, e outro para noivos em linguagem simples, com o essencial sobre o matrimônio". Cf. CNBB, *Puebla: opções e orientações pastorais in CM* (1979), nº 319, p. 416, nº 1.12; aí aparece claramente, entre parênteses o número de votos: 4! Ora, N. G. TOLENTINO em *Renovação da Catequese no Brasil*, p. 76-77, apresenta essa proposta *como se fosse de todo o episcopado*, e usa-a para insistir sobre a ideia (já expressa anteriormente) de que os bispos brasileiros queriam a todo custo um *catecismo doutrinal*. O equívoco fundamental está em interpretar a votação a respeito das *Diretrizes Gerais da Ação Pastoral da Igreja no Brasil* (assunto realmente de suma importância e maciçamente aprovado por 158 bispos sobre 221) como se fosse a *mesma* votação sobre *Puebla: opções e orientações pastorais* que se encontra *in CM* (1979), nº 319, p. 415-429. São dois documentos distintos, votados separadamente e com valor muito diferente entre si. Assim como se apresentam esses dois documentos no órgão oficial da CNBB *Comunicado Mensal* pode realmente induzir a este engano, mas uma leitura mais atenta faz perceber imediatamente a diferença: cf. CNBB, *Votação 2: Opções e Orientações Pastorais in CM* (1979), nº 319, p. 386-388.

Proposta mais consistente foi a que proveio de quatro regionais[35] e que é dirigida à nova CEP, encarregada já pela AG de elaborar as *novas diretrizes pastorais* e suas prioridades. Além da preocupação pelo ensino religioso escolar, opta por estas linhas:

> Catequese da família e na família; catequese para a comunhão e participação; elaborar um *texto básico-doutrinário, como núcleo catequético, para todo o Brasil;* formação de catequistas e valorização de vários catecumenatos sacramentais[36] (grifos nossos).

Interessa-nos ressaltar a preocupação, já feita várias vezes, a respeito de um *texto básico-doutrinário, como núcleo catequético, para todo o Brasil*. Note-se que não se tratava de um *catecismo* no sentido clássico. Se por um lado se acentuava a necessidade de um *texto básico-doutrinário*, por outro se fala em *núcleo catequético*[37]. Caminha-se, pois, na direção de responder às preocupações por um *conteúdo integral da mensagem*, tão salientado por João Paulo II. Embora não se possa negar que entre os bispos sobrevivam aqueles poucos que ainda sonham com o retorno ao *catecismo doutrinal*, a orientação acima referida é bem clara em se referir a um *texto básico-doutrinário como núcleo catequético* de valor nacional. Quem acompanhou de perto o desenrolar dos acontecimentos sabe que não se tratava de *catecismo*, mas um *roteiro* que pudesse orientar o conteúdo da catequese. Nestes inícios da década de 80 a palavra *roteiro* ou *temário* catequético foi usada e repetida à saciedade em todos ambientes catequéticos. Isso ficou mais claro com o desenrolar dos próximos acontecimentos.

1.3 Em busca de um projeto pastoral abrangente

1.3.1 As ideias forças da evangelização

As balizas do *planejamento nacional de pastoral*, entretanto, eram fixadas naquele ano tendo como fonte principal de inspiração a nova face da Igreja que surgira em *Puebla*. Na revisão do 4º *Plano Bienal* (*PB*) que o Conselho Episcopal Pastoral faz (25 a 29 maio 1979), atendendo às indicações da 17ª AG, busca-se "a identificação das grandes intuições de *Puebla*, que devem

35 Isto está bem claro em *Puebla: opções e orientações pastorais* à p. 424, letra B) com sua *nota*. Também aqui parece que N. G. Tolentino não reparou no detalhe: não se trata de proposta de *todo* o episcopado!

36 CNBB, *Puebla: opções e orientações pastorais in CM* (1979), nº 319, p. 428.

37 A palavra *texto* que aqui se usa para indicar um *núcleo catequético* pode fazer pensar em *texto catequético*; mas realmente não é disso que se trata; aqui, *texto* significa simplesmente *a redação* ou *elaboração de uma síntese dos conteúdos catequéticos*.

constar das *Diretrizes*, como inspiração ou iluminação da ação pastoral da Igreja no Brasil"[38].

Como *primeira* ideia-força foi assumida a *Evangelização* com as inseparáveis dimensões cristológica e antropológica: "é preciso que o anúncio de Jesus Cristo continue vivo através da Igreja, revelando ao homem latino-americano a *profunda dignidade da pessoa humana*: Deus ama todos os homens". Uma *segunda* ideia-força fixava-se na *libertação integral* entendida como libertação do pecado pessoal e estruturas injustas, em vista de uma *comunhão* filial e fraterna que devia se traduzir no constante serviço e participação. A *terceira* e *quarta* reproduziam duas grandes opções pastorais de *Puebla*: pobres e jovens. A *quinta* ideia-força escolhida propunha um engajamento político total ao afirmar: "É preciso um esforço para que haja *mudança das estruturas* injustas sociopolítico-econômicas". Em sexto lugar, já em nível de ação, acentuava-se a necessidade de uma *educação para a justiça* que ultrapassasse sistemas e ideologias de discriminação, ajudasse a conversão progressiva e visasse à construção de uma *sociedade pluralista* mais justa e fraterna. Por fim, as *CEBs* são eleitas como centros privilegiados de comunhão, participação e libertação[39].

É importante ressaltar essas *orientações e opções* e ao mesmo tempo habituar-se a seu vocabulário tipicamente pueblano, pois dominaram amplamente, a partir de então, quer a pastoral em geral, quer a catequese em particular. Em termos operacionais, é nessa reunião que, ao ser feita a distribuição de competências e encargos, a *Linha 3* é oficialmente confiada a Dom Albano Cavallin. Assumindo o cargo, o bispo paranaense fala dos grandes projetos e coloca em primeiro lugar[40]: *temas fundamentais na* [*sic*] *catequese* e institutos de catequese[41].

---

38 CNBB-CEP, *Reunião da Presidência e CEP: indicações da 17ª AG para a CEP in CM* (1979), nº 320, p. 578.

39 *Ibid.*, p. 578-579.

40 Os outros projetos apontados por Dom Albano eram: educação e juventude, religiosidade popular, ensino religioso nas escolas, uma nova edição do Novo Testamento. Também ficou decidido que o *Setor Educação* continuasse integrado na *Linha* 6 e o Setor Juventude na *Linha 1*: cf. *Ibid.*, p. 583.

41 Cf. *Ibid.*, Note-se que o vocabulário nem sempre era idêntico, mas a ideia de fundo era a mesma; aqui, embora com uma pequena inexatidão (temas fundamentais *na* catequese), havia uma nova variante daquilo que se denominou anteriormente: *texto* ou *roteiro de catequese, temário de catequese* ou *núcleo catequético*. Dessa variegada terminologia predominou, no final, a expressão que Dom Albano usa neste momento, porém corrigida em sua inexatidão. De fato, a *terceira parte* de *Catequese Renovada* será intitulada: *Temas fundamentais* da *catequese renovada*.

1.3.2 O Diretório Pastoral *do quadriênio 1979-1982*

Essas ideias confluíram na elaboração das *Diretrizes Gerais da Ação Pastoral da Igreja no Brasil 1979-1982*. Tais *Diretrizes*, novamente reformuladas após 4 anos[42], sempre como expressão da pastoral orgânica e como plataforma essencial da ação da Igreja, tanto em sua impostação teológica quanto em suas opções pastorais, receberam sua redação final e aprovação em 25 de setembro de 1979, no final da reunião da Presidência da CNBB com a CEP[43]. O Documento *Catequese Renovada* foi gestado e gerado tendo a cartilha pastoral como pano de fundo, donde a importância de conhecê-la mais de perto[44]. É necessário aprofundar sua formulação, também porque é a primeira vez, desde o *PPC*, que, mantendo seu espírito e grandes linhas pastorais, se faz uma alteração profunda. Tal reformulação, com pequenas e poucas modificações, atravessou outros três quadriênios, chegando até o final do milênio. O elemento principal dessas *DG* foi o *objetivo geral*, que define as grandes opções pastorais do quadriênio.

---

42 As *DG 1979-1982* foram elaboradas através de um longo *iter* de reuniões, consultas e revisões, cujos passos mais importantes foram os seguintes: na 17ª AG de abril de 1979, definiu-se a continuidade com o PPC, as 6 linhas, a impostação a partir de *Puebla*; a CEP foi encarregada da redação. Na CEP de maio de 1979 foram identificadas as grandes intuições de *Puebla*, que deveriam constar das diretrizes. Reunião da Presidência da CNBB, CEP e assessores (26-28/06): estudo do Objetivo Geral e justificativas: cf. *Ata da Reunião da Presidência e a CEP de 26 a 28 de junho de 1979 in CM* (1979), nº 321, p. 669-670. Uma pequena equipe redigiu as justificativas e define a estrutura da segunda parte (*Ibid.*, p. 670); a unificação do texto ficou a cargo de uma comissão de redação sob a responsabilidade do Secretário Geral, Dom Luciano Mendes (Cf. *Ibid.*, p. 671). Na reunião da Presidência e CEP (28-30/08) o texto foi retomado e emendado; decidiu-se que os *planos de pastoral* deveriam continuar em ritmo bienal: cf. CNBB, *Ata da Reunião da Presidência e CEP de 28-30 de agosto de 1979 in CM* (1979), nº 323, p. 787-788. Durante a reunião de 25-27/09/79 o documento é votado e aprovado unanimemente; elabora-se também o *5º Plano Bienal*: cf. *Ata da Reunião da Presidência e CEP de 25-27 de setembro de 1979 in CM* (1979), nº 324, p. 825-826.

43 CNBB, *Diretrizes Gerais da Ação Pastoral da Igreja no Brasil 1979-1982 in CM* (1979), nº 324, p. 855-917. Foram publicadas com o mesmo nome também na coleção *Documentos da CNBB* 15, São Paulo: Paulinas, 1979. Citaremos sempre conforme a edição do *CM*. Na apresentação se faz um breve resumo sobre o processo de planejamento pastoral "a partir do apelo de João XXIII no primeiro ano de seu pontificado", passando pelo *PE, PPC*, atualizado em 1974, até sua atual reformulação "sob a inspiração da IIIª Conferência Geral do Episcopado Latino-americano em Puebla". Cf. *Ibid.*, p. 855.

44 Ralfy MENDES DE OLIVEIRA, *O Movimento Catequético no Brasil*, São Paulo: Editora Salesiana D. Bosco, 1980, p. 153-156, também fez uma pequena apresentação do grande documento pastoral. Na verdade, quando foi definitivamente aprovado o documento *CR* após um iter de mais de 5 anos, foram aprovadas também as novas *DG 1983-1986*. Uma comparação entre *CR* e *DG 1983-1986* pode-se ver no artigo de Alberto ANTONIAZZI, *A Catequese no conjunto da Ação Pastoral: dois documentos, um caminho in RdC* 7 (1984), nº 27, p. 49-53. O autor trabalhou na elaboração de ambos os documentos. Também o Pe. W. GRUEN fala da complementariedade entre os dois diretórios ao criticar que na versão final de *CR* "faltou explicitar que estas orientações devem ser lidas à luz de uma política catequética global, traçadas nas *DG*". ID., *Novas Orientações*, p. 24.

a) O Objetivo Geral

Foi assim formulado:

> Evangelizar a sociedade brasileira em transformação, a partir da opção pelos pobres, pela libertação integral do homem, numa crescente participação e comunhão, visando à construção de uma sociedade fraterna, anunciando assim o reino definitivo[45].

Antes de definir as opções pastorais no sêxtuplo leque de linhas, que pretendiam traduzir esse grande objetivo geral em objetivos específicos, as *DG 1979-1982* traçaram uma pequena mas substancial plataforma teológica comentando cada um dos sete itens que compunham esse mesmo *objetivo geral* (nºs 8-48). Tais itens são:

1. Evangelizar

Aprofunda-se a palavra-chave do objetivo geral, isto é, *Evangelizar*, a partir da *EN* e *Puebla*[46], ressaltando que "a palavra EVANGELIZAR, no início do objetivo geral, põe em evidência a atividade eclesial, continuação da missão de Jesus. A Igreja existe para evangelizar"[47].

E da globalidade da ação evangelizadora, respeitada e promovida em toda sua riqueza, as *DG* sublinham três aspectos: evangelizar é *anunciar* o Reino, *denunciar* profeticamente o que se opõe ao plano de Deus e *renovar a vida da sociedade* a partir de dentro, atingindo a cultura.

2. A sociedade brasileira em transformação

Este item está em função do "ver", da trilogia *ver-julgar-agir*. É uma sucinta análise da realidade brasileira, focalizando o fenômeno das profundas transformações, principalmente aquelas que tocam os valores morais e religiosos. A *visão pastoral* que aqui se tem da sociedade brasileira se aproxima muito daquela enfocada na primeira parte do *Documento de Puebla*[48].

Vale a pena deter-nos um pouco neste *ver*, pois é o aprofundamento do princípio de uma pastoral encarnada na realidade, tal qual ela se nos apresenta com todos os seus desafios. Assim, esta *sociedade em transformação* recebe o seguinte diagnóstico: uma sociedade inspirada no modelo pura-

---

45 CNBB, *DG 1979-1982*, p. 856.

46 Cf. *Ibid.*, p. 857-858, nºs 8-14. Em oito números a *EN* é citada 8 vezes e *Puebla* 4.

47 *Ibid.*, p. 857, nº 11.

48 *Puebla* 1-161: *Visão pastoral da realidade latino-americana.* No documento da CNBB que estamos analisando, corresponde aos números 15-23, cujo esquema é simples: ao lado de cada ponto negativo, ressalta-se o aspecto positivo. Infelizmente a divisão malfeita, dificulta a compreensão.

mente quantitativo, envolvida na escalada do *ter mais*. Por outro lado, o vigor novo do povo que vai se enucleando em bases comunitárias é sinal da crescente conscientização crítica diante do consumismo. Denuncia-se a tecnocracia burocrática que tudo decide sem participação popular e os meios de comunicação social a serviço do consumismo que vão se deslizando para o declive da permissividade. Merece destaque ainda a estrutura agrária brasileira instalada sobre o latifúndio que provoca a proletarização do trabalhador rural; contra esse "sistema iníquo" surgem iniciativas quer na Igreja (Pastoral da Terra), quer na sociedade (Estatuto da Terra).

Ao lado do esvaziamento do campo e da urbanização desorganizada, constata-se uma falta de atuação evangelizadora da Igreja, cuja pastoral se identifica com modelos estranhos à nossa cultura, abrindo espaço para o avanço de movimentos religiosos sectários. De outro lado, as CEBs são uma resposta a esse problema: elas não se constituem apenas num mero fenômeno social, mas se manifestam como uma vivência religiosa de participação e comunhão. O setor educacional está estruturado mais a serviço das classes privilegiadas, tornando-se a educação uma empresa com objetivos de lucros. Por fim, a grande transformação focalizada é o processo de secularização e secularismo que atinge sobretudo o meio urbano e ameaça retirar da Igreja sua destinação pastoral e evangelizadora, reduzindo-a à condição de concessionária de serviços religiosos. Ao secularismo se opõe uma nova busca de espiritualidade e religiosidade, como também de novas formas comunitárias.

3) A partir da opção pelos pobres

Com todas as suas marcantes características, a pastoral brasileira não poderia deixar de assumir tal opção cujas bases tinham sido lançadas em *Medellín*, porém muito mais aprofundada e explicitamente assumida em *Puebla*. As *DG* ratificam a "clara e profética opção preferencial e solidária pelos pobres no intuito de sua integral libertação" (*Puebla* 1134)[49]. São ressaltados dois aspectos dessa opção; o primeiro é de cunho intereclesial: a conversão de toda a Igreja, e o segundo é visto como consequência da evangelização e de conotação sociopolítica: a libertação dos pobres. Amar a Deus e ao irmão significa comprometer-se, em nível pessoal e estrutural,

---

49 CNBB, *DG 1979-1982*, p. 864, nº 25. Note-se que na formulação do *objetivo geral* não constam os quatro adjetivos (clara e profética, preferencial e solidária) que acompanham essa *opção* conforme a formulação de *Puebla*. Com o andar dos tempos e forçados pelas correntes mais moderadas e mais "à direita", além de *opção preferencial*, falar-se-á também de *opção não exclusiva*.

com o serviço e promoção dos mais pobres e humilhados, arcando com todas as consequências no plano das realidades temporais[50], apontadas logo a seguir.

4. Pela libertação integral do homem

Após reafirmar a típica expressão de *Puebla,* "libertação de todos os homens e do homem todo em Jesus Cristo", afirma-se que a ação evangelizadora da Igreja não visa só à libertação os pobres, mas – através dela – à dos ricos[51]. E se faz um elenco dos *anseios de libertação*: igualdade de todos os cidadãos e as mesmas oportunidades para todos, exercício de suas liberdades, legítima autodeterminação. Porém, a libertação integral não se restringe aos aspectos temporais, mas inclui os transcendentes: anúncio e salvação em Jesus Cristo, libertação do pecado pessoal e social, libertação realizada na história pessoal e social, abrangendo todas dimensões da existência. Por fim, a libertação *para* o crescimento na comunhão com Deus e os homens, que culmina na comunhão escatológica[52]. Como se vê, as *DG*, nas pegadas de *Puebla* e na tradição de *Medellín,* assumem as coordenadas das correntes teológicas da libertação com equilíbrio e ponderação, fugindo a exageros e radicalismos.

5. Numa crescente participação e comunhão

O binômio que caracterizou *Puebla* foi assumido nas *DG*, e através dele se opta por um claro modelo eclesiológico. No documento latino-americano fala-se em *comunhão e participação,* ao passo que aqui nas *Diretrizes* há inversão dos elementos. Coloca-se antes a participação, quase que numa proposta de processo indutivo: de fato, tais realidades são almejadas antes de tudo na sua concretude social; assim, no âmbito de Igreja,

> esta exigência, apesar de permanecer em parte, uma realidade a ser conquistada, já deve encontrar sua realização onde atuam seus agentes através da liturgia, oração, testemunho, catequese, processos de educação e comunicação social e outros[53].

As CEBs e outras formas de comunhão na Igreja particular são reafirmadas como lugar privilegiado de participação livre e responsável em comunhão

50 Cf. *Ibid.*, p. 865, nº 27.

51 Cf. *Ibid.*, p. 867, nº 29-30.

52 Cf. *Ibid.*, p. 867-868, nº 31-32.

53 *Ibid.*, p. 869, nº 34.

fraterna; ao mesmo tempo devem se constituir para a sociedade num exemplo de modo de convivência onde liberdade e solidariedade estão unidas[54].

O modelo de uma *eclesiologia comunional* que exerce seu papel sacramental diante do mundo é claramente descrito nas seguintes palavras:

> A constante renovação da vida comunitária eclesial, chamada a ser sinal e sacramento da fraternidade que Cristo trouxe a todos os homens, será também um meio dos mais eficientes para que a Igreja contribua na criação de uma nova sociedade, mais justa e mais fraterna, baseada sobre a participação de todos os cidadãos, em igualdade de condições, na decisão do destino da sociedade[55].

Reconhecendo o *desafio imenso* que um tal modelo eclesiológico impõe, conclui-se manifestando grande vontade de envolver, principalmente os pobres, na vida da Igreja e da sociedade: além de falar do pobre e pelos pobres, é preciso que agora todos estejam unidos aos pobres[56].

6. *Visando à construção de uma sociedade fraterna*

Um dos frutos da evangelização dentro de uma sociedade em transformação, a partir da opção pelos pobres, sonhava-se com a construção de uma sociedade nova, justa e fraterna, assim caracterizada: qualidade de vida mais humana, distribuição justa dos bens e oportunidades, convivência social fraterna, mudanças estruturais que assegurem uma situação justa para todos e participação de todos nos frutos dos progressos técnico-científicos[57].

O poder do evangelho deve-se manifestar como força renovadora e transformadora da convivência humana. Será esta uma distante utopia? Pode ser, mas a Igreja com tais objetivos crê plenamente que está realizando os desígnios de Deus, tal como Ele se deu a conhecer na história do Povo Eleito, dos Profetas e sobretudo em Jesus Cristo e sua Igreja[58].

---

54 *Ibid.*, p. 869-870, nº 35-36.

55 *Ibid.*, p. 870, nº 37.

56 *Ibid.*, p. 870, nº 38, 40.

57 *Ibid.*, p. 871, nº 41-42. Neste ponto o planejamento pastoral mostra-se bastante utópico ao falar de *construção de uma sociedade fraterna*; no quadriênio posterior (1984-1987), vai-se propor a *construção de uma sociedade justa e fraterna*: cf. CNBB, *DG 1983-1986 in CM* (1983) nº 368, p. 599, 621-625; no quadriênio seguinte (1987-1990) ameniza-se a fórmula ao afirmar: *participar da construção de uma sociedade justa e fraterna*: cf. CNBB, *DG 1986-1990 in CM* (1987), nº 413, p. 1003, 10024-10029, e finalmente será fixada a fórmula mais realista: *participar da construção de uma sociedade justa e solidária*: cf. CNBB, *DG 1991-1994 in CM* (1991), nº 452, p. 1030, 1035-1036.

58 CNBB, *DG 1979-1982*, p. 872, nº 43-45.

7. *Anunciando assim o Reino Definitivo*

Diante de um modelo evangelizador tão empenhado nas transformações do mundo, é necessário afirmar claramente a dimensão escatológica da missão da Igreja. É o que se quer explicitar no último item do *objetivo geral*. Se a construção de uma sociedade justa e fraterna é um objetivo próximo e imediato da ação evangelizadora, seu objetivo último adquire projeção escatológica: o Reino de Deus, que introduz a humanidade num novo relacionamento com Deus e com os homens entre si, não se esgota na história. Presente na história em germe, por força do mistério pascal de Cristo Jesus, o Reino Definitivo se realiza quando Deus for tudo em todos, na plenitude de comunhão e participação que constituem a própria vida de Deus. Seria utópico procurar no tempo a plenitude que acharemos somente no encontro com o Pai[59].

b. A catequese no contexto das Diretrizes Gerais 1979-1982

Importa analisar agora as opções catequéticas traçadas explicitamente na segunda parte das *DG*. Seguindo as determinações da 17ª AG, são mantidas as seis linhas pastorais que já vinham estruturando a pastoral brasileira desde o *PPC*: unidade visível da Igreja, ação e animação missionária, catequese, liturgia, ecumenismo e diálogo religioso, presença da Igreja no mundo. De fato, elas "além de englobarem a complexidade da ação evangelizadora, têm sido bem aceitas como quadro de referência para as atividades pastorais em seus diversos níveis[60]".

A *Linha 3* continua com o nome de *catequese*, e em três pontos se descrevem sua identidade, seus objetivos e algumas diretrizes.

1. *Identificação da Catequese*

Primeiramente o texto das *DG* descreve a catequese colocando-a dentro do processo global de evangelização e com uma acentuação fortemente cristocêntrica; a cristologia espelha as características ressaltadas pelas correntes da teologia da libertação:

> A catequese, dentro do processo global da evangelização, procura "promover a educação ordenada, progressiva e permanente da fé", explicitando o mistério de Jesus de Nazaré, Filho de Deus, que compartilha a vida do seu povo; anuncia e realiza o Reino; funda a Igreja; está vivo, presente e atuante na história dos homens e da Igreja[61].

---

59 Cf. *Ibid*., p. 873-874, nº 46-48.

60 *Ibid*., p. 875, nº 53.

61 *Ibid*., p. 896, nº 84.

A seguir a pastoral catequética é caracterizada por cinco dimensões: pessoal e permanente, comunitária, missionária, integradora, histórica[62]. As três primeiras já haviam aparecido claramente na reflexão anterior. As duas últimas, embora não sejam tão novas (pois em *Medellín* já estavam presentes), ao menos em sua formulação, são agora introduzidas no linguajar catequético e popularizadas através do planejamento pastoral. A dimensão *integradora* quer traduzir a necessidade de a catequese unir ou *integrar* os vários elementos que compõem a complexidade de seu conceito tal como é descrita pelo Sínodo de 1977 e por *Puebla*: conhecimento da palavra de Deus, a confissão de fé na vida quotidiana, fundamento na Sagrada Escritura, Tradição e Magistério, formação para a vida de oração e para o testemunho cristão[63]. Acena também à integração entre os vários *lugares* da catequese: família, CEBs, paróquia, escola, movimentos e outros grupos, sempre com referência à própria Igreja Particular e Universal[64]. Quanto à dimensão histórica, é a tradução do objetivo geral quando fala da necessidade de os cristãos, a partir do evangelho, construírem o mundo temporal e a trabalharem pela libertação integral. À catequese cabe a tarefa de *despertar* os cristãos para esse compromisso[65].

2. Objetivos específicos da Linha 3

Tais objetivos visam colocar em prática o *objetivo geral* das *DG*. São três metas que acentuam claramente a comunhão eclesial e o compromisso sociopolítico na educação da fé (por duas vezes se fala em pobres). Eis como são formulados:

> Na situação atual da sociedade brasileira, a catequese procurará: 1. Descobrir, a partir da opção pelos pobres, princípios e critérios para uma pedagogia da fé, baseada nas situações reais do povo, iluminadas pela Sagrada Escritura, a Tradição viva e o Magistério da Igreja, aproveitando os métodos educativos que favorecem a participação; 2. Orientar com preferência para os pobres os serviços e recursos educativos da Igreja, em vista de uma crescente participação

62 Cf. *Ibid.*, p. 896, nº 85.

63 A primeiríssima redação do futuro Documento *Catequese Renovada*, feita pelo Pe. W. Gruen, é de julho de 1980, portanto posterior a este documento. Entretanto, este conceito de *integração* aqui expresso assumiu um sentido muito mais rico e denso: *integração*, que mais tarde evoluiu para *interação*, vai significar a salutar simbiose entre fé e vida, entre evangelho e realidades humanas, entre formulações da fé e cultura humana. Por isso, superou em muito a concepção *integradora* aqui expressa.

64 Cf. CNBB, *DG 1979-1982*, p. 897, nº 85 d; mais na frente, no nº 88, 2, se falou da unidade entre catequese sacramental e vivencial, catequese doutrinal e situacional.

65 Cf. *Ibid.*, p. 897, nº 85 e.

e comunhão; 3. Despertar eficazmente novas formas de compromisso sério, especialmente no campo da justiça[66].

3. Algumas diretrizes

Sob esse título as *DG* fornecem orientações mais concretas, sempre numa linha de fortificar as dimensões situacional e sociopolítica da catequese. A terminologia de *Puebla* encontra-se presente, quando se fala de *fidelidade* a Deus, ao homem, à Igreja, às situações humanas e à construção da história, ao compromisso da libertação integral do homem e da sociedade. No final faz-se um aceno à formação dos agentes de catequese saídos das comunidades, a serviço delas, e a atenção que se deve dar ao Ensino Religioso Escolar para que a escola seja uma comunidade evangelizadora[67].

Por fim, as normas atinentes à ação catequética insistem na evangelização da cultura e na valorização da religiosidade popular, na unidade entre catequese sacramental e vivencial, catequese doutrinal e situacional, na participação na comunidade eclesial, na importância das atividades e as técnicas audiovisuais[68]. O método de reflexão nas CEBs, isto é, reflexão sobre a realidade à luz do Evangelho, é considerado a forma mais adequada da educação da fé[69].

Conclusão

Ao concluirmos esta análise sobres as *DG 1979-1982* podemos afirmar que elas trouxeram significativo avanço para o MCB. As inovadoras aquisições de *Medellín*, agora reformuladas e reequilibradas por *Puebla*, passam a fazer parte oficialmente do plano pastoral brasileiro com repercussão na catequese. É a sedimentação e ao mesmo tempo assunção, por parte do episcopado, dos princípios e orientações que o MCB vinha conquistando, ainda mesmo antes de *Medellín*. A fidelidade a Deus, ao homem, à Igreja, as concretas situações históricas pelas quais passava o Brasil, a opção preferencial pelos pobres, a valorização da religiosidade popular e o respeito às culturas, o interesse por todas faixas etárias, com especial acento sobre os adultos, a importância que assumem as CEBs como modelo pedagógico na educação da fé, o esforço de integração entre as várias dimensões da catequese, o empenho pela formação dos catequistas: tudo isso caracterizou a

66 Cf. *Ibid.*, p. 897-898, nº 86.

67 Cf. *Ibid.*, p. 898-899, nº 87.

68 Cf. *Ibid.*, p. 899, nº 88; R. MENDES DE OLIVEIRA, *O Movimento Catequético*, p. 154.

69 Cf. CNBB, *DG 1979-1982*, nº 88, item 4, p. 900.

catequese idealizada por essas *DG 1979-1982*[70]. E assim permaneceu definitivamente integrada na nossa tradição catequética através do Documento *Catequese Renovada* que, à luz dessas *Diretrizes*, começou a ser gestado[71].

Agora sim devemos acompanhar mais de perto a elaboração de *Catequese Renovada*, que confluindo, sistematizando, integrando e completando todos esses elementos gerou o maior projeto catequético da história do MCB, com as consequentes mudanças na prática pastoral catequética.

2. PASSOS EM DIREÇÃO A UM ROTEIRO CATEQUÉTICO

Como vimos, nascera dentro do MCB, além desses princípios e orientações exaradas nas *DG 1979-1982*, também a expectativa a respeito de um *texto básico-doutrinário, como núcleo catequético* para todo o Brasil. Não se tratava em absoluto do desejo de um catecismo doutrinal, como fizemos notar, mas de um *roteiro, núcleo catequético, temário, ou temas fundamentais*[72]. O episcopado manifestara preocupação com relação ao *conteúdo* da catequese, após tanta reflexão sobre seus princípios e orientações.

A questão era a seguinte: após a derrocada da catequese doutrinal, após as reformas do Vaticano II e de sua releitura latino-americana através de *Medellín* e *Puebla*, quais são os conteúdos da mensagem cristã que devem

70 No final de 1982 ao fazer uma avaliação deste quadriênio a Linha 3 mostra a real influência destas *DG 1979-1982* na caminhada da catequese, especificando a maneira como cada um dos itens do *objetivo geral* foi orientando as várias atividades catequéticas: cf. CNBB, *Reunião da Presidência e CEP: Ata da Reunião conjunta dos Bispos e assessores de 27-29 de dezembro de 1982. Anexo: avaliação do Plano Pastoral. Linha 3 – Catequese in CM* (1982), nº 363, p. 1311-1312.

71 Bernardo CANSI, em sua tentativa de análise da catequese nos planos de pastoral da Igreja no Brasil, faz a seguinte afirmação: "As diretrizes pastorais dos anos 1979-1982 trazem em seu bojo inspirações, critérios, dimensões, exigências, pedagogia, métodos, fontes que serão incluídos em *Catequese Renovada Orientações e Conteúdo*. Especialmente a pedagogia, o método, o processo educativo comunitário, integral das CEBs estão sendo a pista, o caminho para a elaboração do tão célebre "núcleo catequético" solicitado pela CNBB, desde as assembleias de 1979-1982": ID., *A catequese nos planos de pastoral da Igreja no Brasil – 1962-1994*, Brasília 1994, p. 10, mimeografado. Na verdade, como vimos, o pedido por parte da CNBB de um *núcleo* ou *roteiro* de catequese remonta a 1976 (porém em nível de Igreja Universal!) quando se preparava o Sínodo de 1977. É importante, porém, o testemunho do Frei Bernardo Cansi que muito trabalhou durante a preparação de *CR*, mas principalmente depois, como seu divulgador e implantador.

72 Dom A. CAVALLIN pensava também que na raiz desta busca de um roteiro estariam "as exigências de muitos catequistas que pediam, com urgência, um núcleo ou roteiro nacional de temas de catequese, diante da proliferação de novos manuais de catequese após o Vaticano II. Uma pesquisa revelou que, em todo o Brasil, havia mais de 200 tipos de catecismos, para todas as idades, situações, ambientes". ID., *A Catequese na 21ª AG da CNBB in RdeC* 6 (1983), nº 23, p. 7. Dom Paulo PONTE acena à expressão "festival de textos" para designar uma certa inflação de manuais sem critérios seletivos: cf. ID., *A fé explicada aos jovens e adultos* [recensão] *in RdeC* 4 (1981), nº 13, p. 93. Segundo este parecer, a causa do *Roteiro Nacional* seria a unificação dos textos de catequese, discussão que já vinha de longa data, como vimos.

ser propostos pela catequese? Insiste-se, então, sobre a *sistematização* de tais conteúdos num texto claro, catequético e de natureza *doutrinal*, pois se tratava de considerar, sob o aspecto da doutrina, o que apresentar na catequese hoje. Naturalmente havia, como ainda há, segmentos dentro do corpo episcopal, que pensava a catequese em termos exclusivamente doutrinais; pior ainda, aspiravam uma doutrina formulada sob modelos teológicos já há muito superados. Porém, estando no que dizem os documentos, como mostramos, não se pode afirmar que o episcopado como um todo estava orientado nessa linha, ou seja, voltar à catequese doutrinal, ao solicitar um *roteiro catequético*[73].

Houve resistência por parte de catequetas e assessores em elaborar simplesmente um *temário* (por mais renovado que fosse). Eles miravam mais longe pensando num texto que também recolhesse e aprofundasse a trajetória feita até então. *Mutatis mutandis*, pode-se dizer que ocorreu, mais ou menos, naqueles idos o sucedeu com a redação do *Catecismo da Igreja Católica* (*CaIC*): os catequetas, de um modo geral, rejeitavam a ideia de um *catecismo universal*, enquanto a Jerarquia insistia em sua necessidade; se para a fase final da redação do *CaIC* os catequetas não foram tidos em conta (prevalecendo mais os teólogos), para o Documento *Catequese Renovada* não foi assim. Para solucionar a questão do conteúdo catequético, a *Linha 3* convocou as forças vivas da catequese do país, e se formou um grande mutirão em torno de um projeto comum. Tal projeto não era tão claro no início, mas com o andar do tempo ele delineou-se melhor, tomou corpo e foi levado a bom termo. Da confluência desse desejo do episcopado e da proposta de assessores surgirá o documento *Catequese Renovada Orientações e Conteúdo*, que, como seu próprio nome revela, contém uma coisa e outra.

Em vista da formulação desses *temas fundamentais de catequese* à luz de toda a renovação em curso na Igreja, o argumento *catequese*, como já vimos, entra como assunto importante para a AG da CNBB do ano seguinte.

---

73 Creio também não corresponder aos fatos uma certa oposição dialética que N. G. Tolentino coloca em seu trabalho, entre expectativa dos bispos (que seria de um *texto doutrinal*) e as expectativas os catequistas de base e catequetas, que se orientariam mais na direção da elaboração de princípios e orientações: cf. ID., *A renovação da catequese no Brasil*, p. 76-79. É claro que a posição dos assessores era sempre mais avançada: estes, liderados principalmente pelo Pe. W. Gruen, queriam fazer valer a tese, que acabou prevalecendo, de que a *caminhada da comunidade*, as experiencias de vida cristã vividas nas comunidades, fazem parte do conteúdo da catequese, enquanto que os bispos acentuavam mais os *aspectos doutrinais da mensagem*. A confluência destes dois pontos de vista é que desaguará em *Catequese Renovada* de 1983. É o que logo trataremos.

Para prepará-lo a *Linha 3* convocou um *Seminário Nacional sobre catequese* que será o primeiro de uma longa série de reuniões, assembleias episcopais, encontros, grupos de trabalho, debates, discussões, confrontos, esquemas, críticas, cujo fruto, daí a três anos, será o documento *CR*. Intensificava-se consideravelmente o MCB levantando a discussão sobre o *temário* ou *roteiro* catequético, da qual, nesse primeiro momento tomam parte principalmente as lideranças catequéticas. O envolvimento das bases acontecerá principalmente depois, como veremos no capítulo seguinte. Acompanhemos o desenrolar desse movimento.

2.1 Seminário Nacional de Catequese em novembro de 1979

Convocado pelo então assessor da *Linha 3*, Pe. João Bosco Nunes de Oliveira, o *Seminário Nacional de Catequese* realizou-se em São Paulo, na Faculdade Anchieta, dos Jesuítas (km 22 da Via Anhanguera, SP), de 14-17 de novembro de 1979. Ao todo eram 26 participantes (catequistas, catequetas, elaboradores de textos, membros do INP), com predominância do Centro-Sul do País[74]. Os resultados do seminário foram divulgados em várias publicações[75]. O objetivo apresentava-se assim confusamente redigido: "propor uma linha-mestra de temas para estudo e reflexão e critérios prin-

74 Além de Dom Albano Cavallin, responsável pela *Linha 3* e coordenador do *Seminário*, de Dom Décio Pereira, encarregado da catequese no Regional Sul I (SP), do Pe. João Bosco Nunes de Oliveira e Ir. Maria da Glória Bordeghini, assessores nacionais de catequese, foram convidados e compareceram: Firmino José Cansi (Frei Bernardo Cansi, conferencista; foi, depois, um dos grandes animadores do MCB a partir deste momento), Visitatio Lemos Gibson, Nereu Meirelles Silveira (é sua última aparição num encontro de catequese), Israel José Nery (futuro assessor da L3 e grande animador do MCB), Alberto Antoniazzi (responsável pela redação final de *CR*), Inês Broshuis (futura assessora da *Linha 3*), Silvino V. Kunz, José Freitas Campos e Terezinha Batista (únicos representantes do Nordeste), Elisabeth Moreaux, João Antônio Ruiz de Gopegui Santoyo (conferencista, ex-assessor nacional da catequese), Wolfgang Gruen (um dos inspiradores de *CR*), Celina Rezende Pinto (da escola *Lumen Christi* de Campinas), Vicente de Paulo Bohn, Francisco Viana Pires (conferencista), R. Mendes de Oliveira (conferencista, ex-assessor da *Linha 3*, fundador e redator da *Revista de Catequese*), Carmen Maria Pulga, Celia B. Cadorin, Luiz Alves de Lima (redator da IIIa. parte de *CR*), Lúcia Helena Pereira, Benedito Ballio Prado e Ademar Agostinho Sauthier: cf. CNBB – LINHA 3, *Seminário de Catequese: São Paulo 14-17/11/1979 in CM* (1979) nº 327, p. 1234-1243. E ainda: *Participantes ao Seminário*, lista mimeografada a álcool, distribuída aos participantes. Note-se que destes 26 participantes, ao menos 10 participaram diretamente da redação de *CR* e 9 participaram, a partir de 1984, do Grupo Nacional de Reflexão Catequética – GRECAT.

75 CNBB – LINHA 3, *Seminário de Catequese: São Paulo 14-17/11/1979* (cf. nota anterior); CNBB, *Seminário Nacional de Catequese in RdeC* 3(1980), nº 9, p. 48-53; encontramos também um resumo das conclusões deste *Seminário* em R. MENDES DE OLIVEIRA, *O Movimento Catequético*, p. 156-159; o autor atribui ao *seminário* o título da palestra que ele aí pronunciou: *A caminhada histórica da catequese no Brasil*: cf. *Ibid.*, p. 156; é interessante o resumo que faz da reflexão teológica.

cipais de pedagogia e metodologia para a catequese no país"[76]. Mas, nas conclusões finais, se esclarece que a finalidade do encontro tinha sido "fundamentar critérios sobre conteúdo e metodologia para a pastoral catequética", à luz dos recentes documentos e da caminhada histórica da catequese no Brasil[77]. Portanto, não se ia diretamente ao *conteúdo* da catequese, mas se queria refletir sobre os *critérios* para a escolha de conteúdo. A dinâmica consistiu em quatro palestras aprofundadas depois em grupos, discussão em plenário e elaboração de *conclusões* assumidas pelos participantes[78].

2.1.1 As Conclusões do Seminário

As *Conclusões* apresentam inicialmente um breve *histórico da catequese* nos últimos anos, a partir do Pe. Álvaro Negromonte, e a relação de *alguns impasses*: descompasso da catequese com relação ao processo global de evangelização, falsa oposição entre catequese nocional e situacional, falta de apoio das comunidades e do clero, deficiência na formação catequética do clero etc.[79]. A parte mais importante é o *Marco Referencial*: além de reafirmar as *DG 1979-1982* como o *marco fundamental* das reflexões do Seminário, as *Conclusões* aprofundam, em síntese, as seguintes proposições doutrinais:

1. A catequese faz parte do *processo global de evangelização*; o específico catequético está no processo pedagógico da explicitação do conjunto da ação da Igreja através de uma linguagem articulada e coerente de fé.
2. É importante o aspecto doutrinal, porém, a *doutrina* nasce, no cristianismo, de uma realidade que transcende toda formulação doutrinal: a relação viva da Comunidade com o Senhor Jesus presente nela pelo Espírito.

---

76 João Bosco NUNES DE OLIVEIRA, *Circular aos participantes de Seminário de Catequese C. nº 1523/79 – Linha 3* de 1º de outubro de 1979, arquivo da *Linha 3*.

77 Cf. CNBB – LINHA 3, *Seminário de Catequese*, p. 1234.

78 As palestras foram: Pe. R. MENDES de OLIVEIRA: *Caminhada da Catequese no Brasil a partir dos Planos de Pastoral da CNBB*; Frei Bernardo CANSI: *Critérios de uma catequese autêntica*; Juan Antonio RUIZ DE GOPEGUI, *Fundamentos de Metodologia*; Pe. Francisco Viana PIRES, *Aspectos Sociais da Catequese no Brasil atual*: cf. CNBB – LINHA 3, *Seminário de Catequese* p. 1234.

79 Cf. CNBB – LINHA 3, *Seminário de Catequese*, p. 1234-1237. Escreve J. GEEURICKX: "Neste Seminário constatou-se, inclusive que "há duas caminhadas na catequese: uma de quem elabora documentos e a outra de quem age na catequese"". ID., *História do documento*, p. 10. Por sua vez O. LUSTOSA *in Catequese Católica no Brasil*, p. 158, citando J. GEEURICKX, fala de um "perigoso dualismo" entre as bases e a cúpula pensante...

3. A doutrina, portanto, *só pode nascer da vida de uma comunidade* que, a exemplo de Jesus, opta pelos pobres e se decide a caminhar com eles buscando sua libertação.
4. A *ortodoxia* só pode ser pensada a partir da *ortopráxis*, sem oposição entre ambas: a fidelidade da doutrina nasce da fidelidade do caminhar em Cristo, que é anterior; esta concepção de doutrina *suprime toda oposição e dualismo* entre catequese vivencial, doutrinal e sacramental.
5. O conteúdo, metodologia e critérios devem ser pensados a partir da relação viva e do seguimento de Cristo Libertador: *o conteúdo não pode ser outro senão Cristo* como Evento Libertador de Deus na História.
6. Este Evento chega até nós pela Tradição da *comunidade de fé*, da qual faz parte a Escritura como momento e norma da mesma Tradição.
7. A forma de um *conteúdo catequético* envolve sempre estes elementos: a *situação concreta do homem*, a *Bíblia* lida no contexto da Tradição, a *Comunidade Eclesial*, dirigida pelo Espírito de Jesus Cristo sob a *orientação do Magistério*; as *formulações da fé* aparecidas ao longo da história são importantes, mas estão a serviço da Palavra Viva.
8. Jesus Cristo só se torna *conteúdo* vivo da catequese, através da articulação correta de todos esses elementos.
9. A *metodologia catequética* consiste na articulação de uma situação histórica com a Tradição do Evangelho no interior de uma comunidade de fé: esta passa a ser *sinal dinamizador* do processo de libertação (salvação!) da humanidade; neste sentido, as CEBs tornam-se o melhor *caminho* (metodologia) de educação da fé, mas em termos de pedagogia concreta os métodos para realizar tal articulação são inúmeros.
10. Evidencia-se a necessidade cada vez mais urgente de uma *catequese permanente*, pois as diversas *formulações da fé* nunca são estáveis e definitivas: elas devem nascer constantemente de uma *experiência de fé* que se esclarece e se aprofunda continuamente[80].

Outros aspectos da catequese são considerados nestas *Conclusões*: lugares ou momentos da catequese (CEBs, círculos bíblicos, paróquias, família, escola, liturgia, grupos, associações e movimentos). Dão também importância à *formação de agentes catequéticos* para que saibam distinguir com

80 Cf. CNBB – LINHA 3, *Seminário de Catequese*, p. 1237-1240.

maturidade a presença ou ausência de Deus nos acontecimentos e possam ser construtores de comunidades e agentes de transformação do ambiente. Por fim, apresentam sugestões para linhas de ação[81].

2.1.2 O significado e repercussão destas conclusões

Podemos reconhecer nesses 10 itens as ideias que agitaram o MCB neste período e o núcleo do futuro documento *CR*. As grandes intuições já estão presentes: nota-se um radical *cristocentrismo*, uma substancial *eclesiologia comunional* e uma forte *dimensão antropológico-situacional* subjacentes ao arcabouço portante do discurso catequético. A preocupação da *Linha 3* era formular os *conteúdos da catequese*, e esse Seminário acaba afirmando que o conteúdo fundamental da catequese é o seguimento de Jesus Cristo dentro da comunidade de Fé que o transmite por um processo de Tradição à qual pertence a Escritura; tudo isso articulado com as situações concretas da vida. À luz dessas teses é que se entende aquela outra formulação tão divulgada naqueles anos: *a caminhada da comunidade faz parte do conteúdo da catequese*. Para o episcopado não foi fácil assimilar e integrar, como veremos, esse princípio dentro do Documento *Catequese Renovada*. Inúmeras discussões, assembleias, reuniões, documentos e confrontos se sucederam até se chegar a uma formulação aceita e aprovada.

Ressalte-se também a influência que tiveram os palestristas com suas exposições durante o Seminário. De um modo especial, pode-se dizer que o influxo maior foi a do Pe. Juan Antonio Ruiz de Gopegui, sj. De fato, encontramos essas ideias em seus artigos publicados quer antes do Seminário, enquanto era assessor da *Linha 3* em 1972[82], e principalmente num artigo publicado logo depois (mas que provavelmente é o texto de sua palestra), onde tais conceitos são aprofundados[83]. Esse catequeta jesuíta espanhol, radicado em Minas Gerais, não esteve muito presente no processo de redação do Documento *CR* (1983), mas a exposição de suas ideias nesse momento foi fundamental para o prosseguimento do MCB.

---

81 Cf. CNBB – LINHA 3, *Seminário de Catequese*, p. 1241-1243.

82 Juan Antonio RUIZ DE GOPEGUI, *Evangelização: algumas reflexões críticas in CM* (1972), nº 238, p. 22-29; ID., *Evangelização: problema de linguagem in CM* (1972), nº 239, p. 134-141; ID., *Evangelização e Libertação in CM* (1972), nº 241, p. 83-90.

83 Juan Antonio RUIZ DE GOPEGUI, *A Catequese após Puebla: uma reflexão teológica sobre a metodologia in Síntese* 7 (1980), nº 18, p. 3-19. Aí encontramos de um modo especial uma reflexão sobre a *singularidade do conceito de "doutrina" no cristianismo* (p. 7), *a catequese e o processo de evangelização* (p. 8-11) e a *metodologia da catequese*: papel das CEBs, a articulação entre escritura e realidade, o cristocentrismo na catequese e o papel das formulações tradicionais da fé (p. 12-19).

Aconteceu, porém, outro fenômeno: o Seminário havia sido convocado também visando à preparação de um subsídio para a 18ª AG da CNBB que se reuniria no ano seguinte. Ora, o que foi apresentado como subsídio para esta 18ª AG continha apenas uma parte dessas *conclusões*; toda a parte teológica que acima apresentamos em 10 teses foram omitidas. Os que estavam à frente da *Linha 3* talvez não concordassem cabalmente com aquelas teses ou não queriam apresentar à Assembleia Episcopal um documento com ideias tão avançadas... e prepararam um subsídio mais descritivo e factual, que fazia jus ao título: *Panorama sobre a catequese no Brasil*[84]. Consequentemente o conteúdo desse Seminário passou empobrecido para a 18ª AG.[85].

O fato é que tais posicionamentos do *Seminário Nacional* de novembro de 1979 chegaram à Assembleia Geral somente em 1981, através do trabalho do Pe. W. Gruen. Ele é que, mais à frente, aprofundou e sistematizou, em forma mais catequética, essas intuições iniciais, como veremos[86].

2.2 O tema da Catequese na 18ª Assembleia Geral do Episcopado

2.2.1 Os trabalhos e discussões durante a 18ª AG da CNBB

A 18ª AG do episcopado brasileiro se reuniu de 05 a 14 de fevereiro de 1980, tendo como *assunto maior* o candente tema da *pastoral da terra*, e logo a seguir a *catequese*[87]. Esse tema foi introduzido dia 06/02 com uma palestra de Dom Aloysio Lorscheider sobre a *Catechesi Tradendae*[88] e uma

---

84 CNBB – LINHA 3, *Subsídio Referente à votação 2: B) Panorama sobre a catequese no Brasil in CM* (1979), nº 329, p. 233-238. N. G. TOLENTINO não se refere a estas *Conclusões* do Seminário Nacional de São Paulo e apresenta apenas o *Panorama* reelaborado (e empobrecido, a meu ver) a partir destas *conclusões* com omissão da parte teológica e apresentado à 18ª AG de 1980: cf. ID., *A renovação da catequese no Brasil*, p. 80.

85 Por sua vez, Dom Albano Cavallin, perguntado sobre a causa da ausência desta parte teológica no documento que se apresentou à 18ª AG, respondeu: "Por razões de política eclesiástica. Muitos bispos não aceitavam aquelas posições teológicas exaradas no documento, donde era prudente apresentar apenas os dados genéricos (o *ver* e o *agir*), sem o marco referencial (*julgar*). Naquela época devíamos ter muita prudência; corria-se o risco de queimar todo processo somente por apresentar alguns pontos de vista teológicos discutíveis": A. CAVALLIN, *Depoimento*.

86 Parece que nestas *Conclusões do Seminário* já encontramos as duas primeiras partes de *CR*: visão histórica (juntamente com os aspectos problemáticos da catequese: nesta parte se encontram as contribuições da palestra do Pe. R. Mendes de Oliveira) e o esboço de uma teologia da revelação, exposta pelo Pe. Ruiz de Gopegui. O Pe. W. Gruen ampliou esta reflexão com aquilo que será a IV parte de *CR* (a caminhada da comunidade como processo catequético). O tão solicitado *conteúdo doutrinal*, com razão, vai ficando para trás e apenas no último momento (final de 1982) é que entrou no Documento *CR*, embora o Pe. Gruen, já nos primeiros esquemas, tenha apresentado um esboço da *mensagem em linguagem catequética*, como veremos.

87 Cf. CNBB – 18ª AG, *Ata nº 1 de 05/02/1980 in CM* (1980), nº 329, p. 71.

88 Cf. nota 2; cf. CNBB – 18ª AG, *Ata nº 2 de 06/02/1980 in CM* (1980), nº 329, p. 77.

exposição de Dom Albano sobre o subsídio preparado pela *Linha 3* com base no *Seminário Nacional de 1979*, intitulado *Panorama sobre a catequese no Brasil*[89]. Os bispos recebem também, como *anexo* ao documento 10 (*Panorama da Catequese no Brasil)*, um outro intitulado *Temas Fundamentais da Catequese*[90], que terá um papel preponderante no desenrolar dos acontecimentos, como veremos.

Logo após a intervenção de Dom Albano (que ao expor o *Panorama* não toca no assunto do *conteúdo*), "Dom Antonio de Assis indaga se se está em busca de uma identificação dos *temas básicos e fundamentais* que sempre deverão estar presentes na catequese em todo o Brasil"[91]. Na pergunta desse bispo está sintetizada a verdadeira expectativa do episcopado. Dom Albano respondeu dizendo que no dia seguinte tal assunto seria tratado. De fato, assim acontece, mas não em forma de apresentação de um projeto de conteúdo, nem mesmo dando aos bispos os *critérios* surgidos no *Seminário Nacional* de novembro. Muito pedagogicamente a *Linha 3*, através de perguntas para os grupos, faz com que os bispos reflitam sobre o assunto. Eis as três questões

> **1.** Quais os problemas mais especificamente brasileiros que deveriam merecer maior atenção em nossa catequese? **2.** Que iniciativas e estratégias propor como mais urgentes para a caminhada da catequese no Brasil? **3.** Que temas ou núcleos seriam fundamentais para a catequese no Brasil, hoje?[92].

---

89 Cf. nota 84. O Pe. R. Mendes de Oliveira certamente é o redator deste *Panorama*; segundo ele, "serviram de fonte as pesquisas do CERIS, os Documentos da CNBB em preparação para o Sínodo de 1977, a Avaliação dos Coordenadores Regionais de Catequese, as Diretrizes da Linha 3, o *Seminário Nacional de Catequese* e o Grupo de Trabalho (1980) da Linha 3". ID., *O Movimento Catequético*, p. 161.

90 Cf. CNBB – 18ª AG, *Subsídio Referente à votação 2: C) Temas Fundamentais da Catequese in CM* (1979) nº 329, p. 239-240. É o *anexo* ao Documento 10: aí não se cita o nome do Pe. Ralfy, mas ele foi com certeza o autor; a informação consta do texto *Temas fundamentais da catequese: sugestões do Pe. Ralfy Mendes in Arquidiocese em Notícias*, XI (1980) jan.-fev., nº 88, p. 48-50, o órgão de coordenação pastoral de Belo Horizonte. Este é um primeiro esboço baseado em *Puebla*: compõe-se de uma premissa com três números e a *Proposta para um Temário Catequético segundo o esquema ver, julgar, agir*, com citações de *Puebla*. Os títulos e subtítulos são praticamente os mesmos de *Puebla*. Note-se, porém, que em sua obra sobre *O Movimento Catequético*, que termina justamente com os resultados desta 18ª AG e sobre a qual o Pe. Ralfy dedica um longo espaço de 11 páginas, não faz nenhuma referência a este *anexo* sobre os *Temas Fundamentais da Catequese*: cf. *Ibid.*, p. 159-169. Sobre este *anexo ao Documento 10* cf. ainda a nota 101.

91 CNBB – 18ª AG, *Ata nº 2 de 06/02/1980 in CM* (1980), nº 329, p. 77.

92 CNBB -18ª AG, *Ata nº 3 de 07/02/1980 in CM* (1980), nº 329, p. 79. Estas três perguntas "de certo modo sintetizavam as interrogações, desafios, esperanças e opções apontadas por Dom Cavallin" em sua exposição sobre o *Panorama da Catequese no Brasil*: cf. R. MENDES DE OLIVEIRA, *O Movimento Catequético*, p. 163.

O fruto da reflexão episcopal, após ter sido tabulado e redigido pela comissão episcopal de catequese[93], é apresentado em plenário por Dom Albano[94]: esta síntese traz uma boa imagem da catequese no que se refere à realidade sociorreligiosa, ao conteúdo e ao método catequético, aos destinatários, agentes, lugares e momentos da catequese. A comissão episcopal juntamente com assessores procurou interpretar esses dados, elaborando um segundo documento contendo *análise da situação*, algumas *causas*, três *linhas fundamentais de ação* e algumas *conclusões* de nível operacional[95]. Entre outras coisas a *análise da situação* afirma que, embora haja grande quantidade de textos, falta à catequese um *roteiro ou itinerário* capaz de ajudar o cristão a caminhar no processo permanente de educação da fé. Como *linhas de ação* sugere-se: *opção preferencial pelos pobres, CEBs e um itinerário de catequese permanente*; este último deve ser transversal, integrando todas faixas etárias, da primeira infância à velhice e integrar horizontalmente os vários lugares de catequese: comunidade eclesial, família, escola, grupos, etc.[96]. Finalmente, o doc. 28 apresentado ao Plenário neste momento por Dom Albano, trazia

> um esboço de orientações pastorais sobre a catequese, distribuído nos seguintes itens: orientações gerais, método, lugar da catequese, formação de agentes de catequese, organização e subsídios catequéticos[97].

Seguiu-se a discussão em plenário com oradores inscritos; ocuparam a tribuna 23 bispos pronunciando-se sobre o assunto. Foram tocados quase todos os temas: a necessidade de melhor organização da catequese nas dio-

---

93 Essa comissão episcopal de catequese era composta por: Dom Albano Cavallin (Coord.), Dom Paulo E. Ponte, Dom Quirino Schmitz, Dom José Freire de O. Neto, Dom Vital G. Wilderink e Dom Décio Pereira: cf. CNBB – 18ª AG, *Comissões in CM* (1980), nº 329, p. 219, nº 6. Esta comissão, com algumas alterações, acompanhou o desenrolar de todo o processo de redação de *CR*.

94 Cf. CNBB – 18ª AG, *Documento 18: Catequese – Síntese das respostas dos círculos de estudo*, mimeografado, 4 p.

95 Trata-se do doc. 24 da 18ª AG ao qual se faz referência na *Ata nº 6 de 11/02/1980* desta 18ª AG *in CM* (1980), nº 329, p. 97, b, também ele inédito. O Pe. R. MENDES DE OLIVEIRA, traz um amplo resumo deste doc. 24, do qual nos servimos, na falta da fonte original: cf. ID., *O Movimento Catequético*, p. 163-167. Esta obra foi publicada imediatamente depois desta AG, sendo suas informações, portanto, de primeira mão.

96 Esta ideia de integração horizontal e vertical é típica do Pe. Ralfy, que a divulgou muito em suas inúmeras palestras, cursos e esquemas.

97 CNBB, *18ª AG, Ata nº 6 de 11/02/1980 in CM* (1980), nº 329, p. 97, c. Pelo pronunciamento de Dom Carlos Navarro (cf. *Ibid.*, p. 106), sabe-se que tal documento 28 trazia o nome de *Orientações Pastorais sobre a Catequese*. Aliás, esse bispo manifesta sua decepção diante da fragilidade do documento: esperava algo mais substancioso e estruturado nos moldes do *ver-julgar-agir* e pede que o assunto seja tratado na AG do próximo ano (*Ibid.*).

ceses, a urgência de Institutos Pastorais de Catequese em nível nacional e regional, o ensino religioso escolar, o adulto como destinatário principal, a necessidade de subsídios para catequese sacramental e CEBs, a necessidade de formação de uma consciência crítica nos cristãos, a integração dos "momentos fortes de catequese" que ocorrem durante o ano. Cinco bispos insistiram na necessidade de um *roteiro básico nacional*, diante da impossibilidade de texto único para todo o Brasil; ninguém defendeu a ideia de um *catecismo único nacional*[98].

2.2.2 O documento final: balizamento para um futuro Documento Catequese Renovada

Com as contribuições advindas do debate em plenário esse *documento 28* foi reelaborado e apresentado para a votação, com as seguintes observações de Dom Albano:

> A intenção do *documento 28* não é oferecer de modo exaustivo a Pastoral Catequética em todas as suas dimensões, mas apenas propor alguns pontos de balizamento numa caminhada que após um tempo maior poderá desembocar até numa espécie de *Diretório Catequético*. Neste sentido deve conservar-se como está. Talvez seu título [*Orientações pastorais sobre a catequese*] seja demasiado ambicioso, devendo, quem sabe, mudar-se para não criar expectativas a que não satisfaz[99].

É a primeira e única vez que se usa a expressão *Diretório Catequético* e, embora ela tenha continuado a não ser usada, está clara a intenção de se produzir um verdadeiro *Documento "Catequese Renovada"*, com características de *Diretório catequético*. Além do mais, podem-se perceber nestas palavras do encarregado nacional da catequese o propósito de continuar o processo de reflexão, para que, tanto o episcopado como catequetas e catequistas, aprofundassem mais o assunto, e assim se chegasse a um resultado de maior consenso e, portanto, assumido por todos. E de fato foi isso que aconteceu.

---

98 A síntese do debate episcopal encontra-se em CNBB – 18ª AG, *Ata nº 6 de 11/02/1980 in CM* (1980), nº 329, p. 103-107. Na verdade, apenas Dom Silvestre Scandian falou que, além de um *roteiro ou itinerário para os agentes de pastorais*, e eventualmente um catecismo para crianças, seria útil um *livro para a família*. E cita como exemplo um dos textos mais completos, apontado por todos como modelo de subsídio renovado: o livro *Abra a porta: cartilha do Povo de Deus*, das dioceses de Teófilo Otoni, Caratinga, Divinópolis e Araçuaí (MG). , 2ª ed., São Paulo: Paulinas, 1980, 431 p. Numa linguagem simples, bem encarnada, contém catequese, orações e orientações práticas para a vida, ou seja: é um texto que procura fazer a *interação entre fé e vida*: cf. *Ibid.*, p. 103. Aliás, este texto foi novamente citado nos próximos documentos, como exemplo do modelo de interação na catequese.

99 CNBB – 18ª AG, *Ata nº 6*, p. 119.

Com o título *Orientações Pastorais Sobre a Catequese,* o documento foi aprovado unanimemente pelo plenário e largamente divulgado[100]. São 20 números bastante densos. A catequese, concebida como *processo* dinâmico, gradual e permanente (nº 3) e com uma forte *dimensão libertadora* (nº 2), é considerada *ação prioritária* da Igreja no Brasil (nº 1); no processo de educação da fé *devem ser integrados* os grandes momentos litúrgicos e festas populares (nº 4); três números dedicam-se à *dimensão comunitária,* incluindo a família (nºs 6-7); maior espaço ainda é dedicado à formação de catequistas, à *formação* catequética do clero e aos formadores. Ao INP é solicitada a tarefa de suprir a falta de um Instituto Catequético Nacional e estimula-se a criação de institutos regionais (8-15).

Por fim, interessa-nos ressaltar os cinco últimos números (16-20) dedicados diretamente ao *Roteiro de Catequese.* A prescrição é taxativa: "Elabore-se um *núcleo ou roteiro de catequese* em nível nacional". Ao redor desta disposição são indicados outros elementos: a colaboração do INP, das coordenações regionais, "contenha os elementos fundamentais exigidos pela integridade da mensagem" conforme os documentos desde o Vaticano II, contenha orientações de pedagogia catequética, seja adaptável aos regionais, dioceses e às diversas situações dos destinatários e finalmente, seja ponto de referência para os elaboradores de texto.

Na história do MCB foi a primeira vez que, *formalmente,* uma assembleia do episcopado pediu a elaboração desse *roteiro*[101]. No entanto, ainda serão necessárias três AG para que se chegue ao final deste processo. A seguir, continuaremos a acompanhar esse desenvolvimento.

2.3 Movimentação em torno do mandato da 18ª AG: *Elabore-se um Roteiro*

Diante do pedido explícito da AG de se elaborar um *núcleo ou roteiro de catequese,* a *Linha 3* acelera seus trabalhos. No começo de 1980 as atenções

100 Cf. CNBB – 18ª AG, *Ata nº 9 de 13/02/1980 in CM* (1980), nº 329, p. 128. O texto, agora chamado *documento 35* recebeu 197 votos a favor, zero contra e zero abstenções. O texto completo, com a votação em separado de cada um dos 20 números encontra-se *in* CNBB – 18ª AG, *Votação 2 in CM* (1980), nº 329, p. 156-159. Foi também publicado com o título *Catequese na 18º AG da CNBB in RdeC* 3 (1980), nº 10, p. 40-47, onde o Pe. Ralfy, como principal assessor desta AG, expõe todos os passos do seu *iter,* como ele publicou depois em sua obra *O Movimento Catequético,* p. 159-169.

101 Como vimos, o assunto fora tratado na AG do ano anterior, mas só a nível de grupos regionais; as propostas ficaram apenas como sugestões. O *Anexo ao documento 10: Temas fundamentais da catequese* (baseado em *Puebla*) não foi objeto de discussão e muito menos de votação, embora tenha sido publicado *in CM* (1980), nº 319, p. 238-240.

estavam voltadas para a preparação da iminente visita do Papa São João Paulo II ao Brasil. A partir de junho, entretanto, começou-se uma sucessão de reuniões, encontros e debates que vão dando ao MCB uma vitalidade comparável somente à dos anos do imediato pós-concílio. Tal burburinho permanece, porém, em nível de cúpula e assessores. O verdadeiro envolvimento de catequistas e coordenadores nas dioceses aconteceu no ano seguinte. São os passos desse eficiente processo, que acompanharemos.

2.3.1 Seminário de elaboradores de textos: junho de 1980

a) Realização do Seminário e síntese elaborada pelo Pe. Antoniazzi

Como no ano anterior, novo seminário é convocado, agora *Seminário de elaboradores de textos*; reuniu-se de 20 a 22 de junho de 1980 em São Paulo na mesma Faculdade Anchieta, com o objetivo de "elaborar um núcleo de conteúdo dentro de uma catequese permanente segundo as diretrizes da 18ª AG da CNBB"[102]. Estiveram presentes Dom Albano e Pe. Ralfy como coordenadores, Pe. João Bosco Nunes como assessor e outros 23 peritos, entre eles Pe. W. Gruen, Pe. Alberto Antoniazzi e vários autores de textos catequéticos. Não existe documentação a respeito deste *Seminário*; nada consta do *CM* e a própria *Revista de Catequese* publica apenas uma pequena nota[103]. O documento final inédito, encontrado nos arquivos da *Linha 3*, intitula-se *Esboço de um roteiro de catequese*[104] elaborado pelo Pe. A. Antoniazzi com uma sua apresentação onde ele afirma que o roteiro sintetiza fielmente as contribuições, não tendo havido, porém, discussão final sobre o mesmo:

> nem todos os participantes estavam convencidos da possibilidade de elaborar e da utilidade de publicar este tipo de roteiro [...]. Não houve, durante o Seminário, uma discussão da Síntese final, mas só de aspectos [...]. Os participantes estavam de acordo (ao menos a maioria) em recusar uma simples lista de "temas" ou mesmo de "critérios" da catequese. Não se trata, com efeito, de esta-

102 *Seminário Nacional de Catequese in RdeC* 3 (1980), nº 12, p. 64.

103 *Ibid.*,: aí, além de relatar o objetivo do Encontro, afirmou-se apenas que os resultados seriam apresentados ao INP e Secretariados regionais para análise e ampliação, e finalmente à CEP que, se julgar oportuno, o apresentará na próxima AG da CNBB: cf. também *Circular nº 1528 de 18 de setembro de 1980* do Pe. João Bosco Nunes de Oliveira, conservada nos arquivos da L3.

104 A. ANTONIAZZI, *Seminário de Catequese: São Paulo 20-22 de junho de 1980*, 8 p. de texto e 3 de anexos, mimeografado, inédito. É composto da *apresentação* do Pe. Antoniazzi (primeira p. s/n), de um *Esboço de roteiro* (que seria o documento final do seminário, p. 1-7); um *anexo* intitulado *Exemplo de um "roteiro"* catequético (*Anexo*, 1 p.) e duas figuras, também como anexo (*Anexo*, 2 p.).

belecer uma tábua de elementos, que poderiam ser combinados à vontade. Ao contrário, trata-se de indicar – através do *roteiro* – uma *concepção* da catequese (em termos mais científicos: uma "estrutura"; em termos mais tradicionais: um "espírito")[105].

Nessas palavras do Pe. A. Antoniazzi, autor da síntese final que garantiu a documentação desse Seminário, estão bem claras as disposições e o pensamento dos assessores, interpretando o mandato dos bispos de fornecer um *núcleo ou roteiro de catequese*. É esse o rumo que tomam os trabalhos daqui para frente: procurar expor uma *concepção de catequese*, a sua *estrutura*, o seu *espírito*. Mais uma vez, à luz desse Seminário, podemos entender por que os catequetas brasileiros não se põem logo a escrever os conteúdos da catequese ou um temário catequético e se encaminham na direção de um *Documento Catequético* mais abrangente e completo, sobretudo no que diz respeito à natureza, fundamentos e exigências da catequese.

b) Um projeto incipiente e inovador

Voltemos ao Seminário. Embora seus resultados tenham sido julgados decepcionantes, como veremos abaixo, contudo trazem no bojo uma proposta, que, de uma forma ou de outra, será desenvolvida posteriormente. Os participantes assumiram a descrição de catequese, fortemente eclesiocêntrica, veiculada no Seminário anterior (14-17/11/1979), do qual muitos haviam participado: "a especificidade da catequese situa-se em torno do processo pedagógico da explicitação, numa linguagem articulada e coerente de fé, do conjunto da ação da Igreja"[106]. Após explicitar 5 dimensões da catequese, aprofundou a dimensão *comunitária*, reforçando, pois, o eclesiocentrismo:

> A catequese é um processo de educação da fé *que parte da comunidade eclesial*, assim como ela se acha quanto à consciência de sua fé e engajamento na realidade, e *procura levar esta mesma comunidade a um amadurecimento* de sua fé e de seu compromisso cristão. A catequese envolve *toda* a comunidade eclesial,

105 *Ibid.*, apresentação. Outras informações aí apresentadas: além da exposição dos objetivos, inicialmente se fez um breve histórico dos antecedentes do Seminário (por Dom Albano) e uma exposição mais ampla de introdução aos trabalhos (pelo Pe. Ralfy), havendo discussão em plenário sobre o programa do encontro. A dinâmica consistiu em trabalhos dos 4 grupos confrontando os próprios resultados em plenário: no primeiro dia se tratou-se dos *critérios* para a elaboração de um roteiro catequético e no segundo dia, sobre o *núcleo do conteúdo*. Numa das noites abordou-se o tema da *metodologia*; começou-se a falar, então, em *experiências catequéticas*. Foram ainda apresentadas sugestões de trabalho para a *Linha 3*: *Ibid.*

106 *Esboço de um roteiro de catequese in* A. ANTONIAZZI, *Seminário de Catequese: São Paulo 20-22 de junho de 1980*, 1. *Uma definição de catequese*, p. 1.

articulada com a Igreja Particular e Universal. Na opinião de muitos, esta ação catequética global de toda a Igreja é consciente e explícita no Brasil mais do que em outros países e constitui uma característica de nossa realidade pastoral que deve ser mantida e desenvolvida[107].

Em seguida, descreveu-se a dimensão libertadora (opção pelos pobres, consciência crítica) e aprofundou-se a questão do *conteúdo* (no singular) da catequese: é a própria comunicação de Deus aos homens através de Jesus Cristo, mistério inesgotável e que exige conversão permanente. O que se deve entender, então, por *integridade do conteúdo*?

> Não pode haver uma "integridade material" do conteúdo da catequese, a ser comunicada uma vez por todas. Há, sim, uma "integridade essencial", qualitativa e não quantitativa, um núcleo fundamental, que já contém o essencial, mas que também é o princípio dinâmico de muitos desenvolvimentos e explicitações que o crescimento exige[108].

Apresentaram-se conceitos reafirmando o *cristocentrismo* do conteúdo catequético, o significado de *hierarquia das verdades*, o papel da Eucaristia e os caminhos (metodologia) para a explicitação desse *núcleo central*. A respeito dessa metodologia, é significativa esta afirmação:

> Coerentemente com a concepção da catequese que seguimos, e que vê na realidade histórica que vivemos – lida à luz da fé – uma fonte do conteúdo da catequese, a metodologia que se impõe é aquela que se resume na fórmula "ver-julgar-agir" [...] Extremamente importante é também permitir e estimular a participação ativa da comunidade em todo o processo da catequese (isto é, do "ver-julgar-agir" à luz da fé). Uma atitude autoritária estaria em contradição com a própria natureza do método e sufocaria sua fecundidade pedagógica. Mais do que isso: estaria em contradição com a própria atitude de Jesus, que não ensinava através das fórmulas já acabadas, mas preferentemente através de questionamentos e parábolas que estimulavam o povo a enxergar, a refletir, a agir[109].

Mas o valor das *fórmulas e textos básicos* é salvo: elas expressam momentos fortes da experiência cristã do passado ou do presente, podem e devem ser usadas e aprendidas (inclusive memorizadas), enriquecendo a consciência cristã das comunidades locais e estimulando a comunhão com a Igreja Universal. Após falar da *linguagem não verbal* e das técnicas diferentes de

107 *Ibid.*, p. 3. *Critérios da catequese*, 3.1., p. 3.

108 *Ibid.*, p. 4. *Conteúdo da catequese,* a), p. 4.

109 *Ibid.*, p. 5. *Metodologia*, a), b), p. 5-6.

pedagogia, volta-se ao assunto dos *temas de catequese*: mais do que indicar temas (o que é viável só de um modo genérico, como faz *Puebla* ao apontar três grandes pilastras: Jesus Cristo, Igreja e a Pessoa humana), seria importante indicar uma *hierarquia e uma conexão* entre eles e, mais ainda, esclarecer a *perspectiva* em que se inserem[110].

No final desse aprofundamento da *concepção de catequese,* o último item foi dedicado aos *agentes de catequese*: nenhum roteiro teria utilidade sem atuação deles; o primeiro agente de catequese é a comunidade: ela catequiza *por aquilo que ela é,* porém é necessário também a ação catequética específica. O *novo tipo de catequista* não é o mestre ou professor, mas o *profeta* que ajuda a discernir a presença de Deus nos acontecimentos e a *testemunha* que ensina com a própria vida[111].

Após expor essa *concepção de catequese* em 6 pontos e 7 p., o texto final do *Seminário* apresenta como *anexo,* numa página densa e dois gráficos, o *exemplo de um "roteiro" de catequese.* Vale a pena transcrever suas primeiras palavras, pois condensam a perspectiva fundamental que domina todo o MCB (apesar de seus *anacolutos*), quer em suas discussões e documentos, como em sua prática:

Figura 1

110 Cf. *Ibid.*, p. 6. *Temas da catequese*, p. 7.

111 Cf. *Ibid.*, p. 7. *Agentes de catequese*, p. 7.

> O ROTEIRO DE CATEQUESE pode ser representado esquematicamente conforme a figura 1 [cf. figura 1 na página anterior], ou seja: num *contexto* que é uma sociedade "piramidal" (desigual, injusta), o *ponto de partida* da catequese é uma comunidade, com sua problemática humana e suas aspirações religiosas; esta comunidade, que quer aprofundar sua fé, toma consciência dos *obstáculos* à realização de seu projeto (opressão da sociedade, alienação ideológica; no fundo, o *pecado)* e assume os *valores* da cultura e da religiosidade popular (que poderá ser purificada durante o processo catequético); o processo catequético pode ser descrito como uma *caminhada* que consiste em aprofundar a identificação da comunidade com Cristo, "seguir Jesus"; os *passos* dessa busca na realidade brasileira de hoje podem ser [assim descritos...][112].

Em resumo, esses *passos*, que se constituem num original *roteiro de catequese*, são 9:

1. solidariedade libertadora com os pobres;
2. identificação com Jesus "homem de Deus";
3. revelação, por Jesus, de Deus-Pai;
4. aprofundamento do amor fraterno;
5. a Cruz como expressão suprema do amor fraterno;
6. a ressurreição como garantia da vitória de Jesus e da nossa vitória na Parusia;
7. tomada de consciência da missão da Igreja, no tempo entre Ressurreição e Parusia, a serviço do Reino;
8. reconhecimento da ação do Espírito Santo promovendo a vinda do Reino na história;
9. perspectiva da comunhão plena dos homens com a SS. Trindade, meta que atrai e move a comunidade.

O *texto do Seminário* concluía fazendo estas observações: a catequese é entendida como processo de aprofundamento da fé da comunidade e busca a identificação com Jesus Cristo; em sentido estrito, ela é o momento da conscientização e formulação deste processo de crescimento da fé, que exige a participação na liturgia, o crescimento do empenho cristão na história etc.; catequese desligada da vida não será eficaz: ela é uma reflexão sobre a experiência vivida. Consequentemente, tal como foi apresentado, o *roteiro de catequese* refere-se a uma *comunidade adulta*, valendo, analogamente, para outras idades: crescendo na idade ou enfrentando novos desafios, a

112 Cf. *Esboço de um roteiro de catequese: exemplo de um "roteiro" catequético*. anexo, p. 1.

pessoa e/ou comunidade é chamada a renovar sua conversão e refazer o roteiro que leva, da tomada de consciência dos problemas, ao aprofundamento da fé. Portanto a comunidade (ou pessoa) percorre *o roteiro de catequese diversas vezes* (é circular), ampliando o círculo dos problemas envolvidos e, ao mesmo tempo, elevando seu nível de compreensão e de vivência de fé, um movimento parecido com o de uma espiral [cf. figura 2]. Neste sentido, parece possível *integrar no processo permanente da educação da fé* as festas do ano litúrgico, a preparação dos sacramentos, a Campanha da Fraternidade, os meses temáticos etc.[113].

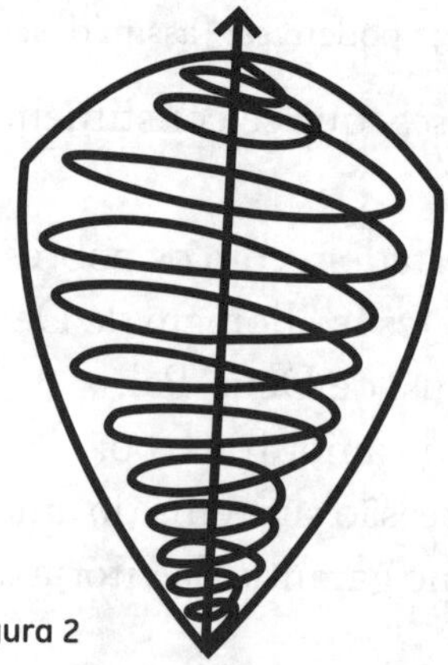

Figura 2

Como se vê, era um *projeto absolutamente original* que surgia desse Seminário, baseado, entre outras coisas, na concepção da experiência religiosa da comunidade de fé como lugar da manifestação da Palavra de Deus e elemento central da educação da fé. Não causa espanto constatar as reações (não só do episcopado) diante dessa novidade. Por outro lado, a novidade não é tanta assim, pois o suporte teológico-pastoral que subjaz a este *roteiro de catequese* tem suas raízes na teologia latino-americana, em suas várias expressões e genericamente chamada de *Teologia da Libertação*, confirmada em *Medellín*, passada pelo crivo de *Puebla*, porém repensada agora em termos de catequese. É, sobretudo, uma proposta que foi dando uma forma pedagógico-catequética às inovadoras perspectivas surgidas nos vários acontecimentos de 1968 e anos seguintes.

Quais foram as reações diante do resultado desse Seminário? As mais diversas possíveis. O próprio Pe. A. Antoniazzi, autor e responsável pela síntese acima exposta, diz que não houve discussão sobre o texto final nem

113 Cf. *Ibid.*, p. 2-3.

votação sobre o documento. O Pe. José Geeurickx é de opinião que nem todos os participantes assinariam a síntese feita pelo Pe. A. Antoniazzi, que o Seminário terminou num impasse, que o próprio Dom Albano saiu frustrado do encontro, pois não era bem aquilo que esperava...[114]. Sinal de que na visão dos dirigentes da *Linha 3* os resultados imediatos desse Seminário não foram muito positivos está no fato de não ter sido publicado nada sobre ele no órgão oficial da CNBB, *Comunicado Mensal*[115]. O Pe. W. Gruen, também não se satisfez com o produto final do Seminário, e sai do encontro elaborando projetos. De fato ele diz:

> Foi na viagem de volta deste encontro [seminário de elaboradores de texto em S. Paulo] que me ocorreu – e esbocei – um possível esquema de resposta que se poderia dar aos bispos, tão preocupados, e com razão, com o problema[116].

A nosso ver, entretanto, apesar dessas impressões negativas e com base na documentação existente, a realização desse Seminário foi determinante para a caminhada do MCB; se à época de sua realização pode realmente ter parecido um momento de frustração e crise, entretanto, em perspectiva histórica sua importância foi grande. De fato, nele já se esboçaram, de certa maneira, as perspectivas e linhas do futuro Documento *Catequese Renovada*. Se o mérito deve ser atribuído a todos os participantes, sem dúvida a *síntese* feita pelo Pe. A. Antoniazzi, além de se tornar o único testemunho do Seminário, recolheu e deu uma primeira sistematização às ideias mestras

---

114 J. GEEURICKX, *História do Documento in RdeC* (1983), nº 24, p. 12. O mesmo autor ainda afirmou: "aquela página apresentada como anexo, realmente não foi assumida pelo grupo. No final do encontro houve um sentimento de frustração por parte de Dom Albano e outros organizadores do encontro por não se ter chegado àquilo que queriam, ou sejam linhas orientadoras para os catequistas e elaboradores de textos (naquela época estavam produzindo o texto *Crescer em Comunhão*)" (J. GEEURICKX, *Entrevista)*.

115 Na verdade, Dom Albano dará apenas uma lacônica notícia deste Seminário: cf. CNBB, *Reunião da Presidência e CEP. Pauta de assuntos e ata in CM* (1980), nº 333, p. 475.

116 W. Gruen, *Cronologia*, 15/9/1994, mimeografado. Em correspondência posterior, a mim dirigida (*Fax* de 05/04/95), o Pe. Gruen confirmava: "Ao voltarmos do Seminário de 19-22/06/1980, já que não tínhamos conseguido fazer o que os bispos nos haviam pedido – "orientações sobre os *conteúdos* da catequese", Dom Albano recomendou que cada um dos presentes procurasse pensar no assunto no próprio regional. Foi aí que eu pensei em alinhavar um esboço do que não poderia ser o conteúdo e do que poderia ser. O esquema surgiu durante a viagem de volta (de ônibus); comecei a redigi-lo, mas não apresentei o esboço todo a Dom Mário e equipe. Repito: os seminários que tiveram lugar para responder aos pedidos dos Bispos trouxeram muita reflexão boa; mas decepcionaram em termos de alcançar os objetivos" (W. GRUEN, *Fax ao Pe. Luiz Alves de Lima*, Insp. São João Bosco, ID. 00-55-031-375-6525, Abr 05'95, 17:22 Nº 006, p. 1). Neste esboço do Pe. Gruen, como veremos, está em germe o futuro *Documento Catequese Renovada*, da CNBB para todo Brasil).

do futuro documento[117]. Porém, como já acenamos, é por iniciativa do Pe. Gruen que todas essas reflexões confluirão num texto mais aprofundado, que, através de sucessivos aperfeiçoamentos, irá aportar nas AG da CNBB dos anos seguintes, tornando-se o documento *CR*.

2.3.2 O projeto do Pe. W. Gruen: uma reviravolta na catequese brasileira

A intervenção desse catequeta salesiano foi decisiva para o MCB. Já o encontramos várias vezes, de um modo especial participando do *Encontro do Rio de Janeiro em 1968*. Daí, juntamente com a *Semana Internacional de Medellín*, da qual foi membro e da IIª Assembleia Episcopal Latino-americana do CELAM, a catequese brasileira, e em parte também latino-americana, se direcionou por caminhos novos e carregados de um dinamismo incomum. Pe. Wolfgang Gruen é, de certa maneira, portador da herança do grande patrimônio catequético nascido e desenvolvido nestes anos, pois é um dos poucos que, a partir de 1968, continuou batalhando direta e intensamente neste campo[118].

Sem muitos estudos acadêmicos especializados, mas com uma admirável formação autodidata, sempre acompanhou o movimento catequético europeu, particularmente na área de língua alemã (sua língua materna) e

---

117 Discordamos, pois, da afirmação de N. G. TOLENTINO segundo o qual os vários seminários e encontros nacionais promovidos pela *Linha 3* em vista do roteiro de catequese pedido pela 18ª AG nada produziram de concreto: cf. ID., *A renovação da catequese no Brasil*, p. 82. Acrescente-se ainda que as informações das notas 44 e 45 que fundamentam esta assertiva estão equivocadas. O Pe. W. Gruen diz que "apesar de excelentes contribuições, nenhum dos dois encontros chegou a esboçar satisfatoriamente o desejado roteiro". ID., *O conteúdo da nossa catequese: projeto para discussão*, Belo Horizonte 1980, p. 2, referindo-se, como é claro, à composição formal do roteiro. Entretanto, esta observação é supressa nas versões posteriores desse documento. Igualmente, em nenhum momento do grande trabalho de N. G. Tolentino se acena à importância e significado tanto do Pe. A. Antoniazzi como do Pe. J. A. Ruiz de Gopegui, concentrando-se tudo ao redor da figura do Pe. W. Gruen, que, sem dúvida nenhuma, exerceu papel decisivo nesta empresa.

118 Pe. Wolfgang Gruen nasceu em Niederfinow, a 50 km. de Berlim, Alemanha, a 29/04/1927, em plena ascensão do nazismo. Por causa da perseguição à sua família (eram judeus católicos), migrou com a família primeiramente para a Itália, depois para a Inglaterra e finalmente Brasil, onde fez o final do seminário menor e toda formação posterior como salesiano. Cursou teologia no Instituto Pio XI de São Paulo e vários cursos de extensão universitária. Exerceu o magistério em várias faculdades e universidades brasileiras, além de ministrar cursos no exterior (Peru, México, Uruguai) e participar de numerosos congressos, simpósios e seminários internacionais (Encontro no Rio de Janeiro e Semana Internacional em 1968, Santiago, San Antônio de Texas, Caracas). Exerceu intensa atividade de assessoria tanto na CNBB como em encontros nacionais (catequese, ensino religioso, liturgia, ecumenismo), tendo sido membro também do Conselho Estadual de Educação (MG) e do Conselho de Fraternidade Cristão-Judaica. Sua *bibliografia* é abundante, sobressaindo a tradução e adaptação ao Brasil do *Catecismo Católico* do Episcopado alemão (trabalho que o introduziu no mundo catequético), obras de cunho didático e sobretudo obras de *estudo e catequese bíblica*, algumas das quais traduzidas em outras línguas. Quando foi aprovado o documento *CR*, Dom Albano Cavallin escreveu-lhe expressando o reconhecimento da CNBB.

latino-americana[119], constituindo-se um dos grandes pensadores e líderes intelectuais da catequese no Brasil. Exercendo o magistério universitário nos campos bíblico, ecumênico e pedagógico, foi muito requisitado para assessorar encontros da Igreja Católica, como também das evangélicas, e do judaísmo, no qual tem suas raízes. Portador de uma linguagem simples, sintética, incisiva (pois sempre esteve em contato com catequistas populares) e ao mesmo tempo profunda e de agudo senso crítico (pois trabalhou profissionalmente no campo acadêmico), no momento em que colocou por escrito o seu pensamento a respeito daquilo que estava angustiando tanto os dirigentes da *Linha 3*, isto é, o *conteúdo da catequese*, seu texto tornou-se o ponto de referência e de discussão. Em torno desse debate se intensifica o MCB até se transformar, por meio de um processo lento e de muita participação, no documento *Catequese Renovada*. Vejamos como isso se deu.

a) O iter de sua elaboração

Um mês após o *Seminário de elaboradores de texto,* Dom Mário Gurgel, ex-dirigente nacional de catequese e responsável pela *Linha 3* no Regional Leste II, reúne-se com o Pe. W. Gruen, a Ir. Tereza Letgé e outras religiosas para prepararem a *Assembleia Regional* dos bispos mineiros, cujo tema era igualmente *catequese*. Entretanto, nesse ínterim, o Pe. W. Gruen, tendo presente as discussões, encontros e reuniões havidos até então, e também com base em sua experiência como catequeta e catequista, havia já redigido um texto sobre o *conteúdo da catequese*. Nesse grupo de trabalho de 19 de julho de 1980 o Pe. Gruen apresenta o esquema, que, desenvolvido posteriormente, torna-se a primeira redação ou *texto mártir* de *CR*[120]. É discuti-

119 A bibliografia de que se serve é ampla e muito variada, tanto pelos argumentos como pela procedência: é o que se pode ver na apresentação do problema do conteúdo catequético que fez ao episcopado mineiro (W. GRUEN, *O conteúdo da nossa catequese: projeto para discussão*, Belo Horizonte 1980, p. 26-27). Aí, entre outras coisas, mostra que está acompanhando de perto a reflexão em língua alemã, citando, por ex., à p. 10 "a substanciosa conceituação de correlação [que depois torna-se um conceito fundamental de *CR*] de Franz Josef Nocke"). Cita também G. STACHEL e D. MIETH (p. 21 da versão C), E. SCHILEBEECKX (p. 7). Está sintonizado com o que se produz na Itália e Espanha, demonstrando conhecer a "habitual lucidez do catequeta Emílio ALBERICH, da Pontifícia Universidade Salesiana de Roma", (p. 9-10)". Ao escrever sobre o *Conteúdo da Mensagem* tem presente *Il Rinnovamento della Catechesi* da Itália (p. 12-14). Conhece e reflete sobretudo a teologia latino-americana e os documentos do magistério citados a cada passo.

120 Através de uma crítica interna da documentação encontrada e do cruzamento de várias informações esparsas, é possível hipotizar a seguinte sequência genética do texto: Em junho-julho de 1980, logo após o Seminário Nacional o Pe. Gruen começa a escrever o esboço do texto (que chamaremos texto A) com 6 pontos, 33 p. e sem bibliografia, intitulado *O Conteúdo da Catequese* (datilografado). Este texto A) é discutido e emendado em várias instâncias, como dito acima, vindo a se transformar no texto B), agora sistematizado em 4 pontos, 28 p. e uma longa biblio-

do e emendado na reunião da CEP do Regional Leste II em 06/08/1980[121]. Por fim, o projeto do Pe. W. Gruen com o título *O Conteúdo da nossa Catequese: projeto para discussão*, "é apresentado e aprovado, com algumas observações na Assembleia dos Bispos do Leste II de 14 a 16 de outubro"[122].

b) Uma guinada catequética

Esse projeto, tal como foi apresentado à Assembleia Episcopal do Regional Leste II, estava concentrado sobre o problema do *conteúdo*, que era o tema dos debates de então. Não tinha a pretensão de ser um *Instrumento de Trabalho (IT)* como esquema de um futuro documento, mas apenas apresentar algumas reflexões para esclarecer a problemática e o impasse que se criaram ao redor do *tema do núcleo ou roteiro de catequese*. Como veremos, necessariamente, ao tocar no conteúdo, foi preciso mexer com toda a *concepção de catequese e a catequética*. Por isso, acabou se transformando em anteprojeto de um documento sobre a catequese[123]. Mas vamos por partes: este projeto compõe-se de uma *introdução*, o corpo do documento intitulado *Conteúdo da Catequese* com quatro pontos: **1.** *modelos* (doutrinário, empirista, interação), **2.** *prática do modelo de interação*, **3.** *alguns detalhes*

---

grafia (3 p.) e o título: *Conteúdo da nossa Catequese: projeto para discussão* (mimeografado). Esse texto foi apresentado à Assembleia Episcopal do Regional Leste II em 14-15/10/1980 em Belo Horizonte. Este texto B) foi visto como "um válido ponto de partida para preparar a próxima assembleia dos Bispos [19ª]" (J. GEEURICKX, *História do documento*, p. 12). No Encontro Nacional de Coordenadores em Brasília de 20-23/11/1980, o Pe. Gruen retorna ao texto primitivo de 6 pontos, emendando-o e acrescentando um sétimo: temos então o texto C), com 7 pontos, 35 p., sem bibliografia, intitulado *O Conteúdo da Catequese* [datilografado]. O "grupo de trabalho" formado por Dom Albano, João Bosco Nunes, Ir. J. Nery e Pe. Irineu Brandt, discutiu-o em Belo Horizonte em 17/12/1980 (Cf. W. Gruen, *Cronologia*; J. GEEURICKX, *História do documento*, p. 12; N. G. TOLENTINO, *A renovação da catequese*, p. 85. Foi passado a limpo, numerado conforme o costume dos documentos da CNBB e intitulado: *O conteúdo da Catequese*. Temos então o texto D), de 33 p., mimeografado, com 8 pontos, sendo o 8° ponto a mesma longa bibliografia do texto B), com correção na ordem alfabética e o acréscimo de um documento da CNBB sobre CEBs. Tal texto D) entrou na 19ª AG de 17-26/02/1981 com a sigla D 9 AG e o número de arquivo *D 12968* BibINP.

121 Tanto W. GRUEN (*Cronologia*), como J. GEEURICKX (*História do documento* p. 12) e N. G. TOLENTINO (*A renovação da catequese* p. 82, nota 44) falam de outro *Grupo de Trabalho* com teólogos no Rio de Janeiro em 04/10/80 onde tal assunto teria sido também abordado. Outros testemunhos falam de sua realização, porém, ao que parece, carente, de documentação. O Pe. Gruen esclareceu posteriormente que se tratava de um encontro sobre o *Ensino Religioso* e não propriamente sobre *Catequese* (Cf. ID., *Fax*, p. 3).

122 W. Gruen, *Cronologia*. Aí afirma: "Por que participei do (encontro do Regional) Leste II para fazer a colocação sobre Catequese? Confesso que não me lembro bem se este foi tema central da Assembleia ou só um assunto entre tantos. Só sei que foi bem preparado, o *paper* foi votado, e houve boa participação dos Bispos" (ID., *Fax*, p. 2).

123 Cf. W. GRUEN, *Novas Orientações*, p. 39.

a respeito do conteúdo e **4.** *o conteúdo como elemento de um sistema*, algumas *conclusões* e uma longa *bibliografia*[124].

O conteúdo é denso, vigoroso e ao mesmo tempo inovador. Na linha da renovação catequética de 1968 e reflexão posterior, em particular nos dois seminários de 1979 e 1980, o Pe. Gruen expôs estas teses:

1. A catequese doutrinal, com sua lista de "verdades" a serem transmitidas, está superada e seria um contrassenso repropor esse modelo nocional.
2. A reflexão cristã se faz a partir dos acontecimentos da vida, do contrário o Evangelho não se torna uma *mensagem*.
3. Isso é possível através do planejamento de uma catequese em *interação* com a vida, de modo que a mensagem ressoe sistematicamente ao longo da caminhada da comunidade, caminhada que também deve ser planejada.
4. Esse modelo de catequese deve ter duas prioridades: a) fidelidade a Jesus Cristo, à Igreja e à pessoa humana; b) opção preferencial pelos pobres, ótica sob a qual tudo devia ser visto[125].

Para esclarecer seu pensamento, o autor começou fazendo crítica aos dois modelos mais em voga de catequese: o *doutrinal* e o *experiencial*. O adjetivo *experiencial* aqui não deve ser confundido com o método antropológico que se baseia na experiência religiosa como lugar da Palavra e elemento central da comunicação religiosa, como foi proposto no método de *interação*. Aqui, *experiencial* se refere mais às experiências pessoais e emocionais, (e, por isso, chamado também *método* psicológico), características de certa catequese de caráter indutivo-psicológico que esteve em voga nas décadas de 60-70 e que levava muitas vezes a um fechamento dentro de grupos ou movimentos. Pe. W. Gruen mostrou como a ambos métodos subjaz tanto um *conceito de Revelação* como um modelo eclesiológico (sobretudo na concepção de *magistério*), já superados pelo Vaticano II, colocando, pois, a descoberto suas extremas limitações.

Para propor um novo modelo, nada melhor do que ir ao essencial e ao que une a todos. À luz de *Puebla* e do planejamento pastoral da Igreja no Brasil (*DG*), a nova ótica que informa pastoral é a *opção preferencial pelos*

124 ID., *Conteúdo da nossa Catequese: projeto para discussão*, Belo Horizonte *in* CNBB-SECRETARIADO REGIONAL LESTE II [Assembleia Regional] de 14-15/10/1980, *DOC/II*, 29 p., mimeografado.

125 Cf. W. GRUEN, *Novas Orientações*, p. 39.

pobres. Quanto à catequese, é o compromisso indispensável de fidelidade a Jesus Cristo, à Igreja e à pessoa humana. Mostra como tais opções provocam uma verdadeira guinada na catequese. A opção pelos pobres, entre outras coisas, obriga a catequese, habitualmente pensada a partir da cultura escrita e acentuadamente verbal, a se deslocar para a pessoa humana de *cultura não escrita*, que dá mais importância ao corpo, aos sentimentos externos, ao emocional. Mais do que o *saber racional* (próprio da catequese doutrinal), a pessoa de *cultura não escrita* cultiva a *sabedoria popular*. A fidelidade a Jesus Cristo, movente de todos quantos se dedicam à catequese, deve fazer refletir sobre sua pedagogia, particularmente com referência aos pobres, usando pouquíssimos princípios teóricos. De fato, o que mais inspira sua fé, parte dos processos de experiência e reflexão em torno de suas vidas.

Após refletir sobre a tríplice fidelidade a Jesus Cristo, Igreja e à pessoa humana, Pe. Gruen concluía propondo uma terceira via, denominando-a *método da interação*:

> Do que refletimos até agora é lícito concluir: que as formulações da fé, antigas e recentes, têm importante papel catequético, contanto que elas brotem de uma vivência da comunidade de fé, e nela estejam inseridas. Com isso, chegamos ao ponto central de toda a teoria do conteúdo da Catequese. Dos dois modelos apresentados [doutrinal e experiencial], o primeiro privilegia desmedidamente as doutrinas; o segundo não lhe dá suficiente atenção. Não há como escolher entre os dois; tampouco é possível tentar uma espécie de mínimo múltiplo comum. A solução que hoje geralmente se propõe é a de uma *integração* (também chamada *correlação*) entre vivência e formulação da fé. O princípio da integração resume uma década de reflexões e debates em importantes centros catequéticos da Europa (foi talvez o passo mais significativo da catequética na década de 70). Podemos acrescentar que aquilo que os Europeus formularam teoricamente, sem consideráveis efeitos práticos, o Brasil conseguiu vivenciá-lo em muitos lugares; só que nós não elaboramos nenhuma teoria[126].

Se de fato no Brasil não tínhamos ainda teorizado sobre nossa prática, agora, neste momento de reflexão, começamos a explicitar os princípios que regem a renovação da catequese. Como vemos, o Pe. Gruen trouxe uma

126 W. GRUEN, *Conteúdo da nossa Catequese: projeto para discussão*, p. 8-9, nº 2.1.4. Este texto desaparece nas redações futuras, mas é significativo para a gênese do documento *CR*. Nas redações seguintes abandona-se o termo *correlação* ou mesmo *integração* e se adota o conceito mais rico de *interação*, como veremos.

significativa contribuição. Ele mesmo escrevera que "em 1968 a reflexão catequética brasileira era mais incisiva"[127], porém, acontece que as revolucionárias perspectivas daquela época agora tomam formas mais concretas e mais catequéticas, graças também à sua fecunda reflexão.

Na sequência de sua exposição o Pe. Gruen, baseando-se na doutrina da *Dei Verbum* sobre a Revelação, nas afirmações de *Medellín* sobre as *situações históricas* como conteúdo indispensável da catequese e em outras citações do Magistério, tendo ainda presente as "lúcidas sistematizações do catequeta Emílio Alberich" sobre as mediações da experiência religiosa e suas consequências catequéticas, e na "substanciosa conceituação de Franz-Josef Nocke" sobre a *correlação* entre tradição de fé e novas experiências de vida[128], e principalmente a partir das experiências das CEBs[129], elabora aquilo que será conhecido como "o modelo catequético da interação entre fé e vida": descreve *a caminhada de uma comunidade de fé* como autêntico conteúdo da educação da fé[130]. São quatro passos que se interagem mutuamente num crescimento contínuo da comunidade. Futuramente eles serão assim denominados: a união entre os membros, a abordagem da realidade, a vida eclesial e a explicitação da fé[131].

Apresentou depois a *mensagem* cristã, "não como uma atualização da lista de conteúdos que se encontra nos manuais", mas como "uma mensagem viva, proclamada e ouvida dentro da situação histórica"[132]. É um sucinto

127 Cf. W. GRUEN, *Novas Orientações*, p. 34.

128 W. GRUEN, *Conteúdo da nossa Catequese: projeto para discussão*, p. 9-10. Somente Emílio ALBERICH é citado por completo; sobre Josef NOCKE só há a referência bibliográfica final. Quanto a este último, N. G. TOLENTINO já havia identificado a fonte: J. NOCKE, *Korrelation. Stichwort zur Orientierung in* Katechetische Blätter 105 (1980), 130-131.

129 Nesta primeira versão *Conteúdo da nossa catequese: projeto para discussão,* o Pe. Gruen apenas fez um aceno aos "relatórios de CEBs do Brasil e do México": cf. p. 11, nº 2.2.1; na versão apresentada à 19ª AG da CNBB em fevereiro de 1981, cita os autores SEGUNDO/ZENTENO: cf. CNBB, *O conteúdo da catequese, D9AG* da 19ª AG, Itaici 1981 *in D 12968* BiblINP, p. 12, nº 75, mimeografado. Em *Correspondência* de 05/11/1994 o ele afirma que, para descrever a caminhada da comunidade que busca interagir fé e vida, ele se inspirou também no capítulo de Rogelio SEGUNDO – Arnaldo ZENTENO, *Un itinerario de la fe del pueblo in* Francisco SOTO (Ed.), *Cruz y Resurrección. Presencia y anuncio de una Iglesia nueva.* Centro de Reflexión Teológica – Servir, México, 1978 (citados na Bibliografia final das várias versões): "Este é o texto que me inspirou para o que veio a ser a IV parte de *CR*. Levou-me a estudar também o processo das nossas CEBs através de relatórios e conversas com várias pessoas com experiência no assunto – além da minha experiência pessoal. Simplificando o processo, pareceu-me poder identificar os 4 passos apontados em *CR* IV parte" *Ibid.*

130 Cf. W. GRUEN, *Conteúdo da nossa Catequese: projeto para discussão*, p. 11, nº 2.2.1.

131 Cf. CNBB, *CR*, nº 288.

132 CNBB, *O conteúdo da catequese, D9AG* da 19ª AG, Itaici 1981 *in D 12968* BiblINP, p. 14, nº 90,

quadro de referência cristão ou expressões de fé formuladas a partir da experiência de fé das CEBs, e muito na linha do Novo Testamento. A proclamação dessa mensagem supõe estes critérios:

> Concentração da fé no Cristo vivo (concentração e não redução); concretização, e portanto, variedade: o conteúdo só será fiel, "Boa Nova", se for relevante para a comunidade; libertação do artificialismo: que as nossas comunidades aprendam a expressar sua fé e esperança não apenas nas palavras de um formulário preestabelecido; seria como fazer declarações de amor, copiando-as de um repertório pré-redigido; fidelidade substancial ao "quod semper, quod ubique"[133].

Após apresentar a *caminhada da comunidade* e a *mensagem*, seguiu-se um terceiro conteúdo da nossa catequese: *os elementos instrumentais* que visavam integrar os outros dois, ou seja: a *ajuda sistemática à leitura da Bíblia*, a *introdução aos sinais litúrgicos e à piedade popular*, a *formação da consciência crítica*, a *formação de catequistas*, *algumas mediações das ciências humanas* e *noções úteis para o dia a dia*[134]. Um texto já existente, entre tantos subsídios que se usam no Brasil, foi apontado como "uma realização positiva" desse modelo de catequese: o manual catequético *Abra a Porta – Cartilha do Povo de Deus*, de 1980[135].

Como bom catequeta, o Pe. Gruen teceu uma série de outras observações que a catequética em geral costumava considerar a respeito do conteúdo, aplicando-as a esta nova concepção, ou seja: a *integridade do conteúdo*, a *graduação* (hierarquia das "verdades"), a dosagem, a *catequese de adultos* e de *crianças*[136]. Toca no problema do *roteiro de catequese*, ilustrando aquilo que entende por *roteiro catequético*, a partir das *Orientações Pastorais sobre a Catequese* da 18ª AG da CNBB, e apresentando sugestões:

> O que se pede é um roteiro pastoral, não um catecismo ou livro didático; por tudo que se disse até agora, é de se augurar que tal roteiro não signifique uma

mimeografado. Ao descrever este conteúdo da *mensagem*: cf. ID., *Conteúdo da nossa Catequese: projeto para discussão*, p. 12-14, nº 2.2.2. Pe. Gruen teve presente também o *Diretório Catequético Italiano*: *Il Rinnovamento della Catechesi* (1970), conforme testemunho seu colhido em *entrevista* em 23/09/1994 durante a IIa. Semana Latino-americana de catequese em Caracas.

133 W. GRUEN, *Conteúdo da nossa Catequese: projeto para discussão*, p. 13, nº 2.2.2.

134 W. GRUEN, *Conteúdo da nossa Catequese: projeto para discussão*, p. 14-15, nº 2.2.3. Para justificar esta variedade de elementos que podem parecer muito estranhos como *conteúdo da catequese*, afirma que na Bíblia encontramos tudo isso: história universal (Macabeus) e israelita (passim), pedagogia e sociologia (Provérbios e Eclesiástico), saúde e higiene (Levítico), legislação (Deuteronômio, textos normativos sacerdotais) e até elementos de economia política (lei agrária de José do Egito, administração de Salomão, Josias, Neemias): cf. *Ibid.*, p. 15, *Observações*, nº 5.

135 Cf. nota 98.

136 Cf. W. GRUEN, *Conteúdo da nossa Catequese: projeto para discussão*, p. 16-18, nº 2.3.1 a 2.3.5.

volta às "listas de doutrinas". Quase à maneira de síntese das nossas colocações, sugerimos que este roteiro traga: **1.** pistas, sugestões, questionamentos e bibliografia que ajudem a programar a caminhada de uma comunidade; **2.** um ou mais itinerários que mostrem como, dentro dessa caminhada, o núcleo da nossa fé se torna relevante, desdobrando-se em explicação e formulação, passadas e atuais, falantes para a comunidade cristã; **3.** elementos instrumentais que deem apoio aos dois elementos precedentes[137].

Merecem ainda considerável espaço os *critérios para avaliação do conteúdo de livros de catequese*. Depois de falar das diversas formulações bíblicas da mesma revelação divina, defende um retorno "às sábias lições de pluralismo que nos dá a Bíblia, até mesmo em termos de método", apontando a Sagrada Escritura como "o livro catequético por excelência". Esta expressão dominará amplamente o linguajar catequético nos anos seguintes, expressando o tão almejado retorno às fontes na renovação catequética. Após breves considerações sobre o *catecismo clássico* e crítica aos *planos de aula* ("um desenvolvimento moderno do catecismo"), propôs uma nova fórmula que também será assumida em *CR* e documentos posteriores: *os planos de atividades transformadoras e educativas*, ilustrando assim tal concepção:

> À primeira vista podem ser parecidos com os planos de aula. Na realidade, objetivos, métodos e a mesma estrutura são totalmente diversos. Estes são *planos de atividades*: visam a educação de um novo modo de agir e viver, em que a reflexão e informação são elementos de um todo mais amplo. Não estão presos a uma ordem fixa; não dão, nem supõem, respostas pré-fabricadas [...]. São repertórios mais ou menos organizados contendo: estímulos para atividades transformadoras e pedagógicas, propostas de temas a serem refletidos e debatidos, textos-fonte, tirados da Bíblia, Liturgia e Magistério, informações e complementos[138].

Expressou ainda outras ideias que foram retomadas e desenvolvidas no futuro *Estudo da CNBB* sobre *Textos e Manuais de Catequese* (1987), texto do qual Pe. Gruen foi redator principal. Denunciou a prática, infelizmente comum, de impingir Deus como fácil resposta pré-fabricada a uma breve atividade pedagógica programada para isso. "A hermenêutica da fé, disse, é um processo que leva tempo, exige maturidade e respeito às leis do crescimento"[139].

---

137 Cf. *Ibid.*, p. 19, nº 2.3.6.

138 *Ibid.*, p. 20, nº 2.3.7.2.

139 *Ibid.*, p. 21, nº 2.3.7.7.

Última consideração, antes das *conclusões* (que na verdade são perguntas para debates em plenário) foi sobre o *conteúdo catequético como elemento de um sistema*, mostrando ser impossível tratar do *conteúdo* sem questionar toda a concepção de catequese. Aí está o ponto nevrálgico da catequese e da catequética: a abordagem do conteúdo depende do conceito de catequese, dos objetivos e, mais ainda, do tipo de cristologia e eclesiologia subjacentes. Enfim, a catequese é elemento de grande sistema que deve ser regido pela coerência, para não se cair na tentação de pôr um remendo novo em pano velho. Para demonstrar esse último ponto, apresentou o *esquema atuacional* de A. J. Greimas, tomando como base o conteúdo da catequese e mostrando o fluxo e reflexo ou interdependência que há entre os vários elementos que compõem a complexa realidade catequética (cristologia e eclesiologia subjacentes, conteúdos, destinatários, sujeitos, agentes etc.)[140]. Essa última questão ocupou, logo a seguir, as reflexões desse catequeta, chamando-a de "a questão da *política catequética*", sobre a qual prometeu publicar algo mais sistematizado[141].

c) Outros acontecimentos em torno desse projeto

Enquanto o episcopado do Regional Leste II, assessorado pelo Pe. Gruen, refletia sobre o problema dos *conteúdos da catequese*, outras forças eclesiais também se movimentavam na mesma direção. Na reunião do Conselho Permanente de 28 a 30 de agosto, Dom Albano lembrou o *pedido de um roteiro nacional de catequese* e propôs a inclusão novamente do tema *catequese* na pauta da próxima AG de 1981[142]. Conforme o testemunho de J. Geeurickx, nessa reunião os bispos tomaram conhecimento do texto do Pe. Gruen, naturalmente em sua primeira redação (texto A), mas sem debatê-lo. Pensavam que ainda era insuficiente diante daquilo que estavam esperando. Estimularam Dom Albano a continuar o processo de busca[143]. Um suceder-se de cartas mostra a efervescência que se vivia em torno do

140 *Ibid.*, p. 22-23, nº 2.4. Numa redação posterior (texto C) Pe. Gruen usou outra imagem muito sugestiva: "Foi-nos pedido um roteiro do conteúdo fundamental da nossa catequese [...] e agimos mais ou menos como se, em resposta a um pedido de currículos, tivéssemos oferecido um plano de reforma do ensino. E o fizemos na convicção de que o tipo global de catequese que adotarmos tem sérias consequências não só intra-eclesiais, mas no próprio relacionamento Igreja-Sociedade". ID., *O conteúdo da Catequese*, versão C, após o Encontro Nacional de Brasília de novembro de 1980, p. 33, nº 7; este número é um acréscimo à versão primitiva versão A.

141 Cf. *Fax*, p. 3.

142 Cf. CNBB – CONSELHO PERMANENTE, *Ata nº 1 da Reunião de 23-30/08/1980 in CM* (1980), nº 335, agosto, p. 821. Na verdade, conforme essas atas, Dom Albano não fala em *pedido do episcopado*, mas *de vários bispos*!

143 J. GEEURICKX, *Entrevista*.

assunto[144]. A *Linha 3* havia solicitado a outras pessoas que se esforçassem em elaborar o *núcleo* ou *roteiro de catequese* pedido pela 18ª AG. Já se aproximava a largos passos a realização da 19ª AG e era necessário apresentar algum resultado concreto à Assembleia episcopal. Uma intervenção de Dom Albano, nesse momento, mostrava mais uma vez a intenção de não apresentar alguma coisa pronta, mas apenas um projeto, para que tanto o episcopado, como catequetas e outros pastoralistas pudessem continuar a reflexão ainda por algum tempo. Essa estratégia de envolvimento de todos e o prolongamento do processo de busca deste *núcleo* ou *roteiro de catequese*, possibilitaram um crescendo cada vez maior do MCB[145].

Entretanto, de 20 a 23 de novembro de 1980 reuniram-se os *Coordenadores Regionais* num *Encontro Nacional* em Brasília como realização do projeto 3.4 do 5º PB. Seu tema central já tinha sido definido: aprofundar o *núcleo* ou *roteiro de catequese*. Dom Albano, tendo conhecimento do texto do Pe. Gruen, propôs que ele fosse assumido como base para os debates do Encontro[146]. Através da única documentação que restou desse encontro, ou seja, a

144 Podem ser consultadas: circular de Dom Albano em 18 de setembro: cf. ID., *Linha 3. Setor Catequese, nº 1528/80* de 18/09/1980, conservada nos arquivos da *Linha 3*. Aí registram-se os dois *Seminários* já acontecidos e convoca o *Encontro Nacional de Coordenadores* de 20 a 23 de novembro de 1980 em Brasília "para uma reflexão sobre o núcleo de conteúdo catequético". Em 30/09/1980 o Pe. J. B. Nunes Oliveira escreveu aos coordenadores regionais dizendo que no próximo encontro se deverá refletir sobre "o que julgarmos necessário como "núcleo central" do conteúdo e fundamento de metodologia, para que haja nas Igrejas do Brasil, como que uma "coluna mestra" de catequese, base comum da ação pastoral catequética e sinal de comunhão". ID., *Linha3. Setor Catequese, nº 1529/80*, conservada nos arquivos da *Linha 3*. Ainda em 05/11/80 o mesmo Pe. J. B. Nunes de Oliveira escreveu ao Pe. Gruen: "Agora chega a você a 2ª redação do texto refletido e em nova linguagem simples feita por Fr. Ary, Ir. Glória e eu. Mandei-lhe antes a do 1º grupo, Sandro, Paco e Ivan [...]. A [redação] definitiva será no grupo que se reunirá aí, você, Dom Albano, Irineu, eu e provavelmente, Nery [...] as reflexões ou contribuições dos participantes do encontro [CEP de 28-30/10/80?] não foram assumidas [...] houve atropelo e queima de etapas". Criticou em seguida as falhas destes dois textos e acrescentou: "Vejo a necessidade de você pensar a fundamentação do "texto anexo" aos Bispos, a partir do esquema do seu texto e não só daqueles dois textos, que empobreceram as ideias e as razões delas, expostas no seu texto [...] Vejo dificuldades de os Bispos aceitarem o texto como está". ID., *Carta a Gruen de 5/11/1980*, em seus arquivos pessoais.

145 Na reunião da CEP de 28/10/1980 se diz que "já está sendo elaborado o texto [sobre catequese] a ser apresentado na AG [de 1981], para depois ser estudado pelas Igreja durante o ano de 1981; seria definitivamente estudado na Assembleia de 1982". CNBB, *Reunião da Presidência e CEP. Ata reunião conjunta de Bispos e assessores in CM* (1980), nº 337, p. 986. "Este texto mostra claramente a intencionalidade de elaborar este *Diretório Catequético* através de um *processo* envolvendo o maior número de forças eclesiais possível; portanto, o longo itinerário de elaboração do documento *CR* não foi fruto do acaso ou da incompetência dos elaboradores diante de um episcopado que estava exigindo os conteúdos da catequese, mas uma estratégia de ação e de participação". Pe. J. GEEURICKX, *Entrevista*.

146 "Eu tomei conhecimento daquele texto e julguei muito bom, achando que nele já havia alguma resposta para as preocupações da *Linha 3*. Então propusemos que ele fosse a base das discussões

programação bastante detalhada, podemos deduzir que quase tudo girou ao redor do *Texto-Proposta sobre conteúdo de Catequese – Pe. Wolfgang Gruen*[147].

Conforme testemunhos do próprio Pe. Gruen e do Pe. J. Geeurickx, realmente assim aconteceu[148]. Durante o Encontro, o Pe. Gruen expôs o seu projeto e o texto foi distribuído aos participantes, que o discutiram em grupos. O entusiasmo foi geral, e a acolhida, incondicional. Naturalmente foram feitas propostas de emendas, acréscimos e substituições.

No entanto, o problema maior surgido entre os participantes que vinham dos catequistas de base era traduzir o texto em linguagem mais compreensível para os catequistas. Formaram-se, então, dois grupos que se esforçaram em tornar a linguagem erudita do texto em uma linguagem mais simples e popular. Daí nasceram duas versões populares: a *primeira* elaborada pelo Pe. Sandro Galazzi, de Belém do Pará, juntamente com o Pe. Ivan Teófilo, SDB, de Recife, e o Pe. Francisco (Paco), de Nova Friburgo; uma *segunda* da autoria do Pe. J. B. Nunes de Oliveira, do Frei Ary Pintarelli e da Ir. Maria Glória Bordeghini[149].

---

do Encontro Nacional de 1980 onde se começou a debater, em nível de coordenadores regionais, o roteiro de catequese". A. CAVALLIN, *Depoimento*.

147 Cf. CNBB, *Encontro Nacional de Representantes Regionais de Catequese: projeto 3.4 do 5º Plano Bienal. Brasília 20-23/11/1980*. Cópia encontrada nos Arquivos da *Linha 3*. Além do anúncio deste encontro nas cartas de Dom Albano Cavallin de 18/09/1980 e do Pe. J. B. Nunes de Oliveira de 05/11/1980: (cf. nota 144), nada restou deste *Encontro Nacional*; não há nenhuma notícia no *CM*; na reunião da CEP de 25-26/11/1980, só se refere que "os trabalhos se realizaram nos grupos por *Linhas de Pastoral*" e mais nada: cf. CNBB, *Reunião da Presidência e CEP. Ata reunião conjunta de Bispos e assessores in CM* (1980), nº 338, p. 1030. Também nos Arquivos da *Linha 3* e do INP em Brasília nada se encontra. A *RdeC* igualmente ignorou este Encontro Nacional; aliás, nota-se uma diminuição de notícias sobre a catequese nacional neste período na *RdeC*. As poucas que existem passam para o Noticiário Comum (*Informações Várias*), exceto um artigo de Dom Albano, *A catequese na 20ª AG in RdeC* 5 (1982), nº 18, p. 5-9. Assim, a notícia sobre o documento *Orientações em torno do conteúdo da catequese* (1981) está em meia coluna *in* 4 (1981), nº 15, p. 85; o Encontro Nacional de Catequese de 13-16/10/81 também recebe meia coluna *in* 5 (1981), nº 17, p. 84. A existência do documento *Orientações sobre Catequese Renovada* (1982) nem é noticiada; o final de 1982 até setembro de 1983 é passado em silêncio (e foi o auge de toda a *movimentação catequética*). O tema é retomado no último quadrimestre de 1983 com apresentação de *CR* e abundantes comentários nos anos seguintes sobre o documento *CR* já aprovado, em abril de 1983.

148 Eis o testemunho do Pe. Gruen: "este mesmo Projeto [exposto na Assembleia dos Bispos do Leste II] é apresentado no Encontro de Coordenadores dos Regionais. Proposta de apresentar uma versão em linguagem para catequistas": W. GRUEN, *Cronologia*. Também segundo o Pe. J. GEEURICKX este texto seria o de 24 p. apresentado na Assembleia Regional do Leste II: cf. ID., *História do documento* 12.

149 A primeira versão continha 22 páginas com um glossário, e o segundo era de 25 páginas: cf. W. GRUEN, *Cronologia*. A carta do Pe. J. B. Nunes de Oliveira de 05/11/1980 confirma a existência destas duas versões. Da primeira versão resta apenas dois gráficos e duas páginas de considerações gerais: cf. Sandro GALAZZI, *Carta ao Amigo Gruen* de 25 de novembro de 1980, enviada de Brasília (arquivos pessoais do Pe. Gruen). Quanto à segunda versão em linguagem popular, há uma cópia xerografada em Brasília, intitulada: *Conteúdo da nossa catequese: texto-proposta para reflexão*, sem nenhuma outra indicação. Pela análise interna percebe-se que foi

Os resultados, embora razoáveis, não foram publicados, nem muito divulgados.

Pelos acontecimentos que se sucederam, percebe-se que a acolhida do texto do Pe. Gruen foi tão grande que se decidiu apresentá-lo à próxima AG da CNBB como resposta ao pedido feito na Assembleia anterior, juntamente com a versão popular. Os trabalhos então se direcionam no sentido de preparar melhor o texto oficial, pois, conforme Dom Albano ouvira na reunião do Conselho Permanente, assim como se apresentava aquele projeto de documento, ainda era insuficiente; foram acolhidas todas as sugestões que, desde a Assembleia do Leste II, vinham sendo feitas. Constitui-se um *Grupo de Trabalho* que se debruça diligentemente sobre o futuro documento, dando-lhe agora uma nova estruturação[150]. Outras emendas são feitas posteriormente[151] e assim, finalmente, em 29 de dezembro, Dom Albano podia escrever uma circular a todos os Bispos em vista da próxima AG, apresentando oficialmente o novo *Instrumento de Trabalho* (*IT*); nela ele acentuava que a perspectiva e impostação geral eram a partir das CEBs.

> Na última Assembleia da CNBB (1980) os srs. Bispos pediram à Linha de Catequese [*Linha 3*] um NÚCLEO ou ROTEIRO DE CATEQUESE, em

---

escrito por um grupo durante o Encontro Nacional; segue à risca o esquema do texto do Pe. Gruen: *O conteúdo da catequese: projeto para discussão,* Belo Horizonte, 1980. Está redigido em linguagem extremamente simples e bastante popular. Conforme testemunho do P. J. Geeurickx também o Fr. Bernardo Cansi participou do grupo que redigiu esta versão popular.

150 Tal grupo, composto por Dom Albano, Pe. Gruen, Pe. J. B. Nunes de Oliveira, Ir. Israel Nery, Pe. Irineu Brandt, se reuniu-se no dia 17 de dezembro em Belo Horizonte. A equipe julgou oportuno não apresentar aos Bispos a versão popular: cf. W. GRUEN, *Cronologia;* N. G. TOLENTINO, *A renovação da catequese no Brasil* p. 85. Na verdade, voltou-se ao esquema primitivo de 6 pontos, acrescentando um sétimo (*Pedagogia da mudança*) e a bibliografia que já havia na versão do Leste II. São acrescentados uns dados sobre a evolução da catequese na Igreja universal e no Brasil; já não houve parte intitulada *O Conteúdo da Catequese* pois todo o texto foi considerado como tal. No item *Caminhada da Comunidade* foi acrescentado um número para reforçar o *papel da Liturgia* no crescimento da fé. Foram retiradas as referências bibliográficas ou acenos aos estudos já realizados na Europa sobre a *correlação.* Quando se aprofunda a *catequese como interação* a célebre citação de *Medellín* sobre as *situações históricas* desaparece, mas permanece a ideia. Ela voltará futuramente. Quanto ao ponto central, a *mensagem cristã*, é mais bem situada inicialmente, e o texto recebe alguns retoques redacionais e acréscimos substanciais, como por exemplo, quando se fala da Eucaristia, do sacerdócio ministerial e batismal, ou as *observações* após a exposição da *Mensagem* e o texto sobre a *formação da consciência crítica*.

151 No dia 27 de dezembro, em Brasília, depois da reunião da CEP, Dom Albano, Pe. J. B. Nunes de Oliveira e Pe. A. Antoniazzi fizeram "uns acréscimos [no texto] para maior compreensão da mensagem tendo em vista o conjunto do assunto e os destinatários". J. B. NUNES DE OLIVEIRA, *Correspondência acima citada* (cf. nota 144)*;* além de citar os números alterados e outras modificações, fez referência também ao uso do Documento *Il Rinnovamento della Catechesi* da Itália, e ao fato de o Pe. W. Gruen ter conseguido dar "uma resposta ao pedido dos Bispos" com um texto que alcança "a posição de justo equilíbrio" (*Ibid.*).

nível nacional, com a colaboração do INP e das Coordenações Regionais de Catequese. As colaborações foram pedidas e agora apresentamos como *Instrumento de Trabalho* o anteprojeto de um documento-base intitulado *O conteúdo da catequese* que segue anexo. Este Documento-Base foi elaborado dentro de um contexto e visão de catequese visando milhares de pequenas comunidades que devem ser evangelizadas e que também são evangelizadoras, segundo a *Evangelii Nuntiandi*[152].

Com a preparação desse primeiro *Instrumento de Trabalho* (embora não receba este nome), é vencida a primeira etapa de busca de um *roteiro catequético*. Os trabalhos passaram para a AG, onde o processo prosseguiu. Entretanto, havia muito que fazer ainda. O MCB, já bastante dinamizado, teve de acelerar mais ainda o ritmo dos acontecimentos a partir dos próximos passos. Será o tema do capítulo seguinte.

CONCLUSÃO

Cronologicamente este capítulo de nossa pesquisa abarcou na verdade um brevíssimo tempo: os anos de 1979 e 1980. Entretanto, foram muito ricos de acontecimentos e realizações. Acompanhamos o surgir de novas lideranças que transmitem renovado entusiasmo e dinamismo no já mobilizado MCB. Na Igreja Universal surge a figura carismática de São João Paulo II, que com sua *CT* e visita à América Latina, particularmente ao Brasil, influencia o curso dos acontecimentos. Em termos de Igreja Brasileira, é o momento da renovação da presidência da CNBB, e o aparecimento de Dom Albano Cavallin à frente da Linha 3 com sua liderança fascinante. A elaboração das *DG 1979-1982*, sob o forte impacto dos documentos da Assembleia de *Puebla* (1979), proporcionou um maior esclarecimento e aprofundamento das opções teológico-pastorais da Igreja no Brasil, elementos fundamentais para o desenvolvimento da catequese. A reafirmação da dimensão comunitária e de uma eclesiologia fundamentada na participação e comunhão deram renovado impulso às CEBs e pequenas comunidades. Da prática catequética nessas comunidades vivas surgiu o novo modelo catequético que será proposto a toda a Igreja: o método da interação entre fé e vida.

Dentro desse quadro pujante da vida eclesial, a reflexão catequética avançou consideravelmente. Tivemos a oportunidade de analisar duas Assem-

152 Albano CAVALLIN, *Sobre o tema "O conteúdo da Catequese", Linha 3 – C- nº 1949/80 de 19/12/1980 in CM* (1981), nº 340, p. 22.

bleias Gerais do Episcopado, três seminários nacionais e uma série de outras reuniões que deram passos significativos para a definição e aprofundamento das linhas teológico-operativas da catequese. Rejeitando a ideia de um texto nacional de catequese dentro dos velhos ou renovados esquemas catequéticos, pensou-se em elaborar um *roteiro* ou *temário catequético* que pudesse ir ao encontro de uma maior unificação à catequese nacional. O episcopado deu algumas orientações e pediu que se elaborasse tal *roteiro*. Os catequetas, no esforço de apresentar algo mais abrangente do que um simples elenco de temas, por mais renovados e profundos que fossem, refletem sobre o sentido do *conteúdo da catequese*, e nas trilhas da recente tradição catequética a partir do pós-Concílio, passando por *Medellín* e *Puebla*, estabeleceram que a educação da fé, para ser verdadeira mensagem, só pode ser feita a partir dos acontecimentos da vida, de modos que a mensagem ressoe continuamente na vida dos catequizandos, e mais ainda, na vida e caminhada da comunidade. Inspirando-se na reflexão europeia dos anos 60 sobre a *correlação*, elaborou-se no Brasil aquilo que ficou conhecido como *método de interação entre fé e vida*. Tal modelo catequético, fiel a Jesus Cristo, à Igreja e à pessoa humana, procurou, dentro do contexto latino-americano e sobretudo brasileiro, privilegiar a opção preferencial pelos pobres, provocando alterações não só em termos metodológicos, mas também na escolha de conteúdo.

Além do Pe. João Bosco Nunes O., então encarregado nacional da catequese, outros nomes estiveram à frente desse processo, de um modo especial Pe. Juan Ruiz de Gopegui, Pe. Alberto Antoniazzi e Pe. Wolfgang Gruen. Nenhum dos três era brasileiro, mas há muito tempo trabalhando entre nós, plenamente identificados com a vida da Igreja no Brasil, souberam dar uma sólida contribuição ao MCB, manifestando assim a universalidade da Igreja. Muitos outros catequetas e catequistas estiveram presentes nesses acontecimentos e outros aparecerão, pois a partir do próximo momento as discussões descerão ao nível dos catequistas de base. Isso deu maior participação e riqueza ao debate, tornando-se, assim, mais intenso e levando à aprovação final das orientações para a catequese nacional. Disso nos ocuparemos no próximo capítulo.

CAPÍTULO VI

Apogeu do MCB: nasce o documento *Catequese Renovada*, transforma-se a face brasileira da catequese

O processo de maturação e sistematização das linhas e opções da catequese em nível nacional ainda teve dois anos de buscas, confrontos, discussões e definições. Nesse período o MCB continuou em seu apogeu, seus momentos mais vibrantes e fecundos, pela quantidade de pessoas envolvidas, pela produção dos mais diversos tipos de estudos, pela profundidade da reflexão. Porém, ele foi além daquelas inúmeras atividades que pululavam ao redor da busca de um *roteiro nacional*. Prosseguiu sua evolução chegando à redação de um *documento catequético* mais abrangente e profundo, expondo a natureza e os fundamentos da catequese, aos quais pertencia também o *Roteiro de Conteúdo*. Tais acontecimentos do MCB serão objeto deste capítulo, recolhendo nele também algum outro evento ou publicação dos anos analisados no capítulo anterior, como é o caso, por exemplo, da produção de textos catequéticos.

1. REFLEXÕES EM TORNO DO CONTEÚDO DA CATEQUESE

Como vimos, D. Albano enviara a todos os bispos, em vista da preparação da AG de 1981, um *documento-base*, elaborado pelos coordenadores regionais no Encontro Nacional anterior, a partir da proposta do Pe. W. Gruen e participação de outros catequetas. Foi a plataforma das discussões quando, pela segunda vez, o tema da catequese *ex-professo* apresentou-se numa AG da CNBB.

1.1 Confronto do episcopado com as novas perspectivas catequéticas

A 19ª AG se reuniu de 17 a 26 de fevereiro de 1981; em sua pauta, logo após o tema principal, a catequese foi o primeiro assunto[1]. O tema da ca-

1 CNBB – 19ª AG, *Ata da Reunião da Presidência e a CEP de 25 de novembro de 1979: Pauta dos assuntos in CM* [1980], nº 338, p. 1028; CNBB – 19ª AG, *Ata nº 1 de 17/02/1981 in CM*

tequese foi debatido em vários momentos. No terceiro dia, D. Albano Cavallin apresentou o *documento-base*[2], expondo sua divisão e conteúdo principal, e apontando o 4º ponto (*a catequese como processo*) como o mais importante[3]. Concluiu com esta síntese:

> Mais do que nos pormenores, o *conteúdo* da catequese é pensado em suas linhas mestras, na catequese, enquanto processo (nº 4); o conteúdo do processo catequético é, basicamente, a própria caminhada permanente [de fé] da comunidade, iluminada pela mensagem cristã explícita (4.4.2 – 4.4); tudo isto é situado a partir de um lugar social bem definido: na perspectiva da opção preferencial dos pobres (3.3.2); a realidade desta pedagogia da fé exige um novo tipo de agente de catequese; queremos propor, com o que realizamos em 1980, um processo de reflexão que se estenda a todos os níveis da Igreja no Brasil (7)[4].

(1981) nº 341, p. 65. Note-se que esta era a primeira AG sob as novas orientações de Roma; de fato, além da citada carta de João Paulo II aos bispos do Brasil após sua visita, também o Card. Agostinho Casaroli, Secretário de Estado, transmitia algumas orientações para as assembleias nacionais, entre elas: a principal responsabilidade seja dos Bispos (e não assessores); os temas deveriam tratar mais sobre a vida *ad intra* da Igreja. Deveriam os bispos se preocupar mais com as CEBs, com o relacionamento entre bispos e religiosos e constituir uma *Comissão Episcopal de Teologia*: cf. CNBB – 19ª AG, *Adendo à Ata nº 1: Reunião Privativa que precedeu à sessão solene de abertura in CM* (1981) nº 341, p. 68-69. Esta última disposição, atingia de cheio o processo de elaboração do Documento *Catequese Renovada*, uma vez que tal Comissão (chamada depois de *Comissão Episcopal de Doutrina*) se ocupou justamente dos aspectos doutrinais, que estavam no centro da discussão catequética.

2 ID., *O Conteúdo da Catequese, D. 9 AG*, Brasília 1981 *in D 12968* BibINP, 34 p., mimeografado; cf. Wolfgang GRUEN, *Cronologia*. Em síntese, este o documento preparado pela *Linha 3* em base ao texto do Pe. W. Gruen e apresentado à 19ª AG continha estes 8 pontos: 1. Introdução; 2. Três modelos de catequese (doutrinário, empirista, de interação); 3. Quadro de referência (Catequese como interação, Uma nova ótica – a opção preferencial pelos pobres, Fidelidade a Jesus Cristo, à Igreja e à pessoa humana; 4. A Catequese como processo (alcance deste enfoque, a caminhada da Comunidade, a Mensagem, Mediações, Processo Catequético e Metodologia e Momentos Catequéticos); 5. O Conteúdo como elemento de um sistema; 6. Alguns critérios para a avaliação do conteúdo de livros de catequese; 7. Pedagogia da Mudança; 8. Bibliografia: cf. *Ibid.*, *Índice*, p. 1.

3 Cf. CNBB – 19ª AG, *Ata nº 3 de 19/02/1981 in CM* (1981), nº 341, p. 76; o texto integral da apresentação de D. Albano se encontra *in* A. CAVALLIN, *Subsídios referentes às votações e eleições; referente à V. 2: Apresentação do texto: "O conteúdo da Catequese"*, p. 231-237; também CNBB-19ª AG, *Apresentação do texto "O Conteúdo da Catequese", D 9 A/19ª AG*, Brasília 1981 mimeografado, *in D 16676* BibINP, 6 p.

4 Nesta apresentação citada acima, D. Albano, bem ao seu estilo, empregou uma imagem que será usada inúmeras vezes, para afirmar que a reflexão sobre o conteúdo da catequese implicava uma revisão de todos os aspectos da catequese: "o pedido de renovação do conteúdo é muito parecido com quem deseja trocar uma lata numa pilha delas no supermercado: tirando-se uma lata que está em baixo, as outras vão cair; é preciso reconstruir tudo. Assim é com a catequese, pois ela é um processo de educação e se liga com toda a pastoral: mexer com o conteúdo, exige mexer com métodos, formação de catequistas, organização, textos, etc." *Ibid.*, p. 234.

Após debate em grupos[5] e reelaboração do texto, a discussão passa para o plenário, com 10 intervenções[6]. Uma delas fixou-se sobre a vida em comunidade como conteúdo da catequese, criticando a tendência subtil de colocar a vivência da comunidade como *determinante*, quase como geratriz ou fonte do conteúdo doutrinário: uma hipertrofia da comunidade, como se fosse ela quem delegaria os ministérios. Uma outra julgou impróprio dizer que a *situação concreta do grupo humano* é elemento indispensável do conteúdo da Revelação; suspeita que o texto esteja se inspirando na chamada *Igreja Popular* e considerou ambíguas as passagens referentes às formulações da fé. Concluiu que o texto não responde ao que foi pedido. Há intervenções que, considerando o texto nebuloso, pediram uma revisão substancial do documento, uma cristologia mais sólida ou que o tema fosse aprofundado como assunto principal de uma outra AG com metodologias mais adequadas[7].

O texto propriamente não foi votado; numa folha de votação com 4 proposições preparadas pela assessoria, os bispos simplesmente aprovaram a continuidade da reflexão assumindo esse documento como base, com as emendas feitas nesta AG. Nesta folha de votação foi a primeira vez que apareceu o novo nome do futuro *Instrumento de Trabalho* (*IT*): *Orientações em torno do conteúdo da catequese*[8]. Na última intervenção em Assembleia, D. Albano solicitou que este *IT* seja estudado em todos os regionais e dioceses com sugestões para seu aperfeiçoamento[9].

---

5 Cf. CNBB – 19ª AG, *O Conteúdo da Catequese, D. 9 AG*, Brasília 1981 *in D 12968* BibINP, p. 34, mimeografado.

6 Cf. ID., *Ata nº 6 de 23/02/1981 in CM* (1981), nº 341, p. 95. Tal documento recebeu a sigla 19ª AG/ D. 9-B. A redação do texto emendado é fruto do trabalho dos assessores da *Linha 3*, acompanhados pela Comissão Episcopal anteriormente nomeada e presidida por D. Albano. Era assim constituída: D. José Costa Campos, D. Décio Pereira, D. Erwin Krautler e D. Augusto Carvalho: cf. CNBB – 19ª AG, *Ata nº 3 de 19/02/1981 in CM* (1981), nº 341, p. 74; ID., *Comissões ad hoc in Ibid.*, p. 128.

7 A síntese das intervenções encontra-se em CNBB – 19ª AG, *Ata nº 6 de 23/02/1981* [*síntese dos oradores inscritos*] *in CM* (1981), nº 341, p. 95-97.

8 Cf. CNBB – 19ª AG, *Ata nº 7 de 24/02/1981 in CM* (1981), nº 341, p. 110; ID., *Votações, V2: "Orientações em torno do Conteúdo da Catequese"*, *Ibid.*, p. 191-192. Pe. J. GEEURICKX, *Entrevista. com o Pe. J. Geeurickx no dia 04 de fevereiro de 1995* (citaremos como *Entrevista*); Cf. ID., *História do Documento*, p. 13.

9 Cf. ID., *Ata nº 8 de 25/02/1981 in CM* (1981), nº 341, p. 114-115; sobre a proposta de D. Clemente Isnard, apoiada por outros 24 bispos, para que o documento seja mais clarificado. Ele mesmo pediu que tal trabalho fique a cargo da *Linha 3*: cf. *Ibid.*, Por isso, devendo ainda ser reelaborado, ele não faz parte das *Atas* desta 19ª AG publicadas no *CM* de fevereiro, mas no número de abril, após a reelaboração do mesmo: cf. ID., *Orientações em torno do Conteúdo da Catequese*, *Ibid.*, p. 191, nº 1, nota.

1.2 Instrumento de Trabalho *Orientações em torno do conteúdo da catequese* (OCC)

Terminada a AG, os assessores da *Linha 3* dão os últimos retoques ao texto do *IT* que em abril foi publicado com o título *Orientações em torno do Conteúdo da Catequese* (*OCC*)[10].

É muito curioso esse título, dado pela *Linha 3* ao novo *IT*. A expectativa que se criara com o processo anterior era a da elaboração de um *roteiro de conteúdo renovado de catequese*; o *documento-base* mantivera o mesmo nome que o Pe. W. Gruen lhe havia conferido, ou seja: *O conteúdo da catequese*. E, então, se publicou um texto com o título *Orientações em torno do conteúdo da catequese*. Na verdade esse nome traduzia aquilo que os assessores pensavam: não queriam simplesmente elaborar uma lista de "verdades" a serem ensinadas ou transmitidas na catequese, mas sim apresentar uma reflexão séria sobre o *ato catequético* e sua função dentro do conjunto eclesial, particularmente dentro da pastoral de conjunto. Naqueles dias recebia-se em Brasília a informação de que a *Sagrada Congregação da Doutrina da Fé* insistira para que se voltasse ao *DCG* que estaria sendo um tanto esquecido[11]. É o que o Pe. J. Geeurickx comenta:

> Na verdade os assessores da *Linha 3* queriam algo mais que fosse além do DCG ou uma sua simples adaptação; queriam diretrizes que refletissem a originalidade da pastoral latino-americana e brasileira, de modo especial a caminhada das CEBs, seu processo evangelizador e de crescimento na fé, a mística da opção pelos pobres, a religiosidade popular, a riqueza de Puebla, as linhas de uma equilibrada Teologia da Libertação, etc.[12].

Justamente isso é que *OCC* queria significar a partir de seu título. Na verdade, o novo *IT* substancialmente era o mesmo *documento-base* elaborado pela *Linha 3* em base ao texto do Pe. Gruen, com as contribuições do Encontro Nacional e grupos de trabalho posteriores, porém com uma nova organização, supressões, acréscimos e correções[13]. É introduzida uma pequena *Visão histórica da Catequese*; seguem-se três grandes capítulos, uma conclusão, questionário e bibliografia.

10 CNBB – CEP, *Orientações em torno do Conteúdo da Catequese: Instrumento de Trabalho in CM* (1981), nº 343, p. 343-365. Também publicado em separata, e largamente distribuído. A *RdeC* publica uma *pequena nota* sobre ele *in* 4 (1981), nº 15, p. 85.

11 Cf. CNBB, *Reunião da Presidência e CEP. Ata reunião conjunta de Bispos e assessores de 26/04/1981 in* CM (1981), nº 343, p. 421.

12 J. GEEURICKX, *Entrevista*.

13 ID., *História do Documento*, p. 13.

O *primeiro* capítulo tratou dos *três modelos de catequese* (doutrinário, empirista e de interação: neste último há uma ampliação), o *segundo* expôs *alguns critérios para uma catequese realista e autêntica hoje* (opção pelos pobres, fidelidade a Jesus Cristo, Igreja e à pessoa humana, catequese como parte da pastoral de conjunto). O *terceiro* capítulo intitulou-se *Prática do modelo de interação* (a caminhada da comunidade, a *Mensagem*, observações metodológicas sobre a mensagem, outros elementos integrantes do conteúdo, algumas consequências).

Algumas mudanças significativas foram as seguintes: a célebre citação de *Medellín* (nº 6 do *Documento 8, Catequese*), que havia desaparecido, retornou ao documento (*OCC* 47); os *critérios de uma catequese autêntica* (*OCC* 53-66) foram reunidos mais sistematicamente, sendo que na *opção pelos pobres* desapareceram as considerações sobre as culturas não letrada e letrada. Nos trechos sobre a *Fidelidade à Igreja*, abandonou-se a ótica de uma fidelidade doutrinal em favor de uma *fidelidade à comunhão eclesial* (*OCC*, 57), o que de fato mudou bastante a perspectiva. Ao lado do conceito de *catequese como processo* (*OCC*, 62-66), considerou-se também *a catequese dentro da pastoral de conjunto* (*OCC* 60).

Contudo, a redação, assim como o conteúdo, da parte intitulada *Mensagem* (*OCC* 82-119) permaneceu praticamente a mesma, impressa agora em *itálico*, o que lhe deu maior realce; isso se manterá também na edição definitiva de *CR*, quando essa sinótica *Mensagem* foi transformada em *Temas fundamentais para a Catequese Renovada*. Nos lugares onde se falava de opressão e libertação, a linguagem foi mais abrandada. Houve alguns acréscimos substanciais (*OCC* 96, 122). A última parte (*Observações Metodológicas sobre a Mensagem*) foi bastante simplificada e reorganizada; por fim, os nº 5, 6 e 7 do *documento-base (conteúdo como elemento de um sistema, critérios de avaliação de subsídios catequéticos e pedagogia da mudança)* foram supressos. As citações de autores (Nocke, Segundo-Zentano, Alberich, Stachel-Mieth) foram eliminadas, mantendo-se as citações de documentos oficiais e acrescentando-se algumas palavras de São João Paulo II. A Bibliografia foi também reduzida à metade, eliminando-se os autores alemães ou obras muito eruditas, citando-se apenas o nome de três revistas europeias de catequese. Assim, o texto permaneceu bastante simplificado, usando frases curtas e com uma linguagem consideravelmente mais acessível.

1.3 Recepção das novas perspectivas entre Catequistas de base

Foram impressas vinte mil cópias do texto *OCC*, distribuídas pelo território nacional[14]. A intenção da *Linha 3*, como já dissemos, foi prolongar o processo de elaboração do futuro documento *Catequese Renovada*, para que fosse envolvido o maior número possível de pessoas, em todos os níveis, e assim todos tivessem oportunidade de se expressar e discutir a catequese. Era uma metodologia para facilitar a reflexão e assimilação da renovação que vinha no bojo do documento. E de fato assim aconteceu: a partir do momento que *OCC* chega aos catequistas de base, desencadeia-se movimento oportuno de reflexão, talvez nunca havido anteriormente.

Multiplicaram-se reuniões, assembleias, cursos, conferências, dias de estudos, dramatizações, encenações e outras iniciativas com os catequistas de base para aprofundar as novas ideias e concepções[15]. Houve um entusiasmo generalizado, e em todos os setores da catequese no Brasil começou-se a falar e discutir conceitos que para a maioria era algo inusitado: *experiências* ou *caminhada da comunidade, formulações da fé, Revelação de Deus através de Palavras e Fatos, interação entre fé e vida, catequese como processo, modelo doutrinal, empirista, de interação*... Foi, sem dúvidas, um dos gloriosos momentos do MCB.

A intensa participação nesses debates era certamente dos catequistas. Porém, os religiosos, sacerdotes, seminaristas e os mesmos bispos marcavam presença. Pode-se dizer que pela primeira vez na nossa história a catequese em suas mais importantes perspectivas, em sua natureza, em seu significado e papel para a vida cristã era discutida por toda a Igreja. E isso não nas altas esferas eclesiais, mas entre catequistas de pouca instrução letrada, ou mesmo analfabetos. É verdade que muitos não conseguiam acompanhar suficientemente a reflexão, colher o verdadeiro significado do que estava

---

14 ID., *História do Documento*, p. 13. A partir dos exemplares impressos, muitos outros eram mimeografados integralmente (o que ocupava no máximo 15 folhas) ou em parte, ou mesmo esquemas foram elaborados. Um desenho contendo três bonecos representando os três modelos de catequese (doutrinal, empírico e de interação) fez muito sucesso e percorreu o Brasil de norte a sul, traduzindo numa imagem plástica aquilo que o documento descrevia em palavras eruditas.

15 A *RdC* em sua secção *Informações várias* noticia alguns destes encontros, como no Regional NE II em Belém: *RdeC* 4 (1981), nº 16, p. 74; em Maceió: *Ibid.*, p. 76; em Chapecó: *Ibid.*, p. 86; em Teresina: 5 (1982), nº 17, p. 89; Itaguaí: *Ibid.*, p. 90; Araçuaí: *Ibid.*, p. 91; Osasco: *Ibid.*, p. 94; Campo Grande: *Ibid.*, p. 99; Rio de Janeiro: *Ibid.*, nº 18, p. 93; Iguatu: *Ibid.*, nº 19, p. 92 etc. Mas isso é uma pequena amostra; não houve diocese que ficasse à margem desse processo. Eu mesmo tive oportunidade de realizar diversas palestras e cursos tendo como base esse instrumento de trabalho *OCC*.

acontecendo ou atingir os problemas em sua profundidade. Todos, porém, percebiam que catequese era assunto importante e que ela estava adquirindo um novo rosto, cheio de aspectos significativos e de esperanças; enfim mudanças profundas surgiam nos horizontes da catequese. Foi realmente um momento formativo para todos os catequistas.

O documento *OCC* trazia nas últimas páginas um longo questionário com 22 perguntas específicas e 4 de caráter mais geral que abarcavam todo o substancioso conteúdo de suas 28 páginas e ajudavam os catequistas na reflexão. Foi um elemento que certamente ajudou bastante, pois a documentação existente mostra que de fato ele serviu de orientação ou roteiro das discussões.

1.4 Reações e críticas

É claro que, se esse processo serviu para o envolvimento de grande número de catequistas e agentes de pastoral na discussão em curso, por outro lado as contribuições mais valiosas vinham certamente das instâncias que tinham capacidade mais crítica.

1.4.1 As intervenções da Arquidiocese do Rio de Janeiro

Entre as contribuições críticas, foi significativa, por exemplo, a presença da Arquidiocese do Rio de Janeiro, caracterizada por uma linha bastante contrastante, com relação às arrojadas posições da *Linha 3*: os arquivos da CNBB guardam muitas de suas intervenções escritas[16], todas assinadas pelo Card. D. Eugênio Sales, que se fazia assessorar, de um modo especial, por D. Estêvão Bittencourt, beneditino e D. Karl Romer, bispo auxiliar[17].

---

16 Cf., por exemplo, Eugênio de Araújo SALES, *Algumas reflexões ao conteúdo da Catequese D 9AG a ser estudado na XIX AG da CNBB em Itaici*, Rio de Janeiro, 02/02/1981 7 p., datilografado; ID., *Considerações sobre o Instrumento de Trabalho "Orientações em torno do conteúdo da catequese"*, Rio de Janeiro, 05/10/1981, 7 p., datilografado.

17 Em seu *Depoimento* D. Albano CAVALLIN afirma: "*Pergunta*: É comum afirmar que de todas as partes do Brasil chegavam contribuições, emendas, críticas aos textos da *CR* que estavam se elaborando e que, por isso foi um grande trabalho de mutirão. Poder-se-ia afirmar que as contribuições do Rio de Janeiro *foram as mais críticas e que fizeram o documento adquirir um certo equilíbrio dando um contrapeso às avançadas posições da Linha 3? Qual foi o papel do INP?"*. *D. Albano* respondeu: Sem dúvida; foi emocionante constatar que do Brasil inteiro chegavam contribuições, comentários, sugestões; as inúmeras contribuições do Rio de Janeiro foram de grande valor dentro do processo de elaboração de CR. Um dia D. Karl Romer, auxiliar do Rio de Janeiro, me disse: "Eu sou louco: fiz mais de 75 emendas ao texto...". E realmente ele fazia; porém as críticas e sugestões que vinham do Rio de Janeiro, sempre assinadas pelo Sr. Cardeal, eram na maioria da autoria de Dom Estêvão Bittencourt, seu assessor. D. Eugênio Sales um dia me disse que na sua Arquidiocese havia várias comissões acompanhando o processo de redação do Documento *CR*. Muitos outros teólogos, pastoralistas, biblistas colaboraram com a *Linha*

Foi um posicionamento altamente crítico nos confrontos com as perspectivas do documento. A impostação geral, fundamentada na prática e teologia da libertação, encontrava sérias resistências desse segmento da Igreja, como de resto de muitas outras. Os relatórios dessa Arquidiocese faziam as seguintes críticas: contradições no texto, imperfeições, conclusões maiores que as premissas, "ambiguidade entre os termos *conteúdo* e *processo*", uma concepção de Revelação em que se confunde o *conteúdo da mensagem* da fé recebida pela tradição que permanece imutável com sua *apresentação,* que depende das circunstâncias mutáveis. A *caminhada da comunidade cristã,* como conteúdo da catequese, é vista como uma *ameaça à integridade da mensagem.* Esses dois últimos pontos viciam o *modelo de interação.* O documento ignora os veementes pronunciamentos do Papa no Brasil. Quanto à *Mensagem,* "são pistas válidas que poderão ser muito bem exploradas, mas, dificilmente, os agentes da pastoral catequética saberão usá-las sem maior esclarecimento"[18]. Apesar de encontrar pontos positivos, no geral criticava-se o documento por não cumprir sua finalidade, ou seja: apresentar "uma catequese que, pela integridade de seu conteúdo, traga ao homem do nosso tempo toda a mensagem de Jesus Cristo"[19].

Num segundo documento, a objeção da Arquidiocese do Rio de Janeiro é de que durante a 19ª AG já havia sido seriamente criticado o *IT* pela falta do "conteúdo da catequese", e apesar disso o atual *OCC* continua com a mesma lacuna; julga muito superficial a *visão histórica,* tendenciosa a descrição dos *três modelos,* falha a concepção de *Revelação,* dando inclusive a impressão de que ela continua nos acontecimentos de hoje e ignorando "de modo grosseiro que *inspiração, Revelação e consciência do autor inspirado* são três coisas realmente distintas", beirando assim à heresia[20]. Ao contestar o uso que em *OCC* se fazia da analogia entre Revelação bíblica e revelação no conteúdo da catequese hoje (*OCC* 41), os críticos do Rio de Janeiro se preocupavam com o perigo que pode induzir tal afirmação: "Não que isto seja errado em

---

3. "Quanto ao INP, disse D. Albano, recebi apoio eficiente no início da caminhada e consegui reunir um bom número de teólogos para debater o assunto, mas depois nem tanto. Precisaríamos hoje um INP mais dinâmico, mais vigoroso e ousado em analisar as causas e propor novas perspectivas. Vejo este organismo hoje muito estruturado e um tanto formal ou burocrático, sem os préstimos que desejaríamos. É preciso haver uma reestruturação deste Instituto de Pastoral que já foi tão benemérito no Brasil". A. CAVALLIN, *Depoimento.*

18 E. SALES, *Algumas reflexões ao conteúdo da catequese,* p. 5, 5º, 4.3.

19 *Ibid.*, p. 2.

20 ID., *Considerações sobre o Instrumento de trabalho "Orientações..."*, p. 2-3.

si, mas, no contexto é difícil alguém não ser induzido a erros; isto tanto é mais verdade quanto o título deste número é: *o conteúdo da catequese revelando Deus na História*"[21]. A conclusão é apodítica: o texto estava muito vago e subjetivo; não correspondia aos anseios dos catequistas; eles aguardam algo melhor, mais objetivo, pormenorizado, mais claro, mais definido[22]. Para fundamentar tais críticas, citam-se abundantemente a Sagrada Escritura, a *CT* e os *discursos do Papa* em sua recente visita ao Brasil.

Exemplo da polêmica que se criou em torno do texto *OCC* pode ser encontrado num texto que rebatia, em 10 pontos, as críticas provindas do Rio de Janeiro. Aí se diz que elas se baseiam num conceito de Revelação que não se apoiava na *DV*, onde se lê que "não é através da Escritura apenas que a Igreja deriva sua certeza a respeito de tudo que foi revelado" (*DV* 9). Essa réplica diz também que os teólogos fluminenses baseavam-se numa visão de História da Salvação restrita à História Bíblica e não continuada na História da Igreja e da Humanidade, onde só tem valor a voz do Magistério. Conclui dizendo:

> de acordo com esta visão de *Revelação, palavra de Deus e história da salvação* será muito difícil admitir que o Senhor se revela ou fala também através dos acontecimentos de hoje. Nesta visão os acontecimentos ou situações históricas não podem ser parte do conteúdo da catequese[23].

1.4.2 O trabalho nos Regionais da CNBB

Em todos os Regionais sucederam-se assembleias e reuniões de catequistas para discutir *OCC*. Na reunião da CEP de 22 de setembro de 1981, a *Linha 3* pôde afirmar que "todos os Regionais, menos 1, já fizeram seu encontro [sobre a catequese)"[24]. Em geral, a acolhida foi bastante boa, e o documento, aceito em sua impostação geral. O item que mais recebeu críticas foi o problema da *linguagem* do texto, julgada muito eclesiástica e

---

21 ID., *Considerações sobre o Instrumento de trabalho "Orientações..."*, p. 4. O autor esclarece: "Importa distinguir: Cristo está presente em sua Igreja, continua a falar-lhe, mas explicitando a Mensagem através do Magistério e, em revelações particulares aprovadas pelo Magistério. A Revelação terminou no Apocalipse (*DV* 4; *EN* 25). Nos Documentos Pontifícios, o Magistério explicita os Ensinamentos de Cristo, aplicando-os às realidades contemporâneas. Nada mais é acrescentado à Revelação". *Ibid.*, p. 7.

22 ID., *Considerações sobre o Instrumento de trabalho "Orientações..."*, p. 7.

23 *Observações a respeito das "considerações sobre o Instrumento de Trabalho" da Arquidiocese do Rio de Janeiro*, [1981], s/a, encontrado nos arquivos da *Linha 3*.

24 CNBB, *Reunião da Presidência e CEP. Ata reunião conjunta de Bispos e assessores de 22/09/1981 in CM* (1981), nº 348, p. 817.

incompreensível pelos catequistas. Note-se que tal problema não afligia os críticos do Rio de Janeiro, uma vez que partia de pessoas ligadas à reflexão teológica. Porém, quando a crítica provinha dos coordenadores ou catequistas de base, imediatamente se colocava o problema da linguagem. Damos como exemplo de outras reações o seguinte texto bastante crítico e que sublinhava o valor da dimensão *doutrinal* na catequese:

> O "esboço" pareceu-nos ser uma reação ao modelo *doutrinário*. Evita-se, dessa forma, quase que totalmente qualquer maior alusão à doutrina que a própria Igreja construiu com a vivência de sua tradição e fé e que a própria Igreja efetivou com a garantia de seu magistério: os "dogmas", em nosso entender, são o "clamor de fé do Povo de Deus", através da história. Deu-nos a impressão que o conhecimento e a explanação da doutrina "atravanca", nesse documento, o desenvolvimento da fé e a vida da comunidade! Como se um mecânico fosse tão menos apto para dirigir quanto conhecesse o funcionamento das engrenagens do motor... Uma tomada de posição assim, assumida de fato, pode levar à superficialidade e ao imediatismo. Pode engajar cristãos em toda sorte de movimentos, pelos quais eles lutarão, sem, na verdade, muitas vezes, saber o porquê de estarem lutando[25].

Outros problemas foram levantados pelos vários Regionais, como a falta de espaço para a oração, a ausência da religiosidade popular e do diálogo ecumênico, o risco de antropomorfismo; sugeriu-se definir melhor a natureza do documento, desenvolver mais o conteúdo da *mensagem*, aprofundar a questão do *ministério da coordenação da catequese*, não pretender um conteúdo catequético para todo o Brasil nem ter pressa de aprovar logo o documento. Inúmeras sugestões foram feitas visando ao esclarecimento do texto, sugerindo modificações na redação ou na ordem dos assuntos, acréscimos ou supressões. Alguns chegaram mesmo a propor alteração na estrutura do documento inteiro.

1.4.3 Uma crítica mordaz

Além dos Regionais da CNBB, outras pessoas deram suas contribuições e fizeram suas críticas. Como exemplo, apresentamos aqui a opinião de um dos mais ferrenhos críticos da Prática Libertadora e Teologia da Libertação, a respeito do presente documento *OCC*. Usando uma linguagem mordaz e irônica, o autor simplesmente acaba com o texto, colocando-o abaixo da crítica:

---

25 SECRETARIADO DIOCESANO DE PASTORAL CATEQUÉTICA DE TAUBATÉ, *Carta a D. Albano Cavallin de 18/09/1981*, [nos arquivos da *Linha 3*], p. 3.

> A *Linha 3* (catequese) acaba de promulgar algumas "orientações em torno do conteúdo da Catequese". [...] Uma primeira leitura deixou a impressão de um simplismo didático, histórico e teológico bastante penoso. A "visão histórica da catequese" no Brasil é perfunctória, leviana e atamancada. Tem-se a impressão que foi elaborada por uma professorinha primária depois de ter ouvido uma preleção acadêmica que não logrou assimilar. A definição do dinamismo da Revelação (nº 38) deixaria perplexos não somente o apóstolo São Paulo ou os evangelistas, mas a qualquer exegeta. O "modelo de interação" apresentado como ideal parece inspirar-se no método dos "círculos bíblicos" usados por Carlos Mesters. A diferença, porém, é que os livrinhos de C. Mesters nunca pretenderam ser um manual completo de catequese, pelo contrário, desde a primeira página avisam que sua finalidade é bastante restrita e parcial. O grande perigo que poderá haver no método proposto pela CNBB é dar à "realidade" concreta, sempre conjuntural e episódica, um sentido normativo que compete exclusivamente à Palavra de Deus[26].

À parte o sarcasmo, a contundente crítica do autor não procede, como se vê, em alguns de seus aspectos. Exegeta de grande respiro, preocupa-se com a exatidão dos termos e a precisão doutrinal. Não percebe que o nº 38 de *OCC*, que conforme ele "deixaria perplexos não somente o apóstolo São Paulo ou os evangelistas, mas a qualquer exegeta", não é outra coisa senão a tradução em linguagem mais simples daquilo que o catequeta Pe. Emílio Alberich expôs com muita erudição e propriedade em sua clássica obra, a respeito da *experiência religiosa como lugar da palavra e elemento central da comunicação catequética*[27], resumindo uma série de aprofundamentos realizados na década de 70 e que se tornava agora no documento brasileiro o embasamento teórico do método da interação entre fé e vida; podemos ver a Revelação da palavra de Deus também dentro deste esquema, e tal doutrina encontra respaldo no grande documento *Dei Verbum* do Vaticano II.

---

26 João Evangelista Martins TERRA, *História da Catequese*, São Paulo: Loyola, 1982, p. 42-43.

27 Cf. Emilio ALBERICH, *A catequese na Igreja hoje*, São Paulo: Editora Salesiana Dom Bosco, 1983, p. 77-87. Infelizmente, por erro tipográfico no título principal deste item em vez de *experiência*, foi grafado *esperança*.... A edição renovada italiana, é: *La Catechesi della Chiesa*, Leumann (Torino): Elle Di Ci, 1992, p. 76-89, traduzida e adaptada ao Brasil e A. Latina por Luiz ALVES DE LIMA, como: *Catequese Evangelizadora, manual de catequética fundamental*. São Paulo: Editora Salesiana, 2004. Há ainda a edição equatoriana da editora Abya-Yala, em 2003. Uma última edição atualizada foi publicada pelo autor como *Catequesis Evangelizadora, manual de catequética fundamenta*. Madrid: septiembre 2009, Editorial CCS. Outras informações, cf. nota 165.

1.5 Reelaboração do *Instrumento de Trabalho OCC*

1.5.1 O Encontro Nacional de Coordenadores Regionais em outubro 1981

Obedecendo ao 6º PB, a *Linha 3* convocou de 13 a 16 de outubro de 1981 em Brasília o *Encontro de Coordenadores Regionais* de catequese cujo tema não poderia ser outro senão o instrumento de trabalho *OCC*. Todos eles já haviam discutido, em seus Regionais, o documento e agora confrontavam os próprios resultados numa reunião nacional. Os relatos dos estudos e conclusões feitas a respeito de *OCC* de norte a sul do país, foi um claro exemplo da força do MCB neste momento. Quase todos coincidem nos seguintes 8 pontos:

> **1.** O *IT* [*OCC*], tendo como destinatários os catequistas do Brasil, tem uma linguagem muito difícil, com termos técnicos; pediu-se, por isso, unanimemente que a linguagem seja simples e popular; **2.** nos estudos feitos nas bases quase não houve preocupação com o conteúdo catequético; **3.** os relatórios manifestaram questionamentos referentes ao modo de colocar em prática o modelo de interação; **4.** também deve ser evitado o perigo de fazer dicotomia entre os três modelos de catequese: doutrinário, empirista e de interação; **5.** houve uma grande consonância referente às dificuldades dos bispos, padres e religiosos para entender e assumir o modelo catequético de interação; **6.** evitar a tentação de elaborar um documento definitivo para a catequese; **7.** o documento veio reforçar uma prática já existente em diversos lugares; **8.** o documento oferece uma grande esperança[28].

Note-se o interesse por uma linguagem mais comunicativa, o que manifestava a vontade de levarem as novas ideias até aos mais humildes catequistas. Por outro lado, se vê que os responsáveis nacionais pela catequese não estavam tão interessados no *conteúdo* catequético quanto na *impostação geral do problema*, como desde o início vinha insistindo a *Linha 3*. Após estudar todas as sugestões e algumas propostas alternativas (como as dos Regionais Sul III, Nordeste II, Leste I e II), resolveu-se fazer uma reformulação total do documento com base em um novo esquema elaborado e discutido em plenário[29]. Assim começou-se a elaborar um novo *IT* para ser

---

28 CNBB – Linha 3, *Encontro Nacional de Catequese. Brasília 13-16/10/1981. Relatório in CM* (1981), nº 349, p. 895. Pequena nota sobre este encontro foi publicada *in RdeC* 5 (1982), nº 17, p. 84. Não consta que o Pe. Ralfy Mendes tenha participado.

29 Cf. CNBB – Linha 3, *Encontro Nacional de Catequese. Brasília 13-16/10/1981. Relatório in CM* (1981), nº 349, p. 896. A terceira parte que procurava descrever o itinerário-tipo de uma comunidade catequizadora, partindo de *OCC* (e portanto, do projeto do Pe. W. Gruen), foi ree-

apresentado na próxima AG dos Bispos que previa mais de um *roteiro catequético*[30]. Significativo e importante, foi também o pedido dos coordenadores à AG para que se instituísse o *Dia Nacional do Catequista*[31], o que, posteriormente, foi atendido.

O Encontro terminou sem que o novo *IT* ficasse pronto, trabalho realizado logo em seguida pela *Linha 3*. Na carta com a qual o Pe. J. Geeurickx, assessor nacional da catequese, enviava o relatório do Encontro aos coordenadores afirmava que o novo documento seria enviado aos Bispos e discutido na AG do ano seguinte, porém, com a perspectiva ainda de continuar a reflexão durante 1982, postergando para 1983 a aprovação final das *Diretrizes para a Ação Catequética no Brasil*[32]. Também não foi mantido esse sugestivo título. Na carta o assessor da *Linha 3* falava ainda da *experiência muito enriquecedora* para todos de deixar crescer um documento da CNBB pelas contribuições dos Regionais, das Dioceses e das Paróquias. Assim, em 17 de dezembro de 1981, o texto *OCC* reformulado é enviado a todo episcopado como preparação para a 20ª AG. Nele se fez pequena síntese do itinerário feita até então[33].

1.5.2 Os trabalhos da Linha 3

Na reunião de revisão do 6º PB em 1981 e programação para 1982, a *Linha 3* destacava os seguintes pontos do MCB: a invenção de um mecanismo de participação através da colaboração de todos, também catequistas de base, na redação do Documento de Catequese em curso; descoberta do papel da comunidade na catequese; passagem do *movimento bíblico* para a

---

laborada pelo Pe. Sandro Galazzi e Frei Ari Pintarelli do Regional Norte II "onde a catequese da comunidade é uma realidade e característica marcante da educação da fé em muitas prelazias e dioceses". A. CAVALLIN, *A Catequese na 21ª AG da CNBB in RdeC* 6 (1983), nº 23, p. 9.

30 Conforme o relatório deste encontro, o novo *IT* dever-se-ia chamar *Orientações para a Catequese no Brasil*, porém recebeu depois outro título, como veremos. Também a decisão de publicar tal documento na coleção *Estudos da CNBB*, não se verificou, como sabemos. CNBB-Linha 3, *Encontro Nacional de Catequese. Brasília 13-16/10/1981. Relatório in CM* (1981), nº 349, p. 896-897.

31 CNBB – Linha 3, *Encontro Nacional de Catequese. Brasília 13-16/10/1981. Relatório in CM* (1981), nº 349, p. 897. Tal efeméride tinha já sido sugerida há tempo pelo Pe. Ralfy Mendes de O. e só agora consolidada.

32 J. GEEURICKX, *Contribuições para o Instrumento de Trabalho sobre catequese in CM* (1981), nº 349, p. 894.

33 Cf. CNBB – CEP, *Instrumento de Trabalho "Orientações em torno do conteúdo da catequese": carta nº 1.682/81 de 17/12/1981 in CM* (1981), nº 351, p. 1074-1075. Nesta carta aos bispos, D. Albano teve a prudência de omitir o quinto ponto dos oito acima relatados sobre as *coincidências* de todos os relatos dos coordenadores regionais, onde se fala da "grande consonância referente às dificuldades dos bispos, padres e religiosos para entender e assumir o modelo catequético de interação". *Ibid.*, p. 1074.

pastoral bíblica; necessidade de um *organismo pensante*, como apoio, talvez uma secção catequética dentro do INP; na catequese ainda parece insuficiente a dimensão social; há pobreza de espiritualidade do catequista e carência de institutos de formação; com o estudo de *OCC* entre catequistas de base e encontros de Coordenadores Regionais deu-se um passo significativo na direção da *unificação da ação catequética no Brasil*[34].

Também se fez aceno à reflexão sobre a *formação dos catequistas*, pois de fato a *Linha 3* com alguns outros assessores havia participado há pouco da reunião em Curitiba do CELAM Cone Sul-Brasil sobre esse tema[35], e augurava também que a próxima *Semana Latino-Americana de Catequese* (Quito, 03 a 10/10/1982) ajudasse no aprofundamento das questões que agitavam no momento o MCB. Há, ainda uma ideia importante a ser sublinhada nesta avaliação, sobre o processo realizado até então. Dizia textualmente o relatório:

> Dado que devemos chegar a uma renovação da pastoral catequética, o caminho seguido nos parece válido e o único viável neste momento, mesmo que a ideia de chegar a um *roteiro básico* tenha sido abandonada (talvez provisoriamente); percebemos que de nada adiantaria mudar apenas o roteiro, sem ir mais a fundo. Achamos que a caminhada feita corresponde às exigências das CEBs, à necessidade de reflexão sobre o "novo" que surge na Igreja, e à ansiedade que as bases sentem de participação[36].

Como se vê, *abandonou-se a ideia de se chegar a um roteiro.* Tal decisão encontrará reações desfavoráveis na próxima AG da CNBB. Constata-se que os Coordenadores Regionais, a *Linha 3* e assessores estavam já definitivamente convertidos à ideia de que "não adiantaria mudar apenas o *roteiro*, sem ir mais a fundo". *Ir a fundo*, aqui, significa elaborar um verdadeiro *documento Catequese Renovada* sem ter que ficar girando "em torno do conteúdo da catequese". A consequência imediata disto é que o novo *IT* preparado para ser apresentado na próxima 20ª AG e depois publicado como separata para o estudo particulares e em grupo, *não contém mais aquela pequena descrição da Mensagem* que havia desde os primeiros esboços do esquema do Pe. W.

34 CNBB – CEP, *6º Plano Bienal: revisão de 1981 e programação de 1982. Relatório das linhas. Linha 3 – Catequese in CM* (1981), nº 351, p. 1053.

35 Trata-se da reunião havida de 12 a 14 de maio de 1981 em Curitiba. O Brasil foi representado por D. A. Cavallin, Pe. R. Mendes de Oliveira, Pe. L. Alves de Lima e Ir. Carmen Pulga. Parece que as conclusões foram publicadas apenas em *Formación de catequistas in Sinite* 22 (1981), nº 68, p. 357-366. Cf. ainda pequena nota em *Reuniones Regionales del CELAM 1981, 1. Curitiba, Brasil, mayo 12-14 in CLA* Etapa IV (1981), nº 2, p. 133-134.

36 CNBB – CEP, *6º Plano Bienal: revisão de* 1981, p. 1053.

Gruen. D. Albano apresenta uma razão para esse *desaparecimento*: segundo ele, o Pe. Ralfy Mendes argumentava que na 18ª AG já tinha sido aprovado, como base desse *roteiro*, o esquema de Puebla; por isso não se justificava colocar um outro *roteiro* a não ser algo a partir daquele esquema elaborado por ele, quase às vésperas da 18ª AG e nela votado e aprovado[37].

O Pe. J. Geeurickx apresenta outra razão: aquela pequena apresentação da *Mensagem* em *OCC* tinha sido muito criticada pelos bispos, e chamada até, ironicamente por alguns, de *Credo da CNBB*. Daí a decisão de eliminá-la na versão seguinte. Entretanto, creio que a razão principal era a ideia que parecia predominar na *Linha 3*: publicar o *roteiro* ou *temas fundamentais da catequese* separado das *orientações gerais*. Aquele *roteiro* seria publicado na coleção *Documentos da CNBB*, que possui maior força e oficialidade, ao passo que estas *orientações* iriam para *Estudos da CNBB* de menor significado oficial[38], tido como *oficioso*. Teria realmente sido um desastre, pois estas últimas seriam ignoradas e aquele *roteiro* seria o Documento por excelência, com um retorno sem dúvida à catequese puramente doutrinal... Assim, sem nenhum *roteiro* ou *esboço da mensagem*, o novo *IT OCC* é apresentado, agora com o título *Orientações para a Catequese Renovada* (*OCR*), à 20ª AG de 1982 com a sigla 10 B/20ª AG.

2. LARGOS PASSOS RUMO ÀS ORIENTAÇÕES FUNDAMENTAIS E FORMULAÇÃO DOS ROTEIROS DE CATEQUESE

2.1 A 20ª Assembleia Geral da CNBB em 1982

A 20ª AG reuniu-se de 09 a 18 de fevereiro de 1982. Após o tema central (*Solo Urbano e ação pastoral)* a catequese é o primeiro tema em pauta[39]. No *Relatório sobre OCC* que os bispos receberam lê-se, entre outras coisas:

> Os agentes de catequese tomaram consciência de que, mais do que a busca de conteúdo, nossa maior urgência está em inserir toda a Catequese numa *pastoral orgânica*, com revisão dos objetivos, método, conteúdo, linguagem e uma nova

37 Cf. Albano CAVALLIN, *Depoimento*. Nesta entrevista esclareci a D. Albano que, de fato, aquele esquema não havia sido aprovado na 18ª AG, porém, simplesmente apresentado aos Bispos, como consta das Atas e Documentos publicados em *CM*. Talvez alguma das proposições votadas dissessem algo como "Faça-se um roteiro baseado em Puebla...". E D. Albano explicou que a interpretação desta frase incluía também aquele roteiro e que, portanto, ele era oficial e se deveria voltar a ele. Era essa a convicção da *Linha 3* no momento. Na verdade tal esquema será aprovado na 21ª AG em abril de 1983, como veremos.

38 CNBB – Linha 3, *Encontro Nacional de Catequese. Brasília 13-16/10/1981. Relatório in CM* (1981), nº 349, p. 896-897.

39 CNBB – 20ª AG, *Ata nº 1 de 9/02 in CM* (1982), nº 353, p. 81.

> figura de catequista, no seio da comunidade [...] A caminhada da Pastoral Catequética está revelando que praticamente cada Regional já possui os seus *Manuais de Catequese*, adaptados à sua realidade, o que indica a quase inviabilidade de um *Roteiro Nacional* [...] Quanto aos *Manuais de Catequese*, é aconselhado que sigam a pedagogia do grande livro da comunidade – a BÍBLIA[40].

No encaminhamento da discussão em grupo e em plenário, D. Albano lembra a ampla repercussão de *OCC* em todas as Dioceses[41] e relata que no novo texto refeito, agora com a sigla 10 C/20 AG, houve especial cuidado dos redatores em acolher todas as sugestões que chegaram, com especial destaque àquelas feitas pelo Rio de Janeiro. Quanto aos temas, mereceram atenção maior a figura de Jesus Cristo na divina Revelação e as dimensões da catequese, como também a melhor distribuição da matéria. Preocupações constantes foram a opção pelos pobres, espírito comunitário, fidelidade a Jesus Cristo, à Igreja e à Pessoa Humana, interação entre doutrina e vida, a caminhada da comunidade. Logo são apresentadas muitas emendas e sugestões, levadas em consideração pela Comissão Episcopal[42]. Em seguida o texto foi discutido em grupo[43].

Durante a sessão de oradores inscritos, 15 bispos tomaram a palavra: poucos para elogiar e muitos para criticar. Discorreram sobre a espiritualidade do catequista, sobre a dimensão ecumênica ou a necessidade de os bispos terem uma palavra mais segura sobre a catequese, e não simplesmente reenviar o documento às bases; pediu-se para alterar o título de Jesus Cristo *Libertador* por *Salvador*, ou dar maior acento ao pecado social. Porém, a maioria das críticas recaíram sobre o *conteúdo* da catequese, *Revelação e catequese*: alguns acusaram o documento de dar mais importância ao *método* do que ao *conteúdo*, de desprezar o *conteúdo* revelado, privilegiando a *situação* do catequizando, de igualar a Revelação em Cristo com as manifestações de Deus na História, de dar pouco valor às antigas fórmulas da fé, inteligíveis em todos os tempos. Houve insistência de que se preparasse o quanto antes o tão solicitado *roteiro com os conteúdos catequéticos* e fossem enviados aos catequistas[44].

---

40 CNBB – 20ª AG, *Relatório sobre OCC in CM* (1982), nº 353, p. 194-196.

41 CNBB – 20ª AG, *Ata nº 2 de 10/02, in CM* (1982), nº 353, p. 85.

42 A Comissão Episcopal era formada por D. Albano C., D. Paulo Ponte, D. Décio Pereira e D. J. C. Campos: cf. *Ata nº 3 de 11/02, Ibid.*, p. 87-88; cf. também p. 142.

43 Cf. CNBB – 20ª AG, *Ata nº 6 de 14/02, Ibid.*, p. 98, nºs 6-7.

44 Na sessão de oradores inscritos do dia 14, deve-se destacar o patético apelo feito por D. Avelar Brandão, cardeal de Salvador, figura símbolo dentro do episcopado, em favor de uma *proposta catequética clara* e de um *roteiro* que iluminasse os catequistas de base. Os dirigentes da *Linha*

Da votação resultou que o texto devia voltar à reflexão e aprimoramento, que fosse divulgado em forma de *separata*, que se retomasse o texto dos temas fundamentais de catequese apresentados na 18ª AG, esboçados pelo Pe. Ralfy Mendes, e se elaborasse o *conteúdo fundamental* de cada item, de modo que esteja terminado no início de 1983; tal trabalho seja prioritário na *Linha 3*, com a participação dos Regionais e colaboração das Igrejas locais. Por fim, nessa votação aprovou-se a instituição do "Dia Nacional do Catequista", a ser celebrado no último domingo de agosto, concluindo o mês vocacional e vésperas do mês da Bíblia[45] (cf. acima nota 31).

Apesar de todo o esforço dos redatores, os conceitos não estavam claros e havia ainda muita resistência em compreender o tema da *Revelação*, ou a nova visão de *conteúdo da catequese* sempre com o fantasma de falsas interpretações. O preconceito contra essa visão certamente tinha como pano de fundo também a polêmica que se vivia naqueles anos entre o Magistério e os Teólogos da Libertação, com intensa repercussão no Brasil. Assim, é patente o mandato dos bispos para que se voltasse ao problema dos *temas fundamentais de catequese*, usando o esquema baseado em Puebla (que, por sinal, havia sido novamente distribuído em Assembleia), para que se completasse o documento.

A posição da Assembleia era clara: por mais interessante que fosse considerar a caminhada da comunidade como conteúdo da catequese, era necessário definir claramente o *conteúdo doutrinal* da catequese: a *confecção de um roteiro* era urgente. Mais tarde houve também uma proposta, apoiada por muitos, que pediam *urgência* do documento. Ou seja: já era a quarta vez que se tratava do tema *catequese* em AG e não se podia ficar adiando por mais tempo a sua aprovação[46].

Diante desses resultados, D. Albano Cavallin se dirigiu a várias pessoas, como, por exemplo, ao Frei L. Boff e seu irmão Frei Clodovis, pedindo que elaborassem roteiros com conteúdo catequético. Porém, será no seguinte Encontro Nacional de Coordenadores que as coisas serão decididas. Entre-

---

3 foram particularmente tocados pelo dramático pedido do venerando cardeal: cf. CNBB – 20ª AG, *Ata nº 6 de 14/02, Ibid.*, p. 98-102 e Ata *nº 7 de 15/02, Ibid.*, p. 103.

45 CNBB, 20ª AG, *Votação III: Catequese in CM* (1982), nº 353, p. 176-177; Cf. também *Ata nº 7 de 15/02*, nº 59, p. 110. "No debate sobre *OCC*, os bispos sugeriram muitas correções principalmente sobre *Revelação e catequese*, insistem na elaboração de um *temário de conteúdos básicos*; aprovam esquema de roteiro já apresentado na 18ª AG baseado em Puebla para ser "preenchido"". J. GEEURICKX, *História do documento*, p. 13.

46 CNBB, 20ª AG, *Ata 7 de 15/2, nº 9*, p. 103.

tanto, D. Albano, assessorado por três teólogos[47], preparou a revisão do *IT* que fora objeto de estudo durante a 20ª AG. Feitas todas as emendas, em 21 de abril de 1982 ele é publicado, ainda em forma de *IT* com o nome de *Orientações para uma Catequese Renovada* (*OCR*)[48].

2.2 Estudo do Instrumento de Trabalho *OCR: Orientações para uma Catequese Renovada*

2.2.1 Estrutura e conteúdo de Orientações para uma Catequese Renovada

O novo instrumento de trabalho *OCR*, substituindo o anterior, dividia-se em 3 partes: **1.** Visão histórica; **2.** Catequese renovada e suas exigências; 3. Prática de uma catequese renovada. Com referência ao *IT* anterior, a estrutura foi bastante modificada. Ele aumentou consideravelmente a *parte histórica* (nºs 1-22), onde também se fazia a análise das *tendências de hoje* e as *orientações atuais do magistério* (22-35). Na *segunda parte* foi reelaborada a questão da *Revelação* (36-42), que, como veremos, ainda foi bastante criticada; expõe-se a doutrina da *interação entre vivência e formulações da fé* (43-57), expressão usada à saciedade durante os debates, as exigências dessa interação, particularmente a tríplice fidelidade a Deus, à Igreja e à Pessoa Humana, e as várias *dimensões da catequese* (58-90).

Enfim, na *terceira parte* se descrevia a prática de uma *Catequese Renovada*. Esta última expressão, já presente no título do atual *IT*, foi não só

---

47 Cf. CNBB, *Reunião da Presidência e CEP: Ata da reunião conjunta de bispos e assessores, in CM* (1982), nº 354, p. 302, nº 4.2. "Os teólogos que trabalharam com D. Albano na elaboração final de *OCR* foram: A. Antoniazzi, Raimundo José Airemoraes e Geraldo Lopes". J. GEEURICKX, *Entrevista*. A recém fundada *Comissão Episcopal de Doutrina* a pedido do Vaticano, examinou e deu suas contribuições sobre ele: cf. J. GEEURICKX, *História do documento*, p. 14.

48 Cf. *Orientações para uma Catequese Renovada*. Anexo ao *CM* (1982), nº 355. Foi publicado também como *separata*. Por um lapso da Secretaria Geral da CNBB, este texto oficial não foi publicado nem neste número 355 (abril) do *CM* nem nos subsequentes. Na reunião da CEP de 24/4 D. Albano apresentou a nova redação de *OCR*. Disse que a *Linha 3* com colaboração de teólogos do INP incorporou no documento as sugestões dos bispos, entre elas: esclarecimento de termos teológicos, tais como Revelação, Palavra de Deus, Magistério, fundamento teológico do método de interação, analogia entre Revelação e catequese: cf. CNBB, *Reunião da Presidência e CEP: Ata da reunião conjunta de bispos e assessores de 28 de abril de 1982, in CM* (1982), nº 355, p. 364-365, nº 5. Igualmente, escreveu um artigo com o título *A Catequese na 20ª AG da CNBB in RdeC* 5 (1982), nº 18, p. 5-9, baseando-se, porém, no *IT* tal qual saiu da AG e não como foi publicado logo depois com uma outra estrutura e correções, tanto é assim que por três vezes se referiu ao novo *IT* citando-o com o nome antigo de *OCC*: cf. *Ibid.*, p. 7 e 9. Ainda sobre *OCR* encontramos: Paulo BRATTI, *Perspectivas da Catequese hoje in RdeC* 5 (1982), nº 19, p. 68-72; o autor certamente participou do Encontro Nacional.

nome principal do futuro documento definitivo, mas também identifica todo o MCB daqui para frente. A terceira parte, além do *itinerário catequético da comunidade* (91-110; 118-123), tratou também da *figura do catequista* (111-117) e do problema dos *textos e manuais de catequese* (139-151). Um *quarto* item, em seu final, foi dedicado à *catequese de crianças* (124-138), o que significou que toda a concepção de catequese de *OCR* foi tinha como prioridade o *adulto*.

Esse esquema foi mais ou menos mantido no documento final *CR*, acrescido dos *temas fundamentais* da catequese. As perguntas finalizando cada parte ajudaram sua assimilação. Embora não traga o *roteiro*, afirmou-se novamente que a intenção da *Linha 3* foi colocar os fundamentos, os alicerces para inspirar uma renovação geral: finalidade da catequese, conteúdo, metodologia e figura do catequista. Afirmou-se também que o novo passo será a *elaboração do roteiro* no qual um grupo de estudo estava trabalhando[49]. Nessa última observação, entrevia-se a intenção de publicar separadamente as *orientações* e o *roteiro*. *OCR* continua provocando o mesmo movimento de reflexão catequética que o *IT* anterior, finalidade explicitamente declarada na introdução. Sinal disso foram as 40 mil cópias de *OCR* distribuídas por toda parte[50].

2.2.2 Debates em torno do Instrumento de Trabalho OCR

Através da documentação produzida, percebe-se que o MCB se intensificou com esse *IT*, não só pela insistência sobre o *roteiro*, que agora devia ser redigido por mandato explícito da AG do episcopado, mas também pela discussão que suscitou a nova redação de *OCR*: se em muitos pontos foi um progresso, em outros expunha fraquezas provocadoras de acalorados debates. O Pe. J. Geeurickx, que de certa maneira esteve à frente dessa movimentação, afirmou que em Brasília continuavam a chegar críticas e sugestões a perder de vista...[51]. Vejamos algumas mais significativas, pois, a meu ver, é nelas que se manifesta a pujança do MCB neste momento.

---

49 Cf. *OCR, Olhando para a frente* [conclusão], p. 36. A mesma coisa se diz na *Introdução*: "um grupo de trabalho está elaborando o anteprojeto do "Roteiro Nacional de Catequese"" *Ibid.*, p. 3.

50 Cf. J. GEEURICKX, *História do Documento*, p. 14.

51 ID., *Entrevista*. Segundo ele, tudo reunido pesava dezenas de quilos, tal era o volume das contribuições. D. Albano se refere a este fato dizendo que "são dignas de nota as cartas de sugestões enviadas tanto pelos Srs. Cardeais e Bispos, como pelos humildes e dedicados catequistas de nosso interior". ID., *A catequese na 20ª AG da CNBB*, p. 9.

a) Observações do Pe. Gruen

O primeiro a reagir diante da nova redação do instrumento de trabalho *OCR* foi o próprio Pe. W. Gruen[52], que não participou da fase final dos trabalhos. Critica sobretudo a ambiguidade do documento que, querendo compor opostos, acaba entrando em contradições. Conforme ele, o problema principal é a incoerência da teologia da Revelação que subjaz em *OCR*; em alguns momentos considera-se *encerrada a Revelação* e em outros segue-se o esquema da *Revelação continuada*. E é taxativo: "sou da opinião que se refaça toda a fundamentação teológica"[53]. A sagacidade desse catequeta leva-o a fazer nada menos que 34 emendas, correções, supressões e pedidos de esclarecimentos.

b) Avaliação do Regional Leste II

O Regional Leste II, em sua apreciação de *OCR*[54], julga o documento fragmentado, critica a eliminação do *conteúdo,* uma vez que essa era a razão ultimamente de todo o movimento catequético e pedido explícito dos Bispos. Reconhece, porém, o valor do documento em mostrar que catequese é muito mais do que *elenco de verdades doutrinais*. A parte teológica também recebe reparos: não se faz referência ao *Reino de Deus*, fundamento do Evangelho; dá uma visão estática da fé ao apresentar uma *dupla revelação*, como também não está claro o paralelo entre Revelação e Catequese. Quanto à terceira parte (caminhada da comunidade catequizadora como prática de uma catequese renovada), a crítica é contundente:

> Muito idealista, portanto um tanto longe da realidade. Parece tratar só de catequese de adultos. Deixa a colocação dos Sacramentos para o final. Falta consideração da cultura e religiosidade popular e centros comunitários. Deveria dar pistas mais viáveis e apresentar passos fundamentais para a realização da catequese ideal. Não aparece a opção pelos jovens[55].

c) Críticas da Arquidiocese do Rio de Janeiro

As *comissões para a Doutrina da Fé e de Catequese* da Arquidiocese do Rio de Janeiro mais uma vez se fazem presentes com um texto de 35 pági-

52 W. GRUEN, *"Orientações para uma catequese renovada": sugestões para a revisão do subsídio,* correspondência a partir de Belo Horizonte, com data de 05 de junho de 1982, 2 p., com fotocópia nos arquivos da *Linha 3*.

53 *Ibid.*, final da p. 1.

54 Wilma OLIVEIRA DIAS (pela Comissão do Leste II), *Síntese das reflexões sobre o documento OCR*, Belo Horizonte, abril 1982, 1 p., fotocópia nos arquivos da *Linha 3*.

55 *Ibid.*, final da p. 1.

nas de críticas à *OCR*[56]. Entre outras coisas, manifestou novamente a profunda preocupação (quase obsessão) pela defesa do aspecto doutrinal da catequese, por parte desse grupo. Após criticar duramente a mudança de título e a ausência de um roteiro de catequese, afirma que tal documento não é fruto das AG da CNBB, mas das colaborações e sugestões advindas de todos os recantos do Brasil, escapando cada vez mais das mãos dos Bispos, e, por isso, em frontal desacordo com as palavras do Papa: "Vós, Bispos, sois os primeiros responsáveis pela catequese" (p. 4-5). Aponta valores eclesiais, comunitários, espirituais e pedagógicos na *terceira parte* de *OCR*, mas sente a falta de realce da *função catequética da família*, da *importância e possibilidades específicas da Pastoral da Juventude* e quase um *desprezo* pela escola como lugar de catequese (p. 5-6). Emite o seguinte juízo que traduz bem a diversidade de visões entre a *Linha 3* e seus assessores, com relação à Arquidiocese do Rio de Janeiro:

> Contra todas as insistentes argumentações apresentadas – oralmente e por escrito – na AG de 1982, o texto atual continua impermeável à mudança de enfoque, dificultando assim o reconhecimento da inaudita novidade da Fé e da incomparável aventura de ser alguém iniciado e de poder iniciar a outros nela. A comunidade sempre é elemento constitutivo desta Fé plenificada. Mas a fonte é a Fé. Aqui está a falha principal do primeiro capítulo[57].

Sugere a mudança do título: "Catequese como iniciação à comunidade de fé", por "Catequese como iniciação na fé e na vida da comunidade" (p. 9), apresentando longa argumentação bíblico-teológica (p. 9-11). E assim realmente foi feito na redação final. O texto da Arquidiocese do Rio de Janeiro prosseguia apresentando sete páginas sobre a história da catequese (que, como é óbvio, não puderam ser aproveitadas, pois vão além dos limites do documento) e mais vinte páginas com quase 80 emendas à *OCR* (críticas e textos alternativos).

Porém o debate em torno da catequese ultrapassava os muros eclesiásticos. Assim, o cardeal do Rio de Janeiro, D. Eugênio Sales, escreveu um artigo no *Jornal do Brasil* (um dos maiores diários brasileiros, na época) refutando a ideia de que a comunidade esteja no centro da catequese: o centro da catequese é a doutrina autêntica, e a memorização deve ser retomada,

56 COMISSÕES PARA A DOUTRINA DA FÉ E DE CATEQUESE, *Observações aos subsídios intitulados: OCR*, Rio de Janeiro 24/08/1982, 35 p., fotocópia nos arquivos da *Linha 3*.

57 *Ibid.*, p. 8.

diz. Conclui lembrando o papel da jerarquia na defesa da catequese: "a catequese é missão de cada um e de toda a comunidade. Jamais pode ser conspurcada por iniciativas, projetos ou modelos que não possuam a chancela que lhe dá, em caráter oficial, a Igreja de Cristo"[58].

2.2.3 As intervenções da Nunciatura Apostólica e da Congregação para o Clero

A Nunciatura Apostólica no Brasil, pelo protocolo 10517 de 16 de novembro de 1982 dirigido a D. Albano, diz ter julgado oportuno enviar à Sagrada Congregação para o Clero o texto de *OCR* e já apresenta, em anexo, as "Observações" críticas desse órgão da Cúria Romana. Diz ainda que a mesma Sagrada Congregação expressou o desejo de examinar o texto reelaborado antes de sua publicação[59]. O *Allegato* possui cinco páginas, com cinco observações gerais e 10 particulares[60]. Nas observações gerais, após uma elogiosa avaliação sobre o esforço e originalidade do documento, critica o desequilíbrio (*sbilanciamento*) antropológico, a visão de Revelação e a subjacente concepção eclesiológica, além de alguns vazios muito sérios. D. Albano dá a conhecer tais recomendações a todos os interessados; sendo o texto muito conciso, vale a pena citá-lo integralmente:

> Reconhece-se no documento um esforço generoso em pensar a catequese não abstratamente mas arraigada na situação concreta do Brasil. Muito avançado nas formulações doutrinais e nas indicações pastorais, o documento se caracteriza também por uma indubitável originalidade comparado com produções análogas de outros países. Porém o texto, como está, apresenta um sério desequilíbrio, de tipo antropológico, na formulação dos conceitos de *Revelação* e

---

58 E. SALES, *Uma catequese autêntica in Jornal do Brasil* de 28/08/1982, p. 11. Na reunião da CEP de 28 de Setembro de 1982 emerge a preocupação da CNBB pelo modo como está sendo criticada a *Linha 3* no *Boletim da Arquidiocese do Rio*. D. Luciano Mendes se propôs conversar com o Card. E. Sales e enviar-lhe uma carta oficial sobre o caso: cf. CNBB, *Reunião da Presidência e CEP: Ata da reunião conjunta de bispos e assessores in CM* (1982) nº 360, p. 900 e 906.

59 Luigi BRESSAN, *Correspondência nº 10517 de 16 de novembro de 1982 dirigida a D. Albano Bortoletto Cavallin, Responsável pela Linha 3 Catequese – Brasília*, 1 p. Fotocópia nos arquivos da *Linha 3*.

60 Cf. SACRA CONGREGATIO PRO CLERICIS, *Allegato, protocollo nº 169116*, 5 p., fotocópia nos arquivos da *Linha 3*. Mais tarde, em carta protocolada, a mesma Nunciatura relembra a atenção que se deve ter para com estas *Observações* da Sagrada Congregação para o Clero e comunica que enviou para Roma os dois textos preparados para a 21ª AG: *Catequese Renovada – Diretrizes e Conteúdo*, e *Roteiro de Conteúdo Básico para a Catequese* [esquema dos irmãos Boff] e insiste novamente que, uma vez aprovado pela AG geral, o documento antes de ser publicado deve ser aprovado por Roma: cf. Carlo FURNO, *Carta nº 0559 de 14/03/1983 a D. Albano Cavallin*, enviada de Brasília, 1 p., fotocópia nos arquivos da *Linha 3*.

da *catequese* analogada, e na concepção eclesiológica subjacente. Além disso, evidenciam-se no texto clamorosas omissões, como por ex., a catequese familiar e na escola. Por isso, o documento precisa ser revisto e integrado, e, em algumas partes também refeito, adotando como critério imprescindível, na reelaboração, uma maior fidelidade ao Vaticano II, em particular à *LG* e *DV*, *DCG*, *EN* e à *CT* e como também aos documentos de Puebla[61].

Nas *observações particulares* os acentos recaem sobre o primeiro capítulo (visão histórica, onde se minimiza o papel das formulações doutrinais) e principalmente sobre o capítulo segundo que "exprime um conceito de Revelação absolutamente inaceitável"; diz ser errônea a conclusão do nº 38 de que a situação concreta do Povo de Israel e dos primeiros cristãos tenha sido elemento integrante do conteúdo da Revelação bíblica: não é *conteúdo* mas um *correlato* histórico, pois algumas vezes as expectativas de Israel e dos discípulos de Cristo estavam em contrastes com os conteúdos da Revelação (p. 3). Critica ainda o nº 39 da *OCR*, que tenta descrever a experiência religiosa como lugar e elemento central da Revelação, pois "focaliza de tal modo a dimensão antropológica do evento da Palavra de Deus que destrói de fato a irrupção gratuita e transcendente de Deus na história, à qual se acenara anteriormente" (p. 3).

Mais à frente pede que se explicitasse claramente que a catequese pode ser um anúncio válido em si mesmo, ainda que não se chegue à interação entre vivência e fé (p. 4). Aconselha a colocar numa ordem menos subjetiva as dimensões da catequese, dando maior relevo às dimensões cristológica e escatológica, como também à dimensão evangelizadora da catequese (p. 4). Pergunta por que ao lado da exigente via comunitária da catequese, por demais acentuada, não se dá importância também à catequese ocasional, que em muitos momentos é a única possível. Finalmente, referindo-se à *OCR* 148, acha estranho alargar de tal modo a programação catequética a ponto de nela incluir elementos que pertencem mais à educação cívica, e não à educação da fé (p. 5)[62].

Concluindo essas intervenções da Nunciatura Apostólica e da Congregação para o Clero, devemos dizer que D. Ivo Lorscheiter, presidente

61 *Ibid.*, p. 1.

62 Não é difícil ver em muitas passagens, nesta última principalmente, uma identificação cabal quer nos conceitos como no vocabulário, entre as posições da Congregação para o Clero e as críticas da Arquidiocese do Rio de Janeiro. Uma diferença grande é que aquelas são precisas e concisas, e estas mais vagas e prolixas.

da CNBB, numa de suas viagens a Roma, esteve na Congregação para o Clero a fim de tratar dos problemas referentes ao documento sobre a catequese[63]. Lembramos ainda que, uma vez refeito e aprovado o documento *CR* como veremos, a mesma Nunciatura lembrou novamente o dever de apresentar o documento à aprovação de Roma[64], o que foi realmente feito de imediato, recebendo, então, os maiores elogios e apoio das instâncias romanas[65].

2.2.4 As intervenções e esquema de Antoniazzi-Ruiz de Gopegui

Obrigatório é fazer referência a um personagem decisivo na revisão de *OCR*: o Pe. Alberto Antoniazzi: fez suas críticas e colaborou na recomposição desse documento[66]. Considerou o texto muito incoerente, sobretudo a segunda parte, inclusive com uma série de erros. Aconselhou determinar claramente o destinatário do texto, ou pensar na hipótese de dois documentos ou roteiros: um para os bispos e catequetas, e outro para catequistas. Reafirmou a convicção de que a *situação existencial dos catequizandos* deve determinar efetivamente o conteúdo, apresentando vários documentos eclesiais que sustentam esta tese. Apoiou a ideia de J. Ruiz de Gopegui, segundo o qual a questão poderia ser abordada a partir da originalidade do conceito cristão de *doutrina* (a tradição), como reflexão sobre a vivência da fé. Repetiu a insistência já feita pelo Pe. Gruen: evite-se a publicação de dois documentos separados, *um de orientações gerais para a catequese* e *outro*

63 Cf. CNBB, *Reunião da Presidência e CEP: Ata da Reunião conjunta dos Bispos e assessores de 23 de março de 1983 in CM* (1983), nº 366, p. 380.

64 *CNBB, Reunião da Presidência e CEP: Ata da Reunião conjunta dos Bispos e assessores de 25 de Abril in CM* (1983), nº 366, p. 387-388. Desta vez D. Carlo Furno chamou o próprio presidente da CNBB à Nunciatura para essa comunicação.

65 Cf. SAGRADA CONGREGAÇÃO PARA O CLERO, *Recomendando o Documento "Catequese Renovada – Orientações e Conteúdo" in CM* (1983), nº 367, p. 419-420.

66 A. ANTONIAZZI, *Observações preliminares sobre o projeto de um "Roteiro Nacional de Catequese"*, carta de Belo Horizonte com data de 05 de junho de 1982, 2 p., fotocópia nos arquivos da *Linha 3*. O Pe. Alberto Antoniazzi nasceu em 1937, na Itália, doutorando-se em filosofia pela Universidade de Milão. Ainda muito jovem veio para o Brasil como missionário *fidei donum* da Arquidiocese de Milão e se ordenou sacerdote em Belo Horizonte em 1965. Desde então foi professor no Seminário desta Arquidiocese e no Departamento de Filosofia e Teologia da Pontifícia Universidade Católica da capital mineira, onde foi também Reitor Magnífico. Por vários anos dirigiu o INP e assessorou inúmeros encontros da CNBB. Participou ativamente da CNP (Comissão Nacional do Clero), OSIB (Organização dos Seminários e Institutos do Brasil) e da SOTER (Sociedade de Teologia e Estudos da Religião) da qual foi um dos fundadores. Colaborou em todas as áreas de pastoral, particularmente na catequese, com muitos artigos quer na *Revista de Catequese*, como nas *Revista Atualização, Perspectivas Teológicas, REB,* e outras. Faleceu na noite de Natal de 2004, em Belo Horizonte. Não é exagero afirmar que quase todos documentos da CNBB das décadas de 1975 a 2000 passaram por suas mãos.

de *conteúdo* ou *roteiro*. Se for publicado um documento sobre o conteúdo, ele deveria ter três partes: *critérios, fontes* e *temas*.

Veladamente criticou a organização que está por trás de todo o processo de elaboração desse documento. Sugeriu que se criasse uma pequena equipe *fixa* de pessoas *experientes, que acompanhassem a elaboração dos textos* em constante diálogos com os Bispos, procurando interpretar melhor suas expectativas e enxergar as alternativas aceitas por eles[67]. Foi o teólogo-pastoralista que melhor interpretou as expectativas episcopais. A meu ver, foi ele o responsável pela estruturação e organização final do documento sobre a catequese. O Pe. Gruen é de igual opinião; isso é fácil comprovar tanto pela proposta que ele fez nesta carta, como pelos passos seguintes que acompanhou de perto e direcionou. De fato, nos dias 26-27 de julho de 1982, a *Linha 3* reuniu a Comissão Episcopal, com quatro assessores (denominado também *Grupo de* Trabalho) em São Paulo para discutir e elaborar o *temário* pedido pela AG dos Bispos[68].

Nessa reunião dirigida pelo Pe. A. Antoniazzi, o Pe. J. Ruiz de Gopegui apresentou um longo estudo sobre o roteiro nacional de catequese em 29 pontos[69]. Conclui dizendo que discorreu apenas sobre

> alguns elementos fundamentais da tarefa catequética, certamente não todos, porque somente na caminhada concreta de acompanhamento àqueles que são iniciados e educados na fé, dentro de uma comunidade concreta, muitos elementos importantes serão descobertos. Como estes elementos devem ser combinados, não pode ser decidido senão a partir do conhecimento da situação concreta da pessoa que está sendo educada na fé. Por isso, a partir dos elementos aqui expostos muitos roteiros ou encaminhamentos são possíveis[70].

Após essa exposição, o Pe. A. Antoniazzi apresentou o *Esquema de um novo documento* (único) *sobre catequese renovada*, com contínuas referências ao conteúdo da exposição do Pe. J. Ruiz de Gopegui e citações do *Diretório Catequético* italiano *Rinnovamento della Catechesi* e do *Diretório* fran-

---

67 A. ANTONIAZZI, *Observações preliminares* 2.

68 Cf. J. GEEURICKX, *História do documento* 14; quanto à data desta reunião cf. W. GRUEN, *Cronologia*. Este grupo de trabalho era composto de 4 bispos: A. Cavallin, Décio Pereira, Paulo A. Ponte, J. Costa Campos e 4 assessores: Pe. J. Geeurickx, Pe. J. Ruiz de Gopegui, Pe. A. Antoniazzi e Pe. L. Alves de Lima.

69 Cf. Juan Antonio RUIZ DE GOPEGUI, *Roteiro Nacional de Catequese* [sem nenhuma outra referência], 8 p., fotocópia conservada em meus arquivos pessoais.

70 *Ibid.*, p. 7-8.

cês[71]. Está dividido em três partes: **1.** esboço da história da catequese, **2.** princípios da catequese renovada e **3.** prática da catequese renovada. Com algumas modificações (principalmente o acréscimo do *roteiro* ou *conteúdo da catequese*), esse foi o esquema do documento definitivo. Diversos outros aspectos foram discutidos, como destinatários, problema da linguagem na catequese, orientações pedagógicas, questão das fontes formais (Escritura, Tradição, Liturgia, Vida Cristã) e materiais (situação atual)[72].

Foram também levantados vários nomes de pessoas que poderiam ajudar numa nova redação dentro do esquema proposto. Nesse momento, então, D. Albano me consultou sobre a possibilidade de o Instituto Salesiano Pio XI, onde eu lecionava, desenvolver o tão desejado *roteiro de catequese,* a partir do esquema de Puebla, conforme os esboços do Pe. Ralfy Mendes. Assumi esta tarefa em 27/07/1982, aos 39 anos, trabalhando afincadamente nela e apresentando três meses depois (31 de outubro de 1982) o resultado à *Linha 3*, como se verá a seguir. Durante a reunião o grupo começou a redação da versão definitiva, em base a toda a caminhada precedente.

2.3 As quatro versões do roteiro de catequese

Aqui discorreremos sobre as *quatro versões do roteiro de catequese* que estavam sendo elaboradas a essa altura dos acontecimentos. Para D. Albano, essa era a maior preocupação, uma vez que as *orientações gerais* já estavam bastante trabalhadas com a publicação de *OCC*, de *OCR*, as abundantes críticas e contribuições que chegavam de toda a parte, sobretudo após a intervenção do Pe. A. Antoniazzi sobre o esquema do Documento. Restava dar uma resposta ao episcopado que insistia sobre um *roteiro* claro que contivesse o conteúdo completo da catequese. Para tal exposição usa-

---

71 Documento autógrafo (à mão) de 3 páginas, com a data de 26/07/1982 e assinado Antoniazzi/ Ruiz, fotocópia em meu arquivo pessoal, com anotações minhas. Este mesmo documento, com data do dia seguinte e bastante desenvolvido foi datilografado com o título: *Novo Esquema do documento sobre catequese: proposta a ser discutida, elaborada em 26-27/7/1982*, 7 p. e assinada apenas por A. A. (A. Antoniazzi), com cópias nos arquivos da *Linha 3* e do Pe. Gruen. Em sua cópia o Pe. Gruen anotou: "Este esquema (julho 1982) é do Pe. A. Antoniazzi, de B. Horizonte. Foi ele o principal artífice da versão definitiva do documento".

72 Conforme anotações minhas durante esta reunião, um levantamento de *temas imprescindíveis* de uma catequese para o povo brasileiro, elencava estes 16 pontos: Catequese e Religiosidade Popular (cultos afro-brasileiros, seitas), Educação integral, Temática social (consciência crítica, justiça, política, cristão construtor da sociedade), Características do católico, Dimensão histórico-escatológica da fé (Deus que fala na História), Os "mandamentos" da Igreja ou compromissos com a Igreja constitucional, Formação para a comunidade, Família-sindicato, Virtudes Teologais, Cosmos, Orações (devocionário, hinário), Espiritualidade, Discernimento, Fé-conversão, Santificação, Libertação.

remos a ordem estabelecida pelo *Encontro Nacional de Catequese* (Brasília, 10-12/08/1982), do qual falaremos abaixo.

2.3.1 Roteiro do Pe. W. Gruen

Como já dito muitas vezes, este é o roteiro mais antigo, elaborado já pelo Pe. W. Gruen como parte da primeira redação de *O conteúdo da Catequese*[73] de julho de 1980. O próprio Pe. Gruen introduziu algumas modificações, porém, sem muitas alterações. As subsequentes redações de *OCC* e principalmente os acréscimos introduzidos pelo Instituto *Lumen Christi* de Campinas em 1982 (muitas citações bíblicas e de Puebla), também não alteraram sua substância. Por algum tempo, como vimos, foi erroneamente (e não sem uma pitada de ironia) chamado de *Credo da CNBB* (ver acima, final do item *1.5.2 Os trabalhos da Linha 3)*. Sua última redação de 1982[74] apresentava uma longa introdução em 17 pontos intitulada *Considerações para o uso do Roteiro da Catequese* que foram inspirados nos textos primitivos do Pe. Gruen.

Podemos assim descrevê-lo: é *roteiro* caracterizado por linguagem muito simples, sapiencial, dialogal, conciso e essencial. Sem se prender às formulações da fé, a não ser no mínimo essencial, ele traduz o núcleo da *mensagem* cristã, palavra que aparece em seu título. Respeita o povo brasileiro, negando-se a repetir meramente os conceitos tradicionais da teologia e catequese. Sua característica principal é inserir-se no processo de uma caminhada da comunidade cristã. A fidelidade a Jesus Cristo, à Igreja e à Pessoa Humana caminham juntas, na construção de uma nova civilização e num processo de conversão. Baseado num forte cristocentrismo, inspira-se na releitura da figura do Verbo Encarnado a partir dos pobres, e a seu redor, articula os outros temas essenciais. Estão presentes alguns problemas fundamentais de moral como: formação da consciência, normas, o específico cristão e questões sociopolíticas. Respeita as dimensões pessoal, comunitária, integradora, histórica, missionária e permanente. Mas a *metodologia de interação entre a caminhada da comunidade e a mensagem cristã* é sua coluna vertebral.

---

73 W. GRUEN, *O conteúdo da catequese in* CNBB, *O Conteúdo da Catequese* [2ª versão dentro da AG], D *19ª AG/ D. 9-B* [1980, texto A], cópia mimeografada nos arquivos da CNBB, 32 p., item 4.3, p. 15-19.

74 CNBB – Linha 3, *1º Roteiro de Catequese*, setembro de 1982, 12 p., exemplar fotocopiado nos arquivos da *Linha 3*.

2.3.2 O Roteiro do Instituto Teológico Pio XI de São Paulo: Pe. L. A. Lima

Como dito acima (2.2.4), foi no Grupo de Trabalho de 26-27 de julho de 1982, em São Paulo, que D. Albano manifestou-me o desejo de que o Instituto Salesiano Pio XI, Faculdade de Teologia, desenvolvesse o roteiro baseado no esquema de Puebla. Entretanto, foi somente a partir do Encontro Nacional de Coordenadores Regionais, logo em seguida de 10 a 12 de agosto de 1982 em Brasília que, como professor de catequética do mesmo Pio XI, comecei a sua redação, num dos quatro subgrupos, em que fomos divididos para tal finalidade. Já tinha em mãos os *roteiros* dos irmãos Boff (redação primitiva), do Pe. W. Gruen e do Pe. Sandro Galazzi. Utilizei-me da riqueza de perspectivas, conteúdo e formas que traziam, assim como da reflexão teológico-bíblico-pastoral-catequética que então surgia, se consolidava e procurava assimilar. Tratando desse meu roteiro, farei observações que cronologicamente deveria vir depois, mas adianto-me por questão de unidade. Alguns itens são também aplicáveis aos outros roteiros.

O esboço desse roteiro do Instituto Salesiano Pio XI, cuja redação assumi, já estava traçado[75]. Foi ligeiramente modificado no *Encontro Nacional dos Coordenadores* acima citado e nos grupos de trabalhos subsequentes, permanecendo, porém, a estrutura fundamental muito próxima do Documento de Puebla, sua fonte próxima. Diversamente dos outros (principalmente o do Pe. W. Gruen), não houve tempo de submetê-lo à consulta das bases (coordenadores de catequese e catequistas), por absoluta falta de tempo[76].

Na introdução da quinta redação[77], tracei algumas suas características: é o desenvolvimento do esquema-índice de Puebla já apresentado em duas AG

75 Como já dito, era um esboço elaborado pelo Pe. Ralfy Mendes de Oliveira, apresentado na 18ª AG em 1980 e votado na 20ª AG de 1982 (cf. nota 37 acima). Neste sentido o trabalho de N. G. TOLENTINO apresenta algumas informações inexatas dando a entender que o Pe. Ralfy Mendes teria tomado parte na elaboração deste roteiro: cf. ID., *A renovação da catequese no Brasil*, Roma: UPS, tese de doutorado nº 266, 1989, p. 98, nota 76 [edição completa, não publicada; encontra-se na Biblioteca da UPS em Roma]. Na verdade, o Pe. Ralfy M. de Oliveira. é o autor do *esboço*, baseado no *Documento de Puebla*, mas ele não tomou parte no desenvolvimento do mesmo.

76 Devo dizer, também, que esse *roteiro do conteúdo da catequese,* para ser integrado no futuro Documento *Catequese Renovada*, foi submetido ao estudo e apreciação dos alunos do *Curso de Metodologia Catequética* (CMC) em São Paulo em janeiro-fevereiro de 1983. Tal curso congregava cerca de 80 participantes, em geral coordenadores diocesanos, paroquiais ou simplesmente catequistas de base, provenientes de várias partes do Brasil.

77 Cf. L. ALVES DE LIMA, *Roteiro de Catequese nº 2*, São Paulo, Instituto Teológico Pio XI, 31 de outubro de 1982, p. 1, cópia datilografada em meu arquivo pessoal, mas remetido ao Centro Salesiano de Documentação dos salesianos, em Barbacena (MG), como a maioria dos documentos de meus arquivos pessoais, sobretudo referentes a *CR*. Certamente os arquivos pessoais do Pe. Gruen terão o mesmo destino.

(1980 e 1982) e, portanto, está fortemente ligado a ele; às vezes são transcrição de seus textos. Entretanto, o espírito do Concílio Vaticano II, os documentos do Magistério Pontifício e Nacional estão muito presentes. Esforça-se por apresentar os grandes temas de uma catequese renovada tendo em vista nossa cultura e contexto brasileiros. Não se trata de um *catecismo*, mas de um texto endereçado principalmente aos coordenadores, autores de textos catequéticos e agentes de catequese que, evidentemente, deverão adaptá-lo aos próprios destinatários quanto à seleção dos temas, linguagem, metodologia e principalmente a encarnação na caminhada da comunidade.

Entre as *opções de base* estão a *interação* entre fé e vida, entre formulações da fé e caminhada da comunidade. O eixo central que permeia toda a apresentação da mensagem evangélica é o de *Comunhão e Participação* num processo comunitário[78]. Daí se explicar também por que a *dimensão eclesiológica* está bastante desenvolvida (no próprio documento de Puebla, também a eclesiologia ocupa o maior espaço). Outras dimensões centrais de *Puebla* (fidelidade a Cristo e à Pessoa Humana), entretanto, acham-se muito presentes. A linguagem é para adultos: procura ser simples, direta e narrativa, pois foi pensada em alguém da comunidade que, com sua sabedoria e experiência cristã, fala a partir de dentro dela. Às vezes, não há como fugir de conceituações teológicas ou dos aspectos e linguagens doutrinais. Mesmo assim, esforça-se por falar a partir da caminhada da[79].

Como o tempo urgia, foi constituído mais um *Grupo de Trabalho* que se encontrou de 21 a 22 de novembro de 1982 em Belo Horizonte, participando os Bispos D. Albano C., J. Costa Campos, Décio Pereira e J. Freire Oliveira Neto, e os assessores: J. Gueerickx, A. Antoniazzi, J. I. Nery e L. Alves de Lima. Depois de revisarem o que seria a 1ª, 2ª e 4ª partes do texto final, tratou-se de decidir e optar por um dos quatro roteiros para constituir

78 Cf. ID., *Temas fundamentais para uma catequese renovada in RdeC* 7 (1984), nº 25, p. 5-16. Neste artigo, comentando a gênese e as características deste *temário catequético*, afirmei: "[Neste roteiro] há deslocamento, em termos de conteúdo catequético, de um cristianismo individual (característica de certas catequeses tradicionais), para uma vivência mais comunitária e social da fé. É verdade que se insiste muito sobre o compromisso pessoal, sobre a adesão que cada um deve dar a Cristo e à Igreja, fundamentando-se em convicções profundamente pessoais. Porém, a vida cristã em comunidade, o seguimento de Cristo junto com outras pessoas, como exigência essencial do Evangelho, é colocado muito em evidência ao longo de todos os temas". *Ibid.*, p. 9.

79 Esta quinta redação, intitulada *Roteiro de Catequese nº 2 – Instituto Salesiano Pio XI*, foi enviada por mim a D. Albano e ao Pe. J. Geeurickx, coordenador da *Linha 3*, na noite de 31 de Outubro de 1982, e imediatamente reenviada aos membros do *Grupo de Trabalho* que se reuniriam em Belo Horizonte de 20-21/11/1982: cf. J. GEEURICKX, *Carta nº 1.181/82 Linha 3* de 10/11/1982, 1 p., cópia nos arquivos da *Linha 3*.

a 3ª parte e integrar o corpo do Documento definitivo de *Catequese Renovada*, a ser apresentado à 21ª AG da CNBB.

Foi, então, escolhido esse *segundo roteiro*, redigido por mim em nome do Instituto Teológico Pio XI, dos salesianos. A razão que mais pesou para tal decisão (também por influência do Pe. A. Antoniazzi, que coordenava o *Grupo*) foi o fato de ser o roteiro mais completo dos quatro, satisfazer o pedido dos bispos e desenvolver um esquema já apresentado nas Assembleias episcopais anteriores.

Uma vez que a escolha recaiu sobre ele, constituiu-se um novo grupo, que se reuniu em Brasília de 20-22/12/1982, agora com Dom J. Freire Oliveira Neto e três assessores (J. Ruiz de Gopegui, J. I. Nery e L. Alves de Lima), para fazer uma revisão cabal e definitiva do texto. Foi a revisão mais profunda de todas que o texto sofreu. As mais significativas, recaíam sobre formulações doutrinais. Procurou-se também aliviar algumas passagens que tinham linguagem muito próxima das posições mais radicais da Teologia da Libertação. Quase todas as referências a Jesus *Libertador* foram mudadas para Jesus *Salvador*, como *libertação* foi substituída por *salvação*. Seria, então, a 3ª parte do Documento, recebendo o título definitivo de *Temas fundamentais para uma catequese renovada*.

Enquanto esses quatro membros do grupo trabalhavam sobre a composição do tão almejado *Roteiro* ou *temário de catequese*, os outros quatro levavam a cabo a redação do novo documento, agora a partir do esquema do Pe. A. Antoniazzi e com o conteúdo totalmente refeito de *OCR*, mas mantendo as intuições renovadoras que o inspiraram desde o início. Assim, ao final dos dois dias de trabalho, tinha-se basicamente o *Documento Catequese Renovada* quase completo, bem próximo daquilo que as várias AG do episcopado estavam solicitando.

Tal esquema definitivo se articulou em 4 partes: as 3 de *OCR* revistas e reformuladas, mais este *segundo roteiro* ou *temário de catequese* que ficou sendo, como dito, a 3ª parte do Documento final *CR*. Entretanto, mais um *Grupo de Trabalho* foi convocado, de última hora, em Brasília, de 27 a 28 de dezembro de 1982, quando o texto dos *Temas fundamentais para uma Catequese Renovada* (3ª parte) recebeu as últimas revisões, emendas e correções. Nesse *Grupo* trabalhamos: J. Geeurickx, J. I. Nery e L. Alves de Lima[80].

80 Cf. J. I. NERY, *Carta ao Pe. Luiz Alves de Lima de 04/12/1982*, 1 p., fotocópia nos arquivos da *Linha 3*. Nela diz o Ir. Nery, que colaborou na redação do *Roteiro* ou *temário de catequese*: "envio-lhe a parte que me coube na redação [ou revisões finais] do temário catequético, ou seja, os *Sacramentos*", e pede para eu melhorar a parte do *Sacramento da Ordem*.

Assim, já com o Documento completo, e numerado sequencialmente, de acordo com o costume da CNBB, foi enviado a todos os Bispos por D. Albano como futuro documento *Catequese Renovada* para ser discutido e aprovado definitivamente na 21ª AG de Abril de 1983[81].

Sobre esse roteiro, alguns juízos foram emitidos. O Pe. W. Gruen mostra alguma reticência ao afirmar que "a teologia do documento, principalmente a da 3ª parte "Temas fundamentais para uma catequese renovada", exige uma análise à parte"[82], sem, porém, fazê-la. N. G. Tolentino, na sua apreciação diz:

> Foi pena que o documento *CR* não tenha assumido também em sua 3ª parte o mesmo [roteiro] proposto pelo Pe. Gruen [...]. Teria dado maior harmonia e unidade ao texto. Na verdade, a atual 3ª parte de CR é um inciso de Puebla muito ao pé da letra que, se não aparece como um corpo estranho ao documento, ao menos trunca seu estilo redacional e em alguns casos aparece até forçado. Basta uma leitura seguida do documento CR para comprovar isto[83].

De natureza diversa é a opinião emitida pelo Pe. Oscar Lustosa, o historiador dominicano:

> Ao propor os *Temas fundamentais para uma catequese renovada*, a CNBB se inspira nos textos mais importantes de pastoral, oriundos das fontes oficiais do magistério da Igreja [...]. O documento *CR* é de densidade de conteúdo bastante alta; especialmente na parte do *roteiro temático*, apresenta um nível de elaboração bastante apurado[84]

2.3.3 *O roteiro dos Irmãos* Clodovis e Leonardo Boff

Como vimos, logo após a 20ª AG, D. Albano se dirigiu aos dois irmãos teólogos, solicitando-lhes que auxiliassem a *Linha 3* na confecção do *Roteiro de Catequese*. Os freis Leonardo e Clodovis Boff trabalharam em conjunto

81 A. CAVALLIN, *Circular Linha 3 nº 079/83* de 26/01/1983 aos bispos, acompanhando o documento 10/21 SUB *Catequese Renovada – Diretrizes e Conteúdo*: circular não publicada em *CM*, mas encontrada nos arquivos da *Linha 3*.

82 W. GRUEN, *Novas Orientações*, p. 40. Outras referências e comparações ele o faz à p. 44.

83 TOLENTINO Nelson Gil, *A renovação da catequese no Brasil*, p. 85, nota 53; cf. também p. 90 nota 73, p. 92 nota 81 e p. 93 nota 84. O autor, empolgado com o estilo do Pe. Gruen, não percebe que, os bispos pediam insistentemente um *roteiro completo* e determinaram que fosse seguido o esquema já aprovado anteriormente, baseado em Puebla. Além disso, ele foi redigido tendo presente toda as outras partes já intensamente elaboradas. Por fim, em todo o Documento *CR* há uma grande variedade de estilos, o que é muito justificável, pois nele trabalharam inúmeros catequetas e foi emendado nada menos do que por 3 AG do episcopado e muitíssimas outras contribuições escritas. Tanto este documento, com outros do mesmo gênero, inevitavelmente tornam-se, inevitavelmente, uma *colcha de retalhos*.

84 O. LUSTOSA, *Catequese Católica no Brasil*, p. 161 e 163.

e entregaram 12 páginas ao INP no dia 05 de junho de 1982. Por sua vez, o INP reelaborou o conteúdo, distribuindo-o dentro do esquema de *Puebla*, a fim de satisfazer, o mais possível, à solicitação das AG da CNBB. Assim reelaborado, o texto é novamente enviado aos seus dois autores. Desta vez somente Frei Leonardo Boff trabalhou sobre a nova versão, uma vez que seu irmão estava trabalhando nas Missões (Acre). Feitas as correções, o teólogo franciscano reenviou o *roteiro* com uma carta de apresentação ao Ir. I. Nery em 15 de novembro de 1982[85], que logo o remete ao INP, pedindo que se acrescente ainda algum pequeno parágrafo sobe a "Vida cristã consagrada"[86].

Assim emendado e numerado conforme os documentos da CNBB, esse terceiro roteiro foi enviado aos Bispos em 26 de janeiro de 1983 e apresentado à 21ª AG de abril de 1983 com a sigla 10 A/21ª AG sub., como *anexo* ao documento principal que continha o segundo roteiro[87].

Usando, intencionalmente ou não, de uma ideia já surgida no século XIX com o alemão Johann Baptist von Hirscher a respeito do conteúdo da catequese, mas de certa maneira presente já no célebre texto de Santo Agostinho *De Catechisandis Rudibus*, no *Catecismo de Trento* e sobretudo na recente fase querigmática da catequese[88], também L. Boff apresentou o conteúdo catequético concentrado sobre a realidade do *Reino de Deus*; e, como não poderia deixar de ser, ele o fez a partir da perspectiva da Teologia da Libertação, da qual é um dos maiores expoentes. O próprio L. Boff assim se expressa em sua carta de apresentação do roteiro:

> Não detalhei muito os conteúdos de cada parte, pois isso acabaria se transformando já numa espécie de catecismo. Alinhei apenas a orientação de fundo de cada parte. Na elaboração concreta dever-se-á colocar muito mais conteúdo, articulando as partes com o todo [...]. Procurei sempre colocar a temática do Reino como o eixo de fundo, pois este foi o tema da pregação do Jesus histórico. Assim também procurei sempre deixar visível o Deus cristão que é Pai, Filho e Espírito Santo. Na história da salvação aparece sempre o Filho e o Espírito

85 Leonardo BOFF, *Roteiro de conteúdo básico para a Catequese*, 25 p., fotocópia nos arquivos da *Linha 3*; a carta acompanha o texto do *Roteiro*.

86 J. I. NERY, *Carta aos membros da Comissão de Redação final* de 16/11/1982, 1 p., fotocópia nos arquivos da *Linha 3*.

87 A. CAVALLIN, *Circular Linha 3 nº 079/83* de 26/01/1983, 1 p., cópia datilografada, nos arquivos da *Linha 3* aos bispos, acompanhando o documento 10/21 SUB *Catequese Renovada – Diretrizes e Conteúdo;* não foi publicada em *CM*. Em Anexo segue um *Roteiro de Conteúdo Básico para a Catequese* [de L. Boff] "que poderá servir como *texto de consulta*". *Ibid.*,

88 Cf. Cesare BISSOLI, *Regno di Dio in* J. Gevaert (coord.), *Dizionario di Catechetica*, Leumann (Torino): LDC, 1986, p. 534.

como enviados do Pai. Penso que seria bom manter firme esta decisão teológica prévia. Assim nos colocamos de saída dentro da perspectiva da fé cristã e da Revelação bíblica[89].

O texto trazia uma pequena *introdução* (fidelidade à Revelação e à história) e três partes bastante desiguais em extensão; a primeira: *Ver a realidade como Jesus e os Apóstolos viam* (em 4 pontos), a segunda: *Julgar a realidade à luz da ação do Pai que instaura o seu Reino mediante seu Filho e o Espírito Santo* (em 10 pontos) e a terceira: *Agir como Igreja, gérmen do Reino presente e instrumento de libertação integral* (em três grandes tópicos: a) A Igreja, comunidade que se constrói e age no mundo na força do Ressuscitado e do Espírito Santo; b) o Homem novo e a nova sociedade; c) protótipos da vida cristã na história (Maria e os Santos).

Ainda em sua primeira redação, muitos se entusiasmaram com esse terceiro roteiro; o Ir. Nery escreveu um longo texto elogiando-o, fazendo notar, porém, que nem toda a Igreja no Brasil está preparada a assumi-lo: "Assumir o *Roteiro* proposto pelos Irmãos Boff, significa assumir uma Igreja que nasce das bases, do Povo, uma Igreja em construção e consequentemente a caminho, peregrina, histórica, em busca, no provisório"[90]. Alertou para o fato de que muitos não reconhecerão nele o pedido feito pelos Bispos, pois esperavam uma *lista de temas* para catecismos; segundo ele, porém, "para uma parcela, bem maior que a citada anteriormente, o Documento base dos irmãos Boff, é suficiente, atende exatamente o que se pensa, num novo contexto, por *Roteiro*, ou seja pistas hermenêuticas para os "elementos essenciais da Mensagem Cristã""'[91].

D. Eugênio Sales, Cardeal do Rio de Janeiro, fez suas críticas a partir da edição definitiva deste roteiro enviada pela *Linha 3* a todos os Bispos como anexo ao documento sobre a *Catequese Renovada*. Escreveu 7 p. de comentários ao texto[92], que, finalmente se preocupa com o conteúdo, bem

89 Leonardo BOFF, *Carta a I. Nery de 15/11/1982 apresentando o Roteiro de Conteúdo Básico para a Catequese*, 1 p., fotocópia nos arquivos da *Linha 3*.

90 J. I. NERY, *Reflexões iniciais sobre "Roteiro de um conteúdo básico para a catequese"*, carta de 09/07/1982 para *Linha 3* da CNBB, 5 p., fotocópia nos arquivos da *Linha 3*, p. 3.

91 *Ibid.*, p. 4. No final, o Ir. Nery aconselha que, como estratégia, o documento seja apresentado anonimamente, para que a riqueza do documento "não seja esmagada pelos que têm preconceitos contra os dois teólogos". *Ibid.*

92 Eugênio A. SALES, *Comentários sobre o texto de consulta "Roteiro de conteúdo básico para a catequese" – 10/21ª A. G.*, Rio de Janeiro 05 de março de 1983, p. 7, fotocópia nos arquivos da *Linha 3*.

diferente das três edições anteriores. Critica a maneira de distribuir a matéria conforme o método *Ver, Julgar e Agir*. "Como Jesus via a realidade", por exemplo, é apresentado mais como um imperativo moralista ou legalista e não como estupenda mensagem do homem novo e da comunidade nova (p. 2). Quando se fala do modo pelo qua os apóstolos viam a realidade, há grandes valores, mas não consegue constatar que a catequese tem em seu bojo algo a mais do que uma boa doutrina social da Igreja; para os apóstolos o tema da pregação era muito mais radical, mais abrangente, mais libertador do íntimo do homem, e, por isso, mais comprometedor (p. 3). O juízo expresso sobre o texto é bastante severo: afirma que ele, eivado de visão muito horizontalista, é incapaz de impactar o leitor com o *novo* e absolutamente *inesperado* anúncio evangélico. Nas entrelinhas, manifestou a preocupação com a questão social, mas, confunde pecado original com estado de injustiça social (p. 6). Em outros pontos, julga que o pensamento não é errado, mas parcial e deficiente (p. 7).

Dom A. Cavallin era entusiasta do texto e chegou a afirmar que,

> com o argumento de que o esquema de roteiro baseado em Puebla era oficial, não foi possível incluir na redação final de *CR* o roteiro do L. Boff, que eu queria levar para frente. Era um roteiro excelente, vigoroso, bem próximo ao Evangelho, concentrado, é verdade, na ideia de Reino de Deus, mas do ponto de vista teológico-catequético, excelente. Quando L. Boff estava sofrendo aquelas acusações de heresia eu escrevi uma carta a Roma defendendo-o e dizendo que o seu verdadeiro pensamento estava expresso naquele *roteiro* que ele compusera para a *Linha 3*[93].

Outros catequetas, como o Pe. Irineu Brandt, de Porto Alegre, acolheram positivamente o texto de L. Boff. Pe. I. Brand julgava que ele poderia ser integrado ao documento, em vez de apresentá-lo como anexo, como de fato estava sendo proposto. Conforme ele, a linguagem do *roteiro* de L. Boff era muito mais coerente com a totalidade do documento, ao passo que a linguagem do outro roteiro (o oficial) era diferente, embora também fosse bastante rico[94].

2.3.4 Roteiro do Pe. Sandro Galazzi

A origem desse *roteiro de catequese* está no Encontro Nacional de Coordenadores de 20 a 23 de novembro de 1980, quando foi apresentado o pro-

---

93 A. CAVALLIN, *Depoimento*.

94 Cf. Irineu BRANDT, *Observações críticas sobre "Catequese Renovada Diretrizes e Conteúdo"*, Porto Alegre, 31 de março de 1983, 5 p., texto fotocopiado nos arquivos da *Linha 3*.

jeto do Pe. W. Gruen. Então o Pe. Sandro Galazzi, de Belém, integrava um grupo que o traduziu numa linguagem popular, ficando pronto logo a seguir[95], porém não publicado. No Encontro Nacional do ano seguinte (13-16 de outubro de 1981) decidiu-se publicar as *Orientações* e, separados delas, vários *esboços referenciais* do roteiro[96]. O Pe. Sandro Galazzi com o Frei Ari Pintarelli e a equipe do Regional Norte II se encarregaram de elaborar *outro roteiro* a partir das experiências das CEBs, que a rigor, seria um desenvolvimento da 3ª parte de *OCR*. Esse trabalho ficou pronto em fins de julho ou início de agosto de 1982. O Pe. Sandro enviou cópia ao Pe. J. Geeurickx que a remeteu para o Grupo de Trabalho que se ocupava do assunto[97]. No Encontro Nacional de 10-12 de agosto de 1982, foi um dos roteiros trabalhado nos grupos.

Esse roteiro, intitulado *Explicitação da Mensagem*, em 10 p., após uma introdução (justificativas), apresenta o conteúdo em 4 pontos: 1) Jesus Cristo anunciou o Reino. 2) Jesus Cristo implanta o Reino. 3) Jesus vive em nós e nos faz servos do Reino. 4) A Mística do Reino de Deus[98]. Nas *justificativas*, o Pe. Sandro diz que seu roteiro é uma explicitação e organização das grandes intuições de *OCR*, e por isso torna-se viável somente dentro da visão de conjunto de *OCR* (passos da comunidade). Afirma que é tipicamente bíblico na ótica do *serviço ao Reino de Deus*: reduzi-lo a esquemas de aula seria trair o espírito da catequese renovada. O roteiro se dirige sobretudo aos *adultos*, mas há elementos válidos para uma catequese de jovens, adolescentes e crianças[99]. Nele, como no dos Irmãos Boff, está tudo concentrado ao redor do conceito de *Reino de Deus*, "conceito mais vasto da Revelação e o conteúdo mais importante da pregação de Jesus"[100], visto, porém, sempre a partir da perspectiva da Teologia da Libertação.

95 Em 25 de Novembro de 1980 o Pe. Sandro enviou ao Pe. W. Gruen o "resultado de nosso trabalho": são duas densas páginas de considerações gerais e um esboço em círculos concêntricos à mão (muito apagado) daquilo que seria o roteiro.

96 Cf. acima 1.5.1.

97 Cf. J. GEEURICKX, *Carta Linha 3 – Catequese C-nº 891/82* de 03 de agosto de 1982 ao Pe. L. Alves de Lima, 1 p., fotocópia a nos arquivos da *Linha 3*.

98 Cf. Sandro GALAZZI, [Roteiro Catequético nº 4] *Explicitação da Mensagem, Justificativa,* 10 p., fotocópia nos arquivos da *Linha 3*. Foi publicado pela revista *Catequesis Latinoamericana* um esquema muito interessante do Pe. Sandro Galazzi com os cinco passos da comunidade e os 4 elementos que, conforme *OCR* 94-110, interagem entre si: *Segundo Encuentro Regional de Coordinadores de Catequesis, El camino de las comunidades in CLA* Etapa IV (1984), nº 11-12, p. 349-350.

99 Cf. *Ibid.*, p. 1.

100 *Ibid.*, p. 1. No segundo item, *Jesus Cristo implanta o Reino*, "privilegia o roteiro de evangelização escrito por Marcos". *Ibid.*, p. 2.

Dos quatro, é o que verdadeiramente pode-se chamar de *roteiro*, pois, além de expor o conteúdo catequético, também apresenta uma *rota*, uma pista pedagógica para discussões e aprofundamentos. Além da abundância de passagens bíblicas (de um modo especial do Antigo Testamento), o texto é rico de citações do magistério, principalmente de *Puebla*.

2.4 O Encontro Nacional de Coordenadores em agosto 1982

Continuando a examinar os estudos e contribuições ao IT *OCR*, devemos agora, retroagindo um pouco cronologicamente, nos ocupar do *Encontro Nacional de Coordenadores Regionais* convocado para os dias 10 a 12 de agosto de 1982, em Brasília[101]. O Pe. W. Gruen, não querendo forçar a aceitação de suas perspectivas, já não participou desse Encontro, como igualmente não havia participado do Grupo de Trabalho reunido em São Paulo[102]. D. Albano disse que, apesar das conquistas, subsistiam problemas de continuidade da diretoria da CNBB para o próximo quadriênio, e do difícil diálogo com os bispos. Constatou que os regionais não tiveram tempo suficiente para discussão das *OCR* e que não foi possível acelerar demais o processo de discussão das ideias aí contidas.

Pe. J. Geeurickx, coordenador do Encontro, pediu prioridade para o objetivo principal: preparar o *roteiro* pedido pela última AG[103]. Foram apresentadas as propostas feitas pela Comissão de 4 bispos no encontro de 26-27/07: não separar a reflexão apresentada nas *OCR* do roteiro a ser elaborado, ou seja, não publicar dois documentos diferentes; ao mesmo tempo o roteiro deveria ser coerente com a teologia que está por trás das *OCR*. Foram aceitas a maioria das inúmeras sugestões e críticas a *OCR*. Discutiu-se ainda a possibilidade de se apresentar diversas alternativas para o *roteiro*, mas não houve unanimidade sobre isso. Houve também sugestões e críticas integradoras para melhorar o novo esquema de todo documento elaborado pelo Pe. A. Antoniazzi.

---

101 Cf. CNBB – CEP, *Encontro Nacional de Catequese, Brasília 10-12/08/1982: Relatório in CM* (1982), nº 359, p. 846-850. "Encontro Nacional de Catequese com 4 temários da "III parte"..." (W. GRUEN, *Cronologia*).

102 "Daí em diante [10-16/06/82] não participei mais, ao menos inicialmente para não correr o risco de "impor" meu modo de pensar; além disso, e isto vale também para reuniões subsequentes, com a presença do Pe. Antoniazzi, com o qual estava sempre em contato, achei minha presença dispensável". W. GRUEN, *Fax ao Pe. Luiz Alves de Lima*, Insp. São João Bosco, ID. 00-55-031-375-6525, Abr 05'95, 17:22 Nº 006, p. 1.

103 "Precisamos explicitar mais o pensamento teológico que está por trás da nossa proposta e apresentar, na próxima AG o que conseguimos. Podemos mostrar à Assembleia que, no presente momento, não se pode encerrar o processo de reflexão e assimilação pelos catequistas, iniciado há dois anos" Cf. CNBB – CEP, *Encontro Nacional de Catequese* [1982], p. 847.

Um dia inteiro foi dedicado ao estudo dos 4 roteiros existentes. Os participantes foram divididos em 4 grupos, cada um assumindo uma versão do roteiro para revê-lo, completar ou enriquecer: ***Roteiro 1***, baseado nos nºs 82-119 de *OCC* (1981) cuja redação final ficou a cargo da Escola Catequética *Lumen Christi* de Campinas (SP); ***Roteiro 2***, apenas esboçado e baseando-se no esquema de *Puebla* apresentado na 18ª AG e *votado* na 20ª AG 1982, a cargo do Pe. L. A. Lima (Instituto Teológico Pio XI, SP); ***Roteiro 3***, elaborado pelos irmãos Boff[104], reestruturado pelo INP em fidelidade às propostas de *OCR*, e agora revisto pelo Pe. J. Geeurickx e Ir. J. I. Nery; ***Roteiro 4***, do Pe. S. Galazzi e Frei Ary P., tomando a 3ª parte de *OCR* [*Prática de uma catequese renovada*] e traduzindo-a em forma de roteiro, cuja revisão ficou a cargo do Regional de Campo Grande e do Norte II (Pará). O trabalho realizado em grupo foi apresentado em plenário, recebendo colaboração de todos; porém, não se chegou a completar o trabalho de redação dos roteiros, por falta de tempo, o que foi feito depois[105].

3. APROVAÇÃO UNÂNIME DO DOCUMENTO *CATEQUESE RENOVADA* E SUA PUBLICAÇÃO

Com o Encontro Nacional de agosto de 1982 propriamente conclui-se o processo de ampla consulta aos diversos segmentos da pastoral, a respeito do futuro documento catequético. A partir de então os trabalhos foram passados para o âmbito dos assessores da *Linha 3* e da AG do episcopado.

3.1 Últimos preparativos antes da Assembleia Geral de 1983

Acompanhemos os passos finais desse processo que já durava mais de três anos. As contribuições retardatárias ainda são levadas em conta na re-

104 É interessante notar que os nomes de Clodovis e Leonardo Boff não foram citados nenhuma vez nos documentos oficiais; isso fazia parte daquela "política eclesiástica" à qual se referia D. Albano. Num clima de intensa polêmica, conflitos e tensões entre magistério e Teologia da Libertação, uma tal referência ao autor do texto seria "queimá-lo" inutilmente. Sabe-se também que o autor do Roteiro nº 1 era o Pe. W. Gruen, mas a responsável direta pela sua revisão, neste momento, foi a Ir. Celina Rezende (Lumen Christi de Campinas, SP); autor e responsável pelo Roteiro nº 2 foi o Pe. L. Alves de Lima (Instituto Salesiano Pio XI); inspirador do *roteiro* nº 4 foi novamente o Pe. W. Gruen e responsáveis pela sua reelaboração neste momento eram o Pe. Sandro G., Frei A. Pintarelli (ambos do Regional Norte II, Belém) e o Pe. Ivan Teófilo, salesiano da Província de Recife (PE).

105 Cf. nota anterior. Na verdade, somente o segundo roteiro é que estava ainda no primeiro esboço; ele foi quase inteiramente redigido, depois, por mim. Outros assuntos foram tratados nesse Encontro Nacional: Campanha da Fraternidade, Diretrizes Gerais 1982-1985 etc. Na avaliação foi manifestado o desejo de realizar uma Assembleia Nacional com presença do INP, representantes dos regionais e dos bispos da Comissão de Catequese, e catequistas leigos das CEBs, para discutir, de uma forma mais ampla, o problema da catequese; porém, tal projeto não se realizou.

dação final do documento antes da AG. Assim, em meados de janeiro de 1983 os dois Grupos de Trabalho haviam terminado as próprias tarefas, isto é, a preparação de um *único documento*, contendo quer *as diretrizes* da catequese (primeira, segunda e quarta partes, bastante elaboradas discutidas, emendadas), quer um *roteiro* ou *temário de catequese* (a terceira parte, recentemente redigidas, mas também debatidas e emendadas).

Nesta fase final dos trabalhos foi intensa a participação do Pe. A. Antoniazzi e Pe. J. Geeurickx na composição final do texto. Esse fato levou-me a chamar esses dois catequetas-pastoralistas de "arquitetos do Documento *Catequese Renovada*", pois foram os que finalmente lhe deram uma estrutura lógica e satisfatória. Numerado e disposto conforme os documentos da CNBB, com a numeração *10/21ª AG Sub*, foi enviado tanto aos Bispos como aos participantes não bispos da 21ª AG com o título: *Catequese Renovada – Diretrizes e Conteúdo*. Na carta de apresentação aos Bispos, escreveu D. Albano:

> Neste subsídio, em alguns pontos bastante reformulado, a *Linha 3* aceitou as sugestões vindas das dioceses e incluiu, como IIIª parte, o *Roteiro* de temas que tinha sido pedido em outras Assembleias [...] Em anexo, estamos enviando também um 2º roteiro de temas, pois julgamos que ele poderá servir como texto de consulta[106].

Note-se que é a primeira vez que aparece o título pelo qual será conhecido o *Documento* da CNBB sobre a catequese, isto é: *Catequese Renovada*. A palavra *diretrizes* será depois mudada para *Orientações* para evitar confusão com o documento maior *Diretrizes Gerais da Ação Pastoral da Igreja no Brasil* (amplo projeto pastoral da CNBB, renovado de 4 em 4 anos). Por orientação explícita de Dom Albano, também a palavra *conteúda* ficou no singular, pois nela já se afirma a plenitude dos temas.

Mesmo antes de iniciar a AG, houve algumas reações ao documento-subsídio enviado, no sentido de críticas e contribuições. Elas foram enviadas aos assessores para estudo e parecer[107]. O último ato antes do início

---

106 A. CAVALLIN, *Carta Linha 3 nº 079/83* de 26 de janeiro de 1983, 1 p., fotocópia nos arquivos da *Linha 3*. Este *2º roteiro de temas* ao qual se acena é o dos freis L. e C. Boff. Tal carta aos Bispos, não foi publicada em *CM*; a outra, de menor valor, dirigida aos *participantes não bispos*, foi publicada: A. CAVALLIN, *Convite para a 21ª AG da CNBB, SG 136 in CM* (1983), nº 364, p. 31-32. Cf. também Luciano MENDES DE ALMEIDA, *Informações sobre AG in CM* (1983), nº 365, p. 104.

107 Cf. A. CAVALLIN – J. GEEURICKX, *Carta Linha 3 nº 270/83* de 22/03/1983, 1 p., fotocópia nos arquivos da *Linha 3*.

da AG foi convocar dois assessores (Pe. A. Antoniazzi e Pe. L. A. Lima), para que, durante os trabalhos sobre a catequese, auxiliassem a comissão episcopal[108].

3.2 A aprovação plena do Documento: *Catequese Renovada Orientações e Conteúdo* na 21ª Assembleia geral

De 06 a 15 de abril de 1983 realiza-se a 21ª AG. Assuntos importantíssimos foram tratados nesta AG: eleições da nova Presidência e CEP, vários relatórios, *Diretrizes Gerais*, assuntos de liturgia, polêmicas a respeito do informe da *Comissão Episcopal de Doutrina* sobre *como se faz teologia hoje no Brasil*, etc. No meio desta avalanche de temas candentes havia também o tema nº 7: *Catequese renovada: diretrizes e conteúdo*[109] que pela quarta vez é objeto de uma AG. Os primeiros encaminhamentos são dados dias 10 e 11: D. Albano esclareceu sobre a marcha do processo de redação e o trabalho dos Assessores[110], apresentou a estrutura do novo documento e expõe a metodologia dos trabalhos seguintes nos grupos de bispos. D. Luciano Mendes, por sua vez, apresentou a comissão episcopal que vai acompanhar o tema catequese[111]. Os grupos se reuniram na tarde de 11/04 e estudaram o documento; a síntese dos temas e emendas discutidos nos grupos foi apre-

108 "O tema da catequese requer a presença de *Assessores para a Comissão de Bispos* que, coordenada por D. Albano, acompanha o processo. Será então preciso convocar o Pe. Luiz Lima e o Pe. A. Antoniazzi para o tempo em que o trabalho for sobre catequese". CNBB, *Reunião da Presidência e da CEP: Ata da Reunião conjunta dos Bispos e Assessores de 23/03/1983 in CM* (1983), nº 366, p. 380.

109 CNBB – 21ª AG, *5. Temas da pauta in CM* (1983), nº 366, p. 279. As várias fases do trabalho episcopal sobre este tema encontra-se nas *Atas nº 6 de 11/04/1983,* cf. *Ibid.*, p. 233, nºs 50, 52-53; *Ata nº 8 de 13/04/1983, Ibid.*, p. 248-253, nº 28-69 com várias interrupções, por causa das eleições; *Ata nº 10 de 15/04/1983; Ibid.*, p. 265-266, nºs 24-34 e *Votação IV; Ibid.*, p. 291: na verdade, como aí indicado, o texto votado com os respectivos resultados foi publicado no número de maio de *CM* (1983), nº 367, p. 425-500.

110 Cf. CNBB – 21ª AG, Ata *nº 5 in CM* (1983), nº 366, p. 223, nº 50-51. D. Albano escreveu: "Os assessores [episcopais] foram D. José C. Campos, D. P. Ponte, D. Décio P., [auxiliados pelos] Pe. Ralfy e Pe. Ávila. Houve também consulta a dez teólogos do INP; depois a CED indicou mais alguns nomes: Pe. Raimundo José, Pe. Geraldo Lopes, Pe. Bratti, e elaboraram o texto: Pe. Ruiz de Gopegui, Pe. L. Alves de Lima e Pe. J. Geeurickx. Após a 3ª redação, redigiu-se, com emendas, a 4ª Redação. Nesse momento chega uma carta da Sagrada Congregação para o Clero. Visitei o Núncio a quem expus a marcha do Documento. Peço que se dediquem com todo afinco a ele, pois milhares de catequistas o esperam". ID., *Ata nº 6*, p. 233, nº 50.

111 A rica apresentação de Dom A. Cavallin do documento a ser aprovado encontra-se em CNBB – 21ª AG, *Catequese Renovada – Diretrizes e conteúdo* doc. 10B/21ª AG Sub, 3 p., mimeografado, nos arquivos da *Linha 3*. A Comissão Episcopal apresentada por D. Luciano era formada por 9 bispos: A. Cavallin, J. C. Campos, P. Ponte, D. Pereira, J. Freire O. Neto, Vital W., Mário C. Neto e J. Tobias: cf. *Ibid.*, p. 233, nº 52-53; ver também CNBB – 21ª AG, *5. Temas da pauta in CM* (1983), nº 366, p. 278.

sentada por D. Albano no dia 13, começando logo em seguida a sessão de oradores inscritos[112].

O documento apresentado tinha sido bastante trabalhado e burilado nesse longo processo de participação envolvendo bispos, teólogos, pastoralistas, catequetas e catequistas por três anos. Por isso, poderia parecer que já não havia mais o que discutir. Entretanto, pelas atas e documentos dessa AG pode-se perceber a quantidade enorme de emendas que o texto ainda sofreu, ao lado de inúmeros elogios e aprovações. A *segunda parte*, que contém o embasamento teológico, principalmente sobre a Revelação e a *terceira parte* com o tão solicitado *roteiro*, que pela primeira vez (ao menos nesta versão desenvolvida, baseada em *Puebla*) entrava em Assembleia, foram as que mais mereceram a intervenção episcopal. Sobre o texto apresentado foram feitas, inicialmente, 105 emendas. Os dois números (83 e 84) sobre a Revelação receberam nova redação: tratam justamente da relação entre Revelação, Sagrada Escritura, Tradição, Magistério e Catequese. Outras emendas ou acréscimos referem-se ao papel dos pastores, à Liturgia ou esclarecimento de pontos doutrinais de pouca monta[113].

Numa segunda redação, após as 18 intervenções dos oradores no plenário e ainda algumas emendas por escrito, foram introduzidas outras 38 emendas. Acrescentaram-se elementos sobre: dimensão vocacional da catequese, catequista comunicador, ligação entre ordem espiritual e temporal; maior atenção dos bispos no momento em que a comunidade colabora com forças não cristãs da sociedade, para não deixar-se instrumentalizar; maior acentuação do valor da oração no crescimento da fé; a dimensão pascal dos

112 Cf. CNBB – 21ª AG, *Ata nº 6, ibid.*, p. 233, nº 52; cf. *Ata nº 8, ibid.*, p. 248-253, nº 44-68. A discussão foi prejudicada por 10 interrupções por causa da eleição dos membros da CEP. Também são apresentadas emendas por escrito.

113 Cf. CNBB – 21ª AG, *Catequese Renovada – Diretrizes e Conteúdo: nova redação de alguns itens*, doc. 10D/21ª AG Sub, 7 p., mimeografado, nos arquivos da *Linha 3*. As 105 emendas eram assim distribuídas: 16 sobre a I parte, 43 na II parte, 39 na III e 7 na IV. Foi nesta redação que se cometeu um erro que permaneceu em todas redações e consequentes edições sucessivas, inclusive na última e definitiva, e continua sendo repetido até hoje na 39ª edição (9ª. impressão) das *Edições Paulinas* e 2ª. das *Edições CNBB*. Trata-se do nº 26 (25 na versão oficial que entrou na AG), onde estava dito que "em certos lugares, a catequese ainda continua desprestigiada por parte, de sacerdotes, seminaristas, religiosos...". A Assembleia quis *adocicar* a dura realidade expressa claramente nessa assertiva e sugeriu esta redação: "em certos lugares, a catequese ainda continua a *não* merecer maior atenção de nossa parte, de sacerdotes, seminaristas...". Acontece que esqueceram do "*não*"... Assim, o sentido de negativo passou a positivo, com uma péssima redação: cf. *Ibid.*, p. 2, nº 26, L. 10. De minha parte fiz notar várias vezes à Editora Paulinas tal erro, porém, como o texto tinha sido votado com essa redação, assim deveria ficar! Dom Luciano Mendes chegou a dizer que precisaria convocar uma Assembleia Geral..., tal era a polarização que se criava, então, sobre possíveis "manipulações" dos textos... verdadeira *histeria*!

sacramentos, o sentido da Eucaristia dominical e das assembleias dominicais sem Eucaristia; a catolicidade da Igreja que se manifesta também na variedade dos ritos litúrgicos, disciplinas e tradições eclesiásticas, pobreza (opção pelos pobres, pobreza evangélica e Igreja pobre) e a dimensão política da catequese (uma simples referência à dimensão histórica parece muito genérica)[114]. Já quase no momento da votação final alguns destaques foram aceitos: incluir um parágrafo sobre o *Ensino Religioso Escolar*, acentuar que a marca do pecado se encontra tanto no coração do homem (individual) como nas estruturas sociais (social), substituir "pecado das origens" por "pecado original".

Em 15 de abril, após esses destaques, o texto refeito e emendado foi aprovado por unanimidade. Um longo aplauso indicou a satisfação episcopal por haver chegado ao fim tão longo processo de elaboração do Documento *CR*[115].

3.3 Publicação e acolhida entusiasta do novo Documento *CR*

3.3.1 Conclusão de um longo processo

As últimas emendas, formuladas e votadas na Assembleia, e correções de estilo foram feitas a partir da Reunião da CEP de 25 de abril. Dom Luciano Mendes estivera na Nunciatura a pedido do Núncio, D. Carlo Furno: aí foi-lhe lembrada (novamente!) a necessidade de enviar o Documento a Roma: mesmo não sendo um catecismo, o texto é considerado como *Diretório Nacional* ou *Documento oficial*, e, por isso, deveria ter aprovação da Congregação para o Clero[116].

O Documento aprovado foi publicado oficialmente em *CM* do mês de maio de 1983 com o título *Catequese renovada – orientações e conteúdo*[117]. Nessa edição oficial, ainda desconhecida do grande público, a *terceira parte* não está em *cursivo*, como constava da versão aprovada na AG.

114 Cf. CNBB – 21ª AG, *Catequese Renovada – Diretrizes e conteúdo: nova redação de alguns itens*, doc. 10F/21ª AG Sub, 5 p., mimeografado, nos arquivos da *Linha 3*. ID., *Catequese Renovada – Diretrizes e Conteúdo: nova redação de alguns itens*, doc. 10G/21ª AG Sub, 4 p., mimeografado, nos arquivos da *Linha 3*. ID., *Ata nº 8 de 13/04/1983 in CM* (1983), nº 366, p. 248-253, nº 44-68.

115 Cf. ID., Ata *nº 10 de 15/4/1983 nº 24-34 in CM* (1983), p. 265-266.

116 Cf. CNBB, *Reunião da Presidência e CEP: Ata da Reunião conjunta dos Bispos e assessores de 25 de Abril in CM* (1983), nº 366, p. 387-388. Cf. também, A. CAVALLIN, *Atividades catequéticas da CNBB em 1983 in RdeC* (1984), nº 26, p. 59. A última revisão estilística do documento foi feita pelo Pe. João Bosco Nunes de Oliveira, salesiano de Belo Horizonte.

117 CNBB, *Catequese renovada – orientações e conteúdo*: documento aprovado pelos Bispos do Brasil na 21ª AG a 15 de abril de 1983 *in CM* (1983), nº 367, p. 425-500.

Porém, nas cópias publicadas pelas edições Paulinas, imediatamente depois (junho de 1983), igualmente oficiais[118], essa terceira parte dos *Temas Fundamentais* está em *cursivo* ou *itálico*. Isso lhe dá um maior destaque e realce dentro do texto, mas ao mesmo tempo transmite a ideia de ocupar maior espaço no conjunto do documento do que realmente ocupa. Por outro lado, seguindo o modelo do Diretório Catequético Italiano *Il Rinnovamento della Catechesi*, eu coloquei, nas últimas revisões, títulos marginais em cada número ou conjunto de números, com a finalidade de facilitar uma leitura rápida por parte dos bispos, durante a AG. Minha intenção era, uma vez terminada a Assembleia, eliminar tais títulos marginais, também porque a linguagem é mais doutrinal e teológica (os destinatários eram apenas os bispos). Porém, a Secretaria-Geral julgou oportuno mantê-los na edição definitiva, o que graficamente ocupa mais espaço, causando a impressão de que essa *terceira parte* de *CR* seja muito desproporcionada com relação às outras.

Também na mesma edição de *CM* que publicou *CR* trouxe a aprovação e apreciação altamente elogiosa, do Card. Silvio Oddi, prefeito da Congregação para o Clero:

> Ho l'onore di comunicarLe che il documento "Catequese Renovada" – Orientações e Conteúdo" approvato dalla Conferenza Nazionale dei Vescovi Brasiliani (CNBB) lo scorso aprile e ora rivisto da questa Sacra Congegazione, è ritenuto strumento idoneo a raggiungere le finalità pastorali intese: dare una risposta concreta alle urgenti necessità di evangelizzazione del Brasile; fare del ministero catechistico una priorità della sollecitudine pastorale della CNBB; assicurare la consonanza, più grande possibile, di principi teologici, di criteri normativi e di contenuti essenziali nella pastorale catechistica del Brasile. Questo Sacro dicasterio, certo di interpretare anche i voti della CNBB, auspica ora che il documento conosca la più vasta diffusione possibile, che sia accolto, studiato e approfondito da tutti gli agenti della catechesi *in* Brasile e che diventi un sicuro punto di riferimento per i compilatori di catechismi, i quali sviluppino quel contenuto basico e adattino quelle sane direttrici alle diverse situazioni regionali e culturali di codesto immenso Paese[119].

---

118 CNBB, *Catequese renovada – orientações e conteúdo* Coleção *Documentos da CNBB* 26, São Paulo: Paulinas, 1983. Note-se que nas edições (cuja antiga numeração foi ignorada, e recomeçada de novo) das Edições CNBB (Brasília) foi retirado o formato *itálico*, como também canceladas as "orelhas" que traziam uma titulação em linguagem mais teológica e tradicional.

119 Silvio ODDI, *Recomendando o documento "Catequese Renovada – Orientações e Conteúdo", in CM* (1983), nº 367, p. 419-420.

O augúrio auspicado pelo Prefeito da Congregação Romana realmente se cumpriu. De fato, a acolhida ao documento foi entusiasta. O longo processo de preparação, reflexão e colaboração na gênese deste documento por parte de tantos catequistas, coordenadores, catequetas e pastoralistas, despertara uma grande expectativa em torno do documento. Assim sendo, em apenas um mês foram necessárias *três edições*, sendo distribuídos cinquenta mil exemplares[120], cifra impressionante, dado o pouco hábito de leitura e o pequeno poder aquisitivo de nossa população. Dom Albano falou de "explosão de interesse pela catequese em todo o Brasil, provocada pelo documento"[121].

Durante o ano de 1983 e 1984 multiplicaram-se os cursos, reuniões, assembleias regionais, diocesanas e paroquiais, e muitas outras iniciativas para estudar *CR*[122]. A divulgação e operacionalização de *CR* se deveu muito aos novos assessores da *Linha 3*: o Ir. J. I. Nery, com seu dinamismo organizacional e o Fr. Bernardo Cansi, com grande força de comunicação popular[123]. Por sua vez, os catequistas assumiram o documento verdadeiramente como a sua *cartilha*, o seu *diretório catequético*. A linguagem do documento não é fácil; há passagens de cunho teológico, temas difíceis e complexos, como a exposição sobre a *Revelação* e o próprio método de *interação*. Certamente, apesar de toda a boa vontade, muitos, para não dizer a maioria dos catequistas, não conseguiam (e não conseguem) assimilar o seu profundo conteúdo. Entretanto, eles puseram-se a estudar, refletir, discutir e todos percebiam que a *face da catequese* no Brasil estava mudando de fisionomia. Surgia um modelo novo, uma proposta totalmente nova. Foi grande mo-

---

120 A. CAVALLIN, *Atividades catequéticas da CNBB em 1983*, p. 59.

121 *Ibid.*, p. 60.

122 *Ibid.*, p. 59. D. Albano fala que não podendo a *Linha 3* atender a todos os pedidos de cursos e palestras, o atendimento era feito por aqueles que mais tinham trabalhado na elaboração do mesmo, como o Pe. J. Geeurickx, Pe. Gruen, Pe. L. A. de Lima e Pe. A. Antoniazzi. O Ir. Nery escreveu: "Estamos solicitando que atendam pela CNBB a alguns pedidos, alguns de nossos colaboradores mais diretos, como o Pe. Zeca, Pe. Lima, Pe. W. Gruen, Pe. Ralfy, Fr. B. Cansi e Fr. Luiz Pereira dos Santos". CNBB – Linha 3, *Programação Catequética para 1984 in RdeC* (1984), nº 25, p. 84. E ainda, numa linguagem um tanto enfática, mas que traduz a grande ocorrência dos catequistas aos cursos e palestras, testemunha o Ir. Nery: "As assembleias catequéticas que, tanto eu, como Fr. Bernardo Cansi temos assessorado, quase sempre têm tido mais de mil participantes". ID., *Catequistas e Formação de Catequistas no Brasil hoje in RdeC* 8 (1985), nº 29, p. 6. Frei Bernardo Cansi, um dos maiores divulgadores de *CR*, chamava essas grandes concentrações de catequistas de *comícios catequéticos*!

123 O Ir. José Israel Nery, lassalista, assumiu a assessoria da *Linha 3* em 18 de maio de 1983: cf. A. CAVALLIN, *Novo assessor para a catequese in CM* (1983), nº 367, p. 509. E Fr. B. Cansi começa prestar seus serviços em 28 de fevereiro de 1984.

mento formativo no MCB e talvez um dos que mais suscitaram entusiasmos e sede de atualização. Três anos depois D. Albano podia afirmar:

> Destacamos o testemunho de muitos Bispos que afirmam estar o documento *CR* provocando um despertar catequético em suas dioceses pelo aumento em quantidade e qualidade: dos diversos tipos de catequistas; dos encontros, cursos e escolas de catequese; da produção de bons materiais de apoio; do envolvimento crescente de toda a comunidade catequética[124].

Entre várias dificuldades encontradas na divulgação do documento, D. Albano acenou à

> dificuldade bem grande, de atingir o clero, ocorrendo o problema de os catequistas se atualizarem e grande parte o clero não, emperrando profundamente o processo de renovação da catequese em muitos lugares [...] Também lamentavelmente o documento está sendo distorcido em alguns lugares, sobretudo no sentido de transformar a 3ª parte "Temas fundamentais para uma catequese renovada", numa espécie de catecismo e desconectada do restante do documento[125].

Outras dificuldades apontadas: entender em profundidade o papel da comunidade catequizadora, a nova figura do catequista, o princípio metodológico da interação, o novo conceito de manual de catequese, as consequências do novo conceito de catequese, a relação entre Revelação e catequese, etc. Sem tais conceitos tornava-se impossível a renovação da catequese. Porém, isso era normal. O documento *CR* havia alterado profundamente a face da catequese, e embora ele fosse fruto também de uma prática que já vinha sendo vivida em vários lugares, houve necessidade de tempo longo e muita "caminhada" para se chegar perto do ideal traçado por ele. Só para citar um outro exemplo, o fato de *CR* colocar a catequese de adultos como modelo e referência para todos os demais tipos de catequese, trouxe algumas exigências fortes quanto à organização da catequese, formação de catequistas, catequese familiar etc., que mereceram aprofundamento e sobretudo pistas de concretização[126].

Em 2024 o documento já havia alcançado, nas Edições Paulinas, sua 39ª edição (às quais acrescentando as 9 reimpressões e as duas das *Edições da*

---

124 A. CAVALLIN, *Aos coordenadores de catequese no "Dia Nacional do Catequista" 1985 in RdeC* 8 (1985), nº 31, p. 67-68.

125 ID., *Atividades catequéticas da CNBB em 1983*, p. 60.

126 Ibid., p. 60. Sobre as características desta *nova face* da catequese surgida de *CR* voltaremos a falar na *conclusão geral*.

CNBB, perfazem 50 edições!!!), com mais de 300 mil exemplares distribuídos, sinal de que, passados 40 anos, ele continua sendo um sucesso editorial nunca conhecido na História da Igreja do Brasil. O documento que mais edições obtevera, as *Diretrizes Gerais*, não ultrapassaram a 5ª edição; também o projeto *Queremos ver Jesus* alcançou grande tiragem, mas não comparável à *CR*.

Ao lado das edições oficiais devem ser consideradas também as várias edições publicadas em linguagem popular[127]. A *Revista de Catequese* que estava um tanto afastada das últimas movimentações em torno do documento, abriu, então, suas páginas para os mais variados comentários a *CR*: três números consecutivos (24 a 26) foram dedicados inteiramente ao novo documento; os números seguintes sempre voltaram sobre seus temas. As *Revistas Catequéticas Internacionais* comentaram sua publicação e realçaram suas peculiaridades. Em 1988 o CELAM publicou sua tradução em castelhano, permitindo um maior acesso a ele por parte dos outros países latino-americanos.

3.3.2 Operacionalização do Documento Catequese Renovada

Embora o arco de tempo de produção de *CR* orientando a catequese no Brasil concluiu-se com sua aprovação em abril de 1983, contudo devemos nos referir a dois acontecimentos diretamente relacionados à recepção e divulgação de *CR*. O *primeiro* deles foi o Encontro Nacional de Catequese de 19 a 23 de setembro de 1983 em Brasília[128].

O objetivo era um aprofundamento do Documento *CR* e sua operacionalização, ou seja, propor formas de divulgação, conhecimento e práticas para traduzi-lo na realidade viva da catequese no Brasil. Nas conclusões finais se recomendava: atualização e renovação catequética do clero, forma-

127 As edições populares, tendo que reduzir, simplificar e falar uma linguagem mais acessível ao povo e catequistas de base, correram sempre o perigo de fragmentação e, pior ainda, de ideologização (escolher somente aqueles pontos com os quais se está mais de acordo). Por isso se recomendou sempre aos coordenadores terem a edição oficial ao lado das populares. As versões mais divulgadas foram as do Frei Bernardo Cansi, como as da Diocese de São Mateus (ES), da Diocese de Osasco (SP) e do Pe. Paulo Tonucci, de Salvador (BA) e da Ir. Maria José de Souza, beneditina missionária de Tutzing.

128 Cf. CNBB – Linha 3, *Encontro Nacional de Catequese in CM* (1983), nº 372, p. 1063-1064. Um documento mais completo sobre o mesmo é o CNBB-*Linha 3, Relatório do Encontro Nacional de Catequese 1983*, Brasília, 12 p., fotocópia nos arquivos da *Linha 3*. Os participantes eram 56; além dos coordenadores regionais com um ou dois representantes do próprio Regional; participaram também representantes das Editoras, Institutos de Catequese, Autores de Textos e Assessores.

ção catequética nos seminários, formação de um Grupo Nacional de Reflexão Catequética (futuro GRECAT), multiplicação de escolas catequéticas, dinamização dos "grupos de catequistas", divulgação de *CR* de modo criativo para que seu conteúdo chegasse ao maior número possível de pessoas, mesmo não catequistas, encontro para autores de textos catequéticos, atenção especial aos adultos, apoio e divulgação pela *Revista de Catequese* e realização de um ano catequético em 1986. Como estava presente a liderança de toda a catequese brasileira, este encontro foi decisivo para a recepção, divulgação e aprofundamento de *CR*. Todos de lá saíram com muitas ideias e principalmente muitos subsídios para tal finalidade.

O *segundo* acontecimento de repercussão e importância foi a realização do *Ano Catequético* em 1986, culminando com a *Primeira Semana Brasileira de Catequese*. Após 4 anos de estudo, aprofundamento e prática de *CR*, foi este o momento de avaliação e relançamento de *Catequese Renovada*. Tal *Semana* pode ser vista como um outro momento culminante do *MCB*, quer pela sua preparação minuciosa em todos os recantos do Brasil, quer pelo volume de recursos materiais e humanos alocados nessa direção[129]. Como vimos, sua realização tinha sido sugerida já em 1983; posteriormente a *primeira Semana* fora projetada no Encontro Nacional de 1985, onde se definiu o tema: *Catequese e Comunidade*, inspirado na Iª Semana Latino Americana de Catequese de 1982 em Quito. O *Grupo de Reflexão Catequética*, do qual ainda falaremos, tendo à frente o Ir. Israel J. Nery e Frei Bernardo Cansi, assessores nacionais, foi quem planejou, coordenou e dirigiu o ingente processo de preparação e realização. Refletindo os grandes temas de *CR*, de um modo especial o princípio de interação fé-vida, foi elaborado o seguinte slogan: *Fé e Vida em Comunidade: renovação da Igreja e transformação da Sociedade*. Elaboraram-se três *instrumentos de trabalho*, largamente difundidos e usados nas comunidades, além do *Manual do Participante*.

---

129 Sobre ela houve várias publicações: a principal são as *Atas* que propriamente recolheram todo o material: CNBB – *Linha 3, Primeira Semana Brasileira de Catequese,* Estudos da CNBB 55, São Paulo: Paulinas, 1987, 314 p.; CNBB-*Linha 3, Conclusões e Desafios: 1ª Semana Brasileira de Catequese*, Brasília, 1983; J. I. NERY, *A 1ª Semana Brasileira de Catequese, in RdeC* 9 (1986), nº 36, p. 6-13; L. ALVES DE LIMA, *As teses da 1ª Semana Brasileira de Catequese in RdeC* 9 (1986), nº 36, p. 5-13, continuando depois na mesma *RdeC* (1987), nº 37, p. 45-54. Esses dois artigos foram reunidos depois num livro publicado por mim, com parceria dos estudantes do *Curso Superior de Pastoral Catequética* (CSPC): ID., *Elementos Fundamentais da Catequese Renovada.* São Paulo: Editora Salesiana, 1986, 128 p. Também o Frei Bernardo Cansi, em seus estudos acadêmicos na UPS em Roma (1995-1996), abordou esse importante evento, do qual muito participou, em seu TCC (ou *tesina* apresentada em 12/06/1996).

A reflexão do *ano catequético*, que conflui para a *1ª Semana Catequética*, concentrava-se nas assim chamadas *oito teses*, tentativa de resumo dos grandes postulados da *CR*. Eram elas: **1**. Bíblia e catequese; **2.** O princípio metodológico da interação; **3.** As atividades educativas e transformadoras; **4.** O novo conceito de catequese; **5.** O novo tipo de catequista; **6.** Princípios, critérios e dimensões da catequese renovada; **7.** Catequese e comunidade; **8.** História da Igreja no Brasil e catequese. Estes temas foram preparados e estudados entre os catequistas durante o ano com diversos subsídios, mas propriamente não foram explicitamente tratados durante a *Semana*[130].

A realização da *Semana* foi de 12 a 18 de outubro de 1986 em Itaici com a participação de 450 pessoas (131 leigos, 178 religiosas, 119 padres e 22 bispos) num clima de confraternização, celebração e reflexão. A dinâmica constou de palestras[131], grupos, seminários e elaboração de um pequeno documento. Numa das conclusões se percebe a importância que a dimensão comunitária assumiu na catequese brasileira: os participantes da *Semana* assumem o compromisso de "aprofundar o objetivo da Catequese como crescimento da comunidade cristã na sua fé e no seu compromisso com o anúncio e as exigências do Reino de Deus"[132]. Outra significativa conclusão foi na direção de pastoral orgânica: "aprofundar o verdadeiro sentido da catequese na pastoral orgânica para que os agentes de todas as pastorais, animados pela experiência de Deus, assumam uma ação transformadora"[133]. Todas as demais conclusões tocaram pontos importantes de CR: promoção das CEBs como lugar por excelência de catequese, valorização da Bíblia como texto de catequese, formação de catequistas num clima comunitário, aprofundamento do princípio metodológico de interação etc. Muitas ou-

---

130 Cf. CNBB – Linha 3, *Preparação da 1ª Semana Brasileira de Catequese* [Instrumento de Trabalho nº 1] *in RdeC* 9 (1985), nº 35, p. 33-36. Em 1999 escrevi um artigo longo sobre o princípio metodológico da *interação in* ALVES DE LIMA, L. *Interação fé e vida in* PEDROSA, Vicente Maria – Navarro, Maria e outros, *Nuevo Diccionário de Catequética*. San Pablo: Madrid, 1999 (2 volúmenes). Traduzido cinco anos depois como *Dicionário de Catequética*. São Paulo: Paulus, 2004, p. 620-628, com atualização para o Brasil.

131 As palestras da *Semana* foram: B. CANSI, *A 1ª Semana Brasileira de Catequese no momento histórico*; ID., *Os métodos na catequese à luz do princípio de interação*; Fernando B. ÁVILA, *Realidade Brasileira e desafios à Igreja*; Luciano Mendes de ALMEIDA, *Os desafios da Igreja no Brasil*; Marcello de C. AZEVEDO, *Comunidade catequizanda e catequizadora e inculturação da fé*; W. GRUEN, *Bíblia e Catequese*; I. BROSHUIS, *O novo tipo de catequista e sua formação*; Murilo S. R. KRIEGER, *Espiritualidade do Catequista*. Todas elas estão publicadas nas *Atas*: cf. acima notas 129, 130.

132 CNBB – Linha 3, *Primeira Semana Brasileira de Catequese*, p. 261, nº 1.

133 CNBB – Linha 3, *Primeira Semana Brasileira de Catequese*, p. 261, nº 2.

tras atividades marcaram a *Semana*, de um modo especial a troca de experiências entre os participantes. A partir dela, conforme D. Albano, "um crescente contágio positivo, de verdadeira paixão pela Catequese, tomou conta dos diversos segmentos da Igreja; por toda parte foi abundante a criatividade para se conseguir fazer da "catequese em processo de renovação", uma prioridade na Igreja"[134].

4. OUTROS ASPECTOS DO MOVIMENTO CATEQUÉTICO BRASILEIRO

Ao longo deste capítulo estivemos envolvidos no processo que resultou na elaboração das *orientações para a catequese nacional* e a redação de seu *roteiro*. Entretanto, alguns outros acontecimentos de importância sucediam-se no MCB. É nossa intenção evidenciá-los neste item, uma vez que enriquecem o quadro dos elementos que compõem a dinamicidade do movimento catequético nesses últimos períodos de nossa pesquisa. Escolhemos três temas de natureza diversa, porém significativos para o MCB: o *Grupo de Reflexão Nacional de Catequese*, o *encontro nacional de professores de pastoral catequética* e as *publicações catequéticas*. Um quarto tema aborda a participação do Brasil em 1982 na *I Semana Latino-Americana de Catequese* em Quito, como demonstração do envolvimento do MCB com o movimento catequético latino-americano. Começaremos por este último.

4.1 A I Semana Latino-Americana de Catequese

Um importante evento catequético, de âmbito latino-americano, aconteceu em fins de 1982; sua temática vem reforçar uma das características do MCB neste momento, que é justamente a valorização da *comunidade de fé* como elemento central no processo da educação religiosa. Trata-se da *Primeira Semana Latino-Americana de Catequese* realizada em Quito de 03 a 10 de outubro de 1982 com o sugestivo tema: *A Comunidade catequizadora no presente e no futuro da América Latina*[135]. Como se vê, a *Semana* queria ecoar em âmbito de

---

134 A. CAVALLIN, *Apresentação in* CNBB-*Linha 3, Primeira Semana Brasileira de Catequese*, p. 7. Em muitos regionais e dioceses foram promovidas iniciativas semelhantes, como as da diocese de Diamantina: cf. Anísia de Paulo FIGUEIREDO, *Operacionalização do documento* CR *em Diamantina in RdeC* 7 (1984), nº 28, p. 40-45.

135 As *Conclusões* dessa *Semana* foram publicadas em *A comunidade catequizadora no presente e no futuro da América Latina. Conclusões da I Semana Latino-americana de Catequese. Quito 3-10 de outubro de 1982*. Coleção *Pastoral Catequética* 9, São Paulo: Editora Salesiana D. Bosco, 1983, 52 p. Comentários, Crônicas e Documentação podem ser encontrados no número monográfico dedicado a essa *Semana in RdeC* 6 (1983), nº 21, *passim*. Vários números de *CLA* foram dedica-

catequese a temática de Puebla. O Brasil teve uma significativa participação[136]: a principal palestra ficou a cargo do Pe. Ralfy M. Oliveira, que desenvolveu o tema: *A comunidade fonte, lugar e meta da catequese*[137]. A delegação brasileira participou dos vários grupos de trabalhos durante a *Semana*, levando como contribuição, entre outras coisas, a vasta experiência com as CEBs e o *Instrumento de Trabalho OCR* com sua longa caminhada de participação da comunidade eclesial (bases e hierarquia) nestes três anos de elaboração, em cujo centro está justamente o tema da *comunidade catequizadora*[138].

A riqueza da *Semana* pode ser avaliada através dos 10 temas aprofundados durante o encontro: **1.** a opção pelos pobres na catequese, **2.** o cristocentrismo da catequese, **4.** formação de catequistas e revalorização de seu ministério, **5.** religiosidade popular e educação da fé, **6.** catequese, conversão e compromisso (libertação), **7.** a paróquia como comunhão de comunidades, **8.** Bíblia na vida e vida na Bíblia, **8.** CEBs lugar privilegiado de evangelização e catequese, **9.** meios de comunicação social e os pequenos meios na catequese, **10.** catequese permanente e liturgia.

---

dos a este evento: *I Semana Latinoamericana de Catequesis (Quito) in CLA* Etapa IV (1983), nº 7, p. 149-194; *CLA* Etapa IV (1983), nº 8, p. 209-258; *CLA* Etapa IV (1983), nº 9-10, p. 275-320; *CLA* Etapa IV (1985), nº 17-18, p. 593-596. E. GARCÍA AHUMADA, *Situación de la catequesis en America Latina in Sinite* 23 (1982), nº 71, p. 411-418; ID., *A situação da catequese na América Latina in RdeC* 6 (1983), nº 23, p. 51-57. As *Atas Oficiais* da *Semana* foram publicadas em *La Comunidad Catequizadora en el presente y el futuro de America Latina. I Semana Latinoamericana de Catequesis. Quito 3-10 de octubre de 1982. Ponencias y Conclusiones*. Bogotá, Departamento de Catequesis del CELAM, 1983, 212 p.

136 A *Semana* contou com a participação de cerca 100 pessoas, entre as quais 16 bispos, de todos os países latino-americanos (exceto Cuba, Nicarágua e El Salvador, por questões políticas). A delegação brasileira era assim constituída: D. Albano Cavallin (Responsável pela *Linha 3* da CNBB), Pe. R. Mendes de Oliveira (conferencista, Redator-Chefe da *Revista de Catequese*, perito do DECAT-CELAM, membro da Comissão Internacional de Catequese), Pe. J. Geeurickx (Assessor nacional da *Linha 3*), Pe. L. Alves de Lima (Diretor do Curso Superior de Pastoral Catequética do Instituto Salesiano Pio XI de São Paulo e redator da IIIª Parte de *CR*), Ir. J. Israel Nery (lassalista, autor de inúmeras obras catequéticas e de Ensino Religioso Escolar), Ir. Visitatio [Igara] Lemos Gibson (Coordenadora de Catequese do Regional Nordeste II; sobre ela, cf.: *Uma catequista que marcou época in RdeC* 33 [2010], nº 129, p. 80) e Sra. Maria Augusta de Souza (da Arquidiocese de Natal, representando as/os catequistas leigos/as). Participou também o brasileiro Pe. Maucyr Gibin, assessor do Departamento de Liturgia do CELAM. Cf. A. CAVALLIN, *A I Semana Latino-americana de Catequese in RdeC* (1983), nº 21, p. 38-39.

137 R. MENDES DE OLIVEIRA, *A comunidade fonte, lugar e meta da catequese in RdeC* 6 (1983), nº 21, p. 7-16: é apenas um resumo de sua palestra; a versão integral encontra-se nas *Atas Oficiais* (cf. acima final da nota 135).

138 *El camino de la Comunidad: aportación de la Conferencia Episcopal Brasileña in CLA* Etapa IV (1984), nº 11-12, p. 340-348. O texto traduzido em castelhano é uma versão ampliada da 3ª parte de *OCR*, com uma nova divisão da matéria. Quando foi publicada essa "aportación" da CNBB (na verdade um trecho de um *Instrumento de Trabalho*), o documento oficial já estava aprovado e publicado há um ano...

Dessa *Semana* a catequese saiu fortificada em sua dimensão comunitária, e os participantes brasileiros, de um modo especial, viram-se reforçados em suas opções. A dimensão comunitária ficou plenamente integrada em *Catequese Renovada*[139] e a expressão *Comunidade Catequizadora,* a partir de então começou a ser muito usada e a fazer parte do vocabulário rotineiro dos catequistas.

4.2 O Grupo Nacional de Reflexão Catequética: GRECAT

Um dos méritos do Pe. Álvaro Negromonte, como vimos, tinha sido desencadear em todo Brasil um verdadeiro movimento de entusiasmo e renovação da catequese, dentro dos padrões da época. Ele, apoiado nas estruturas da *Ação Católica Brasileira,* concentrava propriamente todo o Movimento Catequético. Em termos diocesanos e paroquiais funcionavam, nem sempre com a eficiência desejada, as *Congregações da Doutrina Cristã.* Com D. Hélder Câmara e a fundação da *Revista Catequética* em 1949, esse núcleo animador cresceu um pouco, e se fortificou mais ainda com a fundação da CNBB, quando foi criado um órgão nacional de coordenação da catequese, o SNER, sempre apoiado nas estruturas da *Ação Católica.* O aparecimento do *PE* e *PPC* deram maior vigor à organização nacional da catequese: apareceu então o SNAC que levou o MCB, principalmente por mérito de D. José C. Campos, a um de seus momentos mais dinâmicos. Ao redor do ISPAC, que se insere neste contexto, criou-se um *grupo de catequetas* que, como vimos, dão uma verdadeira guinada na catequese, culminando com os acontecimentos de 1968.

Entre altos e baixos, o MCB na década de 70 concentrava-se ao redor da *Linha 3* (que substitui o SNAC), à frente da qual está um bispo e um assessor que animam e trabalham em conjunto com os coordenadores regionais, o que já era tradição desde os tempos do SNER e SNAC. Nos tempos em que eram assessores nacionais os salesianos Pe. Ralfy M. de Oliveira e o Pe. João Bosco Nunes de O., vários *grupos de trabalho* eram formados, conforme os diversos assuntos, para assessorar a *Linha 3.* Como vimos à saciedade, tais grupos se multiplicaram quando D. Albano assumiu a catequese nacional e foram eles que estiveram à frente do intenso movimento que gerou *CR.*

Após a aprovação de *CR,* D. Albano sentiu a utilidade e eficácia de ter sempre à disposição um grupo de pessoas que, através da reflexão e partilha

139 Cf. por exemplo, *CR* nºs 5, 7, 18, 30, 38, 57-58, 65, 118-119, 132, 135-137, 144, 164, 213-215, 288, 310, 311 e 316.

das preocupações catequéticas, dinamizasse a catequese. Pensou, então, em formar um *grupo nacional estável* de especialistas, representantes das diversas regiões brasileiras, que prestassem tal serviço à *Linha 3*. Como vimos, no Encontro Nacional de 19 a 23 de setembro de 1983, tal ideia foi exposta e aprovada pelos Coordenadores. Assim, uma de suas recomendações foi a seguinte: "Dar continuidade ao *Grupo de Trabalho* que ajudou a elaborar o Documento de Catequese, transformando-o numa *Equipe Nacional de Reflexão Catequética*, para dar assessoria à *Linha 3*"[140].

Assim, um grupo de catequetas, praticamente o mesmo que havia participado mais de perto do processo de elaboração de *CR*, foi convocado por D. Albano e se reuniu de 24 a 25 de março de 1984, dando início ao *Grupo de Reflexão de Catequese* da CNBB (GRECAT)[141]. As reuniões eram três por ano, no Instituto Salesiano Pio XI, SP, escolhido como sede do novo grupo, pela característica catequética dessa casa de teologia que publica, até os dias de hoje, a *Revista de Catequese*.

O papel desse grupo foi determinante no desenvolvimento do MCB nos anos seguintes. D. Albano sempre o considerou uma "bênção" para

---

140 CNBB – Linha 3, *Encontro Nacional de Catequese in CM* (1983), nº 372, p. 1063, c.

141 Cf. A. CAVALLIN, *Atividades Catequéticas da CNBB em 1983 in RdeC* 7 (984), nº 26, p. 61, nº 4.2. A constituição do GRECAT foi assim relatada pelo *CM*: "Integrado por D. Albano Cavallin, Bispo responsável na CEP pela *Linha 3*, pelos dois assessores Ir. J. I. Nery e Frei B. Cansi, o grupo de reflexão tem ainda os seguintes membros: Pe. R. Mendes de Oliveira (membro da Comissão Internacional de Catequese no Vaticano, membro da Equipe de Peritos em Catequese do CELAM e diretor da *Revista de Catequese* do Brasil), Pe. L. Alves de Lima (Diretor do *Curso Superior de Catequese* do Instituto Salesiano Pio XI de São Paulo), Pe. J. Geeurickx (ex-assessor da *Linha 3* da CNBB, grande colaborador e batalhador na elaboração do documento *CR*), Pe. W. Gruen (Biblista, Catequeta, da equipe "mês da Bíblia"); Ir. Celina Resende (da Diretoria da Escola de Catequese *Lumen Christi* de Campinas), Inês Broshuis (autora de textos de Catequese, da Equipe do Regional Leste II) e Prof. Floriano Tescarolo, leigo, autor de textos de catequese, da Equipe Provincial Marista de São Paulo" (CNBB – Linha 3, *GRECAT – Grupo de reflexão de catequese nacional in CM* (1984), nº 376, p. 186; cf. *Informações Várias: São Paulo in RdeC* 7 (1984), nº 28, p. 78; cf. CNBB, *Programação catequética para 1984 in RdeC* 7 (1984), nº 25, p. 83, nº 3 c. Sua segunda reunião foi em 23 a 24 de junho de 1984: cf. B. CANSI, *Reunião do Grupo de Reflexão Catequética da CNBB in RdeC* 7 (1984), nº 28, p. 59-61; a terceira, em 01 a 02 de dezembro do mesmo ano, agora acrescido com a participação de um maior número de mulheres: Ir. Carmen Pulga, Ir. Ivete Virgínia de Oliveira, Ir. Adriana Zuchetto: cf. B. CANSI, *III Reunião do Grupo de Reflexão Catequética da CNBB in RdeC* 8 (1985), nº 30, p. 60-62. Nos anos seguintes, com pequenas mudanças na composição do grupo, as reuniões continuaram regularmente três vezes por ano. Embora o desejo fosse de que no grupo estivessem representadas as várias regiões brasileiras, na verdade os participantes eram quase todos da região centro-sul; a vontade de envolver outros catequetas, principalmente do Norte e Nordeste, sempre esbarrou no problema econômico do custo das viagens. Somente em 1993 é que se conseguiu reunir um grupo semelhante no Nordeste. Novas informações em: *Revista de Catequese* 34 (2011), nº 134, abril-junho, p. 70-74). O nome GRECAT foi sugerido pelo Prof. F. Tescarolo, já na primeira reunião.

a *Linha 3*, uma vez que era o órgão pensante da catequese no Brasil, e motor das iniciativas de âmbito nacional. A *Linha 3* era a única secção da CNBB que possuía um grupo tão números (entre 10 e 12 membros) para assessoria contínua... Entre os trabalhos de vulto realizados pelo GRECAT, podemos enumerar: a programação e realização de vários encontros nacionais de coordenadores e das quatro *Semanas Brasileiras de Catequese* (a partir de 1986), a elaboração de dois estudos complementares de *CR*: *Textos e Manuais de Catequese*[142] e *Formação de Catequistas*[143], assessoria na elaboração do *Diretório Catequético* do CELAM *Líneas Acomunes*[144], participação ativa na composição do *Diretório Nacional de Catequese* (2005) e vários outros da coleção *Estudos* da CNBB, a preparação de subsídios para a celebração anual do *dia do catequista*, e colaboração com a *Revista de Catequese*, e, em geral, o acompanhamento do Movimento Catequético no Brasil. Deve-se acrescentar ainda a assessoria que todos os membros prestavam para seminários, encontros, cursos, reuniões e assembleias catequéticas, tanto para o Clero como para Catequistas[145]. Posteriormente outros quatro grupos de reflexão surgiram como desmembramento do GRECAT para uma asses-

142 CNBB, *Textos e Manuais de Catequese* Coleção *Estudos da CNBB* 53, São Paulo: Paulinas, 1987. Embora todo o Grupo tenha trabalhado em seu projeto, o autor principal é o Pe. W. Gruen, que teve oportunidade de expressar nesse documento aquilo que não pudera fazer valer em *CR*. Por isso, é um texto que complementa bastante *CR*, aprofundando determinados aspectos (como a *Bíblia* como texto fundamental da educação da fé, a questão da linguagem, as atividades evangélico-libertadoras) e sanando algumas lacunas de *CR* (como o ecumenismo, subsídios populares, política de produção editorial e difusão).

143 CNBB, *Formação de Catequistas: critérios pastorais* Coleção *Estudos da CNBB* 59. 6ª ed. São Paulo: Paulinas, 1994. Como diz o título, o tema é formação dos agentes de catequese em todas as dimensões; há uma insistência grande na dimensão comunitária, no crescimento pessoal do catequista nas dimensões humanas e religiosas e no conteúdo da formação. O GRECAT encarregou a mim o projeto inicial e das cinco primeiras redações, sendo que a sexta e última redação, já com o texto quase finalizado, ficou a cargo dos assessores da *Linha 3* na época, Pe. Juventino Kestering e Inês Broshuis.

144 Em português foi publicado com o título *A Catequese na América Latina*, São Paulo: Paulinas, 1986. Esse *Diretório Catequético Latino-Americano*, tendo sido publicado após *CR*, usufruiu bastante de sua redação e sob alguns pontos de vista é mais claro que o *Catequese Renovada*, tanto pela maior sistematização, como pelo conteúdo mais completo (aborda mais profundamente a *religiosidade popular*, a *organização catequética* e *questões pedagógicas* e *metodológicas*); também teve a vantagem de ter menos redatores (Pe. Ramón de la Rosa, Pe. Roberto Viola, Pe. Francisco Merlos e Pe. Luiz Alves de Lima), o que o torna mais leve. Sua segunda edição, com a qual também colaborei, não foi traduzida para o português, mas recebeu o título que tínhamos dado à tradução a primeira edição (cf. início dessa nota).

145 Luiz ALVES DE LIMA, *Origem e missão do* GRECAT. Notas para uma gênese do Grupo Nacional de Reflexão Catequética *in Revista de Catequese* 34 (2011), nº 134, abril-junho, p. 70-74.

soria específica à *Linha 3*: Grupo de *reflexão sobre ensino religioso escolar* (*GRERE*), o Grupo de *reflexão bíblica* (*GREBI*), o Grupo de *reflexão das escolas catequéticas* (*GRESCAT*) e o Grupo de *reflexão catequética para surdos* (*GRECATS*)[146]. O GREBI fundiu-se ao GRECAT e receberam o nome de GREBICAT.

4.3 O Encontro Nacional de Professores de Pastoral Catequética em São Paulo

Na programação da *Linha 3* para 1982 estava previsto, no meio da azáfama da preparação do Documento *Catequese Renovada*, também um *encontro nacional de professores de pastoral catequética* e *diretores de institutos catequéticos* em São Paulo. De fato, nos dias 10 a 12 de junho desse ano reuniram-se 23 professores de pastoral catequética e responsáveis por institutos catequéticos, número relativamente pequeno em vista dos muitos seminários já com a disciplina *catequética* e escolas catequéticas em todo o Brasil. O Pe. A. Antoniazzi, que deveria coordenar o encontro, não pôde comparecer, porém enviou um subsídio para ajudar na avaliação das experiências de formação de catequistas[147]. Os participantes se dividiram em três grupos conforme a própria experiência: professores de catequética em seminários, responsáveis por escolas ou cursos diocesanos de catequese e responsáveis por escolas e cursos regionais ou nacionais. Os trabalhos consistiram na análise de cada tipo de experiência, reflexão sobre as exigências da formação de catequistas que brotam das comunidades e formulação de algumas propostas e sugestões[148].

Quanto ao *levantamento da situação* da formação catequética, pode-se relevar estes pontos: há muita procura de formação por parte dos catequis-

---

146 Sobre o GRERE cf. *Grupo de reflexão sobre ensino religioso escolar (GRERE), in RdeC* 9 (1986), nº 33, p. 47-49; sobre o GRESCAT cf. CNBB-*Linha 3, Reunião do GRESCAT in CM* (1992), nº 464, p. 1487-1488; sobre o GRECATS, cf. B. CANSI, *Catequese com surdos in CM* 15 (1992), nº 58, p. 63-64.

147 A. ANTONIAZZI, *Formação de agentes de catequese: elementos para a avaliação de experiências*, Belo Horizonte, 08 de junho de 1982, 5 p., fotocópia nos arquivos da *Linha 3*. Os participantes receberam também como subsídio os resultados do *Seminário regional de catequese*, do Regional Sul III, de 9 a 13 de junho de 1980 em São Leopoldo (RS), elaborados a partir dos três volumes de J. B. LIBÂNIO, *Formação da consciência crítica*; o subsídio intitulava-se *Instrumental de análise da nossa práxis catequética*, 5 p., publicado na revista *Renovação* (1980), do Regional Sul III.

148 As *conclusões* foram publicadas como: CNBB – Linha 3, *Encontro nacional de professores de catequese nos seminários e de responsáveis por escolas e institutos de catequese in CM* (1982), nº 357, p. 527-531; ID., *Ibid.*, *in SEDOC* 15 (1982), p. 327-330.

tas, em função tanto do próprio crescimento como da missão de educadores da fé; é pouca a presença da disciplina *catequética* nos seminários e, onde há, nem sempre os seminaristas assimilam e sabem transmitir os conceitos da renovação catequética; os professores especializados de catequética concentram-se no centro sul do país, havendo carência em outras partes; há um certo *academicismo* no ensino da catequética com pouca vivência, e, por parte dos alunos, muitos procuram *receitas* imediatas para a catequese e não são capazes de reflexão mais profunda; nem sempre é valorizada a religiosidade popular na formação de catequistas.

No campo das *propostas* sobressai a insistência sobre a formação para uma catequese verdadeiramente renovada, libertadora, transformadora da sociedade à luz do Evangelho e que opte pelos pobres; na formação dos catequistas é necessário aprofundar o *princípio da interação*, onde se unem vivência e formulações da fé, evitando-se dualismos e falsas oposições entre catequese doutrinal e catequese socioantropológica. Quanto aos conteúdos, "é necessário apresentar Cristo revelador do Pai e da vida eterna que liberta do pecado e de suas consequências, inclusive sociais, e que leva à comunhão pelo ministério da Igreja, ajudando os indivíduos e as comunidades a caminhar para a maturação da fé"[149].

Nos seminários almejava-se que os futuros presbíteros se formassem tanto como *agentes* de catequese, como *orientadores* e *animadores* e ainda como pensadores da história, da mística, dos processos pedagógicos e do ministério catequético. Fez-se votos também que se elaborasse um *manual de pastoral catequética* visando a formação dos futuros presbíteros. Na formação dos catequistas insiste-se que o curso ou instituto seja uma comunidade educativa da fé, procurando viver ele próprio aquilo que propõe. Outra insistência foi também sobre o conteúdo ou dimensões que deviam ser abordadas na formação: fundamentos teológicos para a catequese, dimensão antropológica, psicopedagógica, aprofundamento da mensagem cristã e dimensão histórica.

Durante o encontro não se tratou explicitamente de *OCR* que se debatia naquele momento; entretanto, percebe-se a presença forte de todos os grandes princípios da renovação catequética neste encontro, também porque encontravam-se presentes a maioria dos que trabalhavam diretamente na elaboração o Documento *CR*.

---

149 CNBB – Linha 3, *Encontro nacional de professores de catequese*, p. 529.

4.4 Publicações catequéticas

Não podemos deixar de acenar às publicações catequéticas neste fecundo período de nossa pesquisa. Como apareceu ao longo da investigação, a bibliografia brasileira sobre catequese não é tão rica como a europeia. As fontes deste trabalho foram quase sempre documentos publicados em *Revistas*, particularmente *Comunicado Mensal* (CM), órgão oficial da CNBB, a *Revista Eclesiástica Brasileira* (REB), a *Revista de Catequese* (*RdeC*). Apoiamo-nos também em documentação de arquivo e ainda inédita. Entretanto, encontramos algumas publicações que merecem ser citadas, pois fazem parte essencial do MCB. Primeiramente acenaremos a alguns textos de catequese mais significativos e depois a algumas obras catequéticas.

Os últimos grandes textos catequéticos de um certo respiro e com uma determinada completude tinham sido, em anos passados, os do Pe. Álvaro Negromonte. Mesmo na época dos ISPACs, como vimos, não se conseguiu publicar coletâneas completas e sistemáticas. No período após 1968, quando a catequética brasileira resolutamente dá uma guinada, a produção de textos nem sempre acompanha a evolução do pensamento e das propostas novas que surgiam. Isso é um pouco compreensível, uma vez que as ideias, principalmente quando mudam significativamente o rumo da práxis comum, demoram para ser assimiladas e postas em prática. Diante das novas propostas, muitos catequistas abandonam os antigos textos, pois já não respondem à nova situação e, enquanto não chegam substitutivos, lançam mão da criatividade.

Constatamos então o aparecimento de uma multiplicidade de pequenos textos, a maioria das vezes, impressos com recursos pobres (mimeografados ou fotocopiados) e destinados a um consumo imediato, para responder a uma necessidade local; por isso mesmo, de difícil divulgação e documentação: poucos deles sobrevivem. Ao lado desse aspecto negativo, há, porém, o grande mérito de serem subsídios muito vivos, ligados à realidade local, atualizados, com grande possibilidade de fazer a interação entre fé e vida, aspecto essencial da *catequese renovada*. É um tipo de instrumento muito adaptado à diversidade de situações existentes no extenso território nacional.

Como vimos, a *Linha 3* da CNBB sempre resistiu à ideia de fazer um *catecismo nacional*, resolução que é explicitamente declarada em *CR* 161. Aliás, foi dessa postura que nasceu o movimento à procura de um *roteiro nacional* que viesse, de certa forma, ao encontro de tais necessidades. É preciso dizer ainda que, ao lado dessa catequese renovada, permanecia, como permanece até hoje, situações totalmente alheias às mudanças e impermeáveis às novas concepções catequéticas, mantendo-se ainda na linha exclusivamente querigmática dos anos 60 ou 70, quando não apegados à velha orientação meramente doutrinal. Dentro deste quadro, podemos ressaltar alguns textos significativos do MCB nesta década de 70 e 80. Eis alguns[150]:

4.4.1 Textos de catequese

A maioria dos textos, mantendo-se dentro da secular tradição da Igreja, dedica-se à *catequese sacramental*. É a dimensão da vida cristã que mais merece atenção, de um modo especial a preparação à Eucaristia e à Crisma, às quais se seguiam textos dedicados à catequese de perseverança. Aos poucos foram também aparecendo textos referentes à *catequese batismal*, na linha da *iniciação à vida cristã*. A maioria deles colocavam-se na perspectiva da renovação catequética, quer pelo conteúdo, como metodologia e opções de fundo. Alguns deles, já pelo nome, dão muita importância à dimensão comunitária na Igreja, poucos outros estão numa linha mais antropológica[151]. Teve muito sucesso a coleção *Crescer em Comunhão* destinado a um arco de formação abrangente desde os 7 aos 14 anos, numa caminhada de crescimento na comunidade; alguns dos autores desta coleção foram grandes protagonistas do MCB em sua recente atuação[152].

Os textos mais originais são aqueles cujos destinatários não são determinada faixa etária, mas a comunidade inteira. Assim encontramos bom grupo de textos dirigidos à *educação da fé dentro das CEBs*. O mais original deles, sem dúvida, foi o já comentado *Abre a porta: cartilha do povo*

---

150 A seguir citaremos os mais importantes textos de cada item, remetendo para o longo elenco bibliográfico, a composição de uma lista mais completa entre eles. Não fazemos alusão aos documentos oficiais ou oficiosos do episcopado referentes à catequese, pois são objeto de análise mais ampla dessa pesquisa.

151 Podemos citar como exemplo: DIOCESE DE LIMOEIRO DO NORTE (CE), *Comunga na vida quem comunga na Igreja* (livro do catequista e do aluno), Petrópolis: Vozes, 1976. Recensão de Elisabeth MOUREAUX *in RdeC* 2 (1979), nº 7, p. 94-96; COORDENAÇÃO DE CATEQUESE DA DIOCESE DE LINS, *Encontros de Catequese nas comunidades*, Diocese de Lins (SP), 1985. Livro do catequista, 110 p.; livro do aluno, 254 p. L. ALVES DE LIMA et alii, *Crescimento do jovem na comunidade cristã: catequese crismal*, São Paulo: Editora Salesiana Dom Bosco, 1991. Livro do catequizando, 125 p.; livro do catequista, 175 p.; Maria. C. Garcia PELLICIER, Maria T. Bianchini LATGÉ, *Iniciação à vida de comunhão na Igreja: primeira eucaristia*, Petrópolis: Vozes ,1987, 3 volumes.

152 REGIONAL SUL II DA CNBB, *Crescer em Comunhão: catequese extraescolar*, 5 volumes para crianças e pré-adolescentes de 7 a 14 anos. Livro da criança e catequista. Petrópolis: Vozes, 1980, com várias edições posteriores; são autores do texto D. Albano CAVALLIN, Pe. J. GEEURICKX, Ir. Araceli Glória Xavier da ROZA, Ir. Maria Cacilda DEGASPERE e Ir. Lia FRANCENER. Participei, nos anos 90, da sua revisão e atualização.

de Deus[153]. Citado nos primeiros *Instrumentos de Trabalho* que precederam *CR* como modelo de texto catequético que espelhava as novas tendências da catequese no Brasil, esse texto é um verdadeiro *manual* das CEBs, projetado e realizado a partir do contato vivo com as pequenas comunidades. Nele se trata do sentido da vida (família, trabalho, sofrimento), a história da salvação, tendo Jesus Cristo no centro, a introdução à leitura bíblica. A fé é esclarecida e alimentada com expressões próprias do povo, mas dentro da renovação pós-conciliar e latino-americana.

Não falta a catequese sacramental, com teologia exigente, particularmente as dimensões pessoais e sociais dos sacramentos. Essa cartilha contém uma parte devocional que coleciona muitas orações de gosto popular, mas também uma introdução à liturgia, particularmente à Celebração Eucarística, Ofício de Nossa Senhora, Salmos e Cânticos das comunidades. Na última parte, que poderíamos chamar de moral, mas que nada tem de moralizante, trata das normas do bem viver à luz da fé, como as bem-aventuranças, palavras de Cristo, ditados da sabedoria popular, noções de higiene, saúde, direitos humanos e outras orientações. Seu formato de livro de bolso (15,5 x 10 cm), facilitava o manuseio, apesar das 430 páginas. Entretanto, outros textos catequéticos estiveram também nessa linha, como *Fé e Ação: catecismo para os cristãos das CEBs* ou os do Frei Carlos Mesters, já numa linha mais bíblica e dirigidos às pequenas comunidades[154].

De particular importância, pelo autor e pelas perspectivas adotadas, é a coleção *Fé e Libertação: catecismo popular*, em 4 volumes[155] publicada pelo Frei Beto (Carlos Alberto Libânio Christo) em 1989. Obra de um dos corifeus da Teologia da Libertação no Brasil e que se dedica ao intenso trabalho de pastoral popular, particularmente nas CEBs reflete bastante, em sua impostação catequética, as instâncias renovadoras do Documento *Catequese*

153 DIOCESES DE CARATINGA, TEÓFILO OTONI, DIVINÓPOLIS e ARAÇAÍ, *Abra a porta: cartilha do Povo de Deus*, São Paulo: Paulinas, 1979, 431 p.

154 BARBÉ Domingos, *Fé e Ação: catecismo para os cristãos das comunidades de base*, São Paulo: Loyola, 1976, 73 p. Recensão *in REB* 37(1977), 843; Carlos MESTERS, *Flor sem defesa: uma explicação da Bíblia a partir do povo – catequese popular bíblica*, Petrópolis: Vozes, 1983, 206 p.; ID., *Os dez mandamentos ferramenta da comunidade*, São Paulo: Paulinas, 1986, 80 p.

155 Frei BETTO (Alberto Libânio Christo), *Fé e Libertação: Catecismo Popular*. São Paulo: Editora Ática, 1989, 4 volumes: *A proposta de Jesus, A comunidade de Fé, Militantes do Reino, Viver em comunhão de amor*. A pedido de D. Paulo E. Arns, cardeal-arcebispo de São Paulo, fui o *censor ad hoc* para o *Nihil obstat* dessa obra, fazendo sugestões aceitas pelo autor, particularmente valorizando mais a religiosidade popular.

Renovada, colocando o acento nas consequências sociopolíticas da fé. Conforme o autor, o texto é

> uma introdução à fé e à vida cristãs ao alcance de escolas, paróquias, CEBs, pastorais populares, jovens e adultos [...]. O texto foi elaborado à luz da Teologia da Libertação usando também princípios metodológicos da educação popular. Não pretende simplesmente *ensinar* verdades de fé a serem retidas na cabeça, mas estimular uma vivência cristã que brota do coração aberto à proposta libertadora de Deus em Jesus Cristo[156].

Abundantes são também as coleções destinadas ao *ensino religioso escolar*, nem sempre, porém, com clara distinção entre esta atividade ligada à pastoral escolar e a catequese propriamente paroquial-comunitária. A maioria dos textos escolares mantinha-se numa linha nitidamente sócioantropológica, às vezes claramente vinculados à prática da libertação, como transparece do título do texto: *Libertação-Páscoa, nos caminhos de Jesus Cristo Libertador, Caminhos de Libertação*[157]. Interessante também eram as tentativas de textos interconfessionais para a escola, principalmente no Sul do país, onde o problema ecumênico é mais sentido[158].

Algumas experiências bem-sucedidas tentavam elaborar algo próximo aos antigos catecismos, dando uma visão completa da fé, sem uma particular destinação sacramental, escolar ou outra situação especial. Eram comentários ao *Credo*, ou textos mais abrangentes. A maioria deles era direcionada aos *adultos*. Podemos citar o da diocese de Osasco (SP), bastante completo, amplo, com uma forte dimensão bíblica e bem dentro da *CR*, já a partir do título: *Conteúdo e orientações para uma catequese renovada*[159].

---

156 ID., *A proposta de Jesus*, São Paulo: Editora Ática, 1989, apresentação.

157 EQUIPE DE CATEQUESE DE SANTO ÂNGELO (RS), *Libertação-Páscoa*, 8 séries do 1º grau, Petrópolis: Vozes, 1977; José Israel NERY e Lia D'Ávila JANNOTI, *Nos caminhos de Jesus Cristo Libertador*, São Paulo: Paulinas, 1980, 120 p. 3 volumes; Juan A. RUIZ DE GOPEGUI, *Caminhos de Libertação, caminhos da Igreja* Coleção *Caminho* 3, São Paulo: Loyola, 1973, 151 p.

158 Por exemplo CIER-CONSELHO DE IGREJAS PARA A EDUCAÇÃO RELIGIOSA, *Educação Religiosa Pré-Escolar "Deixai vir a mim as crianças... delas é o Reino"*, Florianópolis: Gráfica Florianópolis, 1977. CIER-CONSELHO DE IGREJAS PARA A EDUCAÇÃO RELIGIOSA, *Educação religiosa escolar*, 1ª à 8ª séries. Livro do Mestre e aluno. Petrópolis: Vozes, 1977. Para o mundo dos adultos, nesta linha ecumênica é publicada a obra de grande respiro: EQUIPE DE TEÓLOGOS CATÓLICOS E EVANGÉLICOS, *O novo livro da fé: a fé cristã comum (texto ecumênico)*, Petrópolis: Vozes, 1976, 430 p.

159 CECREO-CENTRO CATEQUÉTICO DA REGIÃO EPISCOPAL DE OSASCO, *Conteúdo e orientações para uma catequese renovada*, São Paulo: O Recado Editora Ltda., 1985, 359 p. Após uma séria recensão do Pe. W. GRUEN: *Em busca da catequese renovada in RdeC* 8 (1985), nº 32, p. 43-48, os/as autoras/es fizeram uma segunda edição, bastante modificada com o título: *Catequese Renovada: fé, vida, comunidade:* O Recado Editora Ltda., 1987; novas edi-

Houve também uma significativa produção de textos para *catequese familiar, bíblica e litúrgica*[160].

4.4.2 Textos de reflexão catequética

Por último, devemos fazer referência à vasta produção no campo da *reflexão catequética* que é também abundante nesse período. Alguns textos, por exemplo, aprofundavam a história da catequese[161]; inúmeros outros destinavam-se à formação de catequistas, em geral populares. Nesta perspectiva o autor mais profícuo foi, sem dúvida, o Frei Bernardo CANSI, OFMcap[162]. Com seu estilo popular (embora sacrificando, às vezes, a formalidade própria de textos escritos), comunicação fácil e ampla experiência catequética, conseguiu atingir grandes massas de catequistas populares. Suas publicações, a maioria em forma de opús-

---

ções foram publicadas. Textos ainda deste gênero: EQUIPE PASTORAL DE SÃO FELIX DO ARAGUAIA, *Nosso Catecismo*, Petrópolis: Vozes, 1983, 52 p.; Roberto VIOLA, *O livro das surpresas*. São Paulo: Editora Salesiana Dom Bosco, 1991. Livro do catequizando, 96 p.; livro do catequista, 48 p. *Comentários ao Credo*: Luiz CECCHINATO, *A quem iremos, Senhor? Explicação do Credo para os adultos*, Petrópolis: Vozes, 1981, 230 p.; Victor CODINA, *Nosso credo: Deus a caminho com seu povo*, São Paulo: Paulinas, 1992, 94 p.

160 Alguns exemplos: MOVIMENTO CATEQUÉTICO DA FAMÍLIA CRISTÃ (RJ), *Diálogos dos pais com seus filhos: preparação à primeira comunhão*. Divinópolis: Ed. Gráfica S. Antônio, 1977; Carmen Maria PULGA – Risoleta M. BOSCARDIN, *Pais e filhos crescem juntos*, São Paulo: Paulinas, 1985. Livro dos pais, 154 p., livro do casal dirigente, 134 p.; Celina REZENDE e Irmã Liduína Van Der PLOEG, *Catequese de Jesus Cristo*, Livro A (1977), B (1978), (C) 1979. *Disco e fita*. São Paulo: Paulinas; 2ª edição: *Catequese, a boa nova de Jesus: catequese litúrgica*, São Paulo: Ave Maria, 1989, 4 volumes (introdução, anos A, B, C). Na *linha bíblica*: Frei BATTISTINI, *A Igreja do Deus vivo: curso bíblico popular*. 3ª ed. Petrópolis: Vozes, 1979, 126 p. Alguns textos produzidos por biblistas-catequetas e em função da catequese são: W. GRUEN, *O tempo que se chama hoje*, São Paulo: Paulinas, 1977, 275 p.; ID., *Pequeno Vocabulário Bíblico*, São Paulo: Paulinas, 1984, 75 p.; A. Antoniazzi, *A palavra de Deus na vida do povo: orientações teológicas e sugestões práticas*, São Paulo: Paulinas, s/d, 83 p. Cf. obras de Carlos MESTERS citadas na nota 154 acima.

161 Entre eles sobressaem: R. MENDES DE OLIVEIRA, *O movimento catequético no Brasil*, São Paulo: Editora Salesiana Dom Bosco, 1980, 200 p., muito usado e citado nessa pesquisa; L. ALVES DE LIMA, *Elementos fundamentais da catequese renovada*. São Paulo: Editora Salesiana D. Bosco, 1986, 128 p. Oscar LUSTOSA, *Catequese católica no Brasil: para uma história da Evangelização*, São Paulo: Paulinas, 1992, 182 p.; J. GEEURICKX, *A catequese na comunidade cristã* Coleção *Catequese Fundamental* 9. Petrópolis: Vozes, 1991, 88 p.

162 Sobre a figura desse ícone da catequese no Brasil, Frei B. Cansi, pode-se consultar: ALVES DE LIMA, LUIZ, *Uma vida dedicada à catequese: traços biográficos de Frei Bernardo Cansi in Revista de Catequese* 19 (1996), nº 76, out.-dez., p. 35-43. ID, *Frei B. Cansi, formador de Catequistas in* GIL, Paulo *et alii*, *Frei Bernardo, memória e herança*. Porto Alegre: Rede Lumen de Catequese, Gráfica e Editora RJR, 2021, p. 35-45. ID., *Minha experiência com Frei Bernardo: experiência de Deus na Eucaristia, in* IB., p. 68-77; CASAGRANDE, Moacyr, *Um doutor formado na Universidade da Fé e do Povo: texto da homilia do Provincial dos Capuchinhos nos funerais do Frei B. Cansi in RdeC* 19 (1996), nº 76, out.-dez., p. 44-46; NERY Israel J., *Doze Sonhos do Frei B. Cansi, in RdeC* 19 (1996), nº 79, jul.-set. 1997, p. 31-40.

culos, ultrapassaram os 50 títulos, destinados em geral à formação dos catequistas de base[163].

Porém, é na reflexão sobre a natureza, finalidade, instâncias e perspectivas da catequese que se multiplicam as publicações. Após a vertente sacramental, que possui o maior número de títulos publicados, é essa dimensão da reflexão catequética que merece maior atenção. Assim, a Editora Salesiana Dom Bosco em 1982 começa a coleção *Pastoral Catequética* que alcançou 18 pequenos volumes, em geral coletâneas de artigos publicados na *Revista de Catequese*. A Editora Vozes igualmente lança a coleção *Catequese Fundamental* em 1984, que publicou 14 opúsculos (alguns reeditados). Os títulos de ambas as coleções abordam os mais variados temas catequéticos, sempre no campo da reflexão e dentro do movimento renovador do MCB.

Muitas outras publicações seguiram essa mesma direção[164]; entre todas sobressai a obra *A Catequese na Igreja Hoje*, do Pe. Emílio Alberich, lança-

---

163 Se, além desses mais de 50 opúsculos (em 1994), considerarmos seus artigos em revistas especializadas ou não, e o material não impresso (fotocopiado, mimeografado), sua produção pode ser considerada vastíssima. Com isso é natural que continuamente Frei Bernardo repetisse os mesmos argumentos; mas encontra muita ressonância nos agentes de pastoral, em que pese, às vezes, também a ausência de uma metodologia um pouco mais apurada. É por isso que, depois de muita insistência, o convenci a fazer um *Mestrado* em Catequese na Universidade Pontifícia Salesiana de Roma. Eu mesmo o apresentei. Ele o fez, encantando os professores por sua simplicidade, candura e popularidade. De sua incontável produção, podemos citar: B. CANSI, *Catequese comunitária. Formação da comunidade catequética Catequese Fundamental* 2, Petrópolis: Vozes, 1984; ID., *Catequese uma atividade popular* Coleção *Catequese Fundamental* 4, Petrópolis: Vozes, 1985; ID., *Catequistas populares: as escolas que os formam e a importância de sua formação* Coleção *Catequese Fundamental* 8, Petrópolis: Vozes, 1990, 72 p.; ID., *Conquistas e desafios da catequese renovada* Coleção *Catequese Fundamental* 12, São Paulo: Paulinas, 1993, 200 p.; ID., *Curso de Catequese Renovada*. 3ª ed. Petrópolis: Vozes, 1978, 144 p.; ID., *Formação de catequistas*. 2ª ed. Petrópolis: Vozes, 1976, 140 p. ID., *Interação Fé e Vida*, São Paulo: Paulinas, 1988, 40 p.; ID., *Para catequistas: catequese, uma força libertadora*, São Paulo: Paulinas, 1980; ID., *Simbolismos encenados* Coleção *Catequese Fundamental* 10, Petrópolis: Vozes, 1991, 182 p.; ID., *Simbolismos e técnicas de encenação para catequistas* Coleção *Catequese Fundamental* 2, Petrópolis: Vozes, 1984; ID., *A inculturação da catequese: formação do catequista*, Paulo Afonso: Editora Fonte Viva, 1994, 42 p.

164 A. ANTONIAZZI e R. MENDES DE OLIVEIRA, *A catequese à luz do Sínodo de 1977*, São Paulo: Editora Dom Bosco, 1978, 157 p.; COMISSÃO REGIONAL DE CATEQUESE – CNBB NE II, *Evangelizando os Pequenos: em busca de uma catequese libertadora*. São Paulo: Paulinas, 1979; 2ª edição: *Em busca de uma catequese libertadora*, Petrópolis: Vozes, 1981, 105 p.; Luiz Pereira dos SANTOS, *Catequese ontem e hoje*, Porto Alegre: Escola Superior de Teologia São Lourenço de Brindisi, 1979; 2ª ed., (infelizmente não atualizada): São Paulo: Paulinas, 1987, 232 p.; L. ALVES DE LIMA, *Elementos fundamentais da catequese renovada*, São Paulo: Editora Salesiana Dom Bosco, 1986, 128 p.; R. MENDES DE OLIVEIRA, *Vocabulário de Pastoral Catequética*, São Paulo: Loyola, 1992, 190 p.

da pela Editora Salesiana D. Bosco[165]; dela o Pe. W. Gruen faz uma longa recensão, qualificando-a como

> Síntese de catequese fundamental ao mesmo tempo ampla, profunda e empolgante pela problemática que aborda [...]; impressiona a genial arquitetura do todo; o volume de informações e reflexões contidas nas 260 páginas é extraordinário, no entanto, a amplidão da temática não prejudicou sua nitidez e profundidade[166].

Estão presentes nesta *catequética* as grandes preocupações da América Latina, sobretudo a concepção eclesiológica, fundamento de qualquer reflexão e prática catequética, que privilegia o aspecto comunitário e comunional, como também a opção preferencial pelos pobres. Significativa também é a abordagem da *catequese como serviço da Palavra, anúncio de Cristo*; particularmente o tema da *experiência religiosa, como lugar da palavra e elemento central da catequese* facilitou **a formulação do *método de interação***, um dos pilares da *CR*. Pode-se dizer que tanto o próprio Pe. W. Gruen como outros líderes da renovação catequética brasileira receberam o influxo desta obra de catequética fundamental, donde sua importância no MCB; de fato, ela foi saudada como "obra monumental, a mais importante publicação catequética atualmente no Brasil"[167].

---

165 E. ALBERICH, *A catequese na Igreja hoje*, São Paulo: Editora Salesiana D. Bosco, 1983, 260 p. O autor é salesiano espanhol, professor de *Catequese Fundamental* e *Catequese de Adultos* na Universidade Salesiana de Roma, onde também foi decano da Faculdade de Ciências da Educação e Presidente da Associação dos catequetas europeus (tive a honra de tê-lo como diretor dessa tese doutoral: 1993-1995). A mesma Editora Salesiana publicou nova edição ampliada e atualizada *A Catequese evangelizadora*. Manual de catequética fundamental (tradução de Luciano V. Machado). Adaptação para o Brasil e América Latina por Pe. L. A. de Lima, São Paulo: Editora Salesiana, 2004, 376 p. A edição renovada italiana é: *La Catechesi della Chiesa*, Leumann (Torino): Elle Di Ci, 1992, traduzida e adaptada ao Brasil e América Latina por L. ALVES DE LIMA, como: *Catequese Evangelizadora, manual de catequética fundamental*, São Paulo: Editora Salesiana, 2004. Há ainda a edição equatoriana da Editora Abya-Yala, em 2003. Uma última edição atualizada foi publicada pelo autor como *Catequesis Evangelizadora: Manual de catequética fundamental*, Madrid: Editorial CCS, septiembre 2009, O grande catequeta ainda publicou em espanhol a edição definitiva: *Catequesis Evangelizadora: Manual de catequética fundamental*. Madrid: Editorial CCS, septiembre de 2009, 320 p. Faleceu, em Sevilla (Espanha), 14 anos depois.

166 W. GRUEN, [Recensão de] Emílio ALBERICH, *A catequese na Igreja hoje*. São Paulo: Editora Salesiana Dom Bosco, 1983, 264 p. *in RdeC* 7 (1984), nº 26, p. 91-94.

167 L. ALVES DE LIMA, *Elementos Fundamentais*, p. 122. Na época (1986), dizia que "embora produzida em ambiente europeu, está em plena sintonia com as opções da Igreja latino-americana". Hoje, talvez, diria o contrário, ou seja, que o documento *CR* está em sintonia com tal obra; cf. também N. G. TOLENTINO, A *renovação da catequese no Brasil*, p. 5.

CONCLUSÃO

O MCB nos anos de 1981 a 1983, objeto de análise neste capítulo, definiu, num documento oficial do episcopado, as linhas fundamentais da catequese em âmbito nacional, juntamente com o *roteiro* ou *temário catequético*. Foi o final de um longo processo; mas ao mesmo tempo, como vimos, foi a continuação de uma caminhada fecunda e renovadora. Uma das conquistas desse período foi sem dúvida a descoberta de uma nova metodologia de se produzir um documento da CNBB. Pela primeira vez, na elaboração de um texto oficial, é envolvida uma grande massa de pessoas, de todos os níveis, num verdadeiro trabalho de mutirão. De um modo especial, a participação das bases catequéticas nas discussões dos problemas que preocupavam os bispos, proporcionou um significativo envolvimento dos catequistas, uma profunda vivência da dimensão comunitário-participativa e da corresponsabilidade. Como vimos, uma vez aprovado o documento, os catequistas o tomaram como coisa sua, fruto também de suas contribuições e se esforçaram mais ainda para aprofundá-lo, entendê-lo, praticá-lo. Este foi, sem dúvida, o maior fruto desse processo.

Numa outra perspectiva, pudemos ver a continuação dos contrastes entre um episcopado preocupado com o *conteúdo da catequese*, solicitando-o a cada passo, e a insistência dos assessores e catequetas em aprofundar mais as *questões fundamentais*, as opções de fundo, as instâncias decisivas para uma verdadeira renovação da catequese. O resultado final, exarado no documento *Catequese renovada orientações e conteúdo*, é a confluência dessa dupla preocupação. Os catequetas, por um lado, fizeram valer suas intuições, de um modo especial a ideia de que a *vida da comunidade de fé*, com seu testemunho vivo do que depois se ensina na catequese, faz parte do seu conteúdo, e a *centralidade do princípio metodológico da interação entre fé e vida*. O Episcopado, por sua vez, também fez valer suas preocupações de apresentar, além das orientações gerais da catequese, também a *exposição mais ampla da mensagem cristã* dentro das perspectivas do Vaticano II e das características da vivência da Igreja na América Latina, sintetizadas sobretudo em *Puebla*.

O *temário* ou *roteiro* aprovados (conceito e palavras usadas à saciedade), se não é o melhor ou ideal, tenta ao menos expor, de maneira completa e sintética, o conteúdo da mensagem cristã dentro das perspectivas elaboradas pelo próprio documento, ou seja: uma mensagem que ressoe dentro da vida concreta dos catequizandos, e não ao lado, acima ou fora dela. Um dos elementos que facilitaram essa perspectiva, foi a opção de publicar num mesmo documento tanto as *orientações gerais,* como aquilo que mais comumente é entendido como *conteúdo.* Ambos conceitos acabaram aparecendo no título final do Documento aprovado.

Na teoria e na prática sempre dominou o receio de que, por um erro de impostação ou mesmo de opção fundamental, se retornasse a uma catequese de talho doutrinal e se caísse novamente no intelectualismo tão rejeitado como causa de todos os males num passado não muito distante. O Documento, no conjunto de suas afirmações, parece ter chegado a um saudável equilíbrio. Mas se tivéssemos que lhe apontar uma característica, deveríamos dizer que o peso de suas opções vai na direção de *uma catequese de talho bíblico e eclesial, ao mesmo tempo que vivencial, antropológico e social,* pois profundamente ancorada na caminhada da comunidade de fé.

Pudemos perceber também que no fundo dessas questões estava a interpretação do conceito de Revelação apresentado pela Constituição Dogmática *Dei Verbum* do Concílio Vaticano II, e assumido plenamente pelos redatores dos Instrumentos de Trabalho. (*OCC* e *OCR*) Ao redor da concepção de Revelação travaram-se discussões acirradas. Os *instrumentos de trabalho* e o *Documento final* partem da convicção de que a catequese é um serviço à Palavra de Deus que quis revelar-Se a Si mesmo dentro da experiência existencial das pessoas. Esse princípio leva a entender a educação da fé não como um simples repetir de uma *Palavra* já pronunciada, mas a ouvi-la dentro dos acontecimentos de hoje, já que a Palavra foi revelada nesse processo tipicamente pessoal e relacional.

Os que se colocavam numa posição de maior defesa das fórmulas da fé viam nessa insistência uma perigosa distorção da verdade de entender a Palavra de Deus a partir dos acontecimentos, e consequentemente a tendência de colocar a *situação do catequizando* (sobretudo sócio-cultural-econômica), no centro das preocupações catequéticas a fim iluminá-las pela luz do Evangelho. Consideravam um problema igualar a Revelação em Cristo com as manifestações de Deus na História e queriam fazer prevalecer a centralidade das fórmulas da fé (de um modo especial as tradicionais) como núcleo de uma autêntica catequese. O cristocentrismo radical permaneceu, com Jesus plenamente encarnado na situação humana, preferindo os mais pobres e excluídos.

O clima de tensão que se vivia naqueles anos entre *Magistério* e *Teólogos da Libertação* dificultou mais ainda a impostação e solução do problema.

Não foi fácil chegar-se a uma justa e equilibrada relação entre Revelação e Catequese, com suas consequências práticas para a educação da fé. Do documento aprovado surge uma catequese assinalada pela fidelidade a Jesus Cristo, à Igreja e à pessoa humana, particularmente os pobres, pela busca constante de uma interação fecunda entre a mensagem revelada e a experiência humana, e por uma relevância excepcional à vida da própria comunidade de fé. A verdadeira educação da fé se faz sobretudo a partir dessa vivência comunitária. Sobre esses temas da Revelação e da dimensão comunitária, voltaremos no próximo capítulo para analisá-lo mais sistematicamente.

Tendo concluído de analisar detalhadamente os processos do MCB nos anos do pré e do pós-Concílio até a aprovação do Documento *Catequese Renovada,* como era nosso objetivo, resta-nos agora, num próximo capítulo, de caráter conclusivo, retomar alguns temas mais relevantes da caminhada desses anos para analisá-los com maior sistematicidade. É o que veremos a seguir.

CAPÍTULO VII

Aspectos qualificantes do movimento catequético brasileiro

Ao concluir este longo itinerário sobre o desenrolar dos vários momentos do MCB, vamos, neste último capítulo, fazer uma abordagem diferente: é o momento de analisar alguns de seus elementos fundamentais, isto é, traçar aqueles elementos que qualificam o MCB e lhe dão sustentação. Trata-se de uma tentativa de síntese teológico-pastoral no sentido de determinar as linhas portantes da catequese tal como é vivida no Brasil, até a publicação de CR: é um olhar em profundidade para a face da catequese brasileira e concluindo traçado de sua identidade.

Escolhemos 5 pontos ao redor dos quais podemos enuclear e sistematizar as opções teológico-pastorais de fundo. São concepções que em geral estão na base de qualquer projeto catequético. No MCB elas recebem uma leitura particular, são consideradas sob uma perspectiva própria ou mesmo recebem acentuações diferentes, a ponto de caracterizar o MCB e diferenciá-lo de outros enfoques catequéticos. Assim, pensamos poder concluir o traçado da fisionomia da catequese brasileira a partir de suas características e opções fundamentais.

O primeiro elemento importante é a concepção de *Revelação* que subjaz ao arcabouço catequético brasileiro; de fato, sabemos que o modo como concebemos a Revelação, a partir da *DV*, tanto em seu processo de transmissão como em suas dimensões, determinam fundamentalmente o modelo catequético. Ligada a essa questão teológica, está a consideração sobre a *Bíblia*: o que ela representa no processo catequético, qual é o seu lugar na educação da fé? A terceira questão teológica determinante na concepção de catequese é a *visão eclesiológica:* se a catequese pretende educar para fé da Igreja e na Igreja, qual é o modelo de Igreja que é assumido no Movimento Catequético? O título que demos a ele já é uma pista de resposta: a dimensão comunitária da catequese. É o lugar próprio também para dizer uma palavra sobre as pequenas comunidades eclesiais e sua dimensão catequizadora.

O quarto elemento, de natureza teológico-pastoral, e que caracteriza sobremaneira o projeto catequético brasileiro, é o *princípio metodológico da interação fé e vida* na comunidade. É um lema que bem caracteriza a Igreja, e consequentemente, a catequese brasileira. O atualíssimo tema da *inculturação da mensagem evangélica* encontra aqui o seu lugar privilegiado de abordagem. Por fim, um tema que é mais pastoral que propriamente teológico é o da *pessoa do catequista*. Qual a natureza de seu ministério? Quais são as linhas fundamentais de sua formação? Neste ponto preferimos colocar também a apresentação de algumas típicas escolas catequéticas, concluindo esta longa caminhada.

Mesmo que este capítulo final tenha caráter mais sistemático que analítico, é inevitável que, ao abordar alguns temas na perspectiva do *Movimento Catequético Brasileiro* se tenha que retornar a aspectos históricos, justamente para situá-los na dinâmica evolutiva dos temas tratados. Assim por exemplo, é diferente considerar o tema da *Bíblia e Catequese* na fase doutrinal do MCB, ou na sucessiva renovação querigmática e, mais ainda, em sua perspectiva de *leitura popular da Bíblia* característica da *CR*.

1. A REVELAÇÃO E A CATEQUESE RENOVADA

1.1 A Constituição *Dei Verbum* sobre a Revelação Divina

O Movimento Catequético Brasileiro, como vimos, teve grande impulso com a renovação provocada na Igreja mesmo antes do Vaticano II[1]. De todos os documentos conciliares, o que mais provocou mudanças na pastoral em geral e na catequese em especial foi certamente a Constituição *Dei Verbum* (*DV*) sobre a divina Revelação. Nascido de um parto doloroso, através de longos debates durante as sessões do Concílio, e seus intervalos, resultou ao final uma sólida e madura síntese, mas que, infelizmente, ainda não foi muito assimilada[2]. A *Dei Verbum* é a base do documento *CR* e tal influência não foi somente implícita, como a maioria dos outros documentos, mas também explícita, tendo em vista as discussões que o tema da Revela-

1 Na verdade, a renovação bíblica no Brasil começou bem antes do Vaticano II, em 1946. Para outros dados, cf. o título *2.1.1 A renovação bíblica no movimento querigmático*, mais à frente.

2 Cf. Alberto ANTONIAZZI, *Revelação e Catequese in RdeC* 6 (1983), nº 26, p. 22. O autor é de opinião que nem mesmo *Puebla* o utilizou adequadamente.

ção suscitou por ocasião da confecção de *CR*[3], sinal de que existem diversos pontos de vista a respeito.

Nenhum outro documento eclesial apresentou de maneira tão profunda e concreta o tema da Revelação Divina como a *DV*. Superando visões apologéticas ou especulativas sobre a Revelação, esste documento conciliar a apresenta numa perspectiva histórica, existencial, cristocêntrica, dialogal, e, por isso, em chave comunitário-personalista. Assim, conforme o Concílio, a Revelação é a *Palavra de Deus* que se revela a Si Mesmo e mostra seu mistério e seu plano de salvação para a humanidade. A Palavra de Deus que o revela não mais é vista só em seu sentido noético-conceitual (palavra que simplesmente traduz um conceito), mas principalmente em seu sentido histórico como evento, acontecimento, fato histórico. Ela tem sua antecipação na Revelação de Deus através das coisas criadas, começa a se manifestar nos profetas e tem sua plenitude na pessoa de Cristo Jesus. A Revelação faz um apelo à fé, ou seja, confiança total da pessoa humana a Deus (abordagem diferente do Concílio Vaticano I). O processo da Revelação comporta uma tradição oral e escrita; solicita também uma contínua compreensão da Palavra Divina por parte da comunidade, sob a guia dos Pastores da Igreja, que se constitui, ao longo da História, sua memória viva. Estas são, em grandes linhas, a compreensão de *Revelação* na *DV*[4].

1.2 A *Dei Verbum* no Movimento Catequético Brasileiro

Desde que a *DV* foi promulgada, suas novas perspectivas começaram imediatamente a circular no Brasil[5]. Em geral nos cursos dos ISPACs as

3 O próprio documento *CR* diz: "O nosso texto se baseia sobre a constituição *Dei Verbum* do Vaticano II. Não é possível aqui retomar todo seu texto. Aconselhamos, porém, aos catequistas seu estudo com a ajuda de pessoas competentes" *CR* 35, nota.

4 Cf. Donato VALENTINI, *Rivelazione in* Joseph Gevaert (Ed.), *Dizionario di Catechetica*, Leumann (Torino): Elle Di Ci, 1986, p. 550.

5 Veja-se, por exemplo, CNBB, *Esquema pastoral de catequese e educação: elementos para a reflexão*, Rio de Janeiro, 1964, cópia mimeografada *in D 04016* BiblINP. É subsídio para a reunião da Comissão Central da CNBB com os Presidentes das Comissões Episcopais e os Secretários Regionais. Cf. *CM* (1964), nº 141, p. 1-3, onde já se fazia uma reflexão sobre a catequese como ministério da Palavra. No seminário sobre *Evangelização* em 5-15/12/1966, Belo Horizonte, encontramos o texto de Carlos ADAMATTI, uma séria *Teologia da Palavra de Deus: reflexões teológicas sobre o novo espírito conciliar de Revelação*, Belo Horizonte: Secretariado Regional Leste 2, 4 p., mimeografado; a mesma coisa encontramos no encontro de catequese em Diamantino (MT), ministrado por Darcy CORDEIRO, *Curso de Renovação Catequética*, 1967, cópia mimeografada *in D 08868* BiblINP, 28 p. (de interesse para este tema são as p. 13-15). Pode-se ver ainda o texto de Kleber Garcia CAMPOS, *Bíblia e Catequese*, Rio de Janeiro, 1969, cópia mimeografada, *in D 12174* BiblINP.

perspectivas conciliares foram já tratadas mesmo antes da publicação dos documentos, através do contato que seus professores tinham com a teologia que precedeu e preparou o Concílio[6]. Num de seus cursos o então Pe. Hugo Assmann trata da estrutura dialogal da fé, como uma relação eu-tu e uma entrega pessoal, afirmando que "na revisão da catequese esta ideia já se tornou dominante"[7]. Também o *Secretariado Nacional de Catequese*, no início da renovação catequética brasileira em 1965, colocava entre seus primeiros objetivos, justamente "destacar a importância do *ministério da palavra* na edificação da Igreja após o Vaticano II e manifestar a originalidade da fé"[8]. No *Encontro Nacional do Rio de Janeiro* em 1968 estiveram muito presentes as concepções da *DV* como fundamento da reviravolta catequética acontecida naquela ocasião[9]. Na *preparação ao Sínodo de 1977* a contribuição de um dos regionais da CNBB critica o instrumento de trabalho sinodal por falta de clareza nas relações que existem entre Escritura, Tradição e Magistério[10].

Porém a discussão mais profunda em torno do tema Revelação veio por ocasião da confecção de *CR*. Os dois *Instrumentos de Trabalho* (*OCC* e *OCR*) que a precederam tentaram aplicar os grandes postulados da *DV* à catequese. Entretanto, apesar do esforço realizado, nem sempre conseguiram expressar claramente os princípios e suas consequências. Houve, como mostramos no cap. VI), reações de vários tipos e dificuldades em aceitar posições tão avançadas dentro da catequese. Já tivemos oportunidade de abordar tais polêmicas. Vamos aqui retomar alguns pontos da questão.

---

6 Exemplos: *Curso de Teologia Pastoral: Igreja e Palavra* do Pe. Hugo Paiva *in D 17914* BiblINP (tradução das obras de R. Latourelle de 1962); H. ASSMANN, *Fé e Promoção humana, in* SNAC, *Encontro Nacional de Catequese*, Rio de Janeiro 1-5 de julho de 1968, cópia mimeografadas *in D 01651* BibINP, p. 1-11; ID., *A concepção de Deus e da Fé: perspectivas de reflexão teológico-pastoral*, Belo Horizonte e Porto Alegre, 1966, cópia mimeografada, *in D 03322* BiblINP, 12 p.; ID., *O mistério da Igreja, o Povo de Deus*, Rio de Janeiro, 1966, cópia mimeografada, *in D 02054* BiblINP, 5 p.; ID., *Pessoa, fé, aliança*, Porto Alegre, 1965, cópia mimeografada, *in D 03323* BibINP, 6 p.

7 H. ASSMANN, *Pessoa, fé, aliança*, Porto Alegre, 1965, cópia mimeografada, *in D 03323* BibINP, p. 5.

8 José COSTA CAMPOS, *Relatório do Secretariado de Catequese in SEDOC* 3 (1971), p. 1368. O relatório é de 1971, mas reflete as decisões de 1965.

9 Cf. *Conclusões do Seminário de Estudos sobre Renovação Catequética* [Rio de Janeiro, 1968] *in SEDOC* 7 (1966), p. 989-990, principalmente os n°s II.1- 6 a II. 2-3, onde se aborda o tema da *dimensão pessoal e eclesial da fé.*

10 BISPOS DO RIO DE JANEIRO, *Preparação para o Sínodo de 1977*, Rio de Janeiro, 1977, datilografado, cópia nos arquivos da *Linha 3* em Brasília, p. 3, n° 7.

1.3 Questões em torno da Revelação Divina

Houve resistência em aceitar a *dimensão histórica da Revelação* e consequentemente a dificuldade em admitir que através dos fatos e acontecimentos de hoje a catequese poderia também fazer ressoar a Palavra de Deus. Quando o *Instrumento de Trabalho OCC* faz referência à *DV* dizendo que "a Revelação na Bíblia, realiza-se principal e definitivamente numa Pessoa Viva: Cristo Revelador, por fatos e Palavras"[11], criticou-se dizendo que aí não está o essencial do Documento Conciliar que seria: "o objetivo único, total das palavras e obras de Jesus Cristo é a Autorrevelação do mistério de Deus Uno e Trino que supera toda capacidade da mente humana. Mistério inefável, revelado aos homens por e em Cristo Jesus"[12]. Ou seja, este outro ponto de vista tenta voltar ao conceito especulativo de Revelação do Vaticano I, relevando o aspecto doutrinal, conceitual, abstrato, de um mistério que a mente humana não pode alcançar! Assim, a dimensões eclesial, comunitária, pessoal... ficam comprometidas.

Igualmente quando se falou do processo da *Revelação dentro e através da experiência humana*, não só do povo de Israel e da comunidade cristã primitiva, mas também através das experiências concretas de hoje, os opositores dessa perspectiva falam logo do perigo de alguém entender que a Revelação continua hoje nos acontecimentos do dia a dia[13]. Ainda neste sentido foi contestado o uso da categoria *analogia*, para estabelecer um paralelo entre Revelação e Catequese. Os críticos afirmam que o Instrumento de Trabalho *OCC*, ao expor o método da correlação ou interação entre os dois componentes da Palavra de Deus, isto é, vivência e formulações da fé, omite o conteúdo principal da catequese, ou seja: Jesus Cristo, Igreja e a Pessoa Humana, e confunde-se o essencial e objetivo (as verdades da fé) com o subjetivo e acidental (vivência histórica, situação atual, vida da comunidade)[14]. Além do mais, fazem notar o acentuado perigo de relativizar-se o próprio conceito de Revelação, como algo que estaria em aberto indefinidamente[15].

---

11 CNBB, *OCC* 35.

12 ARQUIDIOCESE DE SÃO SEBASTIÃO DO RIO DE JANEIRO, *Considerações sobre o Instrumento de Trabalho "OCC"*, Rio de Janeiro, 1981, mimeografado, cópia fotocopiada nos arquivos da CNBB, p. 2.

13 *Ibid.*, p. 2. Mais na frente diz: "o texto não afirma claramente uma heresia, mas poderá induzir muitos a diversas e graves aberrações". *Ibid.*, p. 3.

14 *Ibid.*, p. 4-5.

15 BISPOS DO RIO DE JANEIRO, *Preparação para o Sínodo de 1977*, Rio de Janeiro, 1977, datilografado (cópia nos arquivos da *Linha 3* em Brasília), p. 3, nº 8.

Sobre o modo como Deus continua falando hoje a argumentação (já citada) dos críticos às posições do documento da catequese é categórica:

> Cristo está presente em Sua Igreja, continua a falar-lhe, mas, explicitando a Mensagem através do Magistério e, em revelações particulares aprovadas pelo Magistério. A Revelação terminou com o Apocalipse (*DV* 4; *EN* 25). Nos documentos pontifícios o Magistério explícita os Ensinamentos de Cristo, aplicando-os às realidades contemporâneas. Nada mais é acrescentado à Revelação[16].

Tal ponto de vista se baseia numa concepção de História da Salvação restrita à História Bíblica e não continuada na História da Igreja e da Humanidade; defendem que Jesus Cristo, que está no centro desta História, só fala através da Tradição-Bíblia e que a Tradição só tem valor na voz do Magistério. Assim, realmente ficava difícil admitir que Deus fala também ainda hoje através dos acontecimentos e, muito mais difícil ainda, admitir as situações históricas como conteúdo da catequese, como havia afirmado *Medellín*. Uma Revelação assim concebida como algo que caiu do céu, sem relação com a história e a experiência da humanidade, tinha a tendência de reduzir a catequese a uma simples *transmissão de verdades reveladas*.

1.4 A Revelação no Documento *Catequese Renovada*

Entretanto, a redação final do documento *CR*, procurando aprimorar as formulações anteriores, apresenta a *Revelação* como uma realidade concreta, existencial, atual, histórica, dinâmica, interpessoal e social:

> Deus não quis e não quer [verbo no presente!] comunicar aos homens apenas alguma verdade ou alguma lei. Ele quer comunicar a Si Mesmo, sua presença, seu amor. Deus não quer fazer isso separando as pessoas, mas unindo-as. Deus quis "santificar e salvar os homens não isoladamente, sem nenhuma conexão uns com os outros, mas constituí-los num povo, que o conhecesse e o servisse santamente" (*LG* 9). Mesmo quando Deus se revela através de um profeta, é sempre ao povo que se dirige; e é sempre numa ligação vital com a comunidade que a pessoa é chamada e chega à fé em Deus[17].

16 ARQUIDIOCESE DE SÃO SEBASTIÃO DO RIO DE JANEIRO, *Considerações sobre o IT "OCC"*, p. 7. Os assessores da *Linha 3* respondem dizendo que na *DV* 4 não se afirma que com o Apocalipse a Revelação terminou, mas que "já não há que esperar nenhuma *Revelação pública* antes da gloriosa manifestação de Nosso Senhor Jesus Cristo", após recordar que "Jesus Cristo [...] enviando finalmente o Espírito de Verdade, aperfeiçoa e completa a Revelação e a confirma com o testemunho divino que Deus está conosco". *Observações a respeito das "Considerações sobre o Instrumento de Trabalho" da Arquidiocese do Rio de Janeiro*, datilografado, sem autor nem data, nos arquivos da *Linha 3*, p. 2, nº 7.

17 *CR* 37-38.

Ao longo de todo o texto[18] a Revelação aparece em suas características principais conforme a *DV*: um encontro de caráter interpessoal, mas sem cair no personalismo, pois ela possui também um caráter sócio comunitário; a linguagem que Deus usa para Se comunicar conosco possui um duplo elemento: as palavras e os gestos ou acontecimentos que se completam mutuamente e formam a única Palavra de Deus (conceito de *dâbar*); a Revelação de Deus se realiza a partir e dentro da experiência humana e não fora dela; tais experiências de Deus são conservadas oralmente, transmitidas e enriquecidas de geração em geração e depois postas por escrito na *Bíblia*; esta, não faz teorias sobre a Revelação e a Ação divina, mas conta fatos, sobretudo. O centro e plenitude da Revelação é a Pessoa de Jesus Cristo; Ele revela o Pai também através de palavras e fatos, entre os quais sobressaem sua Paixão, Morte e Ressurreição.

Em Cristo Jesus, Deus revelou tudo à humanidade quanto à salvação: já não precisamos esperar nada de novo. Mas pela ação do Espírito Santo, enviado por Ele, Jesus Cristo torna-se contemporâneo de cada homem e, assim, Deus continua mantendo *permanente diálogo* com a comunidade cristã fazendo ressoar (catequese!) na Igreja e no mundo a voz viva do Evangelho. Por isso, a experiência do Espírito na comunidade cristã é inseparável da memória de Jesus; entretanto a ação do Espírito não está voltada só para o passado, mas também para o presente e o futuro, fazendo progredir a compreensão "tanto das realidades como das palavras" confiadas à Igreja. Esta Igreja é a comunidade viva que Jesus deixou. Nesta comunidade (*koinonia*), se conservam as palavras de Jesus (*kérigma*), os sacramentos, a oração que ele ensinou (*liturgia*), as diversas manifestações da fé e da caridade cristã que originam diferentes modelos de santidade e de transformação cristã da civilização e da cultura (*diakonia*).

Como vemos *CR* assume a Teologia da Palavra de Deus exarada na *DV* aplicando-a à catequese; tal inspiração teológica faz emergir um novo rosto da catequese, considerada como Ministério da Palavra: expressão de Deus que quer Se revelar e Se doar aos homens, portadora do poder e da força transformadora da Palavra de Deus, realizada sob a ação do Espírito Santo, comunicação profundamente pessoal transmitida particularmente dentro de uma comunidade e não a pessoas em particular, palavra, enfim, que transforma e liberta[19].

---

18 Principalmente nos nºs 30-75, que a seguir resumiremos sem citações; cf. também nºs 175-176.

19 O estudo das dimensões da *Palavra de Deus e suas consequências* para a catequese conforme a *DV* foi bem aprofundado por E. ALBERICH, *A catequese na Igreja de hoje*, São Paulo: Editora Salesiana D. Bosco, 1983, p. 58-77; na segunda edição italiana: *La catechesi della Chiesa*, Leumann (Torino): LDC, 1992, p. 58-75. Na 2ª edição brasileira (*Catequese evangelizadora. Manual de cate-*

Sempre seguindo a *DV* o Documento *CR* apresenta a Tradição, Bíblia e Magistério intimamente relacionados entre si. A Bíblia recolhe por escrito parte da Tradição, forma com ela um todo e juntamente com ela forma a suprema regra da fé da Igreja. Conservar a Tradição e a Escritura, através da vivência e do testemunho da fé, é tarefa de todos na Igreja; mas a interpretação autêntica da Tradição e Escritura está confiada ao Magistério da Igreja, que, assim, está a serviço (e não acima) da Tradição e Escritura.

1.5 A Revelação Divina como uma caminhada

Aqui, pretendemos ilustrar o conceito, tão usado no Movimento Catequético, particularmente após o Concílio: *caminhada da Igreja, caminhada da comunidade*. De fato, para traduzir a riqueza das dimensões da Palavra de Deus acima descritas o documento *CR* usa uma expressão bem catequética e brasileira: o conceito de *caminhada*: "A Revelação de Deus é mais um *processo*, uma *caminhada*, do que um *ato* realizado imediatamente de uma vez" (*CR* 19; cf. p. 40).

1.5.1 O conceito de caminhada

O criativo conceito de *caminhada*[20], muito típico na língua portuguesa, quer significar o caráter dinâmico da vivência da fé; a essência da fé, conforme a própria visão da *DV*, não consiste numa adesão intelectual ao mistério de Deus, mas acima de tudo numa adesão à pessoa de Jesus Cristo e no seu seguimento, pensamento tão relevado por Bento XVI. O documento *CR*, com base em base *Jo.* 14, 6 e *At.* 9, 2 e outros, acentua tal dimensão do seguimento como *caminho, caminhada:*

> Acolher a Palavra, aceitar Deus na própria vida, é dom da fé. Ele exige, porém, certas condições por parte do homem. Elas podem ser resumidas

---

quética fundamental em 2004), p. 103-151, com bibliografia atualizada. Como já dito, as reflexões e propostas desse autor, no que se refere à Teologia da Palavra, estão presentes no Documento *CR*.

20 Num documento sem data, que certamente é do imediato pós-Concílio, deixa entrever que o uso dessa palavra no Brasil foi quase uma tradução do francês (a quem a catequese do Brasil estava muito ligada) *demarche*. Assim se expressa: "A pedagogia [na perspectiva da catequese antropológica] é pensada em função de um sujeito determinado e não de um método *a priori* para todos os sujeitos. Aqui também é preciso maleabilidade. É o sujeito [destinatário] que deve ditar ao catequista os métodos que ele deve seguir. Aqui ainda a palavra método lembra algo de passivo e extrínseco ao sujeito e é preciso substituí-la por outras: caminho, movimento, pista, *demarche*, que são evocadoras de um movimento pessoal, de um dinamismo". *História da Catequese no Brasil*, s/a, s/d, cópia mimeografada *in D 15933* BiblINP, p. 3, III. 3 (provavelmente o autor seja o Pe. Ralfy M. de Oliveira que fez palestra com esse teor para o episcopado). Neste texto a *caminhada* é compreendida ainda em seu aspecto individual, o que já foi um grande avanço; entretanto, ela irá evoluir logo em seguida para um sentido mais social, onde predominará a expressão *caminhada da comunidade*.

com duas palavras evangélicas: *conversão e seguimento*. A fé é como uma *caminhada*. Mais exatamente: é seguir o *caminho de Jesus*. O que os discípulos fizeram pelos caminhos da Galileia e da Judeia até a Cruz, acompanhando fisicamente Jesus e comungando sempre mais de sua vida e de seu ideal, deve ser refeito hoje, em nosso meio. É o programa que nos propõem os Evangelhos[21].

E é justamente desta perspectiva do *seguimento de Cristo* que surge o conceito de *caminhada*: uma vivência da fé que se traduz em gestos e atitudes ao longo da vida, ao longo do caminho. Talvez se poderia fazer um paralelo com a dimensão experiencial da fé; porém, o conceito de *caminhada* oferece uma compreensão muito mais aderente à realidade, muito mais concreto e vital do que o de *experiência*[22], se bem que a palavra em alemão *Erfharung* (experiência) possua dentro de si a conotação de caminhada (*fahr*). Note-se ainda que este conceito de *caminhada* ou *seguimento* é uma expressão brasileira que quer traduzir a mais usada: o *discipulado* de Cristo. A finalidade da catequese, na perspectiva da Revelação, é justamente esse discipulado permanente (seguimento) de Cristo, não só profundamente pessoal, mas também dentro de uma comunidade eclesial situada num determinado momento histórico[23], como muito bem acentua *CR* 64. Esse discipulado leva necessariamente à missionaridade: todo discípulo de Jesus está a serviço dos outros e tem a missão de pregar o Evangelho (cf. *CR* 66).

1.5.2 A caminhada da comunidade como conteúdo da catequese

Estamos analisando o desenvolvimento do tema da Revelação concebido em seu dinamismo histórico como uma caminhada. Tal concepção, particularmente a caminhada da comunidade, tornou-se um dos pontos centrais da *CR*. De fato, a proposta de *CR*, desenvolvida particularmente na quarta parte, é de que a caminha da comunidade faz parte do conteúdo da catequese. E a esse respeito, como vimos, houve acaloradas discussões.

Alguns entendiam esta *caminhada da comunidade* somente como problemas sócio-político-econômicos; outros combatendo essa perspectiva,

---

21 *CR* 64. Este número ficaria mais bem colocado logo após o nº 51, quando se fala do Mistério de Cristo, pois não há compreensão (vital) desse Mistério, se não houver adesão, seguimento, discipulado.

22 Na margem ou "orelha" do nº 248, *CR* apresenta a "Fé como EXPERIÊNCIA de Deus nos acontecimentos e nas pessoas"

23 Cf. *CR* 65; D. VALENTINI, *Rivelazione*, p. 552.

tinham em mente resgatar a doutrina como conteúdo central da catequese. Porém, quando *CR* fala em caminhada da comunidade de fé, caminhada da Igreja, tem-se por objetivo a tradução viva do Evangelho na vida concreta do dia a dia. E é neste sentido que o Documento quer entender a *caminhada* da comunidade como conteúdo da catequese. É o elemento que, ao lado da reflexão ou das formulações da fé, constitui o verdadeiro conteúdo da catequese.

Já o instrumento de trabalho *OCC* mostrava, de uma maneira clara, que este modelo de interação entre vida e fórmulas da fé se baseia na Revelação divina, particularmente na pedagogia de Jesus:

> Admiravelmente, Jesus, em sua "catequese", mostrou a presença da Palavra de Deus na experiência dos homens, mesmo nos fatos aparentemente mais simples da vida (por exemplo, nas parábolas, no fato da Samaritana, de Emaús, etc.). A Revelação divina, assim como é consignada na Bíblia, é toda feita por uma íntima associação de acontecimentos e palavras, experiências de vida e explicitações da reflexão sobre essas experiências. Por isso, relembramos, como fundamento do "modelo de interação", a analogia entre Revelação e Catequese[24].

A caminhada da comunidade é um processo vivo. Quanto mais se caminha, mais se aprende a caminhar, mesmo que não haja aquele elemento "ordenado e progressivo", próprio do ensino intelectual, característico da catequese. Aprende-se e ensina-se a amar, amando; a pensar, pensando; a falar, falando; a redigir, redigindo; a rezar, rezando; a viver cristãmente, vivendo cristãmente. Se se exclui a caminhada da comunidade como conteúdo da catequese, cai-se inevitavelmente no modelo doutrinário. Entretanto, os formuladores deste modelo de interação não rejeitam absolutamente o elemento doutrinal; a catequese não se situa na alternativa "anúncio da mensagem" ou "experiência de vida cristã", mas na junção, ou interação, dos dois elementos: anúncio da mensagem na experiência de vida cristã[25].

---

24 CNBB, *OCC* 42. Pode-se ver, neste texto, a aplicação da doutrina sobre a dimensão experiencial da Palavra de Deus, baseada na *DV* e suas consequências para a catequese conforme é apresentado por E. ALBERICH, *A catequese na Igreja de hoje*, p. 77-87; na segunda brasileira: p. 144-154; na segunda edição italiana: *La catechesi della Chiesa*, p. 58-89.

25 Cf. W. GRUEN, [Resposta à questão] *A Caminhada da Comunidade, em vez de conteúdo, não deveria ser considerada consequência da catequese?* Cópia mimeografada nos arquivos do autor. O mesmo Pe. Gruen afirma aí que este modelo de interação é baseado na *teologia da Revelação*, na *eclesiologia*, na *teoria da linguagem* e na *história lida na Bíblia*.

Por fim: é ainda neste sentido rico e abrangente de interação entre fé e vida dentro da caminhada da comunidade, que devemos entender aquela expressão do Sínodo de 1977 e que foi fortemente assimilado por *CR*: a comunidade é fonte, lugar e meta da catequese[26].

1.5.3 O perigo do antropocentrismo

Uma objeção séria à inclusão da caminhada da comunidade no conteúdo da catequese seria o perigo de *antropocentrismo*. O documento da *Semana Internacional de Medellín* já havia afirmado, nas trilhas da *Gaudium et Spes*, a existência de uma profunda unidade entre os valores humanos e a relação com Deus, o projeto de humanidade e o projeto salvífico de Deus que se realiza em Cristo, comunidade humana e Igreja, história humana e história da salvação, experiência do homem e a ação reveladora de Deus. Exclui, pois toda dicotomia e dualismo, mas também toda confusão e identificação simplista, afirmando que a catequese vive em permanente tensão entre continuidade e ruptura[27].

O Pe. W. Gruen, respondendo à objeção de perigo de antropocentrismo, afirma que o antropocentrismo da nossa catequese é profundamente cristão, no sentido de que "o mistério do homem só se torna claro verdadeiramente no mistério do Verbo Encarnado" (cf. *GS* 22), ou seja: o interesse é antropocêntrico, mas a abordagem é ao mesmo tempo cristocêntrica: a catequese anuncia Cristo, centro da vida do homem, conforme se professa no *Credo*: "que por nós homens e por nossa salvação desceu dos céus" (*propter homines*). Depois da Encarnação do Verbo, cristocentrismo e antropocentrismo podem e devem estar indissoluvelmente unidos. Portanto, mais uma vez, não se deve falar em oposição, mas interação dos dois elementos[28]. Sempre gostei de afirmar: a catequese é *cristocêntrica* com forte dimensão *antropológica*.

---

26 *Proposição nº 25* do Sínodo de 1977.

27 Cf. *Orientações Gerais da Semana Internacional de Catequese* nº 12, *in REB* 28 (1968), p. 645. N. G. TOLENTINO faz notar que ao tratar da catequese o documento da Conferência Episcopal Latino-Americana de Medellín (1968) enfraquece um pouco o colorido antropológico da expressão, justamente por receio de um certo antropocentrismo: cf. ID., *A renovação da Catequese no Brasil*, texto integral da tese, p. 92.

28 Cf. W. GRUEN, [Resposta à questão] *Incluindo-se a caminhada da comunidade no conteúdo, a catequese não corre o perigo de tornar-se antropocêntrica em vez de cristocêntrica?*, fotocópia nos arquivos do autor, p. 1. Continua ainda citando Karl Rahner: "a cristologia é o início e o fim da antropologia; e esta antropologia na sua realização mais radical, a cristologia, é em eterna teologia". ID., *Teologia dell'incarnazione in Saggi di Cristologia e Mariologia*, Roma-Firenze, Edizione Paoline, 1965, p. 115.

O perigo de antropocentrismo horizontalista permanece sempre, e todo o cuidado em evitá-lo é pouco. Entretanto, considerar única causa desse perigo a *caminhada da comunidade*, as situações da vida, as experiências vitais como conteúdo da catequese, seria uma visão extremamente unilateral. De fato, constitui-se igualmente em perigo de dualismo o fato de considerar a caminhada da comunidade sem a explicitação da Mensagem, como também o contrário, realizar o anúncio da Mensagem fora da caminhada, da vida da comunidade, à margem dela.

Esta última tentação, na qual muitas vezes incorreu também o modelo doutrinal de catequese, possui um cristocentrismo apenas aparente ou formal, pois Jesus Cristo frequentemente acabou se transformando num sistema intelectual, ideológico, sem raízes na vivência, enfim, um Jesus Cristo que não é a Boa Nova de salvação do Evangelho. O cristocentrismo verdadeiro é aquele que é efetivo, ou seja, que consegue testemunhar e transmitir o Evangelho como acontecimento significativo para a existência humana[29]. Uma vez chegado à experiência viva de Jesus Cristo, é muito bem vinda a *doutrina*, para aclarar, aprofundar, mergulhar no mistério do Filho de Deus, feito homem.

2. A BÍBLIA NA CATEQUESE RENOVADA

Tão importante como o tema da Revelação é o da *Bíblia e Catequese*, porém menos complexo e polêmico, pois não envolve as questões teológicas que aquele tema traz em seu bojo. Trata-se de uma questão que envolve sim uma concepção teológica definida, porém, a abordagem da Bíblia na catequese é tratada mais em âmbito pastoral. O Documento *CR* se caracteriza, sem dúvida, por uma presença marcante e significativa da Bíblia, chamada *livro da fé* e *livro por excelência da catequese* (*CR* 154, 175-176).

2.1 A Bíblia no Movimento Catequético

A valorização da Bíblia no MCB começou ainda no tempo da catequese doutrinal. Como em todos os lugares, este modelo doutrinal de catequese valorizava a Sagrada Escritura como fundamentação da doutrina que os catecismos expunham. Invocava-se a autoridade da Palavra de Deus para atestar a veracidade das formulações doutrinais da fé que tinham a precedência sobre as outras dimensões da catequese. Isso está muito claro nas

29 Cf. W. GRUEN, [Resposta à questão] *Incluindo-se a caminhada da comunidade...*, p. 2.

notas bíblicas que o *Catecismo de Trento* ou *Romano,* chama para confirmar a proposição doutrinal... na verdade, seria o inverso: dos textos bíblicos deveria vir em primeiro lugar, em seguida, a doutrina...

2.1.1 *A renovação bíblica no* movimento querigmático

Sob o influxo do movimento e renovação bíblicos, a catequese aos poucos foi também considerando a Palavra de Deus como um seu elemento fundamental. Porém, a valorização definitiva da Bíblia como tema central da catequese veio com o *movimento querigmático,* cujo método consistia justamente em basear a educação da fé diretamente nas grandes fontes da vida cristã: a Palavra de Deus e a Liturgia. No Brasil, através da renovação levada a cabo pelo Pe. Álvaro Negromonte encontramos bem acentuada essa perspectiva bíblica da catequese[30].

Como fruto do movimento bíblico no Brasil realizou-se a "Primeira Semana Bíblica Nacional", em 1947, reunindo 40 biblistas, a maioria formada no Pontifício Instituto Bíblico em Roma. Foi fundada a *Liga de Estudos Bíblicos* (*LEB,* que em hebraico significa *coração*). Ela publicou a primeira edição brasileira da Bíblia traduzida diretamente dos originais na década de 60. Por iniciativa do Pe. Antônio Charbel, salesiano, professor de exegese no Instituto Teológico Pio XI, e um dos fundadores da *LEB,* foi instituído em todo o Brasil o *Domingo da Bíblia*; ele passou a fazer parte do calendário litúrgico nacional. Seu sucesso foi tanto que na 10ª Semana Bíblica Nacional, realizada em 1974, decidiu-se transformar o "Domingo da Bíblia" no "Mês da Bíblia", ao longo de todo o mês de setembro.

A organização das celebrações do mês da Bíblia no mês de setembro, próximo à festa de São Jerônimo, foi adquirindo sempre maior amplitude e consistência, sob a liderança da *Linha 3,* adquirindo uma dimensão catequética sempre maior. Já no Movimento Bíblico-Catequético mais recente, organizou-se em Belo Horizonte o Serviço de Animação Bíblica (SAB) com a finalidade de organizar e animar o mês da Bíblia. Durante as comemorações da fundação do SAB não foi devidamente valorizado a LEB em sua importante e fundamental história, pois se disse que o Movimento bíblico no Brasil teria começado depois do Vaticano II, quando na verdade, começou bem depois, como vimos[31].

30 Cf., por exemplo, Á. NEGROMONTE, *A Bíblia no ensino religioso in RC* 9 (1957), nº 59, p. 12-14; C. RENARD, *A bíblia nas mãos do povo cristão in RC* 3 (1952), nº 25, p. 6-14.

31 Cf. Zuleica SILVANO, fsp *in* https://www.youtube.com/watch?v=guFjuFTiPQ0 = SAB-paulinas. Acessado em: 15 jan. 2024. O vídeo é de 10 anos antes, 2014.

O Frei Carlos Mesters esteve à frente do *Centro Ecumênico de Estudos Bíblicos* (CEBI) que publicava a revista *Por trás das Palavras*. Ela esteve e ainda subsiste a serviço da leitura popular da Bíblia, com uma grande atuação em todo território nacional[32].

O alarmante fenômeno da expansão das seitas já na década e 50 e a escassez do clero, como vimos, ao falar dos catequistas populares, fez com que muitos bispos e padres confiassem aos leigos a missão de formar grupos entre as classes populares para levar a Palavra de Deus e "falar em nome dos bispos e padres", confiando-lhes a celebração da Palavra e, às vezes, até administração de paróquias a religiosas. Este fato, unido à difusão da Bíblia em língua vulgar e à instituição das semanas bíblicas populares fez com que se estabelecesse um contato mais direto entre o povo mais simples e a Bíblia[33]. E aqui também está uma das raízes da grande instituição pastoral da Igreja no Brasil, conhecida como *Comunidades Eclesiais de Base* (*CEBs*).

Outros fatores contribuíram para o florescimento da Bíblia em nosso meio: na renovação litúrgica e nas celebrações da Palavra, aos poucos, o povo mais simples encontrou um espaço propício para ouvir e interpretar a Bíblia a partir de sua vida concreta. Também entra em jogo um fator histórico: o período militar no Brasil, iniciado com o golpe de Estado em 1964 e recrudescido em 1968 com repressivas leis de exceção, foi particularmente difícil para os pobres, os iletrados, os excluídos, cada vez mais colocados à

---

32 Cf. B. CANSI, *A catequese no Brasil 1992-1993*, Brasília, 1993 [relatório para o encontro do CELAM-DECAT de 15 a 18 de março de 1993 em Montevidéu, mimeografado], p. 13. Aí o Pe. W. GRUEN fez a seguinte avaliação do CEBI: "Trata-se de uma verdadeira rede de serviços às bases populares, para que elas possam cada vez melhor ouvir a Palavra de Deus em sua caminhada, com a ajuda da Bíblia. É uma organização ágil, flexível, participada, tipicamente popular e provida de assessorias competentes, inseridas, dedicadas. O CEBI tem mostrado especial sensibilidade para perceber o que o Espírito Santo fala e faz nas bases e, depois, sistematizar e organizar estas experiências. Pode assim oferecer orientação profunda para a metodologia da leitura bíblica". ID., *Bíblia e Catequese in RdeC* 10 (1987), nº 37, p. 23-24. Além desses centros maiores de animação, podemos citar também o *Centro Bíblico de Belo Horizonte* (coordenado pelo Pe. Alberto Antoniazzi e que publicava *Bíblia Gente*), os setores bíblicos das edições Paulinas e Vozes, o Curso Bíblico por correspondência, de dom E. Bettencourt no Rio de Janeiro, e o programa televisivo diário Palavra-Vida. Sobre a revista *Por traz das palavras,* cf. https://cebi.org.br/noticias/assembleia-2024/.

33 Cf. Carlos MESTERS, *"Ascoltare ciò che lo Spirito dice alle chiese": l'interpretazione popolare della Bibbia in Brasile in Concilium* 27 (1991), 125: as ideias expostas neste artigo são uma síntese mais bem elaborada do que o autor já havia publicado em outros escritos, como *El problema central en la interpretación de la Biblia para la vida del Pueblo in CLA* 13(1981), etapa III, nº 4, p. 241-256. De uma maneira mais ampla, o autor desenvolve suas ideias no livro *Flor sem defesa. Uma explicação da Bíblia a partir do povo*. Petrópolis: Vozes, 1983.

margem da sociedade. Nas pequenas comunidades que se constituíam ao redor da Palavra de Deus, as pessoas sentiam-se gente e eram consideradas como pessoas. Igualmente, a perseguição de lideranças tanto eclesiais como civis, por parte do regime ditatorial, provocou uma migração cada vez maior destes líderes para o meio do povo, que, sentindo de perto seus problemas, começou a movimentá-los em vista de uma organização maior[34].

Em âmbito de Igreja, nasceu nesta época, motivada também por esta situação de opressão dos regimes militares, a corrente teológica da libertação, cuja característica principal é lutar por uma libertação total das pessoas humanas, os pobres particularmente, à luz do Evangelho. A leitura que esta linha teológico-pastoral fazia da Bíblia influenciou grandemente seu uso nas pequenas comunidades e na catequese.

2.1.2 A renovação bíblica no Documento Catequese Renovada

No documento *CR* a centralidade da Bíblia no processo de educação da fé é uma das características fundamentais. A natureza e significado da Sagrada Escritura para a fé é ilustrado na terceira parte, quando se diz:

> Sabemos da ação divina no curso da história, pelo testemunho das Escrituras Sagradas: elas contêm o Relato dos acontecimentos salvíficos e Palavras proféticas pelos quais Deus se revela e dá sentido à toda nossa História. Elas testificam que Deus sempre fez e manteve Aliança com os homens (*CR* 175).

E após tratar do significado do Antigo e Novo Testamento e da relação que há entre eles, enuncia um princípio essencial da visão que o Documento tem da educação da fé numa perspectiva bem existencial, experiencial e histórica, colocando-a em relação com a Tradição e Magistério. Eis o texto:

> Toda a Bíblia é a narração sob a inspiração do Espírito Santo das experiências concretas de um povo à procura de Deus e da ação desse Deus se revelando a este Povo. Por isso, a Bíblia, como principal fonte da fé, deve ser lida no contexto da vida, porém à luz da Tradição e do Magistério, que são garantia para nós de uma correta interpretação (*CR* 176).

As orientações concretas sobre a relação Bíblia-Catequese são apresentadas na segunda parte do documento. Aí ela é considerada a fonte primordial da catequese, por ser depositária da Revelação, junto com a Tradição. Entretanto, não se deve buscar nela fragmentos a serem inseridos na catequese, mas de respeitar a natureza e o espírito da Revelação divina (*CR* 86),

---

34 Podem-se citar como exemplo os casos do Pe. H. Paiva e do Ir. Antônio Cecchin.

conforme descrito acima. A interpretação da Bíblia será tanto mais rica e eficaz quanto mais ela for lida com a inteligência e o coração da Igreja, dentro da qual nasceu o livro sagrado (*CR* 86). O uso de textos e manuais (catecismos) na ação catequética não deve absolutamente substituir o manuseio direto da Bíblia: ela permanece como o "texto por excelência da educação da fé"; qualquer outro texto terá valor na medida em que ajudar a entendê-la e interpretá-la (*CR* 54,154-156). Pelo seu caráter, sua linguagem, seus gêneros literários e sobretudo pela sua natureza de testemunhar a fé intimamente ligada com a vida, deve ser o modelo de todo texto catequético[35].

2.1.3 Uma primavera bíblica

Após a aprovação das *orientações para a catequese nacional* em *CR*, e junto com a renovação provocada na década de 80, o MCB assistiu a uma verdadeira explosão da pastoral bíblico-catequética. Foi o que se constatou na Iª Semana Brasileira de Catequese, quatro anos após *CR*. Eis, a esse respeito, o testemunho do Pe. W. Gruen, testemunho tanto mais qualificado pois, além de catequeta, como vimos, ele é também exegeta, professor e conhecedor apaixonado da Sagrada Escritura não só no âmbito católico, mas também protestante e judaico:

> Por todo este imenso Brasil afora nota-se uma verdadeira primavera bíblica. Se do alto de um avião pudéssemos ver, em panorâmica, tudo o que está acontecendo, veríamos de Norte a Sul, de Leste a Oeste grupos de fiéis, nem sabemos quantos, reunidos para organizarem sua vida à luz da Bíblia. São círculos bíblicos, treinamentos, grupos de reflexão e de oração, encontros de CEBs, cultos, em que a palavra da Bíblia é ouvida e respeitada como orientadora. Tudo isto é catequese: é caminhada da comunidade de fé, alimentada por estudo e reflexão sistemática e celebrada, solene ou informalmente. Em geral é, como deve ser, uma caminhada libertadora, seguindo os passos de Jesus. Nesta catequese, a Bíblia tem um papel relevante. Não apenas uma leitura pessoal, mas mais ainda a Bíblia ouvida comunitariamente, eclesialmente. É a comunidade que encaminha a pessoa à Bíblia, a estimula a debruçar-se sobre ela, ensina-lhe como ler a Bíblia, enquanto isto, atrai esta pessoa ao grupo, à comunidade, e cuida que o grupo seja atuante dentro e fora da Igreja[36].

---

35 Este tema é posteriormente aprofundado na Coleção *Estudos da CNBB* nº 53, *Textos e Manuais de Catequese* nºs 23-36. Esse *Estudo* foi redigido substancialmente pelo Pe. Gruen, onde pode esclarecer e aprofundar temas que não couberam no Documento *CR*.

36 W. GRUEN, *Bíblia e Catequese in* CNBB – *Linha 3, Primeira Semana Brasileira de Catequese: preparação, celebração, conclusão*. Coleção *Estudos da CNBB* 55, São Paulo: Paulinas, 1987, p. 136-137. Publicado também *in RdeC* 10 (1987), nº 37, p. 23.

2.1.4 *A Linha 3 transforma-se em* Dimensão Bíblico-Catequética

A pastoral bíblico-catequética tomou uma importância tão grande dentro do MCB, que provocou alteração no nome da *Linha 3* da CNBB; desde os primeiros planos pastorais esse organismo responsável pela organização e animação da catequese em nível nacional era chamada de *Dimensão Catequética*, porém a partir das *DG 1991-1994* passa a ser denominada *Dimensão Bíblico-Catequética*[37]. Tal mudança teve não somente uma motivação funcional, ou seja fazer valer no nome da *Linha 3* aquilo que ela já há tempo fazia, isto é, organizar a pastoral bíblica nacional, mas também quis significar que, mesmo nas estruturas portantes da catequese nacional, a Bíblia deveria ser considerada elemento essencial da educação da fé.

Por tudo isso que vimos, a Bíblia foi resgatada para seu lugar próprio, vale dizer, para o centro da vida cristã. A catequese seguiu cada vez mais esta tendência até assumi-la como *texto por excelência da catequese* (*CR* 154). De uso quase que exclusivamente do clero ou de fiéis leigos letrados, a Bíblia passa às mãos do povo, que nela encontrava diretamente a fonte e o alimento para a própria fé; não só, mas também o povo sentiu-se no direito e obrigação de também fazer a *sua* leitura e não apenas depender do clero para poder se apropriar da *Palavra de Deus*. Isto naturalmente não significou ruptura da comunhão eclesial, pois na maioria das vezes era o próprio clero que estava em meio aos pobres e simples estimulando esta pastoral bíblica. Para isso muito contribuiu os chamados *círculos ou grupos bíblicos*[38].

---

37 Tal mudança se deu na 29ª AG da CNBB de 10 a 19 de abril de 1991, por proposta de Dom Luciano Mendes de Almeida, presidente da CNBB. Cf. CNBB – 29ª AG, *Ata nº 8 de 17/04/1991 in CM* (1991), nº 450, p. 513 nº 135; ID., *Ata nº 9 de 18/04/1991* in *Ibid.*, p. 525, nº 126-127; ID., *Dimensões e Destaques* in *ibid.*, p. 567. Cf. *A Catequese na 29ª. AG da CNBB in RdeC* 14 (1991), nº 56, outubro-dezembro, p. 77.

38 Como acontece na Igreja toda, diversas são as abordagens ou *leituras* bíblicas feitas pelo Povo de Deus, particularmente na pastoral e catequese. Não havendo aqui espaço para uma exposição de todas, limitamo-nos àquela que no Brasil sintoniza plenamente com a *Catequese Renovada*, ou seja, a que nasceu nos círculos bíblicos e foi chamada posteriormente de *interpretação popular da Bíblia*. Com referência a outros tipos de leituras que podem ser identificados na pastoral catequética brasileira: cf. Therezinha Motta Lima da CRUZ, *A leitura da Bíblia no Brasil hoje in RdeC* 17 (1994), nº 65, p. 26-39; aí a autora elenca os seguintes tipos: leitura dos grupos populares, leitura que domestica os pobres, leitura exotérica, leitura espiritualista, leitura rotineira, leitura ao pé da letra, leitura instrumentalizada, leitura ecumênica, leitura orante e leitura na ótica feminina. Cf. também a esse respeito Inês BROSHUIS, *O uso da Bíblia na catequese in RdeC* 15 (1992), nº 60, p. 49-53; GRECAT-GREBI, *Critérios teológico-pastorais para a leitura da Bíblia in RdeC* 15 (1992), nº 59, p. 31-38.

2.2 Os círculos bíblicos e a leitura popular da Bíblia

Uma renovação mais profunda da catequese com relação à Bíblia nasceu numa das formas de catequese com adultos mais bem-sucedidas que foram os *círculos* ou *grupos bíblicos*[39]. A perspectiva particular deste tipo de catequese bíblica e que depois tomou conta da catequese, é justamente considerar a Palavra de Deus em relação vital com a existência das pessoas e com constante referência à vida da comunidade. Nascidos em pequenos grupos, que muitas vezes se tornaram núcleos geradores das CEBs, estes círculos bíblicos não se restringiam a ler, entender e comentar o texto sagrado. Através da Sagrada Escritura deixam-se questionar pela Palavra de Deus, permitindo que ela atinja todos níveis da vida; daí nascem outras dimensões da educação da fé, principalmente a dimensão situacional ou antropológica, eclesial, espiritual. Muito do que aqui falamos aplica-se, naturalmente com novos aspectos, também ao que se chamou de *lectio divina* ou *leitura orante* que apareceu depois.

Os grupos ou círculos bíblicos são de origem muito popular, em geral pobres, e, consequentemente, de uma estrutura muito simples: um dirigente ou animador com um pouco de conhecimento da Bíblia e um grupo de pessoas com muita participação ativa. O método pode ser indutivo ou dedutivo, ou seja, há os que partem do texto bíblico para as situações de vida de hoje procurando iluminar a vida com a mensagem divina, e há os que partem das situações de hoje e buscam na Bíblia a correspondente mensagem. O importante sempre é que a vida, com sua complexidade e seus problemas, esteja presente e possa ser interpretada à luz da Palavra de Deus. Neste sentido, Frei Carlos Mesters[40], o grande animador e incentivador dos *círculos bíblicos*, assim os define: "A engrenagem dos círculos Bíblicos é simples: levar para dentro da Bíblia a pergunta que a vida levanta

---

39 As reflexões aqui expostas se baseiam nos artigos acima citados de Carlos MESTERS e em R. MENDES DE OLIVEIRA, *Vocabulário de Pastoral Catequética*, verbete *Círculo Bíblico*, São Paulo: Loyola, 1992, p. 89.

40 É um dos grandes nomes na pastoral brasileira, ligado principalmente aos círculos bíblicos e CEBs; nasceu na Holanda em 1931 e chegou ao Brasil com 18 anos, onde se fez carmelita. Tendo estudado em Roma e Jerusalém, obteve a licença em Sagrada Escritura no Instituto *Biblicum* de Roma. Após trabalhar alguns anos no magistério teológico-bíblico em São Paulo e Belo Horizonte, dedicou-se a partir de 1971 à pastoral popular entre as comunidades eclesiais de base. Foi um dos fundadores do CEBI (*Centro de Estudos Bíblicos* de caráter ecumênico) e publicou várias obras, das quais muitas traduzidas. O biblista italiano Cesare BISSOLI chama-o de "personalidade genial" e dele diz: "é incrível a linguagem não abstrata deste homem, que é também um intelectual, holandês de origem e que exercita uma contínua reflexão crítica quando fala". ID., *Per una lettura popolare della Bibbia in Catechesi* 48 (1979), nº 11, p. 13.

em nós, para ver se a Bíblia nos ajuda a encontrar hoje uma resposta para o nosso problema"[41].

A perspectiva particular desenvolvida pela catequese bíblica nesses círculos bíblicos e em geral nas CEBs, ficou conhecida também como *leitura ou interpretação popular da Bíblia.* Conforme Frei C. Mesters, os pobres, não tendo preparação nem dinheiro para ler os livros *sobre* Bíblia, leem a própria Bíblia a partir do único critério que possuem: sua vida de fé, vivida em comunidade, e sua vida sofrida. Deste modo, chegam a descobrir coisas óbvias que não conheciam ou que lhes eram escondidas há séculos, tais como: encontram na Bíblia uma história de opressão idêntica às que eles sofrem hoje, com os mesmos conflitos e uma luta de libertação pelos mesmos valores que eles hoje tentam conseguir no Brasil: terra, justiça, partilha, fraternidade, vida digna de seres humanos[42].

2.2.1 Dinâmica interna do processo

Qual é a dinâmica interna do processo da interpretação popular da Bíblia? C. Mesters[43] resumiu esse *método* na seguinte equação, se assim poderíamos dizer: *conhecer a Bíblia* leva o povo a viver em comunidade; *viver em comunidade* leva a uma maior atitude de serviço e por sua vez o serviço leva à necessidade de um maior *conhecimento da Bíblia*, retomando assim o processo. A Bíblia é o *texto*, a comunidade é o *con-texto* e a realidade é o *pre-texto*. A Palavra de Deus, contida no *texto* escrito, é ouvida, interpretada e obedecida na comunidade de fé. Fora deste *contexto* não pode ser ouvida, nem, portanto, verdadeiramente obedecida.

Por outro lado, a Palavra de Deus só pode ser concretamente obedecida, isto é, só pode levar as pessoas que a ouvem a fazer a vontade de Deus, o que Deus quer delas nesse momento, quando o *texto*, ouvido no *con-texto* comunitário, é interpretado desde o *pre-texto*, ou seja, a situação real em que se encontra a comunidade[44]. Analisemos melhor cada um destes três passos, conforme Mesters. É preciso ter presente que os destinatários pri-

41 Citado em R. MENDES DE OLIVEIRA, *Vocabulário de Pastoral Catequética*, p. 89.

42 C. MESTERS, *"Ascoltare ciò che lo Spirito dice alle chiese"*, p. 129.

43 Cf. Três artigos de C. MESTERS citados nota 33.

44 No seu artigo *El problema central en la interpretación de la Biblia*, C. MESTERS usa uma outras categorias para identificar estes passos: chama-os de três forças: *Vida*, ou o problema concreto que angustia a vida do povo (*pré-texto*); *Ciência*, ou a investigação científica da exegese que questiona as certezas estabelecidas (*texto*); Fé, ou força da Igreja presente na *memória* dos cristãos (*contexto*): cf. *ibid.*, p. 243.

meiros dessa catequese bíblica são, sem dúvida nenhuma, os *adultos e jovens*; a abordagem dos mesmos métodos com adolescentes e crianças, naturalmente deve ter adaptações à idade.

a) Conhecer a Bíblia

Em geral, quando se fala em *conhecer*, pensa-se logo em estudo, racionalidade... Porém, aqui como em toda Bíblia não é essa a correta acepção, pois o *conhecimento* aqui não se limita apenas ao estudo. Os pobres criam imediatamente um ambiente comunitário de cantos e orações, propício à ação do Espírito, que leva ao verdadeiro conhecimento. Depois de uma leitura atenta "o véu é removido" (Cf. *2Cor* 3, 12-17), e eles descobrem a ligação entre o texto e a situação atual de suas vidas. O processo não é tão simples como parece. Há dificuldades, como em toda a busca de Deus.

A mesma Bíblia é lida por todos os movimentos de diversas tendências e, sempre em nome da mesma Bíblia, chegam-se a resultados até opostos. Entre os pobres também acontece tal fenômeno. A tentação do fundamentalismo é muito grande, e de fato, muitos entre os mais pobres filiam-se facilmente ao pentecostalismo, tanto de origem protestante como católica. Por isso, não basta colocar a Bíblia na mão do povo, pensando que a Palavra fará o resto. Lida *fora do contexto de fé da comunidade* (*segundo* passo) *e fora do clima de serviço* (*terceiro* passo), a Bíblia torna-se ambivalente e pode ser manipulada com relativa facilidade; pode transformar-se num livro reacionário que leva à legitimação de falsos ídolos, ideologias opressivas ou mesmo guerras[45].

b) Formar Comunidade

Consequência imediata da escuta da Palavra é a formação da comunidade: a comunidade nasce da Palavra como um rio de sua fonte. Como a comunidade é fundada na Palavra, então ela retorna sempre à audição e meditação da mesma Palavra para reabastecer-se e fortalecer-se. Assim, a comunidade, fiel à Palavra de Deus, torna-se capaz de sair de dentro de si mesma para ir em defesa da vida do povo. Nem sempre é um trabalho fácil criar tal espírito comunitário, devido às interpretações diferentes que o mesmo texto propicia a pessoas diferentes, de um modo especial quando se desce ao concreto da vida e se procura, à luz da Palavra de Deus, iluminar a própria existência, em geral conflituosa.

---

45 W. GRUEN chama isso de linguagem dominadora. Cf. ID., *Linguagem e libertação na catequese in RdeC* 7 (1984), nº 25, p. 20-23.

Este é o caso das pequenas comunidades, dos círculos bíblicos; não é uma leitura fria e indiferente, mas vital e provocativa; ora, isso gera uma tensão salutar. O ambiente de diálogo, que sempre se procura criar, não só favorece o equilíbrio e o clima de mútuo entendimento, mas também enriquece a interpretação da Bíblia, impedindo de se tornar unilateral.

c) Servir o Povo

A expressão pode parecer demagógica ou repetição de um *slogan* já por demais batido. Porém, *servir o povo* aqui significa lançar-se nos *movimentos populares* para, através deles, vencerem as próprias lutas. Tais movimentos são organizações simples, porém, aguerridas e de grande capacidade de combate, em vista de objetivos bem definidos: alcançar reivindicações, obter dos poderes públicos aquilo que eles têm direito, promover melhorias socioeconômicas em favor da população mais carente, batalhar pela saúde, educação, salários justos etc.

Como se vê, os grupos populares, já organizados em pequenas comunidades, não têm medo de fazer opções sociopolíticas bem definidas, incluindo ações político-partidárias em nome da fé e do Evangelho. São empenhos e compromissos que exigem sempre maior profundidade, maior conhecimento da Palavra de Deus e uma experiência comunitária mais viva. De fato, sem uma forte união entre as pessoas numa base maior que a simplesmente política, ou seja em força do Evangelho, as ações comunitárias pouco fazem. Releva-se, sobretudo, a importância de uma mais intensa espiritualidade, que têm suas características próprias e é chamada de *espiritualidade da libertação*.

d) Unidade entre os três passos

Como se vê, os três aspectos são ligados entre si numa unidade dinâmica: um nasce do outro, supõe o outro e conduz ao outro. Do contrário, sempre paira o perigo de fechamento num ou noutro destes passos, com a ameaça de distorção ou infidelidade à Palavra de Deus. É comum, por exemplo, começar um curso sobre a Bíblia e sentir que o interesse imediato, as questões que se levantam, versam sobre os mesmo fatos da Bíblia, e as naturais dificuldades que levantam, porém sem tocar a realidade vital dos participantes: Adão e Eva, paraíso terrestre, o fruto proibido, a besta do Apocalipse, o dilúvio... Todos querem entender "como se passaram as coisas".

Entretanto, se a comunidade começa a se empenhar ou a se movimentar em direção de qualquer tipo de serviço no sentido acima descrito, então as coisas mudam. As questões levantadas já não se referem propriamente ao texto bíblico, para satisfazer uma curiosidade, quase sempre justa, mas desligada da vida; agora as questões estão ligadas à realidade viva do povo da Bíblia e do povo de hoje.

2.2.2 Dimensão catequética da leitura popular da Bíblia

Podemos ressaltar aspectos de maior aprofundamento na fé a partir desta leitura popular da Bíblia, relevando assim sua dimensão catequética[46]. Podemos fazê-lo, também a partir dos três passos já vistos, porém numa ordem inversa àquela já considerada atrás. São sempre os três elementos inseparáveis e articulados entre si: cada um deles tem características e exigências próprias no processo de interpretação popular. Porém, o objetivo é único e comum, ou seja: *ouvir a Palavra de Deus hoje*, escutar Deus que fala através de sua Palavra já escrita e fixada na Bíblia, mas também através dos fatos e acontecimentos de hoje. Realiza-se assim, através deste tripé, o binômio inseparável da Revelação divina, proposto pela *Dei Verbum* e plenamente acolhido na *catequese renovada*.

a) Os três passos que se interagem na audição da Palavra de Deus

Iniciemos pelo aspecto mais prático, original.

1) *Servir o povo, partir da realidade*. Os pobres levam para a Bíblia a própria vida, os próprios problemas, pois a leem a partir da própria experiência que, na maioria das vezes, é conflitante. E é justamente esta realidade conflitante que desejam mudar. No *espelho* da Bíblia, encontram o reflexo daquilo que vivem atualmente. Isso cria uma certa *familiaridade* com a Palavra de Deus. A Bíblia já não é um livro distante, difícil, que descreve uma situação de dois mil anos atrás ou mais... não! É algo muito perto, muito deles... é o seu mundo!
2) *Formar comunidade, partir da fé da comunidade*. A fé é o elemento portante de todo o discurso desta leitura popular. Leem a Bíblia tendo no coração e nos olhos a fé da comunidade que lhes dão a garantia de que ela é a Palavra de Deus, Jesus está vivo e presente no

46 O aspecto catequético dos *círculos bíblicos* é abordado por E. ALBERICH; A. BINZ em sua obra *Formas e modelos de catequese com Adultos: panorama internacional*. Edição brasileira atualizada por Luiz A. de Lima. São Paulo: Editora Salesiana, 2001, 340 p., aqui: p. 139-143. O assunto é tratado em três momentos: 1. Objetivos e princípios; 2. Desenvolvimento dos encontros; 3. Significado e resultados particulares. Texto original: *Forme e modelli di catechesi con gli adulti. Colezione* Studi e Ricerche di Catechetica 22, Leumann (Torino): LDC, 1995, 230 p. Aqui p. 136-140.

meio de nós e está atuando, salvando hoje. Por isso, esta leitura bíblica torna-se uma atividade comunitária, uma prática orante, um ato de fé, ou seja, é a muito antiga *lectio divina*, agora assumida de um modo novo e atualizado. Essa consciência de que a Bíblia é um livro da nossa vida, gera em todos um clima de *liberdade*.

3) Por fim, *conhecer a Bíblia, respeitar o texto*. Diferentemente de outras leituras, os pobres respeitam muito o texto bíblico, fazem uma leitura obediente, às vezes tão obediente que chega às raias do fundamentalismo. Sem muito senso crítico, desarmados de estudos e pesquisas do movimento bíblico, ouvem o que Deus quer lhes dizer e estão dispostos a mudar de vida, a lutar se esta for a Sua Vontade. Aparece aqui a atitude de *fidelidade*, própria daquele que não só escuta a Palavra de Deus, mas também a colocá-la em prática.

b) Alguns valores da leitura popular da Bíblia

Assim, unidos entre si, estes três critérios constituem uma espécie de *mística* ou marca registrada da interpretação popular. Este modo de ler a Bíblia nos círculos bíblicos e nas pequenas comunidades pode ser identificado com aquilo que no documento *Catequese Renovada* foi formulado como *princípio metodológico de interação entre fé e vida*. Ele traz dentro de si uma novidade, mas que pode ser considerada uma *novidade antiga*, pois vem de longe no sentido que assume *alguns valores* da tradição eclesial e bíblico-catequética. Sempre a partir da prática dos círculos bíblicos, tais valores podem assim ser enumerados:

1) O objetivo é iluminar a vida com a ajuda da Bíblia, ou seja, interpretar a atual *experiência* à luz da *experiência* vivida pelo Povo de Deus no passado; a experiência humana é a mesma, com modalidades diversas, e o Deus-conosco é o mesmo ontem, hoje e sempre.
2) O sujeito da interpretação não é somente o exegeta ou o catequista, mas todo grupo ou *comunidade*. Todos tomam parte, também o catequista ou orientador, embora com um papel diferente. O importante é ter presente o sentido comunitário, e buscar o *senso comum*, que, como diz o próprio termo, é aquele aceito por toda a comunidade. E este forte senso comunitário é o escudo contra o perigo do *livre exame* de cunho personalista e protestante.
3) O lugar social a partir do qual se faz a interpretação bíblica são os pobres, marginalizados e excluídos: isso modifica bastante as pers-

pectivas. Muitas vezes por falta de uma consciência mais crítica e de uma clara *opção preferencial pelos pobres* pode-se até usar inconscientemente os textos bíblicos para justificar sistemas desumanizantes de opressão[47].

4) Na medida em que a Palavra de Deus coloca os cristãos em contato com a vida concreta, ela torna-se ecumênica e libertadora. E aqui vale a pena ouvir diretamente as palavras de Mesters:

> Interpretação ecumênica não quer dizer que protestantes e católicos discutam suas divergências para se chegar a uma comum conclusão. Isto pode até ser uma consequência. Porém, a coisa mais ecumênica que temos é a vida que Deus nos deu. Esta vida está em perigo, a partir do momento que não é mais vida [isto é, são as situações de extrema miséria]. Leitura ecumênica é, pois, interpretar a Bíblia em defesa da vida e não em defesa de nossas instituições e confissões religiosas. Ora, na situação em que vive atualmente o povo da América Latina, uma leitura em defesa da vida deve ser necessariamente libertadora[48].

5) Na leitura popular da Bíblia, tem-se uma visão diferente da relação entre Antigo e Novo Testamento. As *culturas* dos pobres, isto é, a complexidade que compõe todo o seu modo de viver, de ver e interpretar o mundo, de relacionar-se com ele, com os outros e com Deus, começa a ser visto como o *Antigo Testamento*, ou seja: não são aberrações ou distorções do passado que devem ser corrigidas com a mensagem do *Novo Testamento*, mas são as *suas promessas* (Deus já está agindo nelas!) e as *suas leis* que devem ser cumpridas e realizadas com a Boa Nova de Jesus Cristo. Aqui o tema da *inculturação* assumia importância ímpar, e estava no centro das mais recentes temáticas catequéticas na A. Latina e no Brasil, depois assumida na IIIª CELAM, em Santo Domingo (12-28/10/1992).

6) Por último, o problema da *linguagem*. A exegese tradicional e mesmo a catequese é tradicionalmente expressa por uma linguagem racional, discursiva, feita de argumentos e arrazoados e, por isso mes-

47 O *Estudo da CNBB* intitulado *Textos e Manuais de Catequese*, que sob muitos aspectos complementa *CR*, assim se expressa a esse respeito: "Mais que qualquer outro livro, a Bíblia inspira a catequese do Brasil de hoje: ajudando a enxergar sem subterfúgios o sentido do nosso contexto histórico, da luta dos pequenos pela justiça, e a estarmos presentes com eles. Só assim, aliás, a nossa leitura da Bíblia será fiel e proveitosa". CNBB, *Textos e Manuais de catequese: elaboração, análise, avaliação*, São Paulo: Paulinas, 1987, nº 35.

48 C. MESTERS, *"Ascoltare ciò che lo Spirito dice alle chiese"*, p. 134.

mo, complexa e não fácil para quem não está com ela acostumado. Ora, os participantes dos círculos bíblicos e pequenas comunidades usam um outro tipo de linguagem, ou seja, baseada em fatos e comparações. É uma linguagem narrativa e não dedutiva; ela funciona mais por associação de ideias e muito ligada ao concreto. Usa-se igualmente a linguagem não verbal, de um modo especial a dramatização, onde Bíblia e vida tendem a compenetrar-se com notável eficácia. Todo esse tipo de linguagem não tem por finalidade *fazer saber*, mas sim *fazer descobrir*. Claro que neste ponto se identificam muito mais com a linguagem bíblica, sobretudo a de Jesus em suas parábolas e ensinamentos, do que com a linguagem do catecismo clássico doutrinal[49].

2.2.3 Desafios, dificuldades e problemas

Muitas dificuldades surgem para esse tipo de catequese bíblica, algumas inerentes à própria situação de pobreza dos destinatários, outras a partir do próprio método em si. É fácil entender como é difícil falar de Deus, da Bíblia para quem não possui condições de vida digna. A luta pelo salário (quando existe trabalho) nem sempre permite ter o tempo suficiente para participar dos grupos ou comunidades. A própria aquisição do texto bíblico para a maioria é uma dificuldade: custa muito! O analfabetismo ou semianalfabetismo de grande parte da população impede o acesso à Bíblia escrita. Será possível produzir uma "Bíblia dos pobres"? Impedidos de falar e participar durante séculos de silêncio, o povo humilde se ressente de um complexo de inferioridade que nem sempre é fácil romper.

Internamente, nem sempre as lideranças compreendem o serviço que devem prestar como dirigentes ou catequistas; a tentação de cair no domínio em vez do diálogo, não é pequena. Também o salto das lideranças comunitárias para a luta simplesmente político-partidária, particularmente nos sindicatos, é frequente. Com relação ao povo, o êxodo de milhões de pessoas para os grupos evangélico-pentecostais, menos empenhados e mais

49 Ainda o mesmo documento *Textos e Manuais de catequese* assim descreve a linguagem bíblica: "A Bíblia usa uma linguagem impressionantemente vigorosa, concreta; questionadora, desconstrutora, veraz, sem censura, cheia de fé: linguagem honesta, educativa, que estimula à esperança e à celebração da alegria e da dor. Linguagem libertadora e profética. Por tudo isso, linguagem verdadeiramente religiosa". *Ibid.*, nº 29. W. GRUEN, autor principal do documento acima citado (nota 47), aprofundou esse tema no artigo *Linguagem e libertação na catequese in RdeC* 7 (1984), nº 25, p. 17-30.

alienados, leva a uma atitude apologética e polêmica na leitura da Bíblia; nossas comunidades não conseguem ter o elã e a atração "espiritual" que em outros grupos atraem tanto nosso povo simples.

Por parte do clero, há insuficiente preparação para uma interpretação da Bíblia nessa perspectiva. O povo tem muita sede da Palavra de Deus que penetra em suas vidas e a demanda foi maior do que a oferta por parte de pastores e catequistas. Estando trabalhando diretamente com o texto bíblico, o conflito de interpretações (não a variedade, que é salutar) dentro da própria Igreja desorienta o povo. Ainda com referência aos líderes dos círculos ou pequenas comunidades, podem criar uma certa dependência e controle na interpretação da Bíblia, desrespeitando, assim, a fé dos mais simples. Dificuldade surgida em não poucos lugares, mesmo de altas instâncias eclesiásticas, é a acusação de que tal dimensão libertadora da leitura da Bíblia está eivada de *marxismo*. O grande desafio está em viver ao mesmo tempo a gratuidade da salvação oferecida pela Palavra de Deus e a eficiência na luta contra a "injustiça institucionalizada" (*Medellín* e *Puebla*), problema que, do ponto de vista especulativo-teológico não é novo na Igreja.

Há, por fim, um grupo de dificuldades que provêm do mesmo texto bíblico. A começar pela grande variedade de traduções, o que impede a memorização e familiaridade com a Palavra de Deus. Neste ponto os evangélicos têm grande vantagem sobre os católicos[50]. Um dos primeiros passos na catequese bíblica dentro desta perspectiva popular libertadora, é justamente libertar da prisão da letra, pois o fundamentalismo, tentação sempre presente, impede de colocar em prática o princípio da *interação* entre fé e vida.

Por outro lado, há que se lutar contra o subjetivismo (ou, como se dizia antigamente e acima referido: *o livre exame*), pois a Bíblia é um livro da comunidade, da Igreja, e não de uma pessoa nem de um determinado

---

50 A *Iª Semana Brasileira de Catequese* de 1986, em seu final, apresentava a seguinte proposta: "Solicitamos à CNBB que prepare uma *tradução única* da Bíblia, sensibilizando para isso os diversos Centros Bíblicos e Liga de Estudos Bíblicos" (Cf. *Primeira Semana Brasileira de Catequese: preparação, celebração, conclusão*. Coleção *Estudos da CNBB* 55, São Paulo: Paulinas, 1987, p. 263), publicado também *in RdeC* 10 (1987), nº 37, p. 65. Sobre esse problema a *Linha 3* e *Linha 4* da CNBB traçaram logo um projeto em comum de tradução litúrgico-catequética (cf. *Bíblia única in RdeC* 13 (1990), nº 50, p. 70; *CNBB: debate sobre a tradução única da Bíblia para uso litúrgico in RdeC* 14 (1991), nº 53, p. 69; *Uso da Bíblia na catequese in RdeC* 14 (1991), nº 54, p. 79; *Bíblia oficial da Igreja in RdeC* 14 (1991), nº 56, p. 66-70. Cf. ainda WILDERINK, Vital J. G., *A Bíblia oficial da Igreja no Brasil in RdeC* 19 (1996), nº 75, jul.-set., p. 60-62 e *CM* (1996), abril, nº 500, p. 709-712. Essa tradução oficial da CNBB, chamada popularmente "A Bíblia da CNBB", foi lançada em 2001. Com profunda e esmerada revisão por biblistas, exegetas, pastoralistas e especialistas foi lançada em 21 de novembro de 2018, durante a reunião do Conselho Permanente da CNBB, uma nova tradução oficial. Cf. https://www.bibliacatolica.com.br/.

grupo. Aqueles que trabalham diretamente com este tipo de interpretação popular, sentem cada vez mais a necessidade de um aprofundamento teórico mesmo para o povo mais simples, que é capaz disso; a dificuldade surge sempre da expressão e comunicação: uma linguagem difícil e insólita, como em geral é a dos biblistas, afasta o povo da Bíblia[51].

Conclusão sobre a leitura popular da Bíblia (*lectio divina* ou leitura orante)

Ao concluirmos esta exposição sobre a interpretação popular da Bíblia, poderíamos perguntar sobre os reais resultados de um tal tipo de *catequese e pastoral bíblica* no meio do povo que foi crescendo desde dos anos 60. Difícil é fazer uma estatística do que estava acontecendo. O povo, de fato, não se preocupava em documentar aquilo que realizava, não escreve livros sobre os resultados práticos e pouca coisa ficou documentada.

A respeito da metodologia ou subsídios para este tipo de pastoral, a bibliografia é mais consistente. Pode-se dizer que tal leitura popular da Bíblia esteve presente, alimentou e sustentou a caminhada de inúmeras comunidades que se multiplicaram pelo Brasil inteiro nas décadas de 60 a 80, dando grande vitalidade à Igreja. Naturalmente isso se deu, e ainda se dá, de maneira diversa; havia comunidades que conseguiam manter a mesma profundidade nos três passos acima indicados; outras eram mais superficiais. Entretanto, todas faziam da Palavra de Deus o movente de suas vidas e a base da própria catequese. O Movimento Catequético sem dúvida cresceu muito, embalado também pela dimensão bíblica, o que deveria continuar depois que o Documento *CR* consagrou a Bíblia como o livro por excelência da educação da fé (*CR* 154, 175-176).

---

51 Uma das preocupações da *Linha 3* foi preparar subsídios de orientação catequética para o uso da Bíblia (cf. CNBB-*Linha 3*, *Ata da Reunião do GRECAT* [de 15-16/11/1993] *in RdeC* 17 (1994), nº 65, p. 68, nº 2). Entre esses subsídios, podemos citar: GRECAT, *Crescer na leitura da Bíblia.* Coleção *Estudos da CNBB* nº 86. São Paulo: Paulus, 2003, 112 p.; Luiz ALVES DE LIMA, *Ouvir e proclamar a palavra: encontro bíblico-catequético nacional comemorando 40 anos da* Dei Verbum *in Revista de Catequese* 28 (2005), nº 112, out.-dez., p. 50-58; CNBB-COMISSÃO EPISCOPAL PASTORAL PARA ANIMAÇÃO BÍBLICO-CATEQUÉTICA, *Ouvir e proclamar a palavra: seguir Jesus no caminho. A catequese sob a inspiração da* Dei Verbum. Coleção *Estudos da CNBB* 91. São Paulo: Paulus, 2006; CNBB-COMISSÃO EPISCOPAL PASTORAL PARA A ANIMAÇÃO BÍBLICO-CATEQUÉTICA. *Animação Bíblica a Pastoral.* Brasília: Edições CNBB, 2012 (são as *Atas* do I Congresso Brasileiro de Animação Bíblica da Pastoral realizado em Goiânia (GO) de 08 a 11 de outubro de 2011).

3. A DIMENSÃO COMUNITÁRIA DA CATEQUESE

A catequese encontra na eclesiologia um de seus elementos de apoio mais importantes, pois a educação da fé se define e se orienta pela *concepção de Igreja* que lhe está subjacente. Diz E. Alberich, ao comentar o ambiente europeu: "A catequese hoje em sua vertente eclesiológica vive situações muitas vezes conflituosa e de mal-estar"[52]. De fato, quando não há uma clara concepção da natureza da Igreja, de sua missão e principalmente de sua presença no mundo, torna-se difícil também para a catequese definir sua função e seu lugar na própria Igreja. Daí importância de analisarmos a eclesiologia que sustenta o MCB e suas consequências na renovação da catequese.

3.1 A Eclesiologia subjacente ao *Movimento Catequético Brasileiro*

O MCB, ao receber forte impacto do Concílio Vaticano II, como vimos, foi particularmente influenciado pela renovação eclesial que dele proveio. Particularmente a *LG*, fazendo um profundo exame de consciência sobre a natureza da Igreja e sua identidade, e a *GS*, refletindo sobre a presença da Igreja no mundo contemporâneo, provocaram uma reviravolta eclesiológica como poucas aconteceram na história. Destes dois magnos documentos, e do conjunto todo da reforma conciliar, como também fruto de mudanças culturais de nossa época surgiu um novo modelo de Igreja caracterizado por duas categorias: a comunhão e o serviço[53].

3.1.1 As dimensões de serviço e comunhão na pastoral

O primeiro reflexo dessas mudanças profundas na Igreja do Brasil naqueles anos 80, pode ser reconhecido nos planejamentos pastorais do episcopado e numa fecunda caminhada de renovação pastoral que se processou em geral por toda parte. Os acontecimentos históricos que coincidiram com esse momento eclesial, como a implantação da era militar e os regimes de exceção no governo brasileiro, acompanhado de um período de intenso desenvolvimento material que favorecia sobretudo as classes mais abastadas com grande

---

52 E. ALBERICH, [Recensão de] *FRANCESCHINI Vinicio, Catechesi e Ecclesiologia in Orientamenti Pedagogigci* 34 (1987), p. 935. O próprio título que o mesmo E. ALBERICH deu à segunda edição renovada de sua catequética fundamental *La catechesi della Chiesa* mostra a importância da eclesiologia para a catequese. Nesta obra um inteiro capítulo é dedicado à catequese como *mediação e experiência eclesial:* cf. *Ibid.*, p. 137-163, além de muitas outras referências, ao longo da obra, ao problema eclesiológico (como no cap. I, p. 27-36).

53 Cf. Luís A. GALLO, *Uma Igreja a serviço dos homens: contribuições para uma compreensão atua da Igreja*, São Paulo: Editora Salesiana Dom Bosco, 1984, p. 15-17.

sacrifício dos mais pobres, fez com que se reforçasse na Igreja este seu rosto servidor da humanidade; foi uma forte imersão nas lutas sociais, não só em suas bases, mas também em sua cúpula através de ação corajosa e evangélica da CNBB. Não faltaram o sofrimento, a perseguição ,e por vezes, o martírio na vivência desta atitude de serviço, principalmente aos mais pobres.

Ao lado desse aprofundamento na diaconia eclesial, reforçava-se e crescia também na Igreja a dimensão de comunhão, fraternidade, união. Como tivemos oportunidade de ver, desde o *PPC* até as *DG* de hoje, as seis linhas ou dimensões de ação pastoral da Igreja brasileira são encabeçadas pela dimensão comunitário-participativa, vista como parte essencial da missão da Igreja e fruto maior da libertação em Cristo. A própria existência da CNBB mantendo uma consistente coesão em meio a grandes crises, como as geradas por uma pastoral avançada e particularmente pelos efeitos das correntes teológico-pastorais da libertação tanto em âmbito nacional como de âmbito continental, é uma demonstração desta vontade eficaz de crescimento na comunhão. Muitas tensões e conflitos internos e externos foram vencidos graças a uma decidida vontade de manter e viver a comunhão eclesial até suas últimas consequências.

3.1.2 Medellín e Puebla: *duas faces da mesma eclesiologia*

Estas duas faces da Igreja, serviço e comunhão, estiveram particularmente presentes nas duas conferências continentais de Medellín e Puebla[54], nas quais a Igreja do Brasil jogou um papel importante. A primeira caracterizou-se, como sabemos, por aprofundar a dimensão de diaconia: transformação, libertação, profetismo foram realidades vividas, cantadas, sonhadas gerando uma verdadeira primavera de renovação eclesial, implantando o espírito conciliar em nosso continente, alterando os rumos da presença da Igreja na América Latina. Sem cair em oposições nem radicalizar contrastes, podemos afirmar que em Medellín esteve mais presente a eclesiologia da *GS* (*ad extra*) do que a da *LG* (*ad intra*), o que se explica pelas particulares condições históricas daquele momento.

A eclesiologia proveniente do Vaticano II e acolhida em *Medellín*, desencadeou a prática de um novo tipo de pastoral: mergulho no meio dos pobres, luta pelas suas causas, intensa atuação na dimensão sociopolítica da fé. Ora, tal atitude, principalmente por tocar tanto nas estruturas sociais como eclesiais, não deixou também de provocar lacerações pesadas,

54 *Ibid.*, p. 17-18.

ameaçando justamente a unidade dentro da Igreja, uma vez que o campo sociopolítico é, por natureza, muito conflituoso.

Neste contexto, *Puebla* representou a busca de um reforço nos aspectos da *koinonia* eclesial, aprofundando, entretanto, a vontade da Igreja de sempre optar evangelicamente pelos mais pobres. Seu lema *comunhão e participação* deu novo vigor à atuação pastoral e veio aprofundar mais ainda a dimensão comunitária nas estruturas e práticas pastorais. A eclesiologia que daí surge se caracteriza, portanto, pelo reforço dos laços da comunhão.

Entretanto, dado o momento histórico que se vivia e os perigos que ameaçavam a caminhada da Igreja no continente, como o rompimento da unidade, especificamente na dimensão eclesiológica, sem perder seu pano de fundo que é a comunhão e o serviço, e particularmente a comunidade como sujeito ativo da Igreja evangelizadora, o documento pueblano insiste também numa eclesiologia jerárquica, portanto um modelo um tanto verticalista. De fato, há uma contínua acentuação no caráter necessário e constitutivo dos ministérios de presidência da comunidade, desde o ministério supremo do Papa, até o ministério dos bispos, presbíteros e diáconos (Cf, por exemplo, *Puebla* 154-164, 147-149)[55]. Mas essa insistência não chega a eliminar a missão da evangelização como tarefa de toda a comunidade, e a predominância da linha comunional sobre estes aspectos verticalistas.

3.1.3 A catequese a serviço de uma educação para a comunhão e o serviço

Foi nesse contexto eclesiológico que medrou, em seus momentos mais significativos, o Movimento Catequético Brasileiro. A catequese, ao mesmo tempo que se renovava na busca de viver também ela essas duas características principais de *serviço* e *comunhão*, contribuía para um crescimento da Igreja nessa direção, uma vez que a educação da fé assumia como seu conteúdo principal a *caminhada da comunidade*. Nessas duas palavras, tão repetidas por todos os recantos do Brasil, estão como que sintetizadas estas duas faces da eclesiologia subjacente à mesma pastoral catequética. De

---

55 Cf. Alberto RAMIREZ, *La verdad sobre la Iglesia en Puebla: comentario de la Eclesiología de Puebla a la luz de la Eclesiología universal actual*. Colección *Cremos*, Medellín: Comisión Teológica Arquidiocesana, 1981; Ronaldo MUÑOZ, *O capítulo eclesiológico das conclusões de Puebla in REB* 39 (1979), p. 113-122. Este último autor afirma que "a maioria das afirmações [desta eclesiologia de *Puebla*] se apoia ou poderia se apoiar em citações do Concílio. Mas o enfoque e os acentos nem sempre coincidem com os do Concílio, e tendem antes a corrigir ou a chamar à ordem aquilo que se vê ou se teme como desvio no movimento renovador fomentado pelo Concílio". *Ibid.*, p. 113.

fato, *caminhada* quer significar todo aspecto experiencial e vital, em geral muito conflitivo e sofredor, de nosso povo, que deve ser iluminado e transformado à luz de Jesus Cristo. É a *dimensão diaconal* da catequese.

O outro termo claramente está a dizer que tal vivência da fé se faz em comunidade, na união fraterna, cujo fundamento principal não é uma estratégia para conseguir as desejadas transformações sociais, mas sim a caridade evangélica que faz ver no rosto dos mais pobres a fisionomia de Cristo. É a dimensão de *koinonia* da educação da fé.

Como vimos, *CR* consagrou o princípio de *interação fé e vida* na educação da fé; com isto quis ressaltar a repercussão e consequências na vivência do dia a dia das atitudes de fé professadas: é o fruto de uma eclesiologia diaconal. Por outro lado, consagrando também a comunidade como o lugar por excelência da educação da fé e propondo a *comunidade catequizadora* como agente principal da catequese, *CR* quer educar para uma fé que se caracteriza, além do aspecto de *compromisso pessoal* com Jesus Cristo, também por sua *vivência comunitária*: é a eclesiologia comunional.

3.2 A dimensão comunitária em *Catequese Renovada*

O documento *CR* trata especificamente da Igreja em sua *terceira parte*, embora implicitamente uma específica visão eclesiológica renovada esteja na base de todas suas impostações e perspectivas. Como vimos, a terceira parte de *CR*, intitulada *Temas fundamentais de uma catequese renovada* (ou o tão falado *roteiro* catequético), dependeu em sua estrutura e conteúdo do documento de *Puebla*. Vimos também que *Puebla* se caracterizou pela linha da *comunhão e participação*. Porém, *CR* em sua terceira parte se ressente também daquela dimensão jurídico-verticalista do documento de *Puebla*[56]. Entretanto, no seu conjunto, a hierarquia aparece bem situada dentro e a serviço da grande comunhão eclesial. Assim, o modelo de Igreja que daí surge é caracterizado também pelo modelo eclesiológico comunional.

A parte mais especificamente eclesiológica, denominada *Verdade sobre a Igreja* (*CR* 203-237), é um de seus temas mais longos; de fato, nela são

56 Isso se constata quase que exclusivamente no nº 203 de *CR*, fugindo um pouco do espírito de *Puebla*. Neste sentido, o que pode causar impressão é a colocação desta perspectiva logo no início da exposição sobre a Igreja: "A Igreja é inseparável de Cristo. Ele fundou-a sobre Pedro, cabeça dos doze, como sacramento universal e necessário da salvação. Foi uma ação direta do Senhor, convocando os discípulos e outorgando-lhes seu Espírito, dotando a comunidade nascente de elementos essenciais, que deu origem a uma instituição divina. Aceitar Cristo é aceitar a Igreja". Sobre a expressão "sacramento universal e *necessário*", será comentada a seguir.

tratados assuntos muito importantes e relacionados com a eclesiologia, tais como Sacramentos, Liturgia, a presença de Maria. Tal extensão é justificado também pela importância da dimensão comunitária da catequese[57]. Dentro da eclesiologia do Vaticano II, assimilada em *Puebla*, são considerados: a relação entre Igreja e o Reino de Deus, sua origem em Jesus Cristo e natureza hierárquica (*CR* 204-205); Igreja como Povo de Deus e seu universalismo (206), servidora da humanidade em vista da salvação (207); características essenciais da Igreja apresentadas em forma dialética (208-211); Igreja e vivência comunitária da fé (onde se tratam fé e batismo; a marca do pecado pessoal e social, e a necessidade de contínua conversão (216), ecumenismo (217-218)[58]; a sacramentalidade de Cristo, da Igreja e dos sete sacramentos; papel e significado da liturgia (220-221); os sacramentos como expressão da Igreja, santificação, libertação do homem e glorificação de Deus (222-225); a centralidade da Eucaristia e sua incidência na vida; o significado do domingo como páscoa semanal (226-229). Ao concluir, como a *LG,* a figura de Maria é apresentada à luz do Mistério de Cristo (230-237).

Podemos relevar ainda estes aspectos: a Igreja, inseparável de Jesus Cristo, seu fundador, que a quis como sacramento universal e necessária para a salvação[59], sua missão universal (203), constituída por um povo salvo por graça, mas ainda em busca e para servir à humanidade (206 e 213), anunciadora, instrumento e sinal do Reino (205)[60]. A razão de ser da Igreja é expressar e realizar a salvação que Deus realiza silenciosamente no mundo inteiro (205 e 207). Como instituição salvífica, ela se caracteriza por estas notas: é divina, mas está no mundo; é apostólica e atual, católica e local, una e múltipla, santa e pecadora (208-212). Particularmente, os sete sacramentos são vistos na perspectiva do grande Sacramento que é a Igreja. Insiste-se, entre outras coisas, na repercussão sacramental nas relações in-

---

57 Cf. L. ALVES DE LIMA, *Temas fundamentais para uma catequese renovada in RdeC* 7 (1984), nº 25, p. 13.

58 Devido à necessidade de sintetizar o texto, alguns aspectos foram eliminados, ficando incompleto o tema; é preciso completá-lo com o que se diz na *CT* 33-34 e *Unitatis Redintegratio* 3-4, embora alguma coisa se retome ao falar do *pluralismo,* mais na frente: cf. *CR* 277-278.

59 A este respeito podemos fazer a mesma crítica que fez R. MUÑOZ ao documento de *Puebla*: "Cabe observar que a cláusula 'e necessário' não faz parte da fórmula consagrada pelo Vaticano II: 'sacramento universal de salvação' *LG* 1, 9, 48, 59; *GS* 42, 45. Depois do Concílio, e mesmo de Pio XII, é difícil entender o acréscimo do 'necessário' como um retorno à interpretação restritiva do '*Extra Ecclesiam nulla salus*'". ID., *O capítulo eclesiológico das conclusões de Puebla,* p. 114.

60 Neste ponto vê-se uma descentralização da Igreja, que se distanciam de um certo eclesiocentrismo de *Puebla*: cf. R. MUÑOZ, *O capítulo eclesiológico das conclusões de Puebla*, p. 114.

terpessoais, de forma dinâmica e libertadora, na estruturação mais justa da sociedade e na ação humana sobre a História e o mundo (*CR* 222).

3.3 A dimensão catequizadora das Comunidades Eclesiais de base

3.3.1 A eclesialidade das CEBs e nelas a catequese

A catequese se beneficiou largamente, como afirmamos, do modelo de Igreja que, após o Vaticano II e os planos de pastoral, se procurou implantar no Brasil. Neste sentido, devemos abordar agora a questão das CEBs e a catequese. Antes porém, vejamos algumas notas sobre sua eclesialidade.

Pelo seu modo de acolher, viver e anunciar o Evangelho, as CEBs (ou pequenas comunidades) são uma inovação pastoral assentada sobre a mesma base eclesial que dá identidade à Igreja Católica; do ponto de vista jurídico-institucional representam organizações básicas de uma paróquia e diocese renovada a partir da Eclesiologia do Vaticano II[61]. Vale notar que a mesma expressão *Comunidades de Base* foi e ainda é usada na Europa (sobretudo Itália), com sentido diferente. Teológica e pastoralmente, entre nós, representam, entretanto, "“"novo modo de ser Igreja" como desafio para ser "um novo modo de *toda* a Igreja ser"”"[62], ou seja: neste novo modelo de viver a eclesialidade, as CEBs apresentam-se como um modo eclesiológico para toda a Igreja, sobressaindo os aspectos comunitário, ministério leigo, interação fé-vida (dimensão sociopolítica, sobretudo) e como comunidade catequizadora[63].

Elas expressam sobretudo o modelo comunional de viver a fé eclesialmente. O seguinte testemunho, em sua simplicidade, revela esse espírito que perpassa o novo modo de ser Igreja. Durante um dos intervalos do VII Encontro Intereclesial das CEBs (de 10 a 14 de junho de 1989, na Diocese de Duque de Caxias, RJ), à frente da catedral, uma senhora, apoiada em

---

61 Cf. Pedro A. RIBEIRO DE OLIVEIRA, *CEBs: O que são? Quantas são? O que fazem? in REB* 54 (1994), p. 931. O autor é sociólogo que trabalhou em campo teológico-pastoral; apresenta alguns dados de pesquisa científica sobre as CEBs, nas décadas de 1980-90, opinando que são comunidades de *base* não por serem populares, como apressadamente se afirmou, mas por serem o núcleo mínimo de uma *comunidade eclesial*. São assim definidas: "as CEBs devem ser entendidas como grupos de caráter *local*, nos quais se realizam as atividades básicas da Igreja Católica: evangelização, catequese, administração dos sacramentos e pastoral social [...]. Podem ser incluídas entre as CEBs desde as incipientes comunidades que, na zona rural ou nas periferias urbanas, organizam sua própria catequese e seu culto dominical, até as grandes comunidades dos centros urbanos e bairros populosos, desde que estas se relacionem com as demais em pé de igualdade e não como matrizes paroquiais". *Ibid.*, p. 931-932.

62 L. BOFF, *CEBs: o que significa "Novo Modo de toda a Igreja ser"? in REB* 49 (1989), p. 546.

63 São dimensões mostradas por P. A. RIBEIRO DE ALMEIDA na referida pesquisa. Cf. ID, *CEBs: O que são?*, p. 933.

sua vassoura, dizia chorando a um sacerdote:

> Um pedaço do Reino de Deus já chegou. Padre, não é [mesmo] um pedaço do Reino ver todo mundo comendo, sentados uns no chão, outros sobre a mureta, outros nas escadas da igreja, outros de pé, bispos no meio do povo, teólogos junto com camponeses, agentes de pastoral junto com alguns indígenas, latino-americanos mesclados com europeus, andinos com amazônicos? Não é um pedaço do Reino de Deus essa fraternidade, essa união, essa diversidade, todos juntos, irmãos e irmãs?[64].

Nada de arroubos teológicos, nem de raciocínios profundos; parece até uma citação que não fica bem num trabalho acadêmico. Mas traduz plasticamente o que se entende por "comunhão eclesial" no Brasil: irmandade, fraternidade, confraternização sem os muros de separação que às vezes os próprios títulos de serviço eclesial (bispo, padre, catequista, teólogo...) levantam no meio da comunidade. É claro que uma simples refeição informal com todos juntos não traduz todas as atitudes que decorrem de uma verdadeira comunhão eclesial, mas é um sinal. Nessas comunidades, era normal verem-se sacerdotes escutando as pessoas simples argumentarem, bispos ou cardeais em atitude de diálogo, teólogos, do alto de seus esquemas compreensivos de toda realidade, tentarem entender e falar a linguagem simples dos pobres[65].

É claro que nem tudo é perfeito, e as deficiências que se encontram em toda parte na Igreja também se fazem presente nas CEBs. Entretanto, é falsa a visão das CEBs como movimento de tendência separatista ou de oposição à hierarquia, quase querendo instalar uma *Igreja Popular* em oposição à Igreja oficial; em alguns parece até ser um medo obsessivo[66].

64 L. BOFF, *CEBS: que significa...*, p. 546.

65 Impressionante é o testemunho do Card. Dom Aloysio LORSCHEIDER, arcebispo de Fortaleza: "Eu levava a fé ao povo como um remédio já preparado, sem refletir atentamente sobre o seu sentido dentro do contexto sociopolítico, econômico, cultural e religioso do povo. Meu papel era o de um professor e de um presidente do culto mais do que o de um verdadeiro evangelizador dentro da realidade viva do povo... Cessei de ser um professor ou um instrutor, para me tornar um animador no meio de outros animadores. Tornei-me aluno, antes de pensar em ser mestre. Não penso mesmo em ser mais mestre, pois há um só Mestre (Mt. 23, 8). Com eles, eu quero ser discípulo do Mestre... sedento de saber, com toda a comunidade, aquilo que Jesus e o Espírito têm a dizer à Igreja... Neste contexto e com as comunidades populares, pobres e religiosos, fiz outra descoberta: uma nova maneira de rezar". ID., *Redefinizione della figura del vescovo nell'amibente popolare religioso in Concilium* 20 (1984), p. 977.

66 *Puebla* aceita a designação de *Igreja Popular*, na medida em que tais comunidades se encarnam nos meios populares como resposta de fé à Palavra de Deus; rejeita, porém, chamando-a de expressão infeliz, se com ela se quiser colocar as CEBs em oposição à Igreja institucional (cf. *Puebla*

Um dos momentos em que a eclesialidade das CEBs é vivida, refletida, e celebrada de maneira vigorosa são os chamados *Encontros Intereclesial de Base*. A iniciativa, organização e condução pertencem aos leigos, porém a presença de teólogos e bispos, sacerdotes e religiosos é bastante significativa. Após a reflexão de um tema, previamente escolhido pelas comunidades, o processo culmina com uma maciça concentração de delegados das CEBs dos Regionais da CNBB, chamada *Encontros Intereclesiais de Base,* numa apoteose de reflexão, oração e projetos em geral de natureza sociopolíticos[67]. Eles se têm mostrado um laboratório teológico muito fecundo.

A comunhão eclesial que se estabelece nessas pequenas comunidades não permanece somente nas ideias, mas concretiza-se também nas decisões, nas ações, nos ministérios. Eis o testemunho de um estudioso das CEBs, já citado:

> Sinal claro de que se trata realmente de uma nova forma de ser Igreja é que 70% das comunidades têm sua celebração dominical presidida por seus próprios leigos quando não há celebração eucarística. Se articulamos a este dado o fato de 75 % das comunidades terem conselho comunitário ou equipe de coordenação, temos um quadro de participação leiga na grande base da Igreja. Aquela imagem de Igreja que só funciona com a presença do padre já

263). A mesma coisa se diga com relação à *leitura popular da Bíblia*; como foi dito, é uma leitura feita na Igreja, guiada pela tradição e magistério, uma leitura *orante* e sobretudo em íntima relação com a vida do povo. Cf. Pablo RICHARD, *A Teologia da Libertação na nova conjuntura. Temas e desafios novos para a década de noventa in REB* 51(1991), p. 660.

67 Os *Encontros Intereclesiais*, no final e início dos séculos, realizam-se de dois em dois anos. Os temas estão ligados, em geral, às *Campanhas da Fraternidade*. Eis alguns deles: 1975: CEBs, uma Igreja que nasce do Povo por meio do Espírito Santo; 1976: Igreja, Povo que caminha; 1978: Igreja, Povo que se liberta; 1981: Igreja, Povo oprimido que se organiza para a libertação; 1983: CEBs, Povo unido, semente de uma nova sociedade; 1986: CEBs, Povo de Deus em busca da terra prometida; 1990: CEBs, Povo de Deus da América latina buscando a libertação; 1992: Povo de Deus renascendo das culturas oprimidas (em Santa Maria, RS, 2238 delegados brasileiros, representando suas comunidades e 88 de outros países da América Latina e Caribe; a grande maioria eram leigos); 1993: CEBs, Povo de Deus renascido das culturas oprimidas;... 1997: 9°. Encontro em São Luís do Maranhão, 15- 19 de julho de 1997: CEBs: Vida e Esperança nas Massas (primeiro Encontro dentro do perfil definido no diálogo CEBs-CNBB: católico, mas aberto ao ecumenismo e diálogo inter-religioso). 2000: 10° Encontro em Ilhéus, Bahia, 11-15 de Julho, com 3036 participantes (72 evangélicos) e o tema: CEBs: Povo de Deus, 2000 anos de caminhada; 11° Encontro, em Ipatinga (MG), 19-23 de julho de 2005, com 3806 participantes; tema: CEBs, Espiritualidade Libertadora, e o lema: Seguir Jesus no compromisso com os excluídos. De 18-22 de julho de 2023 (o último, até esse ano), realizado em Rondonópolis-Guiratinga (MT) com o tema: CEBs: "Igreja em saída na busca da vida plena para todos", e o lema: "Vejam! Eu vou criar novo céu e uma nova terra" (Is 65,17ss). Foram 1500 participantes presenciais e outros tantos *on line*. Cf. *Memória dos Intereclesiais: os encontros intereclesiais das CEBs in* https://cebsdobrasil.com.br/category/15o-intereclesial/. Acessado em: 15 set. 2023.

é coisa do passado. Hoje os leigos e leigas assumiram sua responsabilidade e desempenham muitos serviços e ministérios que antes estavam fora de seu alcance[68].

Isso acontecia sobretudo com a catequese, onde o princípio de interação fé-vida tornava-se muito mais fácil de se colocar em prática. De fato: entre os ministérios, muito desenvolvidos nas CEBs, está o da Palavra, incluindo-se aí a catequese. Além de a própria comunidade com sua caminhada ser catequizadora, como veremos, recente pesquisa mostrou que grande parte da catequese, como educação explícita de um modo especial para os sacramentos, é realizada nas CEBs[69]. Outros aspectos da vida eclesial das CEBs são as celebrações litúrgicas (70% presidida por leigos, também aos domingos!), a reflexão bíblica a partir da própria realidade, como já falamos dos círculos bíblicos e o dinamismo pastoral, pois é o segmento da Igreja que apresenta maior atividade no campo da pastoral social[70].

Após essa introdução para mostrar a eclesialidade dessas pequenas comunidades, de um modo especial o espírito de comunhão e serviço (*diakonia* e *koinonia*), passemos agora a examinar mais detalhadamente *o processo da educação da fé* na caminhada da comunidade, conforme é apresentado pelo mesmo Documento *CR*[71].

3.3.2 Os quatro passos do itinerário catequético numa comunidade catequizadora

A quarta parte de *CR* descreve, de uma maneira idealizada (cf. 286), como essas comunidades vão se tornando cada vez mais catequizadoras, na medida em que vão interagindo os quatro elementos da caminhada da comunidade: a união entre os membros, a abordagem da realidade, a

68 P. A. RIBEIRO DE ALMEIDA, *CEBs: O que são?*, p. 933.

69 "Outro dado significativo é a *dimensão catequética* das CEBs. Não só a catequese de preparação para a 1ª Eucaristia é feita em mais de 80%, como 65% delas faz também a preparação de pais e padrinhos para o Batismo e 60% a preparação para a Crisma". P. A. RIBEIRO DE ALMEIDA, *CEBs: O que são?*, p. 933.

70 *Ibid.*, Após estas colocações o autor conclui: "a atual pesquisa derruba uma imagem superficial das CEBs como grupos que só priorizam a promoção social e organização popular". *Ibid.*, p. 934.

71 Já acenamos aos aspectos da *Liturgia*, que unida aos dois anteriores e a este do ministério da Palavra (*Martiria*), completam a tetralogia essencial da práxis eclesial conforme é apresentada por E. ALBERICH como quadro de referência fundamental da atividade catequética: cf. ID., *Catequesis Evangelizadora. Manual de catequética fundamental*. Madrid: Editorial CCS, p. 41-49. Na edição brasileira: *Catequese evangelizadora. Manual de catequética fundamental*. São Paulo: Editora Salesiana, 2004, p. 55-77.

vida eclesial e a explicitação da fé (288). Na medida em que a comunidade cresce no conhecimento da Bíblia, cresce também sua oração, a vivência da Palavra de Deus, seu compromisso com a transformação da realidade; por outro lado, quanto mais a comunidade se compromete com a realidade, mais sente a necessidade de se abastecer com a Palavra de Deus, com a oração, com a vida eclesial. Assim, neste processo de interação fé-vida, o cristão vai crescendo no seguimento de Jesus Cristo: a comunidade torna-se verdadeiramente catequizadora[72]. Não se trata de estabelecer qual deles é o primeiro passo ou quanto tempo dura cada um para se passar para outro. A caminhada, sendo um processo dinâmico e dependendo das pessoas, possui ritmos diferentes conforme uma série de elementos da própria vida da comunidade (288).

Esse percurso é longo, e, dentro de um processo permanente, tende a durar toda a vida (284). Como podemos observar, repete-se aqui, de uma forma ampliada, o mesmo processo do círculo hermenêutico daqueles três passos da *leitura popular da Bíblia* dos círculos bíblicos acima expostos. A inspiração é a mesma, pois, como já acenamos, as CEBs nasceram, muitas vezes, desses grupos bíblicos. É o mesmo princípio de interação fé-vida que está na base dos dois processos.

É preciso ainda relevar que não se trata de processo catequético direcionado a um determinado tipo de pessoas ou para uma determinada finalidade (catequese de crianças, catequese sacramental etc.), mas trata-se do crescimento da fé da comunidade inteira. É claro que, em primeiro lugar, os mais importantes sujeitos-objetos dessa catequese são os adultos[73].

Aprofundemos, pois, este processo conforme o exemplo de *itinerário catequético* apresentado por *CR* em sua *quarta parte* dedicada justamente à *caminhada da comunidade*[74]. Aqui novamente encontramos *quatro momen-*

---

72 Sobre o processo de interação entre fé e vida nas CEBs, pelo qual as situações concretas da vida são interpretadas à luz do Evangelho com significativas repercussão na vida das pessoas e da sociedade, pode-se aprofundar no artigo de Álvaro BARREIRO, *As comunidades Eclesiais de Base como modelo inspirador da nova evangelização in Perspectiva Teológica* 24 (1992), p. 331-356.

73 É justamente neste prisma de catequese com os adultos que é tratado o processo catequético nas CEBs na recente obra de E. ALBERICH – A. BINZ, *Forme e modelli di catechesi con gli adulti, esperienze e riflessioni in prospettiva Internazionale*. Torino-Leumann: LDC, 1995, p. 160-166. Na edição brasileira: *Formas e modelos d catequese com adultos: panorama internacional*. São Paulo: Editora Salesiana, 2001, p. 133-145 e 159-171.

74 L. ALVES DE LIMA, *A comunidade catequizadora no Brasil in RdeC* 10 (1987), nº 40, p. 7-20, publicado também como *La comunidad catequizadora en Brasil. Testimonio in Medellín* 15 (1989), p. 125-140; ID., *Dimensão política da catequese: considerações pastorais in RdeC* 14 (1991), nº 55, p. 3-22.

tos ou passos, que não devem ser confundidos com os quatro elementos acima descritos; cada um deles (união, abordagem da realidade, vida eclesial e explicitação da fé) estão presentes, com maior ou menor intensidade, nos diversos passos do processo.

a) A reunião das pessoas ao redor da Palavra de Deus.

O *primeiro passo* consiste na formação do "círculo bíblico". A CEB não nasce com a simples formação de grupo ou outro tipo de reunião, como novenas, terços, etc. Lendo, meditando e aprofundando a Palavra de Deus, conforme o processo descrito acima, vão se esclarecendo os caminhos para a formação da comunidade. Assim, a Bíblia chega a ser o livro da comunidade. A Palavra de Deus cria laços de amizade e relações interpessoais que se aprofundam sempre mais.

Sua leitura ainda não está muito ligada à vida, mas a comunidade manifesta uma grande fé na *força* da Bíblia e a veneram como o livro santo, escrito por Deus aos homens. Neste estágio, a vida eclesial não tem muitas manifestações: reduz-se muitas vezes à dimensão celebrava: missas, sacramentos, devoções, festas populares, etc. Tudo impulsionado mais por tradição do que ainda por convicções pessoais e comunitárias, pois ainda não existe uma consciência crítica cristã formada (cf. *CR* 289-290).

b) Forma-se uma incipiente comunidade

No *segundo passo*, sente-se mais a necessidade da união e da fé. Aclara-se um pouco mais a visão de Deus, de Jesus Cristo, de Maria, dos Santos, da Igreja. A Bíblia vai abrindo os olhos: Jesus Cristo é visto como Alguém que está sempre presente na História. A Palavra de Deus se une aos fatos de cada dia. Caminha-se já com mais consciência, fruto da oração e da meditação da Bíblia confrontada com a vida.

Já se começa a programar atividades concretas de compromisso cristão de assistência aos mais necessitados: pobres, famílias desamparadas, desempregados, enfermos... Cresce também a vida eclesial: a liturgia é mais sentida e participativa. A Palavra e o amor que reúnem os membros da comunidade chega a transformar as pessoas e abri-las mais às necessidades dos outros, tornando-as mais fraternas, simples e solidárias com os mais pobres (cf. *CR* 291-295).

c) Compromisso com a transformação social

Agora já existe maior compromisso diante de uma realidade que precisa ser transformada. É o *terceiro passo*, quando os membros da comunidade percebem que sua fé deve empenhá-los na erradicação daquilo que é contra o plano de Deus. Começa-se a discutir os problemas sociais, a se interrogar sobre as causas de tantas desigualdades entre os homens, por que os ricos são cada vez mais ricos e os pobres vão ficando sempre mais pobres, sem condições de se libertar desta situação injusta. Tal tomada de consciência é atribuída pelos adversários, como infiltração comunista... acusação de ideologia marxista... (fantasma inculcado na A. Latina pelos norte-americanos, sobretudo durante a *guerra fria*, acentuando sobretudo o aspecto ateísta dessa ideologia). Mas, como vemos, é a força da Palavra de Deus em sua interação com a vida, o sustento dessa consciência crítica diante do império do dinheiro e desvalorização da pessoa humana...

A força da fé, a iluminação recebida da Palavra de Deus e a união que existe entre os membros encorajam-nos a tomar alguma posição em vista de uma transformação da sociedade. Em geral a primeira coisa que se faz é organizarem-se; começam a participar dos movimentos populares já existentes, mesmo fora da comunidade, ou, se for necessário, dão início a formas de organizações a partir da própria comunidade eclesial (sabe-se, por exemplo, que as CEBs e a presença de uma Igreja mais consciente e crítica da desigualdade social estão na raiz da fundação do *Partido dos Trabalhadores*, grande força política no Brasil; o próprio líder dessa fundação, Luiz Inácio Lula da Silva, Presidente do Brasil por 3 vezes, participou das CEBs de São Bernardo do Campo).

Ao lado desse crescimento social, também a fé vai se aprofundando. Jesus é considerado em seu tempo, dentro das conjunturas sociais, culturais, religiosas e econômicas da época e, no meio de tudo isso, o Reino é anunciado. Também a vivência eclesial toma novo aspecto: de um lado, participam mais ativamente nas iniciativas da vida paroquial; a celebração comunitária da fé, as ações litúrgicas transformam-se em momentos de oração consciente, participativa, muito ligadas aos fatos, à caminhada e aos projetos da comunidade. Livres de criarem os próprios símbolos, cantos e orações, a dimensão litúrgica reveste-se de grande criatividade, em celebrações vivas, cheias de referências às situações que estão vivendo, à Bíblia, às tradições da religiosidade popular (cf. *CR* 296-299).

De modo especial os *cânticos* ou canções litúrgicas ou de animação são repletos de inspiração religiosa e vontade de compromisso com as causas do Reino de Deus; impressiona a capacidade de traduzir em versos e música aquilo que estão vivendo na fé e no compromisso social concreto, como já se falou, com exemplos (cf. cap. III, notas 179 e 180, e o corpo do texto). Acontece então o que em outros tipos de catequese nem sempre é fácil se conseguir: formular com a própria linguagem e símbolos de sua cultura aquilo que assimilaram da Bíblia, da doutrina da Igreja, da própria experiência religiosa.

Não são palavras vazias, ou poesia dita ao vento, romantismo ou lirismo inócuo, predomínio da dimensão sentimental como em geral acontecia tradicionalmente na Igreja pré-conciliar: são expressões vigorosas, de profunda fé no Deus presente na História e ao mesmo de compromisso evangélico, como poucas vezes se encontra na lírica cristã. Pode-se dizer que nunca se criaram tantas canções e cantos na história da Igreja no Brasil do que a partir das CEBs nos anos 60 a 2000. Há uma diferença do dia para a noite se analisarmos os cantos religiosos de 50 anos antes e os compostos nas CEBs nestes anos de florescência pastoral e empenho social.

d) A luta pela libertação nos projetos concretos

É o *quarto passo*, o mais difícil pois exige maturidade e oferece riscos; por isso mesmo suscita preocupações. Consiste em assumir tarefas de lideranças na sociedade com uma viva consciência da própria missão evangélica de serem agentes de transformação. É o momento em que muitos membros das CEBs assumem tarefas sindicais, políticas, empresariais, diluindo-se no meio da sociedade como o sal na água (cf. *Mt* 5, 13). Nem por isso se afastam da vida da comunidade. Porém, "o fato de não mais se ver o "sal", gera inquietações em alguns cristãos mais preocupados com a vida interna da Igreja" (cf. *CR* 300), como se os cristãos tivessem que permanecer eternamente confinados nos muros intraeclesiais.

Os membros da comunidade que realizam esse passo são conscientes de sua missão nas diversas instituições sociopolíticas; devem, com a fé da comunidade, iluminar os projetos históricos, políticos, econômicos e sociais. Devem assumir suas responsabilidades como cristãos, mas não em nome da comunidade, pois "a comunidade enquanto Igreja, não se liga diretamente a um projeto histórico, especialmente político" (cf. *CR* 301). Quanto às CEBs, elas devem viver a tensão existencial de solidariedade com projetos concretos, mas ao mesmo tempo se distancia deles por sua posição crítica e profética[75].

Torna-se real, então, a recíproca influência entre fé professada e a vida em todas as suas dimensões, também na dimensão política e social. Entretanto, os cristãos assim empenhados, sabem que a transformação da sociedade não é tarefa exclusiva dos movimentos comunitários eclesiais. Por isso, sentem o dever de colaborar com movimentos populares, sindicatos, associações de bairro, partidos políticos etc. Os cristãos entram em contato com pessoas de outros credos e outras ideologias. Confrontam-se com novos projetos e novas maneiras de agir. A leitura da realidade social torna-se mais política e global. Têm consciência da manipulação a que são submetidos os pobres através da mídia, do poder político, que em geral é elitista, autoritário e dominador. Discutem-se os métodos de ação e as diferentes estratégias (cf. *CR* 302).

Este momento não é isento de tentações para o leigo cristão que se engaja na política, principalmente a tentação de deixar a própria comunidade de fé e passar a contar somente com o partido, sindicato, ligas, coligações ou outro grupo político e, acima de tudo, passar a se alimentar apenas com as ideologias. Infelizmente, não foram poucos que se deixaram seduzir por *esse canto de sereia*... É importante e decisivo para a sorte das comunidades, neste momento, a presença encorajadora dos pastores para confirmá-los na fé.

> Os bispos devem ajudar as comunidades para que não se deixem instrumentalizar, para saberem discernir o que é específico para o cristão na linha da libertação integral do homem, para que na luta, ao lado de outros que não professam nossa fé católica, saibam manter-se fiéis na sua adesão a Jesus Cristo e à Igreja (*CR* 303).

Diante disso o cristão se reconhece também limitado, necessitado de constante conversão a Cristo, à Verdade e à Caridade. Mais do que nunca o membro da comunidade experimenta que "sem Mim nada podeis fazer" (Jo. 15, 5) e que "tudo posso nAquele que me dá forças" (Fl 4, 13). É o momento da maturidade da fé, quando Cristo é visto e aceito, não só como modelo a imitar e como profeta, mas como *Filho de Deus*, *Senhor e Salvador*,

75 Os problemas do relacionamento entre comunidade e política, estabelecendo os limites de ação quer da jerarquia, quer da liderança leiga das comunidades no campo da política partidária, a militância política e a educação política foram bem definidas no documento da CNBB, *Igreja: comunhão e missão na evangelização dos povos, no mundo do trabalho, da política e da cultura*. Coleção *Documentos da CNBB* 40, São Paulo: Paulinas, 1988, n°s 216-227.

que tira o pecado do mundo. Tomar consciência do pecado é sobretudo reconhecê-lo como raiz dos males da sociedade, algo que está profundamente enraizado no coração do homem, contra o qual o próprio homem pouco pode se Cristo não o transforma, criando um coração novo (cf. *CR* 305).

Progredindo nesta caminhada de fé, o cristão se aprofunda em alguns aspectos essenciais de sua identidade: a *consciência do pecado*, a certeza de que *Cristo vive e atua no mundo* por meio dele, a *descoberta de Cristo* no irmão, pela prática da caridade vivida também numa dimensão sociopolítica, principalmente em favor dos pobres, e a *consciência da missão* que Deus lhe dá: deve ser "sinal do Reino de Deus no mundo", e passa a ter voz e vez na sociedade e na Igreja (cf. *CR* 306).

Este momento é considerado *altamente catequético* para a comunidade cristã, pois representa uma adesão de fé explícita e madura, e o Evangelho, através da ação sociopolítica dos cristãos, mostra toda sua força transformadora não só no âmbito pessoal, mas principalmente nos relacionamentos sociais e nas estruturas político-econômicas:

> é o momento em que a comunidade e o cristão são interpelados a manter e aprofundar sua própria identidade cristã: que é mesmo que nos faz cristãos? O que temos de original para oferecer à humanidade que procura libertar-se? (*CR* 302)

Conclusão: as CEBs, lugares de crescimento na fé

Como se percebe, as CEBs chegam a ser, assim, o lugar próprio e rico para a "catequese comunitária e de adultos", iluminando a vida em seus problemas mais sérios e profundos à luz da Palavra de Deus, experimentando no dia a dia a força da fé, enfim, realizando a verdadeira interação entre fé e vida. A Palavra de Deus vai cimentando ideais, unificando vontades, unindo pessoas, solidificando a fraternidade, corrigindo falhas, confirmando na luta, alimentando a construção da Igreja e de um mundo justo e solidário. Quão distantes estamos daquela catequese que se interessa só de crianças, para transmitir-lhes algumas verdades *sobre* a fé...

Observação final que podemos fazer se refere à *integridade do conteúdo*, que suscita tanta preocupação nos documentos eclesiais sobre a catequese. Neste tipo de educação da fé, tal integridade assume uma amplitude muito maior. Lemos em *CR*: "Para uma verdadeira catequese não basta planejar um bom andamento de um conjunto de temas. Trata-se de promover a integração da caminhada da comunidade com a mensagem evangélica" (283).

Isso quer dizer que o critério de integridade na catequese não se refere somente ao *conteúdo doutrinal*, mas também aos *acontecimentos da vida* que devem ser iluminados e interpretados pela mensagem[76]. Por isso, no MCB, mas de um modo especial nas CEBs, hoje se fala também de "integridade da caminhada da comunidade": os fatos concretos da vida e a existência com sua complexidade fazem parte do conteúdo da catequese, como tinha sido a grande proposta catequética de *Medellín* (*Catequese*, nº 6). Aliás, o grande problema que estava no centro das discussões por ocasião da confecção de *CR*, foi justamente esta *caminhada da comunidade como conteúdo da catequese*. Nas CEBs isto não é teoria: é *prática* e *vivência* do dia a dia.

Entretanto, precisamos tratar desse princípio fundamental da catequese renovada sob o ponto de vista teológico: este é o tema do próximo item.

4. FÉ E VIDA: UM PROJETO RENOVADOR

4.1 O princípio de interação fé – vida

Já fizemos várias referências a esse *princípio metodológico da interação*, ao tratar tanto da Revelação, como da leitura bíblica na catequese renovada e na caminhada das CEBs. Agora devemos examiná-lo melhor. Trata-se de um dos conceitos mais importantes da renovação catequética. No MCB é uma prática que já remonta ao imediato pós-concílio, embora a reflexão sobre o mesmo seja posterior e não seja tão abundante assim[77].

Em *CR* ele é a linha fundamental, a chave de leitura de toda a renovação catequética; de fato, a *primeira parte* de *CR* procura mostrar que desde o início a catequese foi uma "iniciação à fé e vida da comunidade", na *segunda parte*, esse princípio é exposto e aprofundado; a *terceira parte* apresenta os temas fundamentais para uma catequese renovada numa "ligação entre fé e vida, formulações da fé e caminhada da comunidade", e finalmente a

76 Cf. L. ALVES DE LIMA, *A comunidade catequizadora no Brasil*, p. 12.

77 Em âmbito de Brasil podemos citar a seguinte bibliografia sobre o tema *interação*: W. GRUEN, *Interação entre experiência e mensagem na catequese in RdeC* 6 (1983), nº 24, 27-36; Faustino Luiz Couto TEIXEIRA, *A fé na vida. Um estudo teológico-pastoral sobre a experiência das CEBs no Brasil*, Roma, Gregoriana, 1985; Cleto CALIMAN, *Experiência de Deus ontem e hoje in RdeC* 7 (1984), nº 26, p. 14-23; e nº 27, p. 25-33; B. CANSI, *Os métodos na catequese à luz do princípio da interação in* CNBB – *Linha 3, Primeira Semana Brasileira de Catequese*. Coleção *Estudos da CNBB* 55, São Paulo: Paulinas ,1987, p. 162-207; ID., *Interação fé e vida*, São Paulo: Paulinas, 1988, 37 p.; L. ALVES DE LIMA, *Princípio metodológico da interação in* ID., *Elementos fundamentais da catequese renovada*, São Paulo: Editora Salesiana Dom Bosco, 1986, p. 29-39.

quarta parte consiste em mostrar o crescimento da fé de uma comunidade na medida em que ela caminha interagindo fé e vida.

4.1.1 A terminologia

A terminologia é um pouco flutuante: muitos falam em método de interação, outros preferem a expressão princípio metodológico de interação. Nos *Instrumentos de Trabalho* anteriores (*OCC* e *OCR)* as reflexões falavam particularmente de *modelos catequéticos* e não tanto de métodos[78]. *CR* diz: "reconhecemos a existência de uma pluralidade de métodos... a variedade de métodos é um sinal de vida e riqueza" (*CR* 11), porém todos eles devem obedecer "ao chamado princípio da interação (ou da interpelação)" (112, 114). De fato, "na catequese realiza-se uma *inter-ação* (ou um relacionamento mútuo e eficaz) entre a experiência de vida e a formulação da fé, entre a vivência atual e o dado da Tradição" (113). "Para uma verdadeira catequese, não basta planejar um bom andamento de um conjunto de temas. Trata-se de promover a *integração* da caminhada da comunidade cristã com a mensagem evangélica" (283: note-se que aqui houve uma mudança de *interação* para *integração*; cf. também 116). "Numa caminhada de comunidade, podemos observar inicialmente que vários elementos estão presentes e interagem. Focalizamos aqui somente quatro elementos..." (288). Em muitos outros textos, como em todo o espírito do documento, há contínuas referências à *interação* (27-29, 112-116, 139, 163, 167, 169, 310, 311, etc.).

Mais do que um modelo ou método, trata-se propriamente de um princípio que deve inspirar todos os métodos. Afirma o Pe. W. Gruen: "*interação* não é só questão de método; é princípio orientador de todo processo catequético, estando presente sob as formas mais diversas. E foi com esta formulação, "princípio metodológico da interação", que ele fez parte dos

78 No primeiro Instrumento de Trabalho *OCC* (1981) apresentam-se os três modelos ou tipos básicos de catequese (nºs 9, 12-52), optando-se pelo *modelo* de interação (nº 33-52); emprega-se também o termo *integração* (63), *correlação* (41, 50) e as expressões *princípio* ou *processo de interação* (41, 50). Muitíssimas vezes se usa apenas o termo *interação* ou o verbo *interagir* (44, 48, 51, 63, 64, 68, 123). No segundo IT, *OCR* (1982) já não se fala nos dois primeiros modelos, nem se emprega a expressão tão usada no primeiro IT "modelo de interação", porém unicamente a expressão *processo de interação ou correlação* (42, 52) ou simplesmente a *interação* (30, 33, 43, 56, 65, 118) que é amplamente desenvolvido (42-57). Note-se que *Puebla* já usara o verbo *integrar* (979) e o documento italiano *Il Rinnovamento della Catechesi* usa amplamente o conceito de *integrazione* que, em português, não é sinônimo, mas possui nuances próprias. A Teologia da *correlação* foi proposta por Paul TILLICH: *Teologia Sistemática* (*Systematic Theology*). São Paulo: Ed. Paulinas/São Leopoldo: Editora Sinodal, 1984, muito apreciada e comentada na segunda metade do século XX.

grandes temas da 1ª Semana Brasileira de Catequese em 1986"[79]. Com esta expressão *CR* quer propor, para a educação da fé hoje, o mesmo princípio ou a mesma pedagogia de interação entre a Palavra de Deus e a vida das pessoas, como aconteceu na Revelação: "na catequese realiza-se uma inter-ação (um relacionamento mútuo e eficaz) entre a experiência de vida e a formulação da fé, entre a vivência atual e o dado da Tradição" (113). Qual o significado dessas expressões? Vejamos, antes, o significado de interação.

Na verdade, nos primeiros esquemas de *CR* aparecia o conceito de *integração*, logo substituído por *interação*. Os dois conceitos têm em comum o fato de haver uma relação entre os dois elementos. Contudo há diferença entre eles: *integração* evoca a ideia de completar ou inteirar algo, ao passo que *interação*, termo cunhado pela sociologia, é um conceito um pouco mais rico: não exprime apenas uma relação mútua, mas também a influência de um sobre o outro; a interação é a ação que se exerce mutuamente entre duas ou mais elementos culturais ou pessoas. Trata-se, pois, de uma ação recíproca e, por isso, de um dinamismo muito maior que integração. Em *CR*, embora uma vez se empregue a palavra integração (283), todo o espírito do documento, suas colocações, opções, orientações, são todas no sentido da *interação*, explicitada no nº 113 acima citado: um relacionamento mútuo e eficaz entre Palavra de Deus e vida humana.

4.1.2 Origem e motivações do princípio de interação

O princípio de interação entre fé e vida na catequese pode ser considerado fruto de uma longa caminhada da Igreja no Brasil e na América Latina, desde o método ver-julgar-agir da Ação Católica, a renovação com o Vaticano II, passando pelos acontecimentos de 1968 (Encontro do Rio de Janeiro, a Semana e a Conferência de Medellín), a práxis da pastoral libertadora, a caminhada das CEBs e dos círculos bíblicos. Teoricamente, é fruto, em âmbito europeu e americano, das elaborações teológicas sobretudo de P. Tillich (cf. acima nota 77), K. Rahner e E. Schillebeeckx a respeito do método da correlação. Na mesma direção se colocam vários catequetas, entre os quais podemos citar Alberich, Gevaert, Gianetto, Bissoli, Stachel, Mieth e Nocke que refletiram sobre a dimensão expe-

---

79 O título da segunda das oito teses desta 1ª Semana Brasileira de Catequese era: *Princípio Metodológico de Interação*. Cf. CNBB – *Linha 3, 1ª Semana Brasileira de Catequese, Instrumento nº 1*, Brasília, 1985, p. 10; L. ALVES DE LIMA, *Temas da 1ª Semana Brasileira de Catequese in RdeC* 9 [1986], nº 36, p. 8. Cf. GRUEN, W. *Interação entre experiência e mensagem na Catequese*, p. 34.

riencial da catequese. Pe. W. Gruen adaptou-a ao Brasil, com a originalidade de nossa pastoral, elaborando o princípio metodológico da interação, como vimos.

A renovação catequética na Igreja, e em particular no Brasil, havia sido motivada principalmente pela constatação de que os métodos até então empregados nem sempre atingiam os objetivos da catequese, ou seja, educar para uma fé que ilumine a existência das pessoas. O infantilismo religioso, ou imaturidade da fé, é uma constatação frequente em grande parte de cristãos. A ignorância religiosa vem sendo denunciada há tempo como causa de muitos males; entretanto, o intelectualismo árido que há séculos vem solapando a fé do povo cristão[80], através de uma catequese doutrinal longe da vida e das questões do dia a dia, também não é menos culpada dessa situação. Acrescente-se a isso a dicotomia entre mensagem evangélica e vida concreta das pessoas; esta mentalidade separatista entre fé e vida subsiste, infelizmente, ainda na Igreja.

Mas o princípio de interação não é invocado apenas por uma motivação pastoral ou pedagógica, como as que acabamos de acenar. Há também motivações teológicas. De fato, a Teologia da Revelação de acordo com a *DV*, como vimos, mostra que a auto comunicação de Deus aos homens, por condescendência do próprio Deus, realizou-se por dentro da vivência humana pessoal e comunitária do Povo de Israel e dos primeiros cristãos. Daí se deduz que o verdadeiro modelo de catequese é aquele que faz uma íntima ligação da fé com a vida concreta das pessoas. Experiência humana e formulações da fé são, portanto, dois elementos que, correlacionados entre si, se encontram na maneira como Deus se manifestou no passado e se manifesta ainda hoje. Em poucas palavras, este é o fundamento teológico do princípio de interação na catequese.

4.1.3 Os dois termos da interação

O documento *CR* usa também uma terminologia variada para designar o binômio da interação; o assunto começou a ser tratado a partir de uma reflexão sobre caminhada da comunidade e mensagem, tendo sido também

80 "Racionalizar a fé não pertence à tradição católica: é doença dos tempos modernos, que a sociedade de hoje já está superando, mas que na catequese ainda resiste cá e acolá como se fosse a salvação da fé. O homem não se reduz a ideias. E o Brasil não é feito só de intelectuais. É tempo de voltarmos a ser *católicos* também nisto" (W. GRUEN, [Resposta à questão], *A caminhada da comunidade, em vez de conteúdo, não deveria ser considerada consequência da catequese?*: cópia mimeografado nos arquivos do autor, p. 2).

muito usadas as expressões *experiências de vida e formulações da fé*. No documento final, entretanto, encontramos igualmente estes binômios: Vida e Evangelho (*CR* 114, 116), Fé e Vida (29, 163), experiência atual e dados da Tradição (113), experiência e doutrina (115-116).

Quaisquer que sejam as expressões adotadas, porém, querem substancialmente significar duas coisas:

1) Da parte de Deus, significa que Ele se manifesta hoje, como na Revelação Bíblica, bem por dentro de nossa realidade existencial, de nossa vida. A Palavra de Deus anunciada hoje pela catequese não pode ser uma palavra colocada ou anunciada ao lado de nossos problemas e preocupações vitais, seja no âmbito pessoal como social, mas bem por dentro de nossa história. É claro que o fundamento para descobrir a presença de Deus agindo hoje em nossa história é sempre a *Revelação divina* contida na Bíblia e lida não só com o coração da Igreja (*CR* 86), mas também a partir da existência (*CR* 176): dentro desta dimensão experiencial, afirma o documento: "A Bíblia narra a EXPERIÊNCIA de Deus vivida por um Povo; por isso deve ser lida no CONTEXTO DA VIDA" (*CR* 176).
2) Da parte do homem significa que a fé, uma vez aceita como resposta à Palavra de Deus, deve iluminar a vida, influenciá-la em seus problemas; enfim, deve ser uma fé transformadora. Também significa que a nossa realidade, nossa cultura, o modo de ser e pensar de cada povo, deve influenciar a *expressão desta fé*; conforme o princípio de interação, a fé deve ser expressa e formulada na linguagem de cada cultura, de cada povo ao qual ela é anunciada. A dimensão de interação nem sempre é explicitamente relevada, mas para a catequese é importantíssima, pois a "arte da catequese" consiste justamente em fazer tal interação fé-vida, que inclui também a expressão da fé numa linguagem compreensível aos destinatários do anúncio e de seu aprofundamento (*CR* 163). Assim, a Palavra de Deus será sempre antiga, pois vem dos antepassados, da Tradição, dos Apóstolos: é uma fé apostólica. Mas ao mesmo tempo é uma Palavra sempre nova, atual, pois se encarna na realidade vivencial de cada povo e é expressa com a sua cultura. O pontificado do Pe. Francisco é um excelente exemplo de leitura fundamentada na *DV*, como, em geral, em todo Concílio Vaticano II.

4.1.4 Aprofundando o sentido de interação

a) O influxo mútuo de ambos elementos fé-vida que se interagem.

No segundo Instrumento de Trabalho (*OCR*, 1982), havia um texto muito elucidativo da natureza da *interação*, que infelizmente depois desapareceu. Aí se lia:

> Interação entre vivência e formulações da Fé significa três coisas: 1ª) O aspecto fundamental do conteúdo da catequese é oferecido pelas formulações da fé, principalmente por aquelas recebidas da Tradição cristã (Bíblia, Símbolos da Fé, Liturgia, orações e formulações que explicitam o que cremos); também pelas que vão sendo elaboradas no processo constante da evangelização e catequese, e até por aquelas que a própria pessoa faz para professar sua fé. 2ª) Outro aspecto imprescindível do conteúdo da catequese é oferecido pela vida, isto é, pela vivência que a pessoa ou comunidade tem de sua realidade humana com todas as suas dimensões, da graça espiritual, moral, biológica, social, cultural, política, etc., uma vez que Deus sempre está presente na vida dos homens. 3ª) Esses dois aspectos não estão simplesmente justapostos, mas *interagem*, isto é, relacionam-se íntima e profundamente, influenciando um no outro[81] (a redação mereceria reparos).

Os dois aspectos são necessários, e nenhum deles sozinho basta para a catequese realizar seu objetivo[82]. Não bastaria comunicar fórmulas e elementos da Tradição cristã, sem que penetrem realmente na vida das pessoas e por isso não sejam bem compreendidos, assimilados e expressos,

---

81 CNBB, *Orientações para uma catequese renovada* nºs 43-46.

82 É difícil para muitos entenderem como os fatos e acontecimentos da vida possam ser *conteúdo da catequese*; o verdadeiro conteúdo, dizem, é o aspecto religioso. À luz da teologia da Revelação conforme *DV* como vimos, os dois elementos são partes inseparáveis do conteúdo da catequese. Esta é a razão fundamental; mas podemos também dar uma outra explicação, de cunho filosófico, lançando mão das categorias *matéria e forma*. Poderíamos dizer que a *mensagem evangélica*, tudo aquilo que constitui a Revelação de Deus, sobretudo a Pessoa e a Mensagem de Jesus Cristo, é o *elemento formal* da catequese, ao passo que tudo o que se refere à nossa realidade, é o *elemento material*. Assim, a fé informa, dá sentido, ilumina toda nossa realidade, que se torna, também ela conteúdo da nossa catequese. Neste sentido, a Escritura, Tradição, Magistério, Liturgia, serão fontes *formais*. Por sua vez, a existência humana, o mundo, a história, enquanto realidades que podem ser interpretadas à luz da Evangelização, são fontes *materiais*; os dois elementos, numa unidade inseparável e interativa, formam o conteúdo da autêntica educação da fé: cf. E. ALBERICH, *Le fonti della catechesi in Il rinnovamento della catechesi in Italia. Commento al Documento di Base a cura dell'Istituto di Catechetica della Facoltà di Scienze dell'Educazione*. Colezione *Quaderni di Orientamenti Pedagogici* 19, PAS-Verlag [Zürich], 1970, p. 83; ID., *Fonti della catechesi in* J. GEVAERT (Ed.), *Dizionario di Catechetica* p. 282, nº 2. Tal raciocínio encontra apoio também na documentação recente do magistério sobre a catequese: *DCG* 45, *Medellín*, 8, 6, *EN* 30-38, *CT* 29.

pois esta é a dinâmica da experiência humana religiosa, dentro da qual se situa o anúncio e aprofundamento da Palavra de Deus[83]. Por outro lado erro grave, seria permanecer somente no nível das experiências da pessoa e da comunidade, sem interpretá-las adequadamente à luz da fé cristã e de suas expressões fundamentais.

O princípio de interação exige da prática catequética, por um lado, o aprofundamento de tudo aquilo que é o *campo da fé*: Bíblia, Tradição, Magistério, Liturgia, Piedade Popular, História da Igreja, a vida dos Santos etc.; portanto, não se trata somente das *formulações da fé* no sentido estrito de fórmulas doutrinas, como tradicionalmente o conteúdo da catequese foi entendido o[84]. Por outro lado, implica, também o aprofundamento de tudo aquilo que é a *vida*. Este segundo elemento não se encontra nos livros, o que poderia acontecer, em parte para o primeiro elemento; compõe-se das aspirações autênticas de tudo o que é humano, as lutas quotidianas, as situações concretas de vida, as experiências vividas, a situação social muitas vezes conflitiva, quando não injusta e desumana, os acontecimentos e fatos alegres e tristes etc.

No início da *terceira parte* de *CR*, quando se apresentam os *temas de uma catequese renovada*, há uma chamada de atenção para o fato de que é impossível descrever tal situação *a priori*; ela faz parte do dia a dia. A "arte do catequista" consiste em descobri-la e explicitá-la para ser confrontada com o Evangelho:

> entre as opções de base [deste roteiro ou temário da catequese] está a de fazer a ligação [*ou seja* interação!] entre fé e vida, formulações da fé e caminhada da comunidade. Esta interação nem sempre poderá aparecer no documento, porque ela é a grande tarefa e arte do agente de Catequese diante das situações concretas (*CR*, 163).

Isso quer dizer que na *formação do catequista*, o princípio de interação deve estar sempre presente; ele deve aprender, a partir da caminhada da *sua* comunidade, a fazer esta interação, a fim de que, tendo ele mesmo expe-

---

83 Cf. E. ALBERICH, *A Catequese na Igreja de hoje* (1983), particularmente os itens "a experiência religiosa" e "a experiência de fé", p. 77-87. Na edição equatoriana (Quito, Ediciones Abya-Yala, 2003), p. 79-86. Na segunda edição em português de 2004, *Catequese Evangelizadora*, p. 134-145. Finalmente na segunda edição atualizada em castelhano de 2009, Madrid: Editorial CCS, p. 114-124.

84 A interpretação de N. G. TOLENTINO é no sentido mais estrito de verdadeiras e próprias *formulações*, tanto assim que se dá ao trabalho (aliás, interessante e completo) de enumerar longamente e interpretar quais são essas *formulações* requeridas por *CR*, reunindo-as em três grandes blocos: *formulações bíblicas*, *formulações litúrgicas*, *formulações doutrinais*: cf. ID., *A renovação da catequese no Brasil*, p. 187-194 do texto integral não publicado.

riência desta metodologia, possa depois tê-la presente no processo da educação da fé[85]. Sobre este tema ainda voltaremos.

b) A importância do método ver-julgar-agir para o princípio metodológico de interação

Esse método ajuda a fazer o *levantamento* dessas situações, através de seu primeiro elemento (*ver*), enquanto através do segundo (*julgar* ou *iluminar*) se chega aos elementos esclarecedores da fé, já dentro de um processo de interação, para que se possa decidir, por fim, por uma ação transformadora (*agir*). O método se completa com a celebração litúrgica (*celebrar*) e com a avaliação (*rever*) que permitem retomar o processo do início. Assim, fica claro que o *conteúdo* da catequese não é somente a Bíblia, a doutrina, a mensagem evangélica etc., mas também tudo aquilo que, na sua complexidade, constitui a nossa vida. Os dois elementos fazem parte essencial do conteúdo da catequese, no dizer de *Medellín* (doc. 8, 6), na medida, porém, em que haja uma fecunda interação entre eles, como propõe *CR*.

Basta analisar qualquer um dos documentos da CNBB nestes últimos 60 anos, como por exemplo os *textos base* das várias *Campanhas da Fraternidade*, para perceber a seriedade com que se toma esse método em todas as frentes pastorais. Aí vemos como ele, principalmente através deste *ver*, ou seja a *análise pastoral*, séria e profunda da realidade sócio-político-econômico-cultural, e de uma abrangente e intensa reflexão teológica (*julgar*), propiciam uma justa aplicação deste princípio de *interação*. A tomada de decisões (*agir*) não é outra coisa senão uma consequência lógica. Como dissemos, o princípio da interação não é privilégio da catequese, mas inspira toda a pastoral.

c) Um relacionamento mútuo, eficaz e produtivo

CR ilustra um pouco mais este processo de interação entre os dois elementos, quando afirma: "na catequese realiza-se uma *inter-ação* [...] entre a vivência atual e o dado da Tradição". Na verdade, nas redações anteriores falava-se de um relacionamento *mútuo*, *crítico* e *produtivo*[86]. Já abordamos acima o significado deste relacionamento *mútuo*.

---

85 No *CSPC* (Curso Superior de Catequese, do Instituto Teológico Pio XI, dos salesianos) a primeira matéria do currículo foi sempre: "Análise Pastoral da Realidade", para que os cursistas tivessem os pés no chão... aprendendo, de saída, a aplicação desse princípio da *interação entre fé e vida*. Além disso, foram muito valorizadas não só as *disciplinas teológicas*, mas também as *ciências humanas*, tais como Psicologia e Sociologias religiosas, História, Metodologias etc.

86 Cf. W. GRUEN, *Conteúdo da catequese*, p. 8; ID., *Conteúdo da nossa catequese*, p. 10; CNBB-19ª AG, *O conteúdo da catequese*, nº 40; *OCC*, nº 50; *OCR*, nº 54. N. G. TOLENTINO faz notar que em todas essas citações subjaz o pensamento de Franz-Josef NOCKE expresso em seu artigo *Korrelation. Stichwort zur Orientierung in Katechetische Blätter* (1980), p. 130-131. Cf. ID., *A Renovação da catequese no Brasil*, p. 195, nota 137 do texto integral de sua tese doutoral (biblioteca da UPS, Roma).

Por relacionamento *crítico* entende-se que, no confronto com a realidade humana, a Palavra de Deus é o critério de julgamento. À luz da *experiência concreta* do Povo eleito (Antigo Testamento) e das primeiras comunidades cristãs, como também através das expressões doutrinais que nos deixaram (objetivações das próprias experiências), podemos olhar criticamente para a realidade de hoje e aí descobrir qual é o desígnio de Deus a nosso respeito. É claro que, ao lançar este olhar crítico sobre a realidade, não só é legítimo, mas até necessário o uso das ciências sociais, a fim de desmascarar suas contradições e assim, o julgamento da Palavra de Deus sobre a realidade tal qual ela é, poderá ser mais claro. Quando falta esse senso crítico, os cristãos podem ser vítimas da *ingenuidade* ou de uma visão das coisas que não parte do Evangelho, mas daqueles que têm interesse em manipular a Palavra de Deus a seu proveito. Este é o motivo pelo qual o *ver*, ou *análise da realidade,* deve ser muito clara e profunda. Constatamos, que por trás deste olhar crítico, postulado pela catequese através deste *princípio de interação*, estão também alguns princípios das correntes teológicas da libertação.

Finalmente, a interação deve ser um relacionamento *eficaz* ou *produtivo*. Os adjetivos falam por si: exige-se que a catequese, com a força da Palavra de Deus e da fé, diante das realidades pessoais e sociais, produza frutos de crescimento pessoal e comunitário, individual e social. Sem esse efeito concreto sobre a vida das pessoas e da comunidade não haverá progresso no caminho da fé, nem progresso na caminhada, como se diz frequentemente. Somente assim, se terá uma autêntica experiência de Deus, salvando seu povo hoje no hoje de sua história.

d) A tentação de dar importância exclusiva à dimensão doutrinal

Quando *CR* 113-114, após enunciar o princípio metodológico da interação, procura explicitar o seu sentido, afirma (com base na *Teologia da correlação*, de Paul Tillich) que

> de um lado, a experiência da vida levanta perguntas; de outro lado, a formulação da fé é busca e explicitação das respostas a essas perguntas. De um lado, a fé propõe a mensagem de Deus e convida a uma comunhão com ele, que ultrapassa a busca e as expectativas humanas; de outro, a experiência humana é questionada a abrir-se para esse horizonte mais amplo.

Este é um texto importante para precisar o equilíbrio que deve haver ao aplicar o princípio da *interação*. Tal equilíbrio se refere à igual importância que se deve dar, tanto às *formulações da fé* quanto à *experiência humana*, pois há uma tentação constante na catequese de acentuar por demais o elemento já pronto[87], que é a doutrina, a formulação da fé, as conquistas certas (dogmas) da Igreja, e propô-las imediatamente aos destinatários da catequese sem fazê-los passar pela experiência humana, sem ir ao fundo dos problemas humanos (ou "lodaçal humano"), ao nível religioso do mistério, para aí ver a ação de Deus e propor realmente uma experiência válida da salvação divina.

Em síntese, é a tentação de conceber a catequese como simples transmissão de objetivações religiosas, ou, como no caso que estamos analisando, conceber a catequese como "aplicação" de objetivações religiosas à vida[88]. Tal tentação é exorcizada quando logo a seguir em *CR* 114 se explicita mais seu sentido com essa citação explícita de Paulo VI: "A evangelização não seria completa se não tomasse em consideração a *interpelação recíproca* [grifo nosso] que se fazem constantemente o Evangelho e a vida concreta, pessoal e social... (EN 29)".

Vale também salientar que logo a seguir se previne contra o erro do *dualismo*, ou seja, opor radicalmente *vida e Evangelho, experiência* e *doutrina, humano* e *divino*, citando *Medellín* e o *DCG* que falam da unidade profunda do plano de Deus, ou mesmo João Paulo II quando rejeita as falsas oposições entre *catequese sacramental* e *catequese vivencial*, ou entre *ortodoxia e ortopráxis* (Cf. *CR* 115-116)[89].

4.1.5 Interação fé-vida e opção pelos pobres

É preciso salientar também que, durante a elaboração de *CR*, estava bem claro nas exposições sobre o princípio de *interação* que uma de suas

87 O que também é uma ilusão, pois, se bem que as fórmulas da fé estejam já cristalizadas em categorias que podem expressar a compreensão humana do mistério (como Paulo VI afirma com relação à *transubstanciação* ao tratar da Eucaristia), elas precisam ser sempre novamente reelaboradas e reexpressas nas categorias e linguagem de cada povo, de cada comunidade, como já vimos.

88 Referimo-nos aqui às reflexões de E. ALBERICH sobre "a experiência religiosa como lugar da palavra e elemento central da comunicação catequética", que, como procuramos mostrar nos capítulos anteriores, cremos ser um dos fundamentos teóricos da nossa catequese renovada e, de um modo especial, do *princípio metodológico da interação*. Cf. ID., *A catequese na Igreja de hoje*, p. 77-87 e, na edição renovada italiana, *La Catechesi della Chiesa*, p. 76-89.

89 Para ilustrar o significado profundo desse *princípio metodológico da interação*, atendendo também a uma solicitação da 1ª Semana Brasileira de Catequese, Frei Bernardo CANSI escreveu um opúsculo *Interação fé e vida*, São Paulo: Paulinas, 1988, 37 p., no qual ilustra de maneira muito popular e com abundantes imagens, o significado profundo dessa ação mútua e eficaz entre os dois elementos da interação na catequese.

consequências era a opção preferencial pelos pobres[90]. Infelizmente na redação definitiva esse tema não só foi supresso do contexto do princípio da interação, mas também desapareceu do documento *CR* no seu conjunto. E este é um dos grandes vazios desse nosso importante Documento, falha imediatamente apontada pelo Pe. W. Gruen, responsável principal pela elaboração do princípio de interação dentro do documento[91].

Além de outras motivações de ordem teológica e pastoral para se relevar a importância da opção pelos pobres, sob o ponto de vista do princípio metodológico da interação, deve-se dizer que sua especificidade é dar importância à dimensão experiencial da catequese; ora, sem querer fazer oposição ou dualismos, acima denunciados, parece que a pessoa humana de cultura escrita é prevalentemente racional e valoriza sobretudo a comunicação verbal, ao passo que a de cultura não escrita, como são os pobres, cultiva mais a sabedoria popular, o espaço comunitário, a comunicação de experiências. Portanto, se para aquele primeiro tipo de pessoas uma catequese de talho exclusivamente doutrinal pode ter suas vantagens (o que de resto deve-se também questionar), para as classes mais pobres uma catequese a partir das experiências do dia a dia é muito mais comunicativa e assimilada.

Além do mais, o princípio da interação, proporcionando uma leitura mais crítica da realidade em vista de uma sua transformação à luz da fé, traz "vantagens", digamos, muito maiores para os pobres que necessitam urgentemente de tal transformação, do que para os que não têm tanto interesse em mudar a realidade social (*status quo*)[92]. Por tudo isso, podemos dizer que a opção preferencial pelos pobres é uma consequência também do princípio metodológico da interação entre fé e vida. E a prática tem confirmado essa visão, tanto nas CEBs, nos círculos bíblicos, como em toda a pastoral popular.

90 Cf. W. GRUEN, *Conteúdo da Catequese*, p. 8-9; ID., *Conteúdo para a nossa catequese*, p. 6; CNBB – 19ª AG, *O conteúdo da catequese*, nº 43; CNBB, *Orientações em torno do conteúdo da catequese (OCC)*, nºs 53-59. Já no IT seguinte *OCR* foi supressa a *opção pelos pobres*. Cf. *Ibid.*, p. 59-90.

91 Cf. W. GRUEN, *Novas orientações*, p. 43-44. Tal omissão é tanto mais grave, quanto a real assunção da opção preferencial pelos pobres, que "orienta concretamente objetivos, sujeito e destinatários, conteúdo, métodos, alocação de recursos, formação de catequistas" (*Ibid.*).

92 Não era raro que, naqueles anos, como muito mais, no século XXI, a catequese, e em geral a pastoral popular, são acusadas de infiltração *marxista*, tendências *comunistas* só porque, à luz do Evangelho, faz uma clara opção pelos mais pobres, com todas consequências sociais e políticas que isso implica, mexendo naturalmente nos interesses financeiros dos mais abastados...

4.1.6 Interação e as atividades evangélico-transformadoras

Para muitos, o conceito de catequese está ligado a *planos de aulas, palestras, encontros*. *CR* aponta para uma superação desta terminologia sobre recursos pedagógicos e propõe nova nomenclatura e novo modelo de *atividade concreta* para a atuação do princípio metodológico da interação, como um dos elementos da educação da fé. Fala-se agora de *atividades educativas da fé* (157), *ações* ou *atividades transformadoras* (135-136, 157-158) e de *planos* ou *repertórios* destas atividades (158-159). Após a aprovação de *CR* abandonou-se a terminologia *planos de atividades* para não confundir com *planos de aulas* usados nas escolas e adotou-se, em seu lugar, a expressão *roteiro de ações evangélico-transformadoras*[93].

Não se trata de planos de aulas, cujo objetivo imediato é o conhecimento da doutrina, o saber e a informação sobre a religião numa linha de ensino nocional. Não se limitam também às atividades educativas, cuja finalidade, nesta mesma linha, era averiguar ou fixar os conceitos e conhecimentos. *Planos de aula* e *atividades* nem sempre se preocupam com a interação fé-vida. As ações evangélico-transformadoras não visam também, à semelhança das tradicionais atividades pedagógico-catequéticas, a dar respostas pré-fabricadas, nem a exercícios sobre questionários ou dinâmicas de grupos. Sua finalidade não é a compreensão de um texto ou a aprendizagem de um conteúdo doutrinal. É preciso dizer que todas essas atividades continuam *válidas* e *necessárias*, porém, não cobrem toda a proposta renovadora do princípio de interação fé e vida.

As *atividades transformadoras* propostas por *CR* e *TM* têm em mira não somente a aprendizagem, mas a *transformação* pessoal, comunitária e social a partir do confronto da fé com a vida; visam colocar em prática o princípio da interação. Requerem a mudança de mentalidade e de atitudes com relação à repercussão da fé professada diante dos problemas da vida concreta, quer pessoais, quer sociais. Visam educar para a fé através de uma ação transformadora sempre à luz da Palavra de Deus. Elas são de uma abrangência maior e devem partir da realidade local vista e julgada com critérios cristãos, e por isso levam a um maior questionamento crítico e a uma maior

93 Cf. CNBB-*Linha 3, Textos e manuais de Catequese: elaboração, análise, avaliação*. Coleção *Estudos da CNBB* 53, São Paulo: Paulinas, 1987, p. 125-136; 189-195. Mais uma vez, aqui o autor principal é o Pe. W. GRUEN, que completa o documento principal *CR* em muitos elementos. Na época de sua aprovação não foi possível apresentar tais ideias. Usaremos a sigla *TM* para nos referir a este documento.

vontade de agir em vista de uma transformação do que uma simples instrução doutrinal (e daí, mais uma vez, a oposição de forças conservadoras [no sentido pejorativo] diante dessas propostas inovadoras...).

Tais *atividades transformadoras* empenham e levam a sério a disponibilidade dos catequistas e catequizandos, e são verdadeiramente possíveis somente num ambiente fortemente comunitário, como são as CEBs ou círculos bíblicos. De um modo particular, supõem a opção preferencial pelos pobres ou educam para ela, e por isso criam forte exigência de convivência com os empobrecidos, como lugar educativo da fé, da simplicidade e da justiça. As ações evangélico-transformadoras não podem ser preestabelecidas, pois devem ser planejadas a partir do que o grupo vivencia, sente e julga. Exigem trabalho de conjunto, pesquisa, criatividade, oração e contínua avaliação.

Elas exigem um longo prazo, pois não se realizam do dia para a noite como uma tarefa escolar ou exercício didático; por tanto educam também à paciência, àquela paciência própria da pedagogia de Deus manifestada na Revelação Divina que sabe esperar e respeitar o crescimento das pessoas e o amadurecimento de uma fé que se manifesta em obras. Sob este ponto de vista, não se pode falar de "missão cumprida", como ao final de um exercício ou atividade pedagógica tradicional, pois há sempre o que realizar, o que transformar (cf. *TM* 128-132).

Pelo que ficou dito até agora, é claro que as *atividades evangélico-transformadoras* pertencem mais ao mundo dos adultos na comunidade de fé. Porém, adolescentes e até crianças, sempre a seus níveis, podem executar importantes ações evangélico-transformadoras, uma vez que os projetos sejam simples, com tarefas claras e bem distribuídas, e uma vez que se possa contar com a presença de adultos para orientar e animar os grupos. Para adolescentes e crianças, além de ações evangélico-transformadoras, é necessário também a presença de outros tipos de atividades menos comprometidas, que poderão ir formando para as ações transformadoras (cf. *TM* 134-136). Para jovens, tal metodologia é excelente!

Para atuar o princípio metodológico de interação, não se fala tanto em *textos e manuais de catequese*, em que pese tal nome no *Estudo da CNBB* 55 (cf. nota 93, anterior), mas sim em *roteiros de ações evangélico-transformadoras da realidade*. Trata-se de uma série complexa de propostas catequéticas em vista da educação da fé através do princípio de interação fé-vida. Sua finalidade é a educação de um novo modo de ser, agir e viver em que *a informação e a reflexão constituem elementos de um todo mais amplo*. Assim, um *roteiro* não está preso a uma ordem fixa, mas oferece sistematizações indispensáveis para a eficiência da educação da fé. Não fornece respostas já formuladas, mas encaminha projetos de ações evangélico-transformadoras, estimula a criatividade, a busca comunitária da experiência de Deus e a descoberta e vivência de sua mensagem; sempre de tal modo, porém, que tudo isso seja realizado dentro da experiência do serviço à comunidade (cf. *TM* 189).

Acima, fizemos referência a um *todo mais amplo*, dentro do qual se insere a informação e reflexão. Trata-se daquilo que no Brasil se chama *caminhada da comunidade*, sem a qual não se resolve o problema da interação. Tal exigência é preciso ficar bem clara na introdução aos roteiros. Portanto, de um lado se coloca a *caminhada da comunidade* com a complexidade da vida que ela traz consigo, e do outro a *reflexão da fé* à luz das fontes eclesiais: Tradição, Bíblia, Liturgia, Patrística, Magistério Eclesial, compêndios de doutrina e de história da Igreja. Só assim poderá haver a *autêntica interação* (190-191).

TM indica os seguintes itens de um roteiro assim concebido: explicações metodológicas sobre a montagem de um projeto dessa natureza na catequese; estímulos à organização de grupos, com sugestões práticas; apresentação do método *ver-julgar-transformar-celebrar*, com seus riscos e suas vantagens; estímulos à criatividade para as crianças e ao senso crítico para adolescentes, jovens e adultos; sugestões para a avaliação do andamento do projeto transformador escolhido pelo grupo; pistas para a formação de lideranças cristãs; iniciação à celebração orante; enfoques sérios, bem documentados, da situação da sociedade, de seus problemas, costumes, conflitos, organização, soluções em andamento, com estatísticas, tabelas, ilustrações; perguntas, sugestões de debates e entrevistas sobre tal realidade, análise de cantos significativos, obras de ficção e poesias, filmes, programas de TV, rádio e semelhantes (hoje: redes sociais).

Grande importância será dada à Igreja, sua missão e história, doutrina, normas, tradições, cultos, magistério, senso cristão; introdução à Bíblia e à Liturgia, orações *formais* que estimulem a criatividade na oração *espontânea* (cf. *TM* 192-194). A lista é longa, e nem sempre será possível ter todos esses elementos juntos; mas, de qualquer maneira, eles deverão estar presentes para uma autêntica interação (cf. *TM* 195). Quanto às formulações da fé, se elas fizerem parte do roteiro, é necessário que reflitam todo esse complexo de atividades.

Podemos concluir com duas afirmações:

1) estas *atividades educativo-transformadoras*, sempre consideradas à luz da Palavra de Deus, educam para a Fé dentro da ação. Talvez as próprias *atividades* seriam mais importantes; elas levam à prática da vivência cristã dentro da comunidade, e, portanto, modificam esta mesma realidade humana, do que a mesma reflexão ou elemento doutrinal. A *doutrina* deveria vir *depois*, ou concomitantemente à prática, para iluminá-la, dar-lhe sentido. O importante na catequese, sem fazer oposição entre *ortopráxis* e *ortodoxia* (*CT* 22), é justamente levar à vivência do Evangelho, "à comunhão e intimidade com Jesus Cristo" (*CT* 5), que supõe a "conversão e seguimento de Cristo" (*CR* 64), mais do que propriamente "aprender doutrinas". Os dois elementos devem estar profundamente integrados e *interagindo* um com o outro, como a *pedagogia de Deus* ao longo da História.
2) Pode-se objetar que a catequese primitiva (dentro da grande estrutura do catecumenato) tinha, em geral, só a dimensão doutrinal da fé... Sim, mas essa doutrina ou sistematização intelectual da fé, era fortemente precedida ou dentro da *vivência prática cristã do Evangelho*. Ou seja, o catecumenato (iniciação e crescimento na vida cristã) era proposto numa comunidade viva, que dava imediatamente forte testemunho do que era, na prática, "ser cristão". Esse era o elemento mais importante, que se perdeu ao longo dos séculos pela implantação de uma cristandade nem sempre tradução do Evangelho, mas simples transmissão sociológica de uma fé que era teoria e não prática essencial da fé. Por isso é que hoje, a Igreja propõe, muito ardorosamente, mais do que uma catequese doutrinal (sempre também necessária), sobretudo a dinâmica catecumenal como verdadeira *Iniciação à Vida Cristã*, só possível numa comunidade viva de fé.

4.2 Inculturação e catequese[94]

4.2.1 Um tema recente, fascinante e complexo

O estudo sobre a cultura e as culturas sempre foi um desafio. Além sua complexidade, ínsita ao tema, há também um aspecto de mistério, que o

94 Cf. L. ALVES DE LIMA, *Catequese e Evangelização da cultura e das culturas in RdeC* 15 (1992), nº 60, p. 3-24; ID., *Panorámica de la renovación catequística brasileña de los últimos años in Actas del Congreso Internacional de catequesis: del 5º Centenario al 3º Milenio. Sevilla, septiembre 1992*, Madrid: Centro de estudios teológicos "San Dámaso", 1993, p. 370-395.

torna fascinante, uma busca inesgotável, como o próprio ser humano[95]. Para a Igreja, o tema é mais apaixonante ainda pois "a pessoa humana é o primeiro caminho que a Igreja deve percorrer no cumprimento de sua missão, primeira e fundamental via da Igreja"[96]. Daí se entender a constatação feita por Paulo VI: "A ruptura entre o Evangelho e a cultura é sem dúvida o drama da nossa época, como o foi também de outras épocas. Assim, importa envidar todos os esforços no sentido de uma generosa evangelização da cultura, ou mais exatamente das culturas" (EN 20).

No MCB, como de resto na pastoral em geral, o tema da cultura é relativamente recente. A *GS* 53 o introduziu no horizonte pastoral da Igreja de hoje. Presente já na ação principalmente a partir de *Medellín*, ele é tematizado na reflexão pastoral e catequética após a *EN*, *Sínodo de 1977*, *Puebla* e principalmente em *Santo Domingo*. O Documento *CR* não chegou a incorporar explicitamente este tema, mas a evolução posterior fez dele o grande lugar de confluência dos esforços de atuação do princípio metodológico de interação. Até então, quando se falava de *vida*, entendia-se mais os aspectos sócio-político-econômicos[97]; entretanto, com o progresso da reflexão percebeu-se que a cultura é o lugar onde se manifesta sobretudo a vida de um povo com todas suas alegrias, conquistas, dificuldades, perplexidades, embaraços, falta de clareza e exatidão lógica.

É impossível fazer a interação entre fé e vida sem ter em conta a cultura e as culturas. O apelo de João Paulo II para uma *Nova Evangelização* a partir de 1983 e a preparação da Assembleia de *Santo Domingo* junto com a celebração dos 500 anos de cristianismo na A. Latina, suscitaram muitas reflexões sobre a evangelização e seu relacionamento com a cultura. E então no MCB um dos temas centrais passou a ser a inculturação da fé pela catequese[98].

---

95 Cf. Antônio APARECIDO DA SILVA, *As culturas, desafio à nova evangelização na América Latina in Rumo a São Domingos I* Coleção *Cadernos da CRB* 9, São Paulo: Publicações da CRB, 1991, p. 39.

96 JOÃO PAULO II, *Redemptor Hominis* 14 a.

97 A. CAVALLIN, *Depoimento.* Cf. Diego IRARRAZAVAL, *Inculturação e Catequese in RdeC* 12(1989) nº 48, p. 37-47. O autor, especialista neste tema, diz que nos documentos catequéticos latino-americanos, inclusive *CR*, "é ainda muito incipiente e tímida a inculturação". *Ibid.*, p. 43.

98 Neste sentido, podem ser citados três eventos mais importantes: **1º)** A *Mobilização Catequética Nacional* 1989-1991 com o tema: *A catequese em face às culturas locais* e o lema: *Catequese: fazer ressoar a Palavra de Deus na comunidade, na história, na cultura* (cf. CNBB – *Linha 3, Mobilização Nacional de Catequese in RdeC* 13 [1990], nº 49, p. 44-50; CNBB – *Linha 3, Mobilização Nacional de Catequese: Instrumento de Trabalho nº 2 – Iluminar a cultura com a palavra de Deus e da Igreja in RdeC* 13 [1990], nº 52, p. 36-52; CNBB – *Linha 3, Mobilização Nacional de Cateque-*

Deve-se ainda dizer que o tema da cultura e catequese é em geral tratado ao se falar da cultura e evangelização. De fato, após a *EN* o termo evangelização significa não somente o primeiro anúncio do querigma aos "povos não cristãos" (*ad gentes*) e a conversão ao Evangelho, mas de um modo geral, quer traduzir toda a ação da Igreja em vista da promoção da fé. Por isso, a catequese, cujo específico é a educação sistemática e ordenada da fé, passou também a ser considerada como parte da evangelização[99]. Portanto, tudo aquilo que se diz a respeito da evangelização da cultura e das culturas, pode-se também dizer praticamente da catequese inculturada.

Sem entrar no complexo estudo sobre a conceituação de cultura, nem nos detendo nas reflexões sobre cultura e evangelização[100], faremos, a seguir, algumas considerações sobre ambas, a partir da prática no MCB desde *Medellín* e da reflexão que se tem feito mais recentemente. Nossa perspectiva aqui não é sistemática, como poderia aparecer; permanecemos no âmbito de nossa pesquisa, ou seja, expor este tema tal qual é abordado hoje no MCB.

Tal tema, particularmente importante e ao qual o magistério episcopal deu muita importância, mas ao qual apenas acenamos, é o da *inculturação da fé nos grandes centros urbanos*, ou *pastoral e catequese urbana*[101]. Nos grandes e médios centros urbanos além de estar presente com toda sua força a cultura da modernidade ou cultura adveniente, como é denominada nos documentos do CELAM, conflui também com intensidade o mundo dos pobres que se amontoam nas periferias urbanas ou nos cortiços dos centros

---

se: *Instrumento de Trabalho nº 3 – Catequizar é fazer as culturas desabrocharem à luz do Evangelho in RdeC* 15 [1992], nº 58, p. 43-54. **2º)** O V Encontro Nacional de Catequese (1-5/09/1991) em Goiânia, que teve como tema: *Catequese inculturada na perspectiva da nova evangelização: Jesus Cristo ontem, hoje e sempre* (cf. *Encontro Nacional de Catequese in RdeC* 14 [1991], nº 56, p. 76; João Luiz Fedel GONÇALVES, *Crônica do V Encontro Nacional de Catequese in RdeC* 15 [1992], nº 57, p. 39-44. **3º)** O VI Encontro Nacional de Catequese (5-9/09/1994) cujo tema foi: *Catequese para um mundo em mudança*. (cf. número monográfico da *RdeC* sobre esse evento *in* 17 [1994], nºs 67/68, p. 1-61. Além dos dois supracitados *instrumentos de trabalho* elaborados pela *Linha 3*, muitos outros instrumentos foram confeccionados; por exemplo, o do Regional Sul I (São Paulo), publicado com o título: *A catequese e a cultura do povo in RdeC* 13 (1990), nº 50, p. 36-42 e em castelhano com o título *La Catequesis y la cultura del Pueblo in Medellín* 16 (1990), p. 145-158. Além disso, pode-se dizer que o tema mais tratado na *Revista de Catequese* por muitos anos, a partir de 1990, foi o da *cultura* e *inculturação*.

99 É assim que Paulo VI se expressa: "Uma via que não há de ser descurada na Evangelização é o ensino catequético" (*EN* 440029. Seguindo o mesmo caminho, *Puebla* situou seu exíguo documento de catequese entre "os principais meios de Evangelização" (nº 893).

100 A esse respeito tratamos de alguns aspectos no cap. I, item 4: *dimensão cultural*, na edição romana em 1995 dessa tese: ALVES DE LIMA Luiz, *A face brasileira da catequese*, p. 46-52. Nessa edição brasileira o cap. I ficou supresso, e com ele esse item 4, por motivos de espaço.

101 Cf. CNBB, *DG 1991-1994*, 136, 201-202; *Santo Domingo*, p. 255-262.

urbanamente deteriorados das grandes cidades. Os fenômenos da modernidade colocam grandes desafios à pastoral e à catequese[102].

4.2.2 Evangelizar a cultura

A sensibilização pela evangelização da cultura tem uma de suas fontes nos apelos de São Paulo VI com a *EN* e São João Paulo II com a *nova evangelização* e *Redemptoris Missio*. O documento de Medellín, atento ao nosso contexto cultural, tinha usado uma expressão que mais ou menos traduzia a mesma preocupação: evangelizar os batizados[103]. Ou seja, nosso povo é batizado sem ter sido evangelizado! De fato, vivemos num país onde a evangelização se produziu de modo sincrético, onde em muitos lugares não houve suficiente assimilação da fé e identificação com o Evangelho. Então foram se armando e se conjugando diversas manifestações de vivência religiosa, com fé não esclarecida, fé não consciente daquilo que crê. Nem sempre esteve presente um lúcido e progressivo aprofundamento da fé[104].

A consequência disto foi uma religiosidade vivida de modo compartimentado, com elementos às vezes até contrários à fé ou, pelo menos, em desacordo com ela. A Evangelização deve ter presente alguns traços culturais da religiosidade tradicional. Por exemplo, grande parte do fatalismo do nosso povo é exatamente perda da substância da dimensão teologal da esperança. Para um povo marcado assim pelo fatalismo é substancial a

---

102 Entre o abundante material sobre *pastoral* e *catequese urbana* podemos citar: J. COMBLIN, *Comunidades eclesiais e pastoral urbana in REB* 30 (1970), p. 783-823; Ernane José PINHEIRO, *Pastoral Urbana* Coleção *Teologia em diálogo*, São Paulo: Paulinas, 1980; SEGUNDO ENCONTRO DOS REGIONAIS DA CNBB – SULÃO II, *Pastoral Urbana e Catequese*, São Paulo: Paulinas, 1992, 60 p.; Cristian Partner GUMERCINDO, *"A religiosidade Urbana". Impacto da urbanização na religião numa sociedade desenvolvida in REB* 53 (1993), p. 283-300; CNBB-SUL III, *Memória histórica do estudo e da prática do Regional Sul 3 sobre Pastoral Urbana in Renovação* (1933), dezembro, p. 3-17; Therezinha Motta Lima da CRUZ, *A catequese e o desafio da cidade*, São Paulo: Paulinas, 1994, 120 p. Sérgio CONRADO; Ruth Maria de CARVALHO, *O Reino na cidade: caminhada da Arquidiocese de São Paulo in Vida Pastoral* 25 (1994), nº 179, 17-24. Exemplos mais recentes pode-se encontrar nos encontros catequéticos de Joinville, como https://www.youtube.com/watch?v=IwUou1TfjP0. Acessado em: 05 mar. 2024. Ou: CARMO, Solange Maria do, *Desafios da catequese no cenário da pós-modernidade in Vida Pastoral*, 51 (2010), maio-junho n. 272 – (p. 16-24) e a tese doutoral da autora sobre o catequeta Denis Villepelet.

103 "Apesar do pluralismo [na prática catequética], nossa catequese tem um ponto comum em todos os meios: deve ser eminentemente evangelizadora, sem pressupor uma realidade de fé antes de oportunas constatações. Pelo fato de serem batizadas as crianças pequenas, confiando na fé da família, já se torna necessária uma evangelização dos batizados, como uma etapa na educação de sua fé". *Med. Cat.* 9.

104 Cf. CNBB, *Sociedade brasileira e desafios pastorais. Preparação das Diretrizes Gerais da Ação Pastoral 91-94. Subsídios para a reflexão.* São Paulo: Paulinas, 1990, p. 56-74. Usamos amplamente este *estudo* para a elaboração desses itens sobre a *inculturação*.

catequese da esperança. Para um povo imerso em tradição mágica na concepção religiosa, impõe-se a perspectiva de uma fé libertadora. A imagem de um Deus juiz severo, quase que um tirano castigador, é necessário ser substituída pela imagem do Deus que não impõe ou inspira só temor, mas é sobretudo *Pai misericordioso*, conforme foi revelado por Jesus Cristo.

Em nosso povo se articulam religiosidade e vida, mas não, necessariamente, fé e vida. Quando a religiosidade é portadora de elementos não compatíveis com a fé cristã, é importante tentar pouco a pouco não tanto esvaziar ou repudiar a religiosidade, mas encaminhá-la de modo que se torne fé consistente, consciente e, a um tempo, profundamente religiosa. E é aqui neste elemento religioso, na manifestação e expressão desta fé, que o aspecto cultural tem seu papel fundamental.

Diante de uma cultura assim não plenamente evangelizada, impõe-se à catequese um reforço de sua dimensão querigmática[105]. Uma catequese evangelizadora, supõe que se concentre ao redor de Jesus Cristo (cristocentrismo) e O tenha sempre como ponto de referência, como muito bem expõe a recente documentação eclesial[106]. Significa também que a Bíblia deve ser considerada o texto fundamental da educação da fé, suscitada e alimentada diretamente da fonte pura da Revelação. Os textos de catequese (catecismos) terão seu valor se forem verdadeiras introduções à leitura e compreensão do texto bíblico[107], como já tratamos.

4.2.3 *Catequese: lugar privilegiado de inculturação*

Os catequistas, mais do que outros agentes de pastoral, têm a oportunidade de realizar a verdadeira inculturação da fé, uma vez que atuam o princípio metodológico da interação fé e vida. Eles estão entre o "depósito da fé" que deve ser transmitido e os destinatários situados numa determinada cultura. Uma das principais missões do catequista, de fato, é realizar o esforço de viver e pensar a fé com a mentalidade e a cultura de seu povo. Ele não pode transformar-se em simples repetidor de fórmulas bíblicas ou, pior ainda, de doutrinas que nem sempre trazem o vigor da mensagem. Sua

105 É a proposta do *Documento de Santo Domingo*: "Querigma e catequese. A partir da situação generalizada de muitos batizados na América Latina, que não deram sua adesão pessoal a Jesus Cristo pela conversão primeira, impõe-se, no ministério profético da Igreja, de modo prioritário e fundamental, a proclamação vigorosa do anúncio de Jesus morto e ressuscitado, raiz de toda evangelização, fundamento de toda promoção humana e princípio de toda autêntica cultura cristã". *Ibid.*, p. 33; cf. *Ibid.*, p. 49.

106 *CT* 5-9; CELAM-DECAT, CELAM, *CAL* 17; *CR* 95-97; 104; cf. 50-52.

107 *CR* 154; cf. nº 152-153; 82-88; 61-62; *TM* 26-36; CELAM-DECAT, *CAL* 35-37.

tarefa não se reduz a uma mera adaptação da mensagem evangélica, mas deve realizar a verdadeira inculturação da fé, no sentido profundo de interação entre fé e vida, como acima referido.

Quando trata do tema da inculturação na *Catechesi Tradendae*, São João Paulo II exorta catequistas e catequetas a buscarem, "com diligência, prudência e discernimento, os elementos que fazem parte do patrimônio cultural de um grupo humano, com o intento de ajudar as pessoas a compreenderem melhor a integridade do mistério cristão"[108]. Por isso, o próprio conteúdo doutrinal, também importante, deverá ser expresso nas categorias da cultura de seu tempo e não somente conforme as venerandas fórmulas do passado. Reexpressar a fé conforme as categorias próprias de cada povo, conforme o princípio metodológico de interação fé-vida, faz parte do processo de inculturação[109].

Na América Latina se reconhece que um dos lugares onde repetidamente se vêm realizando esforços de inculturação do Evangelho é a catequese. E isso tanto no campo do conteúdo como no campo das metodologias e no dos próprios agentes da ação catequética[110]. Ao lado desse avanço, podemos reconhecer também perdas bastante comprometedoras no que diz respeito à falta de um conteúdo sério e às vezes falta também de interação entre conteúdo doutrinal e a situação cultural em que são comunicados[111].

A caminhada das pequenas comunidades, particularmente as CEBs, a leitura popular da Bíblia em íntima ligação com a vida, tem facilitado esta inculturação da fé. A catequese se beneficia com esta situação comunitária, uma vez que em tudo se vive e se exprime a fé de uma maneira muito viva e à maneira do povo. Por outro lado, a catequese, como momento de reflexão e aprofundamento, tem ajudado também ao encaminhamento de uma vivência inculturada da fé. Para muitos de nossos catequistas a inculturação relativamente não apresenta problemas. Eles estão, de fato, mergulhados na vida de seu povo, fazem parte dele, conhecem o modo de pensar, de se expressar os valores, os costumes; não é um conhecimento a partir de fora, como um pesquisador que se coloca a estudar uma cultura que não é a sua.

---

108 JOÃO PAULO II, *CT* 53.

109 Cf. SÍNODO DOS BISPOS DE 1977, *A catequese no nosso tempo especialmente para as crianças e os jovens: Mensagem ao Povo de Deus*, São Paulo: Paulinas, 1977, nº 5, p. 8.

110 CELAM, *Documento de Consulta. Nova Evangelização, Promoção humana e Cultura Cristã*. São Paulo: Paulinas, 1991, nº 563.

111 *Ibid.*, p. 567.

Eles nasceram dentro desse mundo cultural, têm um contato direto com a vida do dia a dia e por isso quase naturalmente já vão fazendo a interação entre a fé e a vida. Costuma-se dizer que inculturação é problema da hierarquia e dos religiosos, que de certa maneira possuem, por vocação, uma vida diferente e por vezes distante do povo (*fuga* ou *contemptus mundi*); para os catequistas, porém, a inculturação não se constitui num problema tão grande assim. E aqui inculturação deve ser entendida no duplo sentido da interação, em sua mão dupla: de um lado, a fé informa a vida inteira das pessoas e da comunidade; por outro, a formulação da fé (suas expressões, liturgia, celebrações, cantos) é influenciada pela maneira de ser do povo, de ver o mundo, de se relacionar com ele, de pensar, enfim, pela sua cultura.

4.2.5 Inculturação: trabalho de toda a Igreja

A inculturação é um trabalho complexo, que implica não somente a ação dos catequistas, mas da Igreja inteira. Pouco farão os agentes da catequese, se a Igreja tanto local como nacional, não der passos significativos para compreender, acatar, dialogar e aprender com a cultura e as culturas. Se esse processo realmente for assumido com seriedade e competência, haverá de atingir não somente a catequese, quer em sua linguagem, como no conteúdo e metodologia, mas implicará em mudanças substanciais na Igreja.

Ora, isso ultrapassa as possibilidades dos catequistas; eles poderão dar sua contribuição preciosa e insubstituível, mas o trabalho ingente da inculturação da fé vai muito além dos limites da catequese. Sem uma Igreja toda ela mergulhada na cultura e nas culturas, dificilmente haverá uma catequese inculturada[112]. Isso mais se evidencia se considerarmos que a verdadeira *educadora da fé* é a comunidade catequizadora.

Este envolvimento de toda a comunidade eclesial no esforço de inculturação da fé é ressaltado por João Paulo II em sua *Redemptoris Missio*, chave hermenêutica de seu pontificado:

> A inculturação deve envolver todo o Povo de Deus e não apenas alguns peritos, dado que o povo reflete aquele sentido da fé, que nunca se deve perder de vista. Ela seja guiada e estimulada, mas nunca forçada, para não provocar reações negativas nos cristãos: deve ser uma expressão da vida comunitária, ou seja,

112 "A Catequese inculturada convoca a Igreja toda para inculturar-se". CNBB – *Linha 3, A Catequese em 1992: Relatório do Encontro Nacional de Goiânia de 1-6 de setembro de 1991*. Brasília, mimeografado, p. 4.

amadurecida no seio da comunidade, e não fruto exclusivo de investigações eruditas. A salvaguarda dos valores tradicionais é efeito de uma fé madura[113].

O Papa chama a atenção para os possíveis *conflitos* que o processo de inculturação pode provocar. De um modo especial os catequistas e liturgistas estão expostos a tais conflitos, sobretudo se eles sozinhos tentarem os caminhos da inculturação. De fato, esse processo supõe tocar em atitudes e valores profundamente arraigados nas tradições e sensibilidades de todos.

A *Liturgia* está muito ligada aos esforços de inculturação da catequese. A educação da fé (*catequese*) caminha para a celebração da fé (*liturgia*) como o centro da vida cristã, e é nela que há grandes possibilidades de se manifestar a própria fé, através dos símbolos bíblicos, mas também de cada cultura. "Uma liturgia viva e inculturada está destinada a exercer um grande papel na integração de uma fé muito pura e as formas tradicionais da vida religiosa dos povos"[114].

Ainda um destaque sobre os *agentes* da catequese inculturada. O Espírito Santo, continuador da encarnação do Verbo e da obra evangelizadora de Cristo, é o *Agente principal da inculturação.* Ele não age somente através dos *catequistas* e outros agentes de pastoral, mas também por meio dos catequizandos, verdadeiros portadores e depositários da cultura local que deve receber o Evangelho. Segundo João Paulo II "a catequese ajudará [as culturas] a que façam surgir da sua própria tradição viva, expressões originais de vida, de celebração e de pensamento cristão" (*CT* 53). Portanto, também a cultura, ou as pessoas que a encarnam, possuem um papel criador na inculturação da fé. Da atividade catequética requer-se então um processo que permita aos catequizandos dar e receber, apossar-se da Palavra e reexpressar em sua própria linguagem a mensagem da fé. Isto pode acontecer naquelas comunidades que são verdadeiramente catequizadoras[115].

4.2.6 Inculturação: atividade de longo prazo

Embora no MCB se tenha dado passos no sentido da inculturação, graças ao princípio metodológico da interação, este é um trabalho ainda incipiente, cheio de dificuldades e que requer longos processos. No *Encontro Nacional de*

---

113 JOÃO PAULO II, *Redemptoris Missio* nº 57.

114 COMISSÃO INTERNACIONAL DE TEOLOGIA, *A fé e a inculturação, in* Medellín 16 (1990), nº 61, p. 126.

115 Cf. André FOSSION, *Catequesis y cultura: el proceso de inculturación in Actas del congreso internacional de catequesis: del 5º Centenario al 3º Milenio. Sevilla, septiembre 1992*, Madrid: Centro de estudios teológicos "San Dámaso", 1993, p. 349.

Goiânia (1992) e encontros de coordenadores mais recentes, ao lado das belas e inculturadas liturgias e celebrações, ao lado do tom festivo e da fraternidade vivida, dos discursos de Dom Albano Cavallin que abandonou a retórica acadêmica, já praticada há tempo, e usou uma nova linguagem catequética baseada em símbolos, também notou-se, pelo riquíssimo material exposto, que havia mais *cultura* (e às vezes *folclore*) do que propriamente *inculturação da fé*. A cultura popular, ligada ao ambiente mais rural, estava presente com sua exuberância; no entanto, a cultura moderno-contemporânea, própria da cidade, e muito mais desafiadora, timidamente aparecia aqui ou ali. Ficou também bastante claro que, em questão de inculturação, não é suficiente mobilizar a catequese. É preciso que a Igreja inteira, com toda sua pastoral, suas dimensões, seus agentes, se mobilizem para alcançar seus objetivos.

A razão de ser da Igreja é a *Evangelização,* e não propriamente a *cultura*. A Igreja é detentora do *ministério da evangelização e da catequese* e não o *ministério da cultura*. Por isso, ela não tem cultura própria a defender, não é guardiã de patrimônios culturais[116], a não ser excepcionalmente. A questão é evangelizar e educar a fé (catequese), porém, levando em conta a cultura dos destinatários. Nessa arte, apesar de mais de 500 anos de evangelização do continente americano, estamos mal e mal tirando a primeira ponta do véu sobre os desafios da inculturação e da necessidade de fazer justiça para com as culturas oprimidas. Igualmente, permanece o desafio de penetrar e vivificar evangelicamente as culturas pós-modernas-contemporâneas que irrompem com força no mundo hodierno.

5. OS CATEQUISTAS E SUA FORMAÇÃO

Não poderíamos terminar esse longo caminho do MCB[117] sem falar de seus atores principais, os catequistas. Nossa pesquisa quase sempre girou

116 Cf. Luiz Carlos SUSIN, *Evangelho, modernidade e outras culturas in RdeC* 14 (1991), nº 54, p. 14.

117 Escapam de nosso campo de pesquisa muitíssimos eventos, temas, documentos relativos ao MCB após o documento *Catequese Renovada*. Nessa pesquisa não se fala aqui, por exemplo, da longa elaboração do *Diretório Nacional de Catequese* da CNBB: Brasília, Edições da CNBB 2006, 224 p.; São Paulo: Paulinas, 2006. Coleção *Documentos da CNBB* 84, 288 p. Particularmente o tema da *Formação de Catequistas* aí é tratado (nº 231-294) com muitos outros elementos do que o aqui exposto. Não se fala também do importantíssimo tema da *Iniciação à Vida Cristã* que ocupou muitas reflexões e tomadas de decisão do MCB desde o início do século XXI: cf., por exemplo: **1)** CNBB, *Iniciação à Vida Cristã: um processo de inspiração catecumenal*. Coleção *Estudo da CNBB* 97. Brasília: Edições CNBB, 2009. **2)** ID. *Iniciação à vida cristã: Itinerário para formar discípulos missionários*. Coleção *Documentos da CNBB*, 107. Brasília: Edições CNBB, 2017. **3)** CNBB-CEP-ABC, *Itinerário Catequético. Iniciação à Vida Cristã: um processo de inspiração catecumenal*. 3ª. Edição corrigida. Brasília, 2015 (trata-se de um subsídio; contempla a IVC em 4 idades: adultos catecúmenos, adultos catequizandos, crianças, adolescentes/jovens). Sobre a *IVC* cf. também: 4ª Semana Brasileira de Catequese de 14-18/11/ 2018 em Itaici – SP.

ao redor dos protagonistas do MCB a partir da cúpula. Entretanto, os catequistas de base, em sua maioria pessoas humildes, contando com pouquíssimos recursos, muitas vezes sem apoio e nem sempre muito valorizados, escondidos e anônimos, mas com muita fé, são os grandes responsáveis pela educação da fé do nosso povo. Sua formação tornou-se um dos problemas afrontados ao longo do MCB pelos responsáveis mais diretos da catequese em nível nacional[118]. Nesta última parte de nosso trabalho, após breves *dados sobre os catequistas* (no tempo abarcado por essa pesquisa), trataremos das principais *orientações sobre sua formação*. Por fim apresentaremos algumas *escolas de formação dos agentes de catequese* no Brasil.

5.1 O ministério da catequese

Quando se fala de *catequistas* pode-se ter em mente todos os cristãos, já que todos são chamados, em força do Batismo, a serem catequistas e catequizandos, como ocorre, por exemplo, dentro da família (cf. *CT* 68). O *Estudo da CNBB* 59 sobre a formação de catequistas no Brasil, ao refletir sobre sua missão, refere-se especificamente aos que

> participam do "ministério de catequista" (*EN* 73; *CR* 72, 145): aqueles que, nas comunidades, se dedicam ao trabalho de animar seus irmãos no crescimento da fé e no seguimento de Jesus, que iniciam *adultos*, jovens adolescentes e crianças na vivência evangélica e os acompanham em todos os aspectos da vida e da comunidade de fé (*CT* 18). Eles têm missão transformadora e

118 Sobre a figura do catequista no MCB, além dos autores citados, podemos ainda assinalar: DECAT-CONE SUR, *Formación de catequistas* [reunião em Curitiba de 12 a 14 de maio de 1981] *in Sinite* 22 (1981), p. 357-366; Caetano GATTI, *O grupo de catequistas*, São Paulo: Editora Salesiana D. Bosco, 1980, 96 p.; L. ALVES DE LIMA, *Formação de catequistas in RdeC* 6 (1983), nº 21, p. 35-37; ID., *Formación de catequistas en la Primera Semana Latino-Americana de catequistas in CLA* 16 (1985), Etapa IV, nº 17-18, p. 593-596; ID., A formação de catequistas *in RdeC* 11 (1988), nº 42, p. 53-56 (com bibliografia) e 14 (1991), 53, 3-17; ID., *Pressupostos teológicos para a formação de catequistas in Revista de Catequese* 21 (1998), nº 82, janeiro-março, p. 37-39. ID., Luiz ALVES DE LIMA, *Formação do discipulado e Catequese no Documento Síntese da V Conferência in Revista de Catequese* 30 (2007), nº 117, janeiro-março, p. 70-76. ID., *Em busca de uma formação iniciática de catequistas – Scala in Revista de Catequese* 31 (2007), nº 119, julho-setembro, p. 47-53; B. CANSI, *Você não catequiza sozinho*, São Paulo: Paulinas, 1985, 64 p.; ID., *O novo tipo de catequista*, São Paulo: Paulinas, 1986, 54 p.; ID., *Catequistas populares*, Petrópolis: Vozes, 1990, 72 p.; ID., *A inculturação da catequese: formação de catequistas*, Paulo Afonso: Editora Fonte Viva, 1994, 42 p.; I. J. NERY; A. ANTONIAZZI, *Catequistas e catequese renovada*, Coleção *Pastoral catequética* 15, São Paulo: Editora Salesiana D. Bosco, 1986, 78 p.; I. BROSHUIS, *O catequista e a caminhada da catequese in RdeC* 8 (1985), nº 29, p. 27-31; ID., *Para você, catequista.* Petrópolis: Vozes, 1986; Veremundo TOTH, *Formação de catequistas*, São Paulo: Loyola, 1987; J. GEEURICKX, *Formação de catequistas na Paróquia in RdeC* 5 (1982), nº 17, p. 5-17; Neri Emílio STEIN, *A relação catequista-catequizando in RdeC* 9 (1986), nº 33, p. 35-38.

libertadora: são apóstolos, missionários, portadores da Palavra de Deus viva e eficaz[119].

Como se pode notar, é uma descrição bastante ampla do catequista, que supera de muito apenas o grupo daqueles que se dedicam à preparação aos sacramentos. Aí estão incluídos, sobretudo, os que trabalham na construção e animação das pequenas comunidades. Note-se, em particular, que a citação acima, ao falar dos destinatários da ação dos catequistas, em primeiro lugar são nomeados os *adultos*!

Quanto à qualificação eclesial de seu trabalho, embora houvesse consenso sobre o "serviço qualificado" dos catequistas, os documentos no Brasil pediam um reconhecimento oficial do "ministério leigo instituído da catequese" por parte da hierarquia eclesiástica, pelo qual muito trabalhei, precedendo de quase 40 anos o reconhecimento oficial do Papa Francisco através de seu Motu Proprio *Antiquum Ministerium*, em 10/05/ 2021[120].

Estima-se que a Igreja no Brasil tenha um enorme contingente de catequistas[121]. A quase totalidade são leigos (95%), com uma pequeníssima parcela de religiosos, seminaristas, sacerdotes (5%). Desse grande contingente, 80% são mulheres, revelando-se assim fortemente a presença feminina neste ministério leigo instituído[122]. Também se nota uma grande presença de jovens (67%). Ao lado de um bom número de catequistas de nível médio

119 CNBB – *Linha 3, Formação dos catequistas: critérios pastorais* Coleção *Estudos da CNBB* 59, São Paulo: Paulinas, 1990, nº 9 (cf. abaixo nota 123).

120 Foi o que solicitou o *Encontro Nacional de Catequese* de 1982 em Brasília e confirmado pelo documento da CNBB *Formação de catequistas* (cf. nº 18). Uma nota desse número traz as duas afirmações, uma de São Paulo VI, onde se diz que "tais ministérios [instituídos] – como o dos catequistas – são preciosos para a implantação, para a vida e o crescimento da Igreja" (*EN* 73 f); outra de São João Paulo II que restringe seu sentido ao afirmar: "Se não é um ministério formalmente instituído, é pelo menos uma função de grandíssima importância na vida da Igreja". (*CT* 71). Sabemos que essa arrojada proposta do *ministério leigo instituído* da Catequese foi estabelecida apenas em maio 2021, como já dito: uma visão pioneira de nossa CNBB, portanto, de quase quarenta anos! Cf. Luiz ALVES DE LIMA, *O ministério instituído do catequista, uma extraordinária conquista in RdeC* 44 (2021), nº 158, p. 06-26. Nesse fascículo 158 da *RdeC* há outros artigos sobre o mesmo tema.

121 "Não se dispõe de estatísticas exatas, mas seguramente mais de 500 mil catequistas estão diretamente envolvidos na educação da fé de nosso povo". CNBB – *Linha 3, Formação de catequistas* 2 (1988).

122 Cf. Mary DONZELLINI, *Uma pesquisa sobre as causas da rotatividade dos catequistas in RdeC* 11 [1988], nº 42, p. 51. Nesta pesquisa ficou demonstrado que, quanto à distribuição por faixa etária, a grande maioria de catequistas que preparam para os Sacramentos da Eucaristia e Crisma, situam-se na faixa etária entre 13 e 20 anos (34, 8%), ou 21 a 30 anos (26,9 %), predominando, pois, um quadro de catequistas bastante jovem. Pode-se consultar ainda Inês BROSHUIS, *O novo tipo de catequista e sua formação in* CNBB – *Linha 3, Primeira Semana Brasileira de Catequese,* p. 208-218.

e universitário, sobressai também o grupo de catequistas de instrução primária e até analfabetos. Prescindindo dos bispos, sacerdotes e religiosos, que em força da própria vocação na Igreja, são por excelência os mais importantes catequistas (*CT* 64-65) e dos pais cristãos que sãos "os primeiros mestres da fé para os próprios filhos" (*LG* 11), podemos fazer a seguinte *tipologia* dos nossos catequistas[123].

5.1.1 Um serviço eclesial em diversos níveis

Pela diversidade dos ministérios eclesiais prestados em diversos níveis, os catequistas podem ser assim basicamente classificados:

a) *Catequistas populares* ou *de base*: atuam diretamente nas comunidades, em contato imediato com os destinatários, enfrentando os problemas concretos da realidade da educação da fé; carregam a missão mais importante da catequese, ou seja, serem os mediadores mais diretos da Palavra de Deus com relação aos catequizandos.

b) *Catequistas coordenadores*: atuam em nível paroquial, diocesano ou mais amplo (provincial, regional). Trabalham mais nas estruturas e organização da catequese do que na ação direta e são responsáveis por uma maior integração com as demais pastorais; sua missão exige maior competência de conhecimento da realidade, de discernimento, compreensão e liderança na ação.

c) *Catequetas*: por fim, em número bastante reduzido, estão aqueles que se dedicam ao estudo e à reflexão sobre a ação catequética dentro da Igreja, chamados também de *catequetas*. Orientam-se mais para o ensino, a formação, a pesquisa, a atividade de escritores e produtores de subsídios formativos; fazem progredir não só a reflexão, mas principalmente a ação catequética.

5.1.2 Catequistas com diversos tipos de destinatários

Pela variedade dos tipos de seus destinatários, os catequistas, em geral, são chamados de:

a) *Catequistas de crianças*: recebem a missão de iniciar as crianças à vida comunitário-eclesial, mediante uma caminhada de descoberta da vida e seus valores, de Deus, de Jesus Cristo, do contato com o Evan-

123 Cf. *Tipologia dos catequistas* descrita na terceira redação do *Estudo* 59 da CNBB *A Formação de Catequistas*, São Paulo, 1988 [datilografado], 52 p., que preparei para o GRECAT, como base para a sua redação. Na edição definitiva desse *Estudo* 59, esta descrição foi integrada, embora um pouco diminuída, nos nº 32-43.

gelho, da iniciação à vida sacramental e da formação da consciência cristã.

b) *Catequistas de pré-adolescentes e adolescentes*: procuram ajudar seus destinatários a construir progressivamente um projeto de vida, espelhando-se em Jesus Cristo, desenvolver uma capacidade crítica inspirada no Evangelho, realizar ações transformadoras no seu ambiente, crescer cada vez mais dentro da comunidade cristã. Tal processo de educação da fé se conclui, em geral, com a recepção da Crisma. Procuram ser, sobretudo, animadores de grupo.

c) *Catequistas com jovens e adultos*: pela concepção de catequista, como vimos, esses responsáveis pela educação da fé de jovens e adultos são bastante numerosos. São chamados a promover uma caminhada de fé que ajude seus destinatários a realizar de uma maneira mais plena a interação entre fé e vida e a assumir a própria responsabilidade dentro da comunidade principalmente sob o ponto de vista sócio-político-cultural, sempre à luz dos critérios evangélicos.

5.1.3 Catequistas atuando nas diversas situações e lugares

Segundo a situação em que vivem os próprios destinatários, os catequistas também se classificam como catequistas do meio rural, urbano, periferias, catequistas de diferentes deficiências físicas ou mentais, indígenas, marginalizados (crianças de rua, por exemplo), de migrantes, de analfabetos etc.

Em força da dimensão permanente da catequese, surgem tarefas específicas para eles não só conforme as diversas faixas etárias, mas também conforme os vários lugares onde se realiza o processo de educação da fé: família, pequenas comunidades, grupos de reflexão, círculos bíblicos, escolas, associações, movimentos de diversos tipos etc.

5.1.4 Problemas vividos pelos catequistas

Para os diversos tipos de catequistas se exige não somente uma formação genérica, mas também uma formação direcionada para o tipo de trabalho específico que devem realizar. Entretanto, a realidade é que nem todos os catequistas possuem a devida preparação e poucos estão à altura da própria missão[124]. Por exemplo, muitos jovens provenientes da crisma

124 Cf. CNBB, *Orientações para a Catequese da Crisma* Coleção *Estudos da CNBB* 61, São Paulo: Paulinas, 1991, nº 8.

encontram na catequese infantil o único espaço para exercerem a vocação eclesial que acabam de assumir, mas não possuem outra preparação a não ser a obtida por ocasião da catequese crismal. Parte deles também está ligada aos movimentos de Igreja, como à *Renovação Carismática*, em suas diversas manifestações. Às vezes sua preparação catequética se reduz à participação no movimento. Não são raros catequistas cuja preparação se limita ao aprendizado com outros mais experientes ou à simples boa vontade... Encontram-se até analfabetos que, em base a uma cultura oral e a partir unicamente da própria experiência cristã, conseguem ser grandes educadores da fé[125].

Outro problema grave do MCB e que tem se acentuado ultimamente é a *rotatividade dos catequistas*. Ao lado de heroicas pessoas que consumam toda sua vida no ministério catequético, encontramos significativa parte deles que não persevera por muito tempo no trabalho catequético. Isso provoca um movimento de *rotatividade* que prejudica sobremaneira a educação da fé. Tal situação se encontra mais frequentemente entre catequistas paroquiais não ligados às CEBs.

As causas dessa rotatividade são muitas: carência de motivações mais profundas, problemas familiares ou ligados à própria situação de vida (casamento, emprego, falta de apoio da família). Não é raro também encontrar falta de apoio da comunidade (principalmente dos párocos) ou mesmo falta de coordenação e liderança. Por parte dos catequistas, são apontados como causas da pouca perseverança: a falta de tempo (por causa de estudo, trabalho), falta de preparo suficiente; falta de uma espiritualidade mais profunda; insegurança diante dos catequizandos; medo dos compromissos diante de uma catequese renovada e libertadora; ilusão diante da tarefa que assumem e que exige renúncia e conversão[126].

Uma das grandes queixas que se sente dos catequistas em todas as partes é a falta de apoio do clero[127]. Não são muitos os párocos que tomam a sério o trabalho catequético, investem nos recursos humanos (formação de catequistas) e financeiros, neste setor da pastoral. Deixa muito a desejar também a *preparação catequética dos próprios padres*. É muito comum numa

---

125 Referindo-se a esta situação e à falta de apoio aos catequistas por parte do clero, como acenaremos, Dom Albano diz: "É só mesmo pelo Espírito Santo que as catequistas existem, atuam e persistem no Brasil como um ministério autêntico, pois seria para não existir por causa do pouco apoio que se lhes dá e pela pouca preparação que têm". cf. A. CAVALLIN, *Depoimento*.

126 Para maiores detalhes, cf. M. DONZELLINI, *Uma pesquisa sobre...*, p. 52.

127 Cf. A. CAVALLIN, *Depoimento*.

paróquia encontrarmos catequistas leigos muito mais abertos à renovação e atualizados com relação à catequese, do que os sacerdotes. Isto tem como causa a falta de formação específica dos sacerdotes para a catequese[128]; de fato, é muito raro encontrar a cátedra de catequética nos seminários, apesar da legislação a favor desta prática[129].

5.2 A formação de Catequistas

Como resposta ao problema urgente da formação, problema sentido ao longo de todo o MCB, a *Linha 3* elaborou no final da década de 80 e publicou em 1990 o *Estudo da CNBB* 59 *Formação dos Catequistas: critérios pastorais* (*FC*)[130]. Sua gênese mostra como nasceu da preocupação dos responsáveis pela catequese e de uma solicitação dos próprios catequistas. Igualmente, à semelhança do documento *Catequese Renovada*, durante sua redação obteve muita colaboração dos coordenadores regionais de catequese, como também de outros catequistas[131]. *CR* já havia traçado algumas orientações sobre a pessoa e a formação de catequistas (*CR* 144-151), porém o novo *Estudo* aprofunda e sistematiza mais este importante aspecto do MCB.

128 Sobre a formação para a catequese nos seminários, cf. L. ALVES DE LIMA, *A formação dos seminaristas para a catequese in RdeC* 8 (1985), nº 32, p. 37-41; U. GIANETTO, *Formazione catechistica del futuro sacerdote in Salesianum* 55 (1993), p. 317-333.

129 Entre os documentos eclesiais que insistem na formação catequética nos seminários, temos: *DCG* 115; *Puebla* 1003; CELAM-DECAT, *A comunidade catequizadora no presente e futuro da América latina. conclusões da I Semana Latino-americana de Catequese*, São Paulo: Editora Salesiana Dom Bosco, 1983, p. 43; CNBB – *Linha 3, Conclusões da 1ª Semana Brasileira de Catequese*, 17.

130 Por um erro de revisão houve alteração no título desse *Estudo* 59 da CNBB: originalmente o título era *Formação de Catequistas*... que ficaria mais abrangente, abarcando homens e mulheres... mas os revisores mudaram para a forma mais "machista", grafando *Formação dos Catequistas*. Em edições posteriores o erro foi corrigido, retornando-se ao original (cf. nota seguinte).

131 Fui encarregado pelo GRECAT em 1987 de redigir o anteprojeto deste documento, como também elaborei as quatro primeiras redações. Entre outros textos consultados, particularmente do magistério latino-americano e brasileiro, me inspirei bastante também nos dois documentos da mesma natureza das conferências episcopais italiana (CONFERENZA EPISCOPALE ITALIANA, *La formazione dei catechisti nella comunità cristiana*, Roma, 1982) e espanhola (COMISIÓN EPISCOPAL DE ENSEÑANZA Y EDUCACIÓN RELIGIOSA, *El catequista y su formación. Orientaciones pastorales*. Madrid: EDICE, 1985). A quinta e última redação ficou a cargo de Inês Broshuis e Pe. Juventino Kestering, na época coordenadores nacionais de catequese, introduzindo pequenas modificações. Todo o trabalho de produção deste *Estudo* 59 foi dirigido por Dom Vital Wilderink, bispo encarregado nacional da *Linha 3*, na época. Logo após sua publicação, escrevi um artigo onde procurei fazer a gênese do documento e traçar seus pontos principais. Contrariamente ao título desse *Estudo* publicado como "formação *dos* catequistas", neste artigo mantive o título original, como já se disse, "A formação *de* catequistas", que me parece mais adequado à realidade, marcadamente feminina, de nosso quadro de agentes de catequese: cf. L. ALVES DE LIMA, *A formação de catequistas in RdeC* 14 (1991), nº 53, p. 3-17 (cf. acima notas 117 e 130).

No *Estudo 59*, espécie de *Diretório da Formação de Catequistas no Brasil*, é descrito o ministério catequético, são traçadas as linhas orientadoras e as metas sua formação, bem como seus fundamentos teológico-pastorais, suas dimensões e conteúdo. Juntamente com *Textos e Manuais de Catequese*, este *Estudo "Formação dos Catequistas"* completa o Documento *Catequese Renovada*, formando assim a trilogia fundamental do pensamento catequético brasileiro. A simplicidade da linguagem usada nesse documento faz entender que ele tem em vista especialmente os catequistas mais populares, particularmente ligados às pequenas comunidades; mas ele foi projetado tendo em vista também as *escolas catequéticas*. A partir dele exporemos, a seguir, alguns pontos relevantes da formação de catequistas no MCB.

5.2.1 Atenção à pessoa do catequista

A primeira meta ou objetivo da formação não se fixa propriamente naquilo que os catequistas precisam "saber" ou "transmitir", mas naquilo que eles devem "ser". Não são os conteúdos que estão em evidência, mas a pessoa do catequista. No centro da renovação catequética brasileira está a comunidade catequizadora, e dentro dela a figura do catequista (*FC* 2). Se houve tempo em que a Igreja na catequese se preocupava mais com a semente da Palavra de Deus que deve ser semeada (a *doutrina*), ou com o terreno que deve receber a semente (a *pessoa do catequizando*)[132], hoje a preocupação maior parece ser com o *semeador*, ou seja, o catequista, exercendo o ministério da Palavra (*FC* 4).

Assim, o objetivo principal da formação de catequistas constitui-se no crescimento de sua personalidade humano-cristã. De fato, as comunidades necessitam não tanto de técnicos em educação (embora isso também seja importante), mas sobretudo de testemunhas da fé, que eduquem seus catequizandos mais através da vida do que pela palavra: "O catequista é uma pessoa de fé, em busca de uma profunda espiritualidade. Deixa-se evangelizar e fala mais pelo exemplo do que pela palavra" (*FC* 47, 65). No elenco e descrição das dimensões da formação colocam-se em primeiro lugar as dimensões pessoal-comunitária e espiritual. A própria dimensão doutrinal não possui um objetivo funcional, isto é, não está em função, em primeiro lugar, da transmissão dos conhecimentos na catequese, mas possui o objetivo de "aprofundamento da fé eclesial dos próprios catequistas" (FC 91).

132 Cf. E. ALBERICH, *Fede ed esperienza nel movimento catechistico postconciliare in Catechesi* 50 (1981), nº 17, p. 21, citando GOLDBRUNNER.

Isso indica a prioridade que deve assumir, dentro do processo formativo do catequista, a sua vivência de fé, testemunho, capacidade de poder transmitir o evangelho a partir de convicções profundas e arraigadas. Na definição do objetivo da *formação de catequistas*, se diz bastante explicitamente:

> Promover o aprofundamento do catequista na fé e capacitá-lo a fim de ajudar os cristãos no crescimento da maturidade da fé. Tanto catequistas como catequizandos tornem-se verdadeiros discípulos de Cristo por meio de conhecimento vivencial e íntimo de sua pessoa e de sua mensagem. Portanto, com a expressão *formação de catequistas*, quer-se indicar o processo educativo através do qual eles são habilitados a exercer o ministério profético dentro da Igreja, *a partir do próprio crescimento na fé e do seguimento de Jesus dentro da comunidade* (*FC* 63: o grifo é nosso).

5.2.2 A comunidade: lugar decisivo para a formação

A última afirmação da citação anterior já evidencia vigorosamente que o lugar central da formação de catequistas é a *comunidade de fé*. O catequista se forma como educador da fé sobretudo no grupo de catequistas, e a partir do seu envolvimento com a vida de fé da comunidade. Assim, a *dimensão comunitária*, tão essencial no MCB se projeta com força e vigor na formação de catequistas.

> Toda a comunidade é catequizadora. Isto quer dizer que é tarefa e missão da comunidade eclesial cuidar da formação de seus membros. É a comunidade que dá origem ao processo catequético; é dentro da própria comunidade que esse processo se desenvolve. A comunidade é o lugar próprio da catequese. A meta do processo é a construção da comunidade, a formação de seus membros como elementos responsáveis, verdadeiras testemunhas de fé (*FC* 14).

Por isso, embora a dimensão pessoal seja prioritária, a formação de catequistas não se poderia reduzir a ela. Há de se cuidar da dimensão comunitária: "uma das exigências da formação de catequistas é proporcionar condições para maior maturidade comunitária, capacitando-os a realizar a ação catequética em equipe" (*FC* 65)[133].

A formação para agir em comunidade tem sua grande expressão no grupo de catequistas. Os apóstolos, primeiros evangelizadores-catequistas, foram formados por Cristo Jesus num grupo bem específico e determinado (*FC* 71 e 132). É no grupo que em geral o catequista começa e vive plenamente sua

133 Cf. *CR* 151. Esta maturidade "comunitária" é mais longamente descrita em *FC* 51 e 82.

formação, mesmo que ele não participe de cursos específicos ou escolas catequéticas. O grupo bem formado e acompanhado, é escola por excelência de catequese; antes de começar a frequentar cursos ou escolas de catequese, o catequista aprende a ser catequista justamente a partir da vivência comunitária no seu grupo. Nele catequistas rezam, partilham, planejam, dialogam, avaliam, crescem no confronto com colegas, sentem-se seguros, animam-se, crescem na fraternidade e na direção de uma catequese transformadora[134]. Enfim, "o grupo de catequistas quer realizar o ideal comunitário da catequese: é o lugar eclesial mais importante do catequista" (*FC* 73). Os párocos, que por direito e dever são os primeiros animadores do grupo de catequistas, devem ser estimulados a dar todo apoio afetivo e efetivo, juntamente com religiosas e leigos coordenadores, ao grupo de catequistas (*FC* 78-79).

É interessante notar que o *Estudo* 59 sobre a formação de catequistas, a perseverança deles na ação catequética é vista como uma consequência da tomada de consciência por parte dos mesmos da dimensão comunitária e do sentido do envio em sua missão; motivações menos profundas levam à inconstância e ao desânimo fácil (Cf. *FC* 48).

5.2.3 Os ambientes de formação de catequistas

O *Estudo* 59 da CNBB é bastante original ao apresentar, antes das necessárias e úteis escolas de catequistas, os lugares que, ao longo do crescimento do próprio catequistas, tornam-se verdadeiras fontes de aprendizado: "antes de começar uma atividade catequética e sua formação específica para tal tarefa, o catequista já recebeu certa formação" (*FC* 54). Onde? Enumeram-se alguns desses lugares fundamentais de formação informal[135]. Em primeiro lugar na *família*, ambiente privilegiado de abertura do coração para os caminhos da fé. A formação informal na família tem grande influência na vida adulta (*FC* 55).

Em segundo lugar coloca-se *a escola da vida*: ela evita que o catequista se torne um educador de fé intelectual e fora da história. Nesta escola, à maneira de Jesus Cristo, o catequista aprende a ser sensível à vida, aos sofrimentos e lutas do povo, a inserir-se radicalmente na vida e nos problemas concretos.

134 Tal pensamento perpassa o *Estudo* 59 sobre a formação: cf. *FC* 72-77, 84, 197, 163, nº 1, 177, 197, 51.

135 A enumeração e descrição desses lugares de formação informal devem-se ao Fr. B. Cansi; a própria linguagem aqui usada evidencia a influência desse grande catequeta, formador por excelência de catequistas no Brasil.

Outra grande escola é *a comunidade de fé*: nela o catequista aprende, assimila, interioriza e faz sua aquela fé que pretende transmitir aos outros. É escola silenciosa, pois suas lições não são publicadas em livros ou manuais; no entanto, são profundamente transformadoras: trata-se das festas, novenas, tríduos, orações, devoções, o terço, romarias, procissões, caminhadas penitenciais, o amor aos santos e, de um modo especial, à Virgem Maria. Toda riqueza da *religiosidade popular* torna-se uma escola viva para o catequista (*FC* 56-58). Dentro da comunidade eclesial, o *grupo de catequista* sobressai como lugar propício para sua formação catequética[136], como vimos.

No entanto, são necessários também *outros instrumentos* de formação mais formais, como cursos, encontros, assembleias, jornadas, semanas de estudo, seminários, e, mais especificamente as escolas e institutos de catequese. Multiplicaram-se pelo Brasil as *escolas de nível básico* e médio. As de nível superior, por sua própria natureza, são mais raras. Todas elas prestam um serviço insubstituível para a caminhada da catequese. Foi em vista da orientação e de uma certa unificação de critérios para tais escolas e institutos que o *Estudo* 59 começou a ser pensado e elaborado. De fato, para todos os tipos de escolas catequéticas, ele é rico em sugestões e ideias, critérios e orientações, tanto em vista das instituições, como dos cursistas e formadores (*FC* 82-89). Para as escolas catequéticas, recomenda-se sobretudo a *vida comunitária*, o estímulo à participação ativa de todos, o cuidado pela espiritualidade, a prática da revisão contínua, a proposta de formação através da ação, particularmente nas escolas de nível básico e médio (*FC* 87 nºs 6-9).

Essa característica comunitária da formação de catequista sofreu, a partir de 2019, os terríveis impactos da *pandemia* da *Covid-19* quando os primeiros casos foram publicamente divulgados). De fato, a reclusão e isolamento, insistentemente forçadas pelas autoridades pública sanitárias, para evitar o contágio, impediram as reuniões, encontros, o contato físico entre pessoas, restando e desenvolvendo-se muito as reuniões virtuais por aplicativos na internet e suas redes sociais. Passada a fase mais grave dessa *pandemia* muitos continuaram com tal prática, dado seus baixos custos... mas impediu o contato pessoal, o olho no olho, *vis à vis*, *tête-à-tête*... o contato

136 Cf. *FC* 71-79. A insistência sobre a ideia de que o *grupo de catequistas* é a primeira escola de aprendizado para o agente de pastoral catequética se deve particularmente ao Pe. Ralfy M. de Oliveira. Já a partir da segunda redação do *Estudo* 59, tal ideia estava bastante presente: cf. L. ALVES DE LIMA, *A formação de catequistas*, p. 6, nota 12.

pessoal, tão importante para a transmissão e fortalecimento na fé. Infelizmente, esse foi um dos maléficos efeitos da pandemia Covid-19... a formação de catequistas ficou prejudicada.

5.2.4 O embasamento teológico

A formação de catequistas depende, em muito, de concepções teológicas e de opções de fundo diante do pluralismo atual, mesmo dentro da Igreja. Embora em *CR* tais princípios teológicos já estejam bastante claros, o *Estudo* 59 sobre a formação de catequistas volta, em vários momentos, aos fundamentos teológicos. Assim, logo no primeiro capítulo são apresentadas onze características da *catequese renovada* que brotam da prática e reflexão do MCB dos últimos anos. De fato, o "tipo de catequista que queremos formar" (*FC* 19-30) é determinado pelo modelo de catequese[137].

O capítulo quarto é dedicado aos fundamentos teológico-pastorais da formação. É uma tentativa de colocar a "verdade sobre Jesus Cristo, a Igreja e a Pessoa humana", em relação e como fundamento da formação catequética. Emerge deste capítulo uma teologia modelada em *Medellín, Puebla, Catechesi Tradendae, DCG, DG, CR*, com o conhecido equilíbrio dos documentos do episcopado, que procura se situar entre posições teológicas e pastorais muito avançadas e posicionamentos mais tradicionais ou que resistem a tudo quanto é novo ou tentativa de mudança.

Aqui a complexidade dos temas é traduzida numa linguagem mais acessível e simples, sem, entretanto, perder sua profundidade. Assim, por exemplo, querendo acentuar uma formação que esteja bem de acordo com a realidade (no sentido da encarnação, interação e inculturação), foi acrescentado à tradicional trilogia (Jesus Cristo, Igreja e Pessoa humana) um quarto elemento, a situação de vida das pessoas, que nos seus gritantes contrastes desafiadores é vista como conteúdo indispensável da fé, lugar teológico e fonte de escuta e presença (ou ausência) viva de Deus. O conceito de "verdade", embora consagrado pelo uso e com maior exatidão teológica, foi considerado um tanto abstrato e substituído por *fidelidade*, que possui uma conotação menos teórica, mais vital, e dinâmica. Descendo mais ao concreto, o *Estudo* 59 fala do catequista "atento à realidade, fiel à vocação humana, fiel a Jesus Cristo e fiel ao mistério da Igreja" (*FC* 112-147). No-

137 Esta síntese sobre o rosto renovado da catequese brasileira, aqui sintetizado nos n°s 19-30, foram utilizados na redação do *Diretório Nacional de catequese* (2006, cf. o longo n° 13, que elenca treze dessas características). Elas serão aqui retomadas na *Conclusão Final* de nossa pesquisa (cf. mais abaixo, *Conclusão Geral*, item 3, Reflexões conclusivas).

te-se ainda, nesta citação, a inversão dos termos, buscando-se mais a indução que a dedução (*FC* 116-147. Cf. L. ALVES DE LIMA, *A formação de catequistas*, p. 8).

Na dimensão antropológica dá-se especial importância à sensibilidade que os catequistas devem ter para com o mundo dos mais necessitados e empobrecidos, apontando Jesus Cristo como exemplo máximo de fidelidade à Pessoa humana (*FC* 121). Conclui afirmando:

> A fidelidade ao Evangelho, à mensagem profética dos pobres e aos recursos de santidade que estão contidos na fé do povo (*LG* 98) dará ao catequista condições de tomar o senso de fé dos empobrecidos como "lugar teológico" da pesquisa e da audição da voz do Senhor. Ele será, então, fiel ao povo. A fidelidade aos clamores do povo deve ser virtude de primeira grandeza no educador da fé em nossas comunidades (*FC* 123).

Mas é a dimensão cristológica que merece especial tratamento. Acentuam-se a intimidade e o conhecimento (em sentido bíblico) que o catequista precisa ter da pessoa de Jesus Cristo, particularmente em seu mistério pascal e relacionamento com o Pai e o Espírito Santo. A acentuação da dimensão profética de Jesus Cristo, e, portanto, a opção por uma "cristologia a partir de baixo ou ascendente", é característica deste *Estudo* 59, *FC*. Esta particular compreensão de Jesus Cristo pobre, proclamando o Reino de Deus e a plena libertação no meio e a partir dos pobres, influencia muito a compreensão de Igreja e de catequese no MCB; vale a pena, pois, citar o seguinte texto de *FC*, bastante denso e significativo:

> Sem deixar de dar relevo à missão de Jesus Cristo Sacerdote e Pastor, a teologia latino-americana, e consequentemente a catequese, prefere acentuar a figura de Cristo profeta. Ele proclama o Reino de Deus, vivendo pobre e no meio dos pobres, denunciando o pecado e as injustiças, anunciando a salvação e libertação, o amor e a misericórdia do Pai, através da sua vida, da sua palavra e principalmente pelo mistério pascal. [...] As características de Cristo, profeta e libertador, estão muito presentes na catequese renovada. Fica, pois, evidenciado também que o centro da catequese é a Palavra de Deus, cuja maior Revelação é o próprio Jesus Cristo, Palavra do Pai (*FC* 125-126).

Cristo Jesus, profeta e evangelizador, inspira e fundamenta a missão do catequista: "exemplo mais perfeito de evangelizador e catequista. Nele se constata a presença de uma autêntica pedagogia, dos passos a serem efetuados na caminhada de fé de uma comunidade" (*FC* 129; Cf. 124-128).

Em seguida são indicados os "três passos pedagógicos da catequese de Jesus": a conversão das pessoas, a vivência comunitária e a criação de uma sociedade justa. Repropõe-se assim, aos catequistas, aquilo que *CR* já havia traçado em sua quarta parte, concluindo: "Para nos ensinar como se constrói uma sociedade justa, Jesus agiu em todas as dimensões da vida: social, econômica, política, cultural e religiosa" (*FC* 134).

Em continuidade com a tradição patrística (Irineu, Clemente de Alexandria) e o Magistério (*DV* 15, *CT* 58), também *CR* fala da "pedagogia de Deus" (*CR* 40-45). Embora saibamos que haja dificuldades de ordem exegética, hermenêutica e teológica em torno da expressão "pedagogia de Deus" ou mesmo "pedagogia de Jesus"[138], mantivemos aqui a expressão "passos pedagógicos da catequese de Jesus" por fidelidade ao texto *FC*, que assim se expressou nos nºs 130-140. No espírito de *CR* a expressão deve ser tomada como fidelidade ao processo da Revelação (gratuidade, presença do Espírito Santo, exigência de abertura humana, dimensão histórica etc.), evitando assim restringir a catequese a uma modalidade simplesmente humana, à *pedagogia dos antigos* (em geral repressiva). Neste sentido, deve-se assumir as motivações de fundo da "pedagogia de Deus e de Jesus", e não tanto interpretá-las ao pé da letra como fórmulas imutáveis. Deste modo, reportando-se à "prática pedagógica de Jesus", colocada como modelo para o catequista, *FC* assim se expressa:

> a práxis de Jesus e a interação entre atitudes, gestos e palavras, o privilégio dado aos pequeninos devem ser o método, a pedagogia e a meta a ser alcançada por todos os educadores da fé. Jesus, que se fez "contemporâneo e companheiro de todos os homens" (*CR* 54), é para o catequista luz e modelo de toda ação catequética (*FC* 140).

5.2.5 Dimensões e conteúdo da formação de catequistas

Ao se falar da formação de catequistas, tema obrigatório é o do *conteúdo* desta formação. Do que foi dito até agora, ficam patentes já alguns conteúdos considerados importantes em *FC*: a realidade, principalmente dos empobrecidos, a vida de fé da comunidade, particularmente vivida no grupo de catequistas, os encontros, assembleias, reuniões, planejamentos, avalia-

---

138 Cf. C. Bissoli, *Pedagogia di Dio in* J. GEVAERT (Ed.), *Dizionario di Catechetica*, Leumann (Torino): LDC, 1986, p. 493-495. A dificuldade com tal expressão é a tentação usar mais a *pedagogia patriarcal do Antigo Testamento*, rigorosa e castigadora (Pr. 3, 11-12) do que a imagem do Pai Misericordioso, de Jesus.

ções e todas as formas de *formação permanente do catequista*. É conteúdo, poderíamos dizer, que brota da vida e da prática.

a) Conteúdo formal

Entretanto, uma boa formação, principalmente veiculada em escolas e institutos, requer também a abordagem do conteúdo em seu sentido mais formal, ou seja: na forma de conhecimentos intelectuais adquiridos e assimilados. Essa dimensão da *doutrina* ou *ortodoxia* não pode estar desvinculada da educação da fé, e, portanto, faz parte essencial da formação de catequistas. Embora o mais essencial na fé cristã seja a "adesão do coração" (fé fiducial, fé de conversão: *fides qua*), ela requer, entretanto, o mínimo de "conhecimento", de adesão da razão e da inteligência (conteúdo da fé: *fides quae*).

Esse relevante problema é abordado sobretudo em dois momentos: em *primeiro lugar* no capítulo sobre as *metas da formação*: uma delas é o conhecimento da mensagem cristã. De fato:

> a formação de catequistas proporcionará conhecimento sistemático e orgânico da mensagem cristã. Coloca no centro especialmente a Palavra de Deus, a Pessoa e o Mistério de Cristo, a comunhão e o serviço (*koinonia, diakonia*), como caráter distintivo da Igreja e a evangélica opção preferencial pelos pobres (*FC* 92).

Ao explicitar o que implica esse conteúdo, salta aos olhos a preocupação de fazer ver a importância do *princípio metodológico da interação entre fé e vida*[139] para se fugir ao perigo, tantas vezes presente, de considerar "os conhecimentos" ou "conteúdo doutrinal" como fins em si mesmos, sem buscar sua relação com o dia a dia (*FC* 93, 162-165).

Num *segundo momento* esse tema é abordado no capítulo das *dimensões e conteúdo da formação de catequistas*. Desde as primeiras redações foi considerado o capítulo central do texto. Aqui, de fato, são colocadas oito dimensões essenciais da formação (cf. a seguir), seguidas sempre da descrição do

---

139 A importância do *princípio metodológico da interação* já havia sido evidenciado por *CR*. Ao elencar os elementos principais que podem garantir o princípio de interação na formação de catequistas *FC* é explícito ao afirmar: "A comunidade envidará todos os esforços para possibilitar aos seus catequistas, ao longo de seu compromisso, os seguintes dados básicos, que deverão ser continuamente retomados e aprofundados: sua inserção na caminhada da comunidade eclesial; consciência crítica da realidade sócio-econômica-política, cultural e ideológica, para aprender a ler nela os sinais de Deus; conhecimento atualizado e experiencial da Bíblia; fidelidade à Tradição e ao magistério; visão da história da Igreja; vida de oração; ciências humanas que favoreçam de perto sua missão, como, por exemplo, psicologia, pedagogia, didática, comunicação, etc." (*CR* 148). Estão mais do que evidentes os dois elementos que na catequese se interagem para que haja verdadeira educação da fé. *CR* 163 dirá que a tarefa principal, a arte do catequista e seu constante desafio diante das situações concretas é conseguir fazer na catequese tal *interação* (cf. *CR* 163).

respectivo conteúdo. É um capítulo bastante denso. Pode parecer também *utópico*, dada sua extensão e profundidade: é quase impossível tratar de tanto conteúdo, com uma certa seriedade, mesmo em cursos de nível superior! No entanto, está apontado como um ideal e uma indicação também para a formação permanente.

b) As oito dimensões da formação

Das oito dimensões da formação tratadas neste diretório formativo, três já consideramos acima: dimensão *pessoal-comunitária, espiritual* e *teológico-doutrinal*. A respeito deste último, relevamos, mais uma vez, seu caráter fortemente *cristocêntrico* e o princípio metodológico da *interação*:

> A formação teológico-doutrinal gira em torno dos temas fundamentais da mensagem cristã, tendo no centro o mistério e Cristo. Referindo-se sempre a Jesus Cristo, a catequese oferece apresentação completa do mistério revelado, fazendo sempre o esforço de ligar a vida com a mensagem da fé (*FC* 163)[140].

Digamos uma palavra sobre as outras cinco dimensões.

1) *Formação bíblica*: sendo a Bíblia o texto fundamental da catequese, não se concebe uma formação de catequistas sem um aprofundamento bíblico. Não se exige algo científico, mas uma abordagem pastoral e catequética da Palavra de Deus. Nas orientações são incorporadas as conquistas que a *pastoral bíblica vem adquirindo em nossas comunidades*, fazendo referência em particular à *leitura popular da Bíblia*, como já expusemos.
2) Na *formação litúrgica* se releva não só o aspecto celebrativo como expressão da vida de fé, essencial à Liturgia, mas também a força pedagógica dos *sinais litúrgicos* como lugar de crescimento da fé, extremamente valorizados pela dinâmica catecumenal, sobretudo pelo *RICA* com suas inúmeras celebrações.
3) Os itens da *formação psicossocial* e *ético-moral* insistem na importância que a catequese deve dar aos elementos humanos, iluminados

140 Assinalemos ainda as grandes fontes deste conteúdo teológico-doutrinal para as quais o documento remete: 1. *Os elementos principais da mensagem cristã* (*DCG* 47-69); 2. *O conteúdo da evangelização* (*EN* 25-39 e *Puebla* 165-339); 3. *Os elementos da mensagem que devem ser lembrados* (*CT* 29); 4. *Os elementos fundamentais da catequese renovada* (*CR* 162-280) e 5. *A catequese e sua mensagem* (*CAL* 67-104. Cf. *FC* 164). Com sabedoria e prudência faz-se ainda a seguinte observação: "a publicação pela Sé Apostólica do *Catecismo para a Igreja Universal* (1992; 1995) poderá ajudar na explicitação e expressão dos conteúdos doutrinais da fé, uma vez que se faça a interação com a caminhada da Igreja no Brasil e principalmente das Igrejas particulares" (*FC* 165).

pela Palavra de Deus e pela graça, sobretudo quando se trata da ação do cristão (moral). Por fim, na *formação metodológica*, consagra-se o

4) Método pastoral *ver-julgar-agir*. Sua prática, tradicionalmente expresso nesta trilogia, no MCB sempre veio acompanhada de um quarto elemento já bastante incorporado na nossa tradição: o *celebrar*.
5) Entretanto, um quinto elemento, nem sempre muito expresso, mas sempre presente, é aqui colocado em relevo: é a *avaliação* ou *revisão*, que completa e dá garantia de continuidade ao trabalho pastoral.

Em *FC*, pela primeira vez, num texto oficial, esse quinto elemento da *avaliação* é explicitamente enunciado e recebe um bom aprofundamento; em torno da *avaliação do processo catequético* são colocadas estas questões: para que avaliar, o que avaliar, quando avaliar, como avaliar e quem deve avaliar (*FC* 188-198)[141]. Além disso, são feitas considerações importantes sobre uma das grandes novidades pedagógicas do MCB, ou seja, as *atividades e ações evangélico-transformadoras* que pretendem superar a metodologia catequética tipo "aula-escolar", como já expusemos (*FC* 185).

O capítulo termina, por fim, com uma ampla reflexão sobre o *papel da coordenação* na catequese e a *formação do coordenador* (*FC* 199-207).

5.3 Centros de Formação de Catequistas

Ao finalizar esse tema da *formação de catequistas*, queremos expor três experiências concretas e significativas de *centros de formação catequética* que, de certa maneira, encarnam as preocupações pela formação de catequistas dentro do MCB. Pela natureza própria deste tema, precisamos retornar a alguns poucos acenos históricos, próprios dos capítulos anteriores. Não obstante o inconveniente, preferimos manter aqui esse argumento, para poder tratar da *formação de catequistas* num único bloco, sem ter que dividi-lo. O essencial do quanto segue são os aspectos *conteudistas* da formação de catequistas, nas diversas escolas escolhidas, a fim de relevar-lhes a riqueza e a variedade.

O grande centro de formação de catequistas na década de 60, como acenamos, tinha sido o ISPAC, não só nacional, mas também os outros cinco de âmbito regional. Esses Institutos haviam formado inúmeros catequetas que estiveram à frente do fecundo período do MCB posterior como pro-

141 Essas considerações sobre o difícil problema da *avaliação na catequese* foram elaboradas pela professora Therezinha Motta Lima da Cruz, posteriormente coordenadora nacional de catequese.

tagonistas. Durante a existência dos ISPACs[142] e na década de 70 desenvolveu-se uma valiosa atividade formativa através de pequenos cursos ou mesmo através de Institutos fora do Brasil[143]. Existiam, porém, outros centros de formação de catequistas, tanto de nível diocesano como regional, e muitas outras ainda foram fundadas posteriormente[144]. Escolhemos três desses centros, diferentes entre si pelo nível, conteúdo, destinatários, metodologia, como exemplos da diversidade no campo da formação de catequistas existentes naquele momento no Brasil.

5.3.1 Instituto Superior de Pastoral Catequética (ISPAC de Salvador – BA)

Surgiu em 1968, por obra do Pe. Dionísio Sciuchetti, SJ, supervisor do Ensino Religioso na Bahia. Originando-se de escola para atender interesses imediatos da Arquidiocese, foi depois oficialmente reconhecida pelo Arcebispo de Salvador, na época Dom Eugênio Sales, como uma escola de âmbito regional (Norte III), mas que em determinados momentos possuía mais da metade de seus alunos provenientes de outros regionais (Nordeste I e II, Norte I e II, Leste II, Sul I e até de Moçambique). Uma comissão episcopal supervisionava o funcionamento do Instituto, que era dirigido por um coordenador. Sendo um dos últimos ISPACs a serem fundados, foi o que mais tempo esteve em atividade, funcionando até fim

---

142 Uma relação completa dos ISPACs e outras escolas de âmbito diocesano, cf. Paul VERNHET, *Novas dimensões do catecismo*. Adaptação ao Brasil de Mário BONATTI, Petrópolis: Vozes, 1966, p. 37, nota.

143 Dom José C. Campos, que prezava muito a formação de catequistas e catequetas, fala de mais de 50 cursos, patrocinados pelo então CLAF, dados somente pelo Pe. Guilherme Sheshan, OMS, e Pe. Ramón Garcia: cf. ID., *Resumen de las actividades in CLA* 4 (1973) nº 19, p. 212; até 1973, tinham sido feitos 6 encontros regionais, 1 seminário de evangelização de adultos, 2 encontros de ex-alunos do ISPAC e 2 cursos de reciclagem para o clero (*Ibid.*, p. 214), 70 brasileiros se formaram no ICLA do Chile (*Ibid.*, p. 212) e outros oito estudaram na Europa (ID., *Diez años de catequesis en Brasil*, p. 533-534).

144 Como no Rio de Janeiro as escolas *Lumen Christi* e *Mater Ecclesiae* (cf. *Formação de Agentes de Pastoral: a Escola de Fé e Catequese "Lumen Christi" in RdeC* 2 [1979], nº 6, p. 76-78; *Escola Mater Eclesiae in ibid.*, p. 79-81. Num encontro de escolas catequéticas, promovido pela *Linha 3* de 6 a 8 de Setembro 1992 no Instituto Salesiano Pio XI em São Paulo compareceram 13 escolas de vários níveis: *Centro Catequético Lumen Christi* de Campinas (SP), *Evangelização 2000* de Brasília (DF), *Escola de Fé e Catequese Lumen Christi* (de nível superior) de Salvador (BA), Escola *Emaús* do Regional Sul III de Curitiba (PR), *Instituto de Teologia e Pastoral* – ITEPA de Passo Fundo (RS), *CERCA* de Caruaru (PE), *Escola Superior de Pastoral Catequética* – ESPAC de Fortaleza (CE), *Instituto Regional de Pastoral Catequética* (IRPAC) do Regional Leste II de Belo Horizonte (MG), *Escola do Regional Sul 4* de Florianópolis (SC) e *Curso Superior de Pastoral Catequética* do Instituto Salesiano Pio XI de São Paulo (SP). Cf. *Reunião de Escolas Catequéticas in RdeC* 16 (1992), nº 61, p. 50-53; CNBB – *Linha 3, Reunião do GRESCAT in CM* (1992), nº 464, p. 1487-1488.

da década de 90. F uma escola de formação catequética que se caracterizava plena aderência à situação, procurando responder às exigências de uma catequese renovada à luz da caminhada da Igreja naquelas regiões. Com objetivos muitos genéricos e flexíveis, eles se especificam na medida da necessidade de seus participantes:

> Os objetivos do Instituto se especificam à medida que o tempo passa e à proporção que o Instituto se conscientiza de sua influência e missão. Muitas vezes é a própria história que exige a revisão dos objetivos e, em se tratando de um instituto vivo, são os alunos, a razão de ser do Instituto, que levam o mesmo a rever seus objetivos e concretizá-los melhor[145].

Dos candidatos se exigem ao menos dois anos de experiência pastoral, conhecimento e capacidade de reflexão dos problemas pastorais de sua área de trabalho, uma relativa maturidade pessoal no sentido de saber dar contribuição positiva na vida do grupo (convivência, oração, criatividade), tranquilidade interior. De fato, a formação desse Instituto está muito voltada para a pessoa do catequista: renovação na fé e revisão crítica do próprio empenho pelo Reino de Deus; crescimento na vivência do grupo, contribuição e criatividade para a vida em comunidade (dimensão comunitária).

Quanto à formação pastoral: revisão crítica do trabalho pastoral e renovação dos fundamentos da pastoral e da catequética. Para isso empregava uma metodologia que privilegia o questionamento, partindo sempre da realidade pastoral e vivencial dos participantes. Além das atividades de reflexão e estudo, eram previstos também estágios (tirocínio) acompanhados pelos professores, assim como retiro espiritual. Os que terminavam o curso tinham oportunidade de reciclagens periódicas, que a cada ano abordavam uma temática diferente. Um *Boletim* organizado pelos próprios alunos mantinha a comunicação e informação com os ex-alunos. Examinando o currículo dos últimos anos, percebe-se que o Instituto optou por uma formação pastoral mais generalizada, perdendo um pouco a especificidade catequética[146].

---

145 ISPAC-SALVADOR, *A formação de agentes de Catequese in RdeC* 1 (1978), nº 2, p. 61.

146 Cf. *Ibid.*, p. 60-61. O ISPAC de Salvador contava com professores de teologia de Salvador e para cursos intensivos lançava mão de professores ou equipes especializadas de Recife e do Rio de Janeiro (INP). No início obteve muito apoio financeiro do ADVENIAT; aos poucos, o custeio foi ficando inteiramente a cargo dos alunos e suas dioceses, o que colaborou também para o declínio e desaparecimento do mesmo.

5.3.2 O Instituto Catequético São Francisco (Canindé – CE)

Pertencendo à Arquidiocese de Fortaleza, mas com sede no interior do Estado do Ceará, em Canindé, funcionou uma escola catequética de nível popular, a serviço sobretudo das populações da zona rural. Foi nesse contexto que se moveram seus objetivos e sua metodologia. Ele, como o ISPAC de Salvador, possuía uma concepção muito ampla de catequese, constituindo-se na verdade, mais numa escola de pastoral que propriamente de formação catequética; seu currículo, porém, possuía mais matérias catequéticas que o de Salvador. Por outro lado, ela responde perfeitamente àquela concepção de catequese do MCB, exarada no documento *Catequese Renovada*, que faz de toda a vida um conteúdo de catequese em força do princípio de interação entre fé e vida.

De fato, isso fica claro já a partir do regime em que viviam os alunos: internato. Essa convivência de alunos e alunas durante oito meses sob o mesmo teto proporcionou uma profunda experiência de vida cristã, sem deixar seu ambiente simples, popular, rural. Além dos conteúdos bíblico-teológico-catequéticos, eram ministrados também cursos de saúde, pintura, bordado, agricultura:

> O Instituto não ministra apenas conteúdo. A catequese é uma tarefa exigente, profundamente encarnada. Ela deve partir da vida real concreta e não visar apenas conhecimentos, mas vivência e adesão[147].

As exigências para a inscrição são mínimas do ponto de vista acadêmico, mas exigentes do ponto de vista eclesial, ou seja: idade mínima 18 anos, ao menos 4 anos de escola primária, vocação para o trabalho apostólico, envio pelo pároco ou pela comunidade, maturidade pessoal, emocional e cristã. Além das atividades de estudo e vida em comum já descritos, também havia estágios tanto na cidade como na zona rural e também com romeiros, uma vez que a escola estava situada ao lado de um dos grandes centros de peregrinação do nordeste brasileiro. O aspecto popular do curso se refletia também em seu corpo docente, cuja formação teológica e catequética é bem simples[148], porém com grande vivência no meio de seu povo, e, portanto,

---

147 *O Instituto Catequético São Francisco de Canindé* (CE) *in RdeC* 8 (1985), nº 32, p. 57.

148 O curso foi fundado em 1975 pelo Frei Lucas Dolle, que se formou em *Medellín*, nos cursos superiores catequéticos do CELAM. Outras duas professoras possuíam curso semelhante, uma outra foi formada no ISPAC de Salvador, as outras cinco possuíam apenas o curso do CAT (*Curso de Atualização Teológica* de São Paulo), um curso de verão ministrado no Instituto Salesiano Pio XI de São Paulo. Cf. *O Instituto Catequético São Francisco*, p. 58.

com grande capacidade de fazer interação entre fé e vida, conforme o ideal catequético de *CR*.

5.3.3 O Curso Superior de Pastoral Catequética (Instituto Teológico Pio XI em São Paulo, dos Salesianos)

Este foi um dos poucos cursos de nível superior existentes no Brasil; como vimos, os brasileiros tinham que recorrer aos institutos do exterior, principalmente Europa, quando tinham necessidade de um curso superior. O Curso Superior de Pastoral Catequética (CSPC) nasceu para responder a essa carência. O Instituto Teológico Pio XI, dos Salesianos, afiliado à Faculdade de Teologia da Universidade Pontifícia Salesiana de Roma, tinha proposto desde 1975 reforçar sua característica catequética, como consequência de uma decisão dos provinciais salesianos no ano anterior[149]. Em vista disso, duas iniciativas foram tomadas inicialmente: qualificação de professores na área catequética e início de um *Curso de Metodologia Catequética* (CMC) intensivo em quatro semanas no mês de janeiro. Esse curso, considerado de nível médio, foi inaugurado em janeiro de 1977 por obra do Pe. Joaquim Salvador, SDB, e funcionando até 2010 com grande sucesso, tendo passado por ele mais de 2300 catequistas. No ano seguinte, em 1978, o Instituto Pio XI deu início às *Semanas Catequéticas* no mês de outubro.

O projeto de um *Curso Superior de Pastoral Catequética* (CSPC) foi desenvolvido inicialmente por dois provinciais salesianos: Pe. Walter Bini e Pe. Hilário Moser (ambos diretores do Instituto Pio XI), pelo Pe. Ralfy Mendes O., professor de catequética, e por mim, que o substituí na cátedra de catequética do mesmo Instituto. Em sua fase de planejamento, tal projeto recebeu grande apoio e incentivo de Dom A. Cavallin[150]: ele insistiu

149 Trata-se da *Conferência dos Inspetores do Brasil* (CISBRASIL) realizada em Cachoeira do Campo (MG) em 1974. Os 6 provinciais reunidos decidiram enviar um salesiano de sua inspetoria para se especializar em *catequética* na UPS de Roma em fins de 1975 e inícios de 1976: Pe. Marcos Sandrini, Pe. João Bosco Maciel, Pe. Raimundo Benevides Gurgel, com o Pe. Mário Miele e Pe. Luiz Alves de Lima. Só as Províncias de Manaus e Belo Horizonte não enviaram alguém para se especializar em catequese. Pe. Wolfgang Gruen começava seu magistério bíblico-catequético-ecumênico, e atendia já magistralmente sua Província mineira. Todos cursaram a *Licenza* (Mestrado) em catequética no *Istituto di Catechetica* da UPS em Roma.

150 A 18ª AG de 1980 havia proposto um *Instituto Nacional de Catequese* anexo ao INP: cf. CNBB-18ª AG, *Orientações pastorais sobre a catequese in CM* (1980), nº 329, p. 158, nº 10, que, no entanto, nunca chegou a existir. O Ir. J. I. NERY afirma que o surgimento de alguns institutos superiores, como o CSPC, levou a CNBB a repensar essa decisão, passando a apoiar os institutos existentes: cf. ID., *Catequistas e formação de catequistas no Brasil hoje in RdeC* 8 (1985), nº 29, p. 10-11. Tal atitude estava de acordo com a política da CNBB que não é responder a todos os problemas de ordem pastoral, mas suscitar e apoiar as iniciativas particulares.

várias vezes junto aos salesianos sobre a necessidade de um curso superior em São Paulo que, por ser um ponto central, facilitaria a participação de pessoas vindas também de outras regiões. Fiquei encarregado da execução deste projeto. Em 04 de Agosto de 1979, a diretoria do Instituto Teológico Pio XI, com Dom A. Cavallin e alguns catequetas, mais o acompanhamento e sugestões do Card. Dom Paulo Evaristo Arns, arcebispo de São Paulo, demos início à composição do *CSPC*; foram concluídas em 27 de outubro de 1980. Assim, ele pode ser inaugurado em fevereiro de 1981 com mais de 20 alunos de várias regiões do Brasil.

À diferença das duas precedentes escolas analisadas, o CSPC possuía como destinatário o agente específico de catequese. Não pretendeu formar apenas para a ação imediata da catequese, mas principalmente qualificar seus participantes para os cargos de coordenação, orientação e direção exigidos pelas estruturas catequéticas das Dioceses e Províncias religiosas[151]. Assim, colocou-se a serviço de uma perspectiva mais ampla e mais profunda, e, por isso mesmo, mais acadêmica. De fato, o curso, que se situava dentro de uma Faculdade de Teologia, afiliada à UPS de Roma, tinha como objetivo

> a formação e a especialização de agentes e coordenadores da pastoral catequética no âmbito das paróquias, dioceses, regiões episcopais, províncias e comunidades religiosas, bem como a formação de responsáveis pelos departamentos ou centros de catequese e de professores especializados de catequese[152].

Na realização de seus objetivos o CSPC pretendeu partir de uma reflexão sobre a prática catequética no Brasil e colocar-se dentro das orientações da catequese renovada, que, naquele momento, chegava ao auge de seu de-

151 Quanto aos destinatários, o CSPC era um curso aberto a todo Brasil, sem se restringir a uma determinada categoria de pessoas. Sendo um curso superior de especialização, exigia-se dos candidatos, além da experiência catequética, a posse de algum curso superior e algum tipo de formação teológica; como exceção, admitiam-se pessoas que tivessem apenas o segundo grau (curso colegial), mas com capacidade de seguir um curso desse nível. Os que concluíam regularmente o curso com a redação da monografia e possuíssem formação teológica superior, estavam habilitados a obter o *Diploma de Especialização em Pastoral Catequética*. Aos demais se conferia o *Certificado de Conclusão* do curso superior em catequética. A maioria dos participantes do CSPC eram religiosas, alguns sacerdotes e religiosos e poucos leigos/as. No final do século passado o curso já havia formado mais de 300 agentes de pastoral, provenientes de várias partes do Brasil e também da América Latina e uns poucos da África: cf. L. ALVES DE LIMA, *Curso Superior de Pastoral Catequética. São Paulo in RdeC* 4 [1981], nº 15, p. 73-76, com atualização das estatísticas.

152 *Alguns cursos superiores para formação de catequistas: Instituto Teológico Pio XI de São Paulo in RdeC* 5 (1982), nº 17, p. 84.

senvolvimento. Pensou-se inicialmente num currículo de dois anos, como é normal num curso superior; entretanto, numa previsão realista, constatou-se que pouquíssimos seriam os que poderiam se dedicar ao estudo durante dois anos: as necessidades pastorais de dioceses ou províncias religiosas não permitiriam a liberação de pessoal qualificado para um curso dessa duração. Por isso, optou-se por um currículo de apenas *um ano*, bastante intenso[153].

Dos currículos das três escolas catequéticas aqui analisadas, este é o mais especificamente catequético. Estava estruturado em três dimensões: *antropológica, teológico-pastoral* e *metodológica*; ou seja, pretendeu-se fazer uma reflexão sistemática sobre: a *quem* propor a catequese (conteúdo antropológico), *o que* propor como conteúdo catequético (conteúdo teológico) e *como* propor a catequese (conteúdo metodológico). A dimensão antropológica era considerada não só em vista do destinatário da catequese, mas também como conteúdo da catequese (a história vivida), dentro do espírito da renovação catequética brasileira. Completando o currículo havia também uma *dimensão histórica* e as *exercitações* (estágio e monografia). O peso maior dos créditos estava concentrado na dimensão teológico-pastoral, onde é apresentada uma visão dos principais temas teológicos, porém sempre em perspectiva catequética; também a dimensão metodológica possuía uma considerável densidade, e menos, as outras partes.

O corpo docente era formado pelo quadro de professores do Instituto Teológico Pio XI, conforme suas especialidades, principalmente quanto à dimensão antropológica e teológica. No que se refere à dimensão metodológica (a mais especificamente catequética), eram convidados professores de São Paulo ou de fora, qualificados para essas disciplinas. Lecionaram no CSPC sacerdotes, religiosas/os, leigos/as, tendo sido convidadas também, dentro do espírito ecumênico, pessoas de outras confissões cristãs, com grande proveito para o curso.

CONCLUSÃO

Ao concluirmos este tema sobre a formação de catequistas, podemos reafirmar que os catequistas, na sua maioria pessoas humildes e que não aparecem nos livros de História ou nas crônicas eclesiásticas, são realmen-

153 A carga horária do CSPC era de 750 horas de atividades, ou seja, 50 créditos (1 crédito: 15 horas/aula; semestres de 15 semanas), com um denso currículo que se inspirou nos cursos universitários de catequese das Faculdades de Teologia e de Ciências da Educação da Universidade Pontifícia Salesiana de Roma.

te os protagonistas do MCB entendido não em sua dimensão acadêmica, ou a partir da cúpula, como neste trabalho em geral consideramos. Porém, no sentido de construção diuturna da comunidade eclesial, educando e alimentando a fé do nosso povo no quotidiano da vida, eles possuem um papel de verdadeiro protagonismo.

Por outro lado, constatamos o esforço que os responsáveis mais diretos pela catequese fizeram para garantir a esses agentes de pastoral que suportam "o calor do sol e a dureza da jornada de trabalho" o mínimo de condições para que possam realizar sua missão. A realidade, porém, é maior que a boa vontade e os recursos para tal. Com Dom Albano, podemos repetir que é só pela ação do Espírito Santo que podemos entender a atuação eficaz de centenas milhares de catequistas de base que, muitas vezes, com um mínimo de preparação, conseguem transmitir e educar para a fé cristã.

Enfim, constatamos que realmente aqui está um dos principais problemas do atual MCB. Em termos de perspectivas e orientações pastorais em vista da formação de catequistas, parece que a Igreja no Brasil esteve bem servida. Trata-se de dar maior apoio a tais grupos, para que continuem a formação permanente, garantindo educação esmerada e, por que não, também profissional. Para isso é mister reforçar os centros de formação mais formal, as escolas e institutos de catequese, quer em seu nível básico (mais urgente), quer nos seus níveis médios e superiores. Assim, ficará garantida a eficácia e progresso sempre maior da ação desses mediadores imediatos da Palavra de Deus.

Conclusão geral

Após situar, na *Introdução*, o ambiente e os objetivos de nossa pesquisa através de uma *visão pastoral da realidade brasileira*, analisamos sinteticamente, no *capítulo I*, a história da *caminhada da catequese no Brasil dos inícios às reformas dos séculos XIX e XX*, com suas consequências no Concílio Plenário Latino-Americano e Concílio Plenário Brasileiro. Concomitantemente vimos o nascimento dos *Catecismos da Doutrina Cristã* e os impulsos dados pelo Papa Pio X, com a *Acerbo Nimis* e do *Catecismo* que traz o seu nome. Concluímos o capítulo I com a renovação benéfica da *Ação Católica*. Com o *segundo capítulo* assistimos ao nascimento de uma pastoral planejada e organizada, culminando na fundação do organismo da CNBB nascida nos inícios dos anos 50 e seus famosos planos de pastoral orgânica.

Somente então iniciamos, com o *capítulo terceiro e seguintes*, o longo percurso através do *Movimento Catequético no Brasil*: a realização do inovador *Concílio Vaticano II*, com suas imediatas consequências (acontecimentos de 1968, sobretudo a II CELAM em Medellín), bases para se chegar à renovação da catequese, codificada no Documento *Catequese Renovada* (segunda, terceira e quarta partes). Nesse trajeto tivemos a oportunidade não somente de evidenciar fatos, acontecimentos e pessoas que mobilizaram a pastoral catequética, mas também as ideias e o contexto histórico e pastoral em que aconteciam tais movimentações. No VII e último capítulo abordamos, de uma forma mais sistemática, *algumas questões mais candentes* do nosso movimento catequético.

Chegados ao final deste estudo, pretendemos: fazer algumas *sínteses*, elaborar *confrontos* com outros movimentos catequéticos e traçar algumas *considerações conclusivas*. Assim, essa última parte está articulada em três itens: 1. um panorama geral do MCB, 2. o confronto com o movimento catequético mundial e 3. uma ampla conclusão. Essa última será articulada em cinco pontos: síntese das grandes características que delineiam o rosto da catequese brasileira, o contexto eclesial do MCB, sombras e penumbras, problemas abertos e perspectivas de futuro.

1. VISÃO PANORÂMICA DO MCB

1.1 Primórdios

O Brasil nasceu para o mundo ocidental europeu sob o signo da Cruz (seu primeiro nome: *Terra de Santa Cruz*). Sua identidade foi forjada em meio à intensa ação missionária dos jesuítas e outros operários da primeira hora. Portadores de claro modelo teológico que emergia da Contrarreforma, particularmente de Trento, e das heranças da religiosidade popular portuguesa, os evangelizadores tentaram, com muito zelo e competência, a imersão no mundo indígena, para entender-lhes a linguagem e a mentalidade; porém, o processo de inculturação parou aí. Condicionados pelo tempo, pela cultura, por uma visão evangelizadora da época e às vezes pela subserviência aos conquistadores, os primeiros missionários, não conseguiram assimilar os valores autóctones para anunciar o Evangelho a partir do interior da cultura local. No meio de luzes e sombras, lançaram, entretanto, as bases de uma sólida tradição cristã católica, usando métodos catequéticos criativos, entre os quais a produção de muitos textos em língua nativa. O *Catechismus ad Parochos*, fruto maior da Reforma Católica, teve influência em terras brasileiras; os *catecismos* aqui produzidos, em fórmulas de apurado rigor técnico, traduziam sua teologia e seu modelo eclesial.

A primeira ordenação jurídico-teológica da Igreja no Brasil, *as Constituições do Arcebispado da Bahia*, consagrou a educação à fé como grave obrigação dos párocos e lhes ofereceram um breve catecismo, incluindo também normas e conteúdo para a catequese aos escravos. A evangelização da população negra, embora tenha dado passos significativos, todavia foi insuficiente para uma evangelização em profundidade. Mais do que o insucesso da catequese, deve-se criticar a postura da Igreja diante dessa página trágica da nossa história. Entretanto, da sobrevivência de elementos da religiosidade indígena e negra, mesclada às tradições portuguesas e cristianismo de marca tridentina, nasceu um sincretismo que conviverá até os dias de hoje com o catolicismo popular e o oficial, com acento *santeiro* (grande quantidade de devoção aos santos), de herança portuguesa.

1.2 Crise do Iluminismo e Jansenismo

Sempre como repercussão daquilo que ocorria na Europa, no Brasil sofremos igualmente a crise do século XVIII provocada pelo iluminismo e jansenismo. O iluminismo, de caráter em geral anticristão, defendia a liberdade de pensamento, tolerância, emancipação de todo vínculo arbitrário nos campos econômico, político, eclesiástico, teológico, dogmático, social. Sebastião J. C. e Melo, Marquês de Pombal, primeiro ministro de D. José II, encarna a figura do *déspota esclarecido*; sua decisão política de expulsar os jesuítas de Portugal e Colônias fez desmoronar a organização catequética e educacional brasileira, nunca mais recuperada. Foi imposto às dioceses o *Catecismo de Montpellier*, de tendências jansenistas e galicanas; os políticos portugueses pouco estavam interessados em questões religiosas; manipulavam politicamente as tendências de independência do poder central eclesiástico, subjacentes a esses movimentos.

Apesar do protesto de vários bispos brasileiros, o catecismo jansenista foi divulgado em todo o território nacional, influenciando muito a formação do nosso povo. Contrariamente ao que ocorreu no resto da América Latina, o Brasil não conheceu os catecismos dos padres jesuítas Gaspar Astete (versão original de 1586, perdida e 1599) e Jerônimo Ripalda (1591), e muito menos o *Catecismo de Lima* ou de São Turíbio de Mongrovejo (publicado em 1605 também em quéchua e aymará, línguas indígenas). Esse belo e inculturado catecismo infelizmente não vingou, sufocado pela catequese de talho doutrinal. Ao lado dessa crise da catequese oficial, subsistiu no meio do povo simples uma *catequese popular*, caracterizado por fórmulas simples e de gosto popular e um grande número de devoções.

1.3 Os *Catecismos da Doutrina Católica*

A reação a esse estado de coisas aconteceu, impulsionado também pelos movimentos culturais da Revolução Francesa, Revolução Industrial e Positivismo. Particular atuação tiveram os chamados *bispos reformadores* do século XIX: foi uma série de prelados que promulgaram a reforma católica tridentina para substituir o catolicismo lusitano, de características medievais e jansenistas, colocando o Brasil mais próximo de Roma, fenômeno denominado por alguns historiadores *romanização*. Usando como instrumento as escolas católicas, as cartas e visitas pastorais e novos catecismos doutrinais combateram o jansenismo, galicanismo, liberalismo; a educação da fé adquiriu caráter apologético e antiprotestante, fechando-se por vezes num ultramontanismo e numa resistência nem sempre muito lúcida a tudo o que se tachava de "modernidade".

Dois fatos, ambos em 1889, um de caráter político e outro religioso, deram novos rumos à catequese no Brasil: a *proclamação da república*, cuja consequência foi a separação de Igreja e Estado (perdendo a Igreja o padroado e garantias econômicas) e o *Concílio Plenário Latino-Americano*, convocado em Roma por Leão XIII. Entre suas decisões, repercutindo uma decisão do Concílio Vaticano I, há o pedido de um *único texto nacional de catequese*, ou ao menos provincial. Começou, então, no Brasil a corrida em busca desse catecismo único, que oficialmente nunca foi decretado, porém que, de fato, encontrou no *Catecismo da Doutrina Cristã*, em seus três volumes (menor, médio e maior) publicados no início do século XX pelos bispos das províncias do Sul do Brasil, uma solução para tal desejo.

Também o Pe. Álvaro Negromonte batalhou por um *catecismo nacional* e nessa busca podemos colocar igualmente as raízes da procura por um *roteiro catequético nacional* na década de 1980. Esse último, porém, sem aquela preocupação doutrinal que caracterizou os *catecismos* anteriores. Nessa pesquisa, mostramos que o nosso *Catecismo da Doutrina Cristã* é anterior ao de Pio X, e sob certos pontos de vista, mais completo e mais bem formulado, dentro de seu gênero doutrinal e conciso. Entretanto, ambos possuem em suas raízes o célebre catecismo de Casati (Bispo de Mondovì, Itália), que na sua versão original (Casati genuíno, 1765) tinha se aproveitado do *Catecismo de Montpellier* (de J. Colbert), condenado por Roma como jansenista em 1721!

O *Catecismo da Doutrina cristã*, descrito como "completo na doutrina, claro e sóbrio na exposição, correto na forma e eficaz para induzir todos os fiéis ao conhecimento e amor das verdades que aprendem e à obediência das leis santas"[1], robusteceu o projeto renovador do catolicismo brasileiro elaborado pelos Bispos reformadores do século XIX. Ele alcançou grande sucesso, sendo publicado até hoje e muitas gerações de cristãos foram formadas com base nele, cujo inspirador principal é o *Catecismo Romano*, do Concílio de Trento. O modelo de catequese subjacente a ele e que continua ainda em certos setores, em que pese a aridez e ausência bíblica, é do tipo

1 ARCEBISPO METROPOLITANO E BISPOS DAS PROVÍNCIAS ECCLESIÁSTICAS MERIDIONAES DO BRASIL, *Pastoral de Aprovação do Catecismo das Províncias Meridionaes do Brasil ao Clero secular e regular e aos fiéis de nossas Dioceses in Terceiro Catecismo da Doutrina Christã para uso das Dioceses das Províncias Ecclesiásticas Meridionaes do Brasil.* 4ª ed., Petrópolis: Vozes, 1930, p. 6.

doutrinal abstrato: fórmulas densas, precisas e difíceis, porque abstratas e especulativas, porém adaptadas à memorização. O processo didático frequentemente reduziu-se à análise sem síntese das fórmulas, ao fragmentarismo e um *mnemonismo* em que a memorização era fim a si mesma.

A atividade catequética de Pio X encontra eco no Brasil, mas sob o ponto de vista da organização. Assim, o que mais influenciou no processo catequético foi a instituição do *Secretariado Catequético Diocesano*, já sob o influxo de Pio XI. Ele ocupou-se da educação religiosa tanto nas paróquias como nas escolas. Ainda com Pio XI a *Ação Católica* exerce enorme influência no movimento catequético; seus cursos de *cultura religiosa* eram verdadeira catequese para jovens e adultos, sem o nocionismo orgânico de que padeciam as escolas de doutrina cristã. A maior herança, porém da *Ação Católica* foi o fato de ter iniciado a prática que desabrochou depois na metodologia do *ver, julgar e agir*, um dos pontos centrais na renovação pastoral-catequética brasileira: começou a surgir a *dimensão sócio-histórica*: o contato com a realidade(*ver*), iluminado pela *dimensão teológica* (*julgar* ou *iluminar*: fundamentação doutrinal), conduzindo à *dimensão prática* (o *agir*, o evangelho vivido na prática, a transformação). Embora na formulação desse método não se falasse de *revisão*, entretanto a prática pastoral que se seguiu, particularmente com a era dos planejamentos, fez da *revisão* o ponto de partida de um novo *ver, julgar, agir*... prolongando-se assim o processo.

1.4 A renovação querigmática e a obra do Pe. Negromonte

O movimento bíblico e o *método de Munique* tiveram influência no Brasil, principalmente após a Segunda Guerra Mundial: a mudança aconteceu não somente nos métodos, mas também no conteúdo: noções predominantemente abstratas deram lugar à valorização da Bíblia, da Liturgia e da História da Salvação. A catequese tomou feição querigmática: o vocabulário tornou-se mais bíblico, orações e cantos se inspiravam também na Sagrada Escritura. A catequese é considerada como iniciação à Liturgia, cuja finalidade é celebrar o encontro com Cristo Jesus nos Sacramentos. A metodologia catequética passou a adotar, em muitos lugares, programas conforme o ciclo litúrgico. Nas "aulas" de catequese começou-se a usar o missal, os rituais, álbuns litúrgicos e pequenas celebrações. Sob o ponto de vista teológico, diminuiu a preocupação apologética, característica do modelo tridentino; a unidade da catequese é, então, dada pela *História da Salvação*.

A renovação catequética foi impulsionada pela realização de vários congressos, cursos intensivos, semanas de catequese. O nome do Pe. Álvaro Negromonte está ligado a esse momento renovador; animado de grande zelo pastoral, consegue movimentar tal número de forças eclesiais, organizar instituições e produzir obras catequéticas que com ele se pode falar em verdadeiro *movimento catequético*. Seus textos e obras de pedagogia catequética espalharam-se por todo o Brasil em numerosas edições, algumas traduzidas em castelhano. Baseado na renovação pedagógica da *Escola Ativa*, introduz na catequese o *Método Integral* que "propunha como objetivo formar o cristão íntegro, firme na fé, forte no amor e pleno na esperança" (*CR* 22).

1.5 A CNBB e a Pastoral Planejada

A fundação da *Conferência Nacional dos Bispos do Brasil* (CNBB: 14/10/ 1952) em parte por obra de Dom Hélder Câmara e baseando-se nas estruturas da *Ação Católica*, veio influenciar e impulsionar significativamente a vida pastoral: com ela multiplicaram-se os encontros, reuniões, assembleias. Buscavam-se novos rumos, começa a era dos objetivos, planejamentos, planos, estratégias no campo pastoral.

Entre os movimentos da década de 50 sobressaiu a formação e organização de *catequistas populares*, assumidas pela nascente CNBB. Aí encontramos uma das raízes das *Comunidades Eclesiais de Base* (as CEBs) que tiveram papel fundamental na Igreja do Brasil. Esse novo modelo de Igreja, as CEBs, *com características bem diferentes das comunidades de base surgidas na Europa*, teve sua origem na tentativa de formar catequistas do povo que pudessem agir nas bases populares, alimentando e educando a fé dos mais pobres e marginalizados da sociedade, e prevenindo-os contra o avanço das seitas.

Assim, a Igreja no Brasil, como em outras partes da América Latina, estava preparada para receber o evento renovador do Concílio Vaticano II. Com relação à Igreja do Brasil, a primeira resposta ao Vaticano II foi o *Plano de Emergência* e logo o *Plano de Pastoral de Conjunto*. Este último, assimilando imediatamente as grandes teses do Vaticano II, organizou toda a atividade pastoral da Igreja em *6 linhas* ou dimensões, que praticamente atuam até hoje, com pequenas alterações. Sem pretender esgotar todo o mistério da Igreja, elas têm a função de mostrar ao mesmo tempo a rica variedade de aspectos e a unidade dinâmica da ação eclesial: de certa maneira, é uma síntese da vida cristã. Estão hoje assim formuladas: dimensão comunitária e participativa, missionária, bíblico-catequética, litúrgica, ecumênica e sociotransformadora. Elas se interpenetram e se exigem mutuamente. Assim, a catequese, antes de ser uma pastoral entre tantas, é uma dimensão de todas as pastorais.

A catequese brasileira nesse período pós-conciliar abandonava os modelos europeus e adquiria feições próprias, preparando as transformações que ocorreriam nas décadas seguintes. E o grande líder, condutor do MCB nessa época do Concílio e imediato pós-Concílio, foi Dom José Costa Campos, assessorado pelo Pe. Hugo Paiva; entre suas grandes obras estão a reorganização do *Secretariado Nacional de Ensino de Religião*, fundação do ISPAC do Rio de Janeiro, de nível nacional, e outras escolas regionais. Mantiveram acesa a constante preocupação pela formação de catequistas e catequetas.

1.6 O ano da grande virada: 1968

A Europa era sacudida pelos movimentos estudantis de maio de 1968. Por aqui, esse ano foi política e socialmente tenebroso, com o recrudescimento do regime político militar ditatorial, com repressões, perseguição, tortura e outros desmandos. Mas foi, ao mesmo tempo, rico de acontecimentos para a Igreja na América Latina e no Brasil. Alguns de seus eventos marcaram definitivamente a caminhada pastoral latino-americana. A verdadeira mudança no campo da catequese aconteceu em 1968: começou com o *Encontro Nacional de Catequese* no Rio de Janeiro, aprofundou-se na 6ª *Semana Internacional de Catequese* em Medellín e consagrou-se na *IIª Conferência Episcopal Latino-Americana*, também em *Medellín*.

A importância desses três acontecimentos para a catequese brasileira é incomensurável. Assumindo e atuando os postulados do Vaticano II, houve renovação da vida cristã: a fé é vivida a partir da situação (em geral de injustiça social), e colocando a força do Evangelho a serviço da promoção humana. A educação da fé igualmente enveredou-se por estes caminhos: a catequese adquiriu dimensão antropológica, social, transformadora, libertadora. A dimensão comunitária emergiu com grande força, fruto de uma eclesiologia de comunhão e participação. A célebre afirmação de *Medellín*: "as situações históricas e as aspirações autenticamente humanas são parte indispensável do conteúdo da Catequese", deu um rumo novo à catequese; tudo adquire forte conotação existencial, antropológica, situacional. O Evangelho é visto como uma luz que ilumina e uma força que leva a transformar a vida em todos os seus aspectos, espirituais com certeza, mas também sociais, políticos, econômicos. Os primeiros destinatários ou interlocutores já não são crianças, mas adultos: eles são plenamente capazes de viver o Evangelho também em sua dimensão espiritual, social e política. O método quase se transforma em conteúdo; é a ação concreta em nome da fé (práxis), e é nessa ação que se pode ouvir a Deus: Ele fala através dos acontecimentos. O catequista já não pode ser alguém ausente da vida e da história concreta de seu povo; ao contrário, é alguém que, inserido no processo histórico da comunidade, é capaz de fazer a *interação entre vida e fé* e de conduzir seus irmãos na fé a descobrir Deus que se revela no dia a dia.

A Revelação, por sua vez, não é vista como um processo que "cai do alto" e se processa ao lado da vida. Considera-se a Palavra de Deus na Sagrada Escritura, revelada bem por dentro da vida humana, a partir das realidades históricas. Então fazer catequese é anunciar essa mesma Palavra libertadora no hoje de nossa existência, bem por dentro das realidades e situações humanas atuais, com a mesma força do Espírito que atuou na história bíblica. É o conceito de *Revelação* do Documento *Dei Verbum* do Vaticano II plenamente assumido pela catequese. A palavra "caminhada", repetida exaustivamente em todos lugares e momentos, refletia bem esta compreensão: ela quer significar um processo-dinâmico-histórico e não estático de testemunhar e anunciar a Palavra de Deus. Jesus Cristo já não é ser simplesmente celeste e ausente da História, mas "caminha conosco". Suas dimensões humana, profética e histórica são altamente valorizadas, sem negar em nada sua divindade.

O método catequético que daí surgiu ficou sendo conhecido como *interação entre fé e vida*. Os nomes do Pe. W. Gruen e do teólogo Hugo Assmann estão ligados a esse período. Todo o desenrolar do MCB posterior foi uma tentativa de compreender e aprofundar essa nova identidade da catequese e buscar instrumentos, caminhos e metodologias para que ela esteja presente em toda a ação catequética.

1.7 O Documento nacional *Catequese Renovada* (1983)

Durante a década de setenta e inícios dos anos oitenta do século passado, consolidou-se a reflexão da *teologia da libertação*, que por um lado brotou de uma *práxis libertadora* e por outro lado a reforçou. A catequese, entre avanços e retrocessos, como de resto toda a pastoral, se viu grandemente influenciada por esta nova maneira de fazer teologia[2]. O documento *CR* aprovado em seguida, refletiu, com certo equilíbrio, a originalidade da nova teologia. A preocupação pelos gravíssimos problemas sociais e políticos na década de setenta, devido ao regime militar ditatorial, não permitiu ao episcopado brasileiro espaço para tratar explicitamente da *catequese*. A Igreja estava empenhada em dar respostas concretas aos problemas levantados pelo momento sociopolítico. O documento *Catequese Renovada* veio à luz sob o influxo do Sínodo de 1977, de *Puebla* e do estímulo de São João Paulo II, tanto em sua exortação apostólica *Catechesi Tradendae* como através de vários *pronunciamentos* e *encontros* com o Episcopado brasileiro por ocasião de sua visita ao Brasil em 1980.

Publicado em abril de 1983, pode ser tomado como o coroamento de todo o esforço de renovação que vinha sendo realizado há muito tempo. Mais do que sua aprovação num texto oficial, foi significativo o *processo* pelo qual ele foi gerado: envolveu a participação dos catequistas de base, grande número de catequetas e quatro assembleias gerais do episcopado, além de ter sido precedido por dois *instrumentos de trabalho* e a redação de vários *roteiros de catequese*. Foi grande sua acolhida por parte dos catequistas e agentes de pastoral: tendo acompanhado todo o processo, assumem como coisa sua e fazem dele a cartilha inspiradora da ação catequética. O processo participativo que resultou na *CR* teve em Dom Albano Cavallin seu animador principal, sendo assessorado por inúmeros catequetas, entre os quais sobressaem o Pe. R. Mendes Oliveira, o Pe. W. Gruen, Pe. A. Antoniazzi, Pe. J. Geeurickx, Pe. J. A. Ruiz Gopegui, e muitos outros (pude também dar minha contribuição).

Outros dois outros *estudos* episcopais vieram completar essa renovação: *Textos e Manuais de Catequese: elaboração, análise, avaliação* (1987) e *Formação dos Catequistas: critérios pastorais* (1990): formam, juntamente com *Catequese Renovada*, a trilogia catequética brasileira.

---

2 Em nosso trabalho não houve espaço para desenvolver explicitamente, e com certa profundidade, o tema da relação da catequese com a prática e a reflexão teológica, comumente chamada de *libertadora*. Seus princípios e postulados, perspectivas e metodologia, certamente aparecem com frequência nas diversas temáticas (CEBs, interpretação popular da Bíblia, princípio metodológico da interação etc.). Aqui apenas remetemos a três referências bibliográficas que tratam especificamente do tema *teologia da libertação e catequese*: CNBB, *Carta aos agentes de pastoral e às comunidades [sobre a teologia da libertação] in RdeC* 8 (1985), nº 31, p. 70-72; I. J. NERY, *A catequese renovada no processo da evangelização libertadora da Igreja no Brasil in RdeC* 9 (1986), nº 33, p. 52-53; B. CANSI, *Ecos do Encontro Nacional de 1985 in RdeC* 9 (1986), nº 34, p. 53-54.

1.8 Evolução do Movimento Catequético no Brasil após a aprovação de *CR*

A publicação e divulgação desses três textos despertou entusiasmo e interesse pela catequese no vasto território nacional. Foram usadas as mais diversificadas formas para divulgar, estudar, aprofundar e operacionalizá-los, particularmente para os catequistas de base: cursos, encontros, assembleias, seminários, painéis, reuniões, debates, congressos, fóruns, semanas. O maior desses momentos foi a realização da *Primeira Semana Brasileira de Catequese* em outubro de 1986, com o objetivo de avaliar o MCB após *CR* e relançar suas grandes intuições.

Textos e subsídios catequéticos acompanharam o esforço de renovação. Seguindo, porém, *CR* que rejeita a ideia de um catecismo nacional, não surgiram grandes catecismos, textos ou manuais de catequese e muito menos um catecismo oficial. Com criatividade, produziu-se, em toda a parte, pequenos subsídios, a maioria de cunho popular e muito aderente à realidade local, no esforço de interação entre vida e fé. No campo da reflexão catequética, surgiram algumas obras significativas. A *Revista de Catequese*, fundada em fins de 1977, no clima do Sínodo sobre a Catequese, exerceu grande influxo no MCB e continua sendo instrumento de estudo, aprofundamento e divulgação da renovação catequética.

Concluindo esta síntese, podemos dizer que o Brasil conheceu verdadeiro movimento catequético, à semelhança de outros no mundo cristão. O desenrolar desse movimento aconteceu num crescendo até atingir o auge por ocasião do processo de produção e aprovação do Documento *CR*. Hoje ele se mantém relativamente vivo, confrontando-se com outros problemas que surgiram nesses mais de 40 anos. As festividades e comemorações que se realizaram em 2023 por ocasião das quatro décadas de sua aprovação, suscitaram memória, resgate de suas magnas perspectivas e vontade de renovação[3].

3 Cf. CNBB-COMISSÃO EPISCOPAL PARA A ANIMAÇÃO BÍBLICO-CATEQUÉTICA, *A Catequese no Brasil*: *memória, celebração e perspectivas.* Brasília: Edições CNBB, 2023. Intencionalmente a obra é para marcar a memória e celebração dos 40 anos, abrindo perspectivas de futuro. Isso não ficou muito claro no título e diagramação do mesmo livro, mas em sua introdução, Dom J. Peruzzo, presidente na época, da Comissão Bíblico-Catequética, assim comenta sobre o Documento *CR*: "são páginas permeadas de inteligência, de paixão, de ousadia confiante, de espiritualidade para o discipulado. Ao tempo de sua publicação, há 40 anos, na esteira das muitas preocupações suscitadas pela época e as inspirações do Vaticano II e suas sadias provocações, muitos se perguntavam e ansiavam por caminhos catequéticos mais envolventes, mais efetivos, mais consequentes". E conclui: "Se hoje temáticas como estilo catecumenal, Iniciação à Vida Cristã, Animação bíblica da pastoral são assuntos acerca dos quais já há alguma desenvoltura no discurso e nas experiências, são *desdobramentos atualizados de um caminho iniciado e sistematizado há mais tempo*" (p. 8).

2. CONFRONTO DO MCB COM O MOVIMENTO CATEQUÉTICO MUNDIAL

Convém fazer, a estas alturas, paralelo ou confronto entre o MCB e seus similares, principalmente na Europa. É uma análise bastante limitada, devido ao pouco espaço que a ele podemos dedicar. Não faremos aqui, o que seria muito interessante, por exemplo, uma comparação entre os vários diretórios nacionais de catequese surgidos dos diversos movimentos catequéticos na Igreja, particularmente no pós-concílio.

2.1 Com relação às origens

2.1.1 O ponto de partida

Quando se fala de *Movimento Catequético na Igreja Católica* em geral, entende-se o conjunto de ações, reflexões, iniciativas mais ou menos organizadas de um grupo de agentes catequéticos, estudiosos e animadores. Eles se unem para levar adiante um projeto de animação, revisão ou renovação da catequese, quer em seus aspectos organizativos ou legislativos, quer em seus aspectos de conteúdo. Estritamente falando, esse conceito de *Movimento Catequético* pode-se atribuir à sucessão de acontecimentos em torno do tema catequese vividos na Europa no final do século XIX e início do XX.

Várias associações em âmbito europeu se formaram e impulsionaram a renovação da Catequese, nos vários países (Itália: AICA, *Associação Italiana de Catequetas*; Espanha: AECA, *Associação Espanhola de Catequetas*; Inglaterra: Religiouse Education Association, *Associação de Educação religiosa*; Alemanha: Deutcher Katecheten Verein: *Associação Catequética Alemã*) e uma *Associação Europeia*: EEC: *Équipe* Européenne de Catéchèse, e outras. Na América Latina fundamos a SCALA: *Sociedad de Catequetas Latinoamericanos* (cf. https://scala-catequesis.net/scala/); no Brasil também fundamos a SBCat, a *Sociedade Brasileira de Catequetas*. A *Cúria Romana possui*, desde 1973, um grupo de catequetas COINCAT: *Conselho Internacional de Catequese*, pertencente ao Dicastério da Evangelização (http://www.evangelizatio.va/content/pcpne/it/dicastero/coincat1.html).

Entretanto, no Brasil, e em geral na América Latina, diferentemente da Europa, como vimos, um autêntico Movimento Catequético começa a despontar somente a partir da década 40, mais ou menos.

A figura do Pe. Álvaro Negromonte marca, no Brasil, o início dessa fecunda movimentação com configuração de caráter nacional. Portanto, é a partir de sua atuação em âmbito de Brasil (1940) que pode se falar propriamente de Movimento Catequético Brasileiro. Foi ele quem, por primeiro, começou não só a rever princípios pedagógicos, metodologia, textos e subsídios catequéticos, mas também começou a fazer escola, a criar opinião, a movimentar e unir forças, criando em 1949, com o então Pe. Hélder Câmara, um órgão de divulgação, a *Revista Catequética*. Com a fundação da CNBB, reorganização do SNER, fundação do ISPAC, advento do Vaticano II e seus desdobramentos nos Planos Pastorais e acontecimentos de 1968, o *Movimento Catequético* toma novos rumos, chegando aos nossos dias.

2.1.2 Causas do surgimento do movimento catequético

Quais as causas do surgimento do movimento catequético na Europa e Brasil? Como já dito, o movimento europeu é pelo menos meio século mais antigo que o brasileiro. Suas origens também são diversas: se o movimento catequético francês e italiano nasceu como reação à abolição do Ensino Religioso nas escolas e o alemão com a fundação da união de catequistas de língua alemã (*Deutscher Katecheten Verein* de Munique e Viena)[4], o Movimento Catequético Brasileiro tem outras origens.

Por ocasião da separação entre Igreja e Estado, com a República (1889) tinha havido também no Brasil a abolição do Ensino Religioso nas escolas; o episcopado reagiu, porém, sem levantar em torno desse problema um verdadeiro movimento. A questão fora solucionada, como vimos, por vias mais diplomáticas e políticas, e o Ensino Religioso voltou às escolas[5]. O MCB nasce mais do impulso renovador da Igreja nos anos 40 sob o impacto do Vaticano II, graças também à atuação da *Ação Católica* e ao zelo apostólico do Pe. Á. Negromonte.

2.1.3 Um movimento que surge das bases

Tal como aconteceu com o Movimento Catequético Europeu, também no Brasil as novas ideias e inspiração de renovação vieram das bases, ou seja: catequetas e catequistas lideram o movimento. Somente mais tarde é que tudo é assumido e sacramentado oficialmente pela Hierarquia, proporcionando então uma maior divulgação em âmbito nacional. Foi pela *recepção* (*receptio*) do Concílio que grupos de catequetas e catequistas, em

4 Cf. Ubaldo GIANETTO, *Movimento Catechistico in* Joseph Gevaert (Ed.), *Dizionario di Catechetica*, Leumann (Torino): Elle Di Ci, 1986, p. 448.

5 Cf. FIGUEIREDO, Anísia de Paulo, *Brasil: o Ensino Religioso de 1500 a 1998 in* BELINQUETE José, *História da Catequese*, II Volume. Coimbra: Gráfica Coimbra, p. 1507-1547.

torno dos ISPACs (1968), revolucionaram as concepções catequéticas. Elas foram assumidas pelo episcopado somente com os documentos da década de 80, particularmente *CR* (1983)[6].

Não consta, porém, que a renovação querigmática dos anos 40-50, promulgadas sob a liderança do Pe. Álvaro Negromonte, tenha sido oficialmente assumida pela Hierarquia. Entretanto, sua obra era vista com grande simpatia por todos, o que nem sempre aconteceu com os líderes do movimento catequético italiano, por exemplo. Quando se fundou a CNBB e foi criado o Secretariado Nacional de Catequese, o escolhido para conduzi-lo foi justamente o Pe. Álvaro Negromonte.

2.2 Com relação aos congressos e publicações

Outro paralelismo que podemos estabelecer entre os dois movimentos, da Europa e do Brasil são os meios de divulgação das ideias. De fato, para o sucesso de um movimento, como o catequético e outros congêneres, são importantes os meios de divulgação, as instituições que lhe dão sustento e animação e o alimentam com um trabalho refletido e organizado.

2.2.1 Congressos e Assembleias

Na Europa ficaram célebres os Congressos e Assembleias locais, nacionais e internacionais. Entre esses últimos sobressaem os de Viena (1912) e os de Munique (1928) e mais tarde as Semanas Internacionais; entre os nacionais, na Itália são marcantes os de Piacenza (1889), de Milão (1910), de Brescia (1912), Roma (1929). Igualmente na Espanha, França e Alemanha reúnem-se congressos nacionais que dão impulso ao movimento catequético. Tal prática se realiza igualmente no Brasil; o Pe. Álvaro Negromonte é animador de vários deles na década de 50; mais recentemente os vários *Encontros Nacionais de Coordenadores Regionais* tornam-se o foco das discussões, decisões e animação catequéticas.

Neste sentido, entretanto, dois desses eventos tiveram importância histórica: o *Encontro Nacional do Rio de Janeiro de 1968*, quando houve a verdadeira mudança de rumos da catequese brasileira, influenciando, como

---

6 É interessante notar que tanto na Itália como no Brasil ocorreu o mesmo fenômeno com relação ao *documento sobre a catequese*. Na Itália os Bispos solicitaram aos assessores um documento sobre um *novo catecismo italiano* e estes apresentaram uma reflexão *sobre* a catequese: cf. Silvio RIVA, *Il movimento catechistico Italiano*, Bologna: Edizioni Dehoniane, 1977, p. 50-55. No Brasil os bispos pediram também o conteúdo renovado da catequese e os assessores ofereceram *Orientações em torno do Conteúdo da Catequese*.

vimos a própria *Semana Internacional de Catequese* à qual se seguiu logo depois em Medellín, com seus inovadores documentos. Em segundo lugar, no Brasil destaca-se a Iª Semana Brasileira de Catequese em 1986, que avaliou, reviu e relançou o Documento *Catequese Renovada*. Se o Encontro do Rio de Janeiro (1968) tinha sido mais de estudo e de conclusões teológico-pastorais, a Iª Semana (1986) foi de caráter mais operacional e celebrativo.

Podemos ainda afirmar que, se os *Congressos* da década de 40-50 no Brasil foram mais festivos e triunfalistas (um pouco à maneira europeia, na época)[7], os *Encontros Nacionais no Brasil* foram assembleias não só de aprofundamento, mas principalmente de decisões operativas. Aqui parece-nos deparar com uma diferença entre os dois movimentos: os congressos, reuniões e assembleias europeias são caracterizados por uma mais profunda reflexão, embasamento teórico e aprofundamento intelectual, com abundantes recursos humanos para isto; no Brasil, e em geral na América Latina, a profundidade do aspecto teórico não é tão sensível, também porque nos falta um maior número de catequetas qualificados para tal função. Porém, nas conclusões operativas e no aspecto prático, parece que o nosso movimento catequético seja mais rico e mordente à realidade.

2.2.2. Revistas e Publicações

Ainda no nível de instrumentos de divulgação das ideias, o movimento catequético europeu é muito mais rico nos recursos aptos a uma maior difusão das novas orientações e propostas, tais como a grande quantidade de *Revistas especializadas* e os numerosos *Institutos* europeus, muitos de nível superior, que favoreceram grandemente o progresso e o desenvolvimento do movimento catequético. Neste ponto, somos extremamente carentes. Como tivemos oportunidade de ver, o MCB antes do Concílio contou, para uma divulgação de nível nacional, apenas com uma pequena *Revista Catequética* que durou uns 8 anos.

Mais recentemente, a fundação da *Revista de Catequese* pelos salesianos, em 1977, às vésperas do Sínodo sobre a Catequese, favoreceu uma divulgação maior e espaço suficientemente à altura dos debates que se processaram

7 Ainda recentemente, um observador latino-americano, participando do Congresso Europeu de Catequese em Munique em 1983, fazia a seguinte observação: "Aplicações práticas do Congresso: este foi, sem dúvida, o ponto fraco de todo o Congresso. Ficou-se apenas numa etapa de análise e intercâmbio e de comparações, mas faltou uma maior vontade para tirar as consequências". Eduardo CANO, *Congresso Europeu de Catequese em Munique visto por um latino-americano in RdeC* 11 (1988), nº 43, p. 53.

em torno do movimento catequético que gerou o Documento *Catequese Renovada*. Em nível popular, a *Folha Catequética* realizou também um belo trabalho entre os catequistas de base. O MCB não possui a riqueza de publicações como existe no movimento catequético europeu. Entretanto, esta carência foi suprida com a criatividade fecunda dos catequistas que, com recursos pobres, conseguem comunicar-se de maneira adequada e eficaz, através de meios pobres e a "imprensa nanica" (impressos mimeografados, fotocopiados e meios semelhantes). Anos depois, suscitado e mantido pela Ir. Mary Donzellini e Profa. Marlene Silva, surgiu o periódico *Ecoando*, de grande aceitação popular.

2.3 Com relação aos centros de formação

2.3.1 Influxo das Escolas francesa e belga no MCB

Quanto aos Institutos e Escolas de formação, o mais importante no Brasil foi o ISPAC do Rio de Janeiro, projetado em 1963 tendo como modelo (inclusive no nome) o *Institut Superieur de Pastorale Catéchétique* de Paris, fundado em 1950. À sombra de nosso ISPAC nacional, floresceram outros ISPACs regionais. Todos eles tiveram vida curta: circunscreveram-se às décadas de 60 (o nacional) e de 70 (os regionais), porém com uma repercussão muito grande no MCB. No final-início do século, houve uma tentativa de multiplicação dessas escolas de nível médio e superior.

Grande número de pessoas que estiveram à frente do MCB foram formadas nas escolas da Europa, de grande especialização catequética. Entre elas sobressaem o já citado *Institut Superieur de Pastorale Catéchétique* de Paris, o *Instituto Lumen Vitae* de Bruxelas, o de Turim (depois transformado em *Universidade Pontifícia Salesiana* em Roma), as escolas catequéticas de *Munique* e o *Katechetisches Institut* de Viena. Foram as instituições que formaram a elite catequética brasileira. O Pe. Álvaro Negromonte, líder do primeiro momento, não teve formação específica. Entretanto acompanhava, através da literatura em língua francesa, aquilo que ia acontecendo na Europa, principalmente a renovação querigmática e o chamado *Método de Munique*: procurou aplicá-lo em terras brasileiras.

Também a formação de Dom José Costa Campos e do Pe. Hugo Paiva, que estiveram à frente do MCB na época do Concílio e no imediato pós-Concílio, era tributária da escola francesa. Os ISPACs, principalmente o do Rio, estiveram sob forte influência do movimento europeu através da França. Quase todas as obras traduzidas pelo ISPAC são de origem francesa, como também alguns professores daquele Instituto francês tiveram presença em momentos *vários nos ISPACs.*

2.3.2 A influência das escolas italiana e alemã

Para a fase posterior do MCB, entretanto, já se começa a sentir a influência do movimento catequético italiano, particularmente através do Pe. Ralfy Mendes de O., que se formou no então Pontifício Ateneo Salesiano de Roma (futura UPS) e foi, como vimos, um dos líderes do MCB mais recente, e do Pe. Walter Bini, que traduziu e adaptou ao Brasil o grande texto catequético-querigmático *Scoperta del Regno di Dio*; como bispo de Lins (SP), foi eleito responsável nacional da catequese. Também o *Curso Superior de Pastoral Catequética* do Instituto Salesiano Pio XI de São Paulo, que fundei, foi estruturado com base no currículo do Instituto de Catequética da UPS em Roma, onde também obtive o Mestrado e Doutorado em Catequética. Note-se também que o Documento de Base *Il Rinnovamento della Catechesi* do Episcopado italiano (1970) esteve muito presente ao longo de toda a gênese do Documento *Catequese Renovada*[8].

Quanto às influências da escola catequética de língua alemã, aportarão ao Brasil através do Pe. Wolfgang Gruen, sobretudo. De fato, esse salesiano começou a circular no mundo da catequese, quando a Editora Herder lhe deu a incumbência de traduzir e adaptar para o Brasil o célebre *Catecismo Católico* do episcopado alemão[9]. Feito esse trabalho em 1960, o Pe. Gruen começa a acompanhar de perto o movimento catequético, tornando-se um de seus mais ativos colaboradores. Sempre esteve ao par do que ocorria no mundo germânico através do acompanhamento da literatura catequética nesta língua, principalmente das revistas *Katechetische Blätter* e *Christlich--pädagogische Blätter*. Porém, como vimos, ao escrever o texto *O conteúdo da catequese*, tem presente de maneira explícita as reflexões das mais abalizadas obras da Itália, Espanha, França e Alemanha.

---

8 Cf. por exemplo *Observações a respeito das "Considerações sobre o Instrumento de Trabalho" da Arquidiocese do Rio de J.*, datilografado, 6 p., sem autor nem data, nos arquivos da *Linha 3*, p. 4, nº 6.

9 Cf. cap. V, 2.3.2. Note-se também que a publicação da obra alemã de Heinrich STIEGLITZ, *Manual do Catequista*, Petrópolis: Vozes, 1948, 4 volumes, já assinalara as ressonâncias da catequética alemã no Brasil no final da década de 1940.

2.4 Com relação às temáticas abordadas

2.4.1 As temáticas metodológicas

Mais importante, porém, é analisar os temas recorrentes nos movimentos catequéticos na Europa e no Brasil. A fase do movimento catequético europeu que se ocupou dos problemas metodológicos na catequese (método de Munique, métodos ativos, psicológicos) ocorreu até os anos trinta mais ou menos[10]. No Brasil tais preocupações começaram a aparecer nas décadas de 1940; em 1950 o movimento querigmático consolidou-se e se entendeu até a década de 60. Por obra principalmente do Pe. Á. Negromonte e de Teresa de Cristo Lésier desenvolveram-se dois métodos chamados: método integral e método vital. Ambos, sempre sob influência das correntes catequéticas europeias, procuraram superar o intelectualismo da catequese e seu caráter apologético, retornando às fontes da liturgia e da Bíblia. A Ir. T. Lésier, canadense, havia se formado em catequese no *Institut Supérieur de Pastoral* de Paris e no Instituto *Lumen Vitae* de Bruxelas; foi uma das maiores divulgadoras no Brasil das inovações daqueles Institutos europeus.

O *método integral* continua a entender a catequese como ensino doutrinal: preocupa-se com a *fides quae creditur* (a fé que se crê: conteúdo) em contraposição à *fides qua* (a fé com a qual se crê: fé fiducial). Concentra sua atenção na maneira de ensinar (a pedagogia do catecismo) recorrendo às novidades da Escola Ativa: em vez de partir de uma doutrina e fundamentá-la com a Bíblia, inverte o método, partindo de um texto bíblico (em geral fatos ou acontecimentos) para se chegar à posterior doutrina formulada pela Tradição!

O *método vital* coloca sua atenção sobre as atitudes de fé, ou seja, está mais interessado na *fides qua* e se firma como uma pedagogia ou *educação* na fé e não uma *instrução* da fé. Acentua, pois, como elementos da pedagogia da fé os aspectos do encontro pessoal, as relações interpessoais, o testemunho, a conversão, o compromisso pessoal e consciente diante das exigências do Evangelho. Esse método está atento sobretudo ao significado existencial da mensagem.

2.4.2 A temática antropológica e a originalidade da abordagem brasileira

Nesses períodos o MCB está sintonizado plenamente, embora cronologicamente defasado, com os conteúdos temáticos desenvolvidos na Europa

10 Cf. Ubaldo GIANETTO, *Movimento Catechistico*, p. 448.

e se esforça por adaptar em terras brasileiras as novidades que o movimento europeu vai propondo. Entretanto, quando o movimento catequético europeu começa a adentrar na fase antropológica na época do Concílio, o Movimento Catequético Brasileiro *já está também em dia com as novas perspectivas, e, sob certos aspectos, avança por caminhos próprios, não dependendo mais da Europa.*

De fato, lá a preocupação antropológica gira em torno de temas particularmente filosóficos-existenciais: superação do dualismo na concepção de pessoa humana, o sentido da vida, do destino do homem, do amor, da morte, temas da cultura e evangelização, valorização das realidades terrestres, confiança no homem, liberdade, autonomia, fé, experiência humana etc.[11]. No Brasil, como insistimos repetidamente, a linha antropológica assume um *caráter situacional*, ou seja, o movimento catequético debruça-se sobre o homem em *situação*, em geral, de pobreza extrema, exploração e subdesenvolvimento e se propõe, nas trilhas de uma Igreja que se levanta em peso em torno desses problemas, a trabalhar à luz e em nome do Evangelho, para uma libertação de tais condições adversas, como aconteceu na práxis de Jesus.

Nasce então uma catequese de cunho social, político, libertador. É uma linha pastoral que, se por alguns momentos sofreu muita crise, e não poucas vezes caiu em radicalizações e extremismos, por outro lado foi fecunda em traduzir o Evangelho na vida e testemunhar concretamente, sempre ao lado dos pobres, a presença de Cristo vivo e ressuscitado. Com essa reviravolta nas perspectivas catequéticas, nasceu um fecundo movimento que gerou, como síntese de toda uma caminhada e vivência eclesial, o Documento *Catequese Renovada*. A dimensão antropológica, particularmente em sua acentuação sociopolítica, transformou-se assim na maior contribuição do Movimento Catequético Brasileiro, junto com toda a América Latina, para o movimento catequético mundial.

Neste sentido, podemos ainda assinalar que tanto no Brasil como na Europa fez-se uso da *categoria teológica da correlação* de Paul Tillich. Tanto o Brasil como a Itália, por exemplo, fazem uso dessa categoria em suas concepções catequéticas nos respectivos Diretórios. Nessa concepção teórica não há nenhuma originalidade. O Documento italiano fala de *integração fé-*

11 Cf. Joseph GEVAERT, *Antropologia in* ID. (Ed.), *Dizionario di Catechetica*, Leumann (Torino): Elle Di Ci,1986, p. 43-44.

-*vida*[12] e o brasileiro prefere usar o conceito de *princípio da interação* ou *interpelação* (*CR* 110-117). Por outro lado, parece não ser impróprio atribuir à catequese brasileira uma certa originalidade no que se refere à aplicação e posteriores desdobramentos desse princípio metodológico da interação.

Enquanto na Alemanha e em outros ambientes europeus o método da *integração* fora elaborado tendo em vista ou a partir de contexto escolar, e por isso tendo como destinatários ou interlocutores basicamente pré-adolescentes e adolescentes, no Brasil o princípio metodológico da *interação* é elaborado, teoricamente a partir da correlação, mas tendo como suporte a vivência das pequenas comunidades eclesiais e uma extensa prática pastoral, inclusive a catequese. Portanto, estão interessados nesse processo particularmente os adultos. É justamente a prática do princípio de interação nesse ambiente que lhe dá originalidade, em confronto com o seu similar europeu.

2.4.3 As temáticas mais recentes

a) Subsiste ainda um movimento catequético?

Sentindo a atmosfera catequética que se respira já no final dos primeiros anos do século XXI em ambientes de antiga cristandade, podemos relevar alguns pontos de maior interesse do movimento catequético. Primeiramente, coloca-se a questão da *existência do próprio movimento*. Alguns começam a se interrogar se ainda existe um movimento *vero e proprio* de catequese, como aconteceu nos anos 60 a 90. As grandes conquistas já foram realizadas, o momento de ebulição e efervescência das ideias e discussões já passou e estaríamos em águas mais tranquilas, o que nem sempre significa maior vantagem, mas que pode significar também maturidade. Em muitos países, como na Itália, os textos e subsídios em nível oficial já estão prontos, e a catequese segue o seu curso normal movido mais pela força da inércia do que propriamente por uma dinâmica que caracterizou os grandes momentos em que se processaram as opções e decisões fundamentais[13].

12 Cf. CONFERENZA EPISCOPALE ITALIANA, *Il Rinnovamento della Catechesi* n°s 52-55; *CR* 112-113, 116, 139, 163, 283, 288, 311 e toda a quarta parte do documento.

13 Cf., por exemplo, Angelo GIULIANI, *Italia in* Joseph GEVAERT (Ed.), *Dizionario di Catechetica*, Leumann (Torino): Elle Di Ci, 1986, p. 366, onde o autor fala de *refluxo* e de um decênio (1980) sob o signo de um menor entusiasmo, porém de maior profundidade. No Congresso Internacional de Sevilha em 1992, E. ALBERICH, fazendo um balanço da catequese após o Concílio, e, de certa maneira, refletindo mais o ambiente Europeu, entre outros aspectos problemáticos da atual catequese, diz: "constata-se em muitos lugares uma situação global de *crise* catequética, de ineficácia generalizada; a *máquina* catequética, o *sis-*

Com relação ao Movimento Catequético Brasileiro, em que pesem sérias sombras ao lado das não poucas luzes, contudo, a impressão que subsiste, mesmo no atual momento, é a de uma certa vitalidade e entusiasmo. A *celebração dos 10 anos* do documento *CR* (1993), a série de *Encontros Nacionais*, a *Movimentação Catequética* dos anos 90, a *reflexão* que ainda está muito viva e palpitante em várias publicações, e, de um modo especial, o entusiasmo ainda reinante por parte dos *catequistas de base*, impulsionados pela *Nova Evangelização*, pelo tema da *Inculturação*, desafios da *modernidade*, são sinais de vitalidade. Mais proximamente, a movimentação em torno da redescoberta e dinâmica da *Iniciação à Vida Cristã e seus documentos* (2008-2017), a *celebração do Ano Jubilar Missionário Nacional* com o tema "A Igreja em estado permanente de missão" (2022), a celebração com grande ressonância dos 40 anos de *Catequese Renovada* (2023), os mestrados e doutorados em catequese, que cresceram visivelmente, e os temas relacionados com uma *Igreja Sinodal* do Papa Francisco fazem pensar num movimento catequético, quem sabe não com a maturidade da catequese europeia, mas com o ardor de uma Igreja viva e fecunda.

b) Temas abordados

Se quisermos descer às *preocupações mais constantes* de um e outro movimento, antes de tudo devemos identificá-las. Encontramos, em campo italiano, por exemplo, a seguinte série de temas e inquietações que estiveram presentes durante a efervescência do MCB (1970-1990): a relação da catequese com a vida da Igreja (pastoral orgânica), a preocupação pelos instrumentos escritos (novos catecismos) e sua fidelidade às orientações fundamentais do documento de base *Il Rinnovamento della Catechesi* (1970), tomada de consciência da íntima relação entre evangelização e empenho pela promoção humana, uma preocupação mais séria pela iniciação cristã ou reiniciação, o movimento dos catequistas e sua formação, a preocupação por uma certa resistência às mudanças do Vaticano II e consequente tendência ao retorno de ultrapassados modelos catequéticos[14].

---

tema da catequese "não funciona"". ID., *A catequese no contexto do Concílio Vaticano II e o Pós-Concílio in RdeC* 16 (1993), nº 61, p. 24.

14 Estes são os seis *filões* ao redor dos quais U. GIANETTO enucleia os temas de interesse das Revistas *Catechesi* e *Via, Verità e Vita* de 1970 a 1986 num trabalho que apresentou na reunião dos Catequetas Italianos em 1987: Cf. ID., *Rassegna critica dei tentativi di resposta, soprattutto i più avanzati in* GIC – GRUPO ITALIANO CATECHETI, *Catechesi e Cultura attuale: convegno 1987*, s/d, s/e, p. 67-106.

Ainda em campo europeu, os pontos problemáticos que encontramos, numa perspectiva mais ampla, poderiam ser assim sintetizados: a *renovação eclesiológica*, sobretudo a relação Igreja-Sociedade como requisitos para o reencontro da essência carismática da catequese: atitude de serviço ao mundo, diálogo com a cultura, nova e diversificada encarnação das Igrejas locais; *renovação e redefinição da catequética* e seu estatuto epistemológico: catequética como ciência da ação, como reflexão sobre a ação e na ação, como abordagem metodológica e síntese operacional, sua natureza pluridisciplinar (numa dupla frente: teológica e pedagógica); e, finalmente, a *redefinição e ampliação da missão do catequista*, antes de tudo como testemunha, *catalizador* de uma caminhada realizada em comum, educador a serviço de novas expressões da fé, agente pastoral inserido vitalmente na cultura e no mundo atual numa atitude de abertura e diálogo[15].

O MCB, por sua vez, encontra no seu correspondente europeu alguma identificação a respeito de certas temáticas. Por exemplo, a preocupação pela formação dos catequistas está muito presente tanto num como noutro movimento. Um dos documentos do episcopado brasileiro na área da catequese que suscitaram interesse foi justamente sobre a *formação de catequistas*. Nesse sentido, um problema que parece não ser tão percebido na Europa, mas que é constantemente relevado entre nós, é a formação de catequetas. Refletindo a diferença já acima acenada, percebemos que na Europa abundam pessoas de profunda formação intelectual, possibilitando assim uma reflexão vigorosa sobre os problemas catequéticos; e, como já afirmado, a catequética europeia quer fazer uma reflexão sobre a ação e na ação. Já no Brasil nossa capacidade é mais prática: constata-se um maior acento na *práxis catequética*, nem sempre acompanhada de adequada reflexão.

Esta, porém, em que pese sua exiguidade[16], está sempre muito aderente à realidade, ou seja, uma reflexão a partir da prática, o que nem sempre

15 Esta vigorosa síntese foi feita por E. ALBERICH no Congresso da *Equipe Europeia de Catequetas* em 1988: cf. ID., *Elementi di una possibile sintesi in* GIC – GRUPO ITALIANO CATECHETI, *Catechesi e Cultura attuale: convegno 1987*, s/d, s/e, p. 169-176. Pode-se ainda consultar: Gianfranco GARANCINI, *Il difficile rapporto fede-cultura negli anni '80 [Riflessioni sulla situazione italiana e stimoli per la catechesi], in Catechesi* 51 [1982], 11, 3-19; Emilio ALBERICH, *L'istanza veritativa nell'atto catechistico. [Tappe di un cammino, acquisizioni e problematiche], in Catechesi* 56 [1987], 1, p. 9-18; Luigi GUGLIELMONI, *Luci e ombre nella catechesi. [Riflessioni sulla situazione italiana/1], in Ibidem*, p. 19-26.

16 Isso se reflete, por exemplo, nos colaboradores da *Revista Catequética*, cuja diversificação não é muito grande; um outro problema também é que, em geral, aqueles poucos que escrevem estão sempre muito sintonizados entre si, pois não existe muita diversidade de perspectivas, o que é característico do mundo europeu, e isso diminui também a oportunidade de crítica dentro do mesmo grupo.

ocorre em outros movimentos catequéticos, onde a capacidade dedutiva e de teorização é considerável. Por outro lado, apesar de ser um pequeno grupo que reflete mais profundamente os problemas da catequese nacional, contudo foi o suficiente para manter vivo e aceso o movimento catequético, particularmente por ocasião da aprovação do *Diretório Nacional de Catequese* (2006).

Outro paralelo que podemos fazer se refere à preocupação pela *dimensão social da catequese*. A vivência da fé encarnada na realidade humana e a serviço de sua promoção, particularmente dos pobres e excluídos, torna-se hoje o banco de provas da credibilidade da Igreja: é aí que se constata a eficácia do anúncio evangélico. Neste ponto parece que os agudos problemas de ordem sociopolíticos vividos no Brasil, e em geral na América Latina, forçaram a catequese a dar uma resposta mais vigorosa, contundente e mordente à sofrida realidade do nosso povo. Isso tem obrigado a uma mudança quase radical na impostação do conteúdo da catequese, para uma maior fidelidade ao Evangelho. De fato, a opção pastoral pelos pobres influencia a catequese não somente quanto aos destinatários ou interlocutores, mas também quanto aos métodos e conteúdo. Neste ponto, o MCB caminhou lado a lado com a reflexão e prática pastoral genericamente identificada com as opções de base da Teologia da Libertação.

Se na Europa tal preocupação também existia (e existe), e é tratada pelo movimento catequético, entretanto, parece ter uma conotação mais de conscientização e sensibilização. No Brasil, e em geral na América Latina, falar de promoção humana implica preocupar-se muitas vezes com as necessidades básicas das pessoas e, sobretudo, lutar junto às estruturas sociopolíticas para que, neste nível macroestrutural, os problemas sejam focalizados. Do contrário, as soluções aparecerão ser sempre paliativas. E muitos agentes de catequese e pastoral que enveredaram por esses caminhos experimentaram quão conflituoso ele se mostra, exigindo da Igreja uma ação equilibrada e prudente, mas ao mesmo corajosa e audaz. Assim, pode-se dizer que o nível de conflitos enfrentados por uma catequese que quer atuar sua dimensão social no Brasil foi, e continua sendo, maior que na Europa.

Mais ou menos nesta linha também segue outro problema muito debatido tanto na Europa quanto na América Latina: a *inculturação da fé*. Ambos movimentos procuram às apalpadelas caminhos para superar o divórcio, a ruptura entre fé e cultura, maior drama de nossa época, no dizer de Paulo

VI (*Credo do Povo de Deus, EN* 20). Aqui também os caminhos são diversos, pois a educação da fé precisa responder a problemas diferentes. Se na Europa, a cultura segue mais o sentido filosófico ou ético-social, no Brasil, embora haja também tais dimensões, o acento cai mais no esforço de professar, expressar e praticar a fé no âmbito da exclusão dos empobrecidos e sem oportunidades, da riqueza da sociedade, o que não deixa de suscitar também sérios problemas. Isso acontece de modo especial nas CEBs, onde a luta contra a desigualdade social é mais intensa, chegando-se a alguns resultados em termos de inculturação da fé. No MCB, o tema da inculturação da fé é o que absorveu maiores atenções espaços de reflexão e conquistas nestes no final e início dos séculos.

À época de *CR* o problema não era tão sentido. Quando se falava em *interação entre fé e vida* entendia-se *vida* mais em seus problemas sociopolíticos (de um modo especial aqueles que geravam a pobreza). Com o advento da temática da nova evangelização e da celebração do quinto centenário da evangelização, o tema da inculturação tomou de vez o espaço da reflexão pastoral-catequética. Ao mesmo tempo, parece que esse tema da *inculturação* seja fruto também de maior imersão da Igreja no meio dos pobres: o esforço de caminhar com eles, falar sua linguagem, expressar-se em suas categorias, compreender seu mundo, fez com que pastores e pastoralistas conseguissem dar passos significativos na inculturação da fé. A catequese de um modo especial esteve envolvida neste processo; isso foi também responsável pelo sucesso da educação da fé. Como se verá, infelizmente nesse ponto houve um refluxo da *GS* do Vaticano II na Igreja no Brasil (hierarquia e leigos), ou ao menos esfriamento nas lutas sociais, bem mais fortes e significativas durante o pós-Concílio.

Por fim, podemos ressaltar como tema comum dos dois movimentos *a questão eclesiológica*. É convicção de ambos os lados de que no campo da eclesiologia se joga não só a identificação da catequese, mas também sua impostação de fundo e sua eficácia como educação da fé: não há verdadeira catequese sem comunidade eclesial, não tanto em seus aspectos jurídico-institucionais, mas de modo especial em sua vivência de comunhão de pessoas. A catequese reflete muito o modo de a Igreja se conceber a si mesma. No Brasil, como vimos, o itinerário catequético pode usufruir grandemente de uma Igreja viva, que assumiu verdadeiramente o projeto eclesial do Vaticano II. Uma das dimensões mais acentuadas nos diversos Planos Pastorais da CNBB (*DG*) foi e é justamente a dimensão comunitária participativa, uma eclesiologia de comunhão. Através desse esforço conseguiu-se construir comunidades vivas, que, por sua vez, tornaram-se educadoras da fé. Uma das expressões mais comuns no MCB é justamente este: *Comunidade Catequizadora*. Tal dimensão está sendo incrementada pelo projeto do Papa Francisco de uma *Igreja toda Ministerial e Sinodal* e sua implacável luta contra o *carreirismo clerical* ou *clericalismo*.

De maneira particular é cultivada a comunhão entre pastores e fiéis: os Bispos, pertencendo a uma Igreja mais jovem do que a Igreja europeia, sentem-se menos amarrados e condicionados para exercerem seu papel de pastores caminhando com seu povo, esforçando-se por estar perto em suas lutas, suas necessidades, sua expressão cultural, enfim, sua caminhada. Neste ponto o movimento catequético trouxe para a Igreja uma sólida contribuição, de modo especial os catequistas. Em sua simplicidade, e muitas vezes pobreza, esses agentes populares de catequese possuem profundo senso de comunhão e de comunidade, a ponto de estimularem também os pastores a vivê-las com simplicidade, como pede o projeto evangélico.

É a confirmação de que os pobres evangelizam a Igreja (Cf. *Puebla* 1147). Neste sentido, vemos que as Igrejas mais anciãs, ao lado da riqueza que traz a tradição, carregam também o peso de velhas estruturas que nem sempre favorecem a vivência de um verdadeiro projeto comunional. Basta constatar, por exemplo, a distância que permanece ainda em muitos lugares, a pesar de todo discurso em contrário, entre hierarquia e fiéis leigos, entre simples cristãos e seus pastores ou entre catequistas e seus "superiores". É de se lamentar que, embora o *Documento de Aparecida* (2007) tenha insistido nessa eclesiologia de comunhão, ampliada depois que seu redator principal, Card. J. Bergoglio tornou-se Pastor de toda a Igreja, parte do clero brasileiro e agentes pastorais, de linha mais conservadora, politicamente à direita no espectro político, propõe modelos de Igreja mais triunfalistas, ligada por vezes às elites, e menos popular e evangélica[17].

---

17 Cf. SILVA, Romero Junior Venâncio. *A extrema direita católica e a tentativa golpista de 2023. Nota.* Matéria postada nas redes sociais em 2023 e 2024: https://revistadasemana.com/2024/02/12/a-extrema-direita-catolica-e-a-tentativa-golpista-de-2023/ acessado em 10/03/2023. É professor na Universidade Federal de Sergipe, estudioso da extrema-direita católica. Sua tese de doutorado foi: *A crítica da Religião em Marx 1840-1846*, apresentada em 2010.

2.5 Concluindo a aproximação entre o MCB com o Movimento Catequético Europeu

Podemos afirmar que os movimentos catequéticos europeu e brasileiro tiveram desenvolvimento desigual quer em suas origens, quer em seus conteúdos e desenvolvimentos. É patente o influxo do movimento catequético europeu no Brasil, principalmente por ocasião da fase querigmática e renovação dos métodos e conteúdo após o Vaticano II. O Movimento Catequético Brasileiro adquire maturidade e independência, tomando rumos próprios, quando, sob o impacto do Vaticano II, procura realizar uma educação da fé a partir da realidade sociopolítica, dentro do conjunto da renovação da Igreja latino-americana.

Esta realidade com características de *injustiça institucionalizada*, em forte contraste com o Evangelho, foi o contexto que levou a Igreja a uma ação mais profética e transformadora. Tais opções pastorais, por sua parte, não deixam de causar benéfico influxo nos ambientes europeus, principalmente àqueles mais abertos a uma proposta de fé transformadora e aderentes às realidades sociais.

3. REFLEXÕES CONCLUSIVAS

3.1. A nova face da catequese no Brasil

Embora ao analisar o longo processo da gênese e elaboração de *CR* já tenhamos abordado seus diversos aspectos, parece oportuno, neste momento, sintetizar em grandes linhas suas principais características, como resultado dessa pesquisa. Nelas está delineado o novo rosto que a catequese adquiriu no final do século XX no Brasil, e de certa maneira também condensam os pontos relevantes do MCB. Elaboramos esta síntese em 13 pontos que traçam o ideal catequético proposto por *CR* e que em muitos lugares são vividos, sobretudo nas pequenas comunidades[18].

---

18 Esta síntese, realizada por mim, foi depois usada em estudos da CNBB: cf. L. ALVES DE LIMA, *Catequese Fundamental: apostilas para uso dos alunos*, São Paulo: Instituto Teológico Pio XI, 1989, mimeografado, p. 82-83. Cf. CNBB *Formação dos Catequistas: Critérios Pastorais* Coleção *Estudos da CNBB* 59, Paulinas, 1990, nº 19-30; ID., *Diretório Nacional de Catequese* (2006), 13-14; Inês BROSHUIS, *A situação catequética no Brasil in Vida Pastoral* 32 (1991), nº 161, p. 2-7; Bernardo CANSI, *Pontos importantes da Catequese na A. Latina*, Brasília, 1992, mimeografo. Retomei esses pontos no agradecimento ao prêmio *Frei Bernardo Cansi* oferecido a mim, como a muitos catequetas-catequistas pela empresa católica de marketing PROMOCAT, em 03/02/2024, em Aparecida do Norte (SP).

1. *Educação para a vivência da fé*: a catequese renovada procura superar o mero ensino doutrinal e educar para a vida de fé. O catequista é considerado pedagogo que acompanha o educando orientando-o para as experiências de vida cristã, mais do que professor que ensina doutrinas. Porém, entre os dois elementos não há oposição, e sim complementação. A partir do início do século XXI, a catequese em muitos lugares caminhou em direção à *Iniciação à Vida Cristã* adotando a dinâmica catecumenal, com grandes frutos.
2. *Vivência da fé em comunidade:* a fé, normalmente, é vivida em comunidade. A comunhão e participação na vivência da fé é característica fundamental da comunidade cristã e o objetivo da catequese é educar para a vida de fé nesta comunidade e não tanto isoladamente, embora a dimensão pessoal seja bastante acentuada (formar cristãos que assumam a *sua* fé). A comunidade de fé se constitui, assim, em *fonte, lugar e meta* da catequese[19]. A própria preparação para a recepção dos Sacramentos (Eucaristia, Crisma, Matrimônio...) não tem por objetivo propriamente o sacramento em si, mas a educação para a vida de fé na comunidade, onde o sacramento adquire grande importância e significação.
3. *Processo permanente de educação da fé*: é a dimensão permanente da catequese; a educação da fé se prolonga por toda a vida. Não se destina só a crianças, adolescentes ou jovens, mas a todas as idades e de modo especial aos adultos. Assim agia Jesus: *abençoava* as crianças, mas *ensinava* os adultos. A intensa participação na vida da comunidade, uma vez que ela seja verdadeiramente catequizadora, garante esse processo permanente de educação da fé.
4. *Catequese cristocêntrica*: a catequese renovada procura conduzir ao centro do Evangelho, ao querigma, à conversão, ao segmento e à opção por Jesus Cristo que nos revela o Pai, no Espírito Santo (dimensão trinitária). É a dimensão evangelizadora da catequese, tão

19 Como vimos, este foi um dos pontos centrais do projeto inicial deste diretório; seu autor, Pe. W. Gruen, assim se exprimia após a aprovação de *CR:* "Como não podia deixar de ser, num documento nascido dentro da experiência brasileira, *Catequese Renovada* dá especial ênfase ao papel da comunidade na catequese. Isto fica claro desde a *Apresentação* (no final) e a 1ª parte (*A catequese e a comunidade na história da Igreja*) até a 4ª parte, dedicada especificamente à comunidade com seus passos concretos. Mas vejam-se também os nº 54-55, 118-120, 127, 130, 135, 137 – sem falar do Temário (3ª parte [nº 164, 213-215, passim]). A novidade é que agora a comunidade não é só lugar da catequese: sua caminhada é elemento constitutivo de seu conteúdo. Finalmente, o espírito de *Medellín* está concretizado num documento". ID., *Novas orientações,* p. 41.

necessária no atual momento. Embora a catequese esteja a serviço do homem em sua situação concreta (dimensão antropológica), ela procura educar para a vivência do mistério dAquele que revelou o homem ao homem, o novo Adão, Jesus Cristo. Portanto, uma catequese *cristocêntrica* com dimensão *antropológica*.

5. *Ministério da Palavra*: assim é considerada a catequese; ela é anúncio da Palavra de Deus, a serviço da qual se coloca. O catequista precisa ter a convicção (mística) de que é *profeta* hoje, comunicando a Palavra de Deus com todo seu dinamismo e eficácia na força do E. Santo. Consequentemente a Bíblia é considerada com o Livro da Fé, e por isso mesmo o *texto fundamental* da catequese. O catecismo ou texto de catequese é relativizado e colocado em sua função menor de subsídio a serviço da iniciação ao conhecimento bíblico[20]. O *princípio da interação*, aplicado à leitura da Bíblia, gera um tipo de leitura vital e orante da Palavra de Deus, bem aderente à vida das pessoas e das comunidades, e por isso mesmo transformadora e libertadora.
6. *Coerência com a Pedagogia de Deus*: "Base e pedra de toque de toda a teoria catequética é sua teologia da fé e, por conseguinte, da revelação; o modelo catequético variará conforme entendermos a Revelação Divina"[21]. *Catequese Renovada* e outros documentos assumem toda a doutrina sobre a Revelação contida na *DV*, tirando daí as consequências para a catequese. O modo de educar para a fé deve seguir o mesmo "processo e pedagogia" que Deus usou para revelar-se, isto é: revelação progressiva através de palavras e acontecimentos, e por isso bem por dentro da vida da comunidade, o respeito pela caminhada da comunidade, o amor pelos pobres e a consequente paciência no processo de educação da fé.
7. *Catequese transformadora e libertadora:* a mensagem da fé, iluminando a existência humana, forma a consciência crítica diante das estruturas injustas e leva a uma ação transformadora da realidade social. Uma fé que não auxilia a construção de uma sociedade justa e solidária de nada vale para o homem de hoje, correndo o risco de se transformar em elemento alienador, facilmente manipulável. *CR* introduziu o conceito de *ações evangélico-transformadoras* como apro-

20 Cf. CNBB, *Textos e Manuais de Catequese*. Estudos da CNBB 53, São Paulo: Paulinas, 1987, nº 23-36.

21 W. GRUEN, *Novas orientações*, p. 40.

fundamento do simples conceito de *atividades pedagógicas*. A tarefa da catequese é *introduzir* o cristão nessas ações "inspiradas pela experiência de Deus na caminhada da comunidade; educam evangelicamente para as mudanças do ambiente que nossa fé exige e inspira"[22].

8. *Catequese inculturada*: a catequese quer educar para uma fé que impregne todas as realidades humanas com a força do Evangelho; quer assumir os valores da cultura, a linguagem, os símbolos, a maneira de ser e de viver do povo nas suas diversas expressões culturais[23]. Entretanto, ao se falar de *cultura*, não se deve entender somente a cultura popular ligada mais a um ambiente rural e às vezes pré-moderno, mas também a cultura surgida da modernidade ou pós-modernidade, que tem seu lugar privilegiado nos grandes espaços urbanos.
9. *Interação fé-vida*: o conteúdo da catequese, tema ao redor do qual se iniciou todo o processo de elaboração de *CR*, compreende dois elementos que se interagem: a experiência da vida e a formulação da fé. O princípio da *interação* está presente em todo o documento e almeja ser sua espinha dorsal: é a recusa do nocionismo intelectualista e do dualismo[24]. A interação entre fé-vida é a tarefa principal, a arte do catequista e seu constante desafio diante das situações concretas (*CR* 163; ver também abaixo o final do nº 13).
10. *Catequese integrada nas outras pastorais*: como *dimensão*, a catequese está presente em todas as pastorais, e como *atividade específica*

22 CNBB, *Textos e Manuais de Catequese* nº 129; Cf. nº 126-136. Este documento aprofunda o conceito de *atividades evangélico-transformadoras* que tem sua origem nas práticas das CEBs.

23 Na verdade, o problema da *inculturação* não está muito presente no Diretório Catequético. Aí, quando se fala da necessidade de iluminar a vida com a mensagem evangélica, se entendem mais os aspectos sociais, políticos e econômicos. A forte consciência a respeito do elemento *cultural* na catequese foi fruto da evolução posterior, principalmente com a *Mobilização Nacional* (1989-1991), já sob o influxo dos preparativos para a Assembleia de Santo Domingo.

24 Todo documento *Catequese Renovada* é estruturado na ótica da interação: a 1ª parte é um apanhado histórico da catequese sob o ponto de vista da interação; a 2ª parte é basicamente sua exposição teológico-pastoral; a 3ª parte, que trata dos conteúdos da catequese, procura "fazer a ligação entre fé e vida, formulações da fé e a caminhada da comunidade" (nº 163); a 4ª parte, descrevendo a *Comunidade Catequizadora* "focaliza vários elementos que se interagem: a união entre os membros da comunidade, a abordagem da realidade, a vida eclesial e a explicitação da fé" (nº 288). Cf. W. GRUEN, *Novas orientações*, p. 40-41; IDEM, *Interação entre experiência e mensagem na catequese in RdeC* 6 (1983), nº 24, p. 27-36. Como já dito, publiquei um longo artigo sobre o princípio metodológico da *interação*: L. ALVES DE LIMA, *Interação fé e vida in* Vicente PEDROSA; Maria NAVARRO e outros, *Nuevo Diccionário de Catequética*. San Pablo: Madrid, 1999 (2 vols). Traduzido cinco anos depois como *Dicionário de Catequética*. São Paulo: Paulus, 2004, p. 620-628.

também deve estar articulada com as demais pastorais no espírito da pastoral orgânica ou de conjunto. Nesses últimos vinte e cinco anos toda a pastoral brasileira vem sendo planejada e unificada através das *Diretrizes Gerais da Ação Pastoral da Igreja do Brasil*[25]. Atualizadas de quatro em quatro anos e sempre articuladas por um *objetivo geral* e 6 dimensões ou linhas, estas diretrizes se constituem no grande projeto pastoral; ele inspira e articula a complexa atividade da Igreja. A catequese se beneficia e contribui para esta organicidade pastoral.

11. *Fonte de espiritualidade:* um dos pontos centrais da formação do catequista é sua espiritualidade. Porém, deverá ser uma espiritualidade que se inspira na própria atividade de educador da fé; de fato, ser catequista é viver da mística própria daquele que está a serviço da Palavra de Deus, compreendida em toda sua riqueza e amplitude. Será uma espiritualidade bíblica, cristocêntrica, eclesial, mariana, litúrgica e encarnada na realidade do povo[26].

12. *Opção preferencial pelos pobres*: fazendo parte viva de uma Igreja que numa longa caminhada descobriu os pobres não só como destinatários ou interlocutores principais de sua missão, mas também seu potencial evangelizador, a catequese não pode deixar de caminhar também nesta linha; não se trata de um *tema* da catequese, mas de uma sua perspectiva geral, que orienta concretamente objetivos, sujeito, interlocutores ou destinatários, conteúdo, métodos, recursos e a mesma formação de catequistas.

13. *Temas e conteúdo fundamental* da doutrina cristã: por fim, porém não menos importante, *CR* traça em sua 3ª parte os temas fundamentais da catequese, que originalmente era o grande interesse do episcopado. É um conjunto de mensagens a ser adaptado aos vários destinatários ou interlocutores quanto à metodologia e linguagem. O ideal seria que eles, de certa *maneira*, já fossem vivenciados pela comunidade para adquirirem características de mensagem, e não teoria desligada da vida. O eixo central da apresentação dessa terceira parte é a *comunhão* e *participação* (sua inspiração próxima é o documento

---

25 CNBB, *Diretrizes Gerais da Ação Pastoral da Igreja no Brasil*: 1991-1994. Coleção *Documentos da CNBB 45*, Paulinas, 1991. "O texto propõe orientações para a ação pastoral em suas dimensões permanentes e em suas novas urgências da evangelização. Indica exigências e responsabilidades para os evangelizadores. Tudo isto à luz da missão permanente da Igreja – evangelizar -, tendo presente a dinâmica atual da sociedade e da cultura". Cf. *Ibid.*, *Apresentação*, p. 8.

26 Cf. CNBB, *Formação dos Catequistas*, nº 157.

de *Puebla*). Intimamente ligados a eles, está a 4ª parte, que descreve pedagogicamente o processo de interação entre o conteúdo da fé e seus efeitos pessoais e sociais na comunidade.

3.2. O contexto eclesial do Movimento Catequético Brasileiro

Mostramos com esta pesquisa que, principalmente a partir da ação do Pe. Álvaro Negromonte, e particularmente com a renovação conciliar, a Igreja do Brasil realmente conheceu um grande movimento catequético, como a hipótese que fizemos na introdução. Não se trata de ações isoladas, mas de grande movimentação em torno da busca de caminhos novos para manter viva a vida da Igreja e renová-la dentro das exigências dos vários momentos. No início, talvez as coisas estivessem acontecendo apenas ao redor de algumas pessoas, como Pe. Á. Negromonte, Dom Hélder C. e líderes da Ação Católica. Porém, com o advento da renovação conciliar, particularmente pela liderança de Dom José Costa Campos e da intensa atividade desenvolvida pelos ISPACs, por ele fundados, o movimento catequético adquiriu cada vez maior amplitude, envolvendo catequetas, os coordenadores e, através deles, as bases catequéticas.

Podemos notar que, em geral, o MCB não foi liderado por pessoas altamente qualificadas do ponto de vista acadêmico. Excetuando o Pe. Hugo Paiva, organizador do ISPAC e do Pe. Ralfy Mendes de Oliveira, por muitos anos assessor da *Linha 3* e fundador da *Revista de Catequese,* quase todos os outros não possuíam uma formação catequética específica. Eram muitas as pessoas, entretanto, que, a partir da prática direta da catequese, deram-se ao trabalho de repensá-la e buscar os caminhos da renovação. Ou seja: nosso movimento catequético é feito por pessoas mais afeitas à práxis do que à reflexão teórica[27]. É verdade que a renovação conciliar, os cursos do *Movimento por um Mundo Melhor*, a multiplicação de reuniões, encontros, assembleias, planejamentos etc. foram a grande ocasião do *aggiornamento* e renovação de coordenadores e catequistas. Porém, catequetas no

27 O conceito de *práxis*, que não tivemos oportunidade de aprofundar ao longo do trabalho, é assim entendido na Igreja do Brasil: "conjunto de ações organicamente orientadas para a realização de um projeto histórico, em relação a uma percepção global do sentido da vida humana na sociedade. Por práxis eclesial ou experiência cristã global entende-se, basicamente, o seguimento de Jesus "caminho, verdade e vida", que implica a opção radical de fé dos discípulos e confere à teologia uma dimensão sapiencial que a diferencia as demais ciências". COMISSÃO EPISCOPAL DE DOUTRINA, *A respeito da comunicação sobre teologia in CM* (1983), nº 366, p. 349. Conforme esse mesmo documento, "a práxis é o eixo epistemológico da teologia atual [no Brasil]" (*Ibid.*).

sentido acadêmico do termo, encontram-se pouquíssimo ao longo de todo o MCB. A própria Teologia da Libertação, um dos suportes teóricos do MCB, em todas as suas diversificadas linhas, estava apenas dando os primeiros passos. Foi e continua sendo significativa a participação de teólogos no movimento catequético, como foi o caso de H. Assmann.

De qualquer maneira, estiveram envolvidos milhares de pessoas, cada uma com sua história, sua prática, sua visão de Igreja e de catequese. Um dos objetivos dessa pesquisa foi justamente fazer o levantamento desse exército de pessoas que participaram do MCB, não só porque conhecendo quem participou de uma reunião ou elaborou um documento podemos conhecer melhor as ideias que aí se veiculam, os rumos e perspectivas que a catequese tomava naquele momento, mas também porque o movimento catequético é feito por pessoas concretas com rosto e nome, sem se perderem nas sombras do anonimato. Houve tempo na Igreja em que este era o costume; assim, por exemplo, propriamente não conseguimos identificar ninguém que estivesse por trás da redação do *Catecismo da Doutrina Cristã*, do início deste século, responsável pela educação da fé de inúmeras gerações, e que avançou no tempo até depois do Vaticano II; uma pesquisa mais profunda poderá chegar a tal identificação. Mas esse ocultamento dos autores pretendia, creio, passar a ideia de que o catecismo "caiu do céu", ou, quando muito, que autor era a Igreja! Ora, se a teologia hoje ensina que Deus Se revela na história através de pessoas, fatos e acontecimentos, nada melhor do que conhecer quem é que faz essa história.

Entretanto, todos os *atores* do MCB, também os desconhecidos, pois se perdem em meio às multidões no seu trabalho humilde e não documentado do dia a dia no labor catequético, participam de um corpo vivo e atuante que é a Igreja. E é aqui que se encontra o ponto central do movimento catequético no Brasil. Ele não é fruto do esforço de pessoas isoladas, ou de uma elite de líderes pensantes e articuladores; muito menos é o esforço de um batalhão de catequistas perdidos numa massa dispersa e desorganizada. O MCB em sua riqueza e pujança só foi possível porque fazia e faz parte de uma Igreja viva que se deixa interpelar pelos novos ventos do Vaticano II (mesmo antes de ele acontecer) e se renovar em todos seus aspectos, a começar pela cabeça, a hierarquia. Não fosse um povo com uma profunda religiosidade e sede de Deus, catequistas zelosos e sacrificados, um grupo de catequetas, não tanto acadêmicos, mas nascidos e criados na práxis de uma Igreja inquieta e preocupada pelo Evangelho, um grupo de bispos reunidos solidamente num organismo que deu maior força e coesão ao corpo episcopal, como é a CNBB, a vida da catequese no Brasil teria se desenvolvido por força da inércia, sem o vigor que a caracterizou particularmente no pós-concílio.

Citemos um exemplo: o *princípio metodológico da interação*, pedra de toque, mas também de escândalo para muitos, não é apanágio só da catequese, ou fruto da teorização de um catequeta genial que o elaborou a partir de princípios abstratos. Antes de ser explicitamente formulado e sistematizado, tal qual o conhecemos (e nisso a catequese colaborou para a reflexão e progresso pastoral), *ele foi vivido pela Igreja* que se esforçava por assimilar o Evangelho, fazer a *experiência da fé* e traduzi-lo de um modo vital. Processo semelhante aconteceu e acontece com o problema da *inculturação*: não fosse o esforço da Igreja que se incultura, a catequese pouco ou nada poderia fazer neste sentido. Esta dimensão da *vivência ou experiência da fé* é tão sentida que, quando foi publicada a *CT*, falou-se, no Brasil, que ela deveria se chamar "*Catechesi Vivendae*", pois na vivência da fé é que reside o mais importante. A partir daí o problema muda de perspectiva: em vez de comunicar (*tradére*) uma doutrina, é preciso comunicar vida, experiência de Deus. É esta a razão também de se dizer que a catequese é uma *caminhada*, um itinerário, um processo, tão bem simbolizada no caminho dos discípulos de Emaús.

Assim, podemos afirmar, por exemplo, que *CR*, expressão vital da Igreja no Brasil, "saiu das entranhas da Igreja", no dizer de Dom Vital Wilderink[28]. Sem muitas estruturas, nem textos e programas oficiais, como vimos, a *Linha 3* mantendo um tipo de organização ampla e flexível, coordenou e liderou ao longo destes anos, a forças vivas das bases catequéticas mais através do estímulo, da formação, da proposta e iluminação, do que propriamente com organização rígida ou legislação específica.

Esse organismo vivo, que procura viver a fé projetada em todos os complexos aspectos da vida, desenvolveu um profundo senso comunitário, estabelecendo a *comunhão e participação* como primeira e básica linha de ação pastoral. Desse espírito comunitário e participativo brotou uma sólida prática de *planejamento pastoral*, do qual, como vimos, a catequese beneficiou-se amplamente[29]. O planejamento permite a Igreja deixar-se questionar

---

28 WILDERINK, Vital. *Aspectos relevantes da catequese no Brasil* [entrevista] *in RdeC* 11 (1988), nº 41, p. 7.

29 É interessante notar que *dimensão comunitária e planejamento pastoral* são elementos indispensáveis almejados pelos catequetas para uma verdadeira eficácia da catequese: cf. E. ALBERICH,

pelos fatos, ouvir o ruído da História para descobrir onde fala o Espírito e livrar-se da tentação de considerar as ideias abstratas, claras e belas, a única tábua de salvação. Um planejamento pastoral em comunidade, em seus vários níveis, permite também superar pequenas seguranças e individualismos e reeduca para o diálogo, o confronto de ideias e a execução do trabalho em conjunto[30]. Esta tem sido uma prática que remonta ao *PPC* e que se aperfeiçoou nestes 30 anos de caminhada.

O MCB só se entende dentro desta *Pastoral Orgânica* que brota do planejamento pastoral[31]. A grande virada de 1968, por exemplo, aconteceu em plena vigência do PPC e *CR* foi gerado na mesma Assembleia que aprovou as *Diretrizes Gerais da Ação Pastoral da Igreja no Brasil* para aquele quadriênio; também, como vimos, alguns retêm que, mais do que o próprio documento, foi rico e profundo o longo processo de participação que o precedeu e o acompanhou posteriormente. Por fim, pode-se dizer que, das seis linhas de ação da CNBB, as dimensões comunitário-participativa e bíblico-catequética são as que mais mereceram atenção na vida eclesial[32].

3.3. Sombras e penumbras

A abordagem que fizemos do MCB neste trabalho é marcada, certamente, por simpatia otimista com relação ao mesmo, e poderá até dar a impressão, por vezes, de triunfalismo... Quem vive por dentro deste movimento e bata-

---

Prospettive per la catechesi del futuro: orientamenti per la riflessione e linee operative in Catechesi 61 (1992), nº 7, p. 20. O autor postula outras perspectivas que podemos constatar presentes no MCB, tais como: uma maior abertura ao processo de democratização dentro da Igreja, maior espaço à presença da mulher, a atenção privilegiada aos adultos, uma impostação geral da catequese mais em linha de renovação e transformação do que de conservação e restauração, a dimensão antropológica em chave também cultural, a verificação da fé proclamada e aprofundada na catequese em *experiências concretas*, as pequenas comunidades como lugar da vivência de uma experiência global da vida cristã etc. (Cf. *Ibid.*, passim).

30 Cf. Antônio Celso QUEIRÓZ, *Colegialidade episcopal e planejamento pastoral in CM* (1983), nº 366, p. 369-370. O Ir. J. I. NERY foi radical em afirmar: "A catequese se vê pressionada cada dia mais pela onda de retorno ao catecismo nocional e devocional, sem incidência no social, com o acento colocado numa fé intimista e na supervalorização da hierarquia" (ID., *Brasil: presente e futuro da catequese in Sinite* 33 (1992), p. 43-66.

31 A esse respeito, assim avalia O. LUSTOSA: "A força da onda de renovação que nesse decênio [1980-1990] vem tomando conta da catequese no Brasil está enraizada no fato de que o processo catequético não é uma parcela isolada no campo da *pastoral*. Mas, ao contrário, se enxerta, orgânica e vitalmente, no *objetivo geral* da ação da Igreja no Brasil" (ID., *Catequese católica no Brasil*, São Paulo: Paulinas, 1992, p. 166).

32 É o que consta das respostas das dioceses em pesquisa sobre as *DG* 1991-1994 (Cf. CNBB, *34ª Reunião do Conselho, Ata nº 1 de 22/11/94 in CM* [1994], nº 486, p. 2031, nº 65.

lha nas várias frentes catequéticas no Brasil, principalmente com catequistas da base, não pode deixar de se contaminar com tanta pujança e vitalidade.

Entretanto, nem tudo são rosas. É necessário tomar a devida distância para, numa análise objetiva, mostrar também os pontos fracos, deficiências, lacunas e ausências. É o objetivo deste item. O que agora é dito poderá parecer, estar em contradição com o que já foi afirmado em outros momentos. De fato, a mesma realidade pode ter seu lado positivo e negativo. Quem está habituado ao trabalho de planejamento, execução, revisão e novo projeto pastoral, facilmente constata tal dialética. Detenhamo-nos, pois, nos aspectos deficitários e menos convincentes no MCB.

3.3.1 Persistência de um anacrônico horizonte de cristandade

Uma primeira observação válida para todo o MCB é uma questão de horizonte dentro do qual se projeta e se realiza a ação catequética. Em que pese toda a caminhada da Igreja nestes anos, desde o pré-Concílio, muitos catequistas e sobretudo padres e mesmo bispos que pensam, projetam e agem como se vivêssemos ainda em tempos da grande cristandade, onde a Igreja era hegemônica dentro da sociedade. Neste clima, que supunha, inclusive, o ambiente cristão dentro da família, a catequese podia se dar ao luxo de preocupar-se exclusivamente com a doutrina, de falar linguagem exclusivamente religiosa e ter a liberdade de atuar tranquilamente na escola, nas associações, junto ao poder civil etc.

Ora, há pastores, catequistas que não perceberam a radical mudança dos tempos e continuam agindo dentro daqueles parâmetros da gloriosa cristandade. Não percebem que hoje, num mundo secularizado e dessacralizado, a catequese, a pregação e a toda ação pastoral devem enfrentar outros contextos e desafios: ser uma catequese evangelizadora e missionária num mundo onde a religiosidade e vida, de fé para grande parte da população vem a ser *um segmento* da vida e não o horizonte global de interpretação da vida. Creio que aquela visão míope do horizonte eclesial-cultural de hoje é responsável por muita catequese defasada e anacrônica que alguns ainda insistem em manter.

3.3.2 Pouca dimensão pedagógica e metodológica para uma intervenção direta

Outra observação que poderíamos fazer se refere ao conteúdo do MCB. Como vimos, à diferença dos tempos do Pe. Álvaro Negromonte, homem prático e de pé no chão, a partir do Vaticano II e mais particularmente do

Encontro de Rio de Janeiro de 1968, o discurso catequético começou a girar em torno da própria identidade da catequese e a questionar seu conteúdo, destinatários ou interlocutores, metodologia, textos e subsídios etc. Mas com um outro agravante: a teologia que dava suporte à catequese, a visão de Igreja e de sua missão no mundo também entraram em crise e mudou radicalmente: a situação de injustiça social, da qual se passou a tomar consciência, foi o outro elemento que levou à completa reviravolta das categorias pastorais e catequéticas. Isso foi salutar; daí, sob o impulso do Vaticano II e renovação subsequente, a catequese encontrou caminhos novos e originais, como se mostrou.

Entretanto, aqui se situa também a face um tanto ambígua e equívoca do MCB. Preocupada com problemas tão fundamentais e abrangentes, a reflexão catequética se distanciou um pouco da ação imediata e concreta do catequista; este tinha contato com as novas ideias, os novos horizontes e perspectivas, entusiasmantes, sim, mas nem sempre possíveis de serem traduzidas imediatamente na prática. Apesar de todo esforço noutra direção, como vimos, não faltou ao MCB certa defasagem entre a equipe pensante e a imensa base de catequistas distantes por falta de compreensão da linguagem e de instrumentos de ação para colocar em prática as novas ideias. Aos poucos é que se foi preocupando com a metodologia mais miúda e imediata para uma intervenção pedagógica direta na ação quotidiana: faltou uma sensibilidade pedagógica mais imediata.

É verdade que, ainda em nível de grandes linhas metodológicas, a catequese foi sensível à pedagogia de Paulo Freire, a ponto de assumir alguns de seus postulados na educação da fé. Também o método ver-julgar-*agir* e o esforço de colocar em prática o princípio de interação fé e vida levaram a inovações metodológicas e pedagógicas. Entretanto, hoje pode-se dizer que na reflexão catequética brasileira encontramos a presença de grandes teólogos, pastoralistas, sociólogos, antropólogos culturais etc., mas sentiu-se a falta de *pedagogos*. A carência de maior sintonia com a moderna pedagogia é uma das sombras do MCB no período que analisamos e mesmo depois.

3.3.3 Irrealismo e utopia

Pode-se também apontar certo irrealismo e utopia em determinados discursos, publicações e até documentos do MCB. Por sua própria natureza, os documentos devem projetar um ideal bastante alto ao menos como ponto de referência e não tanto como meta imediata. Neste sentido, o próprio Evangelho é utópico (quem pode ser "perfeito como o Pai do Céu é perfeito?"). Porém certo irrealismo, principalmente de dirigentes da catequese, em vez de estimular, pode até prejudicar. Pessoalmente, tive ocasião muitas vezes de fazer ver aos catequistas de base que o projeto de CR não era para ser realizado por uma geração, mas sim era uma espécie de utopia diante da qual, além do esforço e luta para atingi-la, era necessário também revestir-se de paciência histórica!

Em muitos discursos e escritos particularmente sobre a renovação catequética dos anos 80 e 90, tem-se a sensação de que o Brasil inteiro era visto como uma grande comunidade eclesial de base, em que todos caminhavam à luz da mais radical opção pelos pobres, numa linha pastoral profética até às últimas consequências... Não é raro também encontrar-se certo maniqueísmo: discurso onde se faz a nítida divisão na Igreja entre bons e maus, entre os que estão "conosco" e os "outros", e quem não canta pela nossa cartilha, está contra o Evangelho... Consequência disso ainda é certo discurso de tons jacobinos e de extrema exaltação por parte de lideranças diante das urgências das mudanças estruturais. Ora, tais atitudes, além de terem o sabor de ideologização da fé, estão contra a radicalidade evangélica, que vai noutra direção certamente, sobretudo em busca de conversão.

3.3.4 "Pancatequismo"

Outro ponto débil do MCB, particularmente nos anos 80 foi (e em certo sentido ainda persiste) aquilo que o Pe. Ralfy M. chamava de *pancatequismo*. É a tendência de ver em tudo a missão da catequese. No entusiasmo de relevar a importância da vocação e missão do catequista, atribui-se multidão de tarefas: trabalho de construir a comunidade, fazer a interação da fé com todos os complexos aspectos da vida sócio-política-econômica-cultural, educar para a dimensão litúrgica e ser dela o animador, transformar a realidade, ser o guia da comunidade...

O catequista, então, parece ser um superagente de pastoral responsável por toda vida da comunidade eclesial! Tal perigo ocorre de um modo especial nas pequenas comunidades, onde tudo verdadeiramente é entrelaçado e interdependente. Porém, creio que essa falta de uma maior definição da missão específica do catequista pode prejudicar o trabalho da educação da fé, pois sabemos que, quando tudo é catequese, nada é catequese. Dizendo de outro modo, precisaria esclarecer e viver mais a catequese em sua verdadeira dimensão de *iniciação à vida cristã* (dimensão superdesenvolvida no século XXI[33]). O trabalho específico do catequista é iniciar os cristãos em todas as dimensões da vida cristã; mas favorecer, estimular e viver em profundidade a vida cristã em toda sua inteireza é trabalho de toda a pastoral, que, articulada organicamente, levará a bons resultados.

3.3.5 Ausência de catequetas jovens

Ao MCB falta um maior número de catequistas e principalmente catequetas jovens. Os que atuaram durante muitos anos, após a aprovação de *CR*, propriamente foram os mesmos que o elaboraram; muitos deles estavam abaixo dos 60 anos e a maioria já beirava ou ultrapassava os 75.

O órgão oficial da CNBB que reunia e ainda reúne esses catequetas, também mulheres e leigas (GRECAT, depois GREBICAT), tem sido ótimo instrumento de coesão evitando a fragmentação e dispersão, como aconteceu noutras áreas de Igreja[34]. Além disso, tal organismo congrega, em geral, catequetas representantes da zona centro-sul do paí. Haveria que ampliar essa organização dos catequetas com participantes de outras áreas, o que sempre esbarrou em problemas econômicos.

3.3.6 Falta de estruturas acadêmicas para a reflexão catequética mais consolidada

Quanto às escolas de catequese, o Brasil não possui nenhuma vigorosa estrutura acadêmica que possibilite a formação mais acurada de catequetas. No final e início do milênio fez-se uma lista de 27 brasileiros que estavam se especializando em catequese no exterior. Nossos pouquíssimos cursos superiores ainda deixam muito a desejar.

Todos eles, em geral, estão ligados a seminários, e não a uma Universidade; falta, pois, uma reflexão catequética inserida no meio acadêmico, científico, empenhada no diálogo com a cultura contemporânea, com as ciências, particularmente da educação, e não apenas atenta à teologia e à pastoral. Ainda no campo da formação, é pouco eficaz a formação que o clero recebe em termos de catequese; poucos são os cursos seminarísticos que mantêm a cátedra de catequética, embora tenham aumentado ultimamente.

---

33 Cf. CNBB.

34 Cf. A. ANTONIAZZI, *20 anos de teologia na América Latina e no Brasil*, Petrópolis: Vozes, 1994, p. 142. O autor se refere especificamente aos teólogos da libertação.

3.3.7 *Limitações do Documento* Catequese Renovada

Com relação às limitações desse documento, o Pe. W. Gruen, já as tinha evidenciado suficientemente num artigo logo após sua aprovação[35]. Ele insiste na *grave* omissão da referência à *opção pelos pobres*. A meu ver foi mais um lapso do que realmente algo intencional, pois todo o espírito do documento vai nesta direção; trata-se mais de uma penumbra que propriamente de uma sombra do documento.

Outras deficiências apontadas em *CR*: falta de referência ao documento maior *Diretrizes Gerais*, inspirador de toda a pastoral orgânica; ausência de maior referência ao meritório trabalho dos (*das*, insiste o Pe. Gruen) catequistas de base; desproporção entre a terceira parte (temas fundamentais da catequese renovada) e a quarta (comunidade catequizadora), quando esta última deveria receber um tratamento mais considerável, por estar aí a originalidade da catequese brasileira; ao falar da integridade do conteúdo (*CR* 98) o documento só se refere à mensagem, sem nenhum aceno à *caminhada da comunidade*, ou seja, o documento, neste ponto, não superou a velho equação: "conteúdo = mensagem"; falta de um maior esclarecimento do que consiste a "verdade plena e integral" (*CR* 99) a que os fiéis têm "direito"; dois temas que também ficaram na penumbra foram: o papel da *linguagem* na educação da fé e a questão dos *meios de comunicação social*.

CR cita várias vezes *Medellín*, porém, sua força e carga profética não estão no tom maior daquele documento latino-americano, o que se explica um pouco pela diversidade do momento histórico em que surgiram. Quer-me parecer também que o tema da *religiosidade popular* não recebe o devido tratamento; o mesmo se diga da catequese urbana, da pedagogia, metodologia e meios didáticos e, por fim, não se faz aceno às estruturas e organização da pastoral catequética[36].

3.4. Problemas abertos

Aqui pretendemos enumerar alguns temas que ficaram à margem de nosso trabalho, e que completariam o quadro do MCB. São temas para futuras pesquisas.

---

35 ID. *Novas orientações*, p. 43-46. N. G. TOLENTINO, em sua tese, retoma as indicações do Pe. W. Gruen, ampliando e especificando-as mais minuciosamente, sem, porém, novidades: cf. ID., *A renovação da catequese no Brasil*, p. 265-271, edição completa, não publicada.

36 Todos esses elementos são tratados com certa consistência no documento posterior (1986) do CELAM, *A catequese na América Latina: linhas gerais de orientação* [*Lineas Comunes*], São Paulo: Paulinas, 1986.

3.4.1 O Movimento Catequético visto a partir de catequistas populares

Ao delimitar este trabalho, propusemo-nos restringir o campo de pesquisa ao MCB a partir particularmente das lideranças eclesiais, e, por isso mesmo, dos documentos e organizações oficiais, de um modo especial da CNBB. É a partir dessa instância, de fato, que se decidem as grandes políticas a respeito da ação catequética, e foi o que procuramos mostrar. Entretanto, seria necessário também recuperar a memória histórica da nossa catequese a partir das bases, do trabalho concreto dos catequistas.

Embora aí se fundamentam e se espelham as decisões da cúpula da Igreja, certamente o movimento catequético que se desenvolve nesse âmbito possui suas características próprias, ricas também elas de originalidade e estímulo. É um campo imenso e aberto aos pesquisadores. Em nível de religiosidade popular, já há bons trabalhos nesse sentido, porém, particularmente com referência à catequese, é um campo virgem a ser explorado. Muito ligado à catequese nas bases, está a catequese sacramental, que ocupa grande parte de todas as energias empregadas na educação da fé dentro da Igreja. Nosso trabalho não contemplou especificamente esse tema da catequese sacramental no MCB, que também fica como tema aberto a outras pesquisas.

3.4.2 O Movimento Catequético nos dezenove Regionais da CNBB

Ainda poderiam ser objeto de pesquisas no MCB: o movimento catequético em cada um dos dezenove regionais em que se divide a CNBB. Se um dia por acaso se pudesse chegar, através de um trabalho de equipe, a um levantamento do que se passa realmente em termos de catequese através de todo território nacional, então, sim, poderíamos ter um quadro completo do MCB.

Tema igualmente interessante seria pesquisar o MCB através dos textos, manuais e subsídios catequéticos. Aqui também, só um trabalho de grande envergadura e de equipe poderia percorrer a imensa produção catequética do país, para uma sua avaliação global[37]. Trabalho mais fácil seria ainda pesquisar o MCB espelhado na *Revista de Catequese* publicada desde 1977 até hoje; ela contém propriamente a rica reflexão destes últimos

37 Mas o historiador de catequese O. LUSTOSA previne: "Quando se conseguir o devido recuo para a análise e interpretação do decênio 80-90 em nível pastoral e de catequese, o historiador ficará, de certa forma, desnorteado com o "festival de textos, de propostas, de projetos, de atividades" que afinal retomam uma espécie de tradição das décadas passadas". ID., *Catequese católica no Brasil*, p. 166.

anos de MCB; usamos abundantemente desta autorizada documentação, porém, uma pesquisa mais sistemática poderia relevar riquezas e aspectos não alcançados pelo presente trabalho.

3.4.3 A catequese com adultos

Outro aspecto ao qual acenamos várias vezes, mas sem o necessário aprofundamento e sistematização, é a catequese com adultos. No MCB há uma significativa atenção a eles. Em muitos momentos da pastoral brasileira encontramos atividade específica de educação da fé com adultos, que nem sempre é assim denominada porque estamos acostumados, por uma tradição multissecular, a identificar catequese com crianças ou no máximo com os jovens. Significativo foi também a mudança semântica de "catequese de adultos" para "catequese com adultos", própria do Brasil, para significar maior participação dos destinatários ou interlocutores no processo educativo cristão.

Tivemos oportunidade de nos referir neste trabalho a duas estruturas eclesiais muito fortes que propriamente trabalham com os adultos: as Comunidades Eclesiais de Base e os círculos bíblicos. Haveria porém que pesquisar outras formas desta atividade, tais como: as reuniões que se fazem com os pais por ocasião da catequese dos filhos ou mesmo formas de catequese familiar, as campanhas que se fazem na Igreja do Brasil, sobressaindo entre elas, pela sua extensão e profundidade, a *Campanha da Fraternidade*, que mereceria um capítulo à parte.

Há ainda os meses temáticos, que proporcionam catequese bastante original que atinge o mundo dos adultos, como: o mês de Maria (maio), mês das Vocações (agosto), mês da Bíblia (setembro), mês das Missões (outubro) e a Novena do Natal. Outra modalidade de catequese com adultos são as diversas formas de cursos para leigos, como também para a preparação aos sacramentos (Batismo, Crisma, Matrimônio). Em que pese a precariedade de alguns deles, não deixam de ser encontros catequéticos envolvendo o mundo dos adultos.

3.4.4 Desafios da modernidade, povos originários, marginalizados, excluídos

Tema ao qual também apenas acenamos, mas sobre o qual o atual movimento catequético está concentrando suas atenções, é o da *modernidade*. Muitos encontros nacionais têm tratado desse tema. Nele convergem as preocupações para com a cultura moderno-contemporânea que tem nas grandes cidades sua maior expressão e nos meios de comunicação social seu potente formador e divulgador: daí o sério desafio da catequese urbana.

Mas não é só nas grandes cidades que a população está sob os inevitáveis influxos da mídia. Os meios de comunicação invadem todos os setores da vida; donde a preocupação de uma educação da fé que esteja preparada criticamente para recebê-los, a preocupação de evangelizar os próprios comunicadores e meios de comunicação, e, finalmente, a preocupação em usar dessa nova linguagem na comunicação religiosa. São todos temas abertos à reflexão e à ação. O *Diretório para a Catequese* de 2020, da Sé Apostólica, tratou em profundidade esse tema.

Porém, falar de modernidade é também enfrentar o desafio da *secularização*, a busca de novos valores como a emergência da subjetividade e valorização das minorias, o desafio da crise da razão. Por outro lado, assiste-se à busca, por parte do homem moderno, de respostas em misticismos, ocultismo, energia cósmica, endeusamento da natureza, religiões orientais, feitiço, magia... quando não em bruxarias ou mesmo demonismo. Se o homem de hoje está atrás de respostas mais a partir do sentimento, das sensações, do irracional, do misterioso, haverá lugar ainda para uma catequese que insiste numa religião fortemente marcada pelo intelectualismo? Não teremos na autêntica mística cristã uma imensa riqueza a oferecer à explosão desta sede tão profunda nos nossos contemporâneos? Copiando e distorcendo as obras de São João da Cruz, um escritor brasileiro vendeu milhões de exemplares de suas obras pseudomísticas...[38].

No lado oposto, está uma pequena faixa da população que sempre foi objeto de grandes atenções da Igreja desde os inícios: os povos originários e afrodescendentes (cf. *DNC* 201). A catequese entre eles exige atenções particulares, principalmente no que diz respeito à inculturação. Esse aspecto é muito considerado na Pastoral, também quando se trata de catequese, mas que ficou ausente de nossa pesquisa; é um problema em aberto. Atualmente a Igreja no Brasil está mais preocupada para as outras minorias que estão no centro do Evangelho: os marginalizados e excluídos (cf. *DNC* 209-214). A catequese se volta, com muito carinho, para as pessoas deficientes de qualquer natureza (cf. *DNC* 202-208).

---

38 Trata-se de Paulo COELHO, um dos maiores fenômenos editorias dos últimos anos; suas obras com forte apelo místico ultrapassaram as fronteiras de nosso país, pelas inúmeras traduções em várias línguas.

3.4.5 O Catecismo da Igreja Católica

Por fim, fica aberto à pesquisa, reflexão e à prática catequética o recente fato que se colocou diante de todas as Igrejas com a publicação do *Catecismo da Igreja Católica*. Nos dirigentes da *Linhas 3* via-se mais a preocupação de se prevenir o seu mau uso do que propriamente a preocupação em usá-lo como fonte da catequese. É patente o receio, por parte dos responsáveis da catequese, de um retorno aos modelos doutrinais de catequese, pondo a perder toda uma caminhada que a duras penas se conseguiu realizar nos últimos anos.

Neste sentido, mesmo antes de sua publicação, já ficou manifestada a atitude de acolhida, sim, mas ao mesmo tempo atitude de colocá-lo no seu devido lugar, isto é, servir à educação da fé com sua riqueza de denso conteúdo, mas a partir das perspectivas da nossa renovação catequética[39]. O *Estudo* 59 da CNBB *Formação de Catequistas,* em 1990 *avant la lettre*, escrevia: "A [futura] publicação pela Sé Apostólica do *Catecismo da a Igreja Católica* (1992; 1997) poderá ajudar na explicitação e expressão dos conteúdos doutrinas da fé, uma vez que se faça a interação com a caminhada da Igreja no Brasil e principalmente das Igrejas Particulares" (*FC* 165). Eis aí um problema que não fez parte desta pesquisa, mas fica aberto à nossa criatividade e capacidade de adaptação.

3.5. Perspectivas para o futuro

Chegados a este ponto, é preciso lançar um olhar para o futuro, e indicar, com base no que vimos até então, pistas de ação e prioridades.

3.5.1 Esperança e otimismo

Sem dúvida, a primeira perspectiva que se nos apresenta é a esperança: um futuro de esperança e otimismo com relação à catequese. Até hoje catequistas, coordenadores, catequetas, pastores mantiveram notável entusiasmo apesar das enormes dificuldades, quer de ordem interna (revolução causada pelo Vaticano II), quer de ordem externa (regimes ditatoriais, crises socioeconômicas, governos antidemocráticos). É necessário, então, manter o mesmo entusiasmo, espírito de luta, otimismo e esperança que sempre caracterizou o mundo catequético.

---

39 Cf. ALVES DE LIMA, LUIZ, *A recepção do Catecismo da Igreja Católica na América Latina, especialmente no Brasil in* FERREIRA, Antonio Luiz Castelán, *Os 20 anos do Catecismo da Igreja Católica e o Ano da Fé.* Brasília: Edições CNBB, 2013, p. 407-445; também *in RdeC* 35 (2012), nº 140, outubro-dezembro, p. 6-23. Aí, entre outras coisas o autor comenta e rebate afirmações de que a *Revista de Catequese* teria sido por demais crítica e contra a publicação desse *Catecismo* (cf. 6.3.2, p. 19-20), o que não é verdade: houve confusão entre *contestação* e *críticas objetivas*.

É claro que já não vivemos o clima de explosão catequética dos anos do pré e pós-concílio até os anos 90 (tempo abarcado por este estudo). Problemas e desafios novos surgiram, o modelo de Igreja e consequentemente de catequese alterou-se, influenciado pela onda de movimentos das mais variadas espécies, alguns deles manifestando conservadorismo espantoso, radical, e uma nunca antes pensada resistência às conquistas do Concílio Vaticano II. Basta constatar as dificuldades do Papa Francisco em seu esforço de arejar a Igreja, com medidas como a *Instituição do Ministério leigo da/o catequista*, que, ao contrário do que aconteceu no Brasil e na América Latina, em geral teve pouquíssima aceitação na Europa, considerado mais um golpe à tentação do malfadado clericalismo... Por outro lado, em alguns lugares no Brasil a catequese virou uma indústria lucrativa, pela multiplicação de cursos e formações (devidamente pagos), realizados por pessoas sem preparação para isso, arvorando-se em *mestres* catequetas, exibindo diplomas quase sem nenhum valor, longe de uma séria formação em cursos pelo menos de pós-graduação em catequese.

Os tempos são outros, catequistas e interlocutores da catequese mudaram bastante... Entretanto, as propostas de *Catequese Renovada* ainda se mantêm em sua força de responder aos hodiernos problemas e capacidade de entusiasmar e impulsionar a educação da fé, como bem mostraram as comemorações e memórias celebradas por ocasião dos 40 anos da sua aprovação, em 2023.

3.5.2 Catequese numa Igreja viva, missionária e atenta às mudanças culturais

O sucesso da catequese depende muito dos horizontes eclesiais que lhe dão sustentação. Neste sentido, a continuação da renovação da Igreja, sempre à luz do Vaticano II, das Assembleias de *Medellín* a *Aparecida* e dos ensinamentos do Papa Francisco, é essencial para o prosseguimento do sucesso catequético. Particularmente as dimensões missionária e comunitário-participativa[40] garantem à catequese um húmus eficaz onde germinar

40 A *dimensão missionária* vem ocupando cada vez mais espaço na reflexão e no zelo pastoral da Igreja no Brasil e no mundo. Citamos como exemplo os seguintes documentos: CNBB, *Diretório Nacional de Catequese* (2006), em que domina a perspectiva missionária; CELAM, *Documentos de Aparecida* (maio 2007) com sua insistência na formação de *discípulos missionários*; a XIII Assembleia Ordinária do *Sínodo dos Bispos* com o tema *A Nova Evangelização para a transmissão da fé*, no marco dos 50 anos do Vaticano II, dos 20 anos do *Catecismo da Igreja Católica*, em outubro de 2012; a *Exortação Apostólica* do Papa Francisco, *Evangelii Gaudium* (novembro 2013), com seu forte apelo por uma Igreja Missionária; *Iniciação à vida cristã* da CNBB (2017: um

a Palavra de Deus. É essencial, neste sentido, a continuação da prática do planejamento pastoral e do esforço de pastoral orgânica.

À aceleração das mudanças culturais, deve responder uma pastoral muito viva e dinâmica. Tivemos oportunidade de afirmar, em vários momentos, a influência das correntes da assim chamada *prática e teologia da libertação* sobre o MCB. Ora, sabemos que tais correntes teológico-pastorais passam, depois de muitos anos, por profunda revisão crítica por causa dos novos horizontes socioculturais surgidos e que afetaram categorias importantes que lhes davam sustentação. Não é o caso aqui de nos determos na análise complexa de tal situação. É importante afirmar que catequistas e sobretudo catequetas estejamos atentos à aceleração da história que acontece na nossa época. Consequência disso é que dentro de uma mesma geração os rumos da cultura podem ser mudados, e com ele, também a exigência de novas respostas e novos questionamentos, sempre dentro da fidelidade ao Evangelho.

Um desses problemas, por exemplo, é a *opção pelos pobres*, a consequente luta pela sua dignidade sempre à luz do Evangelho e promoção frente à imensa desigualdade social de nosso país. A crise do socialismo e recrudescimento do neoliberalismo com o triunfo cada vez maior das leis do mercado levou e leva muitos a pensarem que a Igreja e sobretudo a Teologia da Libertação perderam a batalha pelos pobres. Temas da *Campanha da Fraternidade* destes últimos anos (promoção dos excluídos da sociedade, os mais pobres dentre os pobres, e a fraternidade universal: somos todos irmãos [2024]), estão a dizer que tal consciência se mantém viva e atuante na Igreja, pois a opção pelos pobres e a fraternidade entre todos possuem matriz evangélica, e não político-ideológica.

Essa mudança cultural faz com que dois mundos se entrecruzem nos caminhos da Igreja no Brasil. De um lado as pequenas comunidades, em vista das quais a Igreja, de um modo especial a catequese já encontrou uma linguagem, uma metodologia e uma prática libertadora que têm respondido suficientemente às necessidades dos mais pobres. De outro lado, está a enorme massa de brasileiros atingidos pela secularização e pelos fenômenos da modernidade; muitos deles, sem renegar sua fé, vivem indiferentes

---

bispo chamou-a de "caminho sem retorno", ou seja: ou "implantamos a *IVC* ou não teremos outro caminho"); o *Diretório para a Catequese* de maio de 2020, consagrou a visão da catequese como integrante da *missão missionária da Igreja* que havia sido muito desenvolvida já no *Diretório Geral para a Catequese*, desde 1997; cf. Luiz ALVES DE LIMA, *A Iniciação à Vida Cristã diante da mudança de época na América Latina in Revista de Catequese* 37 (2014), nº 144, julho-dezembro, p. 06-25.

à prática religiosa. São pessoas das classes média, média baixa e operariado urbano, mas que vão impondo seu estilo individualista de vida também às faixas mais pobres. É um desafio contínuo, para o qual a Igreja e a pastoral catequética não possuem quase nenhuma resposta pronta.

É urgente que a catequese se lance de cheio em direção a este mundo moderno-contemporâneo, em geral urbano, com um intenso *anúncio missionário*. É preciso, pois, uma maior atenção para *o anúncio explícito de Jesus Cristo*, para a dimensão querigmática, sem dicotomia nem oposição com a dimensão social da caridade. Aqui também o princípio de interação fé-vida evitará dualismos. Isso supõe também o esforço para expressar a mensagem cristã, sobretudo sua dimensão salvífica, numa linguagem acessível ao interlocutor ou destinatário não familiarizado com a tradição cristã.

Devido à emergência da subjetividade, é essencial ainda uma especial atenção para com a dimensão pessoal sem deixar a comunitária. Ao lado da insistência no querigma, conversão, experiência cristã, é preciso também reforçar a identidade cristã mais no seguimento de Cristo e não tanto na identificação com a instituição eclesial[41].

3.5.3 A Bíblia, livro da catequese

Se há razões teológicas, como vimos, para colocar a Bíblia no centro da catequese, da educação da fé, há também motivos pastorais urgentes. O avanço persistente e incontrolável das seitas, que vêm colher justamente em searas católicas, e não entre pessoas indiferentes ou afastadas da religião, exige que a Igreja se apegue mais ao livro da fé, ao menos com o mesmo entusiasmo e ímpeto que as seitas. Lamentavelmente elas usam-na de maneira alienante, quando não manipuladora (também em vista de arrancar dinheiro dos pobres).

É necessário que, colocando-se também à escuta e a serviço da Palavra de Deus, a Igreja reforce sua catequese bíblica e libertadora, para fazer frente a este fenômeno religioso preocupante. É conhecido como os protestantes valorizam por demais a Palavra de Deus e quase nenhum valor dão aos sacramentos, contrariamente à Igreja Católica. Nós, ao menos numa

41 Creio que, na questão da identidade, a América Latina e a Europa vivem situações diferentes. E. ALBERICH, por exemplo, chama a atenção para que a insistência numa falsa fidelidade à própria identidade não prejudique os caminhos do ecumenismo. Entretanto, no Brasil, o clamoroso problema das seitas pede que a catequese esteja atenta em reforçar *adequadamente* a identidade do cristão católico por causa da facilidade com que muitos são induzidos ao erro pela pregação insistente, proselitista e não raro cheia de má-fé por parte de grupos pseudo-religiosos inescrupulosos.

prática não tão antiga, cultivamos muito a vida sacramental, em prejuízo da audição e prática da Palavra de Deus. Justo equilíbrio seria ambas as Igrejas caminharem na direção daquilo que mais carecem: a Igreja Católica deveria empenhar-se mais na valorização da Palavra e de seu ministério, sem diminuir sua prática sacramental, e os evangélicos caminharem mais em direção aos sacramentos, sem renunciarem ao intenso amor que têm pela Palavra de Deus. Seria uma tentativa de buscar um meio-termo.

É claro que as consequências sobre a catequese seriam imediatas; certamente teríamos, do lado católico, uma catequese menos *sacramentalista* e mais a serviço da Palavra de Deus, que, por sua vez, levaria sem dúvida também a uma maior valorização e vivência dos sacramentos, como, aliás, propõe *CR* 222 e 251. Vale lembrar que o Vaticano II, não pela *Dei Verbum*, mas pelo conjunto de seus pronunciamentos, recolocou a Palavra de Deus em seu devido importante lugar na Igreja Católica.

3.5.4 Tarefas especificamente catequéticas

Podemos também indicar, a partir de nosso estudo, algumas tarefas específicas para a catequese para os dias de hoje:

a) É urgente reorganizar a catequese, a fim de que ela apareça como *educação para esta experiência cristã global*, e não simplesmente em função de um determinado momento, como a preparação aos Sacramentos. Estes devem ser inseridos num contexto cada vez maior de caminhada na vida cristã dentro da qual ele encontra seu sentido. Seria também a superação do fenômeno cada vez mais frequente de transformar a preparação para o Sacramento do Crisma ou Confirmação no último contato do catequizando com a Igreja: ao invés de ser o ponto alto da Iniciação à Vida Cristã, torna-se lamentavelmente no início do afastamento juvenil da Igreja.

b) Investir mais na *formação dos catequistas* tanto no grupo de catequistas (formação permanente) como formalmente através de escolas e institutos. Necessária também é maior articulação e integração entre escolas e institutos catequéticos. Hoje a *espiritualidade* do catequista emerge como ponto central de sua formação. Dentro dessa prioridade para a formação deve-se incluir também seminaristas e clero.

c) Aprofundar a proposta e a prática, não ainda suficientemente esclarecidas e aprofundadas, das *atividades e ações evangélico-transformadoras* como tradução pedagógica do princípio metodológico de interação fé e vida. Por ser algo muito novo e ausente da grande tradição catequética, seria preciso buscar mais fundamentação e vivência prática.

d) Acolher e caminhar pelas recentes propostas de *Iniciação à Vida Cristã* como dinâmica tão nova, como antiquíssima, de considerar a catequese hoje. Isso supõe de um lado recuperar as riquezas da Igreja primitiva do *catecumenato* (o conhecido neo-catecumenato, de origem espanhola, é apenas uma das formas possíveis de sua realização), e, por outro, o uso do *livro litúrgico* RICA (Rito da Iniciação Cristã de Adultos), modelo de toda e qualquer catequese. Tal ideal supõe também o longo, difícil, mas eficaz diálogo entre *liturgistas e catequetas-catequistas*.

e) Cuidar da *produção de textos*, subsídios e metodologias para a Catequese Renovada de natureza iniciática: no campo das ideias e da fundamentação, parece que tudo já foi dito. É preciso suscitar a formação e criatividade para encontrar os meios mais aptos para colocá-la em prática, sobretudo textos, subsídios, roteiros e programas[42].

4. BALANÇO FINAL

Podemos falar de resultados concretos do *Movimento Catequético Brasileiro*? É difícil dar uma resposta, por falta de distância de uma realidade tão efervescente como é a mobilização catequética dos últimos setenta anos. Há muitos que possuem uma atitude bastante crítica atribuindo toda a crise religiosa pela qual passa hoje a sociedade brasileira a um suposto fracasso da catequese renovada. Tais críticos, porém, pouco se aperceberam de que no mundo inteiro, devido a inúmeras causas, houve e continua havendo uma *recessão* da catequese e do ensino religioso, comparativamente às épocas anteriores[43].

Historiadores sérios, como Oscar Lustosa, com uma perspectiva histórica mais ampla, comentando o modelo de *catequese doutrinal*, expositiva e

42 A CNBB fez esforço de traçar esquemas de roteiros dessa prática; cf. CNBB – ANIMAÇÃO BÍBLICO-CATEQUÉTICA, *Itinerário Catequético.* Iniciação à Vida Cristã: um processo de inspiração catecumenal. 3ª Edição corrigida. Brasília: 2016. Para 4 idades: adultos catecúmenos [não batizados], adultos catequizandos [batizados], crianças, adolescentes/jovens. Não se trata de um texto ou roteiro desenvolvido, mas apenas esquemas que devem ser selecionados e organizados pelas coordenações das dioceses e paróquias.

43 Cf. J. GEVAERT, *Problemi attuali per la catechesi in Catechesi* 61(1992) nº 7, p. 8. Ernesto PEREIRA em sua obra *Catequese de adultos*, manifesta reticências sobre a eficácia da renovação catequética; parece, porém, não ter entendido *CR*, pois afirma que esse documento coloca o acento ainda sobre a catequese de crianças...: cf. *Ibid.*, p. 85-86.

estática do passado, falam de "um contínuo meio-fracasso na pastoral catequética", e expressam a suspeita de "inviabilidade de uma catequese em nível de eficácia e de resultados práticos", a partir desse modelo doutrinal de catequese. Tal quadro foi revertido, segundo o mesmo historiador, somente com o advento da *Catequese Renovada* que vincula a educação da fé ao processo histórico real e aí, sim, "abre uma perspectiva de esperança para uma catequese de adultos amadurecida e aceitável"[44].

Se o catequeta francês J. Audinet[45] pode observar que entre o catecismo nacional francês de 1947 e os surgidos após o Vaticano II apenas 20 anos depois havia mais diferença do que entre o primeiro e o catecismo de Bossuet, publicado quase três séculos antes, em 1687, também o Pe. Fernando B. Ávila, sociólogo e pesquisador da religião, pode anotar: "Ao observador da ação pastoral e catequética da Igreja não deve escapar um fato da maior importância: nestes últimos vinte anos, a ação pastoral catequética fez mais para transformar a sociedade do que nos quinhentos anos que precederam"[46].

Sem dúvida, a hipérbole é muito generosa. Porém por trás da figura retórica do sociólogo jesuíta, pouco afeito a esse tipo de linguagem, pode-se perceber como a força do processo dinâmico da ação catequética, nesses período pós-conciliar, impressiona. Cremos que ela continuará com esse potencial evangelizador no século XXI, se de fato perseverar em sua vocação de ser, atenta ao princípio de interação fé-vida, "um processo de educação comunitária, permanente, progressiva, ordenada, orgânica e sistemática da fé" (*CR* 318), numa Igreja Sinodal, servidora-evangelizadora da humanidade e na fidelidade a essa face renovada adquirida nestes anos e sempre atenta aos apelos do Espírito ao longo dos tempos.

---

44 O. F. LUSTOSA, *Catequese Católica no Brasil*, p. 129-130. O autor cita, em sua exposição, J. COMBLIN, *Prolegômenos da catequese no Brasil in REB* 27(1967), p. 851. Com relação ao documento *CR*, especialmente em sua terceira parte, o juízo do autor é altamente positivo: cf. *Ibid.*, p. 163.

45 Citado por E. ALBERICH, *A Catequese no contexto do Concílio Vaticano II e o pós-Concílio in RdeC* 16 (1993), nº 61, p. 15.

46 Fernando Bastos de ÁVILA, *Realidade Brasileira e desafios da Igreja. Síntese da palestra* [pronunciada durante a *Iª Semana Brasileira de Catequese*] *in RdeC* 10 (1987), nº 37, p. 16.

Bibliografia geral

Apresentamos a bibliografia usada no trabalho e diretamente relacionada com o tema. Alguns esclarecimentos, que valem também para as notas de rodapé. O nome da *Revista* ou *Periódico* será seguido pelo número do volume (*annata*, em italiano), que será às vezes omitido por não existir (como é o caso de *Comunicado Mensal* (*CM* até 1984; neste caso, para uniformizar, sempre omitiremos o volume). Segue-se entre parênteses o ano de publicação e o número da p. precedido pelo número do fascículo se a clareza o exigir, como é o caso de *Revista Catequética* (*RC*) e *Revista de Catequese* (*RdeC*), que não possuem numeração sequencial de páginas.

As referências aos documentos eclesiais (Concílio, CELAM, CNBB, etc.) em geral serão feitas dentro do texto e não em rodapé, usando sempre siglas sem se colocar o sinal de nº. Os nomes dos autores serão citados por extenso na primeira vez que aparecem em nota dentro do capítulo (são raros os casos em que não se conhece o nome completo do autor). Nas demais vezes serão abreviados. Como é norma, nas citações dos nomes na bibliografia, omitem-se os títulos; porém, no corpo do trabalho tais títulos (padre, bispo, cardeal) são mantidos, uma vez que é estranho omiti-los no nosso linguajar. Quanto aos títulos das obras: quando aparecem pela primeira vez, seu nome será citado por completo; em seguida, apenas as primeiras palavras e logo a indicação de p. A ortografia de documentos antigos, sobretudo em português (muito alterada ao longo dos anos), será mantida conforme edição original.

Esta *bibliografia geral* está dividida em duas grandes partes: **I** – *Fontes* e *Estudos*. Devido à abundância das *fontes*, tanto pela procedência quanto pelo seu número, serão subdivididas em várias secções. Em geral todas fontes são citadas em ordem cronológica, exceto a lista de autores que dentro delas se encontram. Na segunda parte, **II** – *Estudos*, numa única longa secção, os itens serão citados em ordem alfabética.

I – FONTES

1. FONTES INÉDITAS DE ARQUIVO

1.1 Documentos de organismos eclesiais

[CELAM – CONE SUL] *Informe sobre el encuentro de "catequesis de adultos"*, Montevideo julho 1969 cópia mimeografada *in D 02703* BibINP (Documento ______. da Biblioteca do Instituto Nacional de Pastoral, Brasília, 6 p.).

ARQUIDIOCESE DE SÃO SEBASTIÃO DO RIO DE JANEIRO. *Considerações sobre o IT "OCC"*, Rio de Janeiro, 1981, mimeografado, fotocópia nos arquivos da CNBB, 8 p.

BISPOS DO RIO DE JANEIRO. *Preparação para o Sínodo de 1977*, Rio de Janeiro, 1977, datilografado (cópia nos arquivos da *Linha* 3 em Brasília), 5 p.

CELAM – DECAT. *Actualidad del documento catequístico de Medellín in CLA* 7 (1976) 60; tradução em português: *Atualidade do documento de Medellín*, São Paulo, s/d cópia mimeografada *in D 1509* BibINP, 2 p.

CNBB – 18ª ASSEMBLEIA GERAL. *Catequese – Síntese das respostas dos círculos de estudo*, Doc. 18AG/18: arquivos da CNBB, mimeografado, 4 p.

CNBB – 18ª ASSEMBLEIA GERAL. *Orientações Pastorais sobre a Catequese*. Doc. 18AG/ 28: arquivos da CNBB, 2 p.

CNBB – 19ª ASSEMBLEIA GERAL. *Apresentação do texto "O Conteúdo da Catequese", D 9 A/19ª AG*, Brasília, 1981, cópia mimeografada *in D 16676* BibINP, 6 p.

CNBB – 19ª ASSEMBLEIA GERAL. *O Conteúdo da Catequese* [na 2ª versão dentro da AG], D *19ª AG/ D. 9-B*, cópia mimeografada nos arquivos da CNBB, 32 p.

CNBB – 19ª ASSEMBLEIA GERAL. *O Conteúdo da Catequese, D. 9 AG*, Brasília ,1981 cópia mimeografada *in D 12968*, 34 p.

CNBB – 19ª ASSEMBLEIA GERAL. *Catequese Renovada – Diretrizes e Conteúdo: nova redação de alguns itens*, Doc. 10D/21ª AG Sub, cópia mimeografada nos arquivos da CNBB, 7 p.

CNBB – 19ª ASSEMBLEIA GERAL. *Catequese Renovada – Diretrizes e Conteúdo: nova redação de alguns itens,* doc. 10F/21ª AG Sub, cópia mimeografada nos arquivos da CNBB, 5 p.

CNBB – 19ª ASSEMBLEIA GERAL. *Catequese Renovada – Diretrizes e Conteúdo: nova redação de alguns itens,* doc. 10G/21ª AG Sub, cópia mimeografada nos arquivos da CNBB, 4 p.

CNBB – 19ª ASSEMBLEIA GERAL. *Catequese Renovada – Diretrizes e Conteúdo: nova redação de alguns itens,* doc. 10B/21ª AG Sub, cópia mimeografada nos arquivos da CNBB, 4 p.

CNBB – CERIS. *Renovação Catequética: Roteiro para sua avaliação.* Rio de Janeiro, 15 de janeiro de 1968 cópia mimeografada *in D 02699* BibINP, 8 p. Publicado também sob o título *Renovação catequética, roteiro para sua avaliação. Rio de Janeiro, 1-5 de julho de 1968 in CLA* 1 (1969)1, 27-33.

CNBB – LINHA 3. *1º Roteiro de Catequese,* setembro de 1982, fotocópia no arquivo da *Linha 3,* 12 p.

CNBB – LINHA 3. *A Catequese em 1992: Relatório do Encontro Nacional de Goiânia de 1-6 de setembro de 1991.* Brasília, cópia mimeografada no arquivo da *Linha* 3, 20 p.

CNBB – LINHA 3. *Panorama da Igreja no Brasil nos anos 1976-1977,* Rio de Janeiro, 1976, cópia mimeografada *in D 05770* BibINP; também publicado *in RdeC* 0 (1977), nº 0, p. 36-44.

CNBB – LINHA 3. *Participantes ao Seminário* [de 14-17/11/1979], lista mimeografada a álcool, arquivo pessoal, 2 p.

CNBB – LINHA 3. *Relatório do Encontro Nacional de Catequese 1983,* Brasília, 12 p., fotocópia no arquivo da *Linha* 3.

CNBB – SNAC. *Encontro Nacional de Catequese* [julho de 1968; Relatório], Rio de Janeiro ,1968, cópia mimeografada *in D 01651* BibINP, 36 p. [paginação irregular].

CNBB. *Conclusões Gerais* [da 2ª Ass. Geral em 1954], p. 1, *in* CNBB, *2ª Reunião Ordinária,* Aparecida (SP), 10-12 de setembro de 1954, volume fotocopiado de exemplares mimeografados, na Biblioteca do *Pio Brasileiro,* Roma.

CNBB. *Encontro Nacional de Representantes Regionais de Catequese: projeto 3.4 do 5º Plano Bienal. Brasília 20-23/11/1980,* mimeografado, cópia no arquivo da *Linha* 3.

CNBB. *Esquema pastoral de catequese e educação: elementos para a reflexão,* Rio de Janeiro 1964 cópia mimeografada *in D 04016* BiblINP.

COMISSÕES PARA A DOUTRINA DA FÉ E DE CATEQUESE. *Observações aos subsídios intitulado: OCR*, Rio de Janeiro, 24/08/1982, fotocópia no arquivo da *Linha* 3, 35 p.

INSTITUTO NACIONAL DE PASTORAL. [sobre reestruturação dos cursos do SNAC, s/d: 1967?] cópia mimeografada *in D 02636* BibINP, 2 p.

INSTITUTO NACIONAL DE PASTORAL. *Anteprojeto de justificativa teológico [sic] das diretrizes das linhas de ação pastoral do PPC*, Rio de Janeiro, 02 de janeiro de 1975 cópia mimeografada *in D 02870* BibINP, 7 p.

INSTITUTO NACIONAL DE PASTORAL. Brasília 1971[sobre criação do INP], cópia mimeografada *in D 07749* BibINP, 6 p. As 4 primeiras páginas (estatutos do INP) foram publicadas em *CM* (1971), nº 227, p. 126-128.

INSTITUTO SUPERIOR DE PASTORAL CATEQUÉTICA (ISPAC). *Relatório*, Rio de Janeiro, 1966, cópia mimeografada *in D 15091* BibINP, 7 p.

INSTRUMENTO de Trabalho [para o Encontro Nacional de julho de 1968], cópia mimeografada *in D 15936* BibINP, 9 p.

SALES, Eugênio de Araújo. *Algumas reflexões ao conteúdo da Catequese D 9AG a ser estudado na 19ª Assembleia Geral da CNBB em Itaici*, Rio de Janeiro, 02/02/1981, cópia original no arquivo da *Linha* 3, 7 p.

SALES, Eugênio de Araújo. *Comentários sobre o texto de consulta "Roteiro de conteúdo básico para a catequese" – 10/21ª A. G.*, Rio de Janeiro, 05 de março de 1983, 7 p., fotocópia no arquivo da *Linha* 3.

SALES, Eugênio de Araújo. *Considerações sobre o Instrumento de Trabalho "Orientações em torno do conteúdo da catequese"*, Rio de Janeiro, 05/10/1981, cópia datilografada no arquivo da *Linha* 3, 7 p.

SECRETARIADO NACIONAL DE CATEQUESE. *Relatório de atividades 1966-1967 durante a VIII AG da CNBB*, Aparecida (SP), 1967, cópia mimeografada *in D 01021* BibINP, 4 p.

SECRETARIADO NACIONAL DE CATEQUESE. *Relatório dirigido ao* Comité Latinoamericano de la fe – *CLAF in D 15027* BibINP.

SECRETARIADO NACIONAL DE CATEQUESE. *Relatório dirigido ao CLAF*. Rio de Janeiro s/d, cópia mimeografada, *in D 15927* BibINP, 6 p.

SECRETARIADO NACIONAL DO ENSINO DA RELIGIÃO. *Histórico*. Palácio S. Joaquim, Rua da Glória, 446, Rio de Janeiro – GB. Cópia original manuscrita de 34 p. numeradas só na frente (sem o verso) contendo as Atas e ao mesmo tempo Diário do SNER a partir de julho de 1962 até 06 de novembro de 1964, com a descrição de todas as atividades deste período. Provavelmente foi escrito pela(o) secretária(o) do SNER, Iacy Ewerton Martins: cf. *Ibid.*, p. 1. Arquivos da *Linha* 3 da CNBB de Brasília.

SECRETARIADO NACIONAL DO ENSINO DA RELIGIÃO. *Relatório sobre a Situação da Catequese no Brasil*, Rio de Janeiro 1952 cópia mimeografada *in D 4685* BibINP.

SECRETARIADO NACIONAL DO ENSINO DA RELIGIÃO. *Relatório*, Rio de Janeiro, 1952, cópia mimeografada *in D 04684*, 8 p.

1.2 Correspondências e relatórios

ANTONIAZZI, Alberto. *Seminário de Catequese: São Paulo 20-22 de junho de 1980*, mimeografado, cópia nos arquivos da Linha 3, 8 p. de texto e 3 de anexos.

BOFF, Leonardo. *Carta a I. Nery de 15/11/1982* [apresentando o Roteiro de Conteúdo Básico para a Catequese], fotocópia no arquivo da *Linha* 3, 1 p.

BRESSANI, Luigi. *Correspondência nº 10517, de 16 de novembro de 1982, dirigida a Dom Albano Bortoletto Cavallin, responsável pela Linha 3 Catequese – Brasília*, fotocópia no arquivo da *Linha* 3, 1 p.

CAVALLIN, Albano; GEEURICKX, José. *Carta Linha 3 nº 270/83* de 22/03/1983, fotocópia no arquivo da *Linha* 3, 1 p.

CAVALLIN, Albano; GEEURICKX, José. *Circular Linha 3 nº 079/83* de 26/01/1983 [aos bispos, acompanhando o documento 10/21 SUB *Catequese Renovada – Diretrizes e Conteúdo]*: cópia datilografada no arquivo da *Linha* 3, 1 p.

CONCLUSÕES do Seminário de Estudos sobre a Renovação Catequética [julho 1968], cópias mimeografadas *in D 02628* BibINP; *in D 01651*, 11 p., *D 4685* BiblINP, e *D 2628* BiblINP.

FURNO, Carlo. *Carta nº 0559 de 14/03/1983 a Dom Albano Cavallin*, enviada de Brasília, fotocópia no arquivo da *Linha* 3, 1 p.

GALAZZI, Sandro. *Carta ao Amigo Gruen*, de 25 de novembro de 1980, enviada de Brasília: arquivos pessoais do Pe. W. Gruen.

GEEURICKX, José. *Circular Linha 3 – Catequese C-nº 891/82* de 03 de agosto de 1982 ao Pe. Luiz Alves de Lima, fotocópia no arquivo da *Linha* 3, 1 p.

GEEURICKX, José. *Circular nº 1.181/82 Linha 3*, de 10/11/1982, endereçada aos membros do Grupo de Trabalho, cópia datilografada no arquivo da *Linha*, 1 p.

GRUEN, Wolfgang. *Fax ao Pe. Luiz Alves de Lima*, [da] Inspetoria São João Bosco, 00-55-031-375-6525, Abr 05'95, 17:22 Nº 006, arquivo pessoal, p. 1.

NERY, Israel José. *Carta ao Pe. Luiz Alves de Lima de 04/12/1982*, fotocópia no arquivo da *Linha* 3, 1 p.

NERY, Israel José. *Carta aos membros da Comissão de Redação final* de 16/11/1982, fotocópia no arquivo da *Linha* 3, 1 p.

NETO, Virgílio Rosa. *Carta ao Pe. Ralfy Mendes*. Rio de Janeiro, 13 de agosto de 1973, cópia original no arquivo da *Linha* 3, 4 p.

NUNES DE OLIVEIRA, João Bosco. *Circular aos participantes de Seminário de Catequese C. nº 1523/79 – Linha 3,* de 1º de outubro de 1979, cópia mimeografada nos arquivos da Linha 3, 1 p.

SECRETARIADO DIOCESANO DE PASTORAL CATEQUÉTICA DE TAUBATÉ. *Carta a Dom Albano Cavallin de 18/09/1981*, cópia original no arquivo da *Linha* 3, 4 p.

SÍNTESE GLOBAL [Encontro Nacional de Peritos], s/d [1970?], cópia mimeografada *in D 00621* BibINP, 4 p.

1.3 Autores

ADAMATTI, Carlos. *Teologia da Palavra de Deus: reflexões teológicas sobre o novo espírito conciliar de revelação* (Belo Horizonte, Secretariado Regional Leste 2), mimeografado, arquivo da *Linha* 3, 4 p.

ALVES DE LIMA, Luiz. *A formação de catequistas*. São Paulo, 1988, datilografado, arquivo pessoal, 52 p.

ALVES DE LIMA, Luiz. *Roteiro de Catequese nº 2 – Instituto Salesiano Pio XI*, São Paulo 31 de outubro de 1982, datilografado, arquivo pessoal, 30 p.

ANTONIAZZI, A. *Formação de agentes de catequese: elementos para a avaliação de experiências*, Belo Horizonte, 08 de junho de 1982, fotocópia nos arquivos da Linha 3, 5 p.

ANTONIAZZI, A. *Novo Esquema do documento sobre catequese: proposta a ser discutida, elaborada em 26-27/7/1982*, datilografado, cópia nos arquivos da Linha 3, 7 p.

ANTONIAZZI, A. *Observações preliminares sobre o projeto de um "Roteiro Nacional de Catequese"*, carta de Belo Horizonte com data de 05 de junho de 1982, fotocópia no arquivo da *Linha* 3, 2 p.

ASSMANN, Hugo. *A concepção de Deus e da Fé: perspectivas de reflexão teológico-pastoral*: Comunicação ao Seminário de Evangelização, Belo Horizonte, de 5 a 15 de fevereiro de 1966, cópia mimeografada *in D 03322* BibINP, 12 p.; um resumo mimeografado desta palestra com indicação de Porto Alegre, janeiro de 1966, se encontra no *D 03323* BibINP, 6 p.

ASSMANN, Hugo. *Fé e Processo Histórico. Tópicos tirados das colocações do Pe. Hugo Assmann: texto não integral* cópia mimeografada *in D 01663* BibINP, 8 p.

ASSMANN, Hugo. *Fé e Promoção humana, in* SNAC, *Encontro Nacional de Catequese,* Rio de Janeiro 1-5 de julho de 1968, cópia mimeografada *in D 01651* BibINP, 11 p.

ASSMANN, Hugo. *O mistério da Igreja, o Povo de Deus: breves notas à margem da Constituição LG,* cópia mimeografada *in D 02054* BibINP, 5 p.

ASSMANN, Hugo. *Pessoa, fé, aliança.* Porto Alegre, 1965, cópia mimeografada, *in D 03323* BibINP, 6p.

AUDINET, Jacques. *A renovação catequética na situação contemporânea,* 1968: cópia mimeografada *in D 15095* BibINP, 11 p.

BOFF, L.; BOFF, Clodovis. *Roteiro de conteúdo básico para a Catequese,* Petrópolis 15/11/1982, datilografado, fotocópia no arquivo da *Linha* 3, 25 p.

BRANDT, Irineu. *Observações críticas sobre "Catequese Renovada Diretrizes e Conteúdo",* Porto Alegre, 31 de março de 1983, fotocópia no arquivo da *Linha* 3, 5 p.

CALVO, Ricardo Pereira. *Crescimento permanente e progressivo na fé: uma contribuição ao estudo histórico-pastoral sobre a catequese no Brasil a partir da obra de Mons. Álvaro Negromonte.* Roma: Pontifícia Universidade São Tomás de Aquino, Faculdade de Teologia, dir: Antolin Gonzalez FUENTE, OP, 1986, fotocópia no arquivo da *Linha* 3, 378 p.

CAMPOS, Kleber Garcia. *Bíblia e Catequese.* Rio de Janeiro, 1969, cópia mimeografada, *in D 12174* BiblINP, 12 p.

CANSI, Bernardo. *A catequese no Brasil 1992-1993,* Brasília, 1993 [relatório para o encontro do CELAM – DECAT de 15 a 18 de março de 1993 em Montevidéu], mimeografado no arquivo da *Linha* 3, 15 p.

CANSI, Bernardo. *Pontos importantes da Catequese na A. Latina.* Brasília, 1992, 12 p. mimeografo, arquivo pessoal.

CAVALLIN, A. *Depoimento de Dom Albano Cavallin em entrevista ao Pe. Luiz Alves de Lima em março de 1993.* Roma 1993, cópia datilografada, arquivo pessoal, 5 p.

CAVALLIN, A. *Depoimento ao Pe. Luiz Alves de Lima em entrevista de 17/02/95,* Roma 1995, cópia datilografada, arquivo pessoal, 4 p.

CECHIN, Antonio. *Orientaciones generales para elaboración de material catequístico: quadro de referências para a elaboração de Material Catequético* [*sic*: castelhano e português], Medellín – Colômbia, agosto 1968, cópia mimeografada *in D 01728* BibINP, 13 p.

CORDEIRO, Darcy. *Curso de Renovação Catequética,* Diamantino, 1967, cópia mimeografada *in D 08868* BiblINP, 28 p.

COSTA CAMPOS, José. *Relatório do Secretariado Nacional de Catequese* (julho 1968 – julho 1969) *na X AG da CNBB*, São Paulo, 1969, cópia mimeografada, *in D 00065* BibINP, 4 p.

FERNANDEZ, José Cabo. *Breve histórico do INP*, Brasília, 22-24 de fevereiro de 1994, cópia mimeografada no arquivo do INP.

GALAZZI, S. *et alii*. *Conteúdo da nossa catequese: texto-proposta para reflexão* [em linguagem popular, Brasília, novembro 1980], fotocópia no arquivo da *Linha* 3, 26 p.

GALAZZI, S. *et alii*. [Roteiro Catequético nº 4] *Explicitação da Mensagem, Justificativa*, fotocópia no arquivo da *Linha* 3, 10 p.

GEEURICKX, J. *Entrevista com o Pe. José Geeurickx no dia 04 de fevereiro de 1995.*

GIANETTO, Ubaldo. *Storia dellla pastorale giovanile e della catechesi contemporanea, 5. Il Movimento Catechistico Italiano nel secolo XX*. Roma, Università Pontificia Salesiana, Dipartimento di Pastorale Giovanile e Catechetica, Anno Accademico 1992-93, cópia mimeografada, 61p.

GIANETTO, Ubaldo. *Storia dellla pastorale giovanile e della catechesi contemporanea, 4. Il Lancio mondiale del rinnovamento kerygmatico e antropologico atraverso le settimane catechistiche di studio degli anni 60*. Roma: Università Pontificia Salesiana. Dipartimento di Pastorale Giovanile e Catechetica, Anno Accademico 1992-93, cópia mimeografada, 45p.

GRUEN, W. [Resposta à questão] *A Caminhada da Comunidade, em vez de conteúdo, não deveria ser considerada consequência da catequese?*, cópia mimeografada: arquivo do autor, 2 p.

GRUEN, W. [Resposta à questão] *Incluindo-se a caminhada da comunidade no conteúdo, a catequese não corre o perigo de tornar-se antropocêntrica em vez de cristocêntrica?*: cópia mimeografada: arquivo do autor, 2 p.

GRUEN, W. *"Orientações para uma catequese renovada": sugestões para a revisão do subsídio*, correspondência de Belo Horizonte com data de 05 de junho de 1982, fotocópia no arquivo da *Linha* 3, 2 p.

GRUEN, W. *Cronologia* [Belo Horizonte 1994], cópia datilografada e digital, arquivo pessoal.

GRUEN, W. *O Conteúdo da Catequese*, datilografado, arquivo do autor, 33 p. [6 pontos, sem bibliografia, Belo Horizonte, agosto 1980: Texto A].

GRUEN, W. *O Conteúdo da Catequese*, datilografado, arquivo do autor, 35 p. [7 pontos, sem bibliografia, redigido após o Encontro Nacional de 20-23/11/1980 em Brasília: Texto C].

GRUEN, W. *O conteúdo da Catequese*, mimeografado, 33 p. [com bibliografia, apresentado à 19ª AG de 17-26/02/1981 com a sigla D 9 AG e o número de arquivo *D 12968* BibINP com 8 pontos, sendo que a longa bibliografia do texto B constitui o 8º ponto: Texto D].

GRUEN, W. *O conteúdo da nossa catequese: projeto para discussão*. Belo Horizonte 1980, mimeografado, arquivo do autor, 29 p. [apresentado ao Regional Leste II em 14-15/10/1980 com a sigla *DOC/II*, em 4 pontos e uma longa bibliografia; texto: Texto B].

HISTÓRICO da catequese no Brasil. Rio de Janeiro, 1968, cópia mimeografada *in D 15933* BibINP, 5 p.

MARTINUZ, Ervino. *Conflitos no campo – Brasil 1993 in Panorama Religioso* 1 (1994) de 04/06/1994, cópia mimeografada.

NERY, I. J. *Reflexões iniciais sobre "Roteiro de um conteúdo básico para a catequese"*, carta de 09/07/1982 para *Linha* 3 da CNBB, fotocópia no arquivo da *Linha* 3, p. 3, 5 p.

Observações a respeito das "considerações sobre o Instrumento de Trabalho" da Arquidiocese do Rio de Janeiro, [1981], s/a, fotocópia no arquivo da *Linha* 3, 4 p.

OLIVEIRA DIAS, Wilma (pela Comissão do Leste II), *Síntese das reflexões sobre o documento OCR*, Belo Horizonte, abril, 1982, 1 p. fotocópia no arquivo da *Linha* 3, 3 p.

OLIVEIRA NETO, José Freire de. *Educação libertadora e catequese: viabilidade do método psicossocial de Paulo Freire em uma catequese antropológica*, Roma, UPS 1975 [Tesina], cópia datilografada no arquivo do Instituto de Catequética da Universidade Salesiana de Roma.

PAIVA, Hugo Vasconcellos. *Curso de Iniciação à catequética*. Rio de Janeiro, 1969, cópia mimeografada *in D 01088* BibINP, 60 p.

PAIVA, Hugo Vasconcellos. *Curso de Teologia Pastoral: Igreja e Palavra in D 17914* BiblINP (tradução das obras de R. Latourelle de 1962).

PALOŠ, Rudi. *Il problema del contenuto della catechesi negli incontri catechistici internazionali*. Tese dottorale. Dir.: Emílio ALBERICH. Roma, UPS, 1994. Fotocópia no arquivo do Instituto de Catequética da Universidade Salesiana de Roma.

PERANI, Cláudio. *Catequese dos sinais dos tempos*. Rio de Janeiro, dezembro de 1968, cópia mimeografada *in D 04794*, 4 p.

PONTE, Paulo Eduardo. *Encontro nacional de avaliação da catequese. Informação acerca do Sínodo dos Bispos sobre a Catequese. Resumo da apresentação feita na Assembleia do Regional Nordeste I, por Dom Paulo Eduardo Andrade*

Ponte, bispo de Itapipoca-CE, s/d, cópia mimeografada no arquivo da *Linha* 3, 5 p.

RIBEIRO DE OLIVEIRA, Pedro A. *Catequese e socialização da fé*. Coleção *Estudos sociorreligiosos* 12, Rio de Janeiro: CERIS, 1974, cópia mimeografada no arquivo da *Linha* 3, 183 p.

RUIZ DE GOPEGUI, Juan Antonio. *Roteiro Nacional de Catequese* [sem nenhuma outra referência], fotocópia: arquivo pessoal, 8 p.

TOLENTINO, Nelson Gil. *A renovação da catequese no Brasil. Instâncias fundamentais do Diretório Catequético Nacional: Catequese Renovada*. Universidade Pontifícia Salesiana, Roma, 1989, fotocópia no arquivo do Instituto de Catequética da Universidade Salesiana de Roma, 301 p. [texto integral não publicado; publicou-se apenas um breve estrato].

VILLAS BOAS, Marcelo. *Em busca de um novo modelo político-social: entrevista a Dom Ivo Lorscheiter in RdeC* 10 (1987), nº 38, p. 27-32.

WILDERINK, Vital. *Aspectos relevantes da catequese no Brasil* [entrevista] *in RdeC* 11 (1988), nº 41, p. 5-10.

2. MAGISTÉRIO UNIVERSAL

2.1 Papas

PIO X. *Acerbo nimis ad sacros universi catholici orbis Antistites, de doctrina tradenda* (Encíclica 1910) *in AAS* 38 (1905-1906) 129-131; tradução em português: *Acerbo nimis in RC* 5 (1953), nº 53, p. 5-13.

PIO XII ao Congresso Internacional de Catequese *in REB* 11 (1951), 434.

PIO XII. *Carta ao Presidente da Conferência Episcopal Latino-Americana in REB* 15 (1955), 737-741.

JOÃO XXIII. *Alocução aos participantes da 3ª reunião do CELAM* em 15/11/1958 *in REB* 19 (1959), 176-182.

JOÃO XXIII. *Ad dilectos Americae Latinae populos in AAS* 54 (1962), 28-31; tradução em português: *Carta de João XXIII ao Episcopado Latino-Americano in REB* 22 (1962), 461-463.

PAULO VI. *Exortação Pastoral de Paulo VI ao Episcopado da América Latina* [em 24/11/65] *in REB* 26 (1966), 145-155.

PAULO VI. *A ação pastoral na América Latina in* CNBB, *Plano de Pastoral de Conjunto 1966-1970*. 2ª ed., Rio de Janeiro: Livraria Dom Bosco Editora, 1967, p. 7-11.

PAULO VI. *Ad Exc.mos Praesules ex Americae Latinae regionibus, secundo Gernerali Coetui Medellii interfuturos in AAS* 60 (1968) 639-649; tradução em português: *Discurso de Abertura da IIª CELAM in A Igreja na atual transformação da América Latina à luz do Concílio. Conclusões de Medellín.* 6ª ed. Petrópolis: Vozes, 1977, p. 9-19.

PAULO VI. *Adhortatio apostolica Evangelii Nuntiandi de evangelizatione in mundo huius temporis in AAS* 68 (1976), 5-76. Edição em português: *A Evangelização no mundo de hoje*. Petrópolis: Vozes, 1976.

JOÃO PAULO II. *Redemptor Hominis* [Encíclica 1979] *in AAS* 71 (1979) 257-324; edição em português: *O Redentor do Homem*. São Paulo: Paulinas, 1979.

JOÃO PAULO II. *Adhortatio apostolica Catechesi Tradendae* [Exortação apostólica 1979] *in AAS* (1979), 1277-1340; edição em português: *A Catequese hoje: exortação apostólica "Catechesi Tradendae" de João Paulo II* Coleção *A Voz do Papa* 93. São Paulo: Paulinas, 1980.

JOÃO PAULO II. *Itinera Apostolica ex habitis dum Summus Pontifex in Brasilia peragrat dilecatae allocutiones in AAS* (1980), 825-961; edição em português: CNBB, *João Paulo II no Brasil in CM* (1980), nº 334, p. 511-804 (número monográfico).

JOÃO PAULO II. *Carta de João Paulo II aos Bispos* do Brasil *in CM* (1981), nº 340, p. 5-10.

JOÃO PAULO II. *Sollicitudo rei socialis* [Encíclica, 1988] *in AAS* 80 (1988), 513-578; edição em português: *Sollicitudo rei socialis*. São Paulo: Paulinas, 1988.

JOÃO PAULO II. *Redemptoris Missio* (Exortação apostólica 1990] *in AAS* 83 (1990), 249-340; tradução em português: *Redemptoris Missio: a validade permanente do mandato missionário*. São Paulo: Paulinas, 1990.

FRANCISCO, Papa. *Evangelii Gaudium*. Exortação Apostólica *A alegria do Evangelho*: sobre o anúncio do Evangelho no mundo atual. Brasília: Edições CNBB, 2013, 167 p.

FRANCISCO, Papa. *Antiquum Ministerium:* Carta Apostólica em forma de *Motu Proprio*. São Paulo: Paulus, 2021.

2.2 Sínodo dos Bispos

Proposições sobre o tema sinodal "Evangelização do Mundo de hoje" *in CM* (1974), nº 263, p. 654-673.

O tema do Sínodo [de 1977]: A catequese no mundo contemporâneo, com particular referência às crianças e aos jovens *in CM* (1976), nº 289, p. 965-979.

Novo conselho permanente da Secretaria Geral do Sínodo *in CM* (1977), nº 301, p. 1130-1131.

SÍNODO DOS BISPOS. *Paulo VI confirma a eleição dos bispos do Brasil para o Sínodo 77* [carta do Secretário do Sínodo Dom Ladislau Rubin] *in CM* (1977), nº 296, p. 652.

SÍNODO DOS BISPOS. *A catequese em nosso tempo in SEDOC* 9 (1977), 1109-1122.

SÍNODO DOS BISPOS. *A catequese no nosso tempo especialmente para as crianças e os jovens: Mensagem ao Povo de Deus.* Coleção Voz do Papa 87. São Paulo: Paulinas, 1977, 31p.; também *in* REB 37 (1977), 767-775.

CAPRILE, Giovanni. *Il Sinodo dei Vescovi 1977*. Roma: Editrice "La Civiltà Cattolica", 1978.

CNBB-COMISSÃO EPISCOPAL PARA A ANIMAÇÃO BÍBLICO-CATEQUÉTICA, *3ª Semana Brasileira de Catequese*. Iniciação à Vida Cristã. Brasília: Edições CNBB, 2010, 300 p., com CD.

BENTO XVI. *Verbum Domini*. Exortação Apostólica do *Sínodo sobre a Palavra de Deus.* Brasília: Edições CNBB, 2010. Documentos Pontifícios 6.

SÍNODO DOS BISPOS. *O Evangelho no mundo: mensagem do Sínodo dos Bispos de 2012 in Revista de Catequese* 35 (2012), n° 140, p. 49-58.

SÍNODO DOS BISPOS. *Proposições in Revista de Catequese* 35 (2012), n° 140, p. 59-75. (São as que mais se referem à catequese: 22, 28, 29, 37, 38, 45, 47, 51 e 57).

CNBB-COMISSÃO EPISCOPAL PASTORAL PARA A ANIMAÇÃO BÍBLICO-CATEQUÉTICA. *Animação Bíblica da Pastoral*. Brasília: Edições CNBB, 2012. Trata-se das *Atas* do I Congresso Brasileiro de Animação Bíblica da Pastoral realizado em Goiânia (GO) de 08 a 11 de Outubro de 2011.

2.3 Cúria Romana e Comissões Internacionais

SAGRADA CONGREGAÇÃO DO CONCÍLIO. *Carta a Dom Carlo Chiarlo in CM* (1953), nº 11, p. 5-6.

SAGRADA CONGREGAÇÃO PARA O CLERO. *Diretório Catequético Geral.* Petrópolis: Vozes, 1971.

SAGRADA CONGREGAÇÃO PARA O CLERO. *Congresso catequético internacional, prot. nº 134541 de 16 de junho de 1971 in CM* (1971), nº 226, p. 5-6.

SACRA CONGREGAZIONE PER IL CLERO. *Guida alla Catechesi nel mondo*, Roma, 1971, 250 p.

SACRA CONGREGATIO PRO CLERICIS. *Allegato, protocollo nº 169116* [16/11/1982], fotocópia nos arquivos da *Linha* 3, 5 p.

SACRA CONGREGATIO PRO CLERICIS. *Recomendando o documento "Catequese Renovada – Orientações e Conteúdo" in CM* (1983), nº 367, p. 419-420.

COMISSÃO INTERNACIONAL DE TEOLOGIA. *A fé e a inculturação, in Medellín* 16 (1990), 125-140; publicado também *in SEDOC* 22 (1989), 144-160.

CONSELHO INTERNACIONAL DE CATEQUESE. *Catequese para viver num mundo pluralista e secularizado in RdeC*14 (1992), nº 59, p. 59-64.

3. MAGISTÉRIO EPISCOPAL LATINO-AMERICANO

Acta et Decreta Concilii Plenarii in urbe celebrati anno Domini MDCCCIC. Romae: Typis Vaticani, MDCCCC.

Acta et Decreta Concilii Plenarii Americae Latinae – Actas y Decretos del Concilio Plenario de America Latina. Roma: Tipografia Vaticana, 1906, 593 p. [edição bilíngue].

CELAM. *Conferência Episcopal Latino-Americana in REB* 15 (1955), 771-772.

CELAM. *Documento básico para la II Conferência General del Episcopado Latino-americano*. Conmemoración 25 años *Conferencia de Medellín* 1968-1993. Homenaje del Instituto Teológico Pastoral [ITEPAL] del CELAM. Santafé de Bogotá – Colombia 1993 *in Medellín* 19 (1993), nº 76, separata, 52 p.

CELAM. *Documento preliminar* [de *Medellín*] *A situação econômica, social, cultural e religiosa na América Latina in REB* 28 (1968), 432-461 [é parte do Instrumento de Trabalho de *Medellín*].

CELAM. *A igreja na atual transformação da América Latina à luz do Concílio. Conclusões de Medellín*. 6ª ed. Petrópolis: Vozes, 1977, 182 p. Texto original: *Documento final de la 2ª Conferencia General del Episcopado Latinoamericano*. Medellín: Imecso, 1968.

SEGUNDA CONFERENCIA DEL EPISCOPADO LATINOAMERICANO. *La Iglesia en la actual transformación de América Latina a la luz del Concilio*. 2ª ed. I volumen: Ponencias. Bogotá: Secretariado General del Celam 1969, 270 p.

CELAM – DECAT. *Catequesis para America Latina: documento de trabajo del Celam para el Sínodo de 1977* Coleção *CELAM 16*. 4ª ed. Bogotá: CELAM, 1977, 80 p.

CELAM – DECAT. *Contribuições do Encontro Catequético "Cone Sul-Brasil" in RdeC* 0 (1977), nº 0, p. 61-67.

DECAT – CONE SUR. *Aportes del encuentro catequístico de la región "Cono Sur/ Brasil" en 30/10 – 3/11/76 in CM* (1977), nº 292, p. 32-38.

CELAM. *El Documento catequístico de Medellín. Sus ideas inspiradoras, sus resonancias, sus lagunas y proyecciones in Medellín. Reflexiones en el CELAM* Coleção BAC 391. Madrid: BAC, 1977, p. 107-110.

CELAM. *Medellín. Reflexiones en el CELAM*. Coleção BAC 391. Madrid: BAC, 1977.

CELAM – III CONFERÊNCIA GERAL DO EPISCOPADO LATINO-AMERICANO. *A Evangelização no presente e no futuro da América Latina. Puebla: Conclusões*. São Paulo: Loyola, 1979, 363 p.

CELAM – III CONFERÊNCIA GERAL DO EPISCOPADO LATINO-AMERICANO. *Elementos para su história: 1955-1980*. Bogotá, Celam, 1982, p. 165-173.

CELAM – DECAT. *La Comunidad Catequizadora en el presente y el futuro de América Latina. I Semana Latinoamericana de Catequesis. Quito 3-10 de octubre de 1982. Ponencias y Conclusiones*. Bogotá: Departamento de Catequesis del CELAM, 1983, 212 p. Em português: *A Comunidade Catequizadora no presente e no futuro da América Latina. Conclusões da I Semana Latino-americana de Catequese. Quito 3-10 de outubro de 1982* Coleção *Pastoral Catequética* 9. São Paulo: Editora Salesiana D. Bosco, 1983, 52 p.

CELAM – DECAT. *A Catequese na América Latina* [Lineas Comunes]. São Paulo: Paulinas, 1986, 176 p.

CELAM. *Inculturação da fé pela Catequese* [conclusões de um *Seminário interdisciplinar sobre inculturação e catequese* de 29/05 a 02/06 de 1989 em Bogotá] *in RdeC* 13 (1990), nº 51, p. 18-25.

CELAM. *Nova Evangelização, Promoção humana e Cultura Cristã. Documento de Consulta* [para a IV Conferência em Santo Domingo]. São Paulo: Paulinas, 1991, 224 p.

CELAM. *Nova Evangelização, promoção humana, cultura cristã: Instrumento de trabalho* da IVª Conferência Geral do episcopado latino-americano. São Paulo: Loyola, 1992, 221 p.

CELAM. *Nova Evangelização, promoção humana, cultura cristã. Jesus Cristo ontem, hoje e sempre. Santo Domingo: conclusões*. Texto oficial. 2ª ed. São Paulo: Loyola, 1992.

CELAM. *Secunda Relatio: albores de Santo Domingo, hablan las conferencias*. Colección Documentos CELAM, 129. Santa Fé de Bogotá: CELAM, 1993.

CELAM. *Documento de Aparecida*. Brasília: Edições da CNBB; São Paulo: Paulus e Paulinas, 2007, 310 p.

CELAM. *Manual de catequética*. São Paulo: Paulus, 2007 (vários autores).

CELAM. *A caminho de um novo paradigma para a catequese.* III Semana Latino-americana de Catequese (Bogotá 01-05/05/2006). Brasília: Edições CNBB 2008, 78 p.

CELAM. SECRETARIADO GENERAL DEL CELAM. *Consejo Episcopal Latinoamericano*. Bogotá: Oficina de prensa y publicaciones del Celam, s/d.

DECAT – CONE SUR. *Formación de catequistas* [reunião em Curitiba de 12 a 14 de Maio de 1981] *in Sinite* 22 (1981), 357-366.

4. MAGISTÉRIO EPISCOPAL BRASILEIRO

4.1 Antes da fundação da CNBB (até 1952)

Constituições primeiras do Arcebispado da Bahia, feitas e ordenadas *pelo Ilustríssimo e Reverendíssimo Dom Sebastião Monteiro da Vide, 5º Arcebispo do dito Arcebispado, propostas e aceitas no sínodo Diocesano que o dito celebrou em 12 de junho de 1707*. São Paulo: Tipografia Antônio Louzada Nunes, 1853.

Atas e Constituições do primeiro Sínodo Fortaleziense. Ceará, 1888.

EPISCOPADO BRASILEIRO. *Pastoral. O Episcopado brasileiro ao clero e aos fiéis da Igreja do Brasil.* São Paulo: Tipografia Jorge Seckler, 1890.

PIMENTA, Silvério Gomes. *Pastoral do Ex.mo e Revmo. Sr. Dom Silvério Gomes Pimenta, bispo de Camaco, dando providência sobre as necessidades da Igreja na diocese de Mariana,* n. 2. Mariana, S.C.P., 1891.

Pastoral Coletiva dos senhores bispos da Província eclesiástica meridional do Brasil (São Paulo, 3 a 12/11/1901). Rio de Janeiro: Tip. Leuzinger, 1902, p. 141.

Pastoral de Approvação do Catecismo das Províncias Ecclesiásticas Meridionaes in Terceiro Catecismo da Doutrina Cristã para uso das Dioceses das Províncias Ecclesiásticas Meridionaes do Brasil [em 19/10/1905). 4ª ed., Petrópolis: Vozes, 1930, p. 5-7.

Pastoral Collectiva dos Senhores Arcebispos e Bispos das Províncias Ecclesiásticas de S. Sebastião do Rio de Janeiro e Marianna communicando ao clero e fiéis o resultado das Conferencias dos mesmos no Seminario Archiepiscopal de Marianna, de 2 a 12 de agosto de 1907. Rio de Janeiro, 1907.

EPISCOPADO DAS PROVINCIAS ECCLESIASTICAS SEPTENTRIONAES. *Carta Pastoral Collectiva do Episcopado das Provincias Ecclesiasticas*

Septentrionaes do Brasil. Bahia, 1915.

Pastoral Coletiva dos senhores arcebispos e bispos das províncias eclesiásticas de São Sebastião do Rio de Janeiro, Mariana, São Paulo, Cuiabá e Porto Alegre, comunicando ao clero e aos fiéis o resultado das conferências dos mesmos, realizadas na cidade de São Paulo de 25 de setembro a 10 de outubro de 1910. Rio de Janeiro: Tipografia Leuzinger, 1911.

PROVÍNCIAS ECLESIÁSTICAS DE SÃO SEBASTIÃO DO RIO DE JANEIRO. *Pastoral Coletiva dos Senhores Arcebispos e Bispos das Províncias Eclesiásticas de São Sebastião do Rio de Janeiro, Mariana, São Paulo, Cuiabá e Porto Alegre, comunicando ao clero e aos fiéis o resultado das Conferências Episcopais realizadas na cidade de Nova Friburgo de 12 a 17 de janeiro de 1915*, Rio de Janeiro: Typographia Martins de Araújo, 1915.

Constituições Eclesiásticas do Brasil. Nova edição da Pastoral Coletiva de 1915: adaptadas ao Código de Direito Canônico, ao Concílio Plenário Brasileiro e às recentes decisões das Sagradas congregações Romanas. Canoas, Rio Grande do Sul: Tipografia La Salle, 1950.

Circular do Emo. Sr. Cardeal-Arcebispo, do Rio de Janeiro, S. Paulo: Augusto Siqueira, 1917.

EPISCOPADO BRASILEIRO. *Carta pastoral por ocasião do centenário da Independência* [1922]. Petrópolis: Vozes, 1957.

Concilium Plenarium Brasiliense in urbe S. Sebastiani Fluminis Januarii anno Domini MCMXXXIX celebratum. Petropolis: Typis Domus editricis vulgo "Vozes", 1940.

EPISCOPADO BRASILEIRO. *Circular coletiva do Episcopado Brasileiro definindo a posição da Igreja em face da guerra in REB* 2 (1942), 1030-1033.

EPISCOPADO BRASILEIRO. *Manifesto* [Carta Pastoral] *in REB* 5 (1945), 419.

[AÇÃO CATÓLICA BRASILEIRA], *Estatutos e Regulamentos da Ação Católica Brasileira in* REB 6 (1946), 470-478.

EPISCOPADO BRASILEIRO. *Manifesto do episcopado brasileiro sobre a Ação Social in REB* 6 (1946), 479-484.

Carta circular da Comissão Episcopal da Ação Católica Brasileira, in REB 9 (1949), 214.

SECRETARIADO NACIONAL DE ENSINO RELIGIOSO. *Regulamento da maratona catequetica nacional (e programas), in RC*, 3 (1951), nº 21, p. 6-8.

EPISCOPADO DA AMAZÔNIA. *Declaração do Episcopado da Amazônia sobre "a Igreja e a Amazônia" in REB* 12 (1952), 700-708.

A reunião dos Arcebispos do Brasil no Rio de Janeiro in REB 12 (1952), 990-991.

4.2 Após a fundação da CNBB (após 1953)

4.2.1 Documentos oficiais da CNBB (documentos da série azul e anteriores)

CNBB. *Estatutos da CNBB in REB* 13 (1953), 760-761.

CNBB. *Estatutos da CNBB* (1958) *in* Gervásio QUEIROGA. *CNBB. Comunhão e Corresponsabilidade*. São Paulo: Paulinas, 1977, Anexo 4: p. 431.

CNBB. *Plano de Emergência para a Igreja do Brasil*. Coleção *Cadernos da CNBB* 1. Rio de Janeiro: Livraria D. Bosco Editora: um serviço da Ação Católica Brasileira, 1962.

CNBB. *Plano de Pastoral de Conjunto (1966-1970)*. 2ª ed. Rio de Janeiro: Livraria Dom Bosco, (GB) 1967, 163 p.

CNBB. *Plano de Pastoral de Conjunto da CNBB. Decisões da X Assembleia Geral do Episcopado in REB* 29 (1969), 644-647.

CNBB. *Plano de atividades especiais e permanentes dos organismos nacionais da CNBB* [Primeiro PB] *in CM* (1971) nº 228, p. 11-46 (também em separata).

CNBB. *2º PB dos organismos nacionais da CNBB 1973-1974 in CM* (1972), nº 243, p. 10-38.

CNBB. *Diretrizes Gerais da Ação Pastoral da Igreja no Brasil 1975-1978 in CM* (1975), nº 269, p. 97-106. Coleção *Documentos da CNBB* 4. São Paulo: Paulinas, 1975.

CNBB. *Exigências cristãs de uma ordem política*. Coleção *Documentos da CNBB* 10. São Paulo: Paulinas, 1977. Estranhamente tal documento não foi publicado no órgão oficial da CNBB, *CM*.

CNBB. *Subsídios para Puebla in CM* (1978), nº 307, p. 295-32. Coleção *Documentos da CNBB* 13. São Paulo: Paulinas, 1978.

CNBB. *Diretrizes Gerais da Ação Pastoral da Igreja no Brasil 1979-1982 in CM* (1979) nº 324, p. 855-917. Coleção *Documentos da CNBB* 15. São Paulo: Paulinas, 1979.

CNBB. *Comunidades Eclesiais de Base no Brasil*. Coleção *Documentos da CNBB* 25. São Paulo: Paulinas, 1982. Também *in REB* 43 (1983), 148-161.

CNBB. *Catequese Renovada Orientações e Conteúdo*. Coleção *Documentos da CNBB 26*. São Paulo: Paulinas, 1983. Até 2023 foram 50 edições (ou reimpressões).

CNBB. *Por uma nova ordem constitucional in CM* (1986), nº 399, p. 400-436. Coleção *Documentos da CNBB* 36. São Paulo: Paulinas, 1986.

CNBB. *Igreja: comunhão e missão na evangelização dos povos, no mundo do trabalho, da política e da cultura in CM* (1988), nº 420, p. 443-508. Coleção *Documentos da CNBB* 40. São Paulo: Paulinas, 1988.

CNBB. *Exigências éticas de uma ordem democrática in CM* (1989), nº 430, p. 447-467. Coleção *Documentos da CNBB* 42. São Paulo: Paulinas, 1989; e ainda *in REB* 49 (1989) 418-420.

CNBB. *Diretrizes Gerais da Ação Pastoral da Igreja no Brasil 1987-1990 in CM* (1987), nº 413, p. 1001-1050. Coleção *Documentos da CNBB* 38. São Paulo: Paulinas, 1987.

CNBB. *Diretrizes Gerais da Ação Pastoral da Igreja no Brasil 1991-1994 in CM* (1991) nº 452, p. 1028-1092. Coleção *Documentos da CNBB 45*. São Paulo: Paulinas, 1991.

CNBB. *Educação, Igreja e Sociedade in CM* (1992), p. 651-696. Coleção *Documentos da CNBB,* 47. São Paulo: Paulinas, 1992.

CNBB. *Ética: Pessoa e Sociedade in CM* (1993), p. 691-733. Coleção *Documentos da CNBB* 50. São Paulo: Paulinas, 1993.

CNBB. *Diretório Nacional de Catequese.* Brasília: Edições da CNBB, 2006, 224 p. São Paulo: Edições Paulinas, 2006. Coleção *Documentos da CNBB* 84, 288 p. Aprovado pela CNBB em 2005 e reconhecido pela Sé Apostólica em 2006.

CNBB. COMISSÃO EPISCOPAL PASTORAL PARA ANIMAÇÃO BÍBLICO-CATEQUÉTICA. *Catequistas para a catequese com Adultos: processo formativo.* Coleção *Estudos da CNBB* 94. São Paulo: Paulus, 2007.

CNBB. COMISSÃO EPISCOPAL PASTORAL PARA ANIMAÇÃO BÍBLICO-CATEQUÉTICA. *Ministério do catequista.* Coleção *Estudos da CNBB* 95. São Paulo: Paulus, 2007. Esse *Estudo* do episcopado brasileiro, precedeu 17 anos à *Antiquum Ministerium* do Papa Francisco (2021).

CNBB. *Catequese caminho para o discipulado e a missão.* Texto-Base do Ano Catequético Nacional em 2009. Brasília: Edições CNBB, 2008, 64 p.

CNBB. *Iniciação à Vida Cristã: itinerário para formar discípulos missionários.* Documento aprovado na 55ª Ass. Geral da CNBB (maio 2017). Coleção *Documentos da CNBB* 107, série azul. Brasília: Edições CNBB, 2017.

4.2.2 Estudos da CNBB (série verde)

CNBB. *Comunidades: Igreja nas bases.* Coleção *Estudos da CNBB* 2. São Paulo: Paulinas, 1974.

CNBB. *Obras sociais da Igreja no Brasil.* Coleção *Estudos da CNBB* 34. São Paulo: Paulinas, 1978.

CNBB – GRECAT. *Textos e manuais de Catequese: elaboração, análise, avaliação.* Coleção *Estudos da CNBB* 53. São Paulo: Paulinas, 1987.

CNBB – LINHA 3. *Orientações para a Catequese da Crisma.* Coleção *Estudos da CNBB* 61. São Paulo: Paulinas, 1991.

CNBB – LINHA 3. *Formação de Catequistas: critérios pastorais.* 6ª ed. Coleção *Estudos da CNBB* 59. São Paulo: Paulinas, 1994.

CNBB. *Iniciação à Vida Cristã*: um processo de inspiração catecumenal. Estudos da CNBB 97. Brasília: Edições CNBB, 2009.

CNBB. *Catequese caminho para o discipulado e a missão.* Texto-Base do Ano Catequético Nacional em 2009. Brasília: Edições CNBB, 2008, 64 p.

CNBB – CEP-ABC. *Itinerário Catequético. Iniciação à Vida Cristã: um processo de inspiração catecumenal.* 3ª Edição corrigida. Brasília, 2015. Para 4 idades: adultos catecúmenos, adultos catequizandos, crianças, adolescentes/jovens.

4.2.3 Assembleias e outras reuniões

CNBB. *Primeira Reunião da Conferência Nacional dos Bispos do Brasil no Rio de Janeiro in REB* 12 (1952), 990.

Atas das Sessões Plenárias. IV Assembleia Ordinária da CNBB in CM (1964), nº 146-147, p. 4-16.

CNBB. *Sétima Reunião dos Secretariados Regionais e Nacionais* [fevereiro 1968] *in CM* (1968), nº 186-187, p. 5-41.

CNBB. *Reunião da Comissão Central: unificação dos institutos in CM* (1968), nº 194, p. 4.

CNBB – 12ª ASSEMBLEIA GERAL. *Ata do dia 09/02 in CM* (1971), nº 221-222, p. 44-49 [Renovação do Regimento].

CNBB – 12ª ASSEMBLEIA GERAL. *Comunicado final in CM* (1971), nº 221-222, p. 14-15.

CNBB – 14ª ASSEMBLEIA GERAL. *Estudo e definição das Diretrizes Gerais da Ação Pastoral: esboço histórico e levantamento de opções in CM* (1974), nº 266, p. 1074-1086; p. 1025-1027.

CNBB – 14ª ASSEMBLEIA GERAL. *Relatório sobre os trabalhos da Presidência da CEP no período 1971-1974 in CM* (1974), nº 266, p. 1133-1149.

CNBB – 15ª ASSEMBLEIA GERAL. *Ata especial de 14/2/1977 in CM* (1977), nº 293, p. 161-164.

CNBB – 15ª ASSEMBLEIA GERAL. *Eleições e Votações, in CM* (1977), nº 293, p. 187.

CNBB – COMISSÃO REPRESENTATIVA. *8ª reunião: Comunicações – Sínodo 77: A Catequese em nossos dias, com especial referência às crianças e aos jovens. Ata nº 6 de 21/11/1977 in CM* (1977), nº 302, p. 1247-1256. Cf. p. 1330.

CNBB – 16ª ASSEMBLEIA GERAL. *Ata nº 4 de 21/04/1978 in CM* (1978), nº 307, p. 261-263.

CNBB. *Reunião da Comissão Nacional de Pastoral* [03/11/1978]. Anexo IX: *Revisão do Plano Bienal de Pastoral e novas pistas pastorais in CM* (1978), nº 314, p. 1119-1124.

CNBB – 17ª ASSEMBLEIA GERAL. *Subsídio Referente à votação 2: C) Temas Fundamentais da Catequese in CM* (1979), nº 329, p. 239-240.

CNBB – 17ª ASSEMBLEIA GERAL. *Atas das reuniões plenárias* da 17ª AG, *in CM* (1979), nº 319, p. 331-385.

CNBB – 17ª ASSEMBLEIA GERAL. *Votação 2: Opções e Orientações Pastorais in CM* (1979), nº 319, p. 386-388.

CNBB – 17ª ASSEMBLEIA GERAL. *Eleições e Votações, Votação 15, Sugestões para a próxima Assembleia Geral in CM* (1979), nº 319, p. 408.

CNBB – 17ª ASSEMBLEIA GERAL. *Puebla: opções e orientações pastorais in CM* (1979), nº 319, p. 415-429.

CNBB – CEP. *Ata da Reunião da Presidência, CEP e assessores de 25/05/1979: indicações da 17ª Assembleia Geral para a CEP in CM* (1979), nº 320, p. 573-587.

CNBB – CEP. *Ata da Reunião da Presidência e a CEP de 26-28/06/1979 in CM* (1979), nº 321, p. 669-670.

CNBB – CEP. *Ata da Reunião Privativa da Presidência e da CEP de 26-28/06/1979 in CM* (1979), nº 321, p. 672-678.

CNBB. *Ata da Reunião da Presidência da CNBB com a CEP [em 25 de maio de 1979] in CM* (1979), nº 320, p. 573-587.

CNBB – CEP. *Ata da Reunião da Presidência, CEP e assessores de 28-30/08/1979 in CM* (1979), nº 323, p. 784-798.

CNBB – CEP. *Ata da Reunião da Presidência e CEP de 25-27/09/1979 in CM* (1979), nº 324, p. 825-826.

CNBB – COMISSÃO REPRESENTATIVA. *Ata nº 3 da Reunião de 1º/11/1979 in CM* (1979), nº 326, p. 1064-1068.

CNBB – 18ª ASSEMBLEIA GERAL. *Ata das reuniões plenárias in CM* (1980), nº 329, p. 64-134.

CNBB – 18ª ASSEMBLEIA GERAL. *Orientações pastorais sobre a catequese in CM* (1980), nº 329, p. 158-159.

CNBB – CONSELHO PERMANENTE. *Ata nº 1 da Reunião de 23-30/08/1980 in CM* (1980), nº 335, p. 819-824.

CNBB – CEP. *Ata da Reunião da Presidência, CEP e assessores de 25/11/1980 in CM* (1980), nº 338 p. *in CM* (1980), nº 338, p. 1028-1035.

CNBB – 19ª ASSEMBLEIA GERAL. *Ata das reuniões plenárias in CM* (1981), nº 341, p. 57-128.

CNBB – 19ª ASSEMBLEIA GERAL. *Adendo à Ata 1: reunião privativa que precedeu à sessão solene de abertura in CM* (1981), nº 341, p. 69-70.

CNBB – 19ª ASSEMBLEIA GERAL. *Votações, V2: "Orientações em torno do Conteúdo da Catequese", in CM* (1981), nº 341, p. 191-192.

CNBB – CEP. *Ata da Reunião da Presidência, CEP e assessores de 26/04/1981 in CM* (1981), nº 343, p. 415-423.

CNBB – CEP. *Ata da Reunião da Presidência, CEP e assessores de 22/09/1981 in CM* (1981), nº 348, p. 817.

CNBB – CEP. *6º Plano Bienal: revisão de 1981 e programação de 1982. Relatório das linhas. Linha 3 – Catequese in CM* (1981), nº 351, p. 1053.

CNBB – 20ª ASSEMBLEIA GERAL. *Ata das reuniões plenárias in CM* (1982), nº 353, p. 73-124.

CNBB – 20ª ASSEMBLEIA GERAL. *Votação III: Catequese in CM* (1982), nº 353 p. 176-177.

CNBB – 20ª ASSEMBLEIA GERAL. *Relatório sobre OCC in CM* (1982), nº 353, p. 194-196.

CNBB – CEP. *Ata da Reunião da Presidência, CEP e assessores de 25/03/1982 in CM* (1982), nº 354, p. 299-303.

CNBB – CEP. *Ata da Reunião da Presidência, CEP e assessores de 28/04/1982, in CM* (1982), nº 355, p. 363-365.

CNBB – CEP. *Ata da Reunião da Presidência, CEP e assessores de 28/09/1982 in CM* (1982), nº 360, p. 898-916.

CNBB – CEP. *Ata da Reunião da Presidência, CEP e assessores de 27-29/12/1982. Anexo: avaliação do Plano Pastoral. Linha 3 – Catequese in CM* (1982), nº 363, p. 1300-1326.

CNBB – 21ª ASSEMBLEIA GERAL. Ata *das reuniões plenárias in CM* (1983), nº 366, p. 192-271. *Temas da pauta in CM* (1983), nº 366, p. 279. *Votações, Vot. I: Diretrizes Gerais da Ação Pastoral, in CM* (1983), nº 366, p. 281-283.

CNBB – CEP. *Ata da Reunião da Presidência, CEP e assessores de 23/03/1983 in CM* (1983), nº 366, p. 380-382.

CNBB – CEP. *Ata da Reunião da Presidência, CEP e assessores de 25/04/1983 in CM* (1983), nº 366, p. 386-390.

CNBB – COMISSÃO REPRESENTATIVA. *Ata nº 3 de 24/11/83 in CM* (1983), nº 373, nº 35, p. 1154-1168.

CNBB – 29ª ASSEMBLEIA GERAL. *Ata nº 8 de 17/04/1991 in CM* (1991), nº 450, p. 501-514. *Ata nº 9 de 18/04/1991 in CM* (1991), nº 450, p. 514-527. *Dimensões e Destaques in CM* (1991), nº 450, p. 567.

4.2.4 Outros subsídios do episcopado brasileiro

CNBB. *Nossas informações in CM* (1952), nº 1, p. 1.

CNBB. *Projeto de Regulamento da CNBB in REB* 12 (1952), 448.

CNBB. *A voz de Roma. A sagrada Congregação do Concílio e o Secretariado Nacional do Ensino de Religião in CM* (1953), nº 6, p. 3.

CNBB. *Declaração dos Cardeais, Arcebispos e Bispos do Brasil in REB* 22 (1962), 485-490

CNBB. *A revolução de abril e as componentes da subversão comunista in REB* 24 (1964), 493-497.

CNBB. *Declaração sobre a situação nacional* [maio de 1964] *in REB* 24 (1964), 491-493.

CNBB. *III Encontro dos Secretariados Nacionais e do Secretariado Geral in CM* (1968), nº 193, p. 10-11.

CNBB. *A Igreja na atual conjuntura* [25 de julho de 1969] *in EXTRA: Documentos da CNBB* 1 (1977), 3, 35.

CNBB. *Documento Pastoral de Brasília* [de 25 de maio de 1970] *in CM* (1970), nº 214, p. 78-79; cf. também *REB* 30 (1970), 422.

CNBB. *Balanço do Plano de Pastoral de Conjunto in Nacionais Informam* (1970), nº 114, p. 2-5. Informe resumido deste balanço *in REB* 31 (1971), 202-203.

CNBB. *Documentos da CNBB sobre Direitos humanos in REB* 33 (1973), 443-456.

CNBB. *Nomeações in CM* (1973), nº 249, p. 834.

CNBB. *Relatório sobre a participação do Brasil no Sínodo Mundial 1974 in CM* (1974), nº 266, p. 1149-1153.

CNBB. *Temas do próximo Sínodo dos Bispos: sugestões de 110* [*sic*] *Bispos do Brasil in CM* (1975), nº 275, p. 706-714.

CNBB. *Tema do Sínodo: A catequese do [sic] mundo contemporâneo, com particular referência às crianças e aos jovens in CM* (1976), nº 289, p. 965-979, publicado também com o título *Propostas da Comissão Representativa in RdeC* 0 (1977), nº 0, p. 47-60.

CNBB. *Propostas fundamentais enviadas à Secretaria Permanente do Sínodo pela Comissão Representativa em outubro de 1976 in CM* (1976), nº 289, p. 1097-1100.

CNBB – COMISSÃO NACIONAL DE PASTORAL. *Contribuições para o tema do Sínodo de 1977: catequese in CM* (1976), nº 289, p. 1097-1100, publicado também com o título *Contribuição da Comissão Nacional de Pastoral, in RdeC* 0 (1977), nº 0, p. 31-35, e ainda *in SEDOC* 9 (1977), 1122-1124.

CNBB. *Intervenções dos Bispos Brasileiros no Sínodo de 1977, in CM* (1977), nº 301, 1096-1116.

CNBB. *Brasileiros participantes da III Conferência Geral do episcopado latino-americano* [Puebla] *in CM* (1979), nº 316, p. 44-46.

CNBB. *Sugestões para a aplicação ao Brasil das conclusões da conferência de Puebla in* SEDOC 11 (1979), 1267-1286 [catequese: 15.1, p. 1280].

CAVALLIN, A. *Subsídios referentes às votações e eleições; referente à V. 2: Apresentação do texto: "O conteúdo da Catequese" in CM* (1981), nº 341, p. 231-237.

CNBB – CEP. *Orientações em torno do Conteúdo da Catequese: Instrumento de Trabalho in CM* (1981), nº 343, p. 343-365. Também publicado em separata como *Orientações em torno do Conteúdo da Catequese: Instrumento de Trabalho*. Brasília: CNBB, 1981 [fevereiro], 33 p.

CNBB – CEP. *Instrumento de Trabalho "Orientações em torno do conteúdo da catequese": carta nº 1.682/81 de 17/12/1981 in CM* (1981), nº 351, p. 1074-1075.

CNBB. *Orientações para uma Catequese Renovada*. Publicado como Anexo ao *"Comunicado Mensal da CNBB"* – 1982 – nº 355 (não, porém no *CM*) em forma de separata. Brasília: CNBB, 1982, 36 p.

El camino de la Comunidad: aportación de la Conferencia Episcopal Brasileña in CLA Etapa IV (1984), nº 11-12, p. 340-348.

CNBB – LINHA 3. Instrumento *de Trabalho nº 1 da 1ª SBC*, Brasília, 1985.

CNBB. *A ação da CNBB na Constituinte in CM* (1988), nº 423, p. 1186-1194.

CNBB. *Texto constitucional: valores e expectativas in CM* (1988), nº 423, p. 1195-1196.

CNBB. *Debate sobre a tradução única da Bíblia para uso litúrgico in RdeC* 14 (1991), nº 53, p. 69.

4.2.5 Organismos da CNBB

Secretariado Nacional de Ensino Religioso in CM (1953), nº 8, p. 3.

SECRETARIADO NACIONAL DO ENSINO DA RELIGIÃO. *Conclusões do IIº Encontro* [de Diretores Diocesanos de catequese em 12-14 agosto de 1953] *in CM* (1953), nº 12, p. 5.

SECRETARIADO NACIONAL DO ENSINO DA RELIGIÃO. *A Maratona Eucarística, in RC,* 5 (1954), nº 42, p. 6-37

SECRETARIADO NACIONAL DO ENSINO DA RELIGIÃO. *Maratona Catequética Nacional para 1957, in RC,* 8 (1957), nº 55, p. 11-26.

SECRETARIADO NACIONAL DO ENSINO DA RELIGIÃO. *Sobre a Maratona Catequética, in RC,* 8 (1957), nº 57, p. 36-38.

SECRETARIADO NACIONAL DO ENSINO DA RELIGIÃO. *Reunião Nacional dos Secretariados* [fevereiro 1968] *in Nacionais Informam* (1968), nº 50, nº especial, p. 10.

SECRETARIADO NACIONAL DE CATEQUESE. *Encontro de Professores dos Institutos Catequéticos* [fevereiro de 1968] *in Nacionais informam* (1968), nº 50, p. 3.

SECRETARIADO NACIONAL DE CATEQUESE. *Atividades do Secretariado in Nacionais Informam* (1968), nº 59/60, p. 12; cf. também no mesmo informativo: agosto (1968), nº 61, p. 4-7.

SECRETARIADO NACIONAL DE CATEQUESE. *III Encontro dos Secretariados Nacionais e do Secretariado Geral* [16-21/09/68) *in CM* (1968) nº 193, p. 4-13.

SECRETARIADO NACIONAL DE CATEQUESE, *Conclusões do Seminário de Estudos sobre Renovação Catequética in SEDOC* 1 (1968) 988.

SECRETARIATO NAZIONALE PER LA CATECHESI (Brasile). *Incontro Nazionale di Catechesi in Catechesi* 38 (1969) nº 470, p. 8-12.

CNBB – COMISSÃO REPRESENTATIVA. *INP – Instituto Nacional de Pastoral in CM* (1971), nº 227, p. 126-128 [novo estatuto do INP].

SECRETARIADO NACIONAL DE CATEQUESE. *Brasil: encuentro nacional de evangelización de adultos in CLA* 3 (1971), 103-105.

CNBB – LINHA 3. *Subsídio Referente à votação 2: B) Panorama sobre a catequese no Brasil in CM* (1979), nº 329, p. 233-238.

COMISSÃO EPISCOPAL DE DOUTRINA. *A respeito da comunicação sobre teologia in CM* (1983), nº 366, p. 349.

CNBB – CEP. *GRECAT – Grupo de reflexão de catequese nacional in CM* (1984), nº 376, p. 186.

CNBB – LINHA 3. *Programação Catequética para 1984 in RdeC* (1984), nº 25, p. 84.

SEGUNDO ENCUENTRO REGIONAL DE COORDINADORES DE CATEQUESIS. *El camino de las comunidades in CLA* Etapa IV (1984), nº 11-12, p. 349-350.

GRERE. *Grupo de reflexão sobre ensino religioso escolar in RdeC* 9 (1986), nº 33, p. 47-49.

INSTITUTO NACIONAL DE PASTORAL. *Reflexão sobre a ação pastoral da Igreja no Brasil in RCVozes* 81 (1987), 396-412.

CNBB – LINHA 3. *Mobilização Nacional de Catequese in RdeC* 13 (1990), nº 49, p. 44-50.

CNBB – LINHA 3. *Mobilização Nacional de Catequese: Instrumento de Trabalho nº 2 – Iluminar a cultura com a palavra de Deus e da Igreja in RdeC* 13 (1990), nº 52, p. 36-52.

CNBB – LINHA 3. *Mobilização Nacional de Catequese: Instrumento de Trabalho nº 3 – Catequizar é fazer as culturas desabrocharem à luz do Evangelho in RdeC* 15 (1992), nº 58, p. 43-54.

CNBB – LINHA 3. *Reunião do GRESCAT in CM* (1992), nº 464, p. 1487-1488.

GRECAT – GREBI, *Critérios teológico-pastorais para a leitura da Bíblia in RdeC* 15 (1992), nº 59, p. 31-38.

SEGUNDO ENCONTRO DOS REGIONAIS DA CNBB – SULÃO II. *Pastoral Urbana e Catequese*. São Paulo: Paulinas, 1992, 60 p.

CNBB – LINHA 3. *Ata da Reunião do GRECAT [de15-16/11/1993] in RdeC* 17 (1994), nº 65, p. 66-69.

CNBB – LINHA 3. *Catequese para um mundo em mudança* [VI Encontro Nacional de Catequese: 5-9/09/1994] *in RdeC* 17 (1994), nºs 67/68, p. 1-61: Número monográfico.

CNBB – SETOR LEIGOS. *Eleições em 1994: voto responsável, a contribuição dos cristãos no processo eleitoral in Conjuntura Social e Documentação Eclesial* nº 205, encarte do *Boletim da CNBB* de 14/04/1994, 4 p.

CNBB – SETOR PASTORAL SOCIAL. *2ª Semana Social Brasileira: Brasil, alternativas e protagonistas.* Instrumento de Trabalho. Brasília: Arte e Movimento, 1994, 124 p.

VALENTINI Demétrio. *Apresentação in* CNBB-SETOR PASTORAL SOCIAL, *2ª Semana Social Brasileira: Brasil, alternativas e protagonistas. Instrumento de Trabalho.* Brasília: Arte e Movimento, 1994.

4.2.6 Regionais da CNBB

EPISCOPADO DO NORDESTE. *O Encontro dos Bispos do Nordeste, em Campina Grande in REB* 16 (1956), 503-504.

EPISCOPADO DO NORDESTE. *II Encontro dos Bispos do Nordeste in REB* 19 (1959), 461-462.

BISPOS E RELIGIOSOS DO NORDESTE. *Eu ouvi os clamores do meu povo.* Salvador: Editora Beneditina, 1973. Tradução italina *in Il Regno Documenti* 18 (1973), 271-281.

CNBB – SUL I. *A catequese e a cultura do povo in RdeC* 13 (1990), nº 50, p. 36-42; *La Catequesis y la cultura del Pueblo in Medellín* 16 (1990), 145-158.

CNBB – SUL III. *Memória histórica do estudo e da prática do Regional Sul 3 sobre Pastoral Urbana in Renovação* (1993), dezembro, p. 3-17.

5. OUTROS EPISCOPADOS

CONFERENZA EPISCOPALE ITALIANA. *Il Rinnovamento della Catechesi.* Roma, 1970.

CONFERENZA EPISCOPALE ITALIANA. *La formazione dei catechisti nella comunità cristiana.* Roma, 1982.

COMISIÓN EPISCOPAL DE ENSEÑANZA Y EDUCACIÓN RELIGIOSA [España], *El catequista y su formación. Orientaciones pastorales.* Madrid: EDICE, 1985.

6. CONGRESSOS E REUNIÕES

6.1 Congressos e Semanas Internacionais

CONGRESSO INTERNACIONAL DE CATECISMO. *Revista Catequética in RC* 1 (1949), nº 1, p. 48-49.

PEREGRINUS. *Que houve no Congresso Catequético Internacional? in RC* 2 (1951), nº 19, 29-39.

AUDINET, Jacques. *Evangélizaton et Promotion humaine: note préparatoire* [*documento complementar* ao anteprojeto da Semana Internacional de Medellín] *in Catéchèse* 9 (1969), nº 34, p. 103-107.

Anteprogetto degli esperti [anteprojeto para a Semana Internacional de Medellín] *in Catechesi* 38 (1969), nº 6-7, 40-47.

Orientaciones fundamentales para la oración (*sic*! leia-se *acción*) *catequética en Latinoamérica* [anteprojeto para a Semana Internacional de Medellín] *in Catequesis anuncio de Cristo* 20 (1968), nº 6, 276-279.

SEMANA INTERNACIONAL DE CATEQUESIS. *Medellín 1968 in Documento Cat. 1, c 35, 1a* (I volume) e *Cat. 1, c 35, 21* (II volume) cópias mimeografadas e encadernadas na Biblioteca do ITEPAL (CELAM, Bogotá).

SEMANA INTERNACIONAL DE CATEQUESE [Medellín]. *Orientações Gerais da Semana Internacional de Catequese in REB* 28 (1968), 642-646.

SEMANA INTERNACIONAL DE CATEQUESIS [DE MEDELLÍN: ATAS]. *Catequesis y promoción humana*. Salamanca: Sígueme, 1969.

SEMANA INTERNACIONAL DE SEVILHA. *Declaração final da Semana Internacional de Sevilha:* cf. *RdeC,* 16 (1993), nº 61, janeiro-março, p. 27-35; nesse número monográfico há muitas matérias sobre tal *Congresso.*

ELIZONDO, Virgil; ODIE, A. *San Antonio International Study Week on Mass Media and Catechetics: a raport*. Dayton (Ohio): G. A. Pflaum, 1969.

HOFINGER, Josef (Ed.). *The Medellín Papers. A seleccion from the proceedings of the 6º International Study Week.* Manila: East Asian Pastoral Istitute, 1969, 222 p.

Conclusions of the International Study Week on Mass Media and Catechetics in Teaching All Nations 6 (1969), 331-339.

Documento final de la Semana Internacional de Estudios sobre Medios de Comunicación Social y Catequesis in CLA 2 (1970), 72-75.

Semana latinoamericana de evangelización en los medios de comunicación social [San Antonio – EUA] *in CLA* 4 (1972), 276-279.

Atti del 2º Congresso Catechistico Internazionale. Roma, settembre 1971. Roma: Studium, 1972, 580 p.

GRUPPO DI STUDIO DI LINGUA PORTOGHESE. *Síntese conclusiva in Atti del 2º Congresso Catechistico Internazionale. Roma, settembre 1971*. Roma: Studium, 1972, p. 493-494.

ACTAS DEL CONGRESO INTERNACIONAL DE CATEQUESIS [SEVILLA]. *Del Vº Centenario al III Milenio: actas del Congreso Internacional de catequesis*, Sevilla septiembre 1992. Madrid: Centro de Estudios Teológicos "San Dámaso", 1993, 747 p.

6.2 Encontros oficiais dos Secretariados de Catequese ou Linha 3

Instrumento de Trabalho [para o Encontro Nacional de julho de 1968] *Sétima reunião dos secretariados regionais e nacionais in CM* (1968), nº 186-187, p. 5-41.

Encontro dos Professores de Institutos Catequéticos [12-14/12/1967] *in REB* 28 (1968), 198-199.

Conclusões do Seminário de Estudos sobre a Renovação Catequética [Rio de Janeiro, julho 1968] *in Nacionais informam* (1968), nº 62, p. 1-6; publicado também *in* Sedoc 7 (1969), p. 989-990 e *in CLA* 1 (1969), 146-159 [em português].

Brasil: encuentro nacional de evangelización de adultos in CLA 3 (1971), 103-105.

CNBB. *Conclusões do Encontro Nacional: CNBB – Brasília in RdeC* 2 (1979), nº 5, p. 78-80.

CNBB – LINHA 3. *Seminário de Catequese: São Paulo 14-17/11/1979 in CM* (1979), nº 327, p. 1234-1243.

CNBB. *Seminário Nacional de Catequese in RdeC* 3 (1980), nº 9, p. 48-53.

Seminário Nacional de Catequese [20-22/06/1980] *in RdeC* 3 (1980), nº 12, p. 64.

CNBB – LINHA 3. *Encontro Nacional de Catequese. Brasília 13-16/10/1981. Relatório in CM* (1981), nº 349, p. 894-898.

CNBB – LINHA 3. *Encontro nacional de professores de catequese nos seminários e de responsáveis por escolas e institutos de catequese in CM* (1982), nº 357, p. 527-531; publicado também *in Sedoc* 15 (1982), 327-330.

CNBB – LINHA 3. *Encontro Nacional de Catequese, Brasília 10-12/08/1982: Relatório in CM* (1982), nº 359, p. 846-850. [no ano seguinte] *in CM* (1983), nº 372, p. 1063-1064.

CNBB – LINHA 3. *Preparação da 1ª Semana Brasileira de Catequese* [Instrumento de Trabalho nº 1] *in RdeC* 9 (1985), nº 35, p. 33-36.

CNBB – LINHA 3. *Conclusões e Desafios: 1ª Semana Brasileira de Catequese*, Brasília, 1986.

CNBB – LINHA 3. *Primeira Semana Brasileira de Catequese: preparação, celebração, conclusão. Estudos da CNBB* 55. São Paulo: Paulinas, 1987, p. 314.

CNBB – LINHA 3. V *Encontro Nacional de Catequese* [1-5/09/1991] *in RdeC* 14 (1991), nº 56, p. 76.

6.3 Outras reuniões

Conclusões do I Congresso Nacional da Ação Católica Brasileira in REB 6 (1946), 938-950.

IIª Semana Nacional dos Assistentes Eclesiásticos da Ação Católica Brasileira in REB 9 (1949), 234-235.

Primeiro Encontro Intereclesial de Vitória in SEDOC 7 (1974), 1197-1198.

Segundo Encontro Intereclesial de Vitória in SEDOC 9 (1976), 448-576.

SEMANA SOCIAL CEARENSE. *Construindo a cidadania: comunicado final in* CNBB-Setor Pastoral Social. *Brasil: Alternativas e Protagonistas, Boletim Nacional* nº 5, de 15/11/1993, p. 2

7. CATECISMOS E MANUAIS

ARAUJO, Antônio de. *Catecismo na Língua Brasílica*. Rio de Janeiro: Pontifícia Universidade Católica, 1952.

BARBÉ, Domingos. *Fé e Ação: catecismo para os cristãos das comunidades de base*. São Paulo: Loyola, 1976, 73 p.

BATTISTINI, Frei. *A Igreja do Deus vivo: curso bíblico popular*. Petrópolis: Vozes, 1979, 126 p.

BETTO Frei (Alberto Libânio Christo), *Fé e Libertação: Catecismo Popular*. São Paulo: Editora Ática, 1989, 4 volumes: *A proposta de Jesus, A comunidade de Fé, Militantes do Reino, Viver em comunhão de amor*.

CECCHINATO, Luiz. *A quem iremos, Senhor? Explicação do Credo para os adultos*. Petrópolis: Vozes, 1981, 230 p.

CENTRO CATEQUÉTICO DA REGIÃO EPISCOPAL DE OSASCO (CECREO). *Catequese Renovada: fé, vida, comunidade:* O Recado Editora Ltda. 1987, 350 p.

CENTRO CATEQUÉTICO SALESIANO [de Turim]. *A descoberta do Reino de Deus*, São Paulo, 1965 – 1967, Editorial Dom Bosco, 3 vols. Houve outras edições.

CONSELHO DE IGREJAS PARA A EDUCAÇÃO RELIGIOSA (CIER). *Educação Religiosa Pré-Escolar "Deixai vir a mim as crianças...delas é o Reino"*. Florianópolis: Gráfica Florianópolis, 1977.

CNBB – LINHA 3. *Educação religiosa escolar*, 1ª à 8ª séries. Livro do Mestre e aluno. Petrópolis: Vozes, 1977.

CODINA, Victor. *Nosso credo: Deus a caminho com seu povo*. São Paulo: Paulinas, 1992, 94 p.

COORDENAÇÃO DE CATEQUESE DA DIOCESE DE LINS. *Encontros de Catequese nas comunidades*. Lins: Diocese de Lins, 1985. Livro do catequista 110 p.; livro do aluno 254 p.

DIOCESE DE CARATINGA, TEÓFILO OTONI, DIVINÓPOLIS, e ARAÇAÍ. *Abra a porta: cartilha do Povo de Deus*. São Paulo: Paulinas, 1979, 431 p.

DIOCESE DE LIMOEIRO DO NORTE (CE). *Comunga na vida quem comunga na Igreja* (livro do catequista e do aluno). Petrópolis: Vozes, 1976.

EQUIPE DE CATEQUESE DE SANTO ÂNGELO (RS). *Libertação-Páscoa*, 8 séries do 1° grau. Petrópolis: Vozes, 1977.

EQUIPE DE TEÓLOGOS CATÓLICOS E EVANGÉLICOS. *O novo livro da fé: a fé cristã comum (texto ecumênico)*. Petrópolis: Vozes, 1976, 430 p.

EQUIPE PASTORAL DE SÃO FELIX DO ARAGUAIA. *Nosso Catecismo*. Petrópolis: Vozes ,1983, 52 p.

GRUPO DE REFLEXÃO DA EDITORA SALESIANA. *Crescimento do jovem na comunidade cristã: catequese crismal*. São Paulo: Editora Salesiana Dom Bosco, 1991. Livro do catequizando, 125 p.; Livro do catequista, 175 p.

MANUAL do catequista popular. Petrópolis: Vozes, 1958.

MESTERS, Carlos. *Os dez mandamentos ferramenta da comunidade*. São Paulo: Paulinas, 1986, 80 p.

MOVIMENTO CATEQUÉTICO DA FAMÍLIA CRISTÃ (RJ). *Diálogos dos pais com seus filhos: preparação à primeira comunhão*. Divinópolis: Ed. Gráfica S. Antônio, 1977.

NERY, I., J.; JANNOTI, Lia D'Ávila. *Nos caminhos de Jesus Cristo Libertador*. São Paulo: Paulinas, 1980, 120 p. 3 volumes.

PELLICIER, Maria C. Garcia; LATGÉ, Maria T. Bianchini. *Iniciação à vida de comunhão na Igreja: primeira eucaristia*. Petrópolis: Vozes, 1987, 3 volumes.

PULGA, Carmen Maria; BOSCARDIN, Risoleta M. *Pais e filhos crescem juntos*. São Paulo: Paulinas, 1985. Livro dos pais, 154 p., Livro do casal dirigente, 134 p.

REGIONAL SUL II DA CNBB. *Crescer em Comunhão: catequese extraescolar,* Livro da criança e catequista. Petrópolis: Vozes, 1980, 5 volumes

REZENDE, Celina; VAN DER PLOEG, Liduína. *Catequese, a boa nova de Jesus: catequese litúrgica.* São Paulo: Ave Maria, 1989, 4 volumes (introdução, anos A, B, C).

ROY, Charles-Eugène. *O catecismo segundo o Evangelho.* Petrópolis: Vozes, 1935.

RUIZ DE GOPEGUI, J., A. *Caminhos de Libertação, caminhos da Igreja.* Coleção *Caminho* 3. São Paulo: Loyola, 1973, 151 p.

SLATER, Jacob Hudleston. *Explicação do pequeno catecismo.* Petrópolis: Vozes, 1941, 400 p.

VIOLA, R. *O livro das surpresas.* São Paulo: Editora Salesiana Dom Bosco, 1991. Livro do catequizando (adultos), 96 p.; livro do catequista, 48 p.

8. REPERTÓRIOS, OBRAS GERAIS, RELATÓRIOS, CRÔNICAS

8.1 Dicionários

ALVES DE LIMA, Luiz. *Interação fé e vida in* PEDROSA, Vicente Maria; NAVARRO, Maria e outros. *Dicionário de Catequética.* São Paulo: Paulus, 2004, p. 620-628. Traduzido do castelhano: *Nuevo Diccionário de Catequética.* San Pablo: Madrid, 1999 (2 vols).

ALVES DE LIMA, Luiz. *Justiça e Direitos Humanos in* PEDROSA, Vicente Maria; NAVARRO, Maria e outros. *Dicionário de Catequética.* São Paulo: Paulus, 2004, p. 650-663.

ALVES DE LIMA, Luiz. *Catequese in* PASSOS, João Décio; SANCHEZ, Wagner Lopes. *Dicionário do Concílio Vaticano II.* São Paulo: Paulinas, 2015, p. 86-91.

ALVES DE LIMA, Luiz. *Sínodo dos Bispos in* PASSOS, João Décio; SANCHEZ, Wagner Lopes. *Dicionário do Concílio Vaticano II.* São Paulo: Paulinas, 2015, p. 909-913.

PASSOS, João Décio; SANCHEZ, Wagner Lopes. *Dicionário do Concílio Vaticano II.* São Paulo: Paulinas, 2015, 1116 p.

PASSOS, João Décio. *Catecismo da Igreja Católica in Dicionário do Concílio Vaticano II*, p. 80-86.

GAROFOLO, Salvatore (Ed.). *Dizionario del Concilio Vaticano II.* Roma: Unedi, 1969, 850 p.

GEVAERT, Joseph (Ed.). *Dizionario di Catechetica*. Leumann (Torino): Elle Di Ci, 1986, 700 p.

MENDES DE OLIVEIRA, Ralfy. *Vocabulário de Pastoral Catequética*. São Paulo: Loyola, 1992, 198 p.

8.2 Repertórios e Obras gerais

ANCHIETA, José de. *Diálogo da Fé*. Obras completas. Introdução histórico-literária e notas do Pe. Armando Cardoso. São Paulo: Loyola, 1988, 10 volumes.

BELLINGER, Gehard J. *Bibliographie des Catechismus Romanus ex decreto Concilii Tridentini ad Parochos 1566-1978*. Biblioteca Bibliografica Aureliana 87. Baden-Baden: Verlag Valentin Koerner, 1983.

LEITE, Serafim. *História da Companhia de Jesus no Brasil*. Lisboa e Rio de Janeiro: Livraria Portugália e Civilização Brasileira, 1938-1950, em 10 volumes.

SACRA CONGREGAZIONE PER IL CLERO. *Guida alla Catechesi nel mondo*. Roma 1971 [relatório dos catecismos do Brasil às p. 197-204].

SUBSIDIA ad historiam Concilii Plenarii Brasiliensis – in urbe S. Sebastiani Fluminis Ianuarii anno Domini 1939 celebrati Sebastiano S.R.E. Card. Leme da Silveira Cintra, S. Sebastiani Fluminis Ianuarii Archiepiscopo Summi Pontificis Pii P. XII Legato a latere praeside. Petrópolis: E. do Rio [Vozes, 1941].

8.3 Relatórios

CAVALLIN, A.; NERY, I. J. *Atividades catequéticas da CNBB em 1983 in RdeC* 7 (1984), nº 26, p. 59-61.

CAVALLIN, A. *Relatório sobre o Instrumento de Trabalho Orientações em torno do conteúdo da catequese* [durante a 20ª AG] *in CM* (1982), nº 353, p. 195.

COSTA CAMPOS, José. *Diez años de Catequesis en Brasil in CLA* 3 (1971), 532-538.

COSTA CAMPOS, José. *Relatório do Secretariado de Catequese in SEDOC* 3 (1971), 1365-1370. Também em castelhano: *Diez años de catequesis en Brasil in Catequesis Latinoamericana* (Coleção *CLA*) 1 (1971), 532-538.

COSTA CAMPOS, José. *Relatório do Secretariado de Catequese in SEDOC* 3 (1971), 1365-1370.

COSTA CAMPOS ,José. *Resumen de las actividades del CLAF – Región Brasil, período 1964-1973 in CLA* 5 (1973), 211-216.

LORSCHEIDER, Aloysio. *A vida da Igreja no Brasil in REB* 43 (1983), 396-399.

LORSCHEIDER, Aloysio. *Relatio: De Catechesi hoc nostro tempore tradenda praesertim pueris atque juvenibus, in CM* (1977), nº 301, p. 1084-1095.

LORSCHEIDER, Aloysio. *Sínodo mundial dos Bispos 1977: "Relatio", in CM* (1977), nº 301, p. 1084-1095.

LORSCHEIDER, Aloysio. *Relatório da Presidência da CNBB* [no final do mandato 1979-1983] *in CM* (1983), nº 366, p. 305-313.

8.4 Crônicas

Alguns cursos superiores para formação de catequistas: Instituto Teológico Pio XI de São Paulo in RdeC 5 (1982), nº 17, p. 84.

BELLIDO, José Dammert. *Crônica de Medellín in Medellín* 15 (1989), 58-59, p. 18-20.

Bíblia oficial da Igreja in RdeC 14 (1991), nº 56, p. 66-70.

Bíblia única in RdeC 13 (1990), nº 50, p. 70.

Brasil: quatro milhões de escravos na lavoura in REB 53 (1993), 638-639.

BROUCKER, José de (Ed.). *Dom Hélder Camara: Le Conversioni di un vescovo.* Torino: SEI, 1977, 238 p.

Concluída a série primária do Pe. Negromonte, in RC 2 (1950), 18, 39-43.

Congresso Catequético Internacional. Roma 20-25/09/1971. Crônica in CLA 3 (1971), 589.

Crônica da REB [da reunião nacional dos Diretores Diocesanos de Ensino Religioso de 23-27/91959] *in REB* 19 (1959), 203.

Crônica da REB, Instituto de Formação Catequética, in REB 1 (1941), 342-343.

Crónica in CLA 3 (1971), 291; *in CLA* 5 (1973), 457-463; *in CLA* 9 (1977), 115-121; *Crônica in REB* 33 (1973), 739.

Crônica: Seminário paranaense de catequese in REB 36 (1976), 712.

Esclarecimento sobre o ISPAC Nacional in CLA 1 (1969), 162.

Escola Mater Eclesiae in Revista de Catequese 2 (1979), nº 6, p. 79-81.

GONÇALVES, João Luiz Fedel. *Crônica do V Encontro Nacional de Catequese in RdeC* 15 (1992), nº 57, p. 39-44.

KLOPPENBURG, Boaventura. *O Concílio Vaticano II*. Petrópolis: Vozes, 1966, 5 vol. [Crônicas].

KLOPPENBURG, Boaventura. *A Segunda Conferência Geral do Episcopado Latino-Americano in REB* 28 (1968), 623-626.

KLOPPENBURG, Boaventura. *Renovação da Catequese in* REB 22 (1962), 412-413.

Mons. Álvaro Negromonte [Necrologia] *in REB* 24 (1964), 818-819.

N. A. *Catecismo prohibido en las Escuelas públicas de Brasil in CLA* 2 (1970), 133.

O ISPAC não foi fechado pela CNBB [informe sobre a Declaração da CNBB] *in REB* 29 (1969), 967.

PARADA, Herman. *Crónica de Medellín, Segunda Conferencia General del Episcopado Latinoamericano*. Bogotá: Indo-american Press Service, 1975.

Temas fundamentais da catequese: sugestões do Pe. Ralfy Mendes in Arquidiocese em Notícias, XI (1980) jan.-fev., nº 88, p. 48-50.

II – ESTUDOS

A Santa Sé e o ensino religioso no Brasil in RC 5 (1953), nº 35, p. 5.

ABREU, Capistrano de. *Capítulos de História Colonial*. 4ª ed. Rio de Janeiro, 1945.

ABREU, Elza Helena. *Concepção de catequese subjacente ao Catecismo da Igreja Católica in* FERREIRA, A. L. Catelan (org.). *Os 20 anos do* Catecismo da Igreja Católica *e o Ano da Fé*. Brasília: Edições CNBB, 2013, p. 447-512.

ADAMI, Leopoldo. *A Igreja no atual momento de transição da sociedade brasileira in Perspectiva Teológica* 23 (1979), 173-180.

AGUILERA, Francisco. *Progetti e mezzi in ordine alla rinnovazione e allo sviluppo della catecehsi nell'America Latina in Atti del IIº Congresso Catechistico Internazionale di Roma*. Setembro, 1971. Roma: Studium, 1972, p. 375-384.

AGUILERA, Francisco. *Proyectos y medios en orden a la renovación y desarrollo de la catequesis in CLA* 3 (1971), 715-720.

ALBERICH, Emílio. *A catequese na Igreja hoje*. São Paulo: Editora Salesiana Dom Bosco, 1983, 261 p.; edição italiana renovada: *La Catechesi della Chiesa*. Leumann (Torino): Elle Di Ci, 1992, 284 p.

ALBERICH, Emílio. *A catequese no contexto do Concílio Vaticano II e o pós-Concílio in RdeC* 16 (1993), nº 61, p. 15-26.

ALBERICH, Emílio. *Elementi di una possibile sintesi in* GIC – GRUPO ITALIANO CATECHETI, *Catechesi e Cultura attuale: convegno 1987*, s/d, s/e, p. 169-176.

ALBERICH, Emílio. *Fede ed esperienza nel movimento catechistico postconciliare: istanze, realizzazioni, problemi in Catechesi* 50 (1981), nº 17, p. 13-37.

ALBERICH, Emílio. *Fonti della catechesi in* GEVAERT J. (Ed.). *Dizionario di Catechetica* p. 281-283.

ALBERICH, Emílio. *La catechesi nei documenti della Chiesa Latinoamericana: da Medellín a Puebla in* ISTITUTO DI CATECHESI MISSIONARIA DELLA PONT. UNIV. URBANIANA (Ed.), *Andate e insegnate. Commento all'esortazione apostolica "Catechesi Tradendae"*. Bologna: EMI, 1980, p. 616-632.

ALBERICH, Emílio. *La pedagogia catechistica dopo il Concilio. Rassegna bibliografica sui problemi generali della catechesi in Orientamenti Pedagogici* 16 (1969), 292-325.

ALBERICH, Emílio. *Le fonti della catechesi in Il rinnovamento della catechesi in Italia. Commento al Documento di Base a cura dell'Istituto di Catechetica della Facoltà di Scienze dell'Educazione* Colezione *Quaderni di Orientamenti Pedagogici* 19, [Zürich]. PAS-Verlag, 1970, p. 80-90.

ALBERICH, Emílio. *Prospettive per la catechesi del futuro: orientamenti per la riflessione e linee operative in Catechesi* 61 (1992) nº 7, p. 17-23.

ALBERICH, Emílio; BINZ, A. *Catequesis de Adultos. Elementos de metodología.* Madrid, Editorial CCS, 1994. Em português: ALBERICH, Emílio; BINZ, A. *Catequese de Adultos: elementos de metodologia.* São Paulo: Editora Salesiana, 1998, 200 p.; 2ª. edição: *Catequese com Adultos: elementos de metodologia.* Edição e adaptação por L. A. de Lima. São Paulo: Editora Salesiana, 2001.

ALBERICH, Emílio; BINZ, A. *Forme e modelli di catechesi con gli adulti.* Colezione *Studi e Ricerche di Catechetica* 22. Leumann (Torino): LDC 1995, 230 p. Em português: *Formas e modelos de catequese com Adultos: panorama internacional.* Edição atualizada para o Brasil por L. A. de Lima. São Paulo: Editora Salesiana, 2001, 240 p.

ALMEIDA, Luciano Mendes de. *Brasil na encruzilhada entre violência e miséria: panorama dos problemas brasileiros in Il Nostro Tempo* [Turim], em 26/9/1993.

ALMEIDA, L. M. de. *Informações sobre Assembleia Geral in CM* (1983), nº 365, p. 104.

ALMEIDA Luiz Castanho, *Formação intelectual de Feijó e do clero de sua época in REB* 8 (1948) 617-633.

ALVES DE LIMA, Luiz. *A alegria de iniciar discípulos missionários.* Uma apresentação do documento homônimo do CELAM *in* SBCat, *A catequese a serviço da Iniciação à Vida Cristã.* Petrópolis: Vozes, 2018, p. 11-32.

ALVES DE LIMA, L. *A comunidade catequizadora no Brasil in RdeC* 10 (1987), nº 40, p. 7-20, publicado também como *La comunidad catequizadora in Brasile. Testimonio in Medellín* 15 (1989), 125-140.

ALVES DE LIMA, L. *Catequese Evangelizadora*. Coleção *Catequese à luz do diretório Nacional de Catequese, nº 7*. Brasília: Edições CNBB, 2014, 32 p.

ALVES DE LIMA, L. Catequesis Evangelizadora. De la catequesis doctrinal de cristiandad a la catequesis evangelizadora en tiempos de Misión. *In* PALAFOX, A. Ernesto; BRIGHENTI, Agenor. *Diaconía y Teología sin fronteras. A los 50 años del ministerio del P. Francisco Merlos*. México: Universidad Católica, 2016, p. 91-142.

ALVES DE LIMA, L. *A Catequese do Vaticano aos nossos dias*. São Paulo: Paulus, 2016, 280 p.

ALVES DE LIMA, L. *A formação de catequistas in RdeC* 11 (1988), nº 42, p. 53-56.

ALVES DE LIMA, L. Catequese de adultos: formação de seus catequistas. Disponível em: https://scala-catequesis.net/scala/wp-content/uploads/2015/01/catequesedeadultos.pdf. Acesso em: 16 maio 2024.

ALVES DE LIMA, L. *A formação dos seminaristas para a catequese in RdeC* 8 (1985), nº 32, p. 37-41.

ALVES DE LIMA, L. *A recepção do Catecismo da Igreja Católica na América Latina, especialmente no Brasil in* FERREIRA, A. L. Catelan (org.). *Os 20 anos do* Catecismo da Igreja Católica *e o Ano da Fé*. Brasília: Edições CNBB, 2013, 632 p. aqui p. 407-446.

ALVES DE LIMA, L. *As teses da 1ª Semana Brasileira de Catequese in RdeC* 9 (1986), nº 36, p. 5-13 e nº 37, p. 45-54.

ALVES DE LIMA, L. *Catequese e Evangelização da cultura e das culturas in RdeC* 15 (1992), nº 60, p. 3-24.

ALVES DE LIMA, L. *Curso Superior de Pastoral Catequética. São Paulo in RdeC* 4 (1981), nº 15, p. 73-76.

ALVES DE LIMA, L. *Dimensão política da catequese: considerações pastorais in RdeC* 14 (1991), nº 55, p. 3-22.

ALVES DE LIMA, L. *Elementos fundamentais da Catequese Renovada*. São Paulo: Editora Salesiana Dom Bosco. 1986, 128 p.

ALVES DE LIMA, L. *Formação de catequistas in RdeC* 6 (1983), nº 21, p. 35-37.

ALVES DE LIMA, L. *Formación de catequistas en la Primera Semana Latino-americana de catequistas in CLA* 16 (1985), Etapa IV, nº 17-18, p. 593-596.

ALVES DE LIMA, L. *Gênese do Documento* Catequese Renovada. *Memória por ocasião da Celebração de seus 40 anos de Aprovação pela CNBB in* COMISSÃO EPISCOPAL PARA A ANIMAÇÃO BÍBLICO-CATEQUÉTICA. *A Ca-*

tequese no Brasil. Memórias, celebração e perspectiva. Brasília: Edições CNBB, 2023, 244 p., aqui p. 16-42.

ALVES DE LIMA, L. *Iniciação à Vida Cristã conforme a CNBB em seus recentes documentos in* SBCat, *A catequese a serviço da Iniciação à Vida Cristã*. Petrópolis: Vozes, 2018, 192 p., aqui p. 33-52.

ALVES DE LIMA, L. *Medellín – Aparecida: um diálogo provocador in RdC* 31 (2008), nº 123, julho-setembro, p. 6-24. Em castelhano: *Medellín* XXXIV (2008) nº 136, diciembre, p. 593-624.

ALVES DE LIMA, L. *Medellín e a renovação catequética na América Latina in* SOUZA, Ney de; SBARDELOTTI, Emerson (org.). *Medellín: memória, profetismo e esperança na América Latina*. Petrópolis: Vozes, 2018, 374 p., aquí p. 257-273.

ALVES DE LIMA, L. *Panorámica de la renovación catequística brasileña de los últimos años in* ACTAS DEL CONGRESO INTERNACIONAL DE CATEQUESIS [SEVILLA]: *del 5º Centenario al 3º Milenio. Sevilla, septiembre 1992*. Madrid, Centro de estudios teológicos "San Dámaso" 1993, p. 370-395.

ALVES DE LIMA, L. *Redatores principais do Documento* Catequese Renovada *e suas contribuições para a Igreja, in* CNBB: COMISSÃO EPISCOPAL PARA A ANIMAÇÃO BÍBLICO-CATEQUÉTICA. *A Catequese no Brasil: memória, celebração e perspectivas*. Brasília: Edições CNBB, 2023, 244 p., aqui p. 70-92.

ALVES DE LIMA, L. *Retrospectiva dos Congressos Internacionais de Catequese in RdeC* 15 (1992), nº 60, p. 77-78.

ALVES DE LIMA, L. *Temas da 1ª Semana Brasileira de Catequese in RdeC* 9 (1986), nº 36, p. 3-13; 10 (1987), nº 37, p. 45-54.

ALVES DE LIMA, L. *Temas fundamentais para uma catequese renovada in RdeC* 7 (1984), nº 25, p. 5-16.

ALVES DE LIMA, L. *Temas catequéticos pastorais debatidos no Sínodo de 2012 in Revista de Catequese* 36 (2013), nº 141, p. 52-66. O autor foi escolhido para trabalhar na secretaria do Sínodo e assessorar os bispos.

ALVES DE LIMA, L. *Um protagonista do movimento catequético no Brasil: memória do Pe. Ralfy Mendes de Oliveira, fundador da* Revista de Catequese (coautoria) *in Revista de Catequese* 32 (2009), janeiro-março, nº 125, p. 48-58.

ALVES, Isidoro. *O carnaval devoto*. Petrópolis: Vozes, 1980.

ANCHIETA, José de. *Cartas, Informações*. Rio de Janeiro: Civilização Brasileira, 1933.

ANTONIAZZI, Alberto. *A Catequese no conjunto da Ação Pastoral: dois documentos, um caminho in RdC* 7 (1984), nº 27, p. 49-53.

ANTONIAZZI, Alberto. *Dopo la liberazione, la modernità, in Il Regno Attualità* 38 (1992), 210-213.

ANTONIAZZI, Alberto. *Para uma educação permanente da fé: o Sínodo de 1977 visto de perto, in Atualização* 8 (1977), 420-437.

ANTONIAZZI, Alberto. *Planejamento pastoral: reflexões críticas in Perspectivas Teológicas* 21 (1989), 101-112.

ANTONIAZZI, Alberto. *Revelação e Catequese in RdeC* 6 (1983), nº 26, p. 20-26.

APARECIDO DA SILVA, Antônio. *As culturas, desafio à nova evangelização na América Latina in Rumo a São Domingos I* Coleção *Cadernos da CRB* 9. São Paulo: Publicações da CRB, 1991.

ARNS, Paulo Evaristo. *Chiesa e democrazia in Brasile in Il Regno Attualità* 35 (1990), nº 643, p. 393-395.

ARNS, Paulo Evaristo. *Crisi destabilizzante prodotta dalla povertà in Il Regno Documenti* 30 (1985), nº 536, p. 567

ARRUPE, Pedro. *Catequese e "inculturação" in RdeC* 1 (1978), nº 1, p. 86-88.

ASSIS, Paulo Avelino de. *Colaboração dos Religiosos na Pastoral de Conjunto do Episcopado Brasileiro in REB* 23 (1963), 433-451.

ASSMANN, Hugo. *Desafios e falácias: ensaios sobre a conjuntura atual*. São Paulo: Paulinas, 1991, 95 p.

AUDINET, J., *La renovación de la catequesis en la situación contemporánea in SIC-68*. Coleção *Semana Internacional de Catequesis, Catequesis y promoción humana*. Salamanca: Sígueme, 1969; publicado também como *La renovación de la catequesis y su terminología relacionadas y condicionadas a los valores actuales de la fe en América Latina in CLA* 1 (1969), nº 1, p. 5-30.

ÁVILA, Fernando Bastos de. *O abalo da estrutura social brasileira: comunicação à 25ª Assembleia Geral da CNBB in RCVozes* 81 (1987), 389-413.

ÁVILA, Fernando Bastos de. *Realidade Brasileira e desafios da Igreja. Síntese da palestra* [pronunciada durante a *Iª Semana Brasileira de Catequese*] *in RdeC* 10 (1987), nº 37, p. 14-18.

AVILA, Rafael. *Lectura crítica del Directorio desde Medellín, in CLA* 4 (1972), 339-352.

AZEVEDO, Marcello de Carvalho. *Comunidades Eclesiais de Base e Inculturação da Fé. A realidade das CEBs e sua tematização teórica, na perspectiva de uma evaangelização inculturada*. São Paulo: Loyola, 1986, 425 p.

AZEVEDO, Marcello de Carvalho. *Dinâmicas atuais da cultura brasileira in* CNBB, *Para onde vai a cultura Brasileira?* Coleção *Estudos da CNBB* 58. São Paulo: Paulinas, 1990, p.15-47.

AZEVEDO, Marcello de Carvalho. *Modernidade e cristianismo: o desafio da inculturação*. Loyola: São Paulo, 1989.

AZEVEDO, Marcello de Carvalho. *Modernidade e Evangelização: uma reflexão a partir da América Latina in Síntese* 16 (1989), 47, p. 77-88; publicado também *in Convergência* (1990), nº 234, p. 369-380.

AZZI ,Riolando. *A catequese no Brasil. Considerações históricas in Convergência* 10 (1977), 491-513.

AZZI ,Riolando. *A crise da cristandade e o projeto liberal*. Coleção *História do pensamento católico no Brasil II*. São Paulo: Paulinas, 1991, 254 p.

AZZI ,Riolando. *Dom Romualdo Seixas e Dom Macedo Costa: dois propugnadores da liberdade da Igreja no século passado in RCVozes* 68 (1974), 474-482.

AZZI ,Riolando. *Em prol de uma Igreja Nacional, in A crise da cristandade e o projeto liberal*. Coleção *História do pensamento católico no Brasil II*. São Paulo: Paulinas, 1991, 250 p.

AZZI ,Riolando. *O início da restauração católica no Brasil 1920-1930 in Síntese* 14 (1977), 10-11.

AZZI ,Riolando. *O movimento brasileiro de reforma católica durante o século XIX in* REB 34 (1974), 646-662.

AZZI ,Riolando. *Os salesianos no Rio de Janeiro. A implantação da obra salesiana* 1884-1894. São Paulo: Editora Salesiana D. Bosco, 1983.

BARREIRO, Álvaro. *As comunidades Eclesiais de Base como modelo inspirador da nova evangelização in Perspectiva Teológica* 24 (1992), 331-356.

BARROS, Raimundo Caramuru. *Balanço da situação atual da Igreja no Brasil in REB* 27 (1967), 350-366.

BENEDETTI, Luiz Roberto. *Igreja Católica e sociedade nos anos 90 in REB* 53 (1993), 824-838.

BENITEZ, Felipe Santiago. *Caratteristiche e possibilità della catechesi nell'America Latina in Atti del 2º Congresso Catechistico Internazionale. Roma, settembre 1971*. Roma: Studium, 1972, p. 306-317.

BENITEZ, Felipe Santiago. *Los objetivos del encuentro* [do Rio de Janeiro em 1968] *in Didascalia* 22 (1968), 136-139.

BEOZZO, José Oscar. *A Igreja do Brasil: de João XIII a João Paulo II*. Petrópolis: Vozes, 1993, 342 p.

BEOZZO, José Oscar. *Igreja no Brasil – o Planejamento Pastoral em questão in REB* 42 (1982), 465-505

BIANCARDI, G. *Conoscere il "Catechismo della Chiesa Cattolica": genesi storica, motivazioni di una scelta eclesiale in Catechesi* 62 (1992), nº 1, 10-30.

BIANCARDI, G.; GIANETTO, Ubaldo. *Storia della Catechesi*: vol. 4. Epoca Contemporanea. Roma: LAS, 2016, 826 p.

BISSOLI, Cesare. *Dio parla, Dio ascolta.* Una lettura del XII Sinodo della Chiesa. Roma: LAS, 2009, 144p.

BISSOLI, Cesare. *Pedagogia di Dio in* GEVAERT, J. (ed.). *Dizionario di Catechetica.* LDC: Leumann (Torino), 1986, p. 493-495.

BISSOLI, Cesare. *Per una lettura popolare della Bibbia in Catechesi* 48 (1979), nº 11, p. 13-20.

BISSOLI, Cesare. *Regno di Dio in* GEVAERT, J. (ed.). *Dizionario di Catechetica.* LDC: Leumann (Torino) ,1986, p. 534-535.

BOFF, Leonardo. *CEBs: o que significa "Novo Modo de toda a Igreja ser"? in REB* 49 (1989), p. 545-570.

BORELLO, Mário G. *America Latina in* GEVAERT, J. (ed.). *Dizionario di Catechetica.* Leumann (Torino): LDC, 1986, p. 30-33.

BORELLO, Mário G. *La catequesis de Medellín a Puebla, in CLA* 10 (1979), 33-50; publicado também *in Medellín* 5 (1979), 115-129 e *in Didascalia* 35 (1981), 4-17.

BOSI, Alfredo.*A cultura brasileira e as culturas brasileiras in Para onde vai a cultura brasileira? Desafios pastorais.* Coleção *Documentos da CNBB 58.* São Paulo: Paulinas, 1990, p. 48-86.

BRAIDO, Pietro. *Lineamenti di storia della catechesi e dei catecismi: dal "tempo delle riforme" all'età degli imperialismi (1450-1870).* Coleção *Collana studi e ricerche di catechetica* 14, Torino-Leumann: Elle Di Ci, 1991, 440 p.

BRAIDO, Pietro. *Momenti di Storia della catechesi e del catechismo dal concilio di Trento al concilio Vaticano I: Dal "tempo delle riforme" all'età degli imperialismi (1450-1870).* Roma: LAS, 1982. Ampliado e editado pelo autor na coleção *Storia dela catechesi,* vol. 3 (mesmo título) *(1450-1870).* Roma, LAS 2015.

BRATTI, Paulo. *Perspectivas da Catequese hoje in RdeC* 5 (1982), nº 19, p. 68-72.

BRITO, Luiz Raymundo da Silva. *Lições de religião explicadas na Escola Normal da Corte.* Rio de Janeiro: Tip. Montenegro, 1887.

BROSHUIS, Inês. *O catequista e a caminhada da catequese in RdeC* 8 (1985), nº 29, p. 27-31.

BROSHUIS, Inês. *O novo tipo de catequista e sua formação in* CNBB – LINHA 3, *Primeira Semana Brasileira de Catequese*. Coleção *Estudos da CNBB* 55. São Paulo: Paulinas, 1987, p. 208-218.

BROSHUIS, Inês. *O uso da Bíblia na catequese in RdeC* 15 (1992), nº 60, p. 49-53.

BROSHUIS, Inês. *Para você, catequista*. Petrópolis: Vozes, 1986.

BROSHUIS, Inês. *A situação catequética no Brasil in Vida Pastoral* 32 (1991), nº 161, p. 2-7.

CALIMAN, Cleto. *Experiência de Deus ontem e hoje in RdeC* 7 (1984), nº 26, p. 14-23; e nº 27, p. 25-33.

CAMARA, Hélder. *A CNBB nasceu assim in CM* (1977), nº 302, p. 1199-1202.

CAMARA, Hélder. *Um mestre brasileiro de pedagogia in REB* 1 (1941), 395-409.

CANO, Eduardo. *Congresso Europeu de Catequese em Munique visto por um latino-americano in RdeC* 11 (1988), nº 43, p. 53.

CANSI, Bernardo. *Catequese com surdos in CM* 15 (1992), nº 58, p. 63-64.

CANSI, Bernardo. *Ecos do Encontro Nacional de 1985 in RdeC* 9 (1986), nº 34, p. 53-54.

CANSI, Bernardo. *Fragmentos de la historia de la catequesis en Brasil in* ACTAS DEL CONGRESO INTERNACIONAL DE CATEQUESIS [Sevilla]: *Del Vº Centenário al IIIº Milenio*, Sevilla septiembre 1992. Madrid: Centro de Estudios Teológicos "San Dámaso", 1993, p. 195-201.

CANSI, Bernardo. *Inculturação da catequese no catolicismo popular in RdeC* 15 (1992), nº 58, p. 19-26.

CANSI, Bernardo. *Interação fé e vida*. São Paulo: Paulinas, 1988, 37 p.

CANSI, Bernardo. *O novo tipo de catequista*. São Paulo: Paulinas, 1986, 54 p.

CANSI, Bernardo. *Os catecismos no Brasil in* CATÃO, Francisco. *Catecismo e Catequese*. São Paulo: Paulinas, 1993, p. 47-77.

CANSI, Bernardo. *Os métodos na catequese à luz do princípio da interação in* CNBB-L3, *Primeira Semana Brasileira de Catequese*. Coleção *Estudos da CNBB* 55. São Paulo: Paulinas, 1987, p. 162-207.

CANSI, Bernardo. *Você não catequiza sozinho*. São Paulo: Paulinas, 1985, 64 p.

Carta a respeito do trabalho de catequese do preto José Lopes Espinolla in HOORNAERT, E. *Das reduções latino-americanas às lutas indígenas atuais*. São Paulo: Paulinas, 1982, p. 177.

CARVALHEIRA, Marcelo Pinto. *Momentos históricos e desdobramentos da Ação Católica Brasileira in REB* 43 (1983), 10-28.

CARVALHO, Raul de. *A questão social na atual conjuntura brasileira in RCVozes* 86 (1992), 142-152.

CASTRO, Rodrigo. *America Latina y el Directorio, in CLA* 4 (1972), 375-377.

CATÃO, Francisco. *Catecismo e Catequese*. São Paulo: Paulinas, 1993, 197 p.

Catequese, base da Ação Católica (Editorial) *in RC* 4 (1953), janeiro, p. 7-10.

CAVA, Ralph della. *Il ruolo presente e futuro del Cattolicesimo in Brasile, in IDOC Internazionale* (1979), nº 6-7, p. 47.

CAVALLIN, A. *A catequese em nosso tempo: comunicação sobre a Exortação Apostólica "Catechesi Tradendae" de João Paulo II in CM* (1979), nº 326, p. 1141-1144.

CAVALLIN, A. *A Catequese na 20ª Assembleia Geral da CNBB in RdeC* 5 (1982), nº 18, p. 5-9.

CAVALLIN, A. *A Catequese na 21ª Assembleia Geral da CNBB in RdeC* 6 (1983), nº 23, p. 7- 9.

CAVALLIN, A. *A Iª Semana Latino-americana de Catequese in RdeC* (1983), nº 21, p. 38-39.

CAVALLIN, A. *Aos coordenadores de catequese no "Dia Nacional do Catequista" 1985 in RdeC* 8 (1985), nº 31, p. 67-68.

CAVALLIN, A. *Convite para a 21ª Assembleia Geral da CNBB, SG 136 in CM* (1983), nº 364, p. 31-32.

CAVALLIN, A. *Novo assessor para a catequese in CM* (1983), nº 367, p. 509.

CAVALLIN, A. *Sobre o tema "O conteúdo da Catequese" Linha 3 – C- nº 1949/80 de 19/12/1980 in CM* (1981), nº 340, p. 22-23.

CECHIN, A.; ASSMANN, H. *Quadro de referência para a elaboração de material catequético in CLA* 1 (1969), 1, 34-48; também publicado como *Quadro de referencias para la elaboración de material catequético in* M. ESTEPA, Jose (ed.). CLAF – CELAM. *Catequesis y mundo de hoy*. Madrid: Ediciones Marova, 1970, p. 159-184.

CER (Catechetica, Educazione e Religione). Coleção *Storia della Catechesi* em quatro grandes volumes: **1.** MURAWSKI, Roman. *Età Antica*. Roma: LAS, 2021; **2.** MURAWSKI, Roman; LA ROSA, Luigi. *Epoca Medievale*. Roma: LAS, 2022. **3.** BRAIDO, Pietro. *Dal "tempo delle riforme" all'età degli imperialismi (1450-1870)*. Roma: LAS, 2015. **4.** BIANCARDI, Giusepe; GIANETTO, Hugo. Epoca Contemporanea. Roma: LAS, 2016.

CECHIN, A. *Révolution dans la catéchèse latinamericaine. Structures non catéchètiques d'evangelization in Catéchistes* 22 (1971), nº 85, p. 73-90.

CELAM. *A alegria de iniciar discípulos missionários numa época de mudanças*. Brasília: Edições CNBB, 2016.

CLOIN, Tiago. *As grandes linhas da renovação pastoral no Brasil in Revista da CRB* 11 (1965), 14-24.

CLOIN, Tiago. *Uma evangelização em extensão e profundidade: o Movimento de Natal in Convergêcia* 8 (1962), 449-460.

COMBLIN, Joseph. *A ideologia da Segurança Nacional. O poder militar da América Latina*. Rio de Janeiro: Civilização Brasileira, 1978.

COMBLIN, Joseph. *Comunidades eclesiais e pastoral urbana in REB* 30 (1970), 783-823;

COMBLIN, Joseph. *Medellín: 20 anos depois – balanço temático in REB* 48 (1988), 803-830.

COMBLIN, Joseph. *Prolegômenos da Catequese no Brasil, in REB*, 27 (1967), 845-874.

COMISSÃO REGIONAL DE CATEQUESE – CNBB NE II. *Evangelizando os Pequenos: em busca de uma catequese libertadora*. São Paulo: Paulinas, 1979. 2ª edição: *Em busca de uma catequese libertadora*. Petrópolis: Vozes, 1981, 105 p. Apresentação *in REB* 42 (1982), 216.

CONRADO, Sérgio; CARVALHO, Ruth Maria de. *O Reino na cidade: caminhada da Arquidiocese de São Paulo in Vida Pastoral* 25 (1994), nº 179, 17-24.

COSTA, João Rezende. *Critérios de uma Catequese Autêntica, in CM* (1977), nº 301, p. 1096-1100.

COSTA, João Rezende. *Critérios de uma Catequese Autêntica: Adenda, in CM* (1977), nº 301, p. 1101-1102.

COSTA, Rosemary Fernandes da. *Mistagogia hoje*. São Paulo: Paulus, 2014 (mais o nº 78 acima).

CRUZ, Therezinha Motta Lima da. *A catequese e o desafio da cidade*. Coleção catequese e inculturação. São Paulo: Paulinas, 1994, 120 p.

CRUZ, Therezinha Motta Lima da. *A leitura da bíblia no Brasil hoje in RdeC* 17 (1994), nº 65, p. 26-39.

D'ANS, Hugo. *Um planejamento "pastoral"? in REB* 43 (1983), 373-378.

DALE, Romeu. *Da ação católica à opção pelos pobres in SEDOC* 12 (1980), 1125-1128.

DIAZ, TEJO, Javier & BASUALTO PORRA, Lorena. Obras pastorales de Mario Borello. Claves para una lectura actualizada. Santiago, 2023. Colección

Educación Religiosa, Universidad Finis Terrae. No comercial. Libro de formato digital y de acceso libre (www.escueladelafe.cl).

DIDONET, Frederico. *A linha do Mundo Melhor no Brasil in REB* 22 (1962), 672-675;

DIDONET, Frederico. *Movimento por um Mundo Melhor no Brasil in REB* 21 (1961), 400-403;

Disponham, amigos [Editorial] *in RC* 1 (1949), nº 1, p. 6.

DONZELINI, Mary. *Uma pesquisa sobre as causas da rotatividade dos catequistas in RdeC* 11 (1988), nº 42, p. 51-52.

DUSSEL, Enrique. *Storia della Chiesa in America Latina*. Brescia: Queriniana, 1992.

DUSSEL, Enrique. *História da Igreja latino-americana (1930-1985)*. São Paulo: Paulinas, 1989, 99 p.

DUSSEL, Enrique. *Teología de la Liberación y Marxismo in* ELLAUCURIA, I; SOBRINO, J. (ed.). *Mysterium Liberationis: conceptos fundamentales de la Teología de la Liberación*. Valladolid: Editorial Trotta, 1990, 2º volume, p. 115-130.

ELLAUCURIA, I.; SOBRINO, J. (ed.). *Mysterium Liberationis: conceptos fundamentales de la Teologia de la Liberación*. Valladolid: Editorial Trotta, 1990, 2 volúmenes.

ERDOZAIN, Louis. *L'évolution de la catéchèse. Panoramique des six semaine internationales de catéchèse in Lumen Vitae* 24 (1969), 575-599; edição inglesa: 25 (1070), 1, 7-31; em castelhano: *La Catequesis hoy: de Nimega y Eichstätt a Medellín: pulsación de seis Semanas Internacionales de Catequesis in Sinite* 11 (1970), 267-296.

ESTEPA, J. M. (ed.). *Sumario* (do artigo) 9. *Cuadro de referencias para la elaboración de material catequético in* CLAF – CELAM, *Catequesis y mundo de hoy*, Madrid, Ediciones Marova, 1970, p. 10.

Exposição Catequética in RC 2 (1950), nº 15-16, p. 62-64.

FARGUES, Maria. *A verdade exige clima, in RC* 1 (1949), nº 1, p. 8-12.

FERNANDES, Francisco Assis Martins. *Comunicação na Pedagogia dos Jesuítas na era Colonial*. São Paulo: Loyola, 1980.

FERREIRA, A. L. Castelán (org.). *Os 20 anos do* Catecismo da Igreja Católica *e o Ano da Fé*. Brasília: Edições CNBB, 2013, 632 p.

FERREIRA, Francisco Whitaker. *A respeito do Artigo Publicado Nesta Revista: "Igreja do Brasil – O Planejamento Pastoral em Questão", in REB* 43 (1983), 135-140.

FIGUEIREDO, Anísia de Paulo. *Operacionalização do documento* CR *em Diamantina in RdeC* 7 (1984), nº 28, p. 40-45.

FLORISTÁN, Casiano. *Catecumenato: história e pastoral da iniciação*. Petrópolis: Vozes, 1995, 362 p.

FONTANA, Andrea. *La catechesi in America Latina a partire da Medellín e Puebla, in Catechesi* 60 (1991), 44-47.

Formação de Agentes de Pastoral: a Escola de Fé e Catequese "Lumen Christi" [Campinas] *in RdeC* 2 (1979), nº 6, p. 76-78.

FOSSION, André. *Catequesis y cultura: el proceso de inculturación in* ACTAS *DEL CONGRESO INTERNACIONAL DE CATEQUESIS* [Sevilla]: *del 5º Centenário al 3º Milenio. Sevilla, septiembre 1992*. Madrid: Centro de estudios teológicos "San Dámaso", 1993, p. 343-349.

FOSSIÓN, André. *Volver a empezar: veinte caminos para volver a la fe*. Santander: Sal Terrae, 2004.

FRANCESCHINI, Vinicio. [Recensão de] *Catechesi e Ecclesiologia* (Emílio Alberich) *in Orientamenti Pedagogici* 34 (1987), 935.

FREIRE, Paulo. *Pedagogia do oprimido*. Rio de Janeiro: Paz e Terra, 1974.

FURTADO, Celso. *A ordem mundial emergente e o Brasil in RCVozes* 86 (1992), 21-25.

GALLO, Luís A. *Evangelizzare i poveri: la proposta del documento di Puebla*. Coleção *Biblioteca di Scienze Religiose* 55. Roma: LAS. 1983, 165 p.

GALLO, Luís A. *Uma Igreja a serviço dos homens – contribuições para uma compreensão atual da Igreja*. São Paulo: Editora Salesiana Dom Bosco, 1984, 230 p.

GANDIN, Danilo. *Planejamento como prática educativa* – Coleção AEC do Brasil 6. Loyola: São Paulo, 1983.

GARCÍA AHUMADA, Enrique. *Puebla y Medellín: un nuevo enfoque en la pastoral de America Latina, in Medellín* 15 (1989), 95-113.

GARCÍA AHUMADA, Enrique. *Puebla: una catequesis profética, in Sinite* 20 (1979), 267-285.

GATTI, Caetano. *O grupo de catequistas*. São Paulo: Editora Salesiana D. Bosco, 1980, 96 p.

GEEURICKX, J. *A catequese na comunidade cristã*. Coleção *Catequese Fundamental* 9. Petrópolis: Vozes, 1991, 88 p.

GEEURICKX, J. *Contribuições para o IT sobre catequese, Circular Nº 1.392/81* de

22/10/1981 *in CM* (1981), nº 349, p. 894.

GEEURICKX, J. *Formação de catequistas na Paróquia in RdeC* 5 (1982), nº 17, p. 5-17;

GEEURICKX, J. *História do documento in RdeC* 6 (1983), nº 24, p. 9-14.

GEVAERT, Joseph. *Congressi catechistici internazionali in* GEVAERT, J. (ed.). *Dizionario di Catechetica*. Leumann (Torino): Elle Di Ci, 1986, p. 173.

GEVAERT, Joseph. *La dimensione esperienziale della catechesi*. Leumann (Torino): LDC, 1984.

GEVAERT, Joseph. *Problemi attuali per la catechesi in Catechesi* 61 (1992), nº 7, p. 8-16.

GIANETTO, U. *Evangelizzazione e catechesi in Piemonte tra rivoluzione francese e rivoluzione industriale, in* APPENDINO, F. N. (ed.). *Chiesa e società nella seconda metà del XIX secolo in Piemonte*. Casale Monferrato: Marietti, 1982, p. 328-355.

GIANETTO, U. *Formazione catechistica del futuro sacerdote in Salesianum* 55 (1993), 317-333.

GIANETTO, U. *Hofinger in* GEVAERT J. (Ed.) *Dizionario di Catechetica*. Leumann (Torino): Elle Di Ci, 1986, p. 330-331.

GIANETTO, U. *Movimento Catechistico in* GEVAERT, J. (ed.). *Dizionario di Catechetica*. Leumann (Torino): LDC, 1986, p. 448-450.

GIBIN, Maucir. *Amérique. Brésil: L 'évolution du Mouvement Catéchètique. L'Institut National du Pastoral in Lumen Vitae* 34 (1969), 335-343. Na edição inglesa: *America. Brazil: The evolution of the catechetical Movement. The National Pastoral Institut in Lumen Vitae* 24 (1969), 688-695.

GOLLARTE, Paulo. *A iniciação eucarística ou a catequese e a adesão religiosa, sua função sociológica de integradora de atitudes in REB* 32 (1972), 915-928.

GORSKI, Juan. *Directorio y Congreso Catequístico en la perspectiva del Tercer Mundo, in CLA* 4 (1972), 366-374.

GROPPO, Giuseppe. *I criteri della catechesi in Atti del 2º Congresso Catechistico Internazionale. Roma, settembre 1971*. Roma: Studium, 1972, p. 328-343.

GROPPO, Giuseppe. *Catechesi Tradendae in* GEVAERT, J. (ed.). *Dizionario di Catechetica*. Leumann (Torino): LDC, 1986, p. 108-109.

GROPPO, Giuseppe. *Direttorio Catechistico Generale in* GEVAERT, J. [ed.]. *Dizionario di Catechetica*. Leumaman (Torino): LDC, 1986, p. 221-222.

GRUEN, W. *Bíblia e Catequese in* CNBB-L3, *Primeira Semana Brasileira de Ca-*

tequese: preparação, celebração, conclusão. Coleção *Estudos da CNBB* 55. São Paulo: Paulinas, 1987, p. 135-161. Publicado também *in RdeC* 10 (1987), nº 37, p. 21-39.

GRUEN, W. *Catequese e socialização da fé in CLA* 9 (1977), 49-60.

GRUEN, W. *Interação entre experiência e mensagem na catequese in RdeC* 6 (1983), nº 24, 27-36.

GRUEN, W. *Linguagem da Bíblia, linguagem da catequese in RdeC* 13 (1990), nº 51, p. 5-11.

GRUEN, W. *Linguagem e libertação na catequese in RdeC* 7 (1984), nº 25, p. 17-30.

GRUEN, W. *Medios de Comunicación social y catequesis in CLA* 2 (1970), 45-70.

GRUEN, W. *Novas orientações para a catequese no Brasil in RdeC* 7 (1984), nº 27, p. 34-47.

GRUEN, W. *O catecismo da Igreja Católica e a nossa catequese: perspectivas*. Vozes, 1995.

GRUEN, W. *O Ensino Religioso na Escola: tema para debate in RdeC* 1 (1978), nº 4, p. 49-58.

GRUEN, W. [Recensão] ALBERICH, Emílio. *A catequese na Igreja hoje*. Tradução da Ir. Isabel F. L. Ferreirª ed. Salesiana Dom Bosco, São Paulo, 1983, 264 p. *in RdeC* 7 (1984), nº 26, p. 91-94.

GRUPO DE TRABALHO. *Avaliação de programas de catequese escolar nos estabelecimentos de ensino oficial. Relatório do Grupo de Trabalho in CM* (1975) nº 271, p. 390-397.

GRUPO DE TRABALHO. *Avaliação e reflexão sobre a formação de evangelizadores ou catequistas in CM* (1975), nº 271, p. 397-409.

GRZONA, Ricardo. *La catequesis en America Latina. Orientaciones del magisterio. De Medellín a Puebla, de Puebla a Santo Domingo, in Medellín* 18 (1992), 72, 825-850.

GUMERCINDO, Cristian Partner. *"A religiosidade Urbana". Impacto da urbanização na religião numa sociedade desenvolvida in REB* 53 (1993), 283-300.

GURGEL, Mário Teixeira. *A Escola como Lugar da Catequese, in CM* (1977), nº 301, p. 1112-1113.

GURGEL, Mário Teixeira. *Objetivo Específico da Instrução Religiosa nas Escolas, in CM* (1977), nº 301, p. 1110-1112.

GURGEL, Mário Teixeira. *Intervento di S. Ecc. Mario Teixeira Gurgel, della*

Commissione Episcopale Brasiliana per la Pastorale, in Atti del 2º Congresso Catechistico Internazionale. Roma, settembre 1971. Roma: Studium, 1972, p. 419-421.

HALBFAS, Hubertus. *Linguaggio ed esperienza nell'insegnamento della religione*. Roma-Brescia: Herder-Morcelliana, 1970 (tradução italiana do alemão).

HOORNAERT, Eduardo (coord.). *História Geral da Igreja na América Latina*. Tomo II: *História da Igreja no Brasil. Primeira Época*. Petrópolis: Vozes, 1977, 443 p.

HOORNAERT, Eduardo (coord.). *O cristianismo moreno do Brasil*. Petrópolis: Vozes, 1991, 183 p.

HOORNAERT, Eduardo (coord.). *Os três fatores da nova Hegemonia dentro da Igreja Católica no Brasil in* REB 46 (1986), 371-384.

HYPÓLITO, Adriano. *Campanha da Fraternidade, Catequese e Meios de Comunicação Social: informes apresentados por escrito, in CM* (1977), nº 301, p. 1115-1116.

HYPÓLITO, Adriano. *Dimensões Antropológicas da Catequese, in CM* (1977), nº 301, p. 1113-1115.

INSTITUTO TEOLÓGICO PIO XI. *Projeto educativo-pastoral salesiano*. São Paulo [Edição própria], 1992.

IRARRAZAVAL, Diego. *Inculturação e Catequese in RdeC* 12 (1989), nº 48, p. 37-47.

ISPAC – SALVADOR. *Formação de Agentes de Catequese: ISPAC de Salvador in RdeC* 1 (1978), nº 2, p. 60-64.

IVERN, Francisco. *La realtà nazionale e le sfide che presenta in Il Regno Documenti* 34 (1989), nº 626, 596-600; também publicado *in SEDOC* 22 (1989), 241-251.

JUNGMANN, Joseph A. *La place de Jésus-Crist dans la catéchèse et la predication in Lumen Vitae* 7 (1952), 573-582.

JUNGMANN, Joseph A. *Catequética*. São Paulo: Herder, 1963.

KLOPPENBURG, B. *Genesis del documento de Puebla. Colección Puebla 2*. Bogotá: CELAM, 1979.

KLOPPENBURG, B. [Recensão do] *Novo Catecismo Holandês*. São Paulo: Herder, 1969 *in REB* 29 (1969), 285-287.

KNOLL, Cormac José. *De primo concilio plenario brasiliensi (anno 1939) eiusque decretis. Studium historico-iuridicum*, Pontificium Athenaeum Antonianum, Facultas Iuris Canonici. Dissertatio ad Lauream nº 76, Romae, 1967, 144 p.

La "Carta" Catequistica de Medellín: precisiones para una catequesis actual in Didascalia 23 (1969), 147-148

LELO, Antonio Francisco. *A iniciação cristã: catecumenato, dinâmica sacramental e testemunho.* São Paulo: Paulinas, 2005, 237 p. (Tese doutoral).

LELO, Antônio F. *Catequese com estilo catecumenal.* São Paulo: Paulinas, 2008, 64 p.

LEITE, Serafim. *Cartas do Brasil*, Coimbra, 1955.

LÉZIER, Teresa de Cristo. *A caminho do Pai.* Rio de Janeiro: Agir, 1962 (livro do mestre e do aluno).

LIBÂNIO, João Batista (ed.). *A Evangelização no Mundo Contemporâneo: edição didática.* São Paulo: Loyola, 1976.

LIBÂNIO, João Batista (ed.). *Teologia da Libertação: roteiro didático para um estudo.* Coleção *Fé e realidade* 22, São Paulo, Loyola 1987.

LIBÂNIO, J. B.; ANTONIAZZI, Alberto. *20 anos de teologia na América Latina e no Brasil.* Petrópolis: Vozes, 1991, 160 p.

LORSCHEIDER, A. *Apresentação da Exortação Apostólica "Catechesi Tradendae"* [durante a 18ª AG de 1980] *in CM* (1980), nº 329, p. 225-233.

LORSCHEIDER, A. *Documento de Consulta às Conferências Episcopais in CM* (1978), nº 304, p. 25-30.

LORSCHEIDER, A. *III Conferência Geral do Episcopado Latino-americano in CM* (1978), nº 307, p. 358-365.

LORSCHEIDER, A. *O documento de Puebla: uma tentativa de síntese in CM* (1979), nº 319, p. 488-506.

LORSCHEIDER, A. *O Sínodo visto por Dom Aloísio, in SEDOC* 10 (1978), 607-610.

LORSCHEIDER, A. *Redefinizione della figura del vescovo nell'amibente popolare religioso in Concilium* 20 (1984), 974-978.

LUMBIERI, Therezinha *et alii. Cultura Brasileira. Catequese e Inculturação in Revista de Catequese* 10 (1987), nº 40, p. 31-39.

LUNA, André. Seu nome é Jesus Cristo e passa fome *in* https://www.letras.mus.br/pe-andre-luna/1463153/

LUSTOSA, Oscar de Figueiredo. *A Igreja Católica no Brasil República.* São Paulo: Edições Paulinas, 1991, 180 p.

LUSTOSA, Oscar de Figueiredo. *Catequese católica no Brasil: para uma histó-*

ria da Evangelização. Coleção *Estudos e Debates Latino-americanos*. São Paulo: Paulinas, 1992, 182 p.

MAIA, Pedro Américo. *José de Anchieta, o catequista do Brasil in Convergência* 23 (1988), 267-276.

MAINWARING, Scott. *A JOC e o Surgimento da Igreja na Base (1958-1970) in* REB 43 (1983), 29-60.

MARIA, Júlio. *A Igreja e o Povo*. São Paulo: Loyola-CEPEHIB, 1983.

MARINS, José. *A quantas anda o nosso Plano de Pastoral de Conjunto? in REB* 28 (1968), 356-366.

MARINS, José. *Clero, religiosos e o desenvolvimento in Igreja na América Latina: desenvolvimento e integração* [Assembleia extraordinária do CELAM, Mar del Plata, 11-16/10/1966]. Coleção CERIS 8. Petrópolis: Vozes, 1968.

MARINS, José. *Comunità ecclesiali di base in America Latina in Concilium*, 11 (1975), 4, 47-48.

MARQUES, Agenor N. *Catequista ideal: Pedagogia catequética*. 3ª ed. São Paulo: Paulinas, 1960, 521 p.

McGRATH, Marcos. *Momentos significativos de Medellín: Carta de Dom Marcos McGrath in REB* 49 (1989), 407-408.

McGRATH, Marcos. *Algunas reflexiones sobre el impacto y la influencia permanente de Medellín y Puebla en la Iglesia de America Latina, in Medellín* 15 (1989), 152-179.

MEDDI, Luciano, *Evangelizzare la vita cristiana*. Assisi: Cittadella 2012, 350 p.

MEDICA, Giacomo Maria. *Catechesi in* GAROFOLO, Salvatore (ed.). *Dizionario del Concilio Vaticano II*. Roma: Unedi, 1969, p. 680-690.

MEDINA, Alberto Perez. *La catequesis: principales documentos eclesiales en los últimos 20 años in Medellín* 8 (1982), 540-577.

MEIER, Miguel. *Entre os problemas atuais, o problema mais atual é a catequese eficiente in REB* 12 (1952), 490-498.

MEIER, Miguel. *Manual de Catequese teórica e prática*. 2ª ed. São Paulo: Paulinas, 1956, 446 p.

MEIER, Miguel. *O catecismo através da história in RC* 3 (1951), nº 24, p. 55-57.

MEIRELLES DA SILVEIRA, Nereu, *O movimento catequético no Brasil in CLA* 1 (1969) 95-98; também publicado *in Convergência* 11 (1969), 17-18.

MENDES DE OLIVEIRA, Ralfy; ANTONIAZZI, Alberto. *A Catequese à luz do Sínodo 77*. São Paulo: Editora Salesiana Dom Bosco, 1978, 157 p.

MENDES DE OLIVEIRA, Ralfy. *A comunidade fonte, lugar e meta da catequese in RdeC* 6 (1983), nº 21, p. 7-16.

MENDES DE OLIVEIRA, Ralfy. *Brasile in Dizionario di Catechetica* (Leuman-n-Torino): Elle Di Ci, 1986, p. 114-115.

MENDES DE OLIVEIRA, Ralfy. *Catequese e Educação permanente:* cf. *in RdeC* 1 (1978), nº 1, p. 25-46.

MENDES DE OLIVEIRA, Ralfy. *O movimento catequético no Brasil*. São Paulo: Editora Salesiana Dom Bosco, 1980, 200 p.

MERLOS, Francisco. *Catechesi Tradendae, un documento para tiempos difíciles in Medellín* 6 (1980), nº 22, p. 151-177.

MERLOS, Francisco. *Lectura Catequética de Puebla in Medellín* 5 (1979), nº 20, diciembre, p. 477-507.

MESTERS, Carlos. *"Ascoltare ciò che lo Spirito dice alle chiese": l›interpretazione popolare della Bibbia in Brasile in Concilium* 27 (1991), 125-137.

MESTERS, Carlos. *El problema central en la interpretación de la Biblia para la vida del Pueblo in CLA* 13 (1981), etapa III, nº 4, p. 241-256.

MESTERS, Carlos. *Flor sem defesa. Uma explicação da Bíblia a partir do povo.* Petrópolis: Vozes, 1983.

MIETH, D. *Alla ricerca d'una definizione del concetto "esperienza": che cos'è l'esperienza? in Concilium* 14 (1978), 443-463.

MIRA, João Manoel Lima. *A evangelização do negro no período colonial brasileiro.* São Paulo: Loyola, 1983.

MONDIN, Batista. Verbete *Assmann in Dizionario dei Teologi*. Bologna: Edizione Studio Dominicano, 1992, p. 72-73.

MORÁS, Francisco. *As correntes contemporâneas da catequese.* Petrópolis: Vozes, 2004, 110 p.

MORIN, Alfred. *La catequesis ayer in* ACTAS DEL CONGRESO INTERNACIONAL DE CATEQUESIS [SEVILLA]: *Del Vº Centenario al III Milenio: actas del Congreso Internacional de catequesis,* Sevilla septiembre 1992. Madrid: Centro de Estudios Teológicos "San Dámaso", 1993, p. 43-84.

MOVIMENTO de Natal encarna uma solução para o Nordeste brasileiro *in REB* 23 (1963), 781-783.

MUÑOZ, Ronaldo. *O capítulo eclesiológico das conclusões de Puebla in REB* 39 (1979), 113-122.

NABAIS, João A. *O problema da catequese: deficiências e sugestões in REB* 9 (1949), 1001-1011.

NEGROMONTE, Á. *A Bíblia no ensino religioso in RC* 9 (1957), nº 59, p. 12-14.

NEGROMONTE, Á. *A exposição Catequética in RC* 6 (1955), nº 48, 3-7.

NEGROMONTE, Á. *As lições de maratona, in RC*, 1 (1950), nº 9, p. 52-55.

NEGROMONTE, Á. *Discurso de Inauguração da Exposição Catequética in RC* 7 (1955), nº 48, p. 3-7.

NEGROMONTE, Á. *Ecos do congresso Internacional Catequético in RC* 3 (1951), nº 24, 47-50.

NEGROMONTE, Á. *Nova Pedagogia do Catecismo.* Rio de Janeiro: Ed. Rumo, 1965.

NEGROMONTE, Á. *O problema do catecismo no Brasil in RC* 5 (1953), nº 36, p. 2-10.

NEGROMONTE, Á. *Os programas in Boletim Catequético* 5 (1940), nº 39, 1-2.

NEGROMONTE, Á. *Pedagogia do Catecismo.* Petrópolis: Vozes, 1938.

NEGROMONTE, Á. *Um texto novo de catecismo in REB* 2 (1942), 72-82.

NEGROMONTE, Á. *Visão Geral do Ensino Religioso no Brasil in RC* 8 (1956), nº 53, 36-39.

NERY, I. J. *A 1ª Semana Brasileira de Catequese, in RdeC* 9 (1986), nº 36, p. 6-13.

NERY, I. J. *Catequese com Adultos e Catecumenato.* História e proposta. São Paulo: Paulus, 2021, 360 p.

NERY, I. J. *Catequistas e formação de catequistas no Brasil hoje in RdeC* 8 (1985), nº 29, p. 10-11.

NETO, Joaquim Antônio. *Manual de Religião.* São Paulo/Rio de Janeiro: Editora do Brasil, 1950.

NORDERA, Luciano. *Il Catechismo di Pio X: per una storia della catechesi in Italia: 1896-1916.* Roma: LAS, 1988, 578 p.

NOVAIS, Germano. *O Movimento por um Mundo Melhor in REB* 17 (1957), 890-915.

O INSTITUTO Catequético São Francisco de Canindé (CE) *in RdeC* 8 (1985), nº 32, p. 57-58.

O MÁXIMO dentro do possível [Editorial] *in RC* 2 (1950), nº 17, p. 4.

ODDI, Silvio. *Recomendando o documento "Catequese Renovada" – Orientações e Conteúdo" in CM* (1983), nº 367, p. 419-420.

OLIVEIRA, Miguel de. *História Eclesiástica.* 4ª ed. Lisboa: União Gráfica, 1968.

OLIVEROS, R. *Historia de la Teología de la Liberación in* ELLAUCURIA, I.; SOBRINO, Jon (coord.). *Mysterium Liberationis: conceptos fundamentales de la Teología de la Liberación.* Valladolid: Editorial Trotta, 1990, vol. I.

ORTIZ, Ramón. *A ação católica no Direito Eclesiástico: conclusão in REB* 8 (1948), 478-502.

PADIM, Cândido. *A doutrina da Segurança Nacional à luz da doutrina da Igreja in SEDOC* 1 (1968), 432-444; tradução espanhola *in* MAGNI-L.ZANOTTI, R. *America Latina, la Chiesa si contesta* (Roma, 1969).

PADIM, Cândido. *A doutrina da Segurança Nacional: subsídio de estudo referente à votação 7 [Exigências cristãs de uma ordem política]* da *XV Assembleia Geral da CNBB in CM* 24 (1977), 332-342; publicado também *in REB* 37 (1977), 331-342.

PAGNUSSAT, Leandro Francisco; BORGES, Maria Augusta. *Iniciação à vivência cristã.* Petrópolis: Vozes, 2013. Cinco volumes: I *Formando Equipes de Iniciação à Vida Cristã;* II *Pré-catecumenato;* III *Catecumenato* (inclui suplemento para a preparação do Sacramento do Matrimônio); IV *Iluminação e purificação;* V *Mistagogia.*

PAIVA, H. V. *A catequese como meio de libertação e evolução integral do homem latino-americano in CLA* 1 (1969), 66-80.

PAIVA, José Maria de. *Colonização e Catequese.* Coleção *Educação Contemporânea,* série: *Memória da educação.* São Paulo: Cortez Editora e Editora Autores Associados, 1982, 108 p.

PAIVA, Vanildo. *Catequese e Liturgia. Duas faces do mesmo Mistério.* São Paulo: Paulus, 2008, 144 p.

PALACIOS, Carlos. *Entre dois Sínodos: Evangelização e Catequese, in Convergência* 10 (1977), 407-425.

PALAFOX A. Ernesto; BRIGHENTI, Agenor. *Diaconía y Teología sin fronteras. A los 50 años del ministerio del P. Francisco Merlos.* México: Universidad Católica, 2016, p. 91-142.

PALAZZINI, Pietro, *L'opera svolta dalla S. Congregazione per il Clero nel campo catechistico, in Atti del 2º Congresso Catechistico Internazionale. Roma, settembre 1971.* Roma: Studium, 1972, 147-212 p.

PEREIRA, Ernesto do Nascimento. *A formação cristã de adultos: o grande desafio para a Igreja do III Milênio.* Petrópolis: Vozes, 1994, 302 p.

PERESSON, Mario L. Tonelli. *La pedagogía de Jesús maestro carismático popular.* 2ª ed. Bogotá: Librería Salesiana, 2004, 399 p.

PIMENTA, Silvério Gomes. *Vida de Dom Antônio Ferreira Viçoso, bispo de Mariana.* 3ª ed. Mariana, Tip. Arquiepiscopal, 1920.

PINHEIRO, Ernane José. *Pastoral Urbana.* Coleção Teologia em diálogo. São Paulo: Paulinas, 1980.

PIRES, Heliodoro. A *caminho da História da Catequese no Brasil in RC* 7 (1955), nº 46, p. 38-47

PIRES, Heliodoro. [Recensão de] Carolina, NABUCO. *Doutrina cristã para a primeira comunhão.* Rio de Janeiro: José Olympio, 1942, 189 p., *in REB* 2 (1942), 560.

PIRES, Heliodoro. *Uma teologia jansenista no Brasil in REB* 8 (1948), 327-340.

PIRES, Heliodoro. *Impressões do Primeiro Congresso Catequético Internacional, in REB* 11 (1951), 475-486.

PONTE, P. E. *A Noção de Catequese, in CM* (1977), nº 301, p. 1108-1109. Cf. também: *O conceito de catequese e sua relação à Evangelização in* MENDES, O. Ralfy; ANTONIAZZI, A. (ed.). *Catequese à luz do Sínodo.* São Paulo: Editora Salesiana D. Bosco, 1978, p. 95.

PONTE, P. E. *Catequese Situacional e Doutrinal, in CM* (1977), nº 301, p. 1102-1104.

PONTE, P. E. *La catequesis latinoamericana al impulso de Medellín y Puebla, in Medellín* 15 (1989), 133-151.

PUYO, Jean. *Réflexions d'un témoin in Catéchèse* 9 (1969), nº 34, p. 114-119.

QUEIROGA, Gervásio Fernandes. *Conferência Nacional dos Bispos do Brasil – Comunhão e corresponsabilidade.* São Paulo: Paulinas, 1977, 504 p.

QUEIROZ, Celso. *Campanha da Fraternidade de 1995 in CM* (1993), nº 476, p. 1947.

QUEIROZ, Celso. *Colegialidade episcopal e planejamento pastoral in CM* (1983), nº 366, p. 369-370.

QUIJANO, Jose Luis (org.). *Los desafíos de la catequesis ante el cambio cultural.* Ensayo de reflexión catequístico-pastoral e investigación catequística. Buenos Aires: San Benito, 2009.

RAMIREZ, Alberto. *La verdad sobre la Iglesia en Puebla: comentário de la Eclesiología de Puebla a la luz de la Eclesiología universal actual.* Colección *Cremos,* Comisión Teológica Arquidiocesana, Medellín, 1981, 48 p.

REIS FILHO, Casemiro dos. *Prefácio* da obra de JOSÉ MARIA DE PAIVA, *Colonização e Catequese.* Coleção *educação contemporânea*, série: *Memória da educação.* São Paulo: Cortez Editora e Editora Autores Associados, 1982, p. 9-10.

REIMÃO, Antônio Pereira. *Diretório do catequista.* São Paulo: Escola Tipográfica Salesiana, 1901.

RENARD, C. *A bíblia nas mãos do povo cristão in RC* 3 (1952), nº 25, p. 6-14.

RIBEIRO DE OLIVEIRA, Pedro A. *CEBs: O que são? Quantas são? O que fazem? in REB* 54 (1994), 932-934.

RIBEIRO DE OLIVEIRA, Pedro A. *Evangelização e catequese: um problema em formulação in REB* 34 (1974), 318-328.

RIBEIRO, Fábio Alves. *Frutos do Congresso Eucarístico, in A Ordem*, 54 (1955), 35-39.

RICHARD, Pablo. *A Teologia da Libertação na nova conjuntura. Temas e desafios novos para a década de noventa in REB* 51 (1991), 651-662.

RIVA, Silvio; GATTI, Gaetano. *Il movimento catechistico Italiano.* Bologna: Edizioni Dehoniane, 1977, 240 p.

RIXEN, Eugênio; VILLALBA, Margareth e outros (org.). *Formação de Catequistas.* Uma proposta de Iniciação Cristã. Petrópolis: Vozes, 2012, 120 p.

ROSADO, NUNES M. J. *Vida religiosa nos meios populares.* Petrópolis: Vozes, 1985.

ROSSI, Agnelo. *IV Semana Nacional de Ação Católica in REB* 10 (1950), 749-752.

ROSSI, Agnelo. *Os primeiros manuais de catequese popular in REB* 18 (1958), 463-464.

ROSSI, Agnelo. *Uma experiência de catequese popular in REB* 17 (1957), 731-737.

ROY C. E. *L'organización catéchétique.* Paris: Castermann, 1938, 476 p.

ROY C. E. *Méthode pédagogique de l'enseignement du catéchisme.* Paris-Tournai: Castermann, 1935, 348 p.

RUIJS, Raul. *Raízes e rumos do anúncio da palavra in Atualização* (1976), 449-471.

RUIZ DE GOPEGUI, J. A. *A catequese após Puebla: uma reflexão teológica sobre a metodologia, in Síntese* 7 (1980), 3-19.

RUIZ DE GOPEGUI, J. A. *Evangelização e Comunicação in CM* (1977), nº 240, p. 39-46.

RUIZ DE GOPEGUI, J. A. *Evangelização e Libertação in CM* (1972), nº 241, p. 83-90.

RUIZ DE GOPEGUI, J. A. *Evangelização: algumas reflexões críticas in CM* (1972), nº 238, p. 22-29.

RUIZ DE GOPEGUI, J. A. *Evangelização: problema de linguagem in CM* (1972), nº 239, p. 134-141.

SALES E. de A. *Uma catequese autêntica in Jornal do Brasil* de 28/08/1982, p. 11.

SALVINI, Giampaolo. *La situazione della Chiesa in Brasile in Aggiornamenti Sociali* 28 (1977), 2, 104-105.

SANTINI, Cândido, *O Concílio Plenário Brasileiro in REB* 1 (1941), 14-31.

SANTOS, Luiz Pereira dos. *Catequese ontem e hoje.* 2ª ed. São Paulo: Paulinas, 1987, 232 p.

SANTOS, Jânison de Sá; PAGNUSSAT, Francisco Leandro (org.). *A Catequese no Brasil: memória, celebração e perspectivas.* Brasília: Edições CNBB, 2023, 244 p.

SARTORI, Luiz Maria Alves. *Sugestões e base para a Estruturação Geral da Ação Católica Brasileira in REB* 12 (1952), 9-65.

SBARDELOTTI, Emerson; SOUZA Ney de (org.). *Medellín: memória, profetismo e esperança na A. Latina.* Petrópolis: Vozes, 2018, p. 372 p.

SCALA. *Encrucijadas de la catequesis: primera asamblea ordinária, São Paulo 31 de agosto a 04 de Septiembre de 1998.* San Jose de Costa Rica: Editorial CONEC, 1999, 226 p.

SCALA. *Linguagens da cultura midiática e catequese.* São Paulo: Salesianas, 2001.

SCALA. *A formação iniciática de catequistas in Rev. de Cat.* 31 (2008), nº 123, p. 68-78.

SCHMITZ, Germano. *Interpelação recíproca entre catequese e história in RdeC* 1 (1978), nº 1, p. 69-71.

SERVUS, MARIAE [Raimundo Caramuru de Barros]. *Para entender a Igreja no Brasil: a caminhada que culminou no Vaticano II (1950-1968).* Petrópolis: Vozes, 1994, 222 p.

SILVA, Carlos Leôncio da. *Linhas fundamentais para uma Teologia da Educação in REB* 10 (1950), 352-369.

SILVA, Carlos Leôncio da. *Fundamentos de uma educação integral.* Coleção *Biblioteca de Cultura Católica 17.* Petrópolis: Vozes, 1949, 214 p.

SILVA, Romero J. Venâncio. *A extrema direita católica e a tentativa golpista de 2023 in* https://revistadasemana.com/2024/02/12/a-extrema-direita-catolica-e-a-tentativa-golpista-de-2023/. Acessado em 10/03/2023.

SIMON, M. *Un Catéchisme Universel pour l'Eglise. Du Concile de Trente à nos jours.* Leuven: University Press – Uitgeverij Peeters, 1992.

SPOLETINI, Benito. *De Medellín a Puebla. De la catequesis situacional y liberadora a la catequesis de comunión y participación, in CLA* 10 (1979), nº 40, 40-51.

SPOLETINI, Benito. *Panoramica della catechesi latinoamericana da Medellín a Puebla. Intervista a Mons. Andrade de Ponte, in Via Verità e Vita* 28 (1979), 72, 70-78.

SOUZA, Ney de; SBARDELOTTI, Emerson (org.). *Medellín: memória, profetismo e esperança na A. Latina.* Petrópolis: Vozes, 2018, p. 372 p.

STELLA, Pietro. *Alle fonti del catechismo di San Pio X. Il catechismo di mons. Casati in Salesianum* 23 (1961), 43-66.

STELLA, Pietro. *I catechismi in Italia e in Francia nell'età moderna. Proliferazione tra analfabetismo e incredulità in* ALBERICH, Emílio; GIANETTO, U. (ed.). *Il Catechismo ieri e oggi*. Leumann (Torino): Elle Di CI, 1987, p. 40.

STIEGLITZ, Heinrich, *Manual do Catequista*. Petrópolis: Vozes, 1948, em 4 volumes.

SUSIN, Luiz Carlos. *Evangelho, modernidade e outras culturas in RdeC* 14 (1991), nº 54, p. 14-26.

TEIXEIRA, Faustino Luís Couto. *Gênese das CEBs no Brasil: elementos explicativos*. São Paulo: Paulinas, 1988.

TEIXEIRA, Faustino Luís Couto (ed.). *Teologia da Libertação: novos desafios.* Coleção *Fé Adulta*. São Paulo: Paulinas, 1991, 150 p.

TEJO, Javier Díaz; PORRA, Lorena Basualto. *Obras pastorales de Mario Borello.* Claves para una lectura actualizada. Colección Educación Religiosa. Salesianos Don Bosco: Chile – Finis: Universidad *Finis Terrae* perteneciente a la Red Universitaria Anahuac No comercial. Libro de formato digital y de acceso libre, 2023 (www.escueladelafe.cl).

TERRA, João Evangelista Martins. *A catequese dos escravos africanos e a Companhia de Jesus in Catequese e cultura: inculturação, índios e escravos*. São Paulo: Loyola, 1982, p. 43-54.

TERRA, João Evangelista Martins. *Catecismos Jesuítas nas línguas Brasílicas, História dos catecismos in Revista de Cultura Bíblica* 36, nova fase 17 (1993), nº 67-68, p. 51-59.

TERRA, João Evangelista Martins. *História da Catequese*. São Paulo: Loyola 1982, 51 p.

TERRA, João Evangelista Martins. *História dos Catecismos in Revista de Cultura Bíblica* 36, nova série 17 (1993), nº 67-68, p. 5-173.

TERRA, João Evangelista Martins. *Os jesuítas e a catequese dos índios no Brasil in Catequese e cultura: inculturação, índios e escravos*. São Paulo: Loyola, 1982.

TIBÚRCIO, José. *Pedagogia popular do catecismo*. Rio de Janeiro: Ed. ABC, 1939.

TILLICH, Paul. *Teologia Sistemática (Systematic Theology)*. São Paulo Ed. Paulinas/São Leopoldo: Editora Sinodal, 1984.

TOLENTINO, Nelson Gil. *A renovação da catequese no Brasil. Instâncias fundamentais do Diretório Catequético Nacional: Catequese Renovada*, Universidade Pontifícia Salesiana, Extrato da tese doutoral nº 266. Roma, 1989, 120 p.

TRUJILLO, Alfonso López. *Perfiles de Puebla*. Colección *Puebla 3*. Bogotá: CELAM, 1979.

UGARTE, Genaro Saénz. *La catequesis en America Latina: de Medellín a Puebla, in Sinite* 21 (1980), 155-184. Publicado também *in Didascália* 35 (1981), 4-22.

UNA INVESTIGACIÓN sobre "catequesis y socialización" *in CLA* 7 (1975), 320.

URGUA, Felix Serrano. *Puebla: Balance de un debate teológico-pastoral sobre la misión de la Iglesia*. Guatemala C. A.: Instituto Teologico Salesiano, 1986, 382 p.

USO DA BÍBLIA na catequese *in RdeC* 14 (1991), nº 54, p. 79.

VALENTINI, Donato. *Rivelazione in* GEVAERT, J. (ed.). *Dizionario di Catechetica*. Leumann (Torino): Elle Di Ci, 1986, p. 548-553.

VALENZUELA, Francisco Rios. *Panorama de la catequesis en America Latina in CLA* 20 (1978), 21-22.

VAN CASTER, Marcel. *La semaine catéchétique Internationale. Medellín août 1968 in Lumen Vitae* 23 (1968), 709-713.

VANEGAS, Rubén Darío. *Puebla según la Prensa, in Medellín* 6 (1979), 208-229.

VASCONCELOS, Américo de. *Estudo sobre as Missões Jesuíticas no Brasil*. São Paulo, 2014, edição própria, 118 p.

VERNHET, Paul. *Novas dimensões do catecismo*: tradução e adaptação ao Brasil por Mário Bonatti. Petrópolis: Vozes, 1966, p. 202.

VILELA, Avelar Brandão. *Apresentação, in A Igreja na atual transformação da América Latina à luz do Concílio. Conclusões de Medellín.* 6ª ed. Petrópolis: Vozes, 1977, p. 7-8.

VILELA, Avelar Brandão. *Discurso de Abertura, in A Igreja na atual transformação da América Latina à luz do Concílio. Conclusões de Medellín.* 6ª ed. Petrópolis: Vozes, 1977, p. 30-35.

VILLEPELET, Denis. *O futuro da catequese*. São Paulo: Paulinas, 2012, 168 p.

VIOLA, Roberto. *Catequese hoje: subsídios para a leitura da Exortação Apostólica Catechesi Tradendae in RdeC* 4 (1981), nº 14, p. 71-81.

VIOLA, Roberto. *Imagen nueva de la Catequesis en el Directorio in CLA* 4 (1972), 331-338.

VIOLA, Roberto. *Siete años después de Medellín in CLA* 8 (1976), 30, p. 63. Também *in* CELAM, *Medellín. Reflexiones en el CELAM*. Coleção BAC 391, Madrid, BAC, 1977.

VIOTTI, Hélio Abrantes. *Anchieta, o Apóstolo do Brasil*. São Paulo: Loyola, 1966.

WILLEKE, Venâncio. *Missões franciscanas no Brasil*. Petrópolis: Vozes, 1973.

APÊNDICE

Primeiro depoimento de Dom Albano Cavallin A catequese no Brasil: esperanças e desafios

Depoimento de D. Albano Cavallin, em entrevista ao Pe. Luiz Alves de Lima em março de 1993 no Colégio Pio Brasileiro de Roma.

Pergunta: A nossa conversa, mais que sobre o futuro, é sobre o passado, pois o tema de minha dissertação versa sobre o "Movimento Catequético Brasileiro de Medellín a Santo Domingo". Tendo o sr. participado vivamente desse movimento, gostaria de saber quando e onde o sr. começou sua caminhada catequética.

O meu trabalho catequético, antes de vir para a CNBB nacional, foi no Regional Sul II (Paraná, PR). Formei-me lá mesmo em Curitiba (PR) e depois fiz um curso de liturgia na Bélgica [Bruges]. Já era coordenador de catequese no Regional Sul II e D. Mário [Gurgel] tentou levar-me para Brasília, mas não deu certo. Fui para lá depois de nomeado bispo. minha grande história foi desde o começo, com o texto de catequese *Crescer em Comunhão* e o Instituto Superior de Pastoral Catequética (ISPAC) de Curitiba e toda sua equipe. Éramos 14, a maioria formados na Europa (Paris, Insbruck) e alguns vinham do ISPAC do Rio de Janeiro. No Regional Sul II eu era coordenador de pastoral: uma coisa potentíssima; pena que a radicalidade nos anos 68 a 72 fez com que muita coisa definhasse. Não participei da direção deste ISPAC de Curitiba, mas fazia parte dele. Uns cinco deixaram o ministério, como também duas irmãs. A secretária mora ainda em Curitiba (é religiosa).

P.: O sr. sabe se há documentação sobre o ISPAC de Curitiba?

Infelizmente a documentação do ISPAC de Curitiba perdeu-se quase toda. Ficou alguma coisa, como o registro do nome das pessoas que participavam. É preciso cuidar melhor dos arquivos, para que haja memória histórica: coloque isto em sua tese! Quem se formou no ISPAC de Curitiba e lidera até hoje a catequese no Paraná é a Ir. Araceli Roza (religiosa vicentina). Talvez ela possa recuperar algo da documentação deste ISPAC.

P.: Quais seriam os pontos altos da caminhada da catequese no Brasil?

Um dos pontos altos do movimento catequético no Brasil foram os Institutos de Pastoral Catequese. Foi no ISPAC de Curitiba, após 1968, que eu mergulhei em Medellín (e naquele momento estava ainda muito fresco e na ordem do dia) e nas ideias que circulavam na Europa naquele momento (particularmente através do Pe. Jacques Audinet). Também eu li todas as coleções publicadas pelo ISPAC. No Paraná tínhamos 42 textos de catequese que eram usados pelas dioceses. Sentimos a necessidade de unificar e isto fez com que todos da equipe do Regional Sul II trabalhassem juntos na confecção do texto catequético *Crescer em Comunhão*. Outro momento importante foi quando, indo para a CNBB, logo no início, descobri uma pesquisa que havia sido feita por encomenda da CNBB sobre catequese transformadora. Havia princípios e prognósticos de futuro impensáveis para aqueles tempos. Foi aí que eu fui guardando certos princípios que ajudaram muito depois na renovação da Catequese. Com o Pe. Ralfy eu procurava muito as bases da catequese francesa. Percebia que na França havia princípios sobre os quais se fundava a renovação catequética. Então eu percebi, quer por aquela pesquisa da CNBB, quer pelo conhecimento da catequese francesa, a necessidade de também nós termos princípios sólidos para a uma catequese renovada. Outro momento importante foi quando, a CNBB solicitou um núcleo de catequese (depois chamado de roteiro ou temário de catequese) e se começou a busca deste núcleo catequético, o essencial da fé. O Pe. Zeca ((José Gueerickx) me trouxe alguns da Europa. Eu tinha uns cinco destes resumos ou sínteses catequéticas. Pedi também aos irmãos Boff que escreveram 12 páginas. Pedimos para o Pe. Gruen, que fez também uma visão do conteúdo catequético. Então percebemos que estávamos fazendo uma pilha de latas que não se sustentariam se não houvesse uma sólida base: para se tratar do conteúdo, é preciso tratar do agente, da finalidade, dos destinatários. Caiu então toda a pilha e foi neste momento que nasceu a Catequese Renovada com a visão da revelação, com a visão de Igreja, etc., e também a visão do conteúdo.

P.: O sr. já está falando naturalmente do documento "*Catequese Renovada*" (CR). Nesta caminhada do documento, quais foram as grandes dificuldades que o sr. e a equipe encontraram?

Quanto às dificuldades encontradas durante a discussão sobre catequese renovada, o principal fator foi que o pessoal não entendia de catequese; sabiam o que era o catecismo, mas não o que era o ato catequético, o conceito de catequese. Isto também entre bispos eminentes; predominava um conceito de catequese doutrinal, que infelizmente perdura até hoje em muita gente. Com relação ao conceito de revelação, houve questões dificílimas. O assunto veio parar em Roma, pois do Brasil alguns escreveram para cá reclamando de nossas posições! E recebemos de um Dicastério da Cúria Romana, um documento com uns 10 pontos sob a acusação de que falseávamos o conceito de Revelação. Com o atual texto aprovado, naturalmente, após 10 anos chegou-se a um bom termo.

P.: A seu ver, quais foram os nomes que deram grande contribuição para a confecção do Documento CR, e que naturalmente tinham atrás de si toda uma prática?

Todo o pessoal do GRECAT (Grupo Nacional de Reflexão Catequética). Mas devem obrigatoriamente ser destacados, em primeiro lugar, o nome do Pe. Ralfy, do Pe. Gruen que atrás de si tinha a escola catequética de Belo Horizonte. Esta escola sempre marcou presença na catequese brasileira. Estes foram os que iniciaram; depois veio o pessoal do GRECAT cada um com sua contribuição específica. Entre eles se coloca um moço do Instituto Pio XI do Alto da Lapa, em São Paulo, que fez a terceira parte do documento e que se chama Luiz Alves e Lima.

P.: Fora do grupo do GRECAT, há pessoas que refletem, escrevem sobre a catequese?

Saindo do grupo do GRECAT não é que encontramos muita gente que tenha escrito e refletido sobre a catequese no Brasil. Entre as mulheres encontramos algumas com muita atuação, porém de âmbito regionalizado. Sobre a influência delas na catequese dever-se-ia fazer um estudo a partir mais dos vários regionais ou dioceses, sobretudo dos catecismos aí produzidos e não tanto em âmbito nacional. Um momento muito importante na caminhada da Catequese Renovada foram os dois encontros com os teólogos do Brasil. Por duas vezes consegui reuni-los e debater o problema do núcleo das verdades da fé. Tais reuniões foram feitas através do INP (Instituto Nacional de Pastoral), do qual pedimos muito a colaboração, mas infelizmente conseguimos pouco. A influência do INP na *Catequese Renovada* foi muito pequena.

P.: No meu trabalho, além de fazer uma espécie de história (com nomes, ideias, reuniões, assembleias, eventos, documentos, acontecimentos etc.), deverei estudar em particular um problema: o sr. indicaria algum problema especial na Catequese do Brasil no momento que mereceria ser aprofundado?

Um problema que deveria ser estudado, aprofundado numa pesquisa sobre a *Catequese Renovada* seria o papel do sacerdote. De Norte a Sul, de Leste a Oeste no Brasil em todos os momentos eu ouço a reclamação de que o sacerdote ou não entende ou não apoia, ou apenas se serve dos catequistas. Padres catequistas no Brasil são heróis anônimos, mas infelizmente a reclamação que ouço por toda a parte e sempre é de que eles quase não existem. Outra questão é o conceito ainda persistente de catequese nocional: não se tem uma catequese dentro do contexto de Igreja atual e dentro da realidade. É só mesmo pelo Espírito Santo que as catequistas existem, atuam e persistem no Brasil como um ministério (autônomo?), pois seria para não existir pelo pouco apoio que se lhes dá.

P.: Como o sr. avalia os catequistas, sua formação, as escolas catequéticas?

Quanto aos catequistas e sua formação: notei que o ISPAC marcou a catequese no Brasil nos poucos anos que funcionou. Foi dali que surgiram outras escolas e certas pessoas (Mary Donzellini, Araceli Roza, Bernardo Cansi, Irene Schroeder), todos de grande influência. O GRECAT tentou heroicamente recuperar alguma função dos ISPACS e atualmente faz alguma coisa neste sentido de atuar na formação e refletir sobre a catequese nacional. Mas é um trabalho casual, ocasional, pois não atua em tempo pleno e faz pesquisas e reflexões a conta gotas no pouco espaço de que dispõe. Outro problema: entre os catequistas há uma rotatividade imensa, a maioria são jovens de boa vontade. A questão dos Institutos de Catequese no Brasil precisaria no momento de um aprofundamento. Havia momentos em que eu não sabia se tal aprofundamento deveria ser feito pelos Institutos ou pelo reforço de um grupo catequético volante. Mas isto supõe missionários que percorram o todo Brasil sustentando os grupos catequéticos regionais, uma vez que padres e bispos nem sempre dão o apoio necessário. Oxalá sua tese encontre o filão exato da chaga catequética brasileira, pois os 500 mil catequistas que se calcula existirem no Brasil atuam só pelo Espírito Santo e pela boa vontade. O intermediário padre e o intermediário diocese são muito frágeis no Brasil, embora, conforme aquela pesquisa de vinte-trinta anos atrás, em quase todas as dioceses do Brasil havia organização catequética.

P.: E como está a organização da catequese no Brasil hoje?

Hoje em dia, na questão da organização da catequese no Brasil (e este é um modo de ser de nossa Igreja), ao invés de se optar por estruturas pesadas, temos mais uma atitude missionária. Existe em todo o território nacional uma linguagem comum com relação à catequese, atividade catequética é florescente em quase todas as dioceses, a ponto de alguns bispos dizerem que a única coisa que funciona bem em suas dioceses é a catequese. Não sei se estamos sonhando, mas a formação dos catequistas ainda é paupérrima. Com relação à organização temos apenas os dados da pesquisa de anos atrás que apontava quase 70% das dioceses com a catequese organizada em termos diocesanos. Aquilo que a catequese, e de um certo modo toda a Igreja do Brasil está precisando, é de um aprofundamento. A própria CNBB precisaria de um Instituto plurilateral: catequese, liturgia, vocações, meios de comunicação, missão; porém não com uma estrutura pesada, mas bem ágil, como ágil é a Igreja no Brasil. Precisaria igualmente de uma espécie de manual de pastoral onde toda a riqueza de reflexão pastoral, de diretrizes, orientações e práticas consagradas já fossem sistematizadas. Isto seria argumento para uma tese!

P.: Voltando à Catequese Renovada, quais seriam as carências desse documento, após quase 10 anos de sua aprovação? É ainda válido na sua impostação geral?

Com relação a carências: com todo o respeito e sem faltar à humildade, eu senti (nesta última reunião de apresentação por parte do Vaticano do *Catecismo da Igreja Católica* aos encarregados nacionais de catequese) que estamos ao menos dois anos na frente a respeito do que se estava falando aqui sobre inculturação do novo catecismo. Querem fazer um novo Diretório Catequético Geral para toda a Igreja e que cada país tenha o seu. O Documento *Catequese Renovada* é um *Diretório Catequético* para nós. O que nós necessitamos são as novas etapas: uma linguagem catequética quer para os meios de comunicação, quer para o diálogo com a modernidade, seja a linguagem dos sinais, que é uma coisa nova para todos nós. E ainda: o mergulho na inculturação; passagem da catequese *renovada* para uma catequese *inculturada*. Fé e vida: esta vida, o que é? É o pensar, o agir, o querer, o sofrer, o transformar, o ficar doente, o morrer, é o rir, é o carnaval... É preciso refletir sobre tudo isto para fazer a interação fé-vida. Nós já temos 4 mil e poucas propostas de formulações doutrinais (através do *Catecismo da Igreja Católica*); temos que ter outras quatro mil sobre a *cultura brasileira*.

P.: O sr. pensa que o Documento Catequese Renovada tenha tido um real influxo na caminhada catequética brasileira?

Sobre o influxo do Documento *Catequese Renovada*: estamos comemorando 10 anos de sua aprovação e sem dúvida foi um documento que marcou a catequese no Brasil; não tanto a massa dos catequistas em geral, mas de um modo especial as coordenações. Também influenciou muito os bispos, principalmente nos três anos em que foi objeto das Assembleias Gerais. Quantos bispos chegaram a dizer que foi o *maior documento da CNBB*! São mais de vinte edições, e isto é muito significativo, em se tratando de Brasil (país de pouca leitura; em 2024 são 50!).

P.: Aqui na Europa, apesar de todo o discurso que se faz sobre a catequese, a gente sente que em geral se restringe à catequese sacramental. No Brasil, como o sr. analisa a extensão do alcance catequético? Vai para além da infância e pré-adolescência? Predomina também a dimensão doutrinal?

Toda a Igreja brasileira captou o espírito de Medellín: as situações humanas fazem parte da evangelização no Brasil, seja através da *Campanha da Fraternidade*, quer através dos documentos. Uma vez eu tentei fazer um estudo sobre os documentos da CNBB por ocasião da apresentação sobre a caminhada da catequese: deu para perceber que a metodologia da CNBB é encarnada e transformadora. O que marcou os documentos brasileiros foi o *princípio da Encarnação* e os princípios de uma sã teologia da libertação. Entrei em contato com muitos teólogos, bispos, religiosos e tudo isto foi integrado num estudo aprofundado do INP sobre a Igreja no Brasil; aí se mostra os filões da caminhada da Igreja no Brasil. Tal estudo foi feito aí por 1983 e 1985. Nós beneficiamos a CNBB e a CNBB nos beneficiou pelo seu modo de ser, pois toda a Igreja é catequética, e não somente uma linha de ação (a *Linha 3*).

P.: Como o sr. vê a questão da inculturação da catequese?

Com relação à inculturação, os estudos missionários já estavam bem na frente dos estudos catequéticos. Somente agora é que estamos começando, mas com muita garra, e principalmente no que diz respeito à catequese urbana, onde realmente se travará a batalha do futuro.

P.: O sr. já fez referência ao texto Crescer em Comunhão, que é adotado no Regional Sul II (PR). Além disso, o sr. tem algum outro escrito publicado?

Além do texto catequético *Crescer em Comunhão*, em cinco volumes ou etapas, e alguma coisa na *Revista de Catequese* tenho uma pequena contribuição numa obra do ISPAC sobre pastoral de conjunto. Mas eu sou mais missionário pregador do que escritor. Existem muitíssimos escritos circunstanciais, publicados em boletins, informativos paroquiais e diocesanos, mas são coisas pequenas a partir dos momentos em que se vive.

P.: O sr., como padre já trabalhando na catequese, teve algum conhecimento do Encontro Nacional de Catequese do Rio de Janeiro no célebre ano de 1968?

Sobre os acontecimentos de 1968, eu cheguei a tomar contato com os documentos da Conferência Episcopal em Medellín somente no pós-*Medellín*, pois foi neste tempo que foi fundado o ISPAC de Curitiba. As ideias e as teses lá propostas estavam ainda muito vivas, tínhamos em mão até os manuscritos e se vivia intensamente aquele *espírito de Medellín*.

P.: Eu disse isso no Congresso de Sevilha (1992), após minha palestra falando do influxo do Encontro do Rio de Janeiro nos acontecimentos de Medellín. Então, um professor aqui da Universidade Pontifícia Salesiana (UPS) me fez uma pergunta querendo saber de onde tinham vindo aquelas ideias do Encontro do Rio em 1968.

Isto realmente a gente já sabia e deve estar documentado: dizia-se então que as ideias veiculadas na reunião nacional de coordenadores de catequese em junho de 1968 no Rio de Janeiro, passaram para a Semana Internacional de Catequese na cidade de Medellín, em julho de 1968 e logo a seguir para a IIª Conferência Episcopal Latino-americana, também em Medellín. Foi a reflexão catequética que influenciou toda a II Conferência do CELAM, coisa que nós estávamos querendo fazer também na III Conferência em Santo Domingo. O grupo episcopal encarregado da catequese tinha a ideia de apresentar a proposta do catecumenato pascal libertador através do novo catecumenato que seriam as *Comunidade Eclesiais de Base* (CEBs). Queríamos imprimir este espírito também nos documentos de *Santo Domingo*, mas não conseguimos.

Roma, 15 de março de 1993.
Pe. Luiz Alves de Lima, entrevistador, doutorando.

Segundo depoimento de Dom Albano Cavallin Os bastidores da *Renovação Catequética* no Brasil

Entrevista com Dom Albano Cavallin ao Pe. Luiz Alves de Lima em 17/02/1995 na Casa Geral dos Missionários do Sagrado Coração em Roma.

1. Como foi nomeado o Assessor da L3 quando o sr. assumiu a Linha 3 em 1979?

D. Albano: Houve um convite inicial ao Frei Vicente Bohn, mas não foi possivel; então, o Pe. João Bosco, que tinha substituído o Pe. Ralfy continuou por um tempo; então, a Ir. Maria Glória Bordeghini, que trabalhava na Linha 6 e que havia feito o catecismo das Paulinas, também ajudava um pouco. O Pe. João Bosco, embora fosse um pouco desorganizado, levou avante a L3 até que finalmente conseguimos o Pe. Zeca, com o qual havia falado no Seminário Nacional de 1979. Ele foi liberado por D. Fedalto (Arcebispo de Curitiba) somente quando conseguimos dois padres para substituí-lo...

2. O "Panorama da Catequese no Brasil" apresentado na AG de 1980, não contém todas as partes das conclusões do Seminário havido anteriormente; foi deixada de lado toda a parte teológica. Por quê?

D. Albano: Por razões de política eclesiástica. Muitos bispos não aceitavam aquelas posições teológicas exaradas no documento, donde era prudente apresentar apenas os dados genéricos (o ver e o agir), sem o marco referencial (julgar). Naquela época devíamos ter muita prudência; podia-se queimar todo um processo somente por apresentar alguns pontos de vista teológicos discutidos.

3. Embora se diga que o Seminário de elaboradores de textos de 20 a 22 de junho de 1980 tenha terminado num impasse, eu acho que ali estavam as ideias principais que depois evoluíram e tomaram forma em CR (Documento Catequese Renovada). Sabemos dos resultados desse Seminário unicamente por uma síntese feita pelo Pe. Antoniazzi, cuja cópia se conserva nos arquivos da L3, pois não temos nenhuma documentação publicada.

D. Albano: Talvez nada tenha sido publicado por que o assessor do momento, Pe. João Bosco Nunues de Oliveira fosse um pouco desorganizado. Mas aquele seminário terminou sem nenhum fruto concreto no sentido de elaborar um texto que contivesse, ao menos esquematicamente o roteiro de catequese pedido pela Assembleia Geral anterior.

4. Como veio parar na Linha 3 o projeto que o Pe. Gruen apresentou na Assembleia do Regional Leste II (Minas Gerais)?

D. Albano: Eu tomei conhecimento daquele texto e julguei muito bom, achando que nele já havia alguma resposta para as preocupações da *Linha* 3. Então propusemos que ele fosse a base das discussões do Encontro Nacional de 1980 onde se começou a debater, em nível de coordenadores, o roteiro de catequese.

5. Por que a Mensagem do primeiro projeto do Pe. Gruen (que depois foi aperfeiçoado e publicado como Instrumento de Trabalho, Orientações em torno do conteúdo da catequese, OCC) despareceu no Instrumento de Trabalho posterior: Orientações para uma catequese renovada, OCR?

D. Albano: Por um motivo muito simples: o Pe. Ralfy argumentava que na 18ª AG já tinha sido aprovado o esquema de Puebla e por isso não se justificava colocar um outro roteiro a não ser alguma coisa a partir daquele esquema elaborado por ele, quase às vésperas da 18ª AG e votado depois por esta mesma AG.

6. Mas acontece que aquele Esquema de Puebla não foi votado. Ele foi simplesmente apresentado e publicado depois no Comunicado Mensal, órgão oficial da CNBB, nos apêndices referentes à votação (ao lado da exposição de D. Aloysio sobre a CT e da colocação do sr. sobre o documento que os bispos estudaram naquela Assembleia a partir do texto do Pe.Wolfgang Gruen.

D. Albano: O grupo da Linha 3, por influência do Pe. Ralfy, considerava este esquema de Puebla votado e aprovado pela AG. Se foi ou não aprovado é preciso conferir. Mas o Pe. Ralfy insistia que aquele roteiro agora era oficial e ele deveria ser desenvolvido.

7. Porém, pelo que me consta, realmente não foi votado, ao menos pela documentação publicada no Comunicado Mensal, que é o que vale. Talvez alguma das proposições votadas dissessem algo como "Faça-se um roteiro baseado em Puebla...".

D. Albano: Pois é. Bastava isto. Com este argumento de que aquele roteiro era oficial, não foi possível incluir no *Documento CR* (em sua redação final) o roteiro do L. Boff, que eu queria levar para frente. Era um roteiro excelente, vigoroso, bem próximo ao Evangelho, concentrado, é verdade, na ideia de Reino de Deus, mas do ponto de vista teológico-catequético, excelente. Quando o L. Boff estava sofrendo aquelas acusações de heresia eu escrevi uma carta a Roma defendendo-o e dizendo que o seu verdadeiro pensamento estava expresso naquele "roteiro" que ele compusera para a Linha 3.

8. O uso da palavra "conteúdo" no singular como se justifica? Por que não "conteúdos"? Teria sido um artifício do Pe. Gruen para ludibriar aqueles que queriam "conteúdos doutrinais" para propor a caminhada da comunidade como o conteúdo da catequese?

D. Albano: Nada disso. É simplesmente por uma razão semântica. Quem diz conteúdo já diz um conjunto de muitos elementos. A palavra deve ser sempre usada no singular, me parece. Portanto, nada de artificialismos para interpretar o uso do singular.

9. Os roteiros que se diz terem aparecido no Seminário de 1980, eram alterativos ao do Pe. Gruen ou era uma tentativa de traduzir esse do Pe. Gruen numa linguagem popular?

D. Albano: A estas alturas existia realmente só o roteiro do Pe. Gruen. Os outros dois foram na verdade tentativa de apresentá-lo em linguagem mais popular. O consenso em torno do texto do Pe. Gruen foi tão grande que se quis divulgá-lo também entre os catequistas, porém não com aquela linguagem mais erudita. O Pe. Sandro Galazzi depois desenvolveu mais a questão da caminhada da comunidade, e isto veio a ser depois a IV parte do *Documento CR;* mas na verdade, tais ideias já estavam no roteiro do Pe. Gruen; o Pe. Sandro e sua equipe ampliaram... Também o pessoal do Instituto *Lumen Christi* de Campinas (SP), tentou fundamentar com citações bíblicas e documentação eclesial o mesmo roteiro do Pe. Gruen.

10. Como o sr. vê o fato de o Pe. Gruen se retirar no final do processo de redação do Documento?

D. Albano: O Pe. Gruen não queria forçar a aceitação de suas ideias; quando percebeu que a sua presença causava dificuldades (pois em Minas já quando havia trabalhado a questão do Ensino Religioso, tinha sentido oposição ferrenha de alguns, como de D. Clemente Isnard), então ele preferiu se retirar e não chegou a participar de alguns dos últimos encontros antes da aprovação de CR.

11. Analisando a *Revista de Catequese*, percebe-se uma ausência, ou uma presença não significativa, daquilo que se passava em torno da elaboração do documento *CR* entre final de 1981 e início de 1983. Uma vez aprovado *CR*, ela deu o maior apoio ao novo Documento, dedicando três números consecutivos inteiramente ao assunto, e voltando sobre ele continuamente. O sr. tem alguma explicação para isso?

D. Albano: Parece que havia uma certa rivalidade entre os dois salesianos, ou por outra, o Pe. Ralfy não aceitava muito as ideias do Pe. Gruen. Além disto, o Pe. Ralfy estava muito ligado a D. Clemente Isnard, que sempre fez muita oposição ao Pe. Gruen. Mas o Pe. Ralfy é, sem dúvida, um dos grandes construtores da CR; ele deu também grande contribuição à caminhada da catequese no Brasil e ao documento *CR*. Quando me apresentei uma vez ao Card. do Rio de Janeiro, que tinha sérias dificuldades em aceitar as orientações que a *Linha* 3 imprimia à catequese, levei comigo o Pe. Ralfy, quase que como garantia de que realmente a ortodoxia do documento estava assegurada e que não tínhamos segundas intenções, mas caminhávamos na direção justa.

12. É comum afirmar que de todas as partes do Brasil chegavam contribuições, emendas, críticas aos textos da *CR* que estavam se elaborando e que, por isso, foi um grande trabalho de mutirão. Poder-se-ia afirmar que as contribuições da Arquidiocese do Rio de Janeiro foram as mais críticas e que fizeram o documento adquirir um certo equilíbrio entre as várias correntes? Qual foi o papel do INP?

D. Albano: Sem dúvida, as inúmeras contribuições da Igreja do Rio de Janeiro foram de grande valor dentro do processo de elaboração de *CR*. Um dia D. Karl Romer, auxiliar do Rio de Janeiro e teólogo responsável pela Doutrina na Arquidiocese, me disse: "Eu sou louco: fiz mais de 75 emendas ao texto...". E realmente ele fazia. Porém as críticas e sugestões que vinham do Rio de Janeiro, sempre assinadas pelo Sr. Cardeal Dom Eugênio Sales, eram na maioria da autoria de Dom Estêvão Bittencourt, seu assessor teológico. D. Eugênio Sales um dia me disse que na sua Arquidiocese havia várias comissões acompanhando o processo de redação do Documento *CR*.

Muitos outros pastoralistas, biblistas e teólogos, colaboraram com a *Linha* 3. Quanto ao INP, recebi apoio eficiente no início da caminhada, mas depois nem tanto. Precisaríamos hoje um INP mais dinâmico, mais vigoroso e ousado em analisar as causas e propor novas perspectivas. Vejo este organismo muito estruturado e um tanto formal ou burocrático, sem os préstimos que desejaríamos. É preciso haver uma reestruturação deste Instituto de Pastoral que já foi tão benemérito no Brasil.

13. O sr. está concluindo 12 anos à frente da Linha 3, em dois períodos (8 e 4 anos). Como o sr. avalia essa caminhada?

D. Albano: Hoje eu diria que o Documento *CR* está superado. Quando naquela época falávamos de fé e vida, entendíamos por vida, quase que ingenuamente, as questões do dia a dia do povo, problemas da comunidade ou mesmo político-sociais. Porém, com o andar do tempo, fomos mergulhando no tema da inculturação e percebendo que o problema é muito mais complexo. Quando falamos de *interação fé-vida* queremos afirmar a evangelização da cultura, o problema da inculturação, entrar no mundo simbólico da humanidade de hoje, usar a sua linguagem. E neste ponto, estamos apenas começado... No *Movimento Catequético Brasileiro* tivemos um Pe. A. Negromonte, depois um Pe. W. Gruen, um Pe. Ralfy Mendes... Estamos chegando num momento em que seria necessário aparecer um novo Pe. Álvaro Negromonte, que traduzisse pedagógica e inculturalmente tudo aquilo que nestes anos se falou em termos de prática catequese. Na *Assembleia de Santo Domingo*, tentei colocar esta ideia de interação fé-vida a partir da visão da inculturação da fé, com textos (alguns elaborados pelo Ir. Nery) e intervenções durante os debates em Assembleia, mas infelizmente não conseguimos.

14. Poderíamos dizer que já esgotamos o discurso catequético e já dissemos tudo aquilo que deveríamos dizer e, agora, deveríamos caminhar mais para a prática concreta, a tradução pedagógica da Catequese Renovada e Inculturação?

D. Albano: Justamente. O problema hoje é um problema de linguagem: precisamos falar a linguagem da pessoa humana da cidade, da pessoa que vive da modernidade (ou pré-modernidade), usar seus simbolismos, suas imagens. Este é o maior desafio de hoje na catequese, particularmente a catequese urbana. Tenho um programa diário na rádio, e o desafio é justamente falar uma linguagem que o homem urbano de hoje possa entender.

15. Em termos práticos, em resultados concretos, qual a sua avaliação?

D. Albano: Devemos dar graças a Deus por tudo aquilo que foi feito. Hoje fico espantado em ver como é que foi possível fazer tanto. No processo da aprovação do Documento, houve momentos em que parecia que tudo iria dar em nada... Um dia na capela me coloquei diante de Deus aceitando este sacrifício: que o Documento *CR* não iria sair. Quantas dificuldades! Como foi duro ouvir de um Bispo dizer que votou tudo negativo, pois via atrás da CR a teologia da libertação (D. Eusébio O. Scheid, primeiro bispo de São José dos Campos e depois Arcebispo de Florianópolis, SC); ou naquela outra ocasião em que um bispo apresentou uma emenda negativa e trinta outros bispos o apoiaram... Uma outra vez, da Sagrada Congregação vieram críticas a um texto que já tinha sido superado a mais de um ano atrás, e já estávamos com duas ou três redações posteriores àquela... Era gente do Rio que enviava para Roma informações atravessadas! Mas tudo foi superado, com muitas reuniões, unindo gente que pareceria impossível reunir (teólogos, pastoralistas, biblistas, liturgistas, catequetas...), procurando a colaboração de todos num grande mutirão, acolhendo sugestões, usando de política (no bom sentido da palavra) de vez em quando. E por tudo isto devemos dar graças a Deus. Você deve escrever no final de cada página do capítulo de sua tese que fala da *CR*: *Deo Gratias!* Realmente foi um dom de Deus. Muita coisa se fez (reuniões, viagens, seminários) sem grandes recursos, com muitas dificuldades econômicas, mas tudo foi superado. Há certamente ainda muita catequese conforme o modelo doutrinal, sem renovação nenhuma. Mas hoje no Brasil, em geral, se fala a linguagem da catequese renovada e suas orientações vão de fato penetrando por todos os cantos.

Roma, 17 de Fevereiro de 1995.
Pe. Luiz Alves de Lima, entrevistador, doutorando.